普通高等教育“十一五”国家级规划教材

信息经济学

（第二版）

靖继鹏　张向先　李北伟　编著

科学出版社

北　京

内 容 简 介

本书密切结合当前我国信息经济学的理论和实践，吸收了近年来的教学与科研成果，系统介绍了信息经济学的基本理论和业务知识，具体包括四个部分，共15章。第一部分阐述信息经济学的基本理论问题，包括信息和信息经济的含义与特征，信息经济学的发展历史、研究现状、研究内容、学科体系、相关学科，以及信息经济学的基本原理；第二部分主要介绍博弈论和非对称信息经济学理论，包括信息与非合作博弈理论、信息和不确定理论、信息与委托-代理关系；第三部分主要探讨信息活动的经济问题，包括信息商品的供需及消费、信息商品的价值与价格、信息商品市场、信息资源配置与评价、信息技术与经济增长、信息系统的经济评价、信息产业、信息经济测度理论与方法、信息化与经济发展等；第四部分主要是展望信息经济学未来发展的几个新领域，包括知识经济、网络经济学、电子商务经济学、信息生态学等内容。本书体系新颖，内容全面；具有科学性和前沿性；实用性强，并附有案例分析。

本书为教育部确定的普通高等教育“十一五”国家级规划教材，附有课件光盘。可作为高等院校管理类、经济类、商务类、信息类等专业本科生和研究生的教学用书，也可作为从事信息经济和信息管理等方面工作的广大管理人员和技术人员的参考用书。

图书在版编目(CIP)数据

信息经济学/靖继鹏，张向先，李北伟编著．—2版．北京：科学出版社，2007

（普通高等教育“十一五”国家级规划教材）

ISBN 978-7-03-019874-7

Ⅰ．信…　Ⅱ．①靖…②张…③李…　Ⅲ．信息经济学－高等学校－教材　Ⅳ．F062.5

中国版本图书馆CIP数据核字（2007）第136498号

责任编辑：李　敏　张　震／责任校对：桂伟利
责任印制：钱玉芬／封面设计：王　浩

科学出版社出版
北京东黄城根北街16号
邮政编码：100717
http://www.sciencep.com

新蕾印刷厂印刷

科学出版社发行　各地新华书店经销

*

2002年10月第　一　版　　开本：B5（720×1000）
2007年 9 月第　二　版　　印张：30
2007年 9 月第四次印刷　　字数：605 000
印数：11 001—16 000

定价：47.00元（含课件光盘）

（如有印装质量问题，我社负责调换〈环伟〉）

前　言

“信息经济学”一词，起源于1959年美国著名经济学家J. 马尔萨克发表的《信息经济学评论》一文。1961年，G. 斯蒂格勒发表了题为《信息经济学》的著名论文，使信息经济学成为一门新兴学科，也标志着信息经济学的正式诞生。自美国经济学家肯尼思·阿罗获得1972年度诺贝尔经济学奖以来，先后有多位信息经济学家5次获得诺贝尔经济学奖，从而使信息经济学迅速成为国际学术界关注的焦点。

我国的信息经济学研究始于20世纪80年代中期，是从情报学界的情报经济学研究开始的。目前在我国，信息经济学的研究存在两大体系：一个是从经济学的角度研究信息不完全和非对称条件下的经济问题的学科；另一个是从信息科学的角度研究信息活动中的经济问题的学科。前一个体系是有关信息不完全和非对称条件下的经济学问题的研究，这在信息不完全和非对称现象已经得到公认的前提下是非常必要的，可以说，信息不完全和非对称经济学是信息经济学的起源和主体；后一个体系是有关信息的经济问题和经济的信息问题的研究，这在信息商品化、信息技术及信息产业快速发展的今天也是非常必要的。因此，这两大体系融合是必然趋势。问题是，应如何融合？怎样构建新的信息经济学的理论体系？

另一方面，随着信息资源战略地位的提升、信息产业重要性的显现、信息经济的发展、信息社会的来临，都要求我们深入、系统地研究和解决信息经济学的理论和实践问题。

基于上述认识，我们编写了这本《信息经济学》。全书分为四个部分，共15章。第一部分阐述信息经济学的基本理论问题，包括信息和信息经济的含义与特征，信息经济学的发展历史、研究现状、研究内容、学科体系、相关学科，以及信息经济学的基本原理等内容，即第1章和第2章；第二部分主要介绍博弈论和非对称信息经济学理论，包括信息与非合作博弈理论、信息和不确定理论、信息与委托-代理关系等内容，即第3章至第5章；第三部分主要探讨信息活动的经济问题，是按照信息活动从小到大的递进顺序展开论述的，内容包括信息商品的供需及消费、信息商品的价值与价格、信息商品市场、信息资源配置与评价、信息技术与经济增长、信息系统的经济评价、信息产业、信息经济测度理论与方法、信息化与经济发展等，即第 6 章至第 14 章；第四部分主要是展望信息经济学未来发展的几个新领域，包括知识经济、网络经济学、电子商务经济学、信息生态学等内容，即第 15 章。

吉林大学情报学专业自 1988 年开始开设《信息经济学》相关课程，1989 年和 2001 年又分别在情报学专业硕士、博士研究生培养中开辟了“信息经济理论与应用”研究方向。吉林大学情报学专业的老师们多年的教学和研究生指导工作为《信息经济学》的撰写积累了一定经验。吉林大学的靖继鹏教授 20 多年来一直从事情报学、信息经济理论的教学和科研工作，先后主持完成了“中国信息商品市场运行机制与管理模式研究”、“中国信息产业结构与发展战略”、“我国企业信息化建设模式与对策”、“吉林省信息产业结构与测度方法研究”、“信息技术对我国机械工业改造影响与对策研究”、“信息化带动工业化实现经济跨越式发展对策研究”等国家自然科学基金项目和部、省级重点研究课题 12 项。深入、系统的研究和丰富的研究成果为《信息经济学》的撰写奠定了较扎实的基础，为本书的创新提供了丰富的内容。

靖继鹏教授 1995 年出版的《信息经济学》初构了学科框架；2002 年撰写的《应用信息经济学》注重了研究成果的应用，理论体系尚不十分清晰；2004 年出版的《信息经济学》强化了理论内容；本书则是努力构造信息经济学的学科体系，力图从理论、应用、发展三个层面完善信息经济学的体系和内容。

与同类著作相比较，本书具有以下特点：第一，体系新颖，内容全面。本书较好地融合了我国目前信息经济学研究的两大体系，而且内容基本涵盖了信息经济学的各个主要领域。第二，具有科学性和前沿性。本书总结和吸收了近年来在教学和科研方面的成果，如信息经济学基本原理的提炼、信息商品供需及消费的分析、信息资源微观配置评价方法的研究、综合信息产业力测度法的提出、电子商务经济学和信息生态学的引入等。第三，实践性强，实用性强。为了提高读者的业务水平和实际工作能力，本书每章中基本都列有学习目标、案例分析、关键概念、思考与练习等内容。

本书是在靖继鹏教授 1995 年编著的《信息经济学》、2002 年编著的《应用信息经济学》、2004 年编著的《信息经济学》，以及 2004 年主编的《信息经济分析》基础上修订完成的。本书已被列为普通高等教育“十一五”国家级规划教材。

本书由吉林大学靖继鹏教授、张向先教授、李北伟教授编著。第 1 章由靖继鹏、张向先、郑荣撰写；第 2 章由张向先、李琳撰写；第 3 章由李北伟、冯绍瑞、吴黎黎撰写；第 4 章由李北伟、朱家嘉、吴荣撰写；第 5 章由李北伟、王佶聪、杨沫撰写；第 6 章由马哲明撰写；第 7 章由李贺、沈旺撰写；第 8 章由张海涛、孙晓琦撰写；第 9 章由孙振嘉撰写；第 10 章由李贺、毛刚撰写；第 11 章由李贺、周浩撰写；第 12 章由袁烨撰写；第 13 章和第 14 章由王欣撰写；第 15 章由王晰薇、马哲明撰写。在撰写过程中我们参考和引用了国内许多学者的著作和论文，在此谨向各位作者表示由衷的感谢！

本书可作为高等院校管理类、经济类、商务类、信息类等专业本科生和研究生的教学用书，也可作为从事信息经济和信息管理等方面工作的广大管理人员和技术人员的参考用书。

由于信息技术的发展日新月异，加上编者水平所限，书中难免有漏误之处，恳请同行专家和广大读者不吝赐教。

编著者
2007 年 6 月

目　录

第1章 绪　　论

信息经济学的基本理论问题关系到本学科的研究和发展。如果没有从理论上弄清什么是信息经济学，信息经济学应围绕哪些领域和内容进行研究，信息经济学在现代科学体系上处于什么地位，就难以全面、系统地研究信息经济学。本章主要介绍信息和信息经济的含义与特征，信息经济学的发展历史、研究现状、研究内容、学科体系、相关学科等。通过本章的学习，要求：掌握信息的含义、特征和分类；掌握信息经济的含义和特征；了解信息经济学产生和发展的过程；理解信息经济学的研究领域和主要研究内容；明确信息经济学的学科体系及其与其他学科的关系。

1.1　信息与信息经济

信息和信息经济是信息经济学产生和发展的基础，也是信息经济学研究的主要内容，因此，有必要首先明确信息和信息经济的基本概念和特征。

1.1.1　信息的含义、特征和分类

1. 信息的含义

当今时代信息无处不在、无时不有。小到人们的衣食住行，大到社会的交流沟通、科技的进步、经济的繁荣、国家的兴旺，无不与信息密切相关。

信息（information）来源于拉丁语“informatio”，意思是解释、陈述。在我国的港、澳、台地区，“information”常被翻译为“资讯”。在汉语中“信”和“息”二字都有音信、消息等含义。在人类社会的早期和日常生活中，人们对信息的认识是比较宽泛和模糊的，多将信息看作是消息的同义词。随着人们对信息概念的深入认识，信息含义也在不断演变。现在“信息”一词已经成为一个含义非常深刻、内容相当丰富的概念。

不同学科、不同领域的专家和学者从各自的研究角度给信息以不同的解释。归纳一下，大致有如下五种类型的定义：

(1) 从信息不是什么来定义

维纳（Wiener）在1948年写的《控制论——动物与机器中的通信与控制问题》中提出："信息既不是物质，又不是能量，信息就是信息。"这个定义说明信息是区别于物质、能量的另一个构成世界的重要因素。

(2) 从产生信息的客观对象来定义

许多学者认为，"信息是客观世界各种事物变化和特征的反映"、"信息是事物运动的状态和方式"、"信息是客观世界中各种事物运动的状态和方式的表征"、"信息是事物的内容、形式及其发展变化的反映"等。这类定义说明客观世界是"形"，而信息就是反映它的"影"。

(3) 从传输中信息所依附的载体来定义

例如，人们把信息看作是信号、数据、资料、情报、消息、新闻、知识等的总称。这种定义说明，信息作为内容有它外在的表现形式。

(4) 从接收信息的认识主体来定义

例如，申农（Shannon）在1948年写的《通信的数学理论》中指出，一个系统所接收的"信息是能够用来消除不确定性的东西"；英国信息学家布鲁克斯（Brooks）曾为描述信息的效用和定义构造了一个方程式：

$$[S] + \Delta I = [S + \Delta S]$$

式中，$[S]$为原有知识结构；ΔI为吸收的信息量；$[S + \Delta S]$为新的知识结构。

布鲁克斯认为，"信息是使人原有的知识结构发生变化的那部分知识"，是决策所需的知识。与此相类似，也有人认为，"信息就是收信者事先所不知道的报道"、"信息是人们对外界事物的某种了解和认识，它能减少人们决策时的不确定性"等。这类定义说明，认识主体由于得到信息而增进了对客观对象的了解。

(5) 从信息的发送、传输、接收的统一中客体和主体之间的相互作用来定义

例如，早期的信息论从通信理论的角度认为信息是信源、信道、信宿之间联系过程中生成的东西；维纳在《人有人的用处》一书中也认为，"信息这个名称的内容就是我们对外界进行调节并使我们的调节为外界所了解时而与外界交换来的东西"；艾什比（Ashby）在《控制论导论》一书中从观察者的分辨能力来确定集合的属性时指出，"信息就是变异度"，从而被后人引申为"信息就是差异"。这类定义说明，信息作为作用与反作用的过程存在于事物反映特性的相互联系中。

专家和学者们从不同角度对信息进行研究，得出的定义也有所差异，但总的来说，对信息的定义已经越来越接近对信息的内容、本质特征的揭示。为了便于对信息信息学课程的理解，这里将信息定义为：信息就是传递中的知识差；在经济活动过程中，信息是存在于信息源与用户之间经济知识度的逻辑差，它表明经

济信息存在的事实和度量（乌家培，2002）。

2. 信息的特征

所谓信息的特征，是指信息区别于其他事物的本质属性。信息的基本特征有以下几点：

（1）信息具有普遍性、客观性、主观性

信息是事物运动的状态和方式的反映，它所表征、传送的是关于某一客观系统、某一事物中的某一方面的属性。运动的绝对性表明信息是普遍存在着的，这是信息的普遍性特征。信息与物质、能源一起构成了客观世界的三大要素。

信息是客观事物的反映，反映是以客观存在为前提，即使是主观信息，如决策、指令等，也有它的客观内容。这对信息提出了最低的要求，就是信息所反映的，要符合客观实际，即准确、真实，这是信息的客观性特征。也是正确认识客观事物对人们提出的最基本的要求。

然而，信息同时还具有主观性特征，信息是人们认识的来源，又是认识的结果，认识的过程实质上又是信息分析与处理的过程。如果只强调信息的客观性，面对汹涌的信息浪潮，就会茫然不知所措，不得要领。信息可以从各种不同角度、不同方面进行分析探讨，不分主次地谈论信息，是没有实际意义的。现实中，在对信息的选择、评价和处理等环节上，是由人们想要达到的目标来确定的。比如，在进行信息分析时，选择或拒绝哪些信息，要根据与其相关的具体工作和目标而定，同样的一则天气预报信息，对于室内工作的人们来说一听了之，无关紧要，但对于要出海打鱼的人们，却是性命攸关的。因此，对于信息的任何讨论，都离不开认知主体的目标，这就是信息的主观性特征。由于不同主体有着不同的感受能力、不同的理解能力和不同的目的性，从同一事物中获取的信息是各不相同的。

（2）信息具有整体性、层次性、不完全性

信息的整体性又称为系统性。信息只有在作为表达客观系统的完整描述中的一个环节时，才有意义。零碎的、片段的信息不仅没有价值，而且会造成误导，无益而有害。以系统的观点来考察信息、收集信息、整合信息，当那些零碎的、片段的、零散的信息集成后，形成对客观事物的完整概念时，它们的作用才真正得以发挥，而且会产生数倍的增值。对于从事信息管理人员来说，认识到这一点是十分重要的，信息管理与信息开发工作必须以系统的思想来指导完成。

信息的层次性是系统层次性的反映。在企业的经济系统中，组织机构的管理层次可分为：战略管理层——为企业确定战略计划和目标；策略管理层——负责设计实现战略计划的方式或策略；操作管理层——处理日常操作的管理层。相应地，各层次的管理有各自的信息需求，可分为战略信息、策略信息和操作规则信

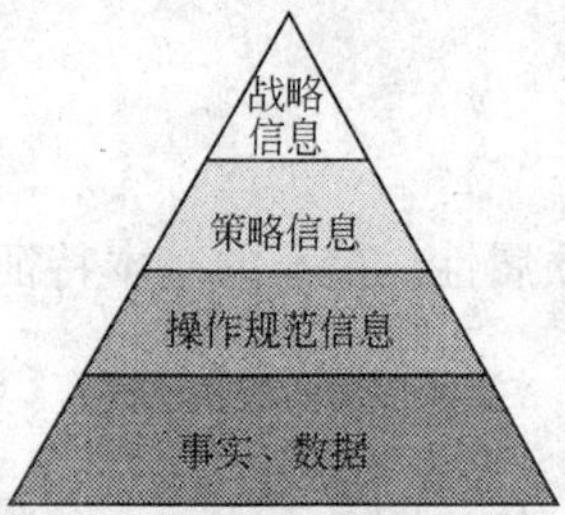

图 1.1　组织机构的信息需求层次

息三个层次。它们就像一个金字塔，自下而上，信息的价值越来越大（图 1.1）。实践中，只有合理地确定了信息的层次，才能正确地确定信息需求的范围、信息的处理方法，建立既相互区别，又相互联系，具有不同结构与功能的信息系统，来有效地完成相应的工作。

从认识论角度，信息的层次性还体现在语法、语义、语用三个方面。语法信息是认识过程的第一个层次，只是事物形式上的单纯描述，只表述事物的现象而不深入揭示事物发展的内涵和意义，涉及符号、数据、编码系统，是信息通信中所关心的问题。语义信息是认识过程的第二个层次，是认知主体所感知或所表述的事物存在方式和运动状态的逻辑含义，揭示了事物发展的内涵及其意义，是信息检索要考虑的问题。语用信息是认知过程中的最高层次，是认知主体所感知或所表述的事物存在方式和运动状态相对于某种目的所具有的效果和作用，是信息管理所关注的信息层次。语法信息、语义信息、语用信息这三者综合在一起就构成了认识论层次上的全部信息，即全信息。

信息的不完全性是指客观事物的信息是不可能全部得到的。客观事物的复杂性和动态性决定了信息的无限性。信息的获取是与人们认识事物的程度有关的，人们认识事物本身的局限性导致信息总是不完全的，所以在信息处理工作中，信息的完整性是相对的，信息的不完全性是绝对的。

(3) 信息具有动态性、时效性

人们获取信息的目的在于利用信息服务于管理与支持决策，但信息的内容及效用会随时间的推移而改变，这是信息的动态性特征，它表现为信息在信源、信道（媒介）、信宿之间的输入输出的循环过程中。客观事物本身在不断运动变化，信息也在不断发展更新。及时把握有效的信息将获得信息的最佳价值。信息的事前预测和及时反馈对主体的决策能产生积极影响，而使用滞后的信息就会降低效率甚至对工作造成危害。

因此，在获取和利用市场信息时，必须树立信息具有时效性的观念，注重时间因素对于信息“寿命”的影响。时间可以使信息部分地或完全失去效用，成为“过时的”或“老化的”信息。有些信息的老化速度相对慢一些，有些则具有极强的时效性。例如，关于某学科的基础知识可能会使你受益终生，而商业信息的老化则是比较快，但完全过时仍要经过一段较长的时间。如自由货币的汇率是随时都在变化的，即汇率信息的时效性很强，但如果知道今天的汇率收盘价是 \$1: ¥7.76，那么完全有理由预测明天的人民币汇价基本在 \$1: ¥7 到 \$1: ¥8 之间，但十年后会怎样就没什么把握了。历史数据中的信息是累积信息，其中有其过时的部分，也有有效的部分，这取决于你的使用目的。

(4) 信息具有依存性、可传递性、可共享性

信息本身是看不见、摸不着的，它必须依存于某种载体（如声波、纸张、磁性材料、网络等）才能存在和传递。信息离开语言、文字、图像、符号等记录手段便不能表述。但同一信息可以转换使用不同的载体、不同的记录手段而不影响其性质和功能，这说明信息依附于载体而存在，又独立于载体之外。

信息可以通过多种渠道、采用多种方式进行传递，比如，口头交流、通信、电话等个人传递方式，以及借助电台、电视、报纸、互联网等大众传播媒介向公众传播信息。每一个信息的接收者都可以成为一个新的"信息中心"，向其周围的次级信宿发布信息，形成信息传递的指数增长效应。物质交换是易物等价交换，失去一物才能得到一物；信息交换的双方不会失去原有的信息，而且还会增加新的信息。信息的可传递性特征使信息能够突破时间和空间上的限制，促进信息的开发和利用。

同时，信息内容可以供多人同时使用，这是信息的可共享性特征。

(5) 信息具有可生产性、经济性

通常，信息是零散的、分散的、无规则的，不进行信息的处理加工，就无法进行信息的存储、检索、传递和应用，更无法满足人们的信息需求。信息的生产性就体现在信息的加工处理上。信息可以被分析或综合、扩充或浓缩，可以把信息从一种形式变换成另一种形式，并在变换过程中增殖和增值。

信息具有经济性特征，即信息的获取、生产与利用都是需要支付费用，是有成本的。与信息的生产成本相比，信息的传递成本要低得多，这种高固定成本低传播成本的成本结构，为信息产品的生产交流带来许多与物质商品不同的特征，需加以注意。信息可以作为产品被消费、作为商品被出售或作为资本用来进行投资，能够给人们带来使用价值和价值。但信息的价值和使用价值会因人而异，面对同一事物客体，不同的人会有不同的感受，取得不同的使用价值。美、英两国的皮鞋厂，在20世纪50年代中期各派1名推销员到太平洋某岛屿开辟新的市场。当发现当地人大都赤脚、无人穿鞋时，英国推销员的反应是该地无人穿鞋、没有市场；美国推销员则深究其不穿鞋的原因，认为当地人不穿鞋在于该岛地处热带雨林，普通鞋不防潮、不透气，从而得到"此地没有合适的鞋可穿，是最具潜力的市场"的信息。改进的美国鞋销售十分成功，获利巨大；而那家英国鞋厂一年后倒闭。信息的价值在这里得到淋漓尽致的体现。

3. 信息的分类

信息的概念是广泛而又复杂的，对信息的分类有助于我们从多个角度来理解信息的含义。按照不同的标准，可对信息进行不同的分类。例如，按照信息的生

成领域，信息可以分为自然信息和社会信息；按照信息的流动方向，信息可以分为反馈信息和前馈信息；按照信息的时态，信息可以分为动态信息、历史信息和预测信息；按照信息对管理的作用大小，信息可以分为战略信息和运行控制信息；按照信息的应用，信息可以分为经济信息、管理信息、科技信息、政务信息、文教信息和军事信息等。下面是一些常见的信息类型：

（1）按信息产生的先后或加工深度划分

1）一次信息。一次信息是客观事件的第一记录，即现实中所发生事件的原始记录。它可能来自于政府的调查与评论、新闻报道与广播、公共机构的内部信息源、营利性公司的市场调查等。政府的决议或专家的报告、一段出自某个人心得的直接引语、由收音机、电视机或其他视听系统记录的一次谈话、图片等都是一次信息。一次信息可能是口头的、图片的、图解的或数字的，也可由表格、清单、公式等组成。原始信息是大量的、零星的、分散的、无规则的，在存储、检索、传递和应用方面存在困难，依据人们的能力和需求，其质量与价值有多重表现。为了更有效地利用信息，需要对其进行加工处理成二次信息、三次信息。

2）二次信息。对一次信息加工处理后得到的信息就成了二次信息。典型的二次文献信息是文摘期刊、文摘报、索引期刊和简报等，这种信息已呈现出有序的、有规则的特征。文摘或摘要提供一个主题的清晰轮廓，它是简要地把事实压缩成关键概念的信息，并清除或减少无关概念。索引是将一类相关的主题以标题或关键字的形式提供给使用者，通过它，人们可以方便地检索到所需要的内容。经过加工后的二次信息易于存储、检索、传递和使用，有较高的使用价值。比如，《世界经理人文摘》、《管理科学文摘》、《经济参考文摘》等提供了大量的二次信息。

随着计算机技术与因特网技术与应用的普及，网上信息是市场信息管理者的重要信息来源，像雅虎（www. yahoo. com）、搜狐（www. sohu. com）等门户网站都提供了丰富的经过加工处理的信息及其索引服务，其中大量的信息均是经过多次处理与加工的结果，属二次以上级次的信息。

3）三次信息。三次信息是通过二次信息提供的线索对某一范围的一次信息、二次信息进行分析、综合研究、核算加工所生成的信息，是人们深入研究的结晶。包括综述、专题报告、词典、年鉴等。

（2）按信息的表现形式划分

1）文献型信息。主要包括各种研究报告、论文、资料、刊物、书籍、汇编，以及它们的二次文献（如索引、目录）、三次文献（如综合评述、评论等）。文献型信息的特点是以文字为主，有明确的专业或学术领域，可以进行编目、分类等，进行整序处理生成二次文献，还可按照具体的研究需要进行二次加工形成专题研究报告等三次文献。

2）档案型信息。档案型信息同文献型信息有很多相同之处，以文字为主，内容结构比较清晰。其主要不同之处是：档案型信息主要反映历史的事实和演变过程，是“事后”的、经过整理、筛选的文献。它的生命周期相对来说较长、较稳定，按时间序列贯穿始终。档案型信息包括行政、技术、财务、人事等各方面内容。但档案法规定在工作中继续使用的、未经整理归档的资料不算档案。

3）统计型信息。统计型信息是数字型信息的集合，是反映大量现象的特征和规律性的数字资料。包括以数据为基础的情况分析、趋势分析等内容。以数据、图表为主要表现形式是统计型信息区别于其他类型信息的主要特点。

4）图像型信息。图像处理技术是当今信息技术的重要领域。随着数字化信息技术的发展，图像信息已经成为信息管理的一种重要类型。照片、电影、遥测遥感图像、电视、录像等图像信息所传递的信息量远远大于文字所传递的信息量，是一种十分有效的记录信息的方式。其管理的方式需要适应图像信息的特点。

5）动态型信息。动态信息主要是行情、商情、战况等瞬息万变情况的反映，它的特点是生命周期很短，强调时效性。动态信息需要进行积累加工，才能产生有价值的信息。动态信息的收集、加工、存储和传递都与其他类型的信息不同，对接受主体的要求很高。人们需要具有丰富的知识和分析能力，才能利用和判别动态信息，得到正确的结论。

（3）按信息记录内容与使用领域划分

1）经济信息。经济信息是指在经济活动过程中形成的信息。在生产、消费、流通、分配的各种经济活动中，必然伴随着大量信息的收集、处理和利用。在原始的物物交换中，信息还只是隐含在各种具体商品中。随着经济生活的发展，信息逐渐脱离了其具体载体，成为抽象的一般等价物。首先是货币，然后是各种有价证券，最后到现代的电子货币。在各种经济管理与经济活动中，还有繁多的其他形式的经济信息，国家经济政策法规信息、新技术开发与应用信息、生产经营信息、劳动人事信息、商业贸易信息、金融投资信息、市场需求信息等都是经济信息。

2）管理信息。管理信息是指各行业各个层次的管理与决策活动所需要的信息。管理信息包括人事、工资、计划、财务、统计等多方面的内容，以及经济、政治等外部信息。

3）科技信息。与科学、技术等有关的信息称为科技信息。人类的科学研究积累了大量的信息，包括各种理论、学说、发明、专利以及大量的资料数据。从科技信息内容性质上看有两部分：一是科学技术成果与科研方法等知识内容；二是科学研究计划管理等工作活动的内容。

4）政务信息。政务信息是指政府机关活动产生的信息，如方针政策、法规条例、政府决议、公报条约、国际往来、社会状况及日常活动等。政务信息多以文件形式传播。政务活动对人类的其他活动都有影响，经济管理决策离不开政务信息。

5）文教信息。文教信息是指与教育、体育、文学、艺术等有关的信息。文化是个含义广泛的行业，包括人类创造的物质文明和精神文明的总和。教育是产业，体育是产业，文化艺术更是产业。知识产业是今天的热门话题，是经济发展的有生力量。

6）军事信息。军事信息是指与国防、战争等军事活动有关的信息，如国防与军队的现代化建设、战略战术研究、武器发展研制、部队管理及作战等有关的信息。

上述的信息分类如图 1.2 所示。

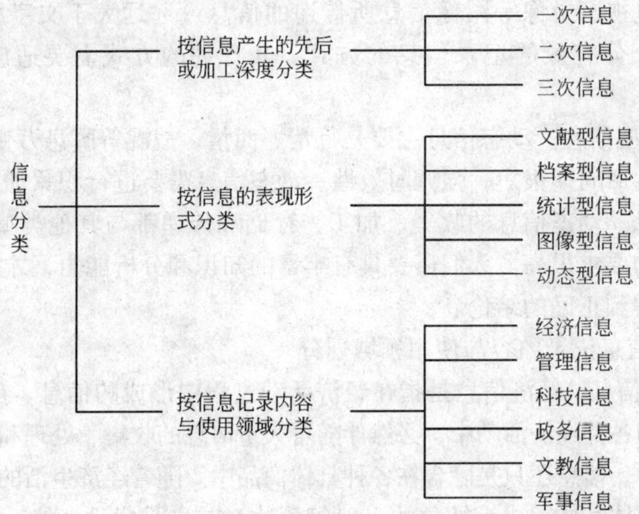

图 1.2 信息的分类

不管我们如何对信息进行分类，目的都是为了便于对信息进行管理。各种类型的信息是相互交融、相互关联的，实际工作中，应把握住信息的特征，尤其是信息的整体性特征，用系统思想指导我们的信息管理工作。

1.1.2 信息经济的含义和特征

1. 信息经济的含义

关于信息经济（information economy）的含义，目前尚无统一的理解。

按照美国的马克卢普（M. achlup）和马克·波拉特（M. Porat）的观点，信息经济是国民经济中所有与信息活动有关的经济活动领域。

美国经济学家兼企业家保罗·霍肯（P. Hawken）在《下一代经济》一书中认为，信息经济是指减少产品和劳务中的物质消耗，提高其中的智能和信息比重的经济。或者说，信息经济是指依靠更多的知识和信息，生产出物质和能源消耗更少、质量更好、更耐用的产品的经济。

美国的斯托尼尔（Stonier）在《信息财富——简论后工业经济》一书中将信息经济称为后工业经济，并认为，后工业经济是制造业所雇佣的人数及其在国民生产总值中所占的比例大于农业而小于服务业的经济。

我国学者马费成教授认为，信息经济是一种与物质经济相对应的经济结构，是指与信息从一种形态向另一种形态转换有关的相关经济活动的总称。这一转换过程包括信息的生产、加工、存储、流通、分配和利用的各个领域和各个环节。

乌家培教授认为，信息经济有两种含义：广义的信息经济是指信息社会的经济，需从经济的宏观层次上理解；狭义的信息经济则是指信息部门的经济，需从经济的中观层次理解。广义的信息经济是以现代信息技术等高新技术为物质基础、信息产业起主导作用的，基于信息、知识、智力的一种新型经济。狭义的信息经济所要表明的是信息经济部门本身，而不涉及同时存在的农业、非信息的制造业和服务业等其他经济部门。

由上述观点可见，虽然国内外学者认识信息经济的角度不同，对信息经济的理解和解释有一定的差异，但人们对信息经济的认识可分为两大类。其一是认为信息经济是信息产业经济，即把信息经济作为国民经济中的一个部门来对待，与国民经济中的农业经济、工业经济、商业经济等相对应。其实质是指信息产品从生产到分配、交换、消费各环节的经济活动。其二是认为信息经济是一种社会经济结构，与质能经济相对应。质能经济是指产品中物质和能源消耗较大，物质产品生产部门的从业人员和产值占国民生产总值比例较大的一种社会经济结构；信息经济则是产品中物质和能源消耗减少而信息含量加大、信息产业从业人员和产值占国民生产总值比例较大的又一种社会经济结构。这两类观点中，第一类观点有些偏颇，实际上是缩小了信息经济的范围；第二类观点较为合理，实际上包含了信息产业的内容。

我们认为，信息经济是指以信息为经济活动的基础，以信息产业为国民经济的主导产业的一种社会经济形态（桂学文，2006）。

2. 信息经济的特征

信息经济作为一种新型的社会经济形态，有区别于传统经济形态的根本标志，主要包括以下几点：

（1）信息成为人类社会的主要经济资源

早期人们利用信息，并没有把信息当成一种资源来看待，也没有认识到信息的全部价值，以致一代又一代的人相沿成习，把信息当成平常之物。在信息经济时代，信息已成为一种重要的经济资源。一方面，信息在经济活动中能够创造财富；另一方面，信息的作用还表现在对质能资源的替代与节约上。在经济生活的实际中把信息作为人类社会的主要经济资源，是信息经济的主要特征。

(2) 现代信息技术成为经济生活中的主要技术

信息技术是指开发、采集、传输、处理和利用信息的技术手段。当代的信息技术主要是指采用电子技术来采集、传递、控制和处理信息的技术，所以又称为电子信息技术，即与电子计算机和通信设备的设计制造以及信息的收集、处理、传输、变换、存取有关的技术。在现代社会，整个劳动的过程都是在信息的指挥下、在现代信息技术的作用下完成的。在这个过程中，劳动者和劳动对象之间变得更为和谐和亲密，极大地改善了人机关系和人与自然界之间的关系，这不但使劳动变得更为自由和有效，而且使劳动者获得空前的解放。随着信息技术的发展，人类将有可能把大部分的劳动转交给机器，从而从简单劳动中解放出来，去从事更富有创造意义的工作。

(3) 产品中的信息成分大于质能成分

在信息经济社会的整个产品结构中，以信息密集型产品为主。信息密集型产品包括信息内容丰富的物质产品和信息产品。任何产品都包含质能成分和信息成分，所不同的是两种成分的比重不同。在农业经济和工业经济时代，产品中的质能成分比信息成分大；而在信息经济时代，产品中的信息含量增加，物质含量减少，信息成分大于质能成分。除了增加物质产品中的信息含量外，信息产品也日益丰富。

(4) 信息产业成为国民经济的主导产业

信息产业成为国民经济的主导产业主要体现在信息部门的产值在国民生产总值中所占的比例和信息劳动者在从业人数中所占的比例这两个方面。就比例大小而言，可以采用以下两种不同的标准：一是信息部门产值占国民生产总值的比重大于农业、工业、服务业中任何一个部门产值所占国民生产总值的比重；二是信息部门产值占国民生产总值的比重大于其他产业产值总和所占国民生产总值的比重。第一个标准可作为信息经济形成的一个主要标志；第二个标准则可以作为信息经济发达的一个主要标志。同样，就信息劳动者在从业人数中所占比例大小而言也有两种不同的标准：产业部门中信息劳动者人数占总从业人数的比例大于农业、工业、服务业中任何一个部门劳动者所占的比例作为信息经济形成的一个主要标志；产业部门中信息劳动者人数占从业总人数的比例大于其他各产业部门全部劳动者所占的比例作为信息经济发达的一个主要标志。

1.2 信息经济学的产生和发展

自有人类社会以来，就存在着两类不同的经济活动：一类与物质和能量的转换有关；另一类与知识、信息形态的转换有关。前者构成物质经济的基础，后者发展成为信息经济、知识经济。

纵观人类历史，可以说每一种技术进步和社会进步都离不开信息的积累和知识的增加，但是由于在以往的社会经济活动中信息和知识投入所占比例有限，更新速度缓慢，对社会经济结构不足以产生根本性的影响，致使传统的物质经济在人类几千年的生产活动中一直占据着主导地位。政治家和经济学家所关心的也只是物质经济。

第二次世界大战后，现代科学技术革命使得社会经济迅猛发展。社会信息总量与知识总量的激增使得信息、知识的经济价值引起人们的高度重视。20 世纪 50 年代以来，随着电子计算机、光纤通信技术、卫星通信技术的出现和普及，发达国家的经济结构、产业结构、就业结构和经营方式等都发生了新的变化，科学技术创新对经济发展的推动日益增大，科技进步对经济增长的贡献率日益提高，知识、信息作为物质、能源之后的第二资源在国民经济中所占比重越来越大，当今社会正从工业时代向信息时代转变，以知识和信息为依托的新兴经济结构正在逐渐形成和发展。

在现代社会中，提高经济效益有两个方向：一是成本控制；二是价值挖掘。成本控制不仅要节省材料、能源，更应充分的利用信息和知识，要以最小的劳动占用和资源消耗建立最优的经济信息系统。经济学家开始关注信息、知识的经济特征和经济规律，重视信息、知识对经济增长和社会发展的作用。于是，从经济学角度对信息、知识的生产、传播和利用进行全面研究的新兴学科便应运而生了，这就是信息经济学。

1.2.1 国外信息经济学发展的三个主要阶段

信息经济学的启蒙思想，可追溯到 1918 年凡勃伦在他的《资本的性质》一书中提出“知识的增长构成财富的主要来源”。在随后的 40 年里，奈特、哈耶克、马尔萨克、阿罗和西蒙等著名经济学家都对信息经济学的思想启蒙做出了巨大的贡献。经过了这段酝酿阶段，1959 年，美国经济学家马尔萨克发表了《信息经济学评论》一文，标志着信息经济学的正式诞生。至今，信息经济学的研究已有了 40 多年的历史。我们可以将其发展过程大致分为三个阶段。

1. 信息经济学形成阶段（1959～1969 年）

美国是推动世界进入信息时代、知识时代大变革的主要发源地。1959 年美国著名经济学家马尔萨克（Marschak）发表了《信息经济学评论》一文，提出研究经济学特有的信息范畴问题，使用了信息经济学这一概念。应该说信息经济学作为正式的学科概念是美国著名经济学家乔治·J. 斯蒂格勒（George J. Stigler）1961 年在美国《政治经济》杂志上发表的著名论文《信息经济学》中提出来的，他研究了信息的成本和价值、信息对价格、工资以及其他生产要素的影响，第一次将信息作为经济活动的要素和经济运行的机制加以研究。

不完全信息条件下的经济分析理论是在微观层次上对信息进行经济研究，且重点是物质生产部门。信息产业与信息经济研究则是在中观层次和宏观层次上分析信息产业在国民经济的地位和比重以及对国民经济的贡献。这一领域的研究由美国学者马克卢普所开创。1962 年马克卢普在其《美国的知识生产和分配》一书中，首次提出了“知识产业”的概念。这是一部奠基性的、具有国际影响的、在宏观信息经济学中影响最大的信息经济学著作。该书刚出版，就引起经济学界的注意，1963 年，制度学派的代表人物肯尼思·鲍尔丁在《挑战》杂志上以《知识产业》为题，对马克卢普的知识产业思想和测度结果做了简要的介绍，并提出一个被广泛引用的评论：“知识产业的这个概念所具有的能量，足以将传统的经济学炸飞到九霄云外。”马克卢普获得的有关美国知识生产占国民生产总值的 29% 这个结论，在 20 世纪 60 年代被美国学者广泛应用。

该阶段的主要特点是出现了一定数量的以信息经济学为名的学术论文，并且微观与宏观信息经济学研究均取得了一定的成果，为西方信息经济学的产生奠定了理论基础。

2. 信息经济学初步发展阶段（1970～1978 年）

进入 20 世纪 70 年代以来，有关信息经济学的论著大量出版。如美国马歇尔·约维兹（M. Yovits）、日本增田米一、英国威尔金森（Ilkeson）分别发表的同名著作《信息经济学》和美国保罗·霍肯（P. Hawken）的《下一代经济》等相继问世，其中诺贝尔奖金获得者、美国著名经济学家肯尼斯·阿罗（K . Arrow）1972 年发表的《信息经济学》论文集，着重从微观和理论方面探讨了信息的经济含义、信息的价值和成本、信息不对称导致市场失灵、不完全信息与风险转移等重要问题，被学术界誉为信息经济学领域的开创性著作。马克·波拉特继承和发展了马克卢普的研究成果，于 1977 年完成了《信息经济》的报告，对信息经济的规模和结构做了详尽的测算分析，为信息产业结构方面的研究提供了一整套可操作的方法，引起了美国商务部的重视。波拉特用定量化的手段向人们展示了信息产业、信息经济的客观存在。

尽管信息经济学诞生的历史不长，研究领域也多限于某些侧面或局部问题，但它已显露出对经济科学发展的特殊意义，并很快被认为是一门独立的经济学科。1976 年美国经济学会在经济学分类中就列出了信息经济学，1979 年首次召开了国际信息经济学学术会议，1983 年国际性期刊《信息经济学和政策》创刊，为信息经济的研究提供了一个国际性论坛。

该阶段的主要特点是除微观与宏观信息经济学得到了较快的发展外，还出现了有关信息社会化的研究，即信息经济的社会学研究。

3. 信息经济学蓬勃发展阶段（1979 年至今）

1979 年后信息经济学首次被人为地、正式地明确划分为微观与宏观两大部分，同年首届国际信息经济学学术研讨会召开，信息经济学研究开始引起世界各国的重视，1979 年丁·希契莱福门（D. Hirsshleifer）和赖利（Riley）从与不确定性经济学关系的角度对信息经济学的有关基本问题、基本概念进行了研究，对信息经济学的完善作出了巨大贡献。进入 20 世纪 80 年代，西方对信息经济学的研究更是蓬勃展开，“信息”一词在经济学著作、论文中出现的频率日益提高，许多著名经济学家都开展了信息经济学的研究，使得信息经济学成为当代西方经济理论的一个热点。1983 年，美国经济学家保罗·罗默（Paul Romer）提出应把信息当作一种生产要素，重视信息在经济中的作用。罗伯特（Robert）、巴罗（Paul）等人通过大量实证研究，认为世界各国经济发展不均的原因不在于有形资本的多寡，而在于无形资本（如知识、教育、信息）的差异。基于相同的观点，英国经济学家莫里斯·斯科特（Maurice Scott）呼吁对信息、知识“必须单独投资”。1984 年，著名经济学家阿罗（Arrow）出版了他的《信息经济学》论文集，对信息经济进行了开拓性的研究。在这一阶段，信息经济学理论开始日益系统化、逻辑化，有关专著与论文集相继出版，各方面研究更加深入，并不断有成果获得诺贝尔经济学奖，逐步成为当前经济学最活跃的研究领域和信息学界最为关注、探讨最多的领域。1991 年诺贝尔经济学奖获得者科斯（Coase）也十分重视信息对经济行为的影响，他提出了“交易费用”概念，而信息成本是构成交易费用的重要部分。

除以上主要研究分支外，还有不少经济学家从不同方面开展了对信息经济学的研究，使得信息经济学的内容日益丰富。如日本的宫泽、梅棹忠夫等人着重研究了信息系统的建立、基本运行原理和评价方法，美国的丹尼尔·贝尔（Daniel Bell）、托夫勒（Toffler）、奈比斯（Naisbitt）、霍肯（Hawken）等人则从未来的角度来研究信息经济学，认为信息将是未来社会的决定因素，提出信息经济学将作为“下一代经济学”而取代现有的经济学，贝尔的《后工业社会的来临》和霍肯的《下一代经济》都反映了这种观点。

由于信息经济学本身就是一个复杂的综合体，现代经济对信息经济学的需求又呈现多样性，信息经济学诞生40多年来，许多经济学家在理解和表述信息经济学时也是多种多样的，迄今为止还没有形成确定的体系，正处于多定义并存阶段。尽管如此，信息经济学保留独立的经济学科的地位已被确认。

1.2.2　国内信息经济学发展的主要历程

中国信息经济学研究起步较晚，始于国外信息经济研究大发展背景下的20世纪70年代末80年代初，经过20多年的发展，无论是理论探讨还是实践应用都有了相当丰硕的成果。当前，中国正在建立社会主义市场经济，经济体制改革正逐步深化，信息经济学的一些理论模型非常适用于中国改革的需要，如委托－代理理论与激励机制对于当前国有企业改革的现实意义，不利选择与道德风险对于完善当前市场经济机制的启迪，因此，微观信息经济学在当前中国改革开放中越来越受到重视。同时随着“信息高速公路”构想的提出，世界信息化浪潮方兴未艾，中国信息产业正处在迅猛发展之中，对信息产业的经济学研究已成为重要的课题，这为宏观信息经济学研究提出了挑战，也为其深入发展提供了机遇。可以说，信息经济学在中国正处于备受关注的时期。根据现有资料分析，中国较为明确涉及信息经济学研究的证据，最早出现于1978年《经济资料译丛》。该刊第1期登载的1976年美国经济协会《经济文献分类法》译文中，第026类列出“不确定性与信息经济学”(原译为“测不准和情报经济学”)。这被视作中国信息经济学的历史开端。以后的20年研究历程中，以1989年8月在北京成立中国信息经济学会为标志，可划分为1978～1989年与1989年至今两个研究阶段。

1. 中国信息经济学发展的探索阶段（1978～1989年）

这一阶段也可以说是中国信息经济学的奠基阶段。有关学者和部门围绕着信息经济学的有关问题，通过开展各种学术活动，逐步构建了中国信息经济学的整体框架。在学术会议方面最具代表性的有：1985年12月和1986年3月，原国家科委情报所两次召开情报有偿服务方面的座谈会；1986年12月，在北京召开了首届中国信息化学术研讨会，信息经济学的有关课题成为会议的主要议题之一，这是信息经济学的内容首次被正式列入中国学术会议的主题之中；1988年在山东烟台召开了首次以信息经济学命名的学术研讨会。在立项研究方面最值得一提的是由中国社会科学院数量经济与技术经济研究所等单位承担的国家“七五”重点科学技术攻关项目“信息经济学及其软件系统”。与上述科研活动相辅相成的教学活动在这一阶段也积极展开。1983年武汉大学情报科学系正式将“情报经济学”列入专业教学计划，随后又于1985年首先开设了完整的情报经济学课程，并编写出较为系统的教材，这极大地丰富了中国信息经济学的研究。

这一阶段中国信息经济学研究有三个主要特征：

1）不断翻译和引进吸收国外信息经济学的研究成果。不仅邀请外国信息经济学家来华讲学，还积极组织力量翻译一批有影响的信息经济学著作，如阿罗的《信息经济学》论文集、波拉特的《信息社会》、霍肯的《下一代经济》、斯托尼尔的《信息财富》等都是在这期间被首次引入中国学术界的。

2）在传播西方信息经济学概念和方法论的同时，组织有关科研人员结合中国的社会现实，初步开展自身的信息经济学研究。如1986年，原国家科委仿照波拉特的方法对我国1982年的信息经济规模进行了调查统计和分析测算，完成了一份很有价值的研究报告，该报告提供了中国20世纪80年代初信息经济学的结构和规模的定量描述。其后，许多省、市也开展了类似研究，分析本地区信息产业和信息经济的比重，这些研究为制定相应的经济政策和信息政策、保证中国信息经济发展提供了依据和对策。

3）这一阶段宏观信息经济学研究受到重视且有较快发展，微观信息经济学研究则长期处于缓慢发展状态。进入20世纪80年代以来，经济体制改革和科技体制改革对中国原有的信息需求、利用、生产和服务格局产生了极大的冲击，信息活动中的经济问题相对于经济活动中的信息问题暴露得更明显，也更引起社会有识之士的重视，中国情报学界抓住信息服务有偿化改革的契机，在宏观信息经济学的理论研究与实践建设方面取得了不少进展。而微观信息经济学作为西方经济学的前沿研究领域，由于20世纪整个80年代中国经济学界将研究重点放在对马克思经济学的重新认识和本土化上，对西方经济学研究和引入只处于初步阶段，因此中国经济学界对微观信息经济学研究得很少，这方面研究相对宏观信息经济学而言涉及不深，进展缓慢，成果极其有限。

2. 中国信息经济学发展的深化阶段（1989年至今）

1989年8月在北京召开了第二届信息经济学学术研讨会。这次会议对信息经济学如何结合我国国情研究解决一些迫切的实际问题及建立具有中国特色的信息经济学提出了建议，并成立了中国信息经济学会，首任学会理事长、数量经济学家乌家培在会上提出了体现中国国情的信息经济学研究的一个总体框架。以这次会议和中国信息经济学会的成立为标志，中国信息经济学研究进入了寻求新突破的第二个发展阶段：深化发展阶段。

在这一阶段，中国信息经济学研究围绕着有关重要理论课题和中国社会经济信息化进程中出现的重大实践课题召开了一系列专题学术会议。如中国信息系统建设问题、信息资源管理与利用问题、信息市场问题等。同时中国信息经济学研究还有了自己的学术阵地和交流环境，中国信息经济学学会出版了学会的会刊

《信息经济与技术》。在立项方面，相对第一阶段，课题数量增多，涉及内容加深，研究的难度加大。比较典型的有暨南大学承担的国家自然科学基金项目“中国信息产业发展战略研究”和吉林大学靖继鹏教授承担的国家自然科学基金项目“信息商品市场运行机制与管理模式研究”，以及由吉林大学主持的部级课题“信息经济学理论与应用研究”、“信息市场环境分析与评价理论与方法研究”等。这一阶段的信息经济学教学活动进一步向前发展，信息管理专业除为本科生开设有关的课程外，还培养信息经济研究方向的研究生。1996 年起，武汉大学信息管理学院开始招收信息经济学方向的博士研究生。

1.3 信息经济学的研究领域和研究内容

1.3.1 信息经济学的研究领域

1. 国外信息经济学的研究领域

根据谢康教授对国外信息经济学研究的分析，国外学者主要从五个角度研究信息经济现象。

第一个角度是以不完全信息和非对称信息的假设出发分析经济现象。这一角度的研究以不完全信息和非对称信息假设为前提进行的各种微观经济学研究成果，形成了当代最富特色的信息经济学理论，我们将之称为微观信息经济学理论。20 世纪 80 年代末至 90 年代初，微观信息经济学中引入委托－代理关系、激励机制、不利选择（或逆向选择）、道德风险、市场信号和搜寻等基本概念，并逐步吸收到国外微观经济学经典教科书中。

范里安《微观经济学：现代观点》（1990 年版）最后一章安排了上述内容，这部教材是国外较早将微观信息经济学概念及其理论纳入教学内容的权威教材之一。在该书 1996 年版（第四版）中，作者将最后一章的标题由“信息”改为“非对称信息”，同时，安排独立一章阐述信息技术经济原理（主要分析网络经济的外部性及其知识产权保护问题）。David M . Kreps 的《微观经济学教程》（1990 年版）将全书分为五个部分，依次是个人与社会选择、价格机制、非合作博弈论、信息经济学专题以及厂商与交易。在信息经济学专题中，包括了道德风险与激励、不利选择与市场信号以及信息披露原则与机制设计。1993 年约瑟夫·斯蒂格利茨和 1995 年平狄克等在他们先后出版的教材中，分别收录了微观信息经济学的内容，前者收录了次品市场和不利选择、激励机制、搜寻、广告、政府信息政策及劳动市场的不完全信息等内容，后者收录了次货市场、市场信号、道德风险、委托－代理问题、激励机制及劳动市场的信息问题等内容。

此外，当代经济博弈论的理论著述也基本上将不利选择、道德风险、激励机制和市场信号纳入分析框架中。1994 年 Eric Rasmusen 在《博弈论与信息：博弈论引论》中，按照博弈理论、非对称信息和应用三个部分，系统地阐述了博弈论与微观信息经济学的关系，具体讨论了名誉、道德风险、不利选择和信号理论，以及这些理论在谈判、行动、定价、市场进入和产业组织行为中的应用。在 David M. Kreps的《微观经济学教程》（1990 年版）中，微观信息经济学理论与博弈理论之间结合得相当精彩，国内张维迎《博弈论与信息经济学》（上海三联书店，1997）中的不少精妙之处似乎也受益于这本教材。

第二个角度是从统计决策的角度出发，研究如何利用信息实现最优信息经济。"信息经济学"这个概念是马尔萨克在 1959 年最早提出来的，他在 20 世纪 60 年代和 70 年代的研究中，逐渐建立起最优信息系统选择的信息系统经济学理论。这一理论得到了阿罗、马歇尔·约维茨以及日本野口悠纪雄等经济学家的扩展。20 世纪 80 年代后，最优信息系统选择理论成为管理会计理论中的前沿领域，1985 年美国会计学教授罗伯特·斯卡彭斯在《管理会计发展概况》中对此做了专门评介。目前，美国部分大学管理学院中开设的信息经济学课程，多有介绍马尔萨克的这套理论。在马尔萨克看来，信息经济学是由决策科学派生出来，具体研究如何选择最优信息系统或最优信息结构的一门经济学。

第三个角度是从企业管理和信息管理角度研究信息经济现象。1963 年，Adrian M . McDonough在《信息经济学与管理系统》中，从信息管理角度具体探讨了信息的经济现象。如企业内部的信息需求、信息供给、信息管理的经济效益以及信息系统的经济环境等内容。1988 年，Marilyn M . Parker 等在《信息经济学：与信息技术相连的商业绩效》一书中，系统地论述了信息技术的预期商业收益、信息经济学的基本理论及其在企业管理中的应用，具体包括了信息技术价值与成本构成、信息技术的规划方法（特别是成本 - 收益分析）以及信息、经济工具和信息创新等内容。

第四个角度是从信息产业角度分析信息经济现象。1983 年马丁（Martin）和弗劳尔迪（Flowerdew）的《信息经济学》、1986 年萨缪尔·沃尔帕特（Samuel Wolpert）和齐伊斯·沃尔帕特（Joyce Wolpert）《信息经济学》等都是专门研究信息产业的经济著作，具体包括数据库产业、数据处理服务业、信息零售销售业以及通信系统和信息价值的研究，1997 年以来，网络经济与通信产业的研究也日益增多，Lee W. Mcknight 和 Joseph P. Bailey 主编的《因特网经济学》及 J. Gregory Sidak 和 Daniel F. SPulbar 的《放松管制的收益与管制合同：美国网络产业的竞争转型》是网络经济学的两部重要著作。此外，韩国 Sung Gul Hong 的《东亚产业政策的政治经济学：台湾和韩国的半导体产业》、英国 Daniel J . Ryan 主编的《电信业中的私有化与竞争：国际发展》是近年来两本有代表性的信息产业经济学著作。

第五个角度是从信息经济的统计测算角度分析信息经济现象。美国经济学家马克卢普在1962年出版了一本名为《美国的知识生产与分配》的著作，率先提出了知识产业的概念，以此为基础对美国知识产业的规模做了初步的测算。1971年，澳大利亚经济学家Lamberton在《信息与知识经济学》著作中进一步发展了马克卢普的理论。1977年，美国斯坦福大学波拉特在美国商务部资助下，以《信息经济》为题完成博士论文，出版了九卷本的《信息经济》著作，进一步发展了马克卢普的信息经济思想。1995年Jorge R. Schement等的《信息时代的趋势与强度：美国信息的生产与分配》和1986年Michael R . Rubin等的《1960～1980年美国的知识产业》先后对马克卢普和波拉特的研究方法和结果进行了改进。

根据上述五个研究角度，可将国外信息经济学分为以下八个研究领域。

第一个领域为微观信息经济学的核心领域，包括委托－代理关系、激励机制和市场安排、不利选择、道德风险和市场信号五部分内容。这也是主流信息经济学的研究领域，甚至有学者直接将信息经济学称为"非对称信息经济学"。

第二个领域为微观信息经济学的非核心领域，包括信息的四种形式（完全与不完全、对称与非对称、公共信息与私人信息、同质信息与异质信息）的模型及影响研究、搜寻、最优信息系统选择、拍卖与投标、信息商品与销售、信息成本与价值、信息结构与信息效率、信息技术和网络外部性、知识产权保护以及信息市场理论等内容。

第三个领域为宏观信息经济学的核心领域，主要是信息经济与知识经济理论研究，包括信息经济的测度理论与方法、知识经济的测度理论与方法、国家创新体系、信息化的测度理论与方法、信息和知识对经济增长的贡献（新经济增长理论等），以及路径依赖、市场锁定、收益递增律、信息财富和信息资源的经济理论等内容。

第四个领域为信息系统经济学，研究内容包括信息系统的成本、价值与创新、信息系统的投资与项目管理、信息系统的成本－收益分析、信息系统投入产出分析、信息系统定价和市场营销等。

第五个领域为企业的信息组织理论，包括企业信息管理和知识管理、企业信息技术战略与竞争策略、企业信息化与产业信息化理论等内容。

第六个领域为信息的产业组织理论，也称为信息产业经济学或信息技术经济学研究，包括信息产业的经济特征和信息技术产业化，信息产业垄断与竞争、进入与退出、研究与开发等竞争战略与策略，以及信息产业与就业、人力资源、经济周期、通货膨胀和经济增长等内容的研究。

第七个领域为网络经济学，包括网络外部性、网络经济的特征、作为公共商品的网络的经济效率、网络产业的竞争、网络产品及服务定价、网络经济的政策，以及电子商务中的各种经济问题的研究。

第八个领域为国际信息经济学，包括世界信息经济与国际信息贸易两大部分内容。前者侧重从世界经济角度分析世界经济的信息化与信息经济发展及趋势，如研究信息技术对国际经济相互依赖性的影响等；后者从国际经济学，特别是国际贸易的角度分析信息贸易的经济问题，如信息产业的战略性贸易政策、信息服务贸易与国家竞争力的关系，信息服务市场的开放顺序等。

2. 国内信息经济学的研究领域

近年来，中国的经济学家、图书馆学家、情报学家、计算机专家积极投身于信息经济学的研究，在短短的几十年发展历史中，先后形成了一系列相对独立的分支研究领域。到目前为止可概括为五大领域。

（1）不完全信息经济学

有些学者将不完全信息经济学称之为主流信息经济学。该领域的主要内容包括：信息搜寻及搜寻成本、信息与资源配置、不完全信息条件下的经济行为分析、非对称信息和激励机制的设计、信息与经济组织理论及新福利经济学等。

不完全信息经济学主要着眼于经济活动中的信息因素而不是信息或信息活动的经济问题，其核心是用不完全信息代替完全信息、不完备信息代替完备信息、非对称信息代替对称信息，对传统经济学理论进行补充和修正。

不完全信息条件下的经济学分析是一个独具特色且具有巨大影响的经济学领域。20世纪七八十年代以来，信息经济学进入成熟发展期。不完全信息已成为西方经济学家建立理论模型的基本前提。新制度经济学、博弈论、现代契约理论、机制设计理论、企业融资理论等领域均引入了不完全信息的分析方法。可以说，不完全信息理论基本上已被运用到西方微观经济理论的所有领域，人们正在运用信息理论与博弈论重构微观经济学的基础。

（2）信息转换经济学

有关信息转换的经济学有信息处理经济学、信息系统经济学、通信经济学和刚兴起的网络经济学等。其中，信息系统经济学的研究在国内外较为深入，主要体现在两个方面：一是信息系统的经济分析；二是信息系统的管理与营销。信息经济学中的信息系统的概念比我们通常认为的计算机信息系统的概念广泛得多，按日本学者野口悠纪雄的解释，信息经济学中的信息系统是这样一种系统：为了给决策者提供所需信息，观测和调查现状，收集信息，有时对这种信息进行加工(计算和分析等)，把所需信息传递给决策者。例如，根据医生诊断来确定是否进行手术，这时医生就是一个信息系统。信息系统经济学的研究核心是最优信息系统选择评价的经济理论。包含最大信息量的信息系统未必是最优信息系统，因为包含最大信息量的信息系统的成本往往比包含较少信息的信息系统的成本昂贵得多，所以最优信息系统是价值与费用之差最大的信息系统。

总之，信息转换经济学主要是研究如何对信息流进行有效的控制、处理、管理和利用，以便更好地为信息使用者服务。

(3) 信息的经济研究

信息的经济研究主要包括：信息商品的特征、生产与需求；信息的成本与价值；信息资源的分配与管理等。信息商品是一种特殊商品，有其自身特征。信息生产比信息供给的范围窄，信息供给既要考虑信息生产，又要考虑信息传播。就信息的成本与价值而言，国内外许多学者从西方经济学理论角度深刻研究了信息的生产成本、交易成本、信息费用以及信息的效用价值。

马费成教授提出的信息传输经济分析也属于该领域。信息传输经济分析的研究起源于图书情报界长期关心的成本收益评价问题，后来又提出仿照传统的研究资本生产和利用经济学理论以及劳动力利用与付酬的经济学有关理论方法，建立计算信息、信息价值、成本和收益的标准。利用经济学的理论方法研究信息生产、传输、利用的成本收益已经成为了图书情报界人士关心的热点。这里所说的信息传输是一个十分广义的概念，实质上是指整个信息服务活动或信息服务过程。在对信息传输的经济分析中，主要研究的内容包括：信息商品和信息服务的成本；信息商品的价格问题；联机检索的经济问题；信息服务的效果与效率；信息传输的成本收益分析；信息服务增值过程等。对信息传输的经济分析不是仅拘泥于图书情报工作，而是研究整个信息及其传输的经济特性。

(4) 信息经济的研究

信息经济的研究是从知识的生产和分配、知识产业和知识职业、信息经济的分析和测定开始的，它与信息部门的发展紧密相关。这方面的两个最主要的奠基人是马克卢普和波拉特，其中波拉特的贡献最为突出，他不仅提出把信息产业单列为第四产业，并细分了信息服务部门，而且研究出了一套对信息经济规模与结构进行测算和分析的方法，他为此被尊为信息（产业）经济的鼻祖。信息经济研究的主要内容包括信息产业、信息市场、信息经济规模及其确定、信息基础设施经济问题和国民经济信息化等。

不完全信息理论是在微观层次上对信息进行经济研究，且重点是物质生产和服务部门。信息产业与信息经济分析是在中观和宏观层次上分析信息产业在整个国民经济中的地位、比重以及信息对国民经济的贡献。信息产业和信息经济研究无疑是信息经济学的一个重要领域。有人将该领域的研究称为宏观信息经济学或部门信息经济学，也有人称其为应用信息经济学，这些都不无道理。

(5) 信息经济的社会学研究

信息经济的社会学研究是指从社会结构和经济形态的角度出发，探讨信息经济对人类社会结构、政治制度、经济制度以及人类社会生活和精神状态的影响，以信息技术和经济信息化为基础研究社会生活和组织形式。这一研究方面的代表性理论就是所谓的“信息社会”和“后工业社会”等理论形式。早在1976年，美国著名社会学家丹尼尔·贝尔在其著作《后工业社会的来临》中就对信息社会做过全面深入的理论分析。他认为，如果工业社会以机器技术为基础，后工业社会则是由知识技术形成的；如果说资本与劳动是工业社会的主要结构特征，那么信息和知识则是后工业社会的主要结构特征。他指出，后工业社会新的特征主要体现以下方面：第一，理论知识的首要性；第二，新技术知识的产生；第三，知识阶级的扩展；第四，商品变服务；第五，工作性质的改变；第六，妇女作用的增大；第七，科学和社会的日益结合；第八，工作地点成为政治单位；第九，能者统治；第十，信息和时间的匮乏成为新的匮乏；第十一，信息经济学强调合作的战略。丹尼尔·贝尔对后工业社会的这种分析及其理论实际上成为后来各种知识社会和信息社会理论的基础，对信息社会理论的形成和发展产生了深刻的影响。

奈斯比特（Naisbitt）在《大趋势》一书中从十个方面论述了美国社会发展的新趋势，其中第一种变化也是最重要的变化就是从工业社会向信息社会的转变，大量生产的知识代替了大量生产的工业产品，新的权力来源不是少数人的金钱，而是多数人手中的信息。

以上介绍的仅仅是信息经济学的几个重要领域，尽管信息经济学的各个领域是相对独立的，但它们之间仍然具有某种联系，这种联系来自于信息自身的内涵。因此在信息经济学不同领域从事研究的学者，他们的研究领域也没有绝对的分界线，常常会交叉进行。

1.3.2 信息经济学的研究内容

信息经济学（Information Economies 或 Economies of Information）是以信息和信息经济为研究对象，研究经济活动中的信息问题和信息或信息活动中的经济问题的基本理论、运行机制、运作方法和发展规律的一门学科。

基于上述认识，我们认为，信息经济学的研究内容主要包括以下几个方面：

1. 信息经济学的基本理论问题研究

信息经济学的基本理论问题关系到本学科的研究和发展。如果没有从理论上弄清什么是信息经济学，信息经济学应围绕哪些领域和内容进行研究，信息经济学在现代科学体系上处于什么地位，就难以全面、系统地研究信息经济学，就会分散研究力量，降低研究效率，进而影响到信息经济学的发展。因此，研究信息经济学的基本理论问题尤其重要。这方面的研究主要是探讨信息经济学的研究对象、研究内容、学科体系、学科性质、相关学科、发展规律、发展历史、研究现状和发展趋势等。

2. 信息经济学的基本原理研究

信息经济学的基本原理问题关系到本学科的理论基础和内容体系。如果没有从理论上弄清信息经济学的基本原理，信息经济学作为一门学科将缺乏必要的研究基础，信息经济学的内容体系将缺乏必要的联系。因此，研究信息经济学的基本原理问题非常重要。这方面的研究主要是信息不完全与不对称原理、信息共享与再生原理、信息公共物品原理、信息商品化原理、信息产业边际收益递增原理等基本原理的内容和应用范围。

3. 博弈论和非对称信息经济学理论

博弈论和非对称信息经济学理论是西方信息经济学的核心内容，也是我国信息经济学中的重要研究内容。这部分主要探讨完全信息静态博弈和动态博弈、不完全信息静态博弈和动态博弈、信息不确定与预期效用理论、信息不确定与实物期权理论、不确定性下的信息决策、委托－代理关系、信息不对称下的最优激励合同、委托－代理关系的多阶段博弈动态模型、道德风险与锦标制度、逆向选择与信号传递等。

4. 信息商品研究

商品是一个基本的经济学范畴，离开了信息商品，就谈不上信息市场和信息产业，有必要将信息商品作为一项独立的研究内容。这方面的研究着重探讨信息商品的需求与供给及其供需平衡、信息商品的消费过程与消费效益、信息商品的成本与价值、信息商品的定价策略与定价方法等。

5. 信息市场研究

信息市场是市场体系中的一类重要市场，也是信息经济学的重要组成部分。其结构、功能、运行机制、营销方法和组织管理等都有不同于其他市场的特点。深入研究信息市场，有利于保证信息市场的有效运行，充分发挥信息市场的作用，促进信息经济和信息产业的发展。这方面的研究主要是探讨信息市场的内涵与特征、信息市场的功能与作用、信息市场的运行机制、信息市场的管理等。

6. 信息资源及其配置研究

在信息经济时代，信息是一种重要的经济资源。认识信息资源的特征、结构、功能与作用是充分地开发和有效地利用信息资源，更好地发展信息经济的理论条件。信息经济学应将信息资源作为主要内容来加以研究。这方面的研究主要是探讨信息资源的构成与特征、信息资源的功能与作用、信息资源配置的目标与原则、信息资源配置的层次和内容、信息资源配置的机制与模式、信息资源配置的效益与评价等。

7. 信息技术对经济发展的作用研究

信息技术对经济发展与增长具有重要作用。信息技术不仅促进了信息产业的发展，而且改变着传统农业经济和工业经济的根本特征，促进着国民经济的持续发展。这方面的研究主要是探讨信息技术的特点、信息生产力的作用和特点、信息技术对经济增长的作用等。

8. 信息系统的经济评价问题

信息系统是信息资源的组织形式，其建设与运行需要昂贵的经费支持，同时却可取得很大的经济效益和社会效益。它们所产生的间接效益往往远大于直接效益。以尽可能少的费用建立和完善效益尽可能好的信息系统，是必须贯彻执行的重要原则。这方面的研究主要是探讨信息系统的功能和结构、信息系统费用与效益分析的评价方法等。

9. 信息产业研究

信息产业是国民经济的重要组成部分，是信息经济学的核心内容。这方面的研究主要是探讨信息产业的含义和特征、信息产业的形成和发展规律、信息产业的产业结构、信息产业对经济发展的影响等。

10. 信息经济测度研究

这方面的研究主要是探讨信息经济的测度方法，包括马克卢普的信息经济测度理论、波拉特的信息测度理论、厄斯的经济－信息活动相关分析方法、国内信息经济测度方法等。

11. 国民经济信息化研究

国民经济信息化是信息社会的主要特点，所以有必要探讨国民经济信息化的问题。这方面的研究主要是探讨国民经济信息化的含义与特征、信息化对经济增长的作用、企业信息化及其评价、国民经济信息化及其评价等。

12. 信息经济学发展问题研究

作为研究信息和信息经济的一个新学科，信息经济学无论是研究领域、研究内容还是学科体系都尚未成型。因此，应将信息经济学看作是一个动态体系，随着研究内容的系统和深入，需要不断完善信息经济学的体系。例如，近年来网络经济学、电子商务经济学、信息生态经济学等都有了很大发展。

1.4 信息经济学的学科体系及其与其他学科的关系

1.4.1 信息经济学的学科体系

学科体系的形成是通过对研究内容进行深入研究，并达到一定程度而取得的成果，是一个学科发展并走向成熟的标志。信息经济学自诞生之日起，一些学者就其内容进行了研究和探讨，做出了不懈的努力，已形成了一定数量的知识单元。但由于信息经济学的发展历程较短，目前，其学科体系尚未定型。

马费成教授的《信息经济学》一书中认为，可从不同角度来讨论信息经济学的学科结构和划分分支学科，如按学科范围分为理论信息经学和应用信息经济学两个范畴，按学科层次可划分为宏观信息经济学和微观信息经济学两个层次；按学科对象可划分为信息市场学、信息部门经济学、信息系统经济学、信息工程经济学、信息技术经济学、信息资源经济学、信息管理经济学等；按学科的内容和领域可划分为通信经济学、软件经济学、科学经济学、教育经济学、情报经济学等。

靖继鹏教授在《信息经济学》一书中认为，信息经济学由不完全信息经济学、信息转换经济学（信息处理经济学、信息系统经济学、通信经济学）、信息的经济研究、信息经济的研究、信息经济的社会学五个分支内容组成。

张守一教授在《信息经济学》一书中认为，信息经济学由地区信息经济学、行业信息经济学和信息运行学三大部分组成，其中，行业信息经济学包括政府经济学、科技经济学、通信经济学、教育经济学、软件经济学和文献经济学等。

陈禹教授在《信息经济学教程》一书中认为，信息经济学是由狭义信息经济学和广义信息经济学组成的学科群。狭义信息经济学包括传统经济学中的微观信息经济学、宏观信息经济学和信息产业经济学。广义信息经济学包括狭义信息经济学和纯信息部门（产业）经济学分支群、信息技术部门（产业）经济学分支群、广义信息生产与分配部门（产业）经济学分支群。

乌家培教授的《信息经济学》一书中按信息经济学的研究性质，将其分为理论信息经济学和应用信息经济学；按信息经济学研究的范围，将其分为微观信息经济学和宏观信息经济学。并认为，理论信息经济学主要研究信息及其特征对经济主体的行为与相互关系的影响，旨在借助信息以减少或消除不确定性因素带来的影响；应用信息经济学主要研究信息产品、信息资源的开发和利用、信息系统和信息网络、信息基础设施建设、信息产业、信息市场以及信息化等方面的经济问题；微观信息经济学主要研究市场信息对经济行为的影响及其后果；宏观信息经学主要研究国家的和世界的信息产业、信息贸易等经济问题。

我们认为，信息经济学学科体系是一个复杂的层次结构。就其门类而言，信息经济学由普通信息经济学和专门信息经济学两大门类组成，每一门类又是由不同层次的分支学科组成的知识群体（桂学文，2006）。信息经济学的学科体系如图 1.3 所示。

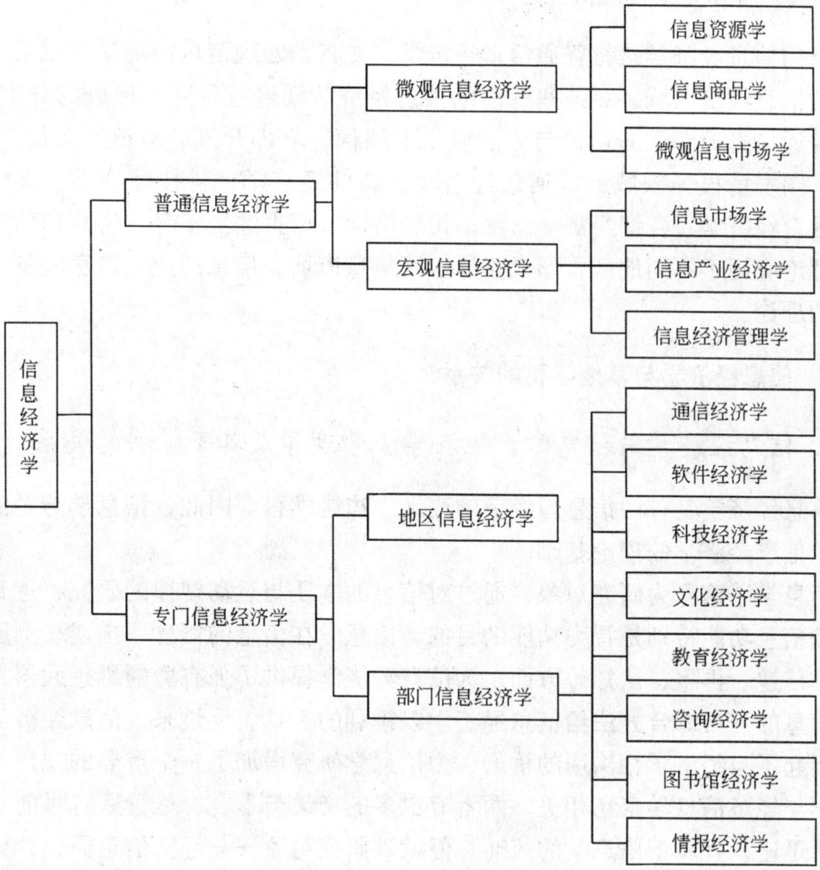

图 1.3 信息经济学的学科体系

1. 普通信息经济学

普通信息经济学将信息经济学领域中带有普通性和共性的问题作为主要研究内容，探讨信息经济和信息经济活动各领域中的一般原理与共同规律，其理论与方法对信息经济活动的各个领域都有很强的指导作用。按其研究的内容不同，普通信息经济学又可分为微观信息经济学和宏观信息经济学。微观信息经济学主要研究信息在经济活动过程中的作用规律，着眼于探讨经济活动中信息的运用及其后果，对商品的价格信息和质量信息以及信息的成本、价格、效用等有较多的分析。宏观信息经济学主要是从宏观上探讨信息产品的生产、分配、交换和消费的机制与规律，从经济理论和经济政策的统一上考察信息产业的运行机制及发展规律，研究信息市场和信息产业的宏观调控和经营管理的原理与方法。

2. 专门信息经济学

专门信息经济学是将普通信息经济学，尤其是宏观信息经济学的成果应用于专门的信息经济领域，对某些专门的信息经济活动进行研究而形成的分支学科。如将普通信息经济学的理论与方法应用于通信、软件开发、科技、文化、教育、咨询、图书情报等领域形成通信经济学、软件经济学、科技经济学、文化经济学、教育经济学、咨询经济学、图书馆经济学、情报经济学等；将普通信息经济学的理论应用于不同地区，形成指导地区信息市场、信息产业、信息经济建设和发展的理论。

1.4.2 信息经济学与其他学科的关系

1. 信息经济学与信息学、经济学、管理学及其子学科的关系

信息经济学是一门信息与经济的交叉、边缘学科。因此，信息学与经济学共同构成信息经济学的理论基础。

信息学以信息为研究对象，通过对信息的本质与运动规律的研究，达到扩展人类的信息功能特别是智力功能的目的。信息学在信息的概念、描述、测度以及信息的传递、再生、认知等方面，为信息经济学提供了强有力的思想武器，同时还用信息的分析综合方法给信息经济学以锐利的工具。反过来，信息经济学为信息学架起了与经济学相沟通的桥梁，为信息学研究增加了一个重要的视角。信息经济学与经济信息学密切相关，两者有更多的交叉与重合。尽管后者目前不如前者发展迅速，且属于信息学的范畴，但就其研究对象——经济信息而言，比信息学更接近于信息经济学。在信息经济学的研究中，主要涉及市场信息等经济信息，但也涉及技术信息等非经济信息。

经济学与信息经济学的关系是一种整体与局部的关系。信息经济学的理论与方法同经济学的理论与方法不能截然分割，但是信息经济学绝不是简单地运用经济学的传统理论，而是以一种新的透视角度对后者进行重新认识，并加以发展，同时还根据信息经济的实践，为经济学增添新理论。信息经济学的发展有利于促进经济学的变革，例如，考虑影响经济理论的新因素，如国际贸易理论中跨国数据流的巨大作用等，信息经济学需要为经济学从工业时代步入信息时代确立自己

的地位做出应有的贡献。

信息经济学同经济学的其他分支学科，如数量经济学、技术经济学存在着更紧密的关系：数量经济学为信息经济学提供数量分析和经济计量方法；技术经济学则为信息经济学提供费用效益分析方法。这对推动信息经济学的深入研究有着不可低估的作用。信息经济学同不确定性经济学、经济对策论（或经济博弈论）既有联系又有区别。信息经济学和不确定性经济学都研究经济活动中的不确定因素，但信息经济学不是研究人们在经济行为中如何适应客观存在的不确定性问题，而是研究如何缩小或排除不确定性因素的影响问题。如果说不确定性经济学的研究具有被动的性质，那么应当说，信息经济学的研究则具有主动的性质。信息经济学和经济对策论都研究经济活动中信息不对称问题，但经济对策论研究的是一群经济人在对策互动的情况下，其决策结果可能会怎么样的问题。而信息经济学研究的则是相反的，即在信息不对称的情况下先预测应有什么样的结果，再据此要求制定何种游戏规则，使其结果对大家都为最好，以兼顾公平与效率，并强调具有激励作用机制设计的重要性。

信息经济学与管理学的关系是不容忽视的。管理学是研究人类管理活动的规律及其应用的科学。它对信息经济学的实用化起着重大作用。信息经济学只有通过管理才能转化为生产力。应用信息经济学的发展需要管理学的参与和帮助。信息系统、信息网络、信息资源、信息产业、信息市场、信息经济等问题的研究，都应延伸到管理问题。从这一点看，信息经济学与管理学还有较多的交叉。信息经济学各部分的研究为相关管理问题的研究可以开拓途径和创造条件。信息经济学与信息管理学（或信息资源管理学）的关系尤为密切。前者属经济学，后者属管理学，但两者在发展过程中的关系往往较难分清，相互渗透的现象甚为常见。经济中有管理问题，管理中有经济问题，需要信息经济学与信息管理学共同去研究，在合作中求发展。

2. 信息经济学同其相邻学科或隶属学科的关系

信息经济学是为适应信息社会的需要，体现信息经济的发展，充分反映经济活动中信息及其交流的特征而发展起来的。随着经济领域信息活动的细化以及对这些细化部分所做的经济研究的发展，出现了一系列与信息经济学相毗邻的其他经济学子学科。这些子学科对信息经济学来说，一方面有相对的独立性，另一方面与信息经济学之间存在着这样或那样的隶属关系。

关于上述子学科，从信息内容的扩展来看，它们有广告经济学、情报经济学、知识经济学等；从信息过程的阶段来看，它们又有通信经济学、传媒经济学、计算机经济学、软件经济学、网络经济学等；从信息的生产、分配活动的广义扩展来看，它们还有研究与开发经济学、教育经济学等。这是经济学领域内一个互有联系的庞大学科群。它们由于各自发展的土壤和条件不尽相同，总的来看处于一种不平衡发展状态。有些子学科如情报经济学等比信息经济学更加成熟些，有些子学科如软件经济学等比信息经济学还不成熟。上述子学科可以看作是信息经济学的姊妹学科，但也有把它们看作是信息经济学的分支学科的，这时信息经济学就不是狭义的信息经济学而变成广义的信息经济学了。

【关键概念】

信息　信息经济　信息经济学

【思考与练习】

1. 什么是信息？信息具有哪些特征？通常如何对信息进行分类？
2. 简述信息经济的含义和特征。
3. 简述信息经济学的发展过程。
4. 比较国内外信息经济学的研究范畴，你认为国内信息经济学应该着重发展哪个方向？
5. 为什么说信息经济学是一门边缘学科？
6. 阐述信息经济学与其他学科的关系。

第2章　信息经济学基本原理

信息经济学作为一门新兴的交叉性学科，有其自身的范式（paradigm）。一般认为，范式是科学家集团所共同接受的一组假说、理论、准则和方法的总和。本书用基本原理来概括信息经济学的几个重要范式。显然，明确信息经济学的基本原理对于后续章节的学习有重要意义。本章主要介绍信息经济学的基本原理，包括信息不完全与非对称原理、信息共享与再生原理、信息公共物品原理、信息商品原理和信息产业边际收益递增原理。通过本章的学习，要求：了解信息经济学的基本原理的主要内容；理解信息经济学的基本原理的应用范围。

2.1　信息不完全与非对称原理

2.1.1　信息不完全与非对称原理的主要内容

信息不完全和非对称是信息经济学的基本前提与观点。在现实经济环境中，市场参与者一般情况下不拥有某种经济环境的全部信息，同时，市场参与者拥有的信息也是有差异的，这种信息存在规律称为信息不完全与非对称原理。

1. 信息的不完全性

在经济活动中，市场参与者不拥有某种经济环境全部信息的信息状态称为信息不完全，这种状态下的信息称为不完全信息。不完全信息是与完全信息相对应的一个概念。

完全信息是指市场参与者掌握某种经济环境的全部知识。在现实经济中，没有人能够拥有各个方面经济环境状态的全部知识，即信息完全状态是不存在的。

完全信息作为一个概念，一般都隐含在传统的经济学理论之中。在传统经济学中，信息被认为是充分的、呼之即来的，有用却不需要经济成本，它并不被当成像土地、劳动和资本等要素一样的稀缺资源。同样，经济行为人——厂商、消费者、投资者和政府也具有“完全信息”，拥有完善的信息接受和处理能力，因此，经济行为不存在不确定性。事实上，完全信息是市场参与者在经济活动中所表现出的一种心理上的信息或是理想的信息，从本质上讲，这是不可能实现的。

显而易见，完全信息经济所假设的环境状态和经济条件与现实环境和社会可能提供的条件相距甚远。在现实经济活动中，经济行为人不仅不具备完全的信息，而且处理信息的能力十分有限。我们知道，任何关于客观事物的运动状态和方式的认识和知识都不可能是一览无余的，同样，信息为所有人所完全了解也是不现实的。这是由信息的普遍性决定的。在信息具有普遍性的前提下，人对客观事物的运动状态和方式的认识的不完全性主要是因为：①人的认识能力的限制，其中包括人的感知能力、思维能力的限制。②信息的绝对滞后性所限制，事物总是在不断发展，不断变化，人类面临的客观世界日新月异，已有的信息集合不可能对将要发生和发展的事物做出全面的描述和反映。③成本效益原则客观上要求人们要有选择地获取、传递、存储和加工处理信息，掌握和使用信息是要花费时间、精力和费用的，必须要考虑由此而得到的效益。

信息的不完全使各经济行为人在认识市场环境状态上存在着差异，并导致每个经济行为人所进行的市场活动及其结果无法及时地通过价格体系得到有效的传递。例如，在信息足够完全的情况下，价格是由供给与需求的总体水平共同决定的，任何生产商擅自提价都会付出失去全部客户的代价。但在信息不完全的条件下，由于客户总是在信息不够完备的情况下进行决策行为的，这使得价格的波动不会使生产商失去全部客户，某一特定的商品价格可能高于或低于市场定价。由于价格不能灵敏地反映市场的供求状况，市场供求状况不能灵敏地随着价格的指导而发生变化，于是就会出现价格机制的失灵。市场中“看不见的手”因此失去作用，市场出现失灵现象。

2. 信息的非对称性

由于信息的不完全性，在信息市场上经常会出现一方参与者比另一方掌握到了更多的信息，使得信息的不完全性更加的明显，这时，信息市场上出现信息非对称现象。如果在经济活动中，在相互对应的市场参与者之间，一方不了解另一方具有的知识和所处的经济环境，这种信息状态称为信息非对称，这种状态下的信息称为非对称信息。非对称信息是与对称信息相对应的一个概念。

对称信息是指在某种相互对应的市场参与者双方中，对应的双方都掌握有对方所具备的信息，也就是说双方都了解对方所具有的知识和所处的经济环境。对称信息的实例很多，例如，在一般商品市场上，买主了解卖主所掌握的有关商品信息，卖主也掌握买主具有的知识和消费偏好等信息。

非对称信息是指在相互对应的市场参与者之间，没有对称分布的信息，也就是说双方中的一方不了解另一方所具有的知识和所处的经济环境。在现实生活中，信息非对称是由于信息的知情者获得不同的信息所致，而获取不同的信息又与人们获取信息能力的非对称性为基础的。

从社会存在的角度来看，人们获取信息能力与多种社会因素有关，其中社会劳动分工和专业化都可以称得上是其中最为重要的社会因素。社会劳动分工使得不同行业的劳动者之间产生了巨大的行业信息差别。一个显而易见的事实就是，在不同行业的劳动者之间，本行业的劳动者所掌握的本行业信息平均要多于其他行业的劳动者所了解的本行业信息。这样，不同行业的劳动者在不同的信息领域或者不同时期，产生了不同的信息优势和劣势。信息优势和劣势的出现，意味着信息非对称性的存在。同时，专业化的生产的信息差别也同样严重地导致了信息的非对称性的存在。专业化使得个人在其自身的专业领域比其他专业领域的个人了解更多的本专业知识，而其他专业的个人则平均地比该专业的个人了解得更少，从而也导致了专业性的信息优势和信息劣势。这样，专业信息就在不同专业的个人之间形成了非对称的分布。劳动分工和专业化发展程度越高，对社会成员之间的生产合作和互相协调的要求也就越高。结果，劳动分工一方面使信息差别的程度加深，另一方面又使社会产生信息组合和信息联合的必要。这也是信息服务业发展的根本动力。

在另一方面，私人信息的存在也导致了信息的非对称性。人是复杂的、难以捉摸的，这使得关于人自身的一些信息具有隐蔽性，如身体状况、情感波动以及消费偏好等，都成为了隐蔽的私人信息。

2.1.2　信息不完全与非对称原理的应用范围

信息不完全和非对称现象普遍存在于人类经济生活的各个领域，市场参与者双方各自拥有对方所不知道的私人信息。或者说，在博弈中一方参与者拥有另一方参与者所不拥有的信息。信息不完全与非对称原理意味着信息的不完全与非对称是一种不能消除的现象；同时也说明信息具有经济价值，行为人需花费成本才能获得信息，从而使得信息作为一种特殊的商品而存在。因此，信息不完全与非对称原理主要应用于“微观信息经济学”或“不对称信息经济学”的研究中(在本书中，认为“微观信息经济学”或“不对称信息经济学”是整个信息经济学体系的一部分)，如应用于逆向选择、机制设计、合约与道德风险等方面的研究；同时，信息不完全与非对称原理对于信息商品的价值与价格确定、信息资源优化配置、信息技术与信息产业、信息经济与网络经济等方面的研究具有重要意义。

2.2　信息共享与再生原理

2.2.1　信息共享与再生原理的主要内容

信息可以由多人在同一时期或不同时期占有和使用，而不改变其价值及性质，并且在信息的传播过程中，可以在原有信息基础上产生新的信息，信息的这种经济规律称为信息共享与再生原理。

信息具有共享性。信息的共享性是指信源发出的信息经传递和转换作用可以为广泛的接收者所享有，而信息量不变的性质。具体地说，信息的共享性包含以下两层含义：

第一，同一信息可以为许多人所共享。这里的共享，不同于物质和能量的共享，因为物质和能量都具有唯一性和排他性，即其使用价值在某一时刻只能为一个使用者所占有，例如一块地你拥有了，别人就不能同时拥有；一座矿藏为你所占有就不能同时为他人所占有，而且挖完了也就没有了，这就是物质资源的稀缺性。正因为如此，物质资源依赖型的经济主要服从于收益递减规律，其发展是以自然资源的迅速枯竭为代价的，而且必然受到可开发物质资源数量的限制。而信息的共享则不同，同一时刻同一信息可以为许多人所拥有，例如，100 个人同时听一场报告，每个人所获得的信息不是 1%，而是 100%，在这里，信息是完整的。

第二，同一信息可以为不同时期的人所共享。例如，牛顿力学自诞生以来，一代一代的人都在学习它、应用它，但牛顿力学没有任何损耗，而且这种情况还会继续下去。这就是信息“取之不尽、用之不竭”的特性。信息的开发利用是一种学习和积累的过程，信息将越来越丰富。信息的这种特性也使信息资源或知识资源依赖型的经济可以突破传统工业发展所面临的物质资源束缚，使新型的经济增长和可持续发展成为可能。因此，信息的共享性是信息区别于物质和能源的主要特征。

由信息的共享性还可以推导出信息共有的观点。所谓信息共有是指信息是人们共有的东西，一般不会成为个人的财产。这里的道理很简单：物质和能量是守恒的，这种守恒性必然导致排他性，即同一物质和能量，如果张三占有了，李四就不能再占有了。信息则不同，它是不守恒的。因此，同一信息，张三占有了，李四也可以占有。这种情况表明，信息是可以共有的。另外，人们可能会说，物质和能量也可以共有，而且社会上也存在诸多的公共设施、公共财产。这确实是事实。但需要指出的是，这种共有不同于信息的共有。其差别主要表现在两个方面：一是物质和能量可以共有，但人们在享受它们的时候，却必须进行分割；信息的共享则不需要分割。二是人类社会的公共设施，它们在供人享受的时候，有一定的容量限制，超过这个容量，需要通过增加时间来解决；信息则冲破了这种局限性，它可以在一个十分广泛的范围内为人们所共享。

信息具有再生性。信息的再生性是指在原有信息的基础上可以产生新的信息。物质和能源的消耗是不可逆转的，一旦被消费掉就不能再生。比如一个苹果，被吃掉就不能在此基础上出现一个新的苹果。而信息则不同，信息具有再生性，即在原有信息的基础上可以产生新的信息，在新的信息的基础可以产生更新的信息……这个过程可以无限地进行下去，结果是信息的无限膨胀。而且信息利用的越多、越广，其效用就能越充分的发挥，创造出的新信息也就越多。

信息的再生性，是信息不守恒的最突出的表现。这样，信息通过它的不守恒性，就与物质和能量严格区别开来。同时，信息、物质和能量也构成了一个极不对称的世界：信息在急速膨胀，物质和能量则维持其总量不变；信息的作用越来越大，物质和能量则日益受其支配。这是一种世界发展的基本趋势，并且是一种不可逆的趋势。

2.2.2 信息共享与再生原理的应用范围

信息不仅是可以共享的，并且信息可以再生出新的信息；信息共享的范围越大，信息利用成本就越低，信息的效率就越高，信息的作用就越大；信息可再生能力越强，创造出的新信息就越多，信息在经济发展中的作用就越大。信息共享与再生原理的应用范围及其广泛，既应用在以信息为要素的经济活动中，如信息商品的价值与价格、信息商品市场、信息资源配置等方面的研究，也应用在以信息活动为对象的经济分析中，如信息产业与信息化、信息经济、网络经济等方面的研究。

2.3 信息公共物品原理

2.3.1 信息公共物品原理的主要内容

信息在消费上具有非竞争性和非排他性，所以，信息属于公共物品，信息的这种经济现象称为信息公共物品原理。

公共物品（public goods）是用于满足社会公共需要的物品和服务。它与私人物品（private goods）的区别在于，公共物品可以同时给一系列使用者提供利益，而私人物品只能为单个使用者提供利益。

公共物品可分为纯粹的公共物品和准公共物品。纯粹的公共物品具有如下两个显著特征：第一，它是向整个社会共同提供的、由全体社会成员联合消费、共同受益的物品，一个或一些社会成员享受这些物品，并不排斥或妨碍其他社会成员同时享用，即它具有消费的非竞争性；第二，它在技术上无法将拒绝为其付款的社会成员排除在收益范围之外，即它具有受益的非排他性。而准公共物品不同时具有非竞争性和非排他性。现实生活中纯粹的公共物品很难找到，大多数的公共物品都是准公共物品。

一般意义上讲，信息具有纯粹的公共物品的特性。第一，信息的共享性决定了信息可以向整个社会共同提供，具有共同受益或联合消费的特点，在大多数情况下，信息被某个人或企业享用时，并不排斥或妨碍其他人或企业同时享用，也不会因此而减少其他人或企业享用信息资源的数量或质量，所以信息是具有非竞争性的；第二，单个人对信息的利用并不影响其他人的同样消费，只是个体对信息的利用取决于社会所能提供的总和，同时，信息的生产具有高的首稿成本和低的边际成本，使得任何一个消费者都可以指望"搭便车"，排斥"免费乘车"的行为十分困难，或者说排他的费用是昂贵的，所以信息又是具有非排他性的。因此，信息明显地具有公共物品特性，属于纯公共物品。

但是，不是所有信息都能够具有上述的特点，因而不属于纯粹的公共物品，而属于准公共物品。存在以下两种情况使得信息属于准公共物品：

一种情况是，信息只具有非竞争性，但不具有非排他性。这是由于信息的开发和获得需要成本投入，具有稀缺性，而且多数情况下，信息都附载于物质载体之上，所以信息的消费一般都会需要花费某一合理的成本，这一成本即可排除某些人对该信息的消费或受益，因此，信息一般都不具有非排他性。例如，有线电视节目可以向整个社会提供，可以共同受益，有线电视用户的增多并不增加有线电视节目生产的成本，一个用户收看有线电视节目并不影响其他用户的收看，即它具有非竞争性；但由于收看电视节目的用户需支付一定的费用，因而排除了某些用户对有线电视节目的消费或受益，因此有线电视节目不具有非排他性。

尽管信息与其他公共物品一样存在明显的"效果外溢"，但在很多时候，信息的使用可能还是比"灯塔"的灯光更容易控制，至少绝对保密地定向传递信息或生产者自用信息是可能的，而"灯塔"则不可能用一个密封的罩子把灯光完全遮盖起来，这样意味着包括建造灯塔的人在内都无法使用。另外，信息有时可能会作为一种"副产品"被提供出来，生产者虽然不能对信息收取费用，却可能会通过"免费"提供信息而在其他方面获益。如珠宝店免费提供对珠宝的检测，其目的在于提高自身的信誉，增加销售量。可见，在这种情况下信息是不具有非排他性的。

另一种情况是，信息只具有非排他性，但不具有非竞争性。这种情况下的信息会随着消费者人数的增加而出现拥挤的现象，导致信息提供给每个消费者的获益下降。例如，任何大学生都可以利用大学校园网获取信息，但由于校园网络带宽是固定的，会随着上网大学生人数的增多而出现网络拥挤现象，从而影响了上网和获取信息的速度和质量，这就使其具有的一定的竞争性。

由上述可见，许多信息并不是一种纯公共物品，而更像是一件"准公共物品"，或者说是一种特殊的公共物品。

与非竞争性相比，公共物品的非排他性更为严格。但随着科学技术的不断进步，实现许多曾经公认的公共物品的排他性日益变得可行，排他的成本也日益降低，比如有线电视设备的出现使得对电视用户收费成为可能。于是在现实社会中，纯粹的公共物品越来越稀少，对公共物品的特征判断愈发集中于非竞争性特点的研究上。由此非竞争性的含义也得到了扩展，主要包括下列两个方面：

第一，边际生产成本为零。这里所说的边际成本，是指增加一个消费者对供给者带来的边际成本，而非微观经济学中经济分析的产量增加导致的边际成本。

第二，边际拥挤成本为零。每个消费者的消费都不影响其他消费者的消费数量和质量，这种产品是共同消费的，但不存在消费中的拥挤现象。

2.3.2　信息公共物品原理的应用范围

信息属于公共物品，因而，在信息生产和信息资源建设上需要政府的介入，并需要政府在预算上给予资助，同时，也使信息资源的共享成为信息资源优化配置的目标。因此，信息公共物品原理主要为信息商品的生产与定价、信息资源的优化配置、信息技术和信息产业的发展等方面的研究提供理论依据。

2.4　信息商品原理

2.4.1　信息商品原理的主要内容

信息是商品，而且是一种特殊的商品，其与一般的物质商品相比较具有不同的经济特性，信息的这种经济规律称为信息商品原理。

1. 信息的商品化

信息商品脱胎于物质商品，并伴随着商品经济的发展，逐步演变成独立的商品形态登上了历史舞台。物质商品在生产之初，其中已经包含了一定的信息成分，只不过信息所占的比重很小。当时人类活动还主要集中在满足生存需要的层面，物质资料的生产成为人类社会发展前期的主要活动，物质商品中所含的信息成分及其意义并未引起人们的重视。进入现代社会以后，随着社会分工的细化，体力劳动和脑力劳动分离，专门从事信息开发利用的行业开始形成，商品中信息的比重逐渐增大。这个时候，信息商品脱离了物质商品，从物质商品的附属成分演变成为一种全新的商品形态。知识产权专利制度的确立是独立于物质商品之外的信息商品正式得到社会承认的标志，现代通信技术和计算机网络技术则扩大了信息商品化的深度和广度，信息商品的地位得到了完全的确立。

从历史发展的宏观角度来看，信息的商品化是现代社会发展的必然趋势。从信息经济学的角度来考察，在经济活动中，信息的不完全和非对称，使得信息具有了价值，也使得信息能够作为一种特殊的商品存在。美国著名经济学家阿罗在其著作《信息经济学》中提到："人们可以花费人力及财力来改变经济领域以及社会生活的其他方面所面临的不确定性，这种改变恰好就是信息的获得。不确定性具有经济成本，因而，不确定性的减少就是一项收益。所以，把信息作为一种经济物品来加以分析，既是可能的，也是非常重要的。"信息通过对不确定性的减少，来降低成本，提高经济效率，并获得了自身的市场价值。而这种信息在本质上是市场参与者私人占有的。因而信息具有了用于交换的商品条件。

按照马克思主义的观点，商品是用来交换的，能满足人们一定需要的劳动产品。因此，一种事物要成为商品，必须具备以下三个条件：①是劳动产品。②能满足人们的某种需要。③是用来交换的。根据上述条件，可以将信息商品界定为：信息商品是用来交换并满足人们某种需要的信息产品。信息商品按照加工的深度不同，可以分为一次信息商品、二次信息商品和三次信息商品。信息商品按照载体可分为两大类：有形的信息商品和无形的信息商品。前者又分为出版物、机读产品、研究报告和声像产品；后者又分为文献服务、检索服务、咨询服务等类型。

尽管现在我们可以从网络上获得许多我们所需要的免费信息，但免费信息提供方的目的也是为了进行交换，他是用免费信息交换消费者的"眼球"和消费者的隐私。人们在获得这些免费信息的过程中，要么付出了自己的隐私信息，要么付出了自己的"眼球"，即注意力，所以也为这些免费信息付出了成本。这些免费信息实质上也是人们通过交换获得的，所以这些免费信息也符合商品的三个条件，也属于信息商品。

2. 信息商品的特征

信息商品是非物质产品，具有一系列与物质产品不同的经济特性。正是这些特性导致了信息商品在生产交换和消费中的不同经济现象和经济规律。

（1）非物质性

任何信息都要有其物质载体，没有物质载体，信息就不能存在和传递。信息商品的非物质性是指信息商品的内容（即信息）不能脱离物质载体但却独立于物质载体。换句话说，也就是信息商品的内容与载体形式无关，不论何种载体，信息都是等价的。例如，同一首歌曲，可以有磁带、CD、MP3 等不同的储存形式，但其歌曲内容都是相同的，并不因载体不同而有所差别。因为人们在消费信息商品时，是对信息内容而不是物质载体进行消费的。

（2）消费无损耗性

物质商品在消费和使用中是以自身的消耗和磨损为代价的。人类的消费行为把产品的独立形式毁掉，使之失去原来的使用价值，完成其作为商品的功能。这就是物质商品的消耗性。而信息商品在使用和消费中表现为信息内容从一种物质载体转移到另一种物质载体，无论怎样转移，信息商品的使用价值和效用都不会消失。这就是信息商品的消费无损耗性或称非消耗性。

与非消耗性对立的信息商品的无形损耗。这种损耗并不是由于信息商品本身的消费和利用而引起的，而是由于更为先进的同源产品的出现使得原来的信息商品价值下降。科技含量较高以及时效性较强的信息商品的无形损耗尤为突出。

（3）非占有性

信息商品的非占有性也称为共享性，这是由信息本身的共享性和信息商品的非物质性所决定。物质商品的消费表现为占有和消耗，一方消费了，其他人就无法消费。信息商品在消费和使用中表现为载体的转换，在转换中商品的信息内容并不会因此而损耗。甲出让自己的信息商品给乙，乙获得了商品，而甲自己也仍然拥有商品中的信息内容。信息商品经过市场交换后，结果不是独占，而是更广范围内的共享。

（4）累积性和再生性

物质商品是可消耗的，在消费和使用中其独立的物体形式和使用价值将最终消失，因此物质商品不会在使用中再生，也不会表现为任何方式的积累。而信息具有累积性和再生性，因此信息商品在消费和利用过程中也表现出这种特性。

信息商品具有非消耗性。其一旦生产出来，不仅可以满足同时期人们的需要，而且可以通过信息的保存、积累、传递到达时间点上的延续。后代可以在前人成果的基础上再进行生产，这就是信息商品的累积性。与累积性相关的是再生性。信息商品在满足社会需求的同时，在量的累积的基础上，还可以通过创新生产出新的信息产品，实现信息商品的再生。

3. 信息商品需求与消费的差异性

由于信息商品不同于一般的物质商品，因而，不同的用户对于信息商品的需求和消费有很大差异。

（1）信息商品需求差异的影响因素

影响信息商品需求差异的因素主要有两个：一是消费者的价值取向；二是消费者的收入水平。

1）消费者价值取向。从消费者类别来说，消费者可以来自不同的身份，如政府机构、机关团体、企业和个人等，由于它们使用信息商品的目的不同，因而对信息商品产生了不同的需求。以企业为例，企业主要致力于创造自身的差异化策略，以获取竞争优势，这就需要对同行业的竞争对手进行详细的、理性的、准确的竞争情报分析，此时，这些情报信息商品就成了企业制定战略发展规划的有力依据。即使同类的不同消费者，对信息商品的需求也会不同。例如，具有不同知识水平结构的人，对信息商品的需求是不一样的，且消费后产生的效用也是不一样的。一般而言，教育程度越高，对信息商品的需求越大，消费后产生的效用也较大；教育程度越低，对信息商品的需求越小，消费后产生的效用也较小。从消费者偏好来说，消费者可以根据自身不同的兴趣爱好来选择自己喜好的信息商品包括信息服务。有的信息商品具有娱乐价值，有的信息商品具有商业价值，有的则具有教育价值。不管这些信息商品的来源是什么，人们都愿意为了满足自己的偏好获取这些信息商品而付出代价。因此，愿意付出的代价也就不同。例如，有些人愿意花高价购买音乐会门票，而有些人将会拱手相让。从消费者的购物心态来说，可以分为保守型、前卫型、理财型、乐观型四种消费形态。以保守型来说，保守型的消费者群体多数是家庭型的，无论是收入高低，对信息商品持怀疑态度，是比较迟钝的消费者。

2）消费者的收入水平。从马斯洛的需求层次分析，人们首先是满足生理需求，然后才是安全需求、发展需要、自我尊重的需要等。即首先满足基本物质需要，其次才是精神需要。而信息商品基本上属于精神产品。在收入水平不高的社会里，这种需求被抑制而没有体现出来。目前很多人都有上网要求，但由于目前上网费用对一般居民来说，仍是一笔不小的费用，因此很多人有这方面的潜在需求，但无法转化为现在需求。

社会阶层可以依据职业、收入、资产等不同情况加以区分。这里援用“收入群体”这一概念，即主要依据收入水平来对不同消费者群体进行区分，从而考察不同收入消费者群体的需求差异，进而判断不同消费者群体的市场定位。按照目前通行的标准，根据收入水平，社会群体可划分为三个层次：家庭年人均收入在5000元以下；家庭年人均收入在5000～25 000元；家庭年人均收入在25 000元以上。有研究认为，中国不同收入群体呈金字塔状分布。处在金字塔顶端的高收入阶层，达到发达国家的水平，其所进行的消费是一种富裕型消费。处于金字塔中部的中等收入阶层，收入基本稳定，其消费正在从小康型向富裕型、从数量追求型向质量追求型转变。中等收入群体层面较大，占城镇家庭总数的60.98%，收入占到居民收入总数的58%。就一般消费而言，这是我国的主体消费层面，其消费行为对我国整体消费状况影响是很大的。处于金字塔底部的低收入阶层，其消费以基本生活消费为主，这一群体具有旺盛的消费需求，但由于收入水平有限，消费潜力难以得到有效释放，总体购买力明显不足。在上述各收入群体中值得认真关注的是高收入群体，这是我国高端消费的主导力量，也是市场争夺的重点对象。高收入群体的吃、穿、用、住、行等方面，表现出与其他群体很大的不同。如今生活富裕的高收入群体，十分关注生活质量的提高，消费倾向出现明显的变化，投资意识日益高涨。越来越多的高收入消费者，在消费时追求精神消费和服务消费，教育、文化、通信、保健、住宅等成为消费热点，追求时尚化与个性化日趋明显。同样，对信息商品的消费也是极其旺盛的。可见，高收入群体具有区别于其他收入群体的消费偏好和较强的消费能力，是商家开拓市场必争之旅。信息商品在每个家庭中属于“边际消费”，就是在满足消费者基本生活需求之后才考虑的，随着收入的变化而变化。当消费者低层次需求被满足后，必然会对较高层次的需求产生兴趣，随着现代社会人们收入的不断提高，必然追求情趣、涵养、自我价值的实现等深层次的需要。因此，收入水平的差异必然产生消费者对信息商品的需求差异，进而使商家对信息商品采取相应的有效定价策略。

（2）信息商品消费差异的影响因素

信息商品的消费，是指信息商品从生产者转移到消费者手中并发挥效用的全部过程。在这个过程中，信息商品发挥效用的机理与一般商品并不相同。一般商品的消费很简单：体现使用价值；满足消费者的某种偏好；商品价值转移。但信息商品的消费过程比较漫长，可分为消费前期、消费中期和消费后期三个阶段。在信息商品的消费过程中，在不同的消费阶段，对不同的消费者来说，信息商品使用价值的转移量并不相同，这也就形成了信息商品的消费差异。

消费前期是指厂商如何在消费者购买信息商品前的选择阶段完成信息商品概念和消费理念的导入。除了一般的商品营销策略外，信息商品的消费前期还受到下列特殊因素的影响：一是信息产品的易用性。消费者不仅要了解信息产品的内容，还要学习如何使用该产品。界面友好、智能提示将是用户发挥信息商品使用价值的关键环节。二是信息技术普及率。信息获取技术是信息商品消费的前提条件，如果没有信息基础设施的普及，人类使用和消费信息商品将受到极大的限制。三是顾客的合作效应（正反馈效应）。当一种信息商品达到一定数量时，其他用户更趋向于购买这种商品。四是路径依赖。信息技术是相互继承的技术，消费者在消费一种新的信息商品时，将受到以前消费过的信息商品的影响，这种路径有时非常固定。

消费中期是指在经过厂家营销、同行推荐、路径依赖、个人兴趣引导入门以后，消费者将被感染，产生购买某种信息商品的欲望，通过一种特定的交易形式，完成使用价值转移的过程。消费中期是信息商品逐步发挥效用的过程，这个过程分为以下四个阶段：

第一，交易。交易就是消费者获得商品某种使用权的过程。由于信息商品的消费特性，比如商品本身的时效性和消费者的自身素质，信息商品最终发挥的效用是不确定的，效用价值也是不确定的。这种未来收益的不确定性以及由此出现的价值风险，使买方往往希望或愿意与卖方共同承担经济风险，交易也因此出现了一次性交易、多次交易、捆绑交易等多种模式。一次性交易是信息的使用价值进行一次性转移，风险也一次性转移，形式包括购买、拍卖、投标、价格协商。多次交易是信息商品的风险和利润分担的持续交易模式，即多次让渡交易模式。卖方以一定的方式（如按比例或提成）分享买方的预期利润，并在此期间承担相应的风险责任，包括出租、价格分割、订金和风险分担。多次交易是多次或无限次分割信息商品的交易价格。捆绑交易和多次交易正好相反，是指不同功能的信息商品捆绑在一起，一次性出售，比如微软公司的软件产品。

第二，学习使用。信息商品的使用价值并不是自动发挥的，而是需要发挥消费者本身的主观能动性。也就是说，信息商品（特别是高技术产品）通常难以使用，用户需要较多的培训和学习才能了解掌握。通过学习，消费者一般能够掌握商品的基本功能，完成信息商品的价值转移。显然，一旦消费者选择了某种产品并在培训上大量投资，以后就不会轻易转移到其他产品上去，一方面由于转换成本太高，另一方面老产品升级通常只需要少量的追加投资。这个阶段形成了信息商品的基本消费群。

第三，深度适应。一般的消费者在掌握了信息商品的基本功能后，消费过程就此结束；但是部分消费者不会就此止步，将对商品的使用价值进行深入研究，进入深度适应阶段。这些消费者会成为某一商品的“发烧友”，沉湎于其中，获得高等级精神或心理享受。深度适应的消费者会在网络上建立自己的论坛，交流使用体会、评论商品的优缺点。这个阶段形成了信息商品的核心消费群。

第四，信息蔓延。当基本消费群和核心消费群形成以后，有关该商品的功能、评论、商誉、服务等信息将向新的消费者传播。当预购买者在几种信息产品中进行选择时，常常会询问以前的购买者产品的使用情况。新购买者对产品的了解依赖于原先的购买者所做的推荐，因此，买者众多的产品比买者较少的产品具有更多被了解的机会。不愿冒风险的人倾向于购买了解较多的产品。所以，早期偶然占据较多市场份额的厂商具有信息反馈的优势，在一定条件下，仅凭这种优势，一种产品就可能最终控制市场。

消费后期是指在信息商品消费后，消费者被厂商锁定（lock-in）的现象。当用户从一种技术（品牌）转移到另一种技术（品牌），所花费的代价超过当前最优技术成本时，就称为锁定。

2.4.2 信息商品原理的应用范围

信息是商品，信息商品与一般的物质商品具有不同的经济特性。信息商品在消费过程中，不同的消费者，由于其价值取向和收入水平不同，因而对信息商品的需求出现较大的差异；不同的消费者，在信息商品的较漫长的消费过程中，信息商品使用价值的转移量不相同，从而形成了信息商品的消费差异。消费者对信息商品的需求与消费差异是信息商品市场细分的标准，是确定信息商品价格的基础，是制定营销策略的依据。由此可见，信息商品原理主要为信息商品的供需与消费、信息商品的生产与定价、信息商品市场管理等方面的研究提供理论依据。

2.5 信息产业边际收益递增原理

2.5.1 信息产业边际收益递增原理的主要内容

边际收益递增，是指在提高资源效率方面的投资越多，经过一段特定的时期（主要指新产品或新服务的研究和开发时间）后获得的收益也会越多。也就是说，厂商每增加一单位产出所带来的纯利的增量，取决于边际收入和边际成本，边际成本不断降低而边际收益不断增加的效应即是边际收益递增。这是 Paul Romer在20世纪80年代中期提出的新增长理论的内容之一。在信息产业的发展中，随着投入的持续增加，获得的收入的增长是不断扩大的，信息产业的这种经济规律称为信息产业边际收益递增原理。

在新古典经济学的理论框架内，边际收益递减是其最基本的假设之一。“收益递减”是由英国经济学家艾尔费里得·马歇尔在19世纪80～90年代根据当时的社会经济行为——产品的生产本身深深地依赖自然资源而极少依赖技术而假设的一个观点。所谓边际收益递减，是指在其他条件不变的情况下，持续地把某一生产要素投入量增加到一定数量之后，所得到的收益的增量将会递减。这是因为可变要素的投入必须与固定要素的投入相配合才能发挥作用，当可变要素投入越来越多时，与之配合的固定要素就会相对地越来越少，效率逐渐降低，收益自然会减少。边际收益递减规律的存在是有条件的，它建立在三个前提条件之上：一是生产技术水平不变，即现有的技术含量、生产工艺是不变的；二是不同生产要素之间配合比例可变；三是追加的生产要素是同质的，具有相同的效率。这里第一个假设是一个重要的前提条件，只有在不变的技术条件下，资本、劳动、土地等物质生产要素才表现出收益递减的特征。

然而在信息时代，以计算机技术为代表的信息技术所创造的全新产品和服务正改变着工业革命以来的生产和生活方式，依赖稀缺的物质资源的生产逐渐转变为依赖技术的生产。因而，随着信息产业的不断发展，信息产业所特有的边际收益递增规律更加突出。信息产业边际收益递增规律形成的因素有以下几个方面：

1. 信息资源的共享性

传统的工业和传统的农业是物质资源依赖型经济。随着资源开发程度的加深，开发成本不断上升，最终导致收益递减。在信息依赖型经济中，情形是截然不同的：它以现代科学技术为核心，建立在知识和信息的生产、存储、使用和消费之上，所依赖的主要资源是具有共享性的信息资源，对物质资源的依赖大大减少了，例如芯片生产的基本原料是硅和电力，其成本在总成本中仅占1%～2%。

信息资源没有排他性，可以一再重复使用，多人同时占有，而且随着开发强度的不断加大，资源不会逐渐枯竭。信息的持续增长几乎没有任何物质障碍，因为它们的增长不涉及非再生资源的消耗和对生态环境的破坏。信息资源的开发是一种学习和积累的过程，知识和信息越来越丰富，而且有助于以后开发成本的降低，并对竞争者形成一种壁垒。因此，在信息资源开发应用上占优势的国家和企业，在竞争中也占优势，呈收益递增趋势。

2. 信息产业的成本构成

创建新的信息技术开发项目和产业化的投资是非常高的。而一旦达到所需的规模，立足于市场，再增加产量所增加的制造、销售和支持的成本大大低于传统产业。由于信息产业的产品具有高科技附加值，往往在设计与生产上工艺复杂，需要在研究、开发和工具阶段进行大量初始投入，与之相对应的往往是高额的研究开发成本，它不随产品产量的变化而变化，属于固定成本，要摊入未来产品的成本之中，随产品的销售得到补偿。而此类产品生产过程中投入的变动成本几乎不变，其数额与固定成本相比几乎可以忽略不计。如软件业，软件产品的成本构成主要是知识附加值，即开发设计的成本，有形消耗成本很低，几乎可以忽略不计。也就是说，厂商生产第一件产品的边际成本等于固定成本，而一旦推向市场，再增加产量，可变成本相对较低，即从第二件产品开始，其边际成本很少且几乎不变。所以，一旦生产过程开始，厂商面临的是一条急剧下降的平均成本曲线，不断增加的产量分摊了巨额固定成本，使平均成本不断下降，因此，产量越高，单位成本越低，利润相应增加。成本结构的这种特点使收益递增机制在信息产业中占据了重要地位。

在这种固定成本较高而可变成本很低的产业中，规模经济效应尤其明显。市场份额的占有比眼前利润更有意义，因为只有扩大市场份额、扩大产量，才能降低成本、提高质量，形成有利于快速发展的正反馈机制，从而获得更大的市场和更长远的利益。

3. 信息产业的学习效应

学习在信息产业中起着非常重要的作用，因为它用知识优势代替了物质优势。在传统制造业中，生产技术非常成熟，每一个细节都可以用“显性的”规则固定下来，工人成为机器的附属品。而信息产业中，生产技术的发展仍在探索之中，人力资源、技术能力是一个企业最可宝贵的财富，学习效应成为先入市场企业显著的竞争优势。学习速度受多种因素的影响，随着产量的增加，工人、经理人员、销售人员和消费者都会将已得到的经验用于制造越来越好的产品，某些改进可能是质量上的提高，某些可能用于降低成本，还有一些则是了解了消费者真正需要什么。总之，有许多方式可以改善生产、市场营销、维护与服务，所有这些结合起来决定了学习速度。

由于信息产业中，生产的边际成本是随着经验（产量）的积累而下降的。因此，增加产量带来了学习效应。产量越高，生产越有经验，生产成本下降，产品更加完善，也越能把握如何更经济地增加产量。而且，在一种产品上得来的经验可以用于以相关或类似技术生产的产品。对于这类技术进步是通过经验产生的行业来说，第一个进入该行业的厂商比其他厂商具有决定性的优势。因为尽管第一个厂商掌握的一些技术会为其他厂商所了解，但并非一切知识都可以自由自在的传播，即使不存在阻止其扩散的制度上或法律上的障碍。换言之，技术能力不能像购买一种商品一样轻而易举地得到，相反，它们是一种“传递式”的或“无声的”能力，这种能力取决于它们自身积极地参与生产过程，建立这种能力的种种知识是通过边干边学，在消费中学习，以及通过不同公司的科学家和工程师的合作中学习的。学习效应在信息产业中起着非常重要的作用，因为在信息产业中，知识优势代替了物质优势成为产业发展最重要的因素。

4. 信息产业的外部性

传统经济学对收益递增现象的分析多是从企业内部寻找原因的，其实，企业外部即企业产品或服务的用户也是收益递增的重要源泉。它包括厂商的外部性、用户的外部性。随着全球市场的形成，信息革命以及运输、关税成本的降低加强了市场上卖方与买方之间的中介能力，消费者越来越能够以较低的成本更容易地得到最好的产品。从而有利于增加了这些市场收益递增的强度。信息产业的外部性可以从以下几个方面有所体现：

（1）合作效应

高技术产品的生产成本不仅随着产量增加而下降，使用的增加也会使收益增加。在吉思·泰勒尔的《产业组织理论》中，将其称为网络的外部性。即当一产品对一用户的价值随着采用相同产品或可兼容产品的用户增加而增加时，就出现了正的网络外部性（network externality）。这种外部性可能是直接的（一个电话用户可以从与同一网络连接的其他用户中受益；计算机软件如果兼容的话可以实现共享），也可能是间接的。由于存在生产规模的收益递增，当网络增加时，会有更多的互补性产品得以供给，并使价格降低（更多的程序编写出来用于大众计算机；存在更多与主导录像系统兼容的录像机）。许多产品如联网使用的计算机和通信设备都要求兼容性，当一种品牌的市场份额达到一定数量时，人们就会更愿意购买同样的产品以便于与其他已经使用了该产品的人交换信息，这就是合作效应，即采取与其他经济实体类似的行为所带来的优势。这种合作效应使市场份额领先的企业获得收益递增效益，其产品市场越大，合作效应越强，更有助于市场份额的进一步扩大。

（2）深度的顾客适应

高技术产品通常难以使用，用户需要较多的培训和学习才能掌握。因此，一旦选择了某种产品并在培训上已大量投资，用户在适应之后就不会轻易地转移到其他产品，这一方面是由于转换成本太高，另一方面是由于老产品升级通常只需要少量的追加投资。所以，较广的用户基础有利于占领未来的市场。

（3）预期效应

当前消费者的选择将部分地是以对后继消费者行为的预期为基础，因而当前某产品市场的扩大意味着今后市场的稳固。所以，预期效应将强化领先企业的优势，加强垄断的趋势。

（4）信息蔓延

新购买者对产品的了解依赖于原先的购买者所做的推荐，因此，买者众多的产品比买者较少的产品具有被更多人了解的机会。而风险厌恶者倾向于购买了解较多的产品。所以，早期偶然占据了较多市场份额的企业就具有信息反馈优势，在某种环境下，仅凭这种优势，一种产品就可能最终控制市场。我们将这种现象称为信息蔓延，并认为这是形成收益递增的原因之一。

（5）注意力经济

信息技术虽然使我们处理信息的能力得到了快速增长，但人类对于信息的吸收和理性思考能力相对而言却还很弱，因此，我们真正利用到的信息与可取用的信息总量相比，占的比例是越来越少。信息产生和信息处理之间的不平衡使得消费者的注意力成为一种宝贵的财富。当消费者接触到一种新的信息产品时，他不仅要了解产品所提供的内容，还要学习如何使用该产品。因此，产品的学习过程设计（易用性）就很重要，可以使用“投入时间回报率”来评估其易用性。如果回报率是令人满意的，消费者就会越来越经常地使用这一产品，随着他们使用专门技能的提高，他们的满意程度也会提高，这样一来，一个良性循环就开始了，因而取得了建立在消费者学习基础之上的竞争优势，锁定了消费者。因此，由于注意力是有限的，吸引了顾客注意力的企业就在一定程度上锁定了顾客，从而创造了收益递增的开端。

2.5.2 信息产业边际收益递增原理的应用范围

传统经济理论是建立在边际收益递减假设之上的，即当我们持续地把某一生产要素投入量（如劳动）增加到一定数量之后，所得到的收益的增量是递减的。边际收益递增是指随着某种资源效率投入的持续增加，增加的收益不但不会减少，反而会逐渐增加。物质依赖型经济主要服从于边际收益递减规律，而知识依赖型经济，特别是信息产业，边际收益递增规律则发挥着重要作用。信息产业的边际收益递增原理主要为信息技术、信息产业、信息化、信息经济、知识经济等方面的研究提供理论依据。

【关 键 概 念】

完全信息　不完全信息　对称信息　非对称信息　信息的共享性　信息的再生性　公共物品　信息商品　边际收益递增规律

【思考与练习】

1. 简述信息的不完全与非对称及其产生原因。
2. 信息共享与再生原理的主要内容是什么？
3. 如何判别信息是纯公共物品还是准公共物品？
4. 什么是信息商品？信息商品具有哪些特征？阐述信息商品需求差异和消费差异的影响因素。
5. 阐述信息产业边际收益递增原理的主要内容。
6. 简述信息经济学基本原理的应用范围。

第3章　信息与非合作博弈理论

从1944年由冯·诺伊曼（von Neumann）和摩根斯坦恩（Morgenstern）合作的《博弈论和经济行为》（*The Theory of Game and Economic Behaviour*）一书的出版至今，博弈论已经受到越来越多的关注，现在它作为一种方法已经成为经济学领域不可缺少的组成部分。本章主要介绍博弈的基本概念、种类以及各种类型博弈均衡解的涵义、求法和应用。通过本章学习，要求：了解博弈论的基本概念；掌握非合作博弈的种类及其均衡解之间的关系；会求博弈的一些基本类型的均衡解。

3.1　博弈论概述

3.1.1　什么是博弈论

“博弈”英文为“game”，基本意义是游戏，说起游戏当然大家都非常熟悉。日常生活中的下棋打牌、赌胜博彩和田径、球类等各种体育比赛等都是不同种类、不同形式的游戏。如果我们认真观察、思考一下就能发现，很多游戏都有这样一个共同的特点，即策略（或称计谋）在其中有着举足轻重的影响和作用。虽然在有些游戏中体力和其他固有条件的作用会更大，但一旦这些条件及其对结果的影响既定以后，策略选择的好坏就成了可以由游戏参加者掌握运用的能左右游戏结果的最关键的因素，而在各游戏参加者的初始条件完全平等的游戏中，策略选择就更成了游戏结果的唯一的决定因素。进一步观察还可以归纳出游戏的下列四个共同特征：第一，都有一定的规则。这些规则规定游戏的参加者（个人或队组）可以做什么，不可以做什么，按怎样的次序做，什么时候结束游戏和一旦参加者犯规将受怎样的处罚等。第二，有一个结果。如一方赢一方输，平局或参加者各有所得等，而且结果常能用正或负的数值表示，至少能按照一定的规则折算成数值。第三，策略至关重要。游戏者不同的策略选择常常对应不同的游戏结果。第四，策略有相互依存性。即每一个游戏者从游戏中所得结果的好坏不仅取决于自身的策略选择，同时也取决于其他参加者（如果有的话）的策略选择。有时甚至一个坏的策略选择会给选它的一方带来并不坏的结果，原因是其他方选择了更坏（对自己不利，但对前者有利）的策略。而经济活动中的经营决策、市场竞争，政治、军事活动中的竞选、谈判、联合和战争等斗智斗勇的较量等，如果抽象出它们的本质特征，也都是与一般游戏一样，在一定规则之下各参加方进行决策较量（假设实力因素及其作用基本既定）。当然，政治、军事、经济活动中的决策较量不可能像日常生活中的游戏那样轻松愉快，但基本原理却是与一般游戏相同的，有共同的规律性，可用同样的方法加以分析研究。

有了对“博弈”的大体理解之后，下面我们给出“博弈论”的阐述：

博弈论，英文为game theory，是研究决策主体的行为发生直接相互作用时候的决策以及这种决策的均衡问题的，是专门研究博弈如何出现均衡的规律的学科。也就是说，当一个主体，好比说一个人或一个企业的选择受到其他人、其他企业选择的影响，而且反过来影响到其他人、其他企业选择时的决策问题和均衡问题。所以在这个意义上说，博弈论又称为“对策论”。这里我们可以把博弈论与我们在一般传统微观经济学上学的东西做一比较。传统微观经济学谈到个人的决策，就是在给定一个价格参数和收入的条件下，最大化他的效用；个人效用函数只依赖于他自己的选择，而不依赖于其他人的选择；个人的最优选择只是价格和收入的函数而不是其他人选择的函数。这里，经济作为一个整体，人与人之间的选择是相互作用的，但是对单个人来讲，所有其他人的行为都被总结在一个参数里，这个参数就是价格。这样，一个人做出决策时他面临的似乎是一个非人格化的东西，而不是面临着另外一个人、另外一个决策主体。他既不考虑自己的选择对别人选择的影响，也不考虑别人选择对自己选择的影响。与此相对照，在博弈论里，个人效用函数不仅依赖于他自己的选择，而且依赖于他人的选择；个人的最优选择是其他人选择的函数。从这个意义上讲，博弈论研究的是在存在相互外部经济条件下的个人选择问题。在传统微观经济学中，寡头市场是一个例外，而这一部分正是博弈论最主要的应用领域之一。

博弈论的基本概念包括：参与人、行动、战略、信息、共同知识、支付函数、结果、均衡。参与人指的是博弈论中选择行动以最大化自己效用的决策主体（可能是个人，也可能是团体，如国家、企业）；行动是参与人的决策变量；战略是参与人选择行动的规则，它告诉参与人在什么时候选择什么行动（如“人不犯我，我不犯人；人若犯我，我必犯人”是一种战略，这里，“犯”与“不犯”是两种不同的行动，战略规定了什么时候选择“犯”，什么时候选择“不犯”）；信息指的是参与人在博弈中的知识，特别是有关其他参与人（对手）的特征和行动的知识；共同知识是指“所有参与人知道，所有参与人知道所有参与人知道，所有参与人知道所有参与人知道所有参与人知道……”的知识，这是关于理性人的一个很强的假定；支付函数是参与人从博弈中获得的效用水平，它是所有参与人战略或行动的函数，是每个参与人真正关心的东西；结果是指博弈分析者感兴趣的要素的集合；均衡是所有参与人的最优战略或行动的组合。上述概念中，参与人、行动、结果统称为博弈规则，博弈分析的目的是使用博弈规则决定均衡。

3.1.2 博弈的分类

博弈论可以划分为合作博弈和非合作博弈。合作博弈和非合作博弈之间的区别主要在于人们的行为相互作用时，当事人能否达成一个具有约束力的协议，如果有，就是合作博弈；反之，则是非合作博弈。现在经济学家谈到博弈论，一般指的是非合作博弈。

非合作博弈的划分可以从两个角度进行。第一个角度是参与人行动的先后顺序。从这个角度，博弈可以划分为静态博弈（static game）和动态博弈（dynamic game）。静态博弈指的是博弈中参与人同时选择行动，或虽非同时但后行动者并不知道前行动者采取了什么具体行动；动态博弈指的是参与人的行动有先后顺序，且后行动者能够观察到先行动者所选择的行动。划分博弈的第二个角度是参与人对有关其他参与人（对手）的特征、战略空间及支付函数的知识。从这个角度，博弈可以划分为完全信息博弈和不完全信息博弈。完全信息指的是每一个参与人对所有其他参与人（对手）的特征、战略空间及支付函数有准确的知识；否则，就是不完全信息。

将上述两个角度的划分结合起来，我们就得到四种不同类型的博弈，这就是：完全信息静态博弈，完全信息动态博弈，不完全信息静态博弈，不完全信息动态博弈。与上述四类博弈相对应的是四个均衡概念，即：纳什均衡（Nash equilibrium），子博弈精炼纳什均衡（subgame perfect Nash equilibrium），贝叶斯纳什均衡（Bayesian Nash equilibrium），精炼贝叶斯纳什均衡（perfect Bayesian Nash equilibrium）。表3.1概括了上面所讲的四种博弈及对应的四个均衡概念，也大致反映了三位诺贝尔经济学奖得主在非合作博弈论中的地位。

表3.1 博弈的分类及对应的均衡概念

信息 \ 行动顺序	静态	动态
完全信息	完全信息静态博弈； 纳什均衡； 代表人物：纳什（1950，1951）	完全信息动态博弈； 子博弈精炼纳什均衡； 代表人物：泽尔腾（1965）
不完全信息	不完全信息静态博弈； 贝叶斯纳什均衡； 代表人物：海萨尼（1967～1968）	不完全信息动态博弈； 精炼贝叶斯纳什均衡； 代表人物：泽尔腾（1975）， 克瑞普斯和威尔逊（1982）， 费登伯格和泰勒尔（1991）

3.1.3　博弈论的发展简述

对具有策略依存特点的决策问题的零星研究可上溯到 18 世纪初甚至更早，而现在的博弈理论中的一些经典的博弈模型，如关于产量决策的古诺（Cournot）模型和关于价格决策的伯特兰德（Bertrand）模型则是古诺和伯特兰德分别于 1838 年和 1883 年提出的，但博弈论的真正的发展还是在 20 世纪。20 世纪 20 年代，法国数学家波雷尔用最佳策略的概念研究了下棋和其他许多具体的决策问题，并试图把它们作为应用数学的分支加以系统研究，虽然他最终没有完成博弈论的理论体系，但却做了很有益的尝试。从这一时期起，有不少的数学家对博弈问题的研究投入了一定的注意力。第二次世界大战期间，博弈的思想方法、研究方法被运用到军事领域和战时的其他活动之中，显示了它的重要作用和威力。

一般认为，博弈理论开始于 1944 年由冯·诺伊曼（von Neumann）和摩根斯坦恩（Morgenstern）合作的《博弈论和经济行为》（*The Theory of Game and Economic Behaviour*）一书的出版。但是现代博弈理论跟他们讲的东西关系不大，尽管有一些概念，特别是预期效用理论等，都是由他们创立的。到 20 世纪 50 年代，合作博弈发展到鼎盛时期，包括纳什和夏普里（Shapley）分别于 1950 年和 1953 年提出的“讨价还价”模型，吉利斯（Gillies）和夏普里于 1953 年提出的关于合作博弈中的“核”（core）的概念，以及其他一些人的贡献。

20 世纪 50 年代可以说是博弈论的巨人出现的年代。合作博弈论在 50 年代达到顶峰，同时非合作博弈论也开始创立。纳什在 1950 年和 1951 年发表了两篇关于非合作博弈的重要文章，塔克（Tucker）于 1950 年定义了“囚徒困境”（prisoners’ dilemma）。他们两个人的著作基本上奠定了现代非合作博弈论的基石。

到 60 年代后又出现了一些重要人物。泽尔腾将纳什均衡的概念引入了动态分析，提出了“精炼纳什均衡”概念；海萨尼则把不完全信息引入博弈论的研究。然后到 80 年代出现了几个比较有影响的人物，包括克瑞普斯（Kreps）和威尔逊（Wilson），他们在 1982 年合作发表了关于动态不完全信息博弈的重要文章。

严格地讲，博弈论并不是经济学的一个分支。它是一种方法，应用范围不仅包括经济学、政治学、军事、外交、国际关系、公共选择，还有犯罪学，这些都涉及博弈论。实际上，好多人把博弈论看成是数学的一个分支。纳什在 1951 年的奠基性文章就是发表在数学杂志上，而不是经济学杂志上，在相当长一段时间里经济学家们并不是把纳什当作一个经济学家。还有夏普里 1953 年的文章本身也是一篇数学手稿，而非经济学手稿。那么为什么把诺贝尔经济学奖授给这三个人，而不是把其他的什么奖授给他们呢？大致有以下三个方面原因：

1）博弈论在经济学中的应用最广泛、最成功。博弈论的许多成果也是借助于经济学的例子来发展的，特别是在应用领域。

2）经济学家对博弈论的贡献越来越大，特别是在动态分析和不完全信息引入博弈论之后，例如克瑞普斯和威尔逊都是经济学家。

3）最带根本性意义的原因是经济学和博弈论的研究模式是一样的，即强调个人理性，也就是在给定的约束条件下追求效用最大化。在这一点上，博弈论和经济学是完全一样的。

大体上是因为这三个原因，博弈论逐渐被当成经济学的一部分，诺贝尔经济学奖自然就授予了三位博弈论专家。但是，博弈论真正成为主流经济学的一部分不过是20世纪七八十年代后的事。博弈论在经济学中的绝大多数应用模型都是在70年代中期之后发展起来的。大体上从80年代开始，博弈论逐渐成为主流经济学的一部分，甚至可以说成为微观经济学的基础。博弈论的发展和经济学的发展可以说是你中有我，我中有你，不少当今赫赫有名的经济学家就发迹于其在博弈论方面的研究成果。

3.2 完全信息静态博弈

3.2.1 博弈的战略式表述

在博弈论里，一个博弈可以用两种不同的方式来表述：一种是战略式表述（strategic form representation），又称标准式表述；另一种是扩展式表述（extensive form representation），又译为展开式表述。从理论上来讲，这两种表述形式几乎是完全等价的，但从分析的方便性来看，战略式表述更适合用于静态博弈，而扩展式表述更适合用于讨论动态博弈。我们这里先给出战略式表述，下一节讨论动态博弈时再给出扩展式表述。

在战略式表述中，所有参与人同时选择各自的策略，所有参与人选择的策略一起决定每个参与人的支付。在这里，应当注意以下三点：

1）“同时”是一个信息概念，而不是一个时间概念。只要每个参与人在选择自己的行动时不知道其他参与人的选择，我们就说他们在同时行动。

2）“同时选择”的是战略，而不是行动，因为战略是参与人行动的全面计划。

3）通常还假设，所有的参与人都知道博弈的结构，知道他们的对手知道这一结构，知道他们的对手了解他们知道……如此直至无穷，即博弈的结构是共同知识。

更为准确地讲，战略式表述给出：

1）博弈的参与人集合：$i \in \Gamma$，$\Gamma = (1, 2, \cdots, n)$。

2）每个参与人的策略空间 S_i，$i=1, 2, \cdots, n$。

3）每个参与人的支付函数 u_i（$s_1, \cdots, s_i, \cdots, s_n$），$i=1, 2, \cdots, n$。

一般用 $G = \{S_1, S_2, \cdots, S_n; u_1, u_2, \cdots, u_n\}$ 表示战略式博弈。例如：在两寡头产量博弈中，企业是参与人，产量是战略空间，利润是支付，则该博弈的战略式表述为：

$$G = \{q_1 \geqslant 0, q_2 \geqslant 0; u_1(q_1, q_2), u_2(q_1, q_2)\} \tag{3.1}$$

式中，q_i 和 u_i 分别是第 i 个企业的产量和利润。

一个博弈被称为有限博弈（finite game），如果：第一，参与人的个数是有限的；第二，每个参与人可选择的战略是有限的。两人有限博弈的战略式表述可以用矩阵直观地给出。让我们考虑下面这个“房地产开发博弈”的例子。设想有两个房地产开发商 A 和 B，开发一栋同样的楼房需要投资 1 亿元。如果市场上有两栋楼出售，需求大时，每栋楼售价可达 1.4 亿元，需求小时，售价为 7000 万元；如果市场上只有一栋楼出售，需求大时售价为 1.8 亿元，需求小时为 1.1 亿元。表 3.2 是该博弈中开发商 A 和 B 同时行动博弈的战略式表述，其中（a）是高需求的情况，（b）是低需求的情况。表中左列是 A 的战略空间，上行是 B 的战略空间，每一个数字格是对应战略组合下的支付（利润），其中第一个数字是 A 的支付，第二个数字是 B 的支付，比如说，表 3.2（a）第一行第二列（8000，0）是从战略组合（开发，不开发）得到的支付：A 的利润为 8000 万，B 的利润是 0。

表 3.2　房地产开发博弈

（a）高需求情况

		开发商 B	
		开　发	不开发
开发商 A	开　发	4 000，4 000	8 000，0
	不开发	0，8 000	0，0

（b）低需求情况

		开发商 B	
		开　发	不开发
开发商 A	开　发	-3 000，-3 000	1 000，0
	不开发	0，1 000	0，0

3.2.2　纳什均衡

纳什均衡是完全信息静态博弈解的一般概念，也是所有其他类型博弈解的基本要求。在介绍纳什均衡之前，我们先从简单的开始，然后逐步深入，最终给出纳什均衡的定义。

1. 占优战略均衡

一般来说，由于每个参与人的效用（支付）是博弈中所有参与人的战略的函数，因此每个参与人的最优战略选择依赖于所有其他参与人的战略选择。但在一些特殊的博弈中，一个参与人的最优战略可能并不依赖于其他参与人的战略选择，就是说，不论其他参与人选择什么战略，他的最优战略是唯一的，这样的最优战略被称为"占优战略"（dominant strategy）。

考虑"囚徒困境"的例子。"囚徒困境"的故事讲的是，两个嫌疑犯作案后被警方抓住，被分别关在不同的房间里受审讯。警察知道两人有罪，但缺乏足够的证据定罪，除非两人当中至少有一人坦白。警察告诉每个人：如果两人中一个人坦白另一个人抵赖，坦白的释放出去，抵赖的判刑 10 年。这样，每个嫌疑犯面临四个可能的后果：获释（自己坦白同伙抵赖）；被判刑 1 年（自己抵赖同伙也抵赖）；被判刑 8 年（自己坦白同伙也坦白）；被判刑 10 年（自己抵赖但同伙坦白）。

表 3.3 概述了囚徒困境的问题。在这个博弈中，每个囚徒都有两种可选择的战略：坦白或抵赖。显然，不论同伙选择什么战略，每个囚徒的最优战略是"坦白"，比如说，如果 B 选择坦白，A 选择坦白时的支付为 -8，选择抵赖时的支付为 -10，因而坦白比抵赖好；如果 B 选择抵赖，A 坦白时的支付为 0，抵赖时的支付为 -1，因而坦白还是比抵赖好。就是说，"坦白"是囚徒 A 的占优战略。类似的，"坦白"也是 B 的占优战略。

表 3.3　囚徒困境

		囚犯 B	
		坦白	抵赖
囚犯 A	坦白	-8，-8	0，-10
	抵赖	-10，0	-1，-1

一般的，s_i^* 称为参与人 i 的（严格）占优战略，如果对应所有的 s_{-i}，s_i^* 是 i 的严格最优选择，即

$$u_i(s_i^*, s_{-i}) > u_i(s_i', s_{-i})\ \ \forall s_{-i}, \forall s_i' \neq s_i^*$$

这里，$s_{-i} = (s_1, \cdots, s_{i-1}, s_{i+1}, \cdots, s_n)$，是 i 之外所有参与人战略的组合。对应的，所有 $s_i' \neq s_i^*$ 被称为劣战略。

定义：在博弈的战略式表述中，如果对于所有的 i，s_i^* 是 i 占优战略，那么，战略组合 $s^* = (s_1^*, \cdots, s_n^*)$ 称为占优战略均衡（dominate-strategy equilibrium）。

在一个博弈中，如果所有参与人都有占优战略存在，那么，占优战略均衡是可以预测到的唯一的均衡，因为没有一个理性的参与人会选择劣战略。此外，占优战略均衡只要求每个参与人是理性的，而并不要求每个参与人知道其他参与人是理性的（也就是说，不要求“理性”是共同知识），这是因为，不论其他参与人是否是理性的，占优战略总是一个理性参与人的最优选择。

2. 重复剔除的占优均衡

在每个参与人都有占优战略的情况下，占优战略均衡是一个非常合理的预测，但是在绝大多数博弈中，占优战略均衡是不存在的。尽管如此，在有些博弈中，我们仍可以应用占优的逻辑找出均衡。为了准确地理解“重复剔除的占优均衡”概念，我们需要对“占优战略”和“劣战略”的概念做适当的重新定义。

定义：对于参与人 i，若下面条件始终成立：

$$u_i(s_i', s_{-i}) > u_i(s_i'', s_{-i}),\ s_i' \neq s_i''$$

则对于 i 来说，称策略 s_i' 严格优于策略 s_i''。若上式“>”改成“≥”，则 s_i' 称为相对于 s_i'' 弱占优战略。反之，称为（弱）劣战略。

重复剔除的占优均衡：战略组合 $s^* = (s_1^*, \cdots, s_n^*)$ 称为重复剔除的占优均衡，如果它是重复剔除劣战略后剩下的唯一的战略组合。如果这种唯一的战略组合是存在的，我们说该博弈是重复剔除占优可解的。

注意，该定义使用了“唯一”一词。如果重复剔除后剩下的战略组合不唯一，我们说该博弈不是重复剔除占优可解的。相当多的博弈是无法使用重复剔除劣战略的方法找到均衡解的。

作为理性者，显然没有哪个参与者会选择严格劣战略，因而我们可以将严格劣战略从参与者的战略空间中剔除。通过不断地剔除严格劣战略就可能最终得到博弈的均衡解。下面我们用例子来加以说明。考虑表 3.4 所表示的抽象博弈。

表 3.4　抽象博弈

		参与人2		
		左	中	右
参与人1	上	1, 0	1, 2	0, 1
	下	0, 3	0, 1	2, 0

在这个博弈中，参与者 1 显然不存在严格占优战略，也不存在严格劣战略。参与者 2 虽不存在严格占优战略，但却存在严格劣战略。战略右相对于战略中就

是一个严格劣战略。因为无论参与者 1 选择什么战略，参与者 2 选择中都要优于选择右。如果参与者是理性的，无论什么情况，参与者 2 绝对不会选择右，因而我们可以将右从参与者 2 的战略中剔除，从而得到表 3.5。

表 3.5　抽象博弈

		参与人 2	
		左	中
参与人 1	上	1，0	1，2
	下	0，3	0，1

从表 3.5 可以看到，对于参与者 1 而言，下是一个严格劣战略，可以从参与者 1 的战略空间中剔除，最终得到表 3.6。

表 3.6　抽象博弈

		参与人 2	
		左	中
参与人 1	上	1，0	1，2

显然，（上，中）就是该博弈唯一的均衡解。这种方法在博弈论中被称为重复剔除严格劣战略。

与占优战略不同，重复剔除的占优战略不仅要求每个参与人是理性的，而且要求“理性”是参与人的共同知识。参与人的战略空间越大，需要剔除的步骤就越多，对共同知识的要求就越严格。

3. 纳什均衡

具有占优战略和严格劣战略的博弈仍然是少数，对于更为一般的博弈，如何求出均衡解呢？这就引出了“纳什均衡”这个概念。

纳什均衡是完全信息静态博弈的一般概念，构成纳什均衡的战略一定是重复剔除严格战略过程中不能被剔除的战略，就是说，没有任何一个战略严格优于纳什均衡战略，当然逆定理不一定成立；更为重要的是，许多不存在占优战略均衡或重复剔除的占优均衡的博弈，却存在纳什均衡。

我们首先来看一下纳什均衡的哲学含义：设想 n 个参与人在博弈前规定每一个参与人选择一个特定的策略。$s^* = (s_1^*, \cdots, s_i^*, \cdots, s_n^*)$ 代表这个协议，其中 s_i^* 是协议规定的第 i 个参与人的战略。我们要问在没有外力强制的情况下，是否有任何参与人有积极性不遵守该协议？显然，只有当遵守协议的效用大于不遵守协议的效用时，参与人才会遵守这个协议。如果没有任何参与人有积极性不遵守这个协议，则说明该协议是可以自动实施的。能够自动实施的协议就可以看作是一个纳什均衡；否则，它就不是一个纳什均衡。本质上说，纳什均衡的概念对社会计划者和理论家施加了一个约束，使他们不能建议或者预测一种非均衡行为。

下面我们给出纳什均衡的正式定义。

定义：在有 n 个参与人的战略式表述博弈 $G=\{S_1,S_2,\cdots,S_n;u_1,u_2,\cdots,u_n\}$ 中，战略组合 $s^*=(s_1^*,s_2^*,\cdots,s_n^*)$ 是一个纳什均衡，如果对于每一个 i，s_i^* 是给定其他参与人的选择 $s_{-i}^*=(s_1^*,\cdots,s_{i-1}^*,s_{i+1}{}^*,\cdots,s_n^*)$ 的情况下，第 i 个人的最优战略，即

$$u_i(s_i^*,s_{-i}^*)\geqslant u_i(s_i,s_{-i}^*),\ \forall s_i^*\in S_i^*,\ i\in\Gamma$$

或者用另一种表示方式，s_i^* 是下述最大化问题的解：

$$s_i^*\ \in \operatorname{argmax}u_i(s_1^*,\cdots,s_{i-1}^*,s_i,s_{i+1}^*,\cdots,s_n^*),\ s_i^*\ \in S_i^*,\ i=1,2,\cdots,n$$

因此，当且仅当没有一个参与人能从单方面背离某个策略组合的预见中增加自己的得益时，这个策略组合就是纳什均衡。

在两人有限博弈中，求解纳什均衡有一种简单的方法：划线法。下面我们以表3.7的抽象博弈为例，介绍一下该方法的使用。首先考虑A的战略，对于每一个B的给定的战略，找出A的最优战略，在其对应的支付下划一横线，然后再用类似的方法找出B的最优战略。在完成这个过程后，如果某个支付格的两个数字下都有短线，这个数字格对应的战略组合就是一个纳什均衡。在该例中，对应B的三个不同战略L、C、R，A的最优战略分别是M、U、D；给定A的三个不同战略U、M、D，B的最优战略分别是L、C、R，因此，(D，R）是一个纳什均衡。

表3.7 抽象博弈

		参与人B		
		L	C	R
参与人A	U	0，<u>4</u>	<u>4</u>，0	5，3
	M	<u>4</u>，0	0，<u>4</u>	5，3
	D	3，5	3，5	<u>6</u>，<u>6</u>

纳什均衡有强弱之分。上述定义中给出的是弱纳什均衡，若一个纳什均衡是强的，则给定其他参与人的策略，每一个参与人的选择是唯一的。即，s^* 是一个强纳什均衡，当且仅当对每一个 i，$s_i{}'\neq s_i^*$，总有 $u_i\ (s_i^*,\ s_{-i}^*)\ >u_i\ (s_i{}',\ s_{-i}^*)$。如果一个Nash均衡是强的，则没有任何参与人在均衡策略和其他策略之间是无差异的；而在弱纳什均衡的情况下，有些参与人可能在均衡战略与非均衡战略之间是无差异的。在有些博弈中，纳什均衡存在，但它不是强纳什均衡。如表3.8的博弈中，(U，L）和（U，R）都是纳什均衡，但没有一个是强纳什均衡。

表 3.8　抽象博弈

		参与人 B		
		L	C	R
参与人 A	U	2, 12	1, 10	1, 12
	M	0, 12	0, 10	0, 11
	D	0, 12	0, 12	0, 1

纳什均衡是参与人将如何博弈的“一致性”（consistent）预测：如果所有参与人预测到一个特定的纳什均衡将出现，那么，没有人有兴趣做不同的选择。纳什均衡，也只有纳什均衡具有这样的特征：参与人预测到均衡，参与人预测到其他参与人预测到均衡，等等。对比之下，预测一个非纳什均衡的策略组合将意味着至少有一个参与人会犯错误，尽管这样的错误的确有可能出现。

说纳什均衡是一致性预测并不意味着纳什均衡一定是一个好的预测。正如我们已经看到，一个博弈可能有多个纳什均衡。为了预测到哪一个纳什均衡会实际出现，我们需要知道博弈的具体过程。

3.2.3　理论应用：Gournot 寡头竞争模型

现在我们运用前面所讲的知识来具体分析一个经典的博弈模型—— Gournot 寡头竞争模型，从而使读者进一步明确：①如何将一个博弈转化为基本式。②如何利用纳什均衡的概念求出博弈的均衡解。

最早对战略依存的经济现象进行研究，并提出均衡解的经济学模型就是古诺模型。1838 年古诺提出了一个双头垄断模型。后人在古诺模型的基础上又发展出许多的变型。古诺模型的主要内容如下：

设有两个参与人，分别称为企业 1 和企业 2，每个企业的策略是选择产量，得益是利润，它是两个企业产量的函数。我们用 $q_i \in [0, \infty)$ 表示第 i 个企业的产量，$C_i(q_i)$ 表示成本函数，$P = P(q_1 + q_2)$ 表示逆需求函数。第 i 个企业的利润函数为：

$$\pi_i(q_1, q_2) = q_i P(q_1 + q_2) - C_i(q_i),\ i = 1, 2 \tag{3.2}$$

(q_1^*, q_2^*) 是纳什均衡产量，意味着：

$$q_1^* \in \operatorname{argmax} \pi_1(q_1, q_2^*) = q_1 P(q_1 + q_2^*) - C_1(q_1)$$
$$q_2^* \in \operatorname{argmax} \pi_2(q_1^*, q_2) = q_2 P(q_1^* + q_2) - C_2(q_2)$$

找出纳什均衡的一个办法是对每个企业的利润函数求一阶导数并令其为零：

$$\partial\pi_1 / \partial q_1 = P(q_1 + q_2) + q_1 P'(q_1 + q_2) - C_1'(q_1) = 0$$
$$\partial\pi_2 / \partial q_2 = P(q_1 + q_2) + q_2 P'(q_1 + q_2) - C_2'(q_2) = 0$$

上述两个一阶条件分别定义了两个反应函数：

$$q_1^* = R_1(q_2) \tag{3.3}$$

$$q_2^* = R_2(q_1) \tag{3.4}$$

反应函数意味着每个企业的最优策略（产量）是另一个企业产量的函数，两个函数的交点就是纳什均衡 $q^* = (q_1^*, q_2^*)$，如图 3.1 所示。

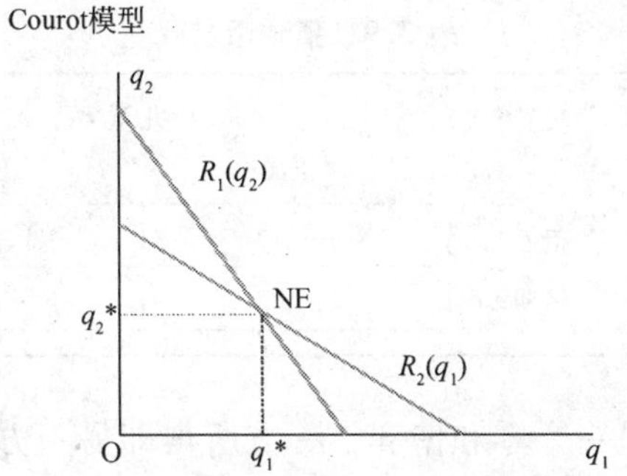

图 3.1　Gournot 模型的纳什均衡

为了得到更具体的结果，我们来考虑上述模型的简单情况。假定每个企业具有相同的不变单位成本，即 $C_1(q_1) = q_1 c$，$C_2(q_2) = q_2 c$，需求函数取如下线性形式：$P = a - (q_1 + q_2)$。那么，最优化的一阶条件分别为：

$$\partial\pi_1 / \partial q_1 = a - (q_1 + q_2) - q_1 - c = 0$$

$$\partial\pi_2 / \partial q_2 = a - (q_1 + q_2) - q_2 - c = 0$$

反应函数为：

$$q_1^* = R_1(q_2) = 1/2(a - q_2 - c) \tag{3.5}$$

$$q_2^* = R_2(q_1) = 1/2(a - q_1 - c) \tag{3.6}$$

就是说，j 每增加 1 个单位的产量，i 将减少 1/2 单位的产量。

解两个反应函数，我们得到纳什均衡为：

$$q_1^* = q_2^* = (a - c)/3 \tag{3.7}$$

每个企业的纳什均衡利润分别为：

$$\pi_1(q_1^*, q_2^*) = \pi_2(q_1^*, q_2^*) = (a - c)^2/9 \tag{3.8}$$

即，如果给定第 2 个企业的产量为 $(a - c)/3$，那么第 1 个企业的最优产量为 $(a - c)/3$；如果给定第 1 个企业的产量为 $(a - c)/3$，那么第 2 个企业的最优产量为 $(a - c)/3$，所以 $[(a - c)/3, (a - c)/3]$ 为古诺模型的纳什均衡。

3.2.4　混合战略纳什均衡

纳什均衡的概念已经相当圆满地解决了不少博弈问题，但是现实中，许多决策问题构成的博弈中根本不存在具有稳定性的各博弈方都接受的纳什均衡战略组合，也就是说，根据前面的定义，有些博弈不存在纳什均衡，如猜硬币博弈：

这个故事讲的是，两个儿童手里各拿着一枚硬币，决定要显示正面向上还是反面向上。如果两枚硬币同时正面向上或者同时反面向上，儿童 A 付给儿童 B 1 分钱；如果两枚硬币只有一枚正面向上，儿童 B 付给儿童 A 1分钱。表 3.9 给出了这个博弈的支付矩阵。

表 3.9　猜硬币游戏

		儿童 B	
		正面	反面
儿童 A	正面	−1，1	1，−1
	反面	1，−1	−1，1

这个博弈事实上是一个零和博弈，一方所得即另一方所失，没有纳什均衡。比如说，（正面，正面）不是纳什均衡，因为给定 B 选择正面，A 的最优选择是反面；（反面，正面）也不是纳什均衡，因为如果 A 选择反面，B 也将选择反面。类似地，（正面，反面）和（反面，反面）都不是纳什均衡。

我们再来考虑一个博弈：社会福利博弈。在这个博弈里，参与人是政府和一个流浪汉，流浪汉有两个战略：寻找工作或游荡；政府也有两个战略：救济或不救济。政府想帮助流浪汉，但前提是后者必须试图寻找工作，否则，前者不予帮助；而流浪汉只有在得不到政府救济时才会寻找工作。表 3.10 给出了这个博弈的支付矩阵。

表 3.10　社会福利博弈

		流浪汉	
		寻找工作	游　荡
政　府	救　济	3，2	−1，3
	不救济	−1，1	0，0

这个博弈也不存在纳什均衡。给定政府救济，流浪汉的最优战略是游荡；给定流浪汉游荡，政府的最优战略是不救济；给定政府不救济，流浪汉的最优战略是寻找工作；而给定流浪汉寻找工作，政府的最优战略是救济；如此等等，没有一个战略组合构成纳什均衡。

上述两个博弈的显著特征是，每一个参与人都想猜透对方的战略，而每一个参与人又都不能让对方猜透自己的战略。这种问题在诸如扑克比赛、橄榄球赛、战争等情况中都会出现。在所有这类博弈中，都不存在纳什均衡。

但是，尽管上述两个博弈不存在前面所定义的纳什均衡，却存在下面将要定义的混合战略纳什均衡。这里，混合战略指的是参与人以一定的概率选择某种战略，比如说，参与人以0.3的概率选择第一种战略，以0.5的概率选择第二种战略，以0.2的概率选择第三种战略。如果一个参与人采取混合战略，他的对手就不能准确地猜出他实际上会选择的战略，尽管在均衡点，每个参与人都知道其他参与人不同战略的概率分布。为了区别于这种情况，我们将前面定义的纳什均衡称为“纯”战略纳什均衡。

定义：在博弈 $G=\{S_1,S_2,\cdots,S_n;u_1,u_2,\cdots,u_n\}$ 中，参与人的战略空间为 $S_i=\{s_{i1},s_{i2},\cdots,s_{ik}\}$，则参与人 i 以概率分布 $\boldsymbol{\sigma}_i=(\boldsymbol{\sigma}_{i1},\cdots,\boldsymbol{\sigma}_{ik})$ 随机地在其 k 个可选战略中选择的“战略”称为一个混合战略。其中 $0\leqslant\boldsymbol{\sigma}_{ij}\leqslant1$，且 $\sum\boldsymbol{\sigma}_{ij}=1$。

这样，纯战略可以理解为混合战略的特例，如纯战略 $s_{i'}$ 可以看作是混合策略 $\boldsymbol{\sigma}_i=(1,0,\cdots,0)$，即选择纯战略 $s_{i'}$ 的概率为1，选择任何其他纯战略的概率为0。

一般来说，如果一个博弈存在两个纯战略纳什均衡，那么一定存在第三个混合战略纳什均衡。海萨尼（Harsanyi，1973）对混合战略的解释是，混合战略等价于不完全信息下的纯战略均衡。

3.3　完全信息动态博弈

3.3.1　博弈的扩展式表述

本节我们开始讨论动态博弈。动态博弈的根本特征是各博弈方不是同时，而是先后、依次进行选择或行动，这是与静态博弈的根本区别。我们一般用扩展式表述来描述和分析动态博弈。这里博弈的扩展式表述所“扩展”的主要是参与人的战略空间。战略式表述简单地给出参与人有什么战略可以选择，而扩展式表述要给出每个战略的动态描述：谁在什么时候行动，每次行动时有什么具体行动可供选择，以及知道什么。简单地说，在扩展式表述中，战略对应于参与人的相机行动规则，即什么情况下选择什么行动，而不是简单的、与环境无关的行动选择。

具体来讲，博弈的扩展式表述包括以下要素：

1）参与人集合：$i=1,\cdots,n$，此外，我们将用N代表虚拟参与人“自然”。

2）参与人的行动顺序：谁在什么时候行动。

3）参与人的行动空间：在每次行动时，参与人有什么选择。

4）参与人的信息集：每次行动时，参与人知道什么。

5）参与人的支付函数：在行动结束之后，每个参与人得到什么。

6）外生事件（即自然的选择）的概率分布。

n 人有限战略博弈的扩展式表述可以用博弈树来表示。为了说明这一点，让我们来考虑在前面一章开始时引入的房地产开发博弈的例子。我们假定该博弈的行动顺序如下：①开发商 A 首先行动，选择开发或不开发。②在 A 决策后，自然选择市场需求的大小。③开发商 B 在观测到 A 的决策和市场需求后，决定开发或不开发。

图 3.2 是上述房地产开发博弈的博弈树。博弈从最顶端的圆圈 A 开始，表示开发商 A 在此点决策，$h_{A(1)}$ 表示 A 的信息集（有关信息集，后面介绍）。A 有两个行动可以选择：开发或不开发，分别用标有“开发”和“不开发”的两个枝表示。A 选择开发（或不开发）后博弈进入标有 N 的结点，表示不受参与人控制的自然开始行动。如此，直到 B 做出选择，博弈结束。对应于不同的行动路径，我们得到不同的支付向量，其中每个向量的第一个数字是 A 的支付，第二个数字是 B 的支付（注意，习惯上，支付向量的顺序与博弈树上的行动顺序是对应的）。

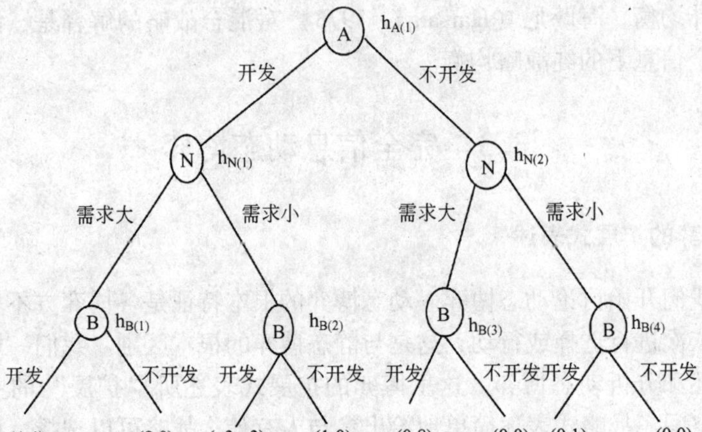

图 3.2　房地产开发博弈

注：h 表示信息；单位：千万元

上述博弈树给出了有限博弈的几乎所有信息。现在让我们首先来介绍一下博弈树的构造。构成博弈树的基本元素包括结、枝和信息集。

1）结（nodes）：博弈中某一参与人（包括自然）采取行动的时点，或者博弈结束的时点。其中，参与人采取行动的时点称为决策结，博弈行动路径的终点称为终点结。在上例中，决策结包括内有 A、N、B 的七个圆圈，终点结包括对应八个支付向量的点。

一般地，我们用 X 表示所有结的集合，$x \in X$ 表示某个特定的结。已经到达结 x 后才有可能在随后的博弈中到达的结称为结 x 的后续结；可能到达结 x 之前必须到达的结称为结 x 的前续结。

构造一个博弈树必须满足下列规则：①每一个结（node）至多有一个其他结直接位于它的前面。②在博弈中没有一条路径可以使决策集与自身相连。③每一个结是唯一初始结的后续结，即博弈树必须有初始结。④每个博弈树“正好”只有一个初始结（多于一个可用“自然连接”），不允许出现如图3.3所示的情况。

图3.3 博弈树不允许的情况

由以上规则，对于博弈树中的每一个终点结，我们完全可以确定从初始结到终点结的路径，同时也展示了博弈的动态过程。

2）枝（branches）：在博弈树上，枝是从一个决策结到它的直接后续结的连线（有时用箭头表述），每一个枝代表参与人的一个行动选择。比如说，在图3.2中，开发商A有两个选择，分别用标有“开发”和“不开发”的两个枝表示。

3）信息集（information sets）：博弈树上的所有决策结分隔成不同的信息集，每一个信息集是决策结集合的一个子集。该子集包括所有满足下列条件的决策结：①每一个决策结都是同一参与人的决策结。②该参与人知道博弈进入该集合的某个决策结，但不知道自己究竟处于哪一个决策结。引入信息集的目的是描述下列情况：当一个参与人要做出决策时他可能并不知道“之前”发生的所有事情（这里，我们将之前放在引号内，因为博弈树中的决策结的排序并不一定与行动的时间顺序相一致）。

一般地，我们用 H 代表信息集的集合，$h \in H$ 来表示一个特定的信息集。特别地，我们用 $h(x)$ 表示包含决策结 x 的信息集。如果 $x' \in h(x)$，则 x 与 x' 应该由同一个参与人采取行动，且可以选择的策略空间相同：$A(x) = A(x')$，由此可以将信息集 h 上的行动集记为 $A(h)$。

一个信息集可能包含多个决策结，也可能只包含一个决策结。只包含一个决策结的信息集称为单结信息集。如果博弈树的所有信息集都是单结的，该博弈称为完美信息博弈。完美信息意味着博弈中没有任何两个参与人同时行动，并且所有后行动者能确切地知道前行动者选择了什么行动，所有参与人观测到自然的行动。在博弈树上，完美信息意味着没有任何两个决策结是用虚线连起来的。

3.3.2 扩展式表述博弈的纳什均衡

在战略式表述的博弈中，参与人在博弈开始之前就制定出了一个完全的相机行动计划，即“如果……发生，我将选择……”，而在展开式表述的博弈中，参与人是相机行事，即“等待”博弈到达自己的信息集后再做决策。

我们首先来一般地定义扩展式博弈的战略。使用前面的符号，令 H_i 为第 i 个参与人的信息集的集合，$A_i \equiv \cup_{h_i \in H_i} A(h_i)$ 为其行动集合，其中 $A(h_i)$ 是在信息集 h_i 的行动集合。参与人 i 的一个纯战略是从信息集集合 H_i 到行动集合 A_i 的一个映射，用 S_i：$H_i \to A_i$ 表示，其中，对于所有的 $h_i \in H_i$，$S_i(h_i) \in A(h_i)$，参与人 i 的纯战略空间 S_i 就是所有 S_i 的集合。因为每一个纯战略都是从信息集到行动集的一个映射，S_i 可以表示为在每一个信息集 h_i 上的行动空间 $A(h_i)$ 的笛卡儿积：

$$S_i = \times_{h_i \in H_i} A(h_i) \tag{3.9}$$

一般地，一个参与人可选择的纯战略的总数 $\#S_i$，等于：

$$\Pi\#[A(h_i)],\ h_i \in H_i$$

下面我们用一抽象的例子对上面的定义进行解释（图 3.4）。

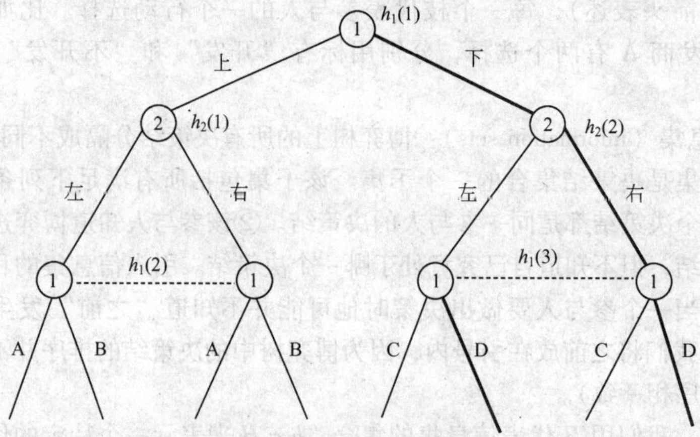

图 3.4 抽象例子的博弈树

从图 3.4 所示抽象例子的博弈树中我们可以得到，参与人 2 有两个战略集，相应地也有两个信息集，$A[h_2(1)] = A[h_2(2)] = \{左,右\}$，其中 $H_2 = \{h_2(1), h_2(2)\}$；参与人 2 的纯战略空间为：

$S_2 = [A(h_2(1)], A[h_2(2)] = \{(左,右) \times (左,右)\} = \{(左,左), (左,右), (右,左), (右,右)\}$

其中，纯战略（左，左）表明：当 1 取“上”时，2 取“左”；当 1 取“下”时，2 取“左”，如此等等。参与人 1 有三个信息集 $H_1 = \{h_i(i), i = 1,$

2,3}，1 的纯战略空间为：$S_1 = A[h_1(1)] \times A[h_1(2)] \times A[h_1(3)] = \{(上,下) \times (A,B) \times (C,D)\}$，共八种纯战略。

在扩展式表述的博弈中，所有 n 个参与人的一个纯战略组合 $s = (s_1, \cdots, s_n)$ 决定了博弈树上的一个路径。每一个战略组合决定了一个支付向量 $u = (u_1, \cdots, u_n)$。

定义：战略组合 s^* 是扩展式博弈的一个纳什均衡，如果对于所有的 i，s_i^* 最大化 $u_i(s_i^*, s_{-i}^*)$，即

$$s_i^* \in \arg\max u_i(s_i^*, s_{-i}^*), \forall i$$

注意，因为一个参与人的纳什均衡战略是假定其他参与人的战略为给定时的最优战略，所有参与人似乎是在同时选择战略。但这并不意味着在纳什均衡中，参与人一定是在同时选择行动。

如果一个扩展式博弈有有限个信息集，每个信息集上参与人有有限个行动选择，我们说这个博弈是有限博弈。如果一个扩展式博弈是有限博弈，那么，对应的战略式博弈也是有限博弈。

定理：一个有限完美信息博弈有一个纯战略纳什均衡。

我们可以使用动态规划的逆向归纳法证明上述定理。因为博弈是有限的，博弈树上一定存在一个最后的决策结的集合，在该决策结上行动的参与人将选择一个最大化自己的支付的行动；给定这个参与人的选择，倒数第二个决策结上的参与人将选择一个可行的行动最大化自己的支付；如此等等，直到初始结。当这个倒推过程完成时，我们得到一个路径，该路径给出每一个参与人一个特定的战略，所有这些战略构成一个纳什均衡（这个纳什均衡满足我们后面将要介绍的子博弈精炼纳什均衡的要求）。

3.3.3 子博弈精炼纳什均衡

我们已经知道，一个博弈可能有多个（甚至无穷多个）纳什均衡，究竟哪一个均衡更为合理，博弈论没有一般的结论。但是，均衡的多重性并不是纳什均衡存在的最严重的问题。最严重的问题是，纳什均衡假定每一个参与人在选择自己的最优战略时假定所有其他参与人的战略选择是给定的，就是说，参与人并不考虑自己的选择对其他人选择的影响。出于这个原因，纳什均衡很难说是动态博弈的一个合理解，因为在动态博弈中，参与人的行动有先有后，后行动者的选择空间依赖于前行动者的选择，前行动者在选择自己的战略时不可能不考虑自己的选择对后行动者选择的影响。纳什均衡的这个缺陷促使博弈论专家从20世纪60年代开始就不断寻求改进和精炼纳什均衡概念，以得到更为合理的博弈解。本部分将要讨论的泽尔腾的“子博弈精炼纳什均衡”是纳什均衡概念的第一个最重要的改进，它的目的是把动态博弈中的“合理纳什均衡”与“不合理纳什均衡”

分开。正如纳什均衡是完全信息静态博弈解的基本概念一样，子博弈精炼纳什均衡是完全信息动态博弈解的基本概念。

1. 子博弈精炼纳什均衡

纳什均衡在原则上适用所有的博弈，但对于预测参与人的行为来说，纳什均衡可能并不是一个合理的预测，如房地产博弈（图 3.5）。

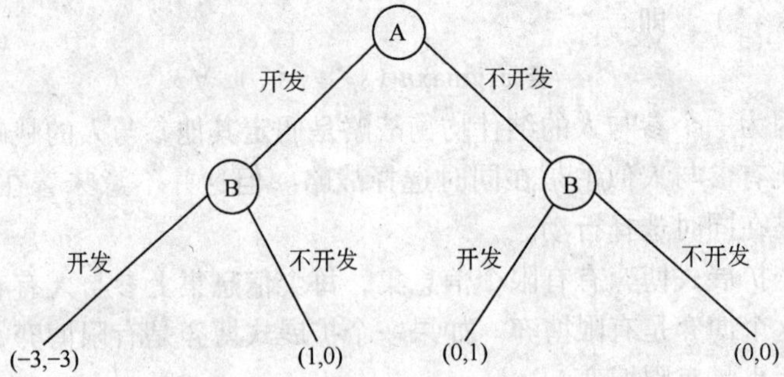

图 3.5 房地产开发博弈

可以看出，A 只有一个信息集，两个可选择的行动，因而 A 的行动空间也即战略空间：S_A =（开发，不开发）。但 B 有两个信息集，每个信息集上有两个可选择的行动，因而 B 有四个纯战略，分别为：①不论 A 开发还是不开发，我开发。②A 开发我开发，A 不开发我不开发。③A 开发我不开发，A 不开发我开发。④不论 A 开发还是不开发，我不开发。如果我们将 B 的信息集从左到右排列，上述四个纯战略可以简写成：{开发，开发}，{开发，不开发}，{不开发，开发}，{不开发，不开发}。因此，其战略式可如表 3.11 所示。

表 3.11 房地产开发博弈

		开发商 B			
		{开，开}	{开，不}	{不，开}	{不，不}
开发商 A	开　发	−3，−3	−3，−3	1，0	1，0
	不开发	0，0	0，1	0，0	0，1

很显然，该博弈有三个纳什均衡，分别为：（开发，{不开发，开发}）、（开发，{不开发，不开发}）和（不开发，{开发，开发}）。那么，这三个纳什均衡中哪一个是合理的，哪一个是不合理的呢？首先我们考虑战略组合（不开发，{开发，开发}）。这个战略组合之所以构成一个纳什均衡，是因为 B 威胁不论 A 开发还是不开发，自己将选择开发；A 相信了 B 的这个威胁，不开发是 A 的最优选择。但是，A 为什么要相信 B 的威胁呢？毕竟，如果 A 真的选择开发，B 选择

开发得到 -3 的支付，选择不开发得到 0 的支付，显然 B 的最优选择是不开发。如果 A 知道 B 是理性的，A 将选择开发，逼使 B 选择不开发，自己得到 1 的支付，而不是选择不开发，让 B 开发，自己得到 0 的支付。用博弈论的语言来说，纳什均衡（不开发，{开发，开发}）是不可置信的，因为给定 A 选择开发，B 不会实施这个威胁。

现在再来看纳什均衡（开发，{不开发，不开发}）。尽管这个结果（A 开发，B 不开发）似乎是合理的，但均衡战略本身是不合理的。如果 A 选择开发，B 的最优选择是不开发，但是，如果 A 选择不开发，B 的最优选择是开发而不是不开发。因此，{不开发，不开发} 不是 B 的合理战略，或者说，不是一个可置信的战略。

容易看出，只有（开发，{不开发，开发}）是一个合理的均衡，因为构成这个均衡的每个参与人的均衡战略都是合理的。如果 A 选择开发，B 的最优选择是不开发；如果 A 选择不开发，B 的最优选择是开发。A 预测到自己的选择对 B 选择的影响，开发是 A 的最优选择。均衡结果是，A 选择开发，B 选择不开发，A 的支付为 1，B 的支付为 0。事实上，（开发，{不开发，开发}）是这个博弈的唯一的子博弈精炼纳什均衡。

泽尔腾引入“子博弈精炼纳什均衡”概念的目的是将那些包含不可置信威胁战略的纳什均衡从均衡中剔除，从而给出动态博弈结果的一个合理预测。简单地说，子博弈精炼纳什均衡要求均衡战略的行为规则在每一个信息集上都是最优的。

为了给出子博弈精炼纳什均衡概念的正式定义，我们需要首先定义“子博弈”的概念。粗略地说，子博弈是原博弈的一部分，它本身可以作为一个独立的博弈进行分析。习惯上，任何博弈本身成为自身的一个子博弈。如图 3.6 有三个子博弈，原博弈（a）及子博弈（b）和（c）。

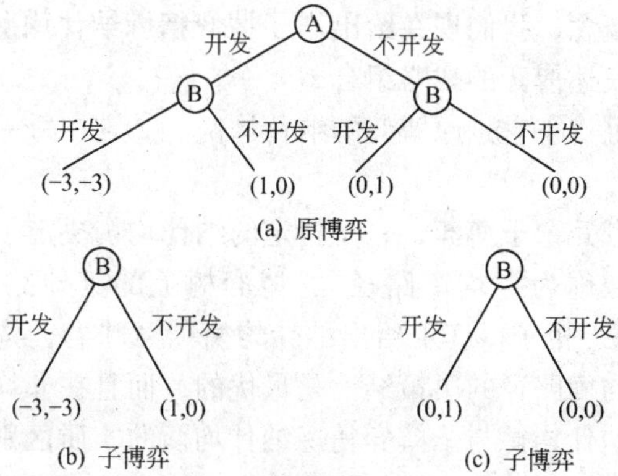

图 3.6　房地产开发博弈

正式地，我们有下述定义：

定义：一个扩展式表述博弈的子博弈 G 由一个决策结 x 和所有该决策结的后续结 $T(x)$（包括终点结）组成，它满足下列条件：①x 是一个单点信息集，即 $h(x)=\{x\}$。②对于所有的 $x'\in T(x)$，如果 $x''\in h(x')$，则 $x''\in T(x)$。

下面我们对定义的两个条件做些解释：条件①说的是一个子博弈必须从一个单结信息集开始。这一点意味着当且仅当决策者在原博弈中确切地知道博弈进入一个特定的决策结时，该决策结才能作为一个子博弈的初始节。在图 3.6（a）中，B 的两个决策结都可以分别开始一个子博弈，而在图 3.7 中，由于 2 的信息集不是单结信息集，因此任何一个决策结都不能作为子博弈的初始节。条件②说的是，子博弈的信息集和支付向量都直接继承自原博弈。而条件①和条件②意味着子博弈不能切割原博弈的信息集。如图 3.8 中的博弈，参与人 2 有两个信息集都是单结的，但是由于参与人 3 的一个信息集包含三个决策结，参与人 2 的信息集不能开始一个子博弈，否则，参与人 3 的信息集将被切割。

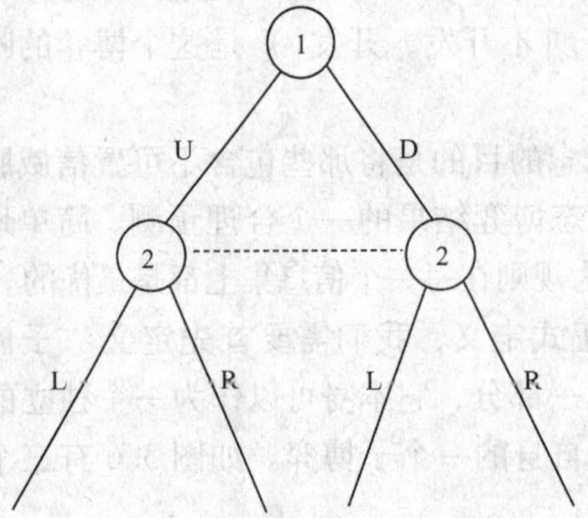

图 3.7　抽象博弈

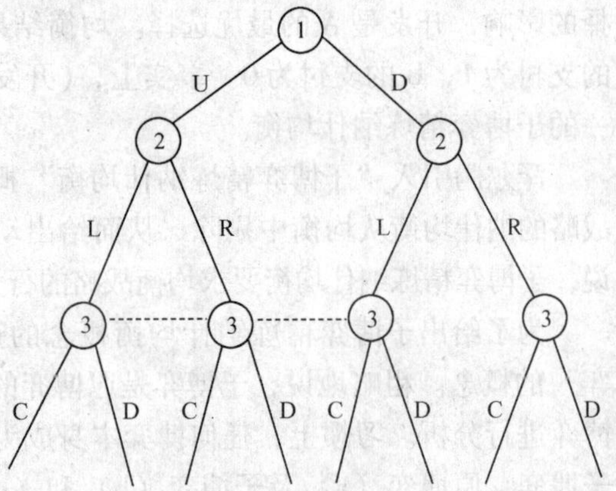

图 3.8　抽象博弈

有了子博弈的概念，我们现在给出“子博弈精炼纳什均衡”的正式定义。

定义：扩展式表述博弈的战略组合 $s^*=(s_1^*,\cdots,s_i^*,\cdots s_n^*)$ 是一个子博弈精炼纳什均衡，如果满足：①它是原博弈的纳什均衡。②它在每一个子博弈上给出纳什均衡。

如果一个博弈有几个子博弈，一个特定的纳什均衡决定了原博弈树上唯一的一条路径，这条路径称为“均衡路径”，博弈树上的其他路径称为“非均衡路径”。定义中“在每一个子博弈上给出纳什均衡”意味着，构成子博弈精炼纳什均衡的战略不仅在均衡路径的决策结上是最优的，而且在非均衡路径的决策结上业是最优的。这是纳什均衡与子博弈精炼纳什均衡的实质区别所在。为了说明这一点，考虑图 3.6 所示的博弈。我们已经知道，该房地产开发博弈有三个纳什均衡，分别是：（开发，{不开发，开发}）、（开发，{不开发，不开发}）和（不开发，{开发，开发}）。现在我们来看看它们是否满足子博弈精炼纳什均衡的要求。在子博弈（b），即A选择开发，B的最优选择是不开发；在子博弈（c），即A选择不开发，B的最优选择是开发。纳什均衡（不开发，{开发，开发}）中B的均衡战略{开发，开发}在子博弈（c）上构成纳什均衡，但是在子博弈（b）上不构成纳什均衡；类似地，纳什均衡（开发，{不开发，不开发}）中B的均衡战略{不开发，不开发}在子博弈（b）上构成纳什均衡，但是在子博弈（c）上不构成纳什均衡，所以，（开发，{不开发，不开发}）也不是一个子博弈精炼纳什均衡。而纳什均衡（开发，{不开发，开发}）无论在子博弈（b）还是在子博弈（c），都构成纳什均衡，因此（开发，{不开发，开发}）是这个博弈的唯一的子博弈精炼纳什均衡。

子博弈精炼纳什均衡就是要剔除掉那些只在特定情况下是合理的行动规则。博弈论专家常常使用“序贯理性”指不论过去发生了什么，参与人应该在博弈的每一个时点上最优化自己的决策。子博弈精炼纳什均衡要求的正是参与人应该是序贯理性的。

2. 子博弈精炼纳什均衡的求解——逆向归纳法

对于有限完美信息博弈，逆向归纳法是求解子博弈精炼纳什均衡的最简便方法。因为有限完美信息博弈的每一个决策结都是一个单独的信息集，每一个决策结都开始一个子博弈。为了求解子博弈精炼纳什均衡，我们从最后一个子博弈开始。

给定博弈到达最后一个决策结，该决策结上行动的参与人有一个最优选择，这个最优选择就是该决策结开始的子博弈的纳什均衡（如果该决策结上的最优行动多于一个，那么我们允许参与人选择其中的任何一个；如果最后一个决策者有多个决策结，那么每一个决策结开始的子博弈都有一个纳什均衡）。

然后，我们倒回到倒数第二个决策结，找出倒数第二个决策者的最优选择（假定最后一个决策者的选择是最优的），这个最优选择与我们在第一步找出的最后决策者的最优选择构成从倒数第二个决策结开始的子博弈的一个纳什均衡。

如此不断直到初始结，每一步都得到对应子博弈的一个纳什均衡，并且，根据定义，这个纳什均衡一定是该子博弈的所有子博弈（可以称为“子子博弈”）的纳什均衡，在这个过程的最后一步得到的整个博弈的纳什均衡也就是这个博弈的子博弈精炼纳什均衡。

图3.5所示的房地产开发博弈就是这样一个两阶段完美信息博弈。用逆向归纳法求解这个博弈的精炼均衡的步骤如下：在第二阶段，B的最优行动规则是{不开发，开发}，因为A在第一阶段预测到B在第二阶段会按这个行动，A在第一阶段的最优选择是开发。用逆向归纳法得到的精炼均衡是（开发，{不开

发，开发｝）。

我们再来看一个三阶段完美信息博弈（图 3.9）。在第三阶段，参与人 1 的最优选择是 E；在第二阶段，参与人 2 知道，如果自己选 D，参与人将在第三阶段选 E，这样自己将得到 1 的支付，而如果选 C 将得到 1/2 的支付，因此参与人 2 在第二阶段的最优选择是 D；在第一阶段，参与人 1 如果选择 L，则参与人 2 将在第二阶段选择 B，这时参与人 1 得到 1 的支付，而如果参与人 1 选择 R，参与人 2 在第二阶段将选择 D，从而参与人 1 得到 3 的支付，因此，理性的参与人 1 在第一阶段将选择战略 R。这样，该博弈的子博弈精炼纳什均衡为（｛R，E｝，｛B，D｝），这里，均衡路径为 1 →R →2 →D →1 →E →(3，1)，B 为非均衡路径上的选择。

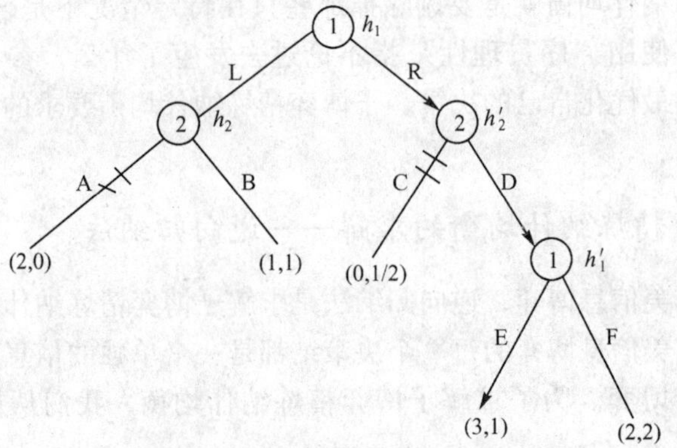

图 3.9　三阶段完美信息博弈

上述分所表明，用逆向归纳法求解子博弈精炼纳什均衡的过程，实质是重复剔除劣战略过程在扩展式博弈上的扩展：从最后一个决策结开始依次剔除掉每个子博弈的劣战略，最后生存下来的战略构成精炼纳什均衡。如同重复剔除的占优均衡要求“所有参与人是理性的”是共同知识一样，用逆向归纳法求解均衡也要求“所有参与人是理性的”是共同知识。

3.3.4　理论应用——斯坦科尔伯格（Stackelberg）寡头竞争模型

该模型可以看作是子博弈完美纳什均衡的最早版本。如同在古诺模型中一样，在斯坦科尔伯格模型中，企业的行动也是选择产量。不同的是，在斯坦科尔伯格模型中，企业 1（称为领头企业）先选择产量 $q_1 \in Q_1 = [0,\infty)$，企业 2（称为尾随企业）观测到 q_1 后选择自己的产量 $q_2 \in Q_2 = [0,\infty)$。因此，这是一个完美信息动态博弈。这时企业 2 的策略应该是从 Q_1 到 Q_2 一个函数，即 S_2：$Q_1 \to Q_2$，而企业 1 的策略就是简单地选择产量 q_1；纯策略均衡结果是产出向量 $[q_1, s_2(q_1)]$，支付函数为 $u_i[q_1, s_2(q_1)]$，由于产量是一个连续变量，故不能作出博弈树。但读者可以设想初始结是企业1的决策结，对应每一个给定的q_1，企业2有一个决策结，因此企业2有无穷多个决策结。

假定逆需求函数为$P(Q) = a - q_1 - q_2$，两个企业有相同的不变单位成本$c \geqslant 0$，则支付（利润）函数为：

$$u_i(q_1, q_2) = q_i[P(Q) - c],\ i = 1,2 \tag{3.10}$$

我们可以用逆向归纳法求解这个博弈的子博弈精炼完美纳什均衡。假定q_1已经选定，企业2的问题是：

$$\max u_2(q_1, q_2) = q_2(a - q_1 - q_2 - c) \tag{3.11}$$

最优化一阶条件为：

$$s_2(q_1) = (a - q_1 - c)/2 \tag{3.12}$$

假定$q_1 < a - c$。这是实际上是古诺模型中企业2的反应函数，不同的是，这里，$s_2(q_1)$是当企业1选择q_1时企业2的实际选择，而在古诺模型中，$R_2(q_1)$是企业2对于假设的q_1的最优反应。

因为企业1预测到企业2将根据$s_2(q_1)$选择q_2，企业1在第一阶段的问题是：

$$\max u_1[q_1, s_2(q_1)] = q_1[a - q_1 - s_2(q_1) - c] \tag{3.13}$$

解一阶条件得：

$$q_1^* = (a - c)/2$$

将q_1^*代入$s_2(q_1)$得：

$$q_2^* = s_2(q_1^*) = (a - c)/4 \tag{3.14}$$

这就是子博弈精炼纳什均衡结果（一般称为斯坦科尔伯格均衡结果）。注意，$q_1^* = (a - c)/2$和$q_2^* = (a - c)/4$是均衡结果，而不是均衡本身，因为$q_2^* = (a - c)/4$并不是对于任何给定的q_1的最优选择（即不是第二阶段的所有子博弈的纳什均衡）。子博弈精炼纳什均衡是$[q_1^*, s_2(q_1)]$。

对比上一节讲到的古诺模型，可以看到企业1在斯坦科尔伯格博弈中的利润大于古诺博弈中的利润，而企业2的利润下降了，这就是所谓的“先动优势”。当然，如果企业选择的是价格而不是产量，我们得到的就是“后动优势”。

3.4　不完全信息静态博弈

纳什均衡观念的一个潜在假设是，每个参与人对其他参与人的行动持有正确的信念（the correct belief）。为了满足这个假设，要求参与人必须了解其正在参与的博弈；尤其是，他必须知道其他人的偏好（preferences）。

但是，在许多情况下，参与人并不完全清楚对手的特征。我们不可能料事如神，也无法掌握所有变因，更无力预测未来：讨价还价的人们往往并不知道他人对所议价的物品之价值评估，企业之间彼此并不清楚对方的成本函数，斗士并不清楚相互的力量，陪审员并不清楚其他陪审员对于诉讼证据的解释。在某些情况下，某个参与人比其他的参与人更清楚对手的特征，但是却并不清楚对手对自己的特征了解多少。

可以肯定的一点是，不完全信息并不是完全没有信息，实际上不完全信息的博弈方至少必须有关于其他博弈方得益分布的可能范围和分布概率的知识，否则博弈方的决策选择就会完全失去依据，我们的博弈分析也就无意义了。这对于静态贝叶斯博弈和动态贝叶斯博弈都是一样的。

这样的情形中所发生的博弈，称不完全信息博弈。对此类博弈的分析是通过“贝叶斯博弈”来分析的。

3.4.1 不完全信息博弈和贝叶斯纳什均衡

1. 不完全信息博弈

完全信息是指每一个参与人对所有其他参与人（对手）的特征、战略空间及支付函数有准确的认识，否则为不完全信息。现实中许多博弈并不满足完全信息的要求。比如说，当你与一个陌生人打交道时，你并不知道他的特征（如喜欢什么，不喜欢什么）；当你想买（或卖）一件古董或名画时，你并不知道卖主愿意脱手的最低价格是多少（或买主愿意出的最高价格是多少）；当一个企业想进入某个市场时，它并不清楚一个市场上的企业的成本函数。如此等等，这样的例子举不胜举。类似上述这些不满足完全信息假设的博弈称为不完全信息博弈。就是说，在不完全信息博弈中，至少有一个参与人不知道其他参与人的支付函数。在信息不充分的情况下，博弈参与者不是使自己的支付或效用最大，而是使自己的期望效用或支付最大。

我们接下来考虑一个例子：两个企业的行业博弈。两个参与人分别是：“在位者”，“进入者”；两者的行动空间分别是：在位者选择“建厂”、“不建厂”；进入者选择“进入”、“不进入”；信息结构：在位者的成本有“高”、“低”两种类型，其成本类型是其私有信息。进入者不知道在位者的成本类型，但他认为在位者高成本概率为 p，低成本概率为：$1-p$。在位者知道进入者的先验概率判断——其实，为了获得均衡，有必要假设 $(p, 1-p)$ 是双方的共同知识。进入者只有一种成本类型。

行动顺序：两个参与人同时行动。

赢利函数：各参与人在不同战略组合下的赢利不仅取决于双方的行动，也取决于各自的成本类型。

赢利如表 3.12 和表 3.13 所示。

表 3.12　在位者高成本情况（p）

		进入者：进　入	进入者：不进入
在位者	建　厂	0，-1	2，$\underline{0}$
	不建厂	$\underline{2}$，$\underline{1}$	$\underline{3}$，0

表 3.13　在位者低成本情况（$1-p$）

		进入者：进　入	进入者：不进入
在位者	建　厂	$\underline{3}$，-1	$\underline{5}$，$\underline{0}$
	不建厂	2，$\underline{1}$	3，0

如果信息是完全的，那么参与人双方就均知道是进行的表 3.12 的博弈还是表 3.13 中的博弈。如果是进行表 3.12 的博弈，那么纳什均衡是（不建厂，进入）；如果是进行表 3.13 的博弈，则纳什均衡是（建厂，不进入）。但是，如果信息是不完全的，那么进入者将不会知道自己处于哪个博弈之中。

当然，进入者可以对其所处的博弈有一个先验概率，即以概率 p 处于 3.12 的博弈，以概率 $1-p$ 处于 3.13 的博弈之中。如前假设，（p，$1-p$）是双方的共同知识，但是在位者很清楚自己的真实类型。

那么，这样的博弈怎么来进行分析呢？我们可以这样考虑：分析表 3.12 和表 3.13 可发现，进入者是否应该进入，应取决于在位者的成本——在位者高成本则进入者应该进入，在位者低成本则进入者应不进入。现在，进入者不知道在位者成本高低，因此它分别计算进入和不进入的预期收益：

$$EU_2(\text{进入}) = p * U_2(\text{不建厂,进入} \mid t_1 = \text{H}) + (1-p) * U_2(\text{建厂,进入} \mid t_1 = \text{L}) \tag{3.15}$$

式中，t 是在位者的类型，H、L 分别表示高成本和低成本的情况。这里的预期赢利计算为什么只考察了（不建厂，进入 | $t_1=$H）和（建厂，进入 | $t_1=$L）这两种情况呢？因为在位者的行动是类型依存的。给定对方进入，如果自己是高成本则应不建厂，自己是低成本则应建厂。由此，可计算出：

$$EU_2(\text{进入}) = 1 * p + (-1) * (1-p) = 2p - 1 \tag{3.16}$$

$$EU_2(\text{不进入}) = p * U_2(\text{不建厂,不进入} \mid t_1 = \text{H} + (1-p) U_2(\text{建厂,不进入} \mid t_1 = \text{L}) = 0 \tag{3.17}$$

因此有：

$p>1/2$ 进入者进入；

$p\leqslant1/2$ 进入者不进入。

博弈的均衡是：

1）如果在位者成本高，则不建厂；若 $p>1/2$ 则进入者进入，$p\leqslant1/2$ 则进入者不进入。

2）如果在位者成本低，则建厂；进入者是否进入仍取决于对概率 p 的判断。

2. 静态贝叶斯博弈

静态贝叶斯博弈问题的主要来源也是现实经济活动，现实社会经济活动中的许多静态博弈关系都有不完全信息的特征，因此研究静态贝叶斯博弈既是完善博弈理论本身的需要，也有重要的实践意义。为使读者对静态贝叶斯博弈及其实践意义有较多的直观意识，这里我们再回顾一下前面提到的行业博弈的简单例子。

假定某行业有一个在位者（参与人1）和一个潜在的进入者（参与人2），1 决定是否要建一个新工厂，2 决定是否进入该行业。假定 2 不知道 1 建厂的成本是高还是低，但 1 自己知道。2 的得益取决于 1 是否建厂，而不是取决于 1 的成本，但 1 有一个优势战略：低成本则建厂；高成本则不建厂。设 p_1 为 2 认为 1 为高成本的先验概率（主观概率）：因为当且仅当 1 为低成本时才会建厂，因此，只要 $p_1>1/2$，2 就会进入；而当 $p_1<1/2$ 时，2 会选择不进入，因为选择进入的期望利润是

$$1\times p_1+(-1)\times(1-p_1)=2p_1-1\geqslant0 \tag{3.18}$$

而不进入的期望值为 0。

为了准确表示静态贝叶斯博弈，我们应对完全信息静态博弈的表述进一步发展。关键的问题是这个博弈中各博弈方虽然完全清楚自己的得益函数，但却无法确定其他博弈方得益函数的特征。解决这个问题的前提和基本思路是这样的：某些博弈方虽然不能确定其他博弈方在一定战略组合下的得益，但至少知道其他博弈方的得益有哪几种可能的结果，而哪种可能的结果会出现则取决于其他博弈方属于哪种"类型"。这里的"类型"，是博弈方自己清楚而他人无法完全清楚的内部信息、有关情况或数据等，如拍卖问题中的估价或不完全信息古诺模型中的成本。如果我们用 t_i 表示博弈方 i 的类型，并用 T_i 表示博弈方 i 的类型空间，也就是全部可能类型的集合，$t_i\in T_i$，则我们可以用 u_i（a_1，…，a_n，t_i）表示博弈方 i 在战略组合（a_1，…，a_n）下的得益。这个得益函数中含有一个反映博弈方类型的变量 t_i，其取值是博弈方 i 自己知道而其他博弈方并不清楚的，正好可以反映静态贝叶斯博弈种信息不完全的特征。因此，静态贝叶斯博弈的一般表达式为 $G=\{A_1,\cdots,A_n;T_1,\cdots,T_n;u_1,\cdots,u_n\}$，其中 A_i 为博弈方 i 的行为空间（战略空间），T_i 是博弈方 i 的类型空间，博弈方 i 的得益 $u_i(a_1,\cdots,a_n,t_i)$ 为战略组合 $(a_1,\cdots,a_n)$ 和类型 t_i 的函数。

上述方法实际上是将博弈中某些博弈方对其他博弈方得益的不了解，转化成对这些博弈方“类型”的不了解，是一种“追根溯源”的思想方法。这样转化后，我们在分析博弈份额时候，就必须注意各博弈方的战略组合以及各自的类型。

我们再用上述不完全信息古诺模型进一步解释上述思路。在该静态贝叶斯博弈中，两厂商的行为即他们的产量决策，分别为 q_1 和 q_2。q_1 的所有可能取值构成厂商 1 的行为空间 A_1，q_2 的所有可能取值构成厂商 2 的行为空间 A_2。厂商 1 在一定战略组合下的得益，即利润 u_1，是双方产量 q_1、q_2 和自己成本的函数。由于厂商 1 的边际成本是双方都清楚的确定值 c_L，因此他的得益实际上只是双方产量这两个变量的函数。厂商 2 的得益也取决于双方的产量和自己的成本。但是厂商 2 的边际成本有两个可能的情况，一种是高成本 c_H，一种是低成本 c_L，究竟属于哪种，厂商 2 自己知道但厂商 1 却不知道，因此厂商 1 不可能有关于厂商 2 得益的完全信息。为了表达这种信息不完全性，我们将它解释成厂商 1 不了解厂商 2 的类型，而这个“类型”就是厂商 2 的边际成本。如果我们用 t_2 有 c_H 和 c_L 两种可能性，如果用 T_2 表示他的类型空间，则 $T_2 = \{c_H, c_L\}$。当然，为了形式上比较对称起见，虽然厂商 1 只有一种成本 c_1，我们也可以将该成本看作他的类型 t_1，只是厂商 1 的类型空间 T_1 只有 c_L 一个元素。在这样假设之后，我们就可以用 $G = \{A_1, A_2; T_1, T_2; u_1, u_2\}$ 表示上述不完全信息的古诺模型，其中各个符号的意义为 $A_1 = \{q_1\}, A_2 = \{q_2\}, T_1 = \{c_1\}, T_2 = \{c_H, c_L\}, u_1 = \pi_1\{q_1, q_2, t_1\}, u_2 = \pi_2\{q_1, q_2, t_2\}$。

虽然现在已经能用上述方法来表示静态贝叶斯博弈的信息不完全性，但如果只有上述表达式中的几方面信息，我们仍然无法解决这些博弈问题。因为在不完全信息静态博弈中，如果某些博弈方对其他博弈方的“类型”一无所知，就会完全失去进行决策的依据。一般来说，一个博弈方至少需要知道其他博弈方各种“类型”出现机会的相对大小，即对出现每种“类型”的概率分布有一个判断，才可能根据其他博弈方各种得益的可能性，推导出他们平均来讲会做的选择，从而对自己的每种选择的期望得益有所估计，才能下决心进行决策选择。如果我们用 $p_i = p_i\{t_{-i} \mid t_i\}$ 表示博弈方 i 在自己的实际类型为 t_i 的前提下，对其他博弈方类型（有多个其他博弈方时为类型组合）t_{-i}的判断，即在自己的类型是 t_i 的前提下，其他博弈方类型或类型组合 $t_{-i} = \{t_1, \cdots, t_{-i}, t_{-i+1}, \cdots, t_n\}$ 出现的条件概率，则我们可以用 $G = \{A_1, \cdots, A_n; T_1, \cdots, T_n; p_1, \cdots, p_n; u_1, \cdots, u_n\}$ 表示，虽然某些博弈方没有关于其他博弈方类型的完全信息，但至少有关于各种类型出现机会概率分布知识的不完全信息静态博弈。在平均或者说在数学期望的意义上，这种博弈是有结果和可以分析的。

静态贝叶斯博弈的一般表示方法，对我们根据现实问题抽象和建立静态贝叶斯博弈模型，可以提供一些思路和帮助，我们可以根据静态贝叶斯博弈表达式中的几个方面，逐个确定模型的主要内容。不过，对于静态贝叶斯博弈来说，更重要的问题是如何进行分析的问题。由于静态贝叶斯博弈与完全信息静态博弈有明显差别，因此分析方法也必然有不同特点。接下来我们讨论究竟用什么方法来分析这类博弈。

3. 海萨尼转换

首先，来看一个不完全信息静态博弈的例子。这是一个市场进入问题。参与者1是一个正决定是否进入某种产品市场的企业，参与者2在该产品市场已经经营一段时间，他面临的决策是要不要扩展其生产规模。称参与者1为进入者，参与者2为在位者。在位者清楚自己扩展成本有高、低两种类型，其信息属于在位者私人所有，进入者并不知道，对应两种成本情况，收益函数如表3.14和表3.15所示。

表3.14　成本收益函数（高成本情况）

		参与者2（在位者）	
		扩展	不扩展
参与者1（进入者）	进　入	−1，−1	1，1
	不进入	0，0	0，3

表3.15　成本收益函数（低成本情况）

		参与者2（在位者）	
		扩展	不扩展
参与者1（进入者）	进　入	2，2	1，−1
	不进入	0，4	0，3

上述的例子中，进入者好像在与两个不同的在位者进行博弈，一个是扩展成本高的在位者，另一个是扩展成本低的在位者。一般地，如果在位者有T种类型的扩展成本，进入者好像就在与T个不同的在位者进行博弈。在1967年以前，博弈专家认为这样的不完全信息博弈是无法分析的，因为当一个参与者不明确他在与谁博弈时，博弈的规则是没有定义的。海萨尼在1967～1968年提出了一个处理不完全信息的方法——引入一个虚拟的参与人“自然”，自然首先行动，选择决定参与人的特征（如成本函数），参与人知道自己的特征，其他参与人不知道。这样不完全信息博弈就转换为完全但不完美信息博弈，可以利用标准的分析技术进行分析，这就是“海萨尼转换”。

我们再来认识一下“类型”：一个参与人拥有的所有的个人信息（即所有不

是共同知识的信息）称为他的类型。

根据这个定义，甚至允许参与人不知道其他参与人是否知道自己的类型。

例如：市场进入博弈：在位者不知道进入者是否知道自己是高成本还是低成本，只知道进入者有 p 的概率知道自己的成本函数，（$1-p$）的概率不知道自己的成本函数。

这种情况下，进入者也有两种类型：知道（在位者的成本）或不知道（在位者的成本）。

再如：在谈判中，甲方知道自己是强硬派或妥协派，乙方知道自己是否知道甲方是强硬派或妥协派，但甲方不知道乙方是否知道自己是强硬派还是妥协派，则甲方有两种类型：强硬派或妥协派，乙方有两种类型：知道或不知道。

不完全信息意味着，至少有一个参与人有多个类型。

海萨尼转换的具体方法是：

1）引进一个虚拟的“自然”博弈方，也可称为“博弈方0”，其作用是在博弈中进行实际博弈的博弈方选择之前，为每个实际博弈方按随机方式选择，或者说抽取他们各自的类型，抽取的这些类型构成类型向量 $t=(t_1, \cdots, t_n)$，其中 $t_i \in T_i$，$i=1, \cdots, n$。

2）这个“自然”博弈方让每个实际博弈方知道自己的类型，但不让（全部或部分）博弈方知道其他博弈方的类型。

3）在前述基础上，再进行原来的静态博弈，即各个实际博弈方同时从各自的行动空间中选择方案 $a_1, \cdots, a_n$。

4）除了博弈方0，即“自然”以外，其余博弈方各自取得得益 $u_i = u_i(a_1, \cdots, a_n, t_i)$，其中 $i=1, \cdots, n$。

设 t_i 表示参与人 i 的一个特定的类型，根据海萨尼公理：

假定参与人类型的分布函数 $P(t_1, \cdots, t_n)$ 是所有参与人的共同知识，所有参与人知道 $P(t_1, \cdots, t_n)$，所有参与人知道所有参与人知道 $P(t_1, \cdots, t_n)$，如此等。

这意味着在进入市场的博弈中，如果进入者有一种类型，在位者有两种类型，那么 p 是共同知识，即进入者知道在位者是高成本的概率是 p，进入者知道在位者知道进入者知道在位者是高成本的概率是 p，如此等等，即在博弈开始时，所有参与人有关自然行动的信念（belief）是相同的。

博弈论中，习惯上将不完全信息静态博弈称为静态贝叶斯博弈。

4. 贝叶斯纳什均衡

任何博弈分析的核心问题都是博弈方之间的战略均衡，这一点对于静态贝叶斯博弈当然也不例外。那么对于静态贝叶斯博弈怎样的均衡概念比较有效呢？要回答这个问题首先要注意静态贝叶斯博弈与完全信息博弈之间在战略和战略空间方面的不同。

我们以前在完全信息博弈中对博弈方战略定义为，设定博弈方在每种可能被要求选择或行动处或情况下如何选择、行动的完整计划。在完全信息的静态博弈中，博弈方的一个战略就是该博弈方的一次选择，因为每个博弈方只有一次选择的机会。在完全信息的动态博弈中，博弈方的一个战略则是该博弈方在每个可能轮到选择的（单节点）信息集处如何选择的计划。因为静态贝叶斯博弈可以看作先由“自然”选择各博弈方的类型，然后再由各实际博弈方同时选择的动态博弈，因此静态贝叶斯博弈中实际博弈方的一个战略，就是他们针对自己各种可能的类型如何作相应选择的完整计划，可以用公式定义：

定义：在静态贝叶斯博弈 $G=\{A_1,\cdots,A_n;\ T_1,\cdots,T_n;\ p_1,\cdots,p_n;\ u_1,\cdots,u_n\}$ 中，博弈方 i 的一个战略，就是自己各种可能类型 t_i（T_i）的一个函数 S_i（t_i）。S_i（t_i）设定对于“自然”可能为博弈方 i 抽取的各种类型 t_i，博弈方 i 将从自己的行为空间 A_i 中相应选择的行动 a_i。

有了静态贝叶斯博弈中博弈方战略的定义，我们就可以将纳什均衡的概念推广到这种博弈中去，基本思想与完全信息静态博弈中纳什均衡的基本思想仍然是一样的：各博弈方的战略必须是对其他博弈方（或战略组合）的最佳反应。关键差异在于这里所说的战略，比完全信息静态博弈中的战略要复杂一些，它们不再只是一种简单的行为选择，而是由类型决定行为的函数。我们称这种针对的战略已经有了新的含义的纳什均衡为“贝叶斯纳什均衡”。下面是贝叶斯纳什均衡的一个较正式的定义：

在静态贝叶斯博弈 G（$A_1,\cdots,A_n,T_1,\cdots,T_n,p_1,\cdots,p_n$）中，战略 $s^*=(s_1^*,\cdots,s_n^*)$ 是一个（纯战略）贝叶斯均衡，当且仅当对每一个参与人 i 和 T_i 中的每一个类型 t_i，以及的每一个其他战略 s_i'（t_i），总有：

$$Eu_i(s^*,t_i)\geqslant Eu_i[s_1^*(t_i),\cdots,s_{i-1}^*(t_{i-1}),s_i'(t_i),s_{i+1}^*(t_{i+1}),\cdots,s_n^*(t_n),t_i]$$

也就是说，无论参与人是属于何种类型，参与人的战略一定是关于其他参与人战略的最佳反应。

在不完全信息静态博弈中，所有参与人同时行动，其战略空间等于行动空间，但是参与人 i 的行动空间可能依赖于其类型，也就是行动空间是类型依存的。类似的，其支付函数也是类型依存的。如企业能选择什么产量依赖于它的成本函数，一个人能干什么依赖于他的能力等。

贝叶斯纳什均衡是完全信息静态博弈纳什均衡概念在不完全信息静态博弈上的扩展，不完全信息静态博弈又叫做静态贝叶斯博弈。

静态贝叶斯博弈的时间顺序为：

1）自然选择类型向量，参与人 i 能观测到自己的类型，但参与人 j 只知道除

i 之外所有参与人类型，但不知道参与人 i 的类型。

2）n 个参与人同时行动。

3）参与人 i 得到类型依存支付函数。

假定参与人 i 的类型依存活动空间和参与人 i 的效用函数是共同知识，其他参与人不知道参与人 i 的类型，但知道其战略空间和支付函数是如何依赖于他的类型的。

给定参与人 i 只知道自己的类型而不知道其他参与人的类型，参与人 i 将选择使自己效应最大化的期望效用。

贝叶斯纳什均衡：n 个人不完全信息静态博弈的纯战略均衡是一个类型依存战略组合，其中每个参与人 i 在给定自己的类型 t_i 和其他参与人类型依存战略的情况下，最大化自己的期望效用。

虽然上式有许多的数学符号，但中心思想却非常简单，与完全信息静态博弈中的纳什均衡并没有什么两样：每一个参与者的战略必须是其他参与者战略的最优反应，并且对每一个参与者都如此，因而，贝叶斯纳什均衡实际上是贝叶斯静态博弈中的纳什均衡。

3.4.2　应用举例

1. 不完全信息古诺模型

行动顺序：同时行动。

参与人：企业 1、企业 2。

不完全信息：企业 1 单位成本 c_1 是共同知识，企业 2 的成本可能是 c_{2L} 或 c_{2H}，企业 1 只知道 $c_2=c_{2L}$的可能性是1/2，这是共同知识。

q_i：第 i 个企业的产量。

C_i：代表第 i 个企业的成本。

假定逆需求函数为：

$$P(Q) = a - (q_1 + q_2) \tag{3.19}$$

第 i 个企业的利润函数为：

$$\pi_i(q_1, q_2) = q_i[P(Q) - c_i], i = 1,2 \tag{3.20}$$

假定 $a=2$，$c_1=1$，$c_{2L}=3/4$，$c_{2H}=5/4$。

给定企业 2 知道企业 1 的成本，企业 2 将选择 q_2 最大化利润函数：

$$\pi_2 = q_2 \ (t - q_1^* - q_2) \tag{3.21}$$

$$t = a - c = a - 3/4 = 5/4 \text{ 或 } t = a - 5/4 = 3/4$$

从最优化一阶条件可得企业 2 的反应函数为：

$$q_1^*(q_1, t) = \frac{1}{2}(t - q_1) \tag{3.22}$$

也就是说，企业 2 的最优产量不仅依赖于企业 1 的产量，而且依赖于自己的成本，令 q_{2L}为 $t=5/4$ 时企业 2 的最优产量，q_{2H}为 $t=3/4$ 时企业 2 的最优产量。那么：

$$q_{2L} = 1/2 \times (5/4 - q_1);\ q_{2H} = 1/2 \times (3/4 - q_1) \tag{3.23}$$

企业 1 不知道企业 2 的真实成本从而不知道企业 2 的最优反应究竟是 q_{2L}还是 q_{2H}，因此企业 1 将选择 q_1 最大化下列利润函数：

$$E\pi_1 = \frac{1}{2}q_1(1 - q_1 - q_{2L}) + \frac{1}{2}q_1(1 - q_1 - q_{2H}) \tag{3.24}$$

最优化一阶条件得企业 1 的反应函数为：

$$q_1^* = \frac{1}{2}(1 - \frac{1}{2}q_{2H} - \frac{1}{2}q_{2L}) = \frac{1}{2}(1 - Eq_2) \tag{3.25}$$

式中，$Eq_2 = \frac{1}{2}q_{2L} + \frac{1}{2}q_{2H}$是企业 1 关于企业 2 产量的期望值。

均衡意味着两个反应函数同时成立，解两个反应函数得贝叶斯均衡为：

$$q_1^* = \frac{1}{3};\ q_{2L}^* = 11/24;\ q_{2H}^* = 5/24$$

2. 密封拍卖

拍卖或招标（auction）有两个基本功能，一是揭示信息，二是减少代理成本。当一件物品的价值买者比卖者更清楚时，卖者一般不愿意首先提出价格，而常常采用拍卖的方式以获得可能的最高价格。这种情况在古董和名画的交易中特别普遍。当直接的卖者或买者以代理人身份出现时，拍卖也有助于减少买者和卖者之间的损害委托人利益的合谋行为。比如，如果一个城市的市长可以任意地将一块土地出租给任何个企业时，我们很难保证得到土地的企业不是贿赂市长且只付很低租金的企业。但如果采用公开拍卖的方式出租土地，市长接受贿赂的可能性就小很多。

我们在此考虑一次价格密封标价拍卖。一次密封价格拍卖是许多拍卖方式中的一种，在这种拍卖下，投标人同时将自己的出价写出来装入一个信封，密封后交给拍卖人，由拍卖人打开信封，出价最高者按其出价支付价格获得被拍卖的物品。这里，每个投标人的战略是根据自己对该物品的评价相对其他投标人评价的判断来选择自己的出价，赢者的支付是他对物品的评价减去他的出价，其他投标人的支付为零。例如：两个标价者，记作 $i=1, 2$，对于拍卖的货物，每个标价者 i 有自己的估价 v_i，如果他以价格 p 获得货物，那么他将获益 $v_i - p$，现假设 v_1、v_2 均是来自［0，1］上均匀分布的独立随机变量，则可建立博弈模型：

1）行动空间——参与人 i 的行动是递送一个（非负）标价 b_i，$b_i \in [0, +\infty)$。

2）类型空间——参与人 i 的类型是他对货物的估价 v_i，类型空间为 $T_i = [0, 1]$。

3）信念——估价是独立的，参与人都相信 v_i 均匀地分布在 [0，1] 上。

4）得益函数：$u_i(b_1,b_2,v_1,v_2)=\begin{cases} v_i-b_i & \text{如果 } b_i>b_j \\ (v_i-b_i)/2 & \text{如果 } b_i=b_j \\ 0 & \text{如果 } b_i<b_j \end{cases}$ （3.26）

在这个贝叶斯博弈中，参与人 i 的战略应当是类型 v_i 的函数，记为 $b_i(v_i)$，根据定义，贝叶斯均衡要求标价者1的战略 $b_1(v_1)$ 是关于标价者2的战略的最佳反应，反过来，$b_2(v_2)$ 也是关于 $b_1(v_1)$ 的最佳反应。若 $[b_1(v_1),b_2(v_2)]$ 是贝叶斯均衡，那么对于每一个 $v_i\in A_i=[0,1](i=1,2)$，$b_i(v_i)$ 必须满足：

$$\max\ (v_i-b_i)P\{b_i>b_j(v_j)\}+\frac{1}{2}(v_i-b_i)P\{b_i=b_i(v_j)\}$$

不妨设 $b_1(v_1)=a_1+c_1v_1$ 和 $b_2(v_2)=a_2+c_2v_2$ 由于 v_j 服从 [0，1] 上的均匀分布，故 $b_j(v_j)$ 服从 $[a_j,a_j+c_j]$ 上的均匀分布，由 $P\{b_i=b_j(v_j)\}=0$，故对每一个类型 v_i，一定有：$\max\ (v_i-b_i)P\{b_i>b_j(v_j)\}$，理性地，$i$ 的标价 b_i 应满足 $a_j\leqslant b_i\leqslant a_j+c_j$。

这时，

$$P\{b_i>a_j+c_jv_j\}=P\{v_j<\frac{b_i-a_j}{c_j}\}=\frac{b_i-a_j}{c_j} \tag{3.27}$$

期望得益为：

$$\frac{(v_i-b_i)(b_i-a_j)}{c_j}\ \frac{-b_i^{\ 2}+(a_j+v_i)b_i+v_ia_j}{c_j}$$

利用一阶条件，易知 i 的最佳反应为 $b_i=(v_i+a_i)/2$，由于 b_i 必须大于 a_j，因此若 $v_i<a_j$ 的话，必须至少取 $b_i=a_j$，明确地用公式：

$$b_i(v_i)=\frac{v_i+a_j}{2},\quad v_i>a,\quad b_i=a,\quad v_i<a_j \tag{3.28}$$

由此结果可以看出，随着投标人数 n 的增多，各个投标人在他的估价 v_i 的基础上报价也随之抬高。特别地，当 $n\to\infty$ 时，$b_i\to v_i$。这就是说投标人越多，众多投标人会各自抬高报价，卖者从众多报价中评议筛选出的中标价格也越高。当投标人数趋于无穷大时卖者能得到中标人估价的全部。因此，吸引更多的人加入竞标应是卖者的期望和利益所在。

3.5 不完全信息动态博弈

如果参与人在其行动的时刻不清楚已发生的博弈历史，那么信息就是不完美的。如果参与人的赢利函数不是共同知识，那么信息就是不完全的。不完全信息可以通过海萨尼转换转变成不完美信息博弈进行分析。在前面叙述中，我们分析了不完全信息静态博弈如何转换成不完美信息动态博弈进行分析。这里，我们将讨论不完全信息动态博弈的分析。

完全信息动态博弈引入了子博弈精练纳什均衡的概念来剔除那些不可置信的威胁，而不完全信息动态博弈中，只有一个子博弈，虽然不能将上述方法直接用于求不完全信息动态博弈的均衡解，但可以借用这一方法逻辑。

3.5.1 精炼贝叶斯均衡

在不完全信息动态博弈中，“自然”首先选择参与人的类型，参与人自已知道，其他参与人不知道；在自然选择之后，参与人开始行动，参与人的行动有先有后，后行动者能观测到先行动者的行动，但不能观测到先行动者的类型。但是，因为行动是类型依存的，每个参与人的行动都传递着有关自己类型的某种信息，后行动者可以通过观察先行动者所选择的行动来推断其类型或修正对其类型的先验信息（概率分布），然后选择自己的最优行动。先行动者预测到自己的行动将被后行动者所利用，就会设法选择传递对自己最有利的信息，避免传递对自己不利的信息。因此，博弈过程不仅是参与人选择行动的过程，而且是参与人不断修正信念的过程。精炼贝叶斯均衡是不完全信息动态博弈均衡的基本均衡概念，是完全信息动态博弈子博弈精炼纳什均衡和海萨尼的不完全信息静态博弈贝叶斯均衡的结合。具体来说，精炼贝叶斯均衡在不完全信息静态博弈中等同于贝叶斯均衡，在完全信息动态博弈中等同于子博弈精炼纳什均衡，在完全信息静态博弈中等同于纳什均衡。将每个信息集开始的博弈的剩余部分称为一个“后续博弈”，一个“合理”的均衡应该满足如下要求：给定每一个参与人有关其他参与人类型的后验信念，参与人的战略组合在每一个后续博弈上构成贝叶斯均衡。

1. 贝叶斯法则

在日常生活中，当面临不确定时，我们对某事件发生的可能性有一个判断，然后，会根据新的信息来修正这个判断。修正之前的判断称为“先验概率”，修正之后的判断称为“后验概率”。贝叶斯法则就是人们根据新的信息从先验概率得到后验概率的基本方法。由此，贝叶斯法则在不完全信息动态博弈中对贝叶斯均衡概念的深化起着至关重要的作用。

剔除这种不可信行为的方式是：假定参与人（在所有可能情况下）根据贝叶斯规则修正先验概念，并且，每个参与人都假定其他参与人选择的是均衡战略。

假定参与人的类型是独立分布的，参与人 i 有 k 个类型，有 h 个可能的行动，e_k 和 a_h 分别代表一个特定的类型和一个特定的行动。

如果我们观察到 i 选择了 a_h，i 属于 e_k 的后验概率是多少？

$$\mathrm{Prob}\{\theta^k \mid a^h\} \equiv \frac{p(a^h \mid \theta^k)p(\theta^k)}{\mathrm{Prob}\{a^h\}} \equiv \frac{p(a^h \mid \theta^k)p(\theta^k)}{\sum_{j=1}^{k} p(a^h \mid \theta^j)p(\theta^j)} \tag{3.29}$$

为使大家熟悉贝叶斯法则，我们举一个生活中的例子：如果我们把所有人划分为好人（GP）、坏人（BP）两类，所有的事划分为好事（GT）、坏事（BP）两类，那么一个好人干好事的概率等于他是好人的概率 $p(\mathrm{GP})$ 乘以好人干好事的概率 $p(\mathrm{GT} \mid \mathrm{GP})$，加上他是坏人的概率 $p(\mathrm{BP})$ 乘以坏人干好事的概率 $p(\mathrm{GT} \mid \mathrm{BP})$：

$$\mathrm{Prob}\{\mathrm{GT}\} = p(\mathrm{GT} \mid \mathrm{GP}) * p(\mathrm{GP}) + p(\mathrm{GT} \mid \mathrm{BP}) * p(\mathrm{BP}) \tag{3.30}$$

假定观测到一个人干了一件好事，那么这个人的是好人的后验概率是：

$$\mathrm{Prob}\{\mathrm{GP} \mid \mathrm{GT}\} \equiv \frac{p(\mathrm{GT} \mid \mathrm{GP}) * p(\mathrm{GP})}{\mathrm{Prob}\{\mathrm{GT}\}} \tag{3.31}$$

假定我们认为这个人是好人的先验概率是1/2，观测到他干了好事之后如何修正他的先验概率依赖于他干的好事好到什么程度：

1）这是一件非常好的好事，坏人绝对不可能干，则 $p(\mathrm{GT} \mid \mathrm{GP}) = 1$，$p(\mathrm{GT} \mid \mathrm{BP}) = 0$：

$$\mathrm{Prob}\{\mathrm{GP} \mid \mathrm{GT}\} \equiv \frac{1 \times 1/2}{1 \times 1/2 + 0 \times 1/2} = 1$$

2）这是一个非常一般的好事，好人会干，坏人也会干：$p(\mathrm{GT} \mid \mathrm{GP}) = 1$，$p(\mathrm{GT} \mid \mathrm{BP}) = 1$：

$$\mathrm{Prob}\{\mathrm{GP} \mid \mathrm{GT}\} \equiv \frac{1 \times 1/2}{1 \times 1/2 + 1 \times 1/2} = \frac{1}{2}$$

3）介于上述两种情况之间：好人肯定会干，但坏人可能会干也可能不会干：$p(\mathrm{GT} \mid \mathrm{GP}) = 1/2$，$p(\mathrm{GT} \mid \mathrm{BP}) = 1/2$：

$$\mathrm{Prob}\{\mathrm{GP} \mid \mathrm{GT}\} \equiv \frac{1 \times 1/2}{1 \times 1/2 + 1/2 \times 1/2} = \frac{2}{3}$$

假定我们观测到他干了一件坏事，我们相信，好人绝对不会干坏事，那么可以肯定他绝对不是一个好人。

$$\mathrm{Prob}\{\mathrm{GP} \mid \mathrm{BT}\} \equiv \frac{0 \times 1/2}{0 \times 1/2 + p \times 1/2} = 0$$

假定我们原来认为他是个好人，突然发现他干了一件好事，我们如何看待呢？

$$\mathrm{Prob}\{\mathrm{BP} \mid \mathrm{GT}\} \equiv \frac{p \times 1/2}{q \times 0 + p \times 1} = 1$$

从上述例子我们可以看到，如何改变对一个人的看法不仅依赖于我们以为他是好人或坏人的先验概率，而且依赖于我们如何“认为”好人干好事和坏人干好事的条件概率。这一点对于理解精炼贝叶斯均衡是非常重要的。我们当然不能任意的“认为什么什么的”。特别地，在精炼贝叶斯均衡中，参与人的“认为”

必须是正确的；就是说当我们认为坏人干好事的概率为 $p(\mathrm{GT} \mid \mathrm{BP})$ 时，在给定信息情况下（包括这个人知道我们如何修正对他的看法），如果这个人确实是坏人，那么，$p(\mathrm{GT} \mid \mathrm{BP})$ 是他的最优选择，或者说 $p(\mathrm{GT} \mid \mathrm{BP})$ 是均衡战略（极端地，当 $p(\mathrm{GT} \mid \mathrm{BP})=1$，干好事一定是他的最优选择）。

2. 精炼贝叶斯均衡

在不完全信息动态博弈中，由于参与者的行动有先后次序之分，后行动者可以通过观察先行动者所选择的行动来判断先行者的真实类型，或者修正原先对先行动者类型的推断（概率分布），然后选择自己的最优行动。先行动者也会料到自己的行动将被后行动者所利用，他会设法在选择行动来传递对自己最有利的信息，避免传递对自己不利的信息。因此，博弈过程不仅是参与者选择行动的过程，而且是参与者不断修正对先行参与者类型的推断的过程。在完全信息动态博弈中，子博弈精炼纳什均衡是通过原博弈的子博弈对原博弈的纳什均衡进行精选和提炼而产生的。这种方法能不能直接运用到不完全信息动态博弈中对贝叶斯均衡进行精炼呢？不能，因为不完全信息动态博弈没有子博弈，所以用子博弈去精炼贝叶斯也就无从谈起。但是产生子博弈精炼纳什均衡的逻辑是适用的。在不完全信息动态博弈中，用“后续博弈”的概念代替子博弈的概念。子博弈必须起始于一个单结信息集，而后续博弈可以起始于任何完全信息集，对贝叶斯均衡概念的深化表现在：如果参与者的战略要称为博弈的一个精炼贝叶斯均衡，那么它不仅必须是整个博弈的贝叶斯均衡，而且必须在每一个后续博弈上构成贝叶斯纳什均衡。

对所有的参与者 i，在每一个信息集 h 上，$s_i^*(ti)$ 是最优问题

$$\max \sum_{a_i \in A_i} \{u_i[s_1^*(t_1),\cdots,s_{i-1}^*,a_i,s_{i+1}^*(t_{i+1}),\cdots,s_n^*(t_n),t_i]p(t_{-i} \mid t_i)\}$$ 的解。

值得注意的是，在精炼贝叶斯均衡的定义中，后验概率（推断）被提高到和战略同等重要的地位。也就是说，一个精炼贝叶斯均衡不再只是由每个参与者的一个战略所构成，其中还包括参与者在轮到他行动的每一个信息集 h 上的后验推断（后验概率），进一步剖析精炼贝叶斯均衡的概念。上述定义体现几个方面的要求：

1）在每个信息集上，决策者必须有一个定义在属于该信息集的所有决策结上的一个概率分布（信念）。

2）给定该信息集上的概率分布和其他参与人的后续战略，参与人的行动必须是最优的。

3）每一个参与人根据贝叶斯法则和均衡战略修正后验概率。

3.5.2　信号博弈

在经济学中，信息不完全又可等同于信息不对称，几乎所有的信息不完全模型都与信息不对称相关，逆向选择和道德风险就是信息不对称的两种表现形式。在这里我们将介绍信息不对称中的一个重要模型——信号博弈。信号博弈是研究逆向选择的一个重要模型，最早由斯彭思（Spence）提出并加以讨论，斯彭思也因此获得了 2001 年的诺贝尔经济学奖。

信息的不完全和不对称往往对拥有信息的一方和缺乏信息的一方都会有不利的影响。从拥有私人信息的一方来说，虽然许多时候保守秘密对自己有利，但也存在希望将私人信息传递给他人的情况。例如在二手车交易问题中，拥有货真价实二手车的卖方就希望将自己的二手车的质量信息传递给买方，希望买方了解真实情况。当求职者有真才实学的时候，他也非常想让用人单位了解自己的真实水平。从缺乏信息的一方来说，更是希望尽可能掌握信息，克服自己的信息不完全性，但问题是信息的真实性是没有保障的，许多拥有私人信息着有欺骗的动机，缺乏信息者很难判断信息的真伪。因此，在信息不完全、不对称的情况下，传递信息和克服信息不完全的困难并不是一件简单的事情。

信号传递博弈是一种比较简单的但有广泛应用意义的不完全信息动态博弈。

1）信息不对称可能导致潜在的交易不能进行。

2）但在许多情况下，为了获得交易带来的收益，拥有私人信息的一方会主动揭示自己的私人信息。

3）信号传递：拥有私人信息的一方通过一定的行为选择来告诉没有私人信息的一方自己的真实类型。

4）参与人：两个，信号发送者 1 和信号接收者 2；1 的类型是私人信息，2 的类型是公共信息（即只有一个类型）。

博弈顺序：

1）“自然”首先选择参与人 1 的类型，参与人 1 知道，但参与人 2 不知道，只知道 1 属于该类型 x 的先验概率。

2）参与人 1 观测到类型 x 后发出信号。

3）参与人 2 观测到参与人 1 发出的信号，使用贝叶斯法则从先验概率得到后验概率，然后选择行动。

3.5.3　应用举例

最早的信号博弈模型是斯彭思 1973 年提出的求职模型。在劳动市场上，通常企业主很难知道应聘者的能力高低，能力高低是应聘者的私人信息，因此企业主就需要一个可供判断的依据。斯彭思认为企业主对应聘者能力的高低判断，可以和能力有关，且需要从成本的信号中得出。这个信号愈强，成本愈高。而且能力愈高的人，愈容易发出强的信号。在劳动市场上，最常见的信号便是应聘者受教育的程度。因为求学的过程是要付出代价的，且能力愈强的人愈能忍受这个代价，也因此能够获得较高的学历。因而，学历高低在社会上就起着传递应聘者能力高低的信号的作用。也许文凭并不代表真正的能力，但文凭却有助于将高能力者从其他人中区分出来。劳动力市场模型是一个典型的信号博弈：

企业招聘工人的时候，总是希望能招聘到素质比较高的工人，因为高素质的工人的劳动生产率比较高，能够给企业带来更大的经济效益。但是，识别工人的素质也不是一件容易的事。通常招聘工人的企业往往会设计一定的选拔机制，例如学历要求、笔试、面试等。因为不同素质的工人获得学历或通过考试的成本通常是不同的，低素质工人比高素质工人的成本高得多，因此通过成本与利益的比较，不同素质的工人常常会选择不同的教育水平或只能考出不同的成绩。这样企业就能有效地区别不同素质的工人，从而提高录用工人的平均素质。因此，企业设计采用的选拔机制事实上就是信号机制。

但是，过分要求高素质也不现实，因为一方面高素质的工人可能会要求较高的报酬，另一方面当工人的普遍素质不是很高的时候，筛选标准定得过高，就难以找到足够的工人。因此，企业在利用信号机制筛选工人是既要考虑找到素质较高的工人，也要兼顾到能找到足够数量的工人。

为了简单，我们假设工人按素质标准分布在［0，1］区间。一般来说，素质高的工人劳动生产率高，素质低的工人劳动生产率低。因此我们假设工人与劳动生产率的关系可以用图 3.10 表示。图中横轴反映工人素质，从左至右对一个素质从低到高的工人。设图中 pp'代表各种素质工人对应的劳动生产率，即劳动生产率与工人素质之间是线性函数关系。

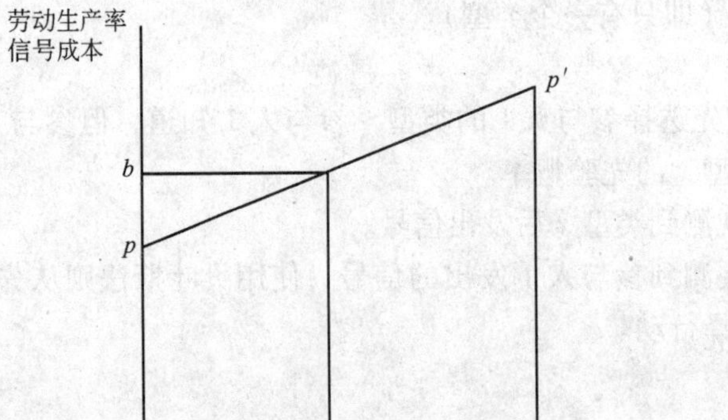

图 3.10　工人素质与劳动生产率信号成本的关系

当工人的素质和相应的劳动生产率如图3.11所示，如果企业不运用任何信号机制，随机选择工人，那么所招工人的平均期望素质是0.5，平均期望劳动生产率为b，都属于平均水平。企业通常会运用信号机制，如对应聘者提一定的学历要求或进行招工考试，以招到素质较高的工人。设工人满足学历要求和通过考试的成本与工人的素质负相关，或进一步假设是素质的线性减函数，如图3.11cc'所示。再假设获得该企业工作的利益是d，那么发信号成本低于d的工人，也就是素质高于e的给工人发信号是合算的，有发信号的愿望，而素质低于e的工人发信号的成本高于发信号的利益，因此没有发信号的意义。这样，企业用上述学历要求作为筛选机制，成功将素质较低的工人排除掉，录用工人的平均期望素质能够达到$(e+1)/2$，工人的平均期望劳动生产率为高于b的a。

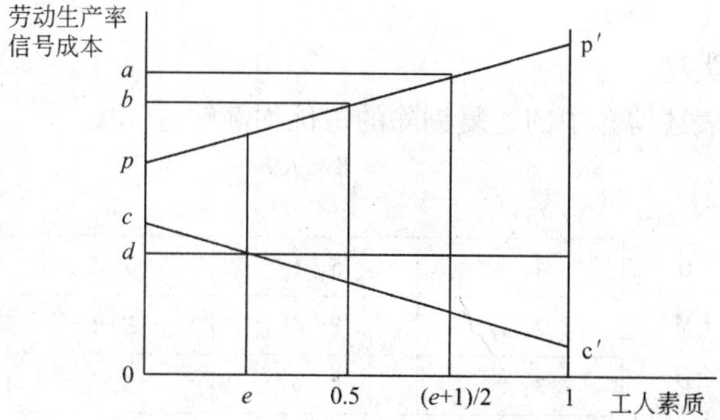

图3.11　工人素质与劳动生产率的关系

在上述企业招聘职工的例子中，我们讨论了企业以学历要求作为获得劳动力素质信息的劳动信号机制，包括这种信号机制存在、起作用的条件，对企业效率的作用，利用这种信号机制要注意的问题等。实际上，受教育的年限、获得的学历、学位、学习成绩、毕业的学校、通过了什么技术等级考试、多少职业资格证书等都是现实企业筛选员工普遍采用的标准。通常用人单位对应聘者提出受教育程度方面要求的理由主要是两点：除了上述信号机制以外，另一点是，是否受过所要求的水平或内容的教育，对能否完成工作任务确实也有直接的关系，特别是一些特殊的职业训练。起信号机制作用的教育也许对提高劳动者的操作技能没有直接的帮助，但对社会经济效率的作用是不能低估的。因为这些信号机制通过甄别劳动力的素质，对提高劳动力资源的配置效率，提高企业和社会的经济效率有非常重要的作用。这是我们评价教育对经济发展的作用时不能忽视的，否则我们在认识教育的作用和价值就会有狭隘和短视的危险。

【关键概念】

博弈论　非合作博弈　战略　均衡　完全信息博弈　不完全信息博弈　静态博弈　动态博弈　战略式表述　扩展式表述　纳什均衡　占优战略均衡　重复剔除的占优均衡　子博弈精炼纳什均衡　贝叶斯纳什均衡　海萨尼转换　贝叶斯法则　信号博弈

【思考与练习】

1. 简述博弈论的含义。
2. 简述博弈的几种类型。
3. 找出下面战略式表述博弈中的重复剔除的占优均衡解：

		参与人 B		
		L	C	R
参与人 A	U	4，3	5，1	6，2
	M	2，1	8，4	3，6
	D	3，0	9，6	5，8

4. 简述纳什均衡的含义。
5. 何为博弈的扩展式表述？
6. 用逆向归纳法求解下面博弈的子博弈精炼纳什均衡。

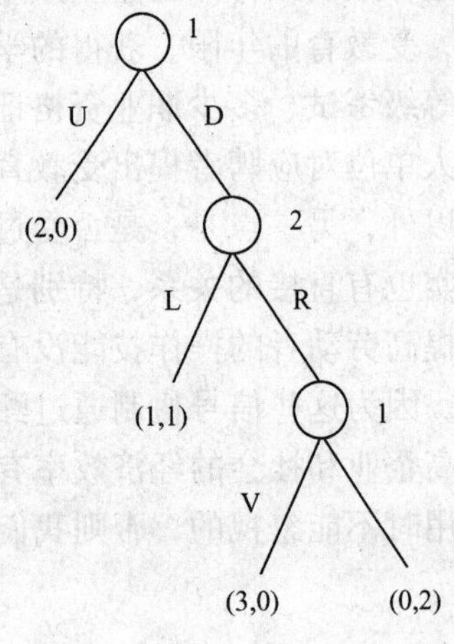

7. 静态贝叶斯博弈中博弈方的战略有什么特点？为什么？
8. 不完全信息古诺模型可以解决现实生活中哪些问题？举例说明。
9. 海萨尼转换的贡献是什么？可以解决什么问题？
10. 一次拍卖利与弊分别是什么？你能想出更公平的拍卖规则么？
11. 对雇员的试用期是否越长越好？为什么？
12. 信号机制起作用的基本条件是什么？
13. 贝叶斯法则是什么？解决什么样的问题？

第4章 信息和不确定理论

不确定性的存在是十分普遍的现象，而不确定性的问题实质上与信息紧密相关。人们通常面对的是一种信息不确定的状态，如何尽可能有效地进行分析判断、预期与决策，具有一定的现实意义，是需要予以关注的问题。本章主要介绍信息不确定状态下决策的相关理论，剖析与信息获得有关的个人决策问题。通过本章学习，要求：了解不确定性、预期、预期效用等理论；熟悉风险辨识、风险估计和灵活决策的方法；理解实物期权的相关概念与思想。

4.1 信息不确定与预期效用理论概述

4.1.1 信息不确定

在现实的经济活动中，不确定性是十分普遍的现象，它以不同的方式影响着人们的经济行为、消费者的偏好、企业的生产技术和市场的价格参数。现实的市场经济条件下，经济问题大都可归属于不确定性决策问题——任何交易活动都是经济行为主体的决策过程，而且通常决策的可能性或方案不只一种，不确定性也因此而广泛存在。

在具体的日常生活中，不确定性亦经常以各种形式出现，充斥、影响着我们的生活，大到人生的转折点，小到日常的衣食住行，都在不同程度上离不开不确定性和决策行为。

另一方面，不确定性的问题实质上与信息紧密相关，不确定性在很大程度上取决于信息拥有量的多少、信息的真伪以及对信息的处理和应用方式，而人们通常面对的是一种信息不确定的状态，如何尽可能有效地进行分析判断、预期与决策，是需要予以关注的问题。

1. 不确定性理论

具体来看，不确定性是指可能出现的情况不只一种，但人们不知道会是哪一种情况的状态。不确定性的定义目前并不统一，有两种流行的认识：一种把不确定性与概率事件联系起来，用随机变量的方差刻画其不确定性的大小，通常也用风险表示，即能够用概率描述的不确定性；另一种认为不确定性没有稳定概率，与概率事件没有联系，因此人们无法用事件过去发生的频率预测其未来发生的概率。而按照经济学的观点，从第一种认识出发，不确定性意味着既定环境状态下人们的主观概率分布处于离散状态。

不确定性是经济环境的内生属性，它与市场经济系统本身的运行密切相关，影响经济资源的有效配置。20 世纪 80 年代以来随着信息经济学的蓬勃发展，不确定性分析逐渐深入到微观经济学的多个领域；而伴随经济体制改革的深入，市场机制作用的加大，不确定性影响也越来越大。我国经济学家李拉亚曾经把不确定性理论的进程分为马克思不确定性理论、凯恩斯不确定性理论、理性预期不确定性理论和混沌不确定性理论四大里程碑。

马克思是早期研究不确定性理论的先驱，马克思的商品理论、再生产理论和经济危机理论，均与不确定相关联。之后，奈特较明确、规范地把不确定性因素引入经济分析，将概率型不确定性定义为风险，而把非概率型随机事件定义为不确定性。1930 年米达尔将预期和不确定性联系起来，1936 年凯恩斯《通论》的发表，则把预期和不确定性带到经济理论的核心位置，强调了经济生活中不确定性的存在，并将不确定性与信息完备型相联系。20 世纪 50 年代，不确定性理论开始成长起来，其中理性预期学派否认内生不确定性问题的存在，认为“只要信息是完备的，那么不确定性仅仅来自于经济系统的外部，不确定性是外部的随机冲击。然而，当信息不完备时，理性经济人就面临不确定性问题的困惑”。70 年代不确定性理论研究步入成熟发展期，混沌经济学家认为——经济变量之间的非线性关系，能产生混沌行为，从而导致系统的不确定性；经济系统作为具有能动意识的人之间的相互关联的耗散结构，必然具有内在的不确定性和常态的非均衡。

2. 信息与不确定性的关系

信息论的奠基人申农（Shannon）曾经给出一种信息的定义——信息是熵的减少，这里用到的“熵”是指系统状态不确定程度的一种度量。这一信息定义指出，信息的作用是“用来消除系统的不确定性”，信息所包含的信息量的大小是以消除信息接收系统的不确定性的多少来衡量的。申农认为“接受信息和使用信息的过程就是我们对外界环境中的种种偶然性进行调节并在该环境中有效生活着的过程”。

在现实的市场经济条件下，经济问题大都可归属于不确定性决策问题，而只要存在不确定性，就以很大概率存在风险。另一方面，不确定性的问题实质上与信息紧密相关，不确定性在很大程度上取决于信息拥有量的多少、信息的真伪以及对信息的处理和应用方式。因此，可以说，人们正是通过信息不断减少不确定性，从而更加有效的进行决策、规避风险。

举一个农业生产的例子来说明，一位农民，当他对农产品市场和其他农民的生产情况完全不了解时，他的商品生产只是一种盲目的行为，这种行为会使他面临很大的不确定性和风险。如果运气好，市场对该农民生产的产品需求高，市场总的供给并没有太大的变化，他会获得较好的收益，但如果市场对其生产的产品需求降低，且市场总供给并没有发生太大的变化，则该农民可能会因产品销售问题而亏损或减收，若这时市场总供给反而增大，则该农民的收益状况会进一步恶化，因此，该农民在决定生产何种农产品时面临的最大风险显然是可能出现的市场需求降低，同时总供给反而增大的情况。

如果该农民在决定生产何种农产品时，收集到尽量多的信息，对未来市场的需求状况有一个大致的了解，并且知道其他农民大都生产何种产品，那么，他在做出生产决策时就完全可以回避那种可能出现的供给过剩的情况，从而回避供给过剩可能造成的收益下降风险，他也完全可以选择未来市场需求有可能增大，至少是能保持相对稳定，且总供给水平可能降低（其他农民大都不生产）的产品，这样，这位农民就可以获得比随大流（平均水平）更高的收益率。

从这个例子可以看出，在不确定性决策问题中，该决策者所面临的不确定性和风险主要来自于两个方面，一是自然状态的出现是不确定的，二是某一自然状态下的结果是不确定的；而不确定性正是由于相关信息的状况所决定的。因此，唯一能提高决策效果的办法是改善决策者或当事人可以参考的信息状况，有效地处理和应用可能获得的信息，从而在可能的范围内尽量化解这些不确定性因素。也就是说，决策者通过所掌握的信息以及采取更有效的信息处理方式有利于降低不确定性的程度，有利于人们回避风险，提高决策的收益率。

3. 信息不确定

然而，在现实生活中，信息远不是无成本和完全性信息，既存在有效信息量的问题，又存在信息真伪、信息成本等问题。伴随网络技术的发展、信息时代的到来，人们可以轻易获得很多各式各样的信息，但在这些信息中，大量的无效信息——不能带来直接效益或者至少与当前事件无关的信息混杂其中，需要进行有效的排除和筛选；而在有限的相关信息中，可能有一部分信息是真实的，它被后来的实践所证明，另一部分则可能未必真实，尤其是当我们处于竞争环境或面临冲突时，不真实的信息有时甚至表现为“信息陷阱”，这就要求我们在利用信息做决策时，有必要对所获信息进行识别，避免可能的风险；而另一方面，在获得信息的过程中，可能会出现成本，甚至受到成本上的限制。当增加信息要付出成本时，由于信息的收集通常存在着边际成本递增的现象，此时，信息未必越充分越好，但如何取舍、怎样控制，又产生了更多的不确定性。如何利用不同的获取手段和识别方法来综合判断、处理信息，从而在考虑成本的同时实现好的效果，是亟须关注的问题。

信息不确定是指信息的来源、内容以及真伪等方面存在不同程度的不确定性，不能确切的判定其可靠性、完整性和有用性的状况。简单地说，是指一种不明确的信息状态，而我们每个人不同程度地需要在信息不确定的情况下进行决策，一方面，关于现在和过去的信息，可以通过一些信息搜集的方法以及付出一定的成本来减少其信息不确定；而另一方面，关于未知的未来，不确定性程度的降低则更加重要而困难，此时，从某种意义上说，对信息的掌握程度决定了决策的效果。

例如，在股票市场上，参加股票交易的投资者大体上可分为两类：一类是机构投资者，另一类是个体投资者。股票价格在很大程度上取决于上市公司的经营状况，因而，这是投资决策的一种重要信息。但对于一般公众投资者来说，通常在公司财务报表公布之前很难了解到企业的财务情况，缺乏比较可靠的预期和研究，处于信息不确定的状况。而机构投资者则有可能在公司财务报告公布之前，进行了一些预期、趋势研究或通过一些途径掌握了关于公司财务状况的一些比较准确的概括性信息，因此，当其发现公司的财务状况有了较大的改善时，可以提前做出投资决策，购买该公司的股票，从而获得先机；而待正式报表公布时，该股票的市场价格可能早已上涨，暂时失去了投资决策的价值。又如，若通过一些研究对宏观政策进行预测，得知政府可能将以很大的概率实施降息措施，那么在证券市场中就很有可能先人一步，获得可观的投资收益。因此，在决策中，信息不确定问题对行为主体来说是至关重要的，它在一定程度上决定了决策的成败，而好的预期有助于更好的进行决策。

4.1.2 信息不确定与预期

1. 预期理论

当人们在信息不确定的情况下需要进行决策时，由于事情的发生与发展涉及未来，为了尽量减少不确定性，决策者不仅要对状态空间的概率分布进行估计，而且还要对各种替换行动的可能结果进行预期。经济学中的预期本质上是对有关决策的经济变量的未来值的预测。面对不确定性决策问题，预测是决策分析的前提条件。纵观前人对预期的研究，大体上可分为静态预期、外推预期、适应性预期和理性预期四种。

静态预期是一种最为简单的预测方法，它直接以当期的实际值作为下一期的预测值，即 $p_{t+1}^{*}=p_t$。可以看出，这种预期显然只适用于呈水平型变动的经济变量，对于包含有趋势因素、循环因素、季节因素的经济变量是不适用的。决策问题涉及未来，需要从动态的角度去考虑，用静态预期方法显然是不能满足要求的。

梅兹勒（Metzler）首次引进了外推预期的概念，认为未来预期不仅应建立在经济变量的过去水平，而且还建立在它的变化方向的基础上。这样，对第 t 期的外推预测就被定义为：$p_t^* = p_{t-1} + \varepsilon\ (p_{t-1} - p_{t-2})$。

这种预期方法不仅包含有上一期的实际值，而且还考虑到经济变量变动的趋势。在现实经济活动中，大量存在着包含趋势因素的经济变量，只要这种变动趋势能保持一个相对稳定的运动速度，就可以进行很好的预测。然而，在现实经济活动中单纯包含趋势因素的经济变量是非常少见的，而在只有趋势因素的变量中，做等速运动的经济变量则更为少见。此外，从该式可以看出，当预期系数一定时，预期值只取决于 p_t 过去的状况，当前的信息对其没有任何作用，这显然与实际情况是相悖的。但外推预期与静态预期相比是一个进步，外推预期明显包含静态预期，即当 $\varepsilon = 0$ 时，外推预期就是静态预期。

适应性预期由卡甘（Cagan）于 1956 年提出，经济活动参与者根据自己过去做出预期时的犯错程度来修正他们以后每一时期的预期，这种预期方式即被称为适应性预期。用公式表示即 $p_t^* = p_{t-1}^* + \eta\ (p_{t-1} - p_{t-2})$。式中，$\eta$ 为适应系数，且 $0 \leqslant \eta \leqslant 1$。

适应性预期包含了这样一种思想——利用过去所犯的错误来修正现在的预测。当前一期的预期值偏高时，即 $p_{t-1}^* > p_{t-1}$ 时，相应调低本期预期，当前期的预期 p_{t-1}^* 偏低时，即 $p_{t-1} > p_{t-1}^*$ 时，则相应调高本期预期。调整的目的是试图使预期值与实际值的误差尽量缩小，以便预期能更好的反映实际状况。适应性预期比外推预期在理论与方法上又更进了一步，它不仅包含静态预期，而且也包含了外推预期。显然，当 $\eta = 1$ 时，即成为静态预期。

适应性预期虽然使预期方法向前推进了一大步，但它也存在明显的不足：

1）当前期预期值正好与实际值相符时，若该变量具有趋势特征，则本期的预期值必然会偏离实际值，至于偏离程度的大小，则取决于事物本身的波动。

2）本期的预期值取决于前期的预期值和前期预期的误差，若前期的误差是因偶然因素的影响所致，本期的预期值有可能更加脱离实际情况。

3）适应性预期中的调整是一种规范的调整形式，它只需要前期预期误差，除此之外，任何其他信息均没有起到作用，这种预期行为显然没有能充分利用已有的信息资源。然而，任何一个经济行为主体，在进行预期时总会尽可能充分利用已有的各种相关信息。因此，适应性预期与实际情况中的预期是不太一致的。

1961 年约翰·穆斯（J. F. Muth）在一篇题为“理性预期与价格运动理论”中提出了理性预期假说，给出三个假定：

1）由于信息稀缺，经济系统一般不会浪费信息。

2）预期的形成方式主要取决于描述经济的有关体系结构。

3）公众的预期对经济体系的运行不产生重大影响（除非它以内部信息为基础），并在原有蛛网模型（cobweb model）的变形中引入一个包含理性预期假设的附加方程，并在供给函数中增加了一个随机项 u_t，即：$q_t^d = a - bp_t$（需求），$q_t^s = c + dq_t^* + u_t$（供给），$p_t^* = E(p_t \mid I_{t-1}) = E_{t-1}[p_t]$（预期），$q_t^d = q_t^s$（均衡）。

在这个模型中，u_t 是一随机变量，表示由于不可测因素带来的产量变化；$E_{t-1}[p_t]$ 表示取决于 $t-1$ 时期可获得信息的价格的数学期望。随机变量（u_t）的序列由一个随机过程生成，按其连续项是否相互独立，分为相关和不相关两种情况。在相关情况下，过去的变量含有预测未来值的信息，决策者可以获得这一信息，并用于预期的形成过程。

穆斯的理性预期假设实际上使两个截然不同的概念相等：人们的主观预期平均等于变量的实际期望。就此而言，虽然个人在信念上有不同，但个人预测的平均数将是真实变量的期望值。于是，所谓理性预期并不意味着人们的主观预测必定与客观实际完全一致，而只是假设行为主体根据 $t-1$ 期获得的所有相关信息计算的数学期望将是最好的预测。

此后，理性预期假说得到了著名经济学家卢卡斯（lucas）等的发展，并于20世纪80年代在西方经济学中形成了一个极具影响力的学派，即“理性预期学派”。

根据前面农业生产的例子来进一步说明：一位农民通常知道什么时候应该播种、什么时候应该收获，甚至还可以非常准确地估计农产品的产量，但若没有市场知识，在当今发达的市场经济环境下，却不能肯定种什么产品会有较大的收益、所种的产品是否赚钱。而一个农学专业学生则有可能做到这一点，一方面他了解农业生产的规律，更重要的是他可能了解和收集更多的市场信息，并能依据供求规律处理这些信息，更有利于做出好的决策。从这个例子不难看出，农民与学生的决定性区别既在信息的拥有量上，又在于他们对信息的处理能力和方式上。农民的经验信息主要来源于实践，只是一种简单的经验总结，这种经验总结导致其预期的简单性，他的预期要么是静态的，要么是外推或适应性的。在静态预期的情况下，新的信息对预期不产生任何影响，或者说，新的信息对于农民来说是毫无意义的；在外推预期下，农民的决策依据除了包括上期的实际情况外，还充分利用了经验总结，即事物变动的趋势，这显然是一个比静态预期要复杂一些的过程，但他对信息的利用还是存在浪费。在适应性预期的背景下，信息对于农民的决策虽有影响，而且在这位农民的预期中还包含了明显的学习过程，即在做出预期的过程中利用了过去犯错误的相关信息，但由于其所采用的是固定模式，使得信息的作用被大打折扣，或者说信息的利用程度是很不充分的。而农学专业学生的学习除实践之外，更多的还是来自于理论知识，这就使得他的预期可能是理性的，从而决定了他在决策过程中对信息的最充分利用。在蛛网模型中，这位学生更加可能较快地将生产调整到均衡水平或接近均衡水平，从而做出决策实现好的效果。

由此可以看出预期的重要性——决策建立在预期的基础之上，而信息拥有量的不同，尤其是信息处理能力上的不同决定了预期的水平，不同的信息处理能力对应着不同的预期调整模式，预期调整的好坏又决定了决策效果的好坏。

2. 信息不确定对预期的影响

凯恩斯认为不确定性与预期密切相关，预期具有极大的不确定性，在凯恩斯的理论体系中，预期与不确定性均是核心变量。预期与不确定性不是在理论模型中内生的，而是外生变量。凯恩斯之后，经济学家们分别对预期与不确定性进行研究，各自领域里也取得了不少成果，但这样做，毕竟降低了不确定性在预期中的重要地位，忽视了不确定性与预期的联系。

理性预期理论假设经济人依据掌握的信息来构造自己的理论模型，其他未知信息对经济的影响作为随机误差，并且不考虑随机误差项所带来的不确定性对经济模型产生的系统误差。如带理性预期的蛛网模型为

$$D_t = a - bp_t, Q_t = c + dp_t + U_t, Q_t^d = Q_t^s = Q_t, p_t^* = E_{t-1}[p_t]$$

式中，D_t 为第 t 期的需求，p_t 为第 t 期价格，Q_t 为第 t 期供给，p_t^* 为第 t 期预期价格，U_t 为随机误差项。a、b、c、d 为常系数。E_{t-1} 为第 $t-1$ 期数学期望。

解上面的方程，有

$$p_t = [(a-c)/b] - (d/b)p_t^* - (1/b)U_t$$

$$p_t^* = E_{t-1}[p_t] = (a-c)/(b+d)$$

这里，p_t^* 仅由模型的需求和供给函数所决定，可见理性预期模型虽然使用了随机误差项，但没有使用随机误差项所包含的不确定性信息，也就是说，它没有对信息进行充分利用，这有违于经济人充分利用已掌握信息的假设。事实上，早在 18 世纪贝努里和克拉默已经认识到：在不确定性的情况下进行决策，不仅要考虑预期，还要考虑反映不确定性大小的方差。在理性预期模型中，引进方差运算算子更为符合不确定条件下经济人的行为。在信息不完备的前提下，经济人的预期与不确定性不仅密切相关，且存在成正比例的数量关系。

4.1.3　信息不确定与预期效用理论

1. 效用

对于大多数经济决策来说，目标函数似乎都可以用货币来衡量。例如厂商生产某种产品，目的是获取最大收益，这在经济学中通常被称为利润最大化。然而即使是在经济学研究中，货币衡量的目标也并非唯一目标，例如消费者的决策问

题并不完全是用货币量来衡量的，此时，货币衡量的决策目标显然不适用；很多社会问题、文化问题等的决策更是如此，安全、便利、舒适等无法用货币量来度量。

为了解决上述这类问题的量化分析，经济学家建立了另一类不同于货币的计量单位，即效用（utility）。所谓效用，是指事物对人的相对重要程度，同一事物的效用因人、因时、因地而可能有所不同。也可以说，效用是人们从决策结果中所获得的满足，不同的效用值代表了不同的满足程度，决策者对结果越满意，其效用就越大，反之就越小。这类问题的最优决策是决策者在各种决策结果中选择效用最大结果所对应的方案。

当我们在决策中建立了效用这一概念后，即可以效用为单位来分析决策问题，决策者除了以利益值作为决策判断的依据外，还可根据损益值在不同情况下对他的相对重要性来考虑决策。将以货币为单位的决策问题转化为以效用为单位的决策，不仅能解决非货币化的衡量，将货币决策统一到效用决策之中，还可反映更多的复杂因素。

为了便于分析将效用量化，通常以区间［0，1］作为效用的取值范围，即效用是介于 0 与 1 之间的变量（以字母 U 表示）。一般可将某一方案的最小损益值对应的效用值规定为 0，最大损益值对应的效用值规定为 1，而其他损益值则对应于某些正的小数。因此，效用 U 是损益值 R 的函数，可记作 $U(R)$，显然，对于同一个 R，不同的决策者可能会有相异的 $U(R)$ 。

关于效用函数，有以下两条基本公理：

1）对任意两个结果 R_1 与 R_2，有且仅有以下关系：$U(R_1) > U(R_2)$，$U(R_1) < U(R_2)$，$U(R_1) = U(R_2)$，即，要么 R_1 优于 R_2，要么 R_2 优于 R_1，要么无区别。

2）设有一随机“事件”（例如投资）的两个结果是 R_1 与 R_2，对应概率是 p 和 $(1-p)$；另有一确定事件的结果是 R_3；我们并不关心这两者之间有何实质性的不同，令 $U(R_3) = p\,U(R_1) + (1-p)U(R_2)$。

容易看出，上式右端实际上即为该“事件”的效用期望，为简便计算，不妨称为它的效用。这两条公理有助于我们确定效用值，并按照效用期望值的大小来评价和选择方案。

明确效用函数的概念之后，就应考虑它的构造以确定求值的方法。然而遗憾的是，确定效用函数并不是一件很容易的事情，虽然有一些数学模型（例如指数模型、对数模型等）可以用来描述某些效益函数，但在具体确定时可能还是会遇到一些困难，有些效用函数甚至无法简单地运用数学关系来处理。

这里只介绍一种通过问询直接推算若干效用值，从而确定效用曲线的方法——以图示法来表示效用函数：为了确定效用值，一般可以构造两个“事件”，一为只有一种结果的确定性“事件”，另一为只有两个结果且概率各为0.5的随机“事件”。随机“事件”要与所要决策的问题有关，且其结果必须是该问题可能出现的某种结果。通常可将该两结果分别选定为效用最大(=1)与最小(=0)的结果，然后按照上述方法对决策者提问，并根据回答情况进行计算效用曲线的类型。

假定某决策问题的情况如下：方案A，以1的概率可获利50万元；方案B，分别以0.5的概率获利400万元或损失200万元。我们以U_A与U_B分别表示方案A与方案B对决策者的效用，则确定效用曲线的办法是：首先，规定$U(-200)=0$和$U(400)=1$，得到效用曲线上两个点（-200，0）、(400，1)。然后向决策者提问，求得效用曲线上更多的点。具体做法是：询问决策者对方案A与B的偏好，据以比较这两个方案对决策者的效用大小，如效用不等即调整方案A的损益值再提同样问题，再做效用比较，如此反复询问，直至得出与方案B无差异的方案A为止，随后根据询问解依次计算一系列效用值。

问答过程可如下：

问：你愿意接受方案A还是方案B?

答：方案A。$U_A=U\ (50)>U_B$。

问：若方案A收益为20万元，你接受方案A还是方案B?

答：方案A。$U_A=U\ (20)>U_B$。

问：若方案A收益为-20万元，接受方案A还是方案B?

答：方案B。$U_A=U\ (-20)<U_B$。

问：若方案A的收益为0万元，接受方案A还是方案B?

答：二者相当，都能接受。$U_A=U\ (0)=U_B$。

此时对决策者而言，损益值为0的效用相当于方案B的（预期）效用，即有$U\ (0)\ =U_B=0.5\times U\ (-200)\ +0.5\times U\ (400)=0.5\times 0+0.5\times 1.0=0.5$，于是得到对应于损益值0元的效用值为0.5，即得效用曲线上的第三点（0，0.5)。

接着以0.5的概率获益0元与400元算出效用曲线上第四点（200，0.75)，以各为0.5的概率获益-200元与0元，算出第五点（-100，0.25)。

这两点的算式如下：第四点：$0.5\times 0+0.5\times 400=200$；$0.5\times 0.5+0.5\times 1.0=0.75$；第五点：$0.5\times(-200)\ +0.5\times 0\ =-100$；$0.5\times 0+0.5\times 0.5=0.25$。依此类推，可以得到效用曲线上的若干点，最后以一条光滑曲线拟合求得的各点，即可得到效用曲线（图4.1)。

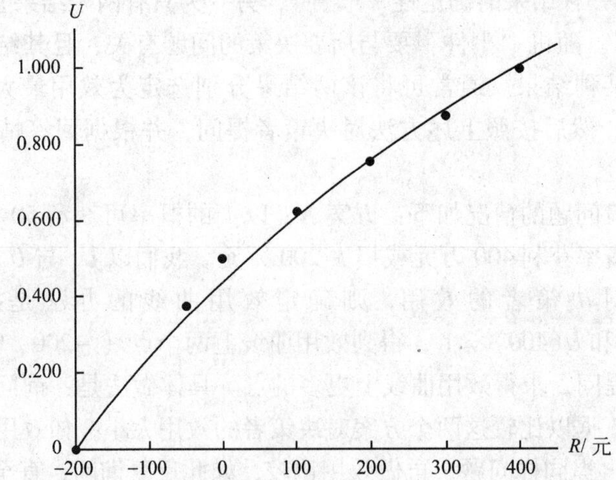

图 4.1　效用曲线图

决策者的风险态度可能各异，因此对于不同的决策者而言同一决策的效用函数可能也会有所不同。在考虑决策者对风险的态度时，使用效用期望值准则进行决策，即取效用期望值最大的方案作为最优行动方案。自然，这里所谓的“最优”因人而异，而且可能与损益期望值准则下的决策结果大相径庭。若将具有不同风险观念的决策者分成保守型、中间型（或称中立型）与冒险型，则相应地效用函数及其曲线也就有三种类型。为便于说明，我们以一个简单的例子来分析说明：假定某种投资若成功可获益 1000 元，若失败则损失 1000 元，成功与失败的概率各为 0.5，由于这项投资的期望收益为 0，按照损益期望值准则将不建议投资者进行投资。然而根据图 4.2，采用效用期望值准则，情况则不同。图 4.2（a）、（b）表明，若投资成功，其效用将增加：

$$G = U(1000) - U(0) \tag{4.1}$$

若投资失败，其效用将减少：

$$L = U(0) - U(-1000) \tag{4.2}$$

而进行投资的期望效用是：

$$E[U(\text{投资})] = 0.5[U(1000) + U(-1000)] \tag{4.3}$$

不投资的期望效用是：

$$E\ [U(\text{不投资})]\ = U\ (0) \tag{4.4}$$

根据效用期望值准则，投资者可考虑投资的条件是：

$$E[U(\text{投资}) - E(U(\text{不投资})] > 0 \tag{4.5}$$

将式（4.3）与式（4.4）代入式（4.5），并利用式（4.1）与式（4.2）整理后式（4.5）不等号左边成为：

$$E\ [U(\text{投资})) - D(U(\text{不投资})]\ = 0.5(G - L)$$

因此决策准则变成：若（$G-L$）$\geqslant 0$，进行投资；若（$G-L$）<0，则不投资。

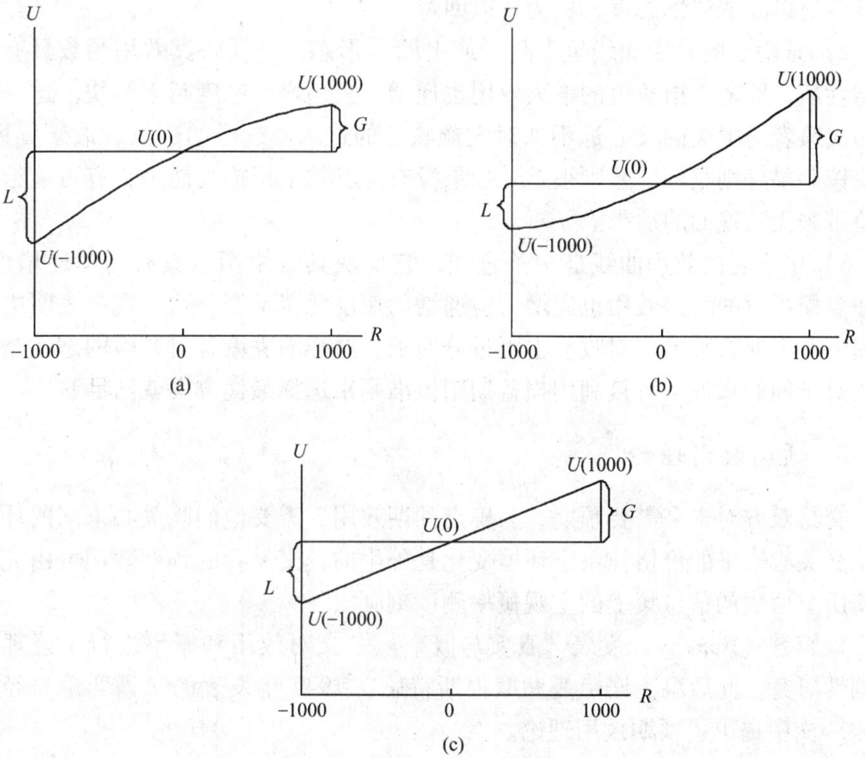

图 4.2　效用曲线的类型

可见决策的结论取决于（$G-L$）。在图 4.2（a）中，由于随着收益值的增加效用值增加的趋势越来越小，故有（$G-L$）<0，即建议不投资，因此该曲线是保守者的效用曲线，在这种情况下，事实上有时期望收益大于 0，本应建议投资、但由于期望效用对投资者不利而不建议投资。图 4.2（b）中，由于随着收益值的增加效用值增加的速度越来越快，故有（$G-L$）>0，即建议进行投资，因此该曲线是冒险者的效用曲线。在这种情况下，事实上有些时期型收益小于 0，而期望效用却对投资者有利而建议投资。图 4.2（c）中，由于效用曲线实为直线，故有 $G=L$，它表明投资与不投资将没有区别，这是中立者的效用曲线。在这种情况下，容易证明期望效用准则与期望收益准则将是等价的。事实上，我们有 $E(U)=E(a+bR)=a+bE(R)$，其中 a、b 是常数，且 $b>0$，当期望收益最大时，期望效用也最大、反之亦然。

一般而论，效用曲线的上述三种基本类型的特征与意义分别是：

1）保守者的效用曲线呈上凸（或下凹）形态，它反映其效用函数具有减速递增性质，即随着损益值的增大效用也递增，但递增的速度则渐趋缓慢。这一现象表明决策者对损失特别敏感，而对大量收益则未感到有太大的吸引力。这样的决策者对风险取谨慎态度，极力予以回避。

2）冒险者的效用曲线呈下凸（或上凹）形态，它反映其效用函数具有加速递增性质，即随着损益值的增大效用也递增，且递增的速度越来越快。这一现象表明决策者对损失的关心远不如对大额收益的追求。这样的决策者敢于冒风险，其决策后果好则很好，差则很差。如果没有足够的承担损失能力，有可能给经济单位带来无法挽回的后果。

3）中立者的效用曲线是一条直线，它反映其效用函数具有匀速递增性质，即随着损益值的增大效用也递增，但递增的速度保持不变。这一现象表明决策者对损失并不那么敏感，对收益也不过分追求。这样的决策者对风险的态度是中性的。对于他们来说，直接利用损益期望值准则来选择最优方案就已足够。

2. 预期效用理论

交易双方对未来需要预期，为确定预期效用，需要他们既关心未来的环境事件，又关心未来的价格。由于环境变化是外生的，交易者的预期效用可由完全的环境历史形成的信息集上的主观概率测度刻画。

拉姆齐（Ramsey）发表《真实与概率》一文对效用和概率进行了公理化的首创性研究，此后冯·诺伊曼和摩根斯特恩在1947年发表的《博弈论与经济行为》一文中提出了预期效用理论。

在预期效用理论中，预期效用函数是唯一确定的，其形式为：

$$\mu[pox \oplus (1-p)y] = p\mu(x) + (1-p)\mu(y) \tag{4.6}$$

式中，以 x、y 表示行为者在两种状态中的支付；p、$(1-p)$ 为两种状态出现的概率（该形式可以扩展到多种状态）。

预期效用理论认为，风险情景下最终结果的效用水平是通过行为者对各种可能出现的结果加权评价后获得的，行为者谋求效用的最大化。

对行为者按其对不确定性的态度描述为 $\mu[pox \oplus (1-p)y] < p\mu(x) + (1-p)\mu(y)$ 和 $\mu[pox \oplus (1-p)y] > p\mu(x) + (1-p)\mu(y)$ 的情况。前者被定义为风险规避者（risk aversion），后者则被定义为风险偏爱者（risk loving），并提出了风险规避度量，其公式为：

$$r(w) = \frac{u^{n}(w)}{u^{'}(w)} \tag{4.7}$$

行为者的选择与他的风险态度密不可分，预期效用理论建立在行为者偏好理性的一系列严格的公理化假设体系基础上，包括独立性、完备性、确认性、传递性、连续性等。通过确定性的预期效用和可计算的主观概率构造了一个完整的与个体理性相容的分析体系，然而理论体系的完美并不意味着它的实际价值，一系列彩票选择实验对之提出了挑战，尤其是阿莱悖论（Allas paradox）和埃尔斯伯格悖论（Ellsberg paradox），该实验与偏好的独立性、传递性等相违背，埃尔斯伯格实验结果也与标准的主观概率不符；心理学中还有著名的偏好颠倒（preference reversal）实验等显示偏好颠倒的存在。

从偏好的独立性、传递性受损，到偏好颠倒，理性人进一步受到沉重打击。埃尔斯伯格实验发现人们偏好具体的清晰事件而对模糊事件不太关心，常常出现概率小于 1 的情况；并且发现后视偏差（hindsight bias）和锚固效应（anchor effect）问题——后视偏差显示个体在面对不确定性事件的新信息时往往对先前获得的信息估价过高，锚固效应则指人们常常将第一眼看到的东西作为目标的最重要维度；而闪光灯记忆（flash-bulb memory）则突出重要的公众事件的影响，与贝叶斯法则进一步扩大距离。

针对出现的问题，预期效用理论做了修正，针对偏好颠倒提出非传递性效用模型、非加性效用模型；针对埃尔斯伯格悖论，卡涅曼和特维斯基提出了价值函数和决策权重替代预期效用和主观概率，价值函数的一个重要特征是收益状态的正向凹性（风险规避）和损失状态的反向凸性（风险偏爱），即偏好确定性收益和不确定性损失。

理论研究表明，在不确定性环境中，预期效用和主观概率与一般的效用和概率有很大的区别。阿莱悖论促使人们在贝努利方程中加入了风险偏好的特殊项，以说明整个基数效用的分布。同其他许多观点一致，我们并不认为完全不存在由原因所支配的确定性行为，但是反对所有行为基本上都是由理性计算所支配的观点——在社会运行和人的行为中不确定性的出现使确定性的、简单的数学计算失去效力。

4.2　信息不确定与实物期权理论

4.2.1　风险

1. 不确定性与风险

之前只是简单地提到了风险与不确定性相联系，虽然在数量上二者之间没有必然的联系，即并非存在不确定性与风险的严格数量关系；但不确定性程度的改善却有利于人们回避风险，提高决策的收益率。

严格来说，任何一种决策，只要包含不确定性，该决策总是存在风险的。关于风险的定义目前理论界尚不统一，比较有代表性的定义大致可归纳为如下三种：①风险与不确定性联系在一起。一项经济活动的风险可以由其收益的不可预测的波动性来定义，而不管收益波动采取什么样的形式、导致什么样的后果。②

风险是与其可能带来的不利后果联系在一起的。一项经济活动的风险可以由其收益波动造成的损失来定义，而不论其价格波动将采取什么形式、是否可以预测。③一项经济活动的风险是与不确定性和相应的不利后果相联系的。这是对①和②的综合。根据第三种定义，一个经济产品的价格和收益的波动性可以用来衡量其不确定性，但只有当这种不确定性可能给投资者带来损失时才构成这一投资载体的风险（这一风险定义又与人们通常所理解的风险是一致的，我们在以后的分析中引用此定义）。那么，可以说，风险产生的根源是事物发展的不确定性，任何不确定性决策问题就必须面对或承担风险。

2. 风险辨识与估计

在现实世界中，要提高决策的科学性并增强其应用性，风险的识别与衡量问题则又是一个不可回避的问题。分析风险，一般是从定性相定量两个方面结合进行分析。分析中需要用到概率、弹性、模糊等概念和方法来进行界定或估计、测算。虽然风险的无形性增加了人们认识和把握风险的难度。但是，只要认真查清产生风险的内外因素，恰当地应用定量方法相手段，识别和测定风险仍然具有一定可能性，从而可以进一步结合人们对于风险的不同态度来进行决策。

风险辨识的目的是为决策减少风险损失，提高决策的科学性、安全性和稳定性。基本任务是帮助决策者发现风险和识别风险。这一阶段主要侧重于对风险的定性分析。风险识别的一般原则是从成因角度入手，找出产生风险的关键性因素，判断风险的性质。决策系统的风险受内、外两方面的因素影响。进行风险识别，可分别从内部条件与外部环境两方面因素进行分析和鉴别。具体地说，风险辨识应解决如下问题：①决策活动中可能会产生哪些风险？②产生风险的因素是什么？③这些风险会导致什么不利结果、出现的概率有多大？要回答上述问题，在风险辨识中需要采用一些专门的分析方法，常用的辨识方法主要有：头脑风暴法、特尔斐法、幕景分析法、故障树分析法、“SWOT”法等。

其中幕景分析法（scenarios analysis）是一种能在风险分析中帮助辨识引起风险的关键因素及其影响程度的方法。所谓幕景，是指对一个决策对象未来某种状态的描述，包括用图表、曲线或数据进行描述。应用幕景分析，是在计算机上实现各种状态变化情况的模拟分析。如同电影上的镜头一样可以一幕一幕地展现某种因素不同的变化对整个决策是否产生影响、影响程度与可能后果，供分析人员进行比较研究。幕景分析的结果一般可分为两类：一类是对未来某种状态的描述；另一类是描述目标问题的发展过程，预测未来一段时期内目标问题的变化链和演变轨迹。例如对一项投资方案进行风险分析，幕景分析可以提供未来三年内该投资方案最好、最可能发生和最坏的前景，并且可以详细给出这三种不同情况下可能发生的事件和风险，为决策提供参考依据。

而风险估计则是进行一些定量的计算，对风险程度进行分析，主要有概率树与逻辑树分析法、外推法、蒙特卡罗模拟法等方法。

其中蒙特卡罗（Monte Carlo）是摩纳哥的一个著名赌城，在统计学中蒙特卡罗一词已成为数字模拟试验的专用术语。一些大型项目或复杂决策系统的风险分析所包含的风险状态变量难以直接获得变量值，例如一项经济决策问题受利率、通货膨胀率、市场景气等因素影响，要对这些随机因素对决策系统的影响做出直接估计或进行实验研究都比较困难，蒙特卡罗模拟法为解决类似的问题提供了新的手段。蒙特卡罗模拟法的实质是利用服从某种分布的随机变量来模拟现实系统中可能出现的随机现象，借助计算机进行大量多次的模拟试验从而得到有价值的分析结果。

3. 传统的风险态度

传统的决策分析通常持审慎原则，把不确定性与风险、损失联系在一起并力图加以回避。然而，我们生活在不确定的世界里，面临的环境呈现出越来越丰富的多样性、越来越多的不确定性。而随着外部经济环境变化速度的加快和变化幅度的不断加大，越来越多的研究人员和实际工作者，认为传统的（投资）决策分析方法——遵循NPV（净现值）的前提和准则，进行：①盈亏平衡分析：单因素静态分析。②敏感性分析：单因素、双因素分析。③概率分析：概率树分析、决策树分析。仅仅适用于某种实现可以预知的不确定性，与公司的实际决策存在差异：①NPV价值与市场价值不一致。②许多投资的NPV值是负的。③决策有时具有某种不可逆性质。④投资可以延期或分段进行（不一定立即决定）。⑤NPV价值评价与企业战略脱节（不能通过NPV判断投资的战略价值），与管理活动可能存在脱节情况。

但不确定性是一把双刃剑，既有血本无归的可能，又存在一本万利的概率。一味规避不确定性排除风险的同时，高收益的机会也随之而被规避。即遵循这些传统的投资分析方法的结论，可能会导致错误的投资决策或者使得投资者失去一些有利的投资机会。例如：在新经济时代，一些公司需要关注与投资一些净现值为负的投资项目（例如：风险投资家在项目的种子期选择相应的项目进行投资，投资一些还没有产生正的现金流的投资项目）；另外，在股票市场上，一些未来发展机会较多的上市公司股票价格相对于一般上市公司股票价格要高出很多。

我们已经无法利用传统的投资决策分析工具解释这些现实的经济现象，但是这些现象促使我们注意到最有价值的机会常常伴随着大量的不确定性，需要承担风险。此时，承担风险是有价值的，而为了实现一定的利益目标，通常必须以承担一定的风险为前提。从不确定性中捕捉盈利机遇——是管理者、决策者必须具备的现代决策思维，掌握了这种思维方式和工具，有助于在战略管理方面具有核心竞争能力。

4. 信息不确定下的风险识别

传统方法认为不确定性会带来风险，认为完全暴露在不确定下、完全承担不确定性，意味着极大的风险。事实上，不确定性是客观存在的，而暴露产生风险；不确定性中包含一些宝贵的机会，应当欢迎而不是一味惧怕不确定性，可依据资源、市场趋势的不确定性特点，确定风险暴露程度，进行相应的调整，以期利用不确定性来增加效益。

在信息不确定的情况下，还需要特别注意与信息的不断更新、辨别真伪所关联的风险。随着时间的变化，当投资者获得新的信息时，项目有关的一些不确定性将逐渐得到解决（如：随着项目的不断进展，有关项目技术和信息的不确定性将会越来越小）。因此，在初始时刻，投资者的决策，会面临多种选择，可以考虑采取更加灵活的决策，而不是简单地接受或者拒绝项目的投资。灵活的策略可以在一定程度上改变风险暴露的情况，从而提高策略的可能价值。

例如：对于需要多阶段投资的项目，在项目的实施过程中，决策者有权采取推迟（defer）、扩张（expand）、收缩（contract）和放弃（abandon）等多种策略。若信息没有实时更新，则很有可能需要承担不必要的风险，甚至可能错失良机；而信息的来源、真伪、内容的可靠程度必须予以甄别，既是为决策的效果负责，又可以有效降低由伪信息带来风险的可能性。

4.2.2 信息不确定情况下的灵活决策

1. 组合投资

在经济决策中，灵活决策是指决策者并不将其所拥有的全部资本或财富一次性投资于某一不确定性决策问题的决策行为，即所谓的“不要把鸡蛋放在同一个篮子里”。灵活决策实质上是决策者自身为其承担的风险留有一定的余地，并在风险变为现实的情况下，根据最新的信息顺利调整决策行动，达到降低风险的目的。灵活决策降低风险的方式有多种，这里将主要论述有代表性的两种：组合投资与分段决策。

投资组合的风险小于或等于不进行组合投资的平均风险。在现实证券市场投资中，由于非系统性风险的存在，这就决定了投资者进行组合投资时，只要所选择的组合证券之间不具有完全的正相关关系，则组合投资定能降低集中投资的平均风险。这里所谓集中投资的平均风险的意义在于证券市场是一个可重复决策的市场，而当决策可重复时，只要决策者谨慎把握风险，平均风险则比每一次决策的风险更有意义，因此投资组合可以有效地降低投资风险。但是，不同的组合对于降低风险的程度一般也不相同。

投资组合对于克服或规避非系统性风险是有效的，然而，对于系统性风险组合投资就无能为力了，即此时组合投资的风险就是单独投资风险的平均值，尤其是当投资者将其所拥有的全部资产投资于证券市场时，系统性风险的产生仍会给投资者带来较大的风险，甚至有可能导致投资者的破产。

2. 分段决策

当人们面对不确定性决策的风险时，除了组合投资可用来有效降低投资风险以外，另一种有效降低风险的方法是进行分段决策。

分段决策给决策者带来的总风险小于一次性决策的风险，而且决策者将其所拥有的总资产划分得越细，进行分段投资后决策者所承担的风险越小，尤其是当这种游戏可以无限制地进行下去，且总资产可无限分割时，决策者的风险就变为0。

相比之下，分段投资不仅具有规避非系统性风险的作用，而且对于规避系统性风险也是有效果。由于系统性风险由经济周期、经济政策、战争等事件造成，通常在系统性风险产生前，经济运行会表现出较为强烈的征兆（突发性的自然灾害除外）。无论是宏观经济变量的变化，还是经济政策的逆转，都是决策者判断风险的信息依据。若决策者采取分段决策，则完全可以根据这些最新的信息灵活地调整风险的承担程度，尤其是当决策者在充分利用宏观经济变量这类信息后，预期经济运行将实现繁荣到衰退的转换，则决策者便可以根据手中所持资产，通过一定的手段将处于风险中的资产解救出来。虽然有时这种解救作用不能达到完全的程度，但至少可以避免更大的损失，这即意味着决策者在分段决策过程中实现了对系统性风险的规避。

灵活决策实质上是一种较为保守的决策，从其决策之日起，决策者所承担的风险就小于满负荷决策，从而导致决策者所承担的风险由于这种稳健的决策方式，而为决策调整留下了一定的空间，这种调整空间在现代社会是至关重要的。现代社会已经处于信息时代，信息对于提高决策的科学性与准确性是极其重要的，决策者做出决策时，由于信息不确定性的客观存在，使得其决策并不能保证达到既定的目标，一旦事物变化的方向或程度偏离了决策者当初的预期，为了减少风险损失，采取一定的补救措施是非常必要的，灵活决策正是适应了这一要求。另外，在一个不确定的世界进行决策，不确定性程度本身就影响着决策的水平，只要决策者在做出决策时信息是不确定的、对事物的了解是不完全的（总会有不确定信息、未来事件不可能达到完全了解），决策者就有必要控制风险。然而，在决策者做出决策选择之后，随着时间的推移，新的信息也会源源不断地被决策者所掌握，而这些新的信息又必将对决策者的预期产生影响，其作用可能是两方面的：一是新的信息更加增强了决策者原有预期的信心；二是新的信息可能与决策者原有预期产生偏差，一旦这种偏差达到一定程度，决策者必有修正原有预期的冲动，预期的修正必将导致决策的调整。因此，灵活决策能使决策者最大限度地利用信息资源，信息资源的充分利用不仅能使决策者最大限度地规避风险，而且还能增进决策者的平均收益水平。

灵活决策虽然有很多优点，但也有它明显的局限性，其中主要表现在它抑制了规模经济的充分实现。在现实经济活动中，由于受一定的技术水平限制，事物有时在客观上表现出不可分性。显然这种不可分性与分段决策是相互冲突的，即使是对一些可分的事物，分割后常常会降低效率。面对这种情况，若决策者一定要进行分段决策，则必然要以牺牲一定的效率要求，若分段决策不能达到这种最低的规模要求，则这种决策也要以牺牲经济效率为代价。因此，只有克服规模经济的限制，灵活决策才能充分发挥它规避风险和提高平均收益水平的积极作用。

而不确定情况下的灵活决策与金融期权市场中基于股票的看涨期权具有许多相似的特征，不妨考虑使用期权理论来帮助进行决策（看涨期权是期权合约持有者在未来一定时间内，有权以确定的价格购买某一标的资产）。

4.2.3 实物期权理论

1. 期权概念

期权（options）是一种在未来采取某项行动的权利，是一种选择权；期权是这样一种合约，合约的持有者在规定的时间内有权利，但没有义务（可以但不一定）按照合约规定的价格购买或卖出某项资产。在金融市场上交易的期权合约赋予购买者在特定时间、以指定的价格购买股票的机会，而且只有当在这个时刻的股票价格超出指定价格的情况下，才执行期权。

当存在不确定性时，期权是有价值的——期权意味着你可以在看到事情是如何发展之后，再制定决策的机会。而在投资项目的实施过程中，投资决策者所具有的多种可变柔性经营策略，就像金融市场上的期权合约。对于这些投资策略，当市场条件有利时，投资者有权实施；当市场条件不利时，投资者不必实施。随着新的市场信息的不断出现，在市场条件好时，投资者可以采取扩张经营策略；在市场条件不好时，可采取收缩策略，一方面可以控制投资风险，避免损失；另一方面，又可以不失去未来的投资机会，以获取更大的利润。因此，投资者具有的这些可变柔性经营策略具有一定的价值，在对具体项目进行评估时，要充分考虑这些可变经营策略的价值，否则会低估这些项目的价值，以至于失去一些较好的投资机会和投资项目。

实物期权的概念来自于金融期权，期权定价理论的核心模型是 Black-Scholes 模型，该模型运用数量分析方法，并由这一规律确定这种资产的衍生证券（如股票期权）的当前价值，即期权定价。期权定价理论的应用范围突破了原来的金融领域，逐步应用于企业的研究与开发、战略并购、风险投资等不确定性与风险较大的实物资产投资领域，因此，从狭义上讲，实物期权是金融期权理论在实物（非金融）资产期权上的扩展，实物期权方法也可以说是一种思维方式，把金融市场的规则和方法引入决策中来。实物期权主要针对信息的不充分性、环境的易变性、决策的相关性特点，评估不确定环境中企业拥有的选择权利价值。

1977 年，MIT 斯隆管理学院的 Stewart Myers 教授，首先认识到金融期权在实物投资决策中的应用，并用“实物期权”这个术语来刻画金融期权与公司战略性计划之间的差别。与传统的投资决策分析方法相比较，实物期权的思想方法不是集中于对单一的现金流预测，而是把分析集中在项目所具有的不确定性问题上，即现金流的所有可能变化范围，用概率的语言来描述，就是项目未来现金流的概率分布状况。当使用关于现金流的概率分布和未来预期的市场信息时，实物期权分析方法把金融市场与投资项目的决策联系起来，对未来现金流没有人为主观的预测。与传统的决策分析方法相比，实物期权分析方法的结果是投资项目的不确定，投资机会伴随有更大的投资价值。

例如，在许多投资项目特别是重大的投资项目中，资金分阶段投入，第一阶段的投入 I_1 赋予投资者进一步投入 I_2 以得到该项目价值 V 的权利，该权利是一种选择权，这与金融期权的含义是一致的，也可以说投资项目含有一种增长期权。该增长期权的标的资产为项目价值 V，它等价于金融期权的标的资产——股票的价格 S。获得该增长期权的成本为投资项目的第一阶段投入，这可等价于金融期权的价格 p。该增长期权的执行价格为进一步的投入 I_2，这也可等价于金融期权执行价格 X_0，项目价值 V 随环境的波动率也与金融期权中股票价格的波动率相类似。在投资项目的决策过程中，首先，投资者可根据投资的不确定性，估算项目价值的波动率，按 Black-Scholes 定价模型计算出该期权的价格 E，再与第一阶段投入 I_1 进行比较，若 E 大于 V 则可投入第一阶段的资金，并获得该项目含有的增长期权。而后，根据项目价值的变化决定是否投入第二阶段的资金（即执行期权），如果项目价值大于第二阶段的投入，则可执行该增长期权，否则可推迟第二阶段的投入以等待获取新的更有利的信息，这时投资项目就有了一种看涨期权。

举一个具体的例子来说明：C-NET 公司是一家经营网络设备的高科技公司，由于行业的特征，它必须不断引进新人才和新产品。因此，C-NET 采取了先投资于拥有新型产品的小型公司，花一笔钱来购买未来的一种选择权利——未来获得这些公司的控股权的策略。并持续观察小公司的财务状况与市场情况，若小公司运营良好，则可在未来考虑使用权利来进行选择是否继续投资——以达到控制小公司、占领新市场等目的；而如果某些小公司经营状况不佳，那么第一期的投入有可能成为损失，但是由于不确定性的存在，适当的付出成本也是合理的。

2. 期权适用范围

当不存在任何期权或虽存在期权但不确定性非常小时，传统工具的应用效果很好，特别是即使没有进一步投资，也能提供稳态趋势的现金流的业务（cash cow，现金奶牛业务）；而在不确定性较强、实施路径可能有较多分叉的灰色区域决策的情况下使用实物期权方法的效果较好：

1）存在或有投资决策，而没有其他方法可以正确估价这种类型机会的价值时。

2）当不确定性足够大时，使得最明智的做法是等待以获取更多信息，以避免对不可逆投资（一旦确定就不可能毫无损失地收回的投资）产生遗憾。

3）当价值看起来是由未来增长期权的可能性而不是由当前现金流决定时。

4）当不确定性足够大、必须考虑灵活性时，只有实物期权方法可正确估价灵活性的投资。

5）在执行过程中需要修正决策的项目和中间战略需要调整时。

3. 实物期权种类

将实物期权方法应用到决策中，必须针对行业和市场的特点，从事物本身的发展过程中寻找触发点，在触发点上构造实物期权应用模型，在具体构造模型时，一定要将公司业务和市场走势做并行思考。

一般地，就投资者选择投资项目来讲，投资者所具有的实物期权来自于三个方面：首先是项目本身的特性，其次是投资者所具有的可变柔性经营策略，最后是投资者所创造的合约。目前，人们所研究的实物期权类型多为上述三个方面所产生的实物期权。

根据实物期权的特点，可将实物期权分为以下几种情形：

1）推迟投资期权（等待投资期权）——项目的持有者有权推迟对项目的投资，以解决现在时刻投资项目所面临的一些不确定性。

例如：投资者在投资一些不可回收的项目时，需要详细的前期投资分析，因为一旦项目投入运行，再回收投资就会造成很大的损失。目前，国际上关于不可回收的投资项目的通常管理方法是通过推迟项目投资，直到项目大量的不确定性得到解决时，再进行具体的投资。例如，在进行石油开发投资决策时，不可回收性来自于初始的建设成本；核电站建设中的不可回收投资来自于建设成本和清理成本。由于投资项目所具有的推迟期权能够控制投资项目的损失，因此，含有推迟投资期权项目的价值，要比传统工具估计的价值大。推迟期权在资源采掘业、农业、造纸业及房地产开发业特别有价值，因为这些行业具有较高的不确定性和较长的投资周期，并且这种类型的投资具有不可回收性、投资大的特点。

Big Black Cow Creamery 是生产保健型低脂冰淇淋的公司，该产品的销量目前正快速增长。传统分析认为企业应该快速扩张；但通过实物期权分析认为，销量的波动值较大，等待期权的价值超过了立即投资扩张的价值。

2）学习型期权（learning option）——在投资过程中不断取得下一步投资所必需的信息，来帮助进行下一步的决策。项目的持有者有权在未来的时间内增加或减少项目的投资规模，即未来时间内，如果项目投资效果好，则投资者有权扩张投资项目的投资规模；若项目投资效果不好，则投资者有权收缩投资规模。

例如：如果投资者在投资某一项目后，通过搜集信息得知市场条件变得比较好（产品价格的上涨或成本的降低等），则投资者通过扩张投资项目的规模，可以取得比开始预期较好投资收益；市场条件变坏（产品价格的降低或成本的上升等），则投资者可以通过收缩投资项目的规模，降低投资的风险。

又比如：好莱坞不知道它们在圣诞节推出的三部影片中哪一部是最热门的，所以说不准怎样分配广告预算。按照实物期权方法进行阶段性投资则可：第一步，把每一部影片的有限镜头在选定的城市试放；第二步，试放中获得最大冲击力的影片得到首映权和最多的广告预算；第三步，在首映期间确定总体广告预算；而传统的分析方法不能利用分阶段实施得到的信息修改决策并估算其价值。

3）放弃期权——如果项目的收益不足以弥补投入的成本或市场条件变坏，则有权放弃对项目的继续投资。

例如：我们可以将投资者从研发某一产品到产品推向市场分成若干个投资阶段，如果市场条件变坏，则投资者有权放弃对项目的继续投资，以控制继续投资的可能损失。

PetroChem 公司准备开发一种新产品，但有两方面的担忧：市场机会大小与政府对有毒化工产品的管制。传统分析方法认为，不宜开发该项目；实物期权方法从市场机会和负债清偿两个方面分析了该项目的退出期权，认为在包含退出期权价值的情况下，该公司可以随时放弃退出，开发该项目更加合理。

这种类型的期权大多存在于研发密集型产业（特别是制药业），这些项目具有高度的不确定性、开发期长等特点。

4）转换期权——在未来一段时间内，项目的持有者有权在多种决策之间进行转换。

例如，投资者在从事石油冶炼的项目设计时，可以设计能够使用多种能源（如：电力、油气等）进行石油冶炼的设备，投资者可以根据这几种能源价格的变化情况，选择合适的能源，以降低成本。

生产蜂窝电话的 Cell 公司必须建设新产品生产厂房，销售分析显示，销量有较大的不确定性，销售范围可能覆盖两个大陆。传统分析认为，建设一个厂房的费用和运营成本较低；而实物期权分析认为，在两个大陆各建一处厂房可以获得转换生产线的期权，可以从市场的不确定性中取得价值。

由于项目投资的可变性，相应的转换期权蕴涵于项目的初始设计之中。灵活的生产设备允许生产线在产品之间容易地进行转换，转换期权将成为设备成本的一部分，传统的投资决策工具很难处理这样的柔性投资策略。一旦决定进行转换，则转换的价值就取决于所处的状态和拥有的转换期权。传统的投资决策工具不能处理那些相互依赖的投资决策。使用实物期权法能帮助管理者们更好地从可选的方案中进行选择。

5）增长期权——项目的投资者获得初始的投资成功后，未来能够获得一些投资机会，这对公司而言，具有十分巨大的战略重要性。许多早期的投资（例如：对研发或实验性项目的投资，对未开发土地或有潜在石油储备土地的租赁等投资）可以看作是一系列相关投资项目的前提。早期投资项目的价值与其说来自于预期可以产生现金流的价值，不如说来自于它所能够提供的将来增长机会价值。

例如：Friend-Friend 公司通过独立的销售网络向中国推销化妆品。是否应该在中国建立本地化的生产企业和销售系统？传统分析认为，这样做的成本超出了预期的利润；实物期权分析认为，这样做可以为公司的各种产品通过自己的销售网络进入中国市场创造机会，产生一些后续项目增长型期权的价值较高。

增长期权存在于所有的基础设施投资项目、公司战略性的投资项目、跨国投资项目和战略性兼并的投资项目。

4. 实物期权方法

实物期权计算过程可以分为如下的四个步骤：

（1）构造应用框架

由于实物期权的隐蔽特性，要应用实物期权，必须首先通过分析、辨别实际问题中所隐含的所有实物期权。在实物期权的应用过程中，成功地识别实物期权是构造实物期权应用框架的最重要一步。

对问题所要解决的问题、所有可能的决策是什么、何时决策、谁掌握决策的主动权形成一个初步认识，识别问题中每个不确定性的来源及其变化形式中现金流的变化和项目是否有便利收益。研究决策规则，对问题的决策，形成一个简单的数学公式。根据金融市场，识别特有的不确定性与市场定价的不确定性，判断是否存在其他可选择的应用框架能够更好地应用金融市场所提供的信息，并检查应用框架的透明性和简单性。

（2）期权定价模型的应用

在建立好实物期权的应用框架后，接下来就需要选择合适的期权定价模型对实物期权进行具体的计算。需要确定有关实物期权的要素，期权定价模型中的要素很少，许多情况下所需的大部分资料在现金流折现分析方法中已收集到，通常需要考虑的要素包括：

1）计算标的资产的当前价值、现金流或便利收益、每个不确定性的波动性，获取无风险收益率的资料。

2）用期权公式对期权进行定价，建立期权定价公式，得到数值结果。

3）标的资产的现在价格——对于股票期权来说，是指股票的现在价格。

4）标的资产的波动性，该要素不能在金融市场中被观察到，必须根据其他历史资料或交易期权合约进行计算。对于实物资产，测算波动性最普通的方法就是由历史资料进行简单的统计计算；测算波动率的第二种方法是采用具有同样标的资产的期权的价格，计算波动性。这种估计方法为隐含波动性（波动率隐含在期权价格和其他要素之中）。

5）计算特有风险，该要素的现行水平和不确定性的范围的估计是以历史资料、现实信息、工程估计等为基础。国外的一些案例研究表明，在应用中关于特有风险的可获资料和想获得的资料的特性有很大的区别。

例如，一家石油开采公司，采用实物期权理论评估开采策略，其应用框架含有一个市场定价风险和一个特有风险：市场定价风险即石油价格，由石油期货合约跟踪获得；特有风险即石油的储备规模。公司开采石油之前，购买地质资料以测算一条管道可能生产的石油的数量，而公司自己的决策表明 10 例中有 4 例储备规模的估计偏离 50% 以上（更大或更小），这为最初石油的储备规模测算提供了一个置信区间。

6）无风险报酬率，该要素为短期国库券的收益率。实物期权理论与传统定价工具的区别在于只应用短期收益率，即使对于长期的项目也是如此。

关于期权的定价有多种计算方法，每种方法中具体的数学公式被称为期权公式，通常使用的两个期权定价模型分别是二叉树定价模型和 Black-Scholes 期权定价模型。

二叉树期权定价模型灵活性很大，应用范围很广，透明度很高，可以使使用者理解期权定价中的基本步骤和实物期权引起的复杂性。而 Black-Scholes 公式适用于较少实物期权的情况，可以提供简单的公式和快捷的答案，Black-Scholes方程描绘出了期权价值和股票价格之间的动态联系，这里举个简单的例子来进行简略地介绍。例如，由该方程解得的看涨期权价值公式如下：

$$S_t\Phi(d_1) - Xe^{-rf(T)}\Phi(d_2) \tag{4.8}$$

$$d_1 = \frac{ln\left(\frac{S_0}{X}\right) + \left(rf + \frac{1}{2}\sigma^2\right)(T)}{\sigma\sqrt{T}} \tag{4.9}$$

$$d_2 = d_1 - \sigma\sqrt{T}\text{。} \tag{4.10}$$

式中，S 代表标的资产的价格；X 为执行价格；r 为无风险利率；σ 为波动率；T 为期间；Φ 为标准正态分布的累积函数。根据 Black-Scholes 方程，股票价格由以下因素决定：股票价格、执行价格、到期期限、股票价格的波动率、无风险利率。实物期权本质上与股票期权是一致的，它的价值由标的资产的对应变量决定，其对应的决定因素分别为：标的资产价值、为获得标的的资产所需付出的费用、可以做出决策的期间、资产价值的波动率、无风险回报率以及预计收益。所以，只需要知道这些变量，即可计算实物期权的价值。其中只有资产价值的波动率需要根据历史数据等进行估计，其余变量都可以直接得到；而对波动率估计的误差要远远小于对未来现金流估计的误差。Black-Scholes 方程不需要估计未来现金流，这些信息都包含在当前的项目价值和波动率之中；亦不需要调整折现率——复制组合保证了风险和收益之间的平衡。

(3) 检查结果

考虑对实物期权计算结果的检查和对应用框架的可能重新设计。

(4) 重新设计应用框架的必要性

检查结果的最后一个问题是是否扩大可选项组合的投资，经常有这样的倾向：过多的分析实物期权而忽略对金融市场替换物的分析。由于实物期权理论形成的价值与金融市场的价值是一致的，对期权与金融市场上替换的价值进行对应比较是可行的。

形成粗略的框架、进行数值处理、检查结果后，让我们再回到最初的应用框架。通过一两次的重复分析，有时可以大幅增加投资策略的价值。

总之，应用期权的观点和方法来分析评价不确定性情况下的项目，使决策者能够根据信息和环境的不确定性变化做出适时的调整，并且可以利用这种不确定性来为投资项目创造更大的价值，更好地规避风险。

【关键概念】

信息不确定　灵活决策　实物期权

【思考与练习】

1. 你是否曾经在经历人生重大转折之时，处于信息不确定的状态而面临选择必须进行决策呢？关于更好地利用信息进行决策，又是否有过相关思考与实践？
2. 关于自己的未来，你曾经有过怎样的预期？做过怎样的调整？
3. 思考个人风险偏好类型。
4. 简述风险辨识与估计的方法。
5. 简述实物期权概念与种类。
6. 在大学就读期间，每位同学都同时拥有几种期权，请思考这样的说法是否合理。若合理，那么有哪几种期权，在什么情况下可能会考虑使用。

第5章 信息与委托－代理关系

委托－代理关系是企业产权理论的核心，而产权理论又是新制度经济学的主要构成部分，从而委托－代理理论是新制度经济学近一个时期以来最热门的研究课题之一。本章主要通过阐述委托－代理理论的基本分析框架，介绍信息对称及不对称情况下的最优激励合同和由信息不对称引起的逆向选择、道德风险及其解决方式。通过对本章的学习，要求：理解委托－代理理论的基本分析框架；了解信息对称及不对称情况下的最优激励合同的基本原理；理解道德风险理论的基本原理；理解逆向选择的形成机理及其解决方式。

5.1 委托－代理理论概述

5.1.1 委托－代理关系

1. 委托－代理关系的概念

委托－代理关系的概念来源于法律，在法律上，当甲授权乙代理甲从事某种活动时，委托－代理关系就发生了，甲称为委托人，乙称为代理人。一般的委托－代理关系泛指在任何一种涉及不对称信息的交易（合同、协议）中参与者之间的经济关系。掌握信息多、处于信息优势的一方称为代理人，掌握信息少、处于信息劣势的一方称为委托人。简单地说，“知情者”是代理人，“不知情者”是委托人。也就是说，只要在建立或签订合同前后，市场参加者双方掌握的信息不对称，这种经济关系都可以被认为属于委托－代理关系。

社会是由众多个体构成的，人与人之间时刻发生着各种各样的联系。由于不对称信息在社会经济活动中相当普遍，所以许多社会经济关系都可以归结为委托－代理关系。例如，政府与企业、股东与经理、雇主与雇员、消费者与厂家、计算机用户与服务商、信息经纪人与信息用户、病人与医生等，他们之间都可以构成委托－代理关系。除了正式的有书面合同（协议）的委托－代理关系，还有口头委托的较为明显的委托－代理关系，例如母亲给钱让孩子自己去吃午饭，在这种“口头合同”中，母亲是委托人，儿子是代理人。此外，社会经济关系中还有大量隐含的委托－代理关系，诸如老百姓与政府官员、选民与议员的关系等。

同一种社会关系中可能包含有多种不同的委托－代理关系。例如软件生产商与软件用户的关系，对于软件的生产成本、软件性能等方面的信息，生产商掌握的比用户多，生产商是代理人，用户是委托人，从这一方面来说是“用户委托生产商进行生产”；对于需求欲望、支付能力等方面的信息，用户掌握的比生产商多，那么委托人就是生产商，代理人就是用户，从这一方面来说又是“生产商委托用户进行消费”。可见，委托－代理关系是与不对称信息相联系的，针对不同的不对称信息，可以构成不同的委托－代理关系，对于参与各方，我们不能简单地说哪一方是委托人、哪一方是代理人。

2. 构成委托－代理问题的基本条件

委托－代理理论主要研究的是这样一类问题：委托人想让代理人按照委托人的利益选择行动，但委托人不能观测到代理人选择了什么行动，能观测到的只是一些相关的结果，这些结果是由代理人的行动和一些随机因素所共同决定的，委托人无法从可观测的结果中得到代理人行动的全部信息。委托人需要解决的问题是：当委托人与代理人进行博弈时，应当采取怎么的策略，以使得代理人选择对委托人最为有利的行动。

构成委托－代理问题的基本条件有三个：

1）委托人和代理人是两个相互独立的利益主体，双方都以自身效用最大化为追求目标。在这两个个体中，其中之一（代理人）必须在许多可供选择的行动中选择一项预定的行动，该行动既影响其自身的利益，也影响另外一个个体（委托人）的利益。委托人具有付酬能力并拥有固定付酬方式和数量的权利，即委托人在代理人选择行动之前就能与代理人确定某种合同，该合同明确规定代理人的报酬是委托人代理行为结果的函数。

2）委托人和代理人都面临不确定性和风险。代理人工作的最终成果是由代理人的行动和其他一些随机因素所共同决定的，这些随机因素不为任何一方所观测与控制。也就是说，代理人不能完全控制自己行动的最终结果，而委托人不能根据最终结果来获得代理人行动的确切信息。

3）委托人和代理人之间信息（代理人选择的行动）不对称，代理人的信息优势可能影响委托人的利益。例如，甲是报社记者，乙是报社主编，甲为乙工作，乙付给甲报酬。某一天能否采访到有价值的新闻，不但取决于甲的努力程度，而且也取决于一些随机因素。同样的努力，也许会采访到重大新闻，也许一无所获。如果有一天甲没有采访到有价值的新闻，乙就很难判断这个结果是因为甲没有努力跑新闻造成的，还是由于这一天本身就没有有价值的新闻。在这里，甲是代理人，乙是委托人，关于甲是否努力的信息在甲乙之间是不对称的。

3. 委托－代理关系的基本模式

由于非对称信息在经济生活中相当普遍，许多经济和合同都是在非对称信息条件下签订和执行的，因而许多经济关系都可以归结为委托－代理关系，如网络服务商（ISP）与个人计算机用户之间构成的委托－代理关系，前者拥有个人用户不易观察的“私人信息”而成为代理人，用户“委托”ISP（借助其接口）进入国际互联网 Internet 而成为委托人。委托－代理关系的基本模式有下列几种：

1）单个委托人与单个代理人的对策模型，如医生与病人。

2）单个委托人与多个代理人（复合代理人）的对策模型，如中央政府与若干家垄断信息厂商。

3）多个委托人（复合委托人）与单个代理人的对策模型，如数千个计算机个人用户与一个网络服务商公司。

4）多个委托人与多个代理人的对策模型，如保险市场上多家保险公司争夺投保人的竞争。

5）单个或多个委托人与代理人之间彼此均为委托人和代理人的对策模型，如瞎子背瘸子后，彼此均为委托人和代理人。

无论是哪种委托－代理对策模型，代理人都掌握委托人不了解的市场信息或私人信息，如政府不了解企业的实际的经营状况，资本家不了解经理的实际能力和工作努力程度等。

5.1.2 委托－代理的基本模型

1. 委托－代理关系模型中的变量

我们在研究委托－代理模型时，会把这个过程用三个变量之间的关系来表示，即代理人为委托人工作时所产生的贡献，我们可以用代理人的产出 y 来表示，另一个变量为代理人在工作过程中的行动 a，第三个变量是代理人在工作过程中委托人和代理人都无法控制的外来事件的影响因素，即不以人的主观意志为转移的客观性事件 n，下面我们来分析一下这三个变量以及它们之间的关系。

代理人为委托人工作时所产生的贡献有很多种，这是因为社会中有很多经济关系都可以构成委托－代理关系，例如软件生产商与软件用户的关系中，如果委托人是软件生产商，代理人是软件用户，那么代理人的贡献就是需求欲望、支付能力等方面的信息。如果代理人是软件生产商，委托人是软件用户，那么代理人的贡献就是软件的生产成本、软件性能等方面的信息。

代理人在工作过程中的行动 a 可以理解为代理人的努力程度或者是对于工作

的态度等。在信息对称的情况下，委托人可以观察到代理人的行动，并且可以根据代理人的行动对代理人进行惩罚或奖励。在信息不对称的情况下，委托人观察不到代理人的行动，委托人只能根据代理人的产出来判断代理人是否努力，但是代理人不努力有时也可以带来高产出，代理人努力有时也不能避免低产出，这里面就有一个客观性事件的影响因素。

代理人在工作过程中委托人和代理人都无法控制的外来事件的影响，即不以人的主观意志为转移的客观性事件 n 会由于生产过程的不同而有所不同，例如在代理过程中的运气、天气状况等因素。

这三个变量之间的关系是按照一定顺序发生作用的，首先委托人会制定一份既让代理人满意也会让自己利润最大化的合同，代理人签订合同后就会选择自己的行动 a，委托人在信息不对称的情况下不能有效地监督代理人的行动，在代理人工作的过程中会出现客观性事件 n，而代理人的行动 a 和客观性事件 n 便共同决定了代理人的产出 y。委托人虽然不能观察到代理人的行动，但是能观察到代理人产出 y，委托人会根据代理人的产出来兑现合同。

2. 委托－代理关系模型

下面我们来简单描述一下委托－代理关系的基本模型，设生产函数为：

$$y = a + n \tag{5.1}$$

在这里，假定 n 是服从正态分布，而且

$$E(n) = 0, V(n) = \sigma^2 \tag{5.2}$$

σ^2 的值越大，说明客观性因素在代理人生产过程中的影响就越大。

对于委托人和代理人之间的合同，我们只讨论他们之间的线性关系，所以设代理人的报酬为：

$$w(y) = s + by \tag{5.3}$$

式中，s 代表代理人的固定工资，b 代表奖金率。

在代理人付出努力的同时，委托人就会得到代理人的产出 y，但是委托人需要根据合同支付给代理人报酬，也就是工资 w，所以委托人的得益为：

$$m = y - w \tag{5.4}$$

我们假定委托人是风险中性的，风险中性的含义可以这样表达，即 $E[u(x)] = u[E(x)]$，也就是说委托人在对待风险的态度上既不喜好风险也不躲避风险，变量 x 代表随机的收入变量，u 代表效用函数。对于风险中性的委托人来说，为了使自己的期望效用极大化，就要使其预期得益极大化，委托人的预期得益为：

$$E(y - w) = E(y) - E(w) \tag{5.5}$$

代理人在接受合同之后就会付出努力并且获得工资 w，但是这种行动的代价

可以记为 $C(a)$，代理人的代理成本 $C(a)$ 具有如下性质：$C'(a)>0, C''(a)>0$，即代理人付出的努力越多，代价或者成本也就越大，如图 5.1 所示。

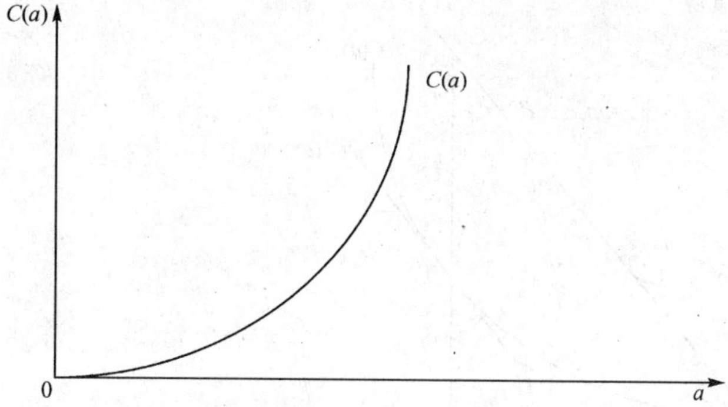

图 5.1 代理人努力的成本

如果代理人不努力或者偷懒，那么 $a=0$，就会有 $C(0)=0$，从而代理人的产出 $E(y)=E(a+n)=E(0+n)=E(n)=0$。所以，代理人的得益可以表示为

$$w-C(a) \tag{5.6}$$

我们假定代理人也是风险中性的，那么代理人的得益预期为

$$E[w-C(a)]=E(w)-C(a) \tag{5.7}$$

在上式中，我们只对 w 取期望值，而没有对 $C(a)$ 取期望值，这是为什么呢？由于 $w(y)=s+by$，即 w 是由 y 所决定的，而 $y=a+n$，即 y 是取决于不确定的 n 的，所以 w 应该取期望值。而对于 $C(a)$ 并无不确定性的因素，你付出多大努力便会产生多大的成本，所以对于 $C(a)$ 没有必要取期望值。建立委托-代理模型的目的就是为了寻求委托人的利润最大化，这就要讨论代理人在什么样的行动下才能达到这种目的。

3. 代理人的最优行动

代理人在工作过程中会采取不同的行动，也就会产生不同的结果，那么为了达到委托人的利润最大化，什么才是代理人的最优行动呢？我们设定了三个标准。

(1) 使委托人和代理人得益之和最优

由于委托人的得益为 $y-w$，代理人的得益为 $w-C(a)$，所以两者的得益之和为 $y-C(a)=a+n-C(a)$。我们假定委托人和代理人都是风险中性的，所以他们的预期得益为

$$E[y-C(a)]=E[a+n-C(a)]=a-C(a) \tag{5.8}$$

要使他们的预期得益最大，也就是使上式极大，对其求导，我们就得出：

$$C'(a^*)=1 \tag{5.9}$$

式中，a^* 就是代理人的最优行动，如图 5.2 所示。

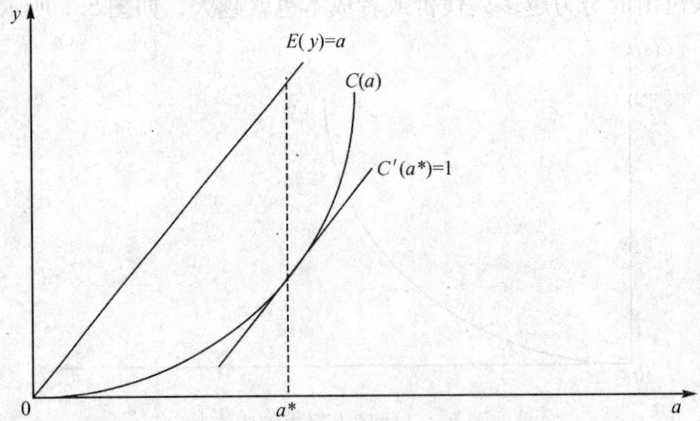

图 5.2　代理人最优行动 a^* 的确定

由于委托人和代理人的得益之和为 $a - C(a)$，使其得益最大化，就是使 $a - C(a)$ 的值最大，从图 5.2 可以看出，实质上就是使 $E(y)$ 和 $C(a)$ 两条线之间的距离最大，运用数学知识，即作 $C(a)$ 的切线并且使这条切线与 $E(y)$ 平行，而这个切点所对应的横坐标就是代理人的最优行动 a^*，而这两条直线之间的最大距离就是委托人和代理人的最大得益。从经济意义角度来看，$C'(a^*) = 1$ 表明代理人行动的边际成本等于该行动对总产出 y 的期望值的边际产量时，行动便达到了最优。下面看一下第二个标准。

(2) 使委托人的得益最优（在满足代理人最低限度的报酬水平的前提下）

我们设定代理人的最低工资水平为 h，而代理人的得益为 $w - C(a)$，如果代理人的预期得益 $E(w) - C(a) < h$，那么代理人就会辞职不干了，所以对于代理人来说应该有 $E(w) - C(a) \geqslant h$，但是委托人为了使其自身的得益最大化，一定会有 $E(w) - C(a) = h$，即 $E(w) = C(a) + h$。由于委托人的预期得益为 $E(y) - E(w)$，所以

$$E(y) - E(w) = a - C(a) - h \tag{5.10}$$

使委托人得益最大化就是使上式极大，对其求导便得出 $C'(a^*) = 1$，这与标准一得出的结论是一样的。最后来看一下标准三。

(3) 使代理人的得益最优（在保证委托人的最低限度的福利水平的前提下）

在这里，我们假设委托人的最低得益要求为 u，那么委托人的得益应该满足 $y - w \geqslant u$，为了在保证委托人的最低限度的福利水平的前提下使代理人的得益最优，那么 $y - w = u$，即 $E(w) = E(y) - u$，所以代理人的期望得益为

$$E(w) - C(a) = E(y) - u - C(a) = a - u - C(a) \tag{5.11}$$

所以可以得出 a 最优的必要条件为 $C'(a) = 1$，这与标准一、二都是一致的。

综上所述，我们可以得出代理人的最优行动的定理：在委托人和代理人都是风险中性的前提下，并且客观性事件 n 服从正态分布 $N(0,\sigma^2)$，那么代理人就存在最优行动，其必要条件是 $C'(a^*)=1$。

这一条件满足代理人最优行动的三个标准，即委托人和代理人利益之和最优、委托人的得益最优（在满足代理人最低限度的报酬水平的前提下）、代理人的得益最优（在保证委托人的最低限度的福利水平的前提下），所以这三个标准是等价的。

5.1.3　委托－代理理论的应用：股东与经理

公司有许多股东，他们指定经理来管理企业。股东当然希望经理能够做出使企业利润达到最大化的决定，但他们又怎么知道企业的利润何时能达到最大呢？如果他们了解如何使企业的利润达到最大，他们就不必雇佣经理而直接向工人们发号施令了。正因为如此，股东们必须雇佣经理。这就带来了问题。经理们真正关心的是自己的物质福利，而这些不仅仅取决于公司的利润，还与其他因素诸如经理的未来前途有关，即便如此，股东们仍然希望签订一个能够激励经理最大化公司利润的合同。

是否存在有效的工具能够把对经理的激励与股东们的利益结合在一起？经理实现了企业利润最大化，就给予相应的奖金或红利，这似乎是一个合适的激励方式。然而，如果股东了解企业的真正盈利能力，他们只需与经理签订一个要求企业必须达到潜在盈利水平的简单合同就可以了。问题是股东不了解企业最大盈利水平，他们又如何激励经理实现利润最大化呢？股票选择权是一种办法。股票选择权是股东给经理的一种承诺，允许经理在一定的时间间隔后购买公司一定数量的股票，而股票价格则固定在给予承诺时的价格水平。这样，经理们就有了使公司股票的价格在这段时间间隔内有最大升幅的强大激励，而这通常会使公司的利润达到最大。实际上，公司的效益差也可能是不利的随机因素作用的结果，例如汇率的变化等，而这就超出了经理能够控制的范围，他也许已经尽了自己最大的努力，目的是为了奖励他努力工作，但努力水平并不一定与公司的业绩和红利完全相关。在公司经历了一段低效益的时期之后，继续给予经理股票的选择权，也许会激励他们今后更加努力工作。尽管股票选择权是激励经理实现利润最大化的有效工具，但是股东们却经常不懂得如何有效地使用它，更有甚者，有些股东把这种工具看成是贿赂，认为经理既然领取了高额的薪酬，再索要股票选择权就讲不过去。在中国，经理和股东们在公司成立之初就持有本公司股票的现象屡见不鲜，这时，代理人有足够的激励使本公司的股票市值有最大的增幅，而股票市值的上升往往伴随着企业利润的扩大。这样，代理人和委托人的利益就有机地联系在一起。兼并是能够给经理们提供合适激励的另一种有效方法。兼并是指新的股东购买足以控制一个企业的股票。如果该企业没有实现利润最大化，那么对于以低价购买该公司控股权的新股东来说，就有获利的机会，而股价低正是企业利润低的反映。新的股东可能会解雇企业原有的懒散经理，这种有可能被解雇的压力就会使经理们有实现利润最大化的激励。但是，由于企业经营环境和组织结构的复杂，以及确定利润最大化战略所面临的成本和困难，新的股东通常会留用原有的经理。此外，经理们通常与原来的股东们签有补偿合同，这种合同保证他们如果由于企业兼并而被解雇就可以获得丰厚的补偿。在兼并过程中还存在着搭便车的问题。原有的股东也希望通过兼并改善企业的经营从而获得更高的收益，因此他们就不愿意以低价向兼并者出售自己手中的股票，这就使兼并者难以买到足以控制公司的股权。但是在许多公司的制度中却包括有允许稀释股权的条款，新的股东可以将该企业中属于自己的资产转卖给其他的公司，而这样做对原有的小股东们是非常不利的。稀释条款还允许新股东给自己发行新的股票。但是为什么原有的股东会在公司的制度中设置这样一条有可能对自己不利的稀释条款呢？因为这个条款使兼并变得更为可信，会激励经理们努力实现利润最大化，从而使被兼并的可能性变得最小。

所以，股东们关心的是公司利润最大化，而经理除了考虑企业的利润，更关心的是自己的福利和收益，这两者并不完全统一。经理们可以通过编造虚假数据，寻找客观理由蒙骗股东、推脱自己的责任。而股东们又不能完全依据企业的效益支付经理的薪酬，因为毕竟还有许多不确定的因素在影响着企业的经营，经理们更不愿意完全暴露在风险之中，所以给予管理层相应份额的股票，将经理的利益与股东的利益结合在一起，就不失为明智的选择。有人认为高层持股比例过大，在送股、配股和配股价方面易有以权谋私之嫌，既不利于公司的长远发展，也会侵害大多数股东的利益。其实，高层管理者持股比例较大并不足虑，关键是公司的董事会能否有效地控制高级经理。如果董事会不能有效地监督和控制经理的决策，只好任由经理们为所欲为了。

5.2 信息对称及不对称情况下的最优激励合同

5.2.1 合同模型的基本设定

1. 合同模型

在委托–代理关系中，我们设定代理人努力工作时 $a = 1$，偷懒或不努力时 $a = 0$，对此委托人无法直接观察。工作给代理人带来的负效用相当于数量为 $C(a)$ 的货币损失，且有 $C(1)=k>0, C(0)=0$，即选择偷懒的代理人损失为零。此外，我们假设委托人虽然无法知道代理人的努力，但是可以直接观察到代理人的产出，而且这个产出并不完全取决于代理人的努力，否则，委托人就可以通过观察产出水平来间接地推测经理的努力。这就相当于经理的努力不再是私人信息了。两者的关系如表5.1所示，其中，$0<P_L<P_H<1$，$D_H>D_L$。

表5.1　代理人不同产出水平的概率分布

产出水平＼努力程度	$a=1$	$a=0$
高产出（D_H）	P_H	P_L
低产出（D_L）	$1-P_H$	$1-P_L$

从表5.1可以看出，虽然代理人努力并不能完全避免低产出，而且不努力也可能会带来高产出，但是，从概率意义上讲，努力意味着导致高产出的可能性增加。在这里，我们假设委托人是风险中性的，那么风险中性的委托人的效用为支付了代理人工资（w）之后的所有剩余。假设代理人风险规避，所谓风险规避是指在面对风险时采取躲避的态度，这时代理人的效用取决于他所得到的工资扣除了努力成本之后的净的货币额，效用函数的具体形式可以表示为$U[w-C(a)]$，满足$U'(\cdot)>0,U''(\cdot)<0$。所以，当付出努力时，代理人的效用为$U(w-k)$，偷懒时代理人的效用为$U(w)$。在这里，我们假设代理人的保留效用$U_0=U(w_0)$，所谓保留效用是指代理人在不受雇于委托人的时候，至少也能够获得U_0的效用，或者说可以得到w_0的净工资。而对于委托人来说，他当然会追求利润的最大化。我们可以把委托－代理关系视为双方（在这里假设只有两个人）的一种契约关系，具体地说，在这里委托人向代理人提供的工资方案就是一份契约，这份契约规定了在不同产出结果下经理能够得到的工资，即假设代理人高产出水平D_H下委托人支付的工资为w_H，代理人低产出水平D_L下工资为w_L。

在这里，我们假定对于委托人提出的工资契约，代理人只能选择接受或者拒绝，没有修改契约的可能性。接下来，我们将讨论的情形限定在这样的前提下：

1）代理人努力要比不努力好，即代理人在努力的情况下社会的净产出水平较高，即

$$[P_HD_H+(1-P_H)D_L-k]-[P_LD_H+(1-P_L)D_L]>0 \tag{5.12}$$

这个式子表明，代理人努力不仅在概率意义上意味着较高的产出水平，而且相对于这种努力的代价而言产出的增加也是值得的。否则，如果代理人努力造成很大的成本，那么代理人努力所带来的期望产出水平的提高就不够弥补代理人所付出的个人成本。

2）代理人在本企业里努力工作要比让他获得其他的外部机会好。即在完全信息条件下：

$$P_HD_H+(1-P_H)D_L-k>w_0 \tag{5.13}$$

这也就是说，即使代理人的努力工作能够给委托人带来很大的好处，但是如果代理人的心理价位太高，那么委托人也会让代理人另觅高就。

2. 对称信息下的合同设定

(1) 可行的合同

虽然代理人不能修改合同，但是他有选择是否接受这份工资合同的权利，以及接受后是否会付出努力，所以，委托人要让这份合同能被代理人接受并且让代理人付出特定的努力，这份合同就要满足很多条件。

在对称信息下，代理人的努力程度可观察，这时委托人就能够对努力的代理人进行奖赏，而对偷懒的代理人进行惩罚，因此，委托人让代理人感到努力好于偷懒是毫无困难的，委托人所要考虑的只是让代理人至少获得最起码的保留效用即可。这时可行的合同就应该满足以下公式：

$$P_H U(w_H - k) + (1 - P_H) U(w_L - k) \geqslant U_0 \tag{5.14}$$

这个公式被称为参与约束。这里需要指出的是，由于在对称信息条件下，委托人激励代理人并不是什么难事，所以代理人肯定不会偷懒，因此参与约束只考虑代理人努力时的情形。

(2) 最优合同的特征

在对称信息下，合同规定了代理人在不同产出结果下应当得到的工资，委托人提供的工资只要让付出努力的代理人满足参与约束即可，而且对于委托人来说，他会尽量压低代理人的工资直到代理人恰好获得保留效用，即

$$P_H U(w_H - k) + (1 - P_H) U(w_L - k) = U_0 \tag{5.15}$$

所以，在这种情况下，风险中性的委托人所要做的就是在让付出努力的代理人获得保留效用的前提下让自己的期望利润最大化，即

$$\max P_H(D_H - w_H) + (1 - P_H)(D_L - w_L)$$
$$\text{s.t. } P_H U(w_H - k) + (1 - P_H) U(w_L - k) = U_0$$

构造拉格朗日函数可以得到上述最优化问题的一阶条件：

$$U'(w_H^* - k) = \frac{1}{J} \tag{5.16}$$

$$U'(w_L^* - k) = \frac{1}{J} \tag{5.17}$$

式中，J 为参与约束的拉格朗日乘子，w_H^* 与 w_L^* 分别是针对高低两种产出水平的最优工资水平。可得：

$$U(w_H^* - k) = U'(w_L^* - k) > 0 \tag{5.18}$$

又因为代理人的效用函数满足 $U'(\cdot) > 0, U''(\cdot) < 0$，由此得：

$$w_H^* = w_L^* = w^* \tag{5.19}$$

也就是说，虽然产出具有不确定性，但是不论最终实际的代理人的产出水平如何，委托人都将提供不变的工资。这种结论是和委托人风险中性、代理人风险规避联系在一起的，这就相当于由风险中性的委托人向风险规避的代理人提供了一种保险，也就是说委托人完全承担了由产出不确定性所带来的风险。那么这个最优工资到底是多少呢？我们根据参与约束为紧可以得出：

$$w^* = w_0 + k \tag{5.20}$$

下面我们来分析一下上述这个公式，在对称信息下，因为委托人事前知道代理人一定会付出努力，并且事后委托人也能够观察到代理人的行动，所以委托人所要做的就是如何让代理人能主动参与到工作中去。因为代理人努力的货币成本是k，而代理人的保留效用是$U(w_0)$，即代理人最终会获得w_0的净工资。所以在此，委托人就有两种选择，一是无论产出水平如何，委托人都将提供给代理人固定的工资w_0+k，另一种是在不同的产出水平下提供不同的工资但是仍然让代理人的期望效用达到$U(w_0)$。但是在这里应该注意到，代理人是风险规避的，后一种做法需要让他承担风险，因此代理人需要委托人给予相应的额外的风险补偿。但是这两种选择对于委托人来说是不一样的，这取决于委托人的风险态度。在这里我们假定委托人是风险中性的，那么委托人就会主动承担风险，如果选择后者的话，那么委托人就要向代理人提供额外的风险补偿，而提供固定工资能使委托人免去了对代理人进行额外的风险补偿的成本，所以提供固定工资就是委托人最好的选择。

3. 不对称信息下的合同设定

在代理人不同的风险态度下，我们对于不对称信息下合同的设定有不同的结论。在代理人风险规避的情况下合同的设定：

(1) 可行的合同

不对称信息下，代理人的努力程度不可观察，所以委托人无法判断高产出是由经理的努力带来的还是因为其他的原因，比如好的运气。同理，低产出也不能一定表示代理人没有付出努力，也可能是由于运气不好所造成的。由于委托人无法根据代理人的努力程度来对他进行奖赏或者惩罚，委托人只能将代理人的工资与最终的产出水平联系起来。所以为了让代理人努力，委托人只需要通过特定的工资合同来使代理人意识到努力要好于偷懒。所以说，可行的工资合同必须使代理人自愿地付出努力，即代理人努力时的效用至少不少于偷懒时的效用：

$$P_H U(w_H - k) + (1 - P_H) U(w_L - k) \geqslant P_L U(w_H) + (1 - P_L) U(w_L) \tag{5.21}$$

上述式子被称为激励相容约束，而为了让代理人能够愿意接受合同，参与约束也应当满足，即

$$P_H U(w_H - k) + (1 - P_H) U(w_L - k) \geqslant U_0 \tag{5.22}$$

激励相容约束和参与约束共同规定了在不对称信息下让代理人努力的可行合同所要满足的条件。在这里，与对称信息不同的是，不对称信息条件下的可行的合同的要求中多了一个激励相容约束，所以在这种情况下委托人要想激励代理人就不是一件容易的事了，委托人必须通过满足上述两个条件的工资合同来激励代理人，从而让代理人努力工作。

（2）最优合同的特征

我们知道，委托人和代理人之间的最优合同一定要满足激励相容约束和参与约束，而委托人一定会压低代理人的工资直到使代理人的效用为 U_0，也就是参与约束为紧（取等号）。在不对称信息情况下，我们假定高低两种产出水平下代理人所得到的工资分别为 w_H、w_L，代理人的效用分别为 $U(w_H-k)$、$U(w_L-k)$，但是由参与约束为紧可知，代理人的期望效用为 U_0。在不对称信息条件下，由激励相容约束可以得出 $w_H>w_L$，这也就是说高产出的代理人会带来高的工资，否则的话，代理人就不会努力去获得高产出，况且代理人的努力不可观察。下面我们来借助图 5.3 详细分析一下。在图 5.3 中，横轴代表工资（货币），纵轴代表效用，图中曲线为代理人的效用函数，效用曲线凹向原点是代表代理人风险规避。

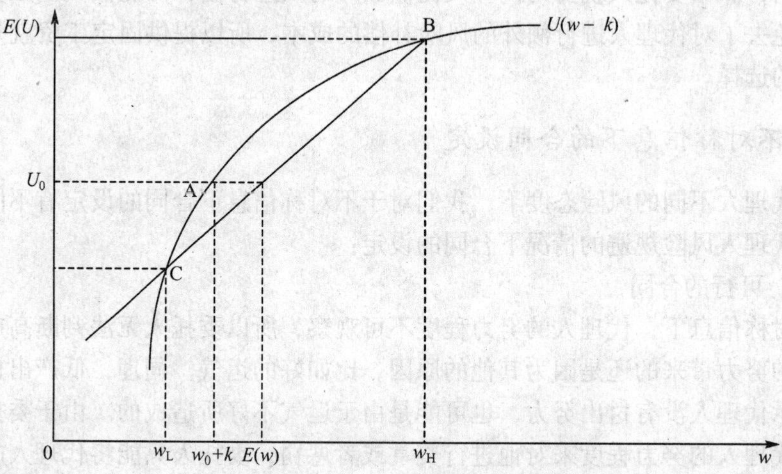

图 5.3　代理人的效用函数：风险规避

在对称信息情况下，代理人获得的效用为 U_0，这时委托人支付给代理人的工资为 w_0+k，即对应图中的 A 点。而在不对称信息情况下，委托人要激励代理人努力工作就要付出更多的成本，$E(w)$ 为委托人支付给代理人的期望工资，用 $E(w)$ 来表示不对称信息情况下委托人为了激励代理人所要付出的成本，即 $E(w)=P_Hw_H+(1-P_H)w_L$。委托人为了达到自己利润的最大化，他只会给予代理人保留效用，不会让代理人获得额外的收益。对应图5.3，我们需要在效用曲线上找到这样两点，它们虽然对应不同的工资水平，但是两个不同的工资水平组合成的$E(w)$所对应的代理人效用恰好为U_0，而这两个点假设为图中的B、C两点。由于代理人风险规避的效用函数是凹的，所以$E(w) > w_0 + k$。由于在不对称信息情况下，委托人要激励代理人努力工作就要付出更大的成本，而这部分增加的成本正是由于信息不对称所导致的代理成本，即如果我们在保持期望效用不变的前提下，将w_H和w_L之间的距离拉大，即委托人将高低两种产出水平下对代理人工资的差距拉大，那么$E(w)$就会相应地往右移，那么也就意味着委托人为了激励代理人努力工作而付出的代理成本要进一步加大，从而委托人所获得的利润就会减少，所以委托人为了使自己的利润最大化，他只能把w_H和w_L的差距拉大到恰好能够激励代理人努力工作，即使代理人效用恰好等于U_0。

下面我们来具体看一下在不对称信息情况下合同的特征，如果委托人付给代理人的工资都是一样的，即不因为代理人的努力程度不同而有所区别，那么就没有代理人愿意付出努力了。由于代理人在这里是风险规避的，所以委托人就要承担产出不确定性所带来的风险，从而对代理人进行风险补偿。而委托人不会付给代理人多余的补偿，只会恰好让代理人觉得努力不差于偷懒。

与对称信息相比，不对称信息下的最优合同的特征如下：

1）在不对称信息情况下，为了激励代理人付出努力，委托人必须对高产出支付高工资（$w_H > w_L$）。与对称信息不同的是，风险中性的委托人不用完全承担不确定性产出所造成的风险，也就是说，代理人必须承担一部分风险，委托人才能给予足够的激励。

2）无论信息是否对称，代理人获得的效用都是U_0。这是显而易见的，因为不论在哪种情况下，委托人都会压低给予代理人的工资以满足自己的利润最大化的需要，而代理人只能接受委托人所提供的工资合同并不能通过谈判而改变合同。

3）对称信息解帕累托优于不对称信息解。在不对称信息情况下，代理人的工资并没有提高，反而委托人的效用也减少了，那么对称信息情况下的解就一定帕累托优于不对称信息情况下的解。

4）不对称信息下委托人可能放弃激励代理人努力。在不对称信息情况下，如果为了激励代理人而使委托人付出的成本增加得很多的话，那么委托人就可能会选择不激励代理人。

上面所讲的是代理人风险规避的情况下合同的设定，下面来看一下代理人风险中性的情况下合同的设定：

在代理人风险规避的情况下，委托人激励代理人需要额外的成本，因为让风险规避的代理人承担风险需要额外的补偿，但是在代理人风险中性的情况下，委托人激励代理人不用额外对代理人进行补偿，这时代理人会主动承担工资的不确定性所造成的风险，如图 5.4 所示，横轴依然为工资（货币），纵轴为效用。

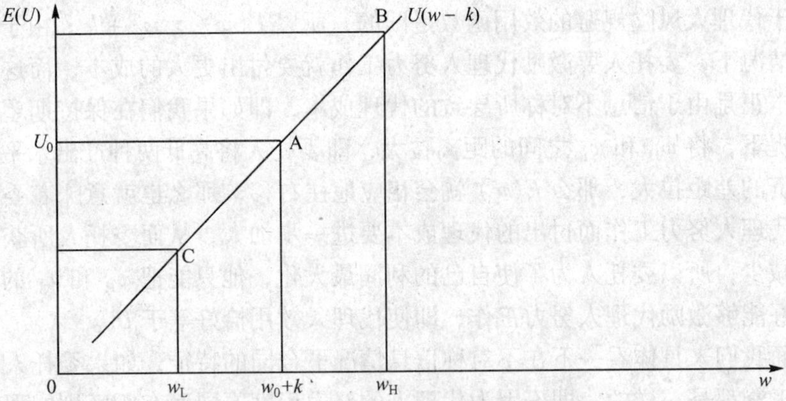

图 5.4　代理人的效用函数：风险中性

风险中性的代理人的效用曲线是一条直线，委托人会拉大 w_H 和 w_L 之间的差距使代理人的期望效用恰好为 U_0，与风险规避的代理人不同的是，此时 w_H 和 w_L 组合而成的 $E(w)$ 恰好是使代理人效用为 U_0 的工资，即图中的 w_0+k。在风险中性的代理人的前提下，有 $E(w) = w_0 + k$ 。这也就表明在代理人是风险中性的情况下，激励代理人不需要花费额外的成本，所以不管信息对称还是信息不对称，委托人都可以很有效的激励代理人，让代理人为他努力的工作。由于在这里委托人激励代理人不需要额外的成本，那么委托人就可以进一步拉大 w_H 和 w_L 的差距，而这时激励相容约束完全取大于号，也就是说，委托人可以选择无穷多个工资方案使风险中性的代理人获得保留效用。

5.2.2　对称信息下的最优激励合同

在这一节我们依然假设代理人只能接受或者拒绝委托人所提供的合同，并不能通过谈判来改变合同，并且假设代理人的保留效用为零，那么委托人就要制定一份合同，在满足代理人的最低需求的同时来使自己的利润最大化。我们假设委托人的收益是产量 q 的函数，用 $R(q)$ 表示，且有 $R'(\cdot) > 0$, $R''(\cdot) < 0$, $R(0) = 0$ 。另外，假设有两种不同类型的代理人，其中高产出代理人的生产成本为 $C_H = xq$ ，效用为 $U_H = w_H - xq$ ，低产出代理人的生产成本为 $C_L = yq$ ，效用为 $U_L = w_L - yq$ 。由于低能力代理人会比高能力代理人付出更多的生产成本，所以在这里 $0 < x < y$。假定低能力代理人和高能力代理人的比例为 p 和 $1-p$。以下所要解决的问题就是委托人如何安排代理人的产出水平和对应的工资，在对称信息情况下，委托人和代理人所了解的信息是一样的，那么委托人当然希望支付最低的工

资以达到自己的利润最大化，即让代理人获得保留效用（零效用），即代理人所付出的成本正好等于委托人付给代理人的工资，这时委托人的净利润为：

$$对于高能力代理人：V_H = R(q_H) - xq_H \tag{5.23}$$

$$对于低能力代理人：V_L = R(q_L) - yq_L \tag{5.24}$$

从而委托人的利润最大化的一阶条件为：

$$R'(q_H^*) = x \tag{5.25}$$

$$R'(q_L^*) = y \tag{5.26}$$

从以上两式我们可以看出，它们唯一地确定了 q_H^* 和 q_L^*，即如果委托人雇佣的是高产出代理人，那么委托人便要求代理人生产 q_H^*，并且支付给代理人的工资为 xq_H^*，如果委托人雇佣的是低产出代理人，那么委托人便要求代理人生产 q_L^*，并且支付给代理人的工资为 yq_L^*。我们假定 $V_L > 0$，即低产出代理人的劳动也是有意义的。由于 $R'(\cdot) > 0$，$R''(\cdot) < 0$，所以由上面两式我们可以得出：$q_H^* > q_L^*$，即高能力代理人生产较高的产量，低能力代理人生产较低的产量。

5.2.3　不对称信息下的最优激励合同

在不对称信息情况下，委托人也依然要制定一份合同，在满足代理人保留效用的同时来使其自身利润最大化，同时找出适应合同的代理人产出水平和工资。假设委托人要使高能力代理人选择产量 q_H 且得到工资 w_H 时的效用高于选择产量 q_L 且得到工资 w_L 时的效用，而对于低能力代理人，委托人则要求他选择产量 q_L 且得到工资 w_L 时的效用高于选择产量 q_H 且得到工资 w_H 时的效用。那么可得激励相容约束：

$$对于高能力代理人：w_H - xq_H \geqslant w_L - xq_L \tag{5.27}$$

$$对于低能力代理人：w_L - yq_L \geqslant w_H - yq_H \tag{5.28}$$

同时，委托人要让代理人接受合同，就要让代理人至少获得保留效用，得参与约束如下：

$$对于高能力代理人：w_H - xq_H \geqslant 0 \tag{5.29}$$

$$对于低能力代理人：w_L - yq_L \geqslant 0 \tag{5.30}$$

我们假设两种类型代理人都会被雇佣且 $q_H > q_L$，由于委托人希望给代理人的工资尽可能低，所以式 (5.27) 与式 (5.29) 不会同时成立大于号，如果两个式子都同时成立大于号，那么委托人就会给予代理人高于保留效用的工资来激励代理人，也就委托人自己就会损失一部分利润，这对于委托人来说是不可能的，即上述两式中会有一个约束起作用。同理式 (5.28) 和式 (5.30) 也会有一个约束起作用，那么最终有效的约束是最为严格的那个。下面我们来分析一下这几个约束：

由 $0 < x < y$，由式（5.27）、式（5.30）可得：

$$w_H - xq_H \geqslant w_L - xq_L > w_L - yq_L \geqslant 0 \quad (5.31)$$

所以，式 (5.27) 足以保证式 (5.29) 成立，也就是式 (5.27) 比较严格，所以高产出代理人的激励相容约束起作用，即

$$w_H - xq_H = w_L - xq_L \quad (5.32)$$

在这里，为了不让高能力代理人伪装成低能力代理人而获得额外的收益，委托人就要使高能力代理人选择产量 q_H 且得到工资 w_H 时的效用高于选择产量 q_L 且得到工资 w_L 时的效用，但是委托人为了使其自身利润最大化，一定会使式 (5.27) 的等号成立。而低能力代理人不会也不可能试图伪装成高能力代理人，所以式 (5.28) 约束并不起作用，这样式 (5.30) 的等号约束起作用，即

$$w_L - yq_L = 0 \quad (5.33)$$

所以，将式（5.32）和式（5.33）代入委托人净利润最大化目标之中得：

$$\max p[R(q_L) - yq_L] + (1-p)[R(q_H) - (xq_H + yq_L - xq_L)]$$

利润最大化的一阶条件为：

$$R'(q_H^{\#}) = x \quad (5.34)$$

$$R'(q_L^{\#}) = y + \frac{1-p}{p}(y - x) \quad (5.35)$$

可得 $R'(q_H^{\#}) = R'(q_H^{*})$，而 $R'(q_L^{\#}) > R'(q_L^{\#})$，由 $R'(\cdot) > 0$，$R''(\cdot) < 0$，可得 $q_H^{\#} = q_H^{*}$，$q_L^{\#} < q_L^{*}$。也就是说，与对称信息相比，在不对称信息情况下委托人对高能力代理人的产量要求没有变化，但要求低能力代理人生产低于帕累托最优水平的产量。

5.3 道德风险与最优监督和团队问题

5.3.1 道德风险

“道德风险”这一术语来源于保险业。在保险市场上，购买了财产保险的人将不在像以前那样仔细地看管家里的财务，购买了医疗保险的人可能让医生多开一些不必要的贵重物品。在这里，因为人们在投保后的行为保险公司无法观测到，从而产生了“隐藏行动”，保险公司面临着投保人松懈责任甚至采取“不道德”行为而导致的损失。在多数情况下，保险公司能观察到一种结果，这种结果是各种不可避免的风险和投保决策行为的一种混合产物。保险公司必须解决的是：如何设计保险契约，以诱使投保人出于自身利益的考虑而选择实际上是有利于保险公司的行动。

一般地，当交易双方签约后，如果代理人的行动选择会影响到委托人的利益，而代理人选择了什么行动委托人又不知道，委托人利益的实现就有可能面临

“道德风险”。道德风险是指代理人在使其自身效用最大化的同时损害委托人利益的行为，而代理人并不承担他们行为的全部后果的现象。

道德风险问题并不只限于保险业，它涉及存在契约或合同的其他经济领域。在交易双方签约后，当委托人的利益取决于代理人的行动时，委托人的利益实现就有可能面临着“道德风险”，委托人不能肯定代理人是否故意或有积极性去实现委托人的利益。研究道德风险问题，对处理好在经济改革中的各种关系有着十分重要的现实意义。

5.3.2　不同工资条件下的最优监督问题

存在委托代理关系就无法避免监督问题，事实上，在非对称信息的情况下，委托人对代理人信息的了解程度可以由委托人自己选择。比如说，通过雇佣监工或花更多的时间和精力，委托人可以在一定程度上更多的了解代理人的信息。从而加强对代理人的激励和监督。但信息的获取又是有成本的，于是，委托人面临着选择最优监督力度的问题。

古典经济学家认为，工资取决于工人的边际生产率。但发展经济学家发现，在发展中国家，二者的关系似乎正相反：边际生产率取决于工资。而且在发达国家这种现象也存在。索罗、夏皮罗和斯蒂格里茨将较高的工资解释为企业为防止工人偷懒而采取的激励方法。当企业不能完全监督工人的行为时，工资构成工人偷懒被发现而被解雇的机会成本。工资越高，机会成本越大。因此，较高的工资有利于减少工人偷懒的倾向性。另一方面，在激励工资模型下讨论监督力度问题，我们发现代理人的边际生产率越高，监督带来的边际收益越高，委托人监督的积极性也越高；代理人努力的边际成本越高，任何给定激励下的努力供给越低，且代理人的最优激励也越低，监督的边际收益也越低，委托人监督的积极性自然也越低；此外，监督越困难，监督的边际成本越高，委托人监督的积极性也越低。在前面的模型里，我们假定委托人拥有的信息量是给定的，并且没有成本。但在现实中，信息量大多是可以选择的，并且是有成本的。比如，委托人通过雇用监工或花费更多的时间和精力，可以获得更多有关代理人行动的信息，从而加强对代理人的激励和监督。我们将在两个框架内讨论最优监督问题：一是效率工资理论，二是我们前面已经提到的激励理论。在效率工资理论框架内，我们假定委托人的选择变量是发现代理人“偷懒”的概率；在激励理论框架内，我们假定委托人的选择变量是有关代理人行为的观测信息的方差。

效率工资是指当企业不可能完全监督工人的行为时，工资就构成工人偷懒被发现从而被解雇的机会成本；工资越高，机会成本越高。因此，较高的工资有利于减少工人偷懒的倾向性。索罗（1979）、夏皮罗和斯蒂格利茨（1984）也将较高的工资解释为企业为防止工人偷懒而采取的一种激励办法。

在效率工资下，其激励和监督作用是怎么用静态模型来说明的?

假定代理人是风险中性者，假定企业除发现工人是否存偷懒以外，没有别的信息可作为奖惩工人的依据。因此企业不可能对工人实行激励工资，而只能实行固定工资。令 A 为给定工人偷懒的情况下企业发现人偷懒的概率。如果工人选择不偷懒，工资多。如果工人选择偷懒，发现后将被开除，只能得到保留工资，总效用降低；如果偷懒不被发现，将得到更高工资，总效用为最大。其实企业不可能对工人实行完全的监督，即 $A<1$，为了使工人努力工作，企业支付给工人的工资就必须大于工人的期望工资。工人的监督越困难，即 A 越小，企业需要支付的工资就越高；如果监督完全没有，任何工资都无法使工人工作。因此，工人工资中包含企业对工人的笼络资金，对工人的监督越困难，企业要支付的笼络资金就越高。

以上考虑的情况假定偷懒被发现的概率 A 是给定的，现在考虑 A 是如何决定的。通过增加在监督方面的投入，如花费更多的时间用于监督工作或聘请专人监督，委托人可以提高 A。也就是说，A 越高，成本就越大，并且边际成本是递增的。如果在监督方面没有投入，偷懒被发现的概率为 0；如果委托人想使偷懒被发现的概率达到 1，成本将无穷大。那么，企业的代理成本就包括两部分：笼络资金和监督成本。

这个模型同样可以为所谓的“高薪养廉”问题提供经济学的解释。假定政府官员离开政府部门后从事其他工作的市场工资为 0。假定权力越大，滥用权力给其带来的额外收入就越大。显然，政府官员的权力越大，滥用职权的额外收入就越高，其工资也应该提高，否则，他就会滥用权力寻求更多收益的机会。在这种情况下，政府可以采取以下几种办法约束官员的腐败行为：一是提高工资，二是增加惩罚，三是加强监督。由于政府工作的特殊性，无法像企业那样实现相对有效的监督，即监督的成本是很高的。因此，最有效的办法是提高政府官员的工资，即“高薪养廉”。

5.3.3 团队的最优委托权安排

从信息经济学角度而言，所谓“团队”（team）指的就是一组独立地选择各自的努力水平，创造一个共同产出的代理人。在团队中，每个代理人对产出的边际贡献依赖于其他代理人的努力是不能够独立观测的。阿尔钦和德姆塞茨（1972）认为，团队工作将导致个人的偷懒行为。为了解决这一问题，应该引入一个监督者（即委托人），为了使监督者有监督的积极性，监督者应该成为剩余索取者。但霍姆斯特姆（1982）却认为，团队工作中的偷懒问题可以通过一定的激励机制来解决，委托人的作用并不是监督团队（代理人）中的每一个人，而是打破预算平衡（breaking budget），使激励机制得以发挥作用。在麦克阿斐和麦克米伦（McAfee，McMillan，1991）的模型中不仅考虑了团队工作中的道德风险而且考虑了其中的逆向选择问题。他们证明不论委托人是观测团队产出，还是每个人的贡献，均衡结果都是一样的。个人贡献的不可观测性并不一定会带来搭便车的问题，监督并不是消除偷懒的必要手段。重要的是，他们认为监督的作用是约束委托人自己，而不是代理人。根据建立在总产出上的最优合同，委托人在事前收取代理人一定的保证金。委托人有动机故意破坏生产使代理人只能达到较低的产量，以获取保证金。解决这种委托人道德风险的办法是，让委托人监督代理人，而不是收取代理人的保证金。因为在监督的情况下，代理人的产出越高，委托人的剩余越多，委托人就没有破坏生产的动机。

在前面讨论的委托－代理模型中，委托人和代理人的身份是给定的，问题是委托人不能观测到代理人的行为，在此不得不让代理人承担一定的风险以激励其努力工作。尤其是，如果代理人是风险中性的，最优合同意味着代理人应该是唯一的剩余索取者，委托人只要满足于得到固定的收入就够了。从严格意义上讲，此时代理人已变成了事实上的委托人，因为委托人之所以是委托人是因为他必须对代理人的行为后果承担责任。制度设计的一个基本问题是：在一个组织中，谁应该是委托人？谁应该是代理人？或者说，委托权应该如何在组织的不同成员之间进行分配，这就是本节要讨论的问题。

在信息对称条件下，委托权的安排是完全由参与者的风险态度决定的：如果存在两个参与者，其中一个参与者是风险中性者，另一个参与者是风险厌恶者，委托权应该由前者独立拥有；如果两个参与者都是风险厌恶者，委托权应该在两人之间分享，这就是典型的合伙制；如果两个参与者都是风险中性的，委托权如何分配是无所谓的。在信息不对称条件下，委托权的分配就更加复杂了。此时，最优委托权安排不仅要考虑风险态度问题，而且要考虑激励问题。当然，风险与激励之间的关系正是标准的委托－代理理论的主题。但在标准的委托－代理理论中，信息不对称只是单方面的：只有代理人参与生产，委托人并不参与生产，因此，只有代理人存在私人信息，委托人并没有私人信息。现实中的经济组织或其他组织一般都具有团队工作的特点，在团队工作中，信息的不对称对于委托人和代理人都是相互的，产出是所有团队成员共同努力的结果，但没有任何成员对其他成员的行为有完全的知识。以企业为例，企业中不仅有直接生产者——工人，而且还有制定生产经营决策的经营者；不仅经营者不能完全观测工人的行为，工人更不容易观测到经营者的行为。在标准的委托－代理理论中，经营者是委托人，而工人是代理人。但问题是，为什么经营者是委托人，而工人是代理人呢？这就涉及企业内部最优委托权安排问题。如果这个问题获得解决，也就说明了团队的最优委托权安排问题。

5.4 逆向选择与信号传递

5.4.1 非对称信息与逆向选择：一般性分析

逆向选择是在签订合同之前，委托人不知道代理人的类型，也就是说，代理人已经掌握某些委托人不了解的信息，而这些信息可能对委托人是不利的。处于信息优势的代理人可能采取有利于自己的行动，而委托人则由于信息劣势而处于对己不利的选择位置上。例如，股东和经理之间在签订契约之前，经理对自身的工作能力和水平比股东有更详细的了解，即“自然”首先选择了代理人的类型。而这一类型只有代理人完全了解，这就是逆向选择的基本策略或行动环境。委托人的问题就是选择什么样的有效合同来获取代理人的这些私人信息。

逆向选择将会干预市场的有效运行，导致市场交易的低效率或无效率。20世纪70年代，乔治·阿克洛夫创立的二手车市场模型真正奠定了这一领域的研究基础。随后，斯彭思（1973）引入了市场信号的概念并以此考察了劳动力市场，罗斯查尔德和斯蒂格利茨建立了保险市场逆向选择理论，威尔逊（1977，1980）建立了逆向选择的一般理论，斯蒂格利茨和韦斯（1981）建立了资本配置市场中逆向选择的具体理论。从目前来看，有关逆向选择的研究基本上是在产品市场、保险市场和资本信贷市场三个方面展开的。

在一般商品销售市场上，产品质量的不确定性是逆向选择的根本原因，而基于产品质量不确定性基础上的市场信息差别是逆向选择的直接诱惑因素。当市场商品以不同质量交换时，买卖双方都将以同样方式按照产品质量将产品进行分类，但是，只有卖主能够观察到他们所销售的每个单位产品的质量，而买主在购买产品前不能确切了解每个单位产品的具体质量，最多只能够了解这类产品质量的平均分布。由于没有其他任何方式使买主确定每个单位产品的具体质量，这样，低质量产品往往将伴随着优质产品一起销售。从买方市场看，在这样的市场中进行选择是不利的。在此条件下，我们称买方市场为逆向选择。阿克洛夫揭示的“柠檬”市场属于商品销售领域中具有逆向选择性质的典型市场。

例如，在旧汽车交易市场上，所有旧汽车的质量平均分布在0与1之间，假设卖主掌握每辆旧汽车的实际质量信息，买主却不了解每辆旧汽车的实际质量，但知道旧汽车的平均质量分布，即“自然”先选择卖主（代理人），使买主（委托人）处于不利的交易选择位置。如果买主是风险中性者，那么，他愿意支付购买旧汽车的价格为该旧汽车整体平均质量价格（假定为1/2）。如前所述，那些拥有质量高于1/2（特别是1）的旧汽车卖主就会将这些高质量旧汽车撤出市场，从而导致旧汽车市场平均质量下降（假定下降到1/4）。这时，买主自然也要做出相应对策，将他们愿意支付的价格降为旧汽车平均质量的价格，即1/4。于是，那些质量高于1/4的旧汽车又被卖主撤出市场，如此循环。最后，市场均衡的结果是没有任何旧汽车被销售，而市场也就失灵了。但是，如果买主购买旧汽车的效用大于卖主保留这些旧汽车的效用，那么，可能会出现较低水平的市场均衡。在这种均衡中，很少部分的旧汽车被卖掉。由于旧汽车价格受到正常汽车市场价格的限制，它们的售价不可能无限上升，同时也不可能无限下降。此时，买卖双方的信息非对称性对于市场均衡水平起到决定作用，使市场均衡只能在较低水平上出现，也就是说，具有逆向选择的市场达成的委托人－代理人合同是低效率的。

逆向选择一词最初源于保险市场，保险市场中的逆向选择现象相当普遍。保险合同缔约双方之间存在着不容忽视的信息差别，这个事实已经并将继续妨碍着某些高效合同的签订。例如，假定参加人寿保险的投保人根据意外事件的不同概率被划分为不同的风险类别，保险公司仅仅知道投保人在某类意外事件的平均风险。又假设每个希望保险的社会成员不知道他属于哪个风险类别的成员，因此也了解其承担风险的概率。但是，保险公司并不能准确地按照投保人的真实风险水平区分投保人。由于受到这种约束，保险公司只能向所有投保人提出大致相同的保险费用。因此，在保险公司任何指定的价格水平上，高风险的社会成员将购买更多保险，而低风险的个人必须购买更少的保险。保险统计的预期与所有参加保险者同等参与的结果相比，或者与不同风险水平支付不同保险费用这样一种理想模式的结果相比，保险公司所处的选择境况更为不利。在实际操作中，保险公司为了避免这种窘境不得不投入大量人力、物力和财力收集投保人私人信息，然而，这样做只能降低或减缓保险公司的逆向选择程度，风险并没有因此得到有效分担。因此，保险公司并不能从根本无法消除逆向选择情况，社会风险承担的均衡配置将是低效率的。

保险公司为社会提供两种保险合同：统一保险合同和差别保险合同。统一保险合同就是保险公司对于不同风险的个人都按同样方式收取同样保险费，这样，投保人在发生意外时也将得到同样的赔偿。显然，采用统一合同的保险公司的收益取决于具有不同风险类别的投保人的比例，如果高风险个人在投保人中所占比例较高，那么，保险公司有可能收益较小或者亏损。为了避免高风险，个人“搭便车”的情况会发生，保险公司又提供另外一种保险合同，即差别保险合同，这种合同根据投保人不同风险类别收取不同的保险费用，并以此给予不同的损失补偿。这样，低风险的个人就被这类保险合同吸引过去，在统一保险合同市场上只剩下有风险的个人，从而提高了提供这类保险的保险公司的经营风险。因此，几乎所有的保险公司都不愿意向社会提供统一保险合同。然而，当保险公司向社会提供统一保险合同时，高风险的个人将转移到提供差别保险合同的市场中，使差别保险合同的市场既存在高风险个人，也存在低风险个人。但是，保险公司不能准确地将这两类投保者区分开来，只能设计出一套不完备的保险体系，使高风险个人与低风险个人能够分别购买不同的保险合同。当然，如果人们能够找到这样一种保险体系，由此达到的均衡就是所谓的差别保险的纳什均衡。由于作为委托人的保险公司难以有效识别出作为代理人的投保者的风险类别，保险合同所发挥的市场效用将变得较低，由此出现的市场效率也是低下的。

资本市场同样也存在逆向选择问题。在资本市场上，在每个借贷者要求同样数目的贷款的条件下，银行系统不能将借款者按照回报率的大小给予不同的利息率。银行系统能否收回贷款并获得利润，既取决于借款者的经济效益，也取决于银行系统所处环境状态的各种不确定性。具体地说，当银行以借款者的经济收益作为利息率标准时，借款者就会利用银行难以观察或不可能观察到的信息对之做出对策，如虚报利润额、人为地扩大成本等，由此在一定程度上使银行承担的风险减少而有利于银行。但是，银行系统借贷的预期仍然存在着许多不确定结果，如借款者难以抗拒的风险力量，借款者破产或携款外逃等。所以，所有的信贷活动都涉及借款者因主观或客观原因丧失清偿能力的违约风险。显然，正是银行与借款者之间信息的非对称分布，才出现了使作为委托人的银行系统处于不利的市场选择境况。

为了避免出现逆向选择的结果，市场参与者都试图明确产品或服务价格与其质量之间的关系。斯彭思将这种关系用“市场信号”的概念来描述。肯尼思·阿罗则认为，通过有效的信息收集，人们能够直接认识到逆向选择的内容，并相应地限制这类现象的出现。保险公司也发现，从事信息收集和建立高效率的信息系统以减少逆向选择的范围是一项有利可图的工作。在资本市场上，银行系统活动中的相当部分就是准确地收集有关潜在债务人的信息，并对借款人进行间接的信息控制，从中限制逆向选择的范围。

尽管目前人们还没有找到一种有效解决逆向选择的方法，但是，逆向选择的概念对于认识和解释经济行为中的许多现象是非常有力的。例如，在一般消费品市场上，某些消费者具有明显的购买高价格商品的偏好。因为这些消费者认为低价格的卖主不会销售高质量商品，而在高价格的商品中一般将包含高质量商品，因此，消费者为了使自身逆向选择的范围缩小，往往选择购买高价格的商品。但是，这种偏好也可能进一步刺激卖主将较低质量的商品作为高质量商品来出售。

在保险市场上，不存在均衡主要表现为：如果有些公司提供分离合同，另一些公司就会提供混同合同，如果有些公司提供混同合同，另一些公司就会提供分离合同，两类合同互相“拆台”。如果保险市场是垄断性的，纯策略均衡是存在的。但如果保险市场是竞争性的，只有混合策略均衡存在。

5.4.2 信贷市场上的逆向选择问题

在信贷市场上也存在逆向选择，并且这种逆向选择将导致信贷配给。信贷配给是信贷市场上的一种现象。信贷配给主要是指如下两种情况：一是在所有的贷款申请人中部分人获得贷款，另一部分人被拒绝，被拒绝的申请人即使愿意支付更高的利息也不能获得贷款；二是申请人的借款要求只能部分地得到满足。

既然是信贷市场，在完全竞争条件下，必然存在市场均衡。根据新古典价格理论，在信贷市场上，作为市场价格的利率的自动调整会使对信贷资金的需求等于供给。那么，为什么会存在信贷配给呢？有些经济学家或者将信贷配给解释为一种暂时的信贷市场非均衡现象，或者将其解释为政府干预的结果。比如，政府出于某种目的规定利率上限，从而导致需求大于供给。但是，在斯蒂格利茨和韦斯看来，即使没有政府干预，由于借款人方面存在的逆向选择和道德风险行为，信贷配给可以作为一种长期均衡现象存在。一般来说，银行（放款人）的期望收益取决于两个因素：贷款利率和借款人还款的概率。因此，银行不仅关心利率水平，而且关心贷款的风险。如果贷款风险独立于利率水平，在资金需求大于供给时，通过提高利率，银行可以增加自已的收益，不会出现信贷配给问题。但问题是，当银行不能观察借款人的投资风险时，提高利率会使低风险的借款人退出市场，这是一种逆向选择行为，或者使借款人选择更高风险的项目，这是一种道德风险行为。逆向选择行为将导致信贷市场的低效率，甚至导致信贷市场消失（这是一种极端的情况）；道德风险行为将使银行放款的平均风险上升。存在这些问题的原因在于，那些愿意支付较高利息的借款人正是那些预期还款可能性比较低的借款人。利率的提高可能降低而不是增加银行的预期收益，银行宁愿选择在相对低的利率水平上拒绝部分贷款要求，而不愿意选择在高利率水平上满足所有借款人的申请，因此信贷配给就出现了。这也说明了在信贷市场上为什么银行的贷款并不总是随着贷款利率的提高而增加而存在一定的信贷配给。

另外，利率越高，企业申请项目的平均质量就越低，违约的概率就越大。在有限责任制企业中，借款人的收入不可能小于零，企业享受成功的好处，但可以不承担失败的损失。给定项目的收益，较高的利率意味着成功时较低的利润，只有那些成功时收益较高的项目才会申请；但是，给定期望收益相同，较高的成功收益意味着较大的风险，也就意味着较低的成功概率。在旧车市场上，低质量的旧车将高质量的旧车驱逐出市场，较低的价格意味着较低的平均质量；在信贷市场上，高风险的项目驱走低风险的项目，较高的利率就意味着较大的违约风险。和旧车市场一样，这就是信贷市场上的逆向选择。

一般来说，由于银行的期望收益不仅取决于贷款利率，而且取决于借款人还款的概率，利率的增加对银行期望收益的影响不可能是单调的。

5.4.3 信号传递

1. 信号传递的含义

如前所述，逆向选择是由信息不对称所导致的，从而使得帕累托最优不能实现。在委托－代理关系中，委托人不知道代理人的信息，只有代理人知道自己的信息，那么就有可能出现“低质量”的代理人排除“高质量”代理人的现象，而委托人就会选择“低质量”的代理人，从而产生逆向选择问题。在这时，“高质量”代理人是处于信息优势的，但是在竞争中却是处于劣势，而委托人也因为信息劣势而在选择中处于不利的位置。为了解决信息不对称所造成的逆向选择问题，我们有两种方法：一种是信号传递，也就是拥有私人信息代理人想办法将其私人信号传递给委托人，也就是处于信息劣势的一方；第二种是信息甄别，即委托人通过制定一套策略或合同来获取代理人的信息。

信号可以是某些信息，也可以是某些具体行动，与信息一样，信号具有减少或消除不确定性的作用，它能够影响到人们在经济活动中的行为和决策。在不对称信息条件下，为了在一定程度下解决逆向选择问题，使自己在质量不等的市场上脱颖而出，“高质量”代理人会向委托人发送信号，主动显示自己的优势，以减少信息不对称的程度，进而提高自己的效用。

所谓信号传递就是指具有信息优势的一方向具有信息劣势的一方提供信号传递。例如对于优质品，质量保证书、包退、包换、包修、保证质量的退一赔二、保修等，这是一种成本低廉而且短期效果明显的信号传递方式。另外，还有一种投入成本较高但长期回报十分丰富的信号传递方式，即建立自己的名牌产品，例如海尔电器、麦当劳等，其品牌本身就传递了产品是优质产品的信息。

所谓信息甄别就是指由处于信息劣势的一方首先给出区分信息优势方类型的不同合同条款，信息优势一方通过选择与自己的类型相符合的合同来揭示自己的私人信息，从而使得帕累托改进实现。例如在保险市场上，保险公司提供不同的保险合同供投保人选择，而投保人则通过选择适合于自己的保险合同来显示自己的风险类型。

2. 劳动力市场上的信号传递

在劳动力市场上可能存在着信息不对称所导致的逆向选择问题，由于个人能力是私人信息，所以一部分高能力的劳动者就可能失业或者即使就业但也只能获得相当于平均生产效率的平均工资，那么我们就要寻求一种方法来使高能力的劳动者获得较高的工资，接受教育就是一种可能的途径。

劳动力市场信号模型是斯彭思（Michael Spence）于1974年提出来的，其主要研究的是信息不对称及一个人接受教育的程度在劳动力市场上的作用。雇主（委托人）和雇员（代理人）在劳动力市场上存在着信息不对称，雇员知道自己的能力，但是雇主不知道，这时雇员就会选择自己接受教育的程度，并将此信息传递给雇主，雇员就会付出信号成本，即接受教育的成本。雇主通过观察到雇员传递的教育程度的信号，并根据自己对受教育程度与实际能力之间的相关程度的判断，来付给雇员工资。

（1）信号传递的基本原理

我们先来讨论一个简单模型来说明信号传递的基本原理。

假设劳动力市场上存在两种类型的劳动者，即高能力劳动者H和低能力劳动者L，在这里隐含的条件是接受教育的成本与能力成反比，所以假设高能力劳动者H接受教育的成本为$C_H=1$，低能力劳动者L接受教育的成本$C_L=3$。现在有两种可供参照的情况：

第一种情况是在信息完全的情况下，即雇主知道雇员的能力高低，那么雇主也就能够根据雇员的能力高低相应的支付给雇员工资，那么结果很简单，即

$$w_L=1,\ w_H=3$$

这是一种帕累托有效的结果，在我们假设两类劳动力的保留效用都为零的情况下，他们都能够就业。

第二种情况是指在信息不对称的情况下，雇主不能观察到雇员的能力，但可以根据雇员的受教育程度来支付给雇员工资。假设雇主规定如果雇员接受教育，则支付工资$w=3$，那么H型劳动者的收益为：

$$p_H = w - C_H = 3 - 1 = 2$$

L型劳动者的收益为：

$$p_L = w - C_L = 3 - 3 = 0$$

如果雇员不接受教育，则支付工资$w=1$，那么两种类型的劳动者的收益都是$p=w=1$。对于L型劳动者来说，这个收益要大于他接受教育时所获得的收益0，所以L型劳动者会选择不接受教育；对于H型劳动者来说，这个收益是小于他接受教育时的收益2的，所以H型劳动者会选择接受教育。

在这里，信号传递是否能发挥作用在于雇主认为受教育程度与工作能力之间的相关性到底有多大，以及在这种判断下雇主支付给雇员的工资水平，而这种判断是雇主的一个信念。由于高能力的人受同样教育的成本低于低能力的人，因此高能力劳动者才会选择受教育的方式来使自己和低能力的劳动者分开。如果受教育成本与能力无关，那么教育根本就不会起到信号传递的作用，否则的话，低能力劳动者就会模仿高能力劳动者选择同样的教育水平。那么该模型唯一合理的均衡就是：低能力劳动者选择不接受教育，高能力劳动者选择接受教育。

(2) 信号传递的分离均衡

我们下面来考虑一下雇员能够通过接受教育而发送信号的情况，在这里，雇员接受教育虽然并不会提高个人的生产效率，但是能使雇主认为雇员是高能力的，从而获得较高的工资。

所谓分离均衡就是指在均衡状态下，不同类型的劳动者所选择的可被观察到的最优水平是不同的，因而委托人可以通过最优水平来区别不同类型的劳动者。

假设雇主和雇员都是风险中性的，劳动力市场上仍然存在着两种类型的劳动者：高能力劳动者 H：生产能力 $\lambda_H = 2$，所占比重为 $1-q$：低能力劳动者 L：生产能力 $\lambda_L = 1$，所占比重为 q。

在不完全信息且无信号传递的情况下，雇主无法观察到雇员的能力，雇主只能按照劳动力的平均生产效率提供工资，即支付给每个雇员同样的工资。这时工资 w 由所有雇员的生产能力的加权平均来决定：

$$w = \lambda_L \times q + \lambda_H \times (1-q) = q + 2(1-q) = 2 - q \tag{5.36}$$

下面来看一下有信号传递的情况：

假设受教育程度用 e 来表示，且假设 L 型劳动者的受教育程度和接受教育的成本的关系为 $C_L = e$，H 型劳动者的教育成本为 $C_H = e/2$。

雇主需要找出一个特定的教育程度 e^*，所有教育水平大于 e^* 的雇员都是高能力 H 型劳动者，小于 e^* 的雇员都是低能力 L 型劳动者，即当雇主观察到一个雇员的受教育程度 $e < e^*$ 时，就支付 $w = 1$ 的工资，反之，如果 $e > e^*$ 就会认为该雇员属于 H 型，就支付 $w = 2$ 的工资。从这种工资政策出发，劳动者对教育水平的选择实际上只有两种：要么就选择 $e = 0$，反正工资是 1；要么就选择 $e = e^*$，这时工资是 2。如果选择 $e > e^*$，工资也只是 2，那就会白费精力。

假设高能力 H 型劳动者偏好 $e = e^*$，而不是偏好 $e = 0$，低能力劳动者 L 型偏好 $e = 0$，而不偏好 $e = e$ 。也就是说高能力 H 型劳动者选择 $e = e$ 的收益应该大于选择 $e = 0$ 的收益，低能力 L 型劳动者选择 $e = 0$ 的收益应该大于选择 $e = e^*$ 的收益，那么这组激励相容约束可以表示为：

$$\begin{cases} 2 - e^*/2 > 1 - 0/2 & \text{对于高能力 H 型劳动者} \\ 1 - 0 > 2 - e^* & \text{对于低能力 L 型劳动者} \end{cases} \tag{5.37}$$

即 e^* 应该满足：$1 < e^* < 2$。

我们先来考虑一下 L 型劳动者的情况，如果他接受较高的教育，即 $e > e^* > 1$ 时，L 型劳动者会得到 2 的工资，其净收益为 $2 - e < 1$；如果他选择接受较低的教育，即 $e < e^*$ 时，L 型劳动者会获得 1 的工资，净收益为 $1 - e < 1$。如果他选择不接受教育，收益就是工资 1。所以，对于 L 型劳动者的最优选择就是不接受教育，这时能够获得最大收益 1。

再来考虑一下 H 型劳动者的情况，如果他选择较高的教育，即 $2 > e > e^*$ 时，

H型劳动者的净收益为$2-e/2>1$；如果他选择接受较低的教育，即$e<e^*$时，H型劳动者的净收益为$1-e/2<1$。如果他选择不接受教育，那么H型劳动者的净收益为1。显然，对于H型劳动者的最优选择是接受较高的教育，即接受$e>e^*$的教育水平。

从上面分析可以看出，e^*的设定会将高能力H型劳动者与低能力L型劳动者分离开来。

（3）信号传递的混同均衡

所谓混同均衡就是指在均衡状态下，不同类型的劳动者所选择的可被观察到的最优水平是相同的，因而委托人不能通过该最优水平来区分不同类型的劳动者。在劳动力市场的模型中，混同均衡是指所有的劳动力选择相同的受教育程度的一种均衡状态。这时雇主难以凭借受教育水平来区分两类劳动力，只能按照平均生产效率来提供工资。

在所有混同均衡中，教育都没有任何的信息价值，这时e^*越小，两类劳动者的境况就会越好，最好的情况当然是$e^*=0$。当然，高能力H型劳动者希望信息是完全的，这样他们就可以不费任何教育成本就可以拿到高工资，而低能力L型劳动者则更愿意接受混同均衡，因为此时他们只要稍微付出些受教育成本便能够沾到高能力H型劳动者的光，从而获得平均工资。也就是说，在混同均衡下，L型劳动者的境况得到了改善，而H型劳动者的境况变差了，因为有L型劳动者滥竽充数。因此，无论工资水平如何，一般来说，不完全信息下的均衡教育水平不同于完全信息下的最优教育水平，这种偏离就是将高、低能力的劳动者区别开来的信息成本。

【关键概念】

委托-代理关系　激励合同　道德风险　逆向选择　信号传递

【思考与练习】

1. 简述委托-代理理论的基本内容。
2. 试比较信息对称和不对称情况下最优激励合同的相同及不同点。
3. 简述旧车市场模型。
4. 简述信号传递的主要原理。
5. 请用经济学角度解释“高薪养廉”。

第6章 信息商品的供需及消费

信息消费已经成为新的消费热点，成为新的经济增长点，并且是信息经济学研究的重要内容，所以要对信息商品的供需及消费进行研究。本章主要介绍信息商品的供给与需求状况以及信息商品的供需均衡，在此基础上研究信息消费过程、信息消费的影响因素、信息消费的效益，并通过案例对信息消费理论进行实证分析。通过本章的学习，要求：理解信息商品的供给与需求弹性以及信息的供需均衡；了解信息消费过程的各相关环节；了解信息消费的影响因素；理解信息消费产生的效益。

6.1 信息商品的需求

信息需求是信息消费的基础和前提，是信息消费的动力源泉，没有信息需求就没有信息消费，任何信息消费行为都是在信息需求支配下的行为，所以研究信息消费首先要了解信息需求。

6.1.1 信息需求概述

1. 信息需求的含义

需求是经济分析中经常使用的一个概念，是指在某一时期内和一定市场内按照某一价格水平，消费者愿意并且能够购买的商品或劳务的数量。人们的需求可以分为基本生活需求和高级的需求。基本生活需求是维持劳动力再生产、保证人的生存所必需的需求，而高级的需求是在基本需求得到满足的基础上需要更好的物品和劳务，来保证其智力和体力得到充分、自由、全面的发展。信息需求就属于高层次的需求，信息需求是指信息消费者在一定价格条件下对信息商品的需要，在该概念中隐含着两个条件：一个条件是信息消费者愿意购买；另一个条件是信息消费者具有支付能力。信息需求中的支付能力既包括货币支付能力又包括时间精力支付能力以及认知能力。在一定时期内，信息消费者愿意而且能够购买的信息商品的数量，成为这种信息商品的需求量，而该时期内所有信息商品需求之和，就是信息总需求。信息需求是个体满足信息短缺的渴求与欲望，信息需求是促使用户产生信息行为的直接动因。信息需求主要包括：对信息的需求，对信息源的需求，对获取信息渠道的需求，对获取信息的方法的需求等。

2. 信息需求产生的原因

关于信息消费者信息需求产生的原因，目前在情报学界主要有需求满足论、认知过程论和行为障碍论三种观点。这里对其简要描述如下：

（1）需求满足论

马斯洛的需求层次理论认为人的需求分为生理需求、安全需求、社交需求、尊重需求和自我实现需求五个层次，并从低层次到高层次逐步被满足，而需求满足论认为信息需求是在满足人的总体需求所从事的活动中产生的，是从外部活动中寻找信息需求产生的原因。

（2）认知过程论

认知过程论认为信息需求产生于人的认知过程。如 Dervin 认为信息需求产生于个人知识的不连续性和知识差；Belkin 认为个人知识状态的异常（anomaly）产生信息需求。Kuhlthan 则主张认知的不确定性原则。认知过程论是从认知主体内部知识结构差异的角度来探讨信息需求产生的原因。

（3）行为障碍论

Goger R. Flynn 认为，由于知识的缺乏导致了人的行为的障碍，从而产生了信息需求。信息需求的行为障碍论是根据消费者行为理论，行为源于动机，而动机是来源于需要的欲望，因此信息需求来源于消费者的信息需要，如果信息消费者具有信息获取的能力，在此基础上就构成了信息需求。

3. 信息需求的特性

（1）信息需求的多样性

信息需求与人类基本需要的所有方面都有密切关系，因此人的信息需求是多方面的，需要不同领域的信息，需要不同种类载体的文献信息，需要不同语言以及来源的信息，需要不同时间跨度的信息等。

（2）信息需求的社会性

信息需求者都是社会化的人，尽管其信息需求都以个体的形式出现，但是其需求的内容并不完全由个人的意志所决定，而是由一定的社会发展状况所决定。

（3）信息需求的发展性

随着人类社会的发展进化，人们的需求也不断地发展变化，以适应社会的发展要求。人类的信息需求也随社会发展进化而不断发生变化，从不重要到重要，向多元化、大量化和高级化演进。

（4）信息需求的潜在性

科亨认为消费者的信息需求处于潜在的状态，只有被消费者认识到或被唤起才能被表达出来，进而才能被满足。

(5) 信息需求的有效性

信息需求的有效性一方面指信息消费者在信息需求的基础上，有了对信息产品和信息服务的需求动机，进而实施对信息产品和信息服务的占有；另一方面指消费者的信息需求得到满足以后，其消费的结果与预期的结果相符。

4. 信息需求主体

(1) 信息需求者

按照不同的分类标准，信息需求者可以划分为不同的类型，我们这里将信息需求者划分为个人、企业和政府三个主要部分。个人是社会的主体，是社会的最基本生存单位，为了其自身的生存和发展，需要各种相关的信息；企业是社会的基本经济细胞，为社会及经济的发展提供生存资料及发展资料，因此需要与企业生产、管理相关的信息；政府是社会的管理及服务部门，需要各方面的信息来协调和优化配置社会的资源，保证社会的安定和发展。

(2) 信息需求主体的信息需求心理动机

尽管我们将信息需求的主体划分为个人、企业和政府三个部分，但是企业和政府也由个人组成，所以各信息需求主体的心理动机还是由个人的心理动机所决定。

按照马斯洛的需求层次理论，我们将信息需求主体的心理动机划分为如下几个方面：

1) 生理信息需求心理动机。

2) 安全信息需求心理动机。

3) 社交信息需求心理动机。

4) 尊重信息需求心理动机。

5) 自我实现信息需求心理动机。

5. 信息需求曲线

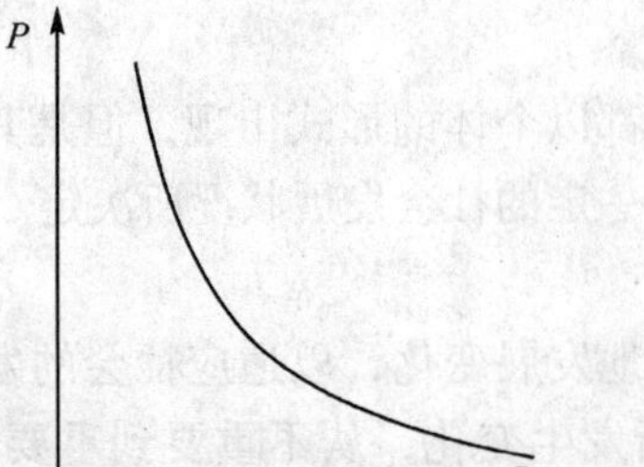

图 6.1　信息需求曲线

注：P 表示信息商品的价格，Q 表示信息商品的需求量，D 表示信息需求曲线

在相同条件下，一种物品的市场价格与该物品的需求数量之间存在着一定的关系，这种价格与需求之间的关系就是需求曲线。根据需求定理，在其他条件不变的情况下，随着商品价格的上升，其需求量将会下降，反之则上升，也就是说商品的需求量是其价格的减函数，需求曲线是向下倾斜的曲线。信息需求曲线是信息商品的价格与其需求量之间的关系，对于大多数信息产品来讲，信息需求曲线是从左向右下方倾斜的曲线，如图 6.1 所示。

信息需求曲线向下方倾斜的原因是由于某种信息产品存在着替代信息产品和互补信息产品，当该信息产品价格升高时，信息消费者就会转向其替代信息产品的消费，降低了涨价信息产品的消费量，因此该信息需求量就会下降，如传统书籍、期刊和杂志与其替代品——数字图书、电子期刊和电子杂志；当其互补的信息产品的价格上升时，相应的信息产品的需求量也会下降。

6.1.2　信息需求影响因素

1. 信息产品的价格

需求规律反映了商品价格与需求之间关系的规律，当影响需求因素的其他因素不变时，商品的价格与需求量之间呈反向变化关系。信息产品或者信息服务的价格把信息供给方和消费者直接联系到一起，大多数信息产品和服务也遵循该规律，当信息产品或者信息服务的价格上涨时，其需求量就会减少；反之增加。

2. 信息消费者的收入

对于大多数信息产品或者信息服务，当信息消费者的收入增加时其需求量也会随之增加；反之，需求量将会下降。但是对于某些信息产品来讲，其需求量反而会随着信息消费者的收入的增加而降低。如：人们对于低端计算机的需求量反而会随着其收入的增加而降低，转向高性能的计算机的消费。

3. 相关信息产品或者信息服务

相关信息产品或服务是指信息产品或服务的替代品及互补品。替代的信息产品或者服务是指在性能上相近，可以相互替代。如：对于传统图书和期刊，其替代品是数字图书和电子期刊，所以当传统图书和期刊的价格太高，消费者就转向对数字图书和电子期刊的消费，降低传统图书和期刊的需求。互补的信息产品或服务是指几种信息产品必须一起消费，不能分开，否则就无法消费。互补信息产品与其对应的原信息产品的需求呈反方向变化。如：对于电脑发烧友来说，其电脑主机是其自己组装的，如果零配件的价格很高，将会影响其组装电脑主机的行为。

4. 市场上信息消费者的数量

市场上消费者数量的多少将会直接影响到需求量的大小，如果市场上潜在的信息消费者数量增加，则对某种信息产品的需求量增加。

5. 其他因素

除了上述信息需求的影响因素之外，信息消费者的兴趣爱好、信息素质、消费心理、社会经济状况、信息产业、信息市场以及社会信息化环境等都是影响信息需求的因素，在此不再详细论述。

6.1.3 信息的需求价格弹性

1. 信息商品的需求价格弹性的含义

需求的价格弹性（price elasticity of demand）是指当一种物品的价格发生变动时，该物品需求量变动的大小。其准确定义是需求量变动的百分比除以价格变动的百分比。同理，信息商品的需求价格弹性是指信息商品的需求量对价格变动的反应程度或敏感程度，通常以信息需求价格弹性系数作为反应程度的指标，信息需求价格弹性系数的值等于信息需求量变动的百分比与其价格变动的百分比的比值，其计算公式为：

$$E_d = \frac{\text{信息需求数量变化百分比}}{\text{信息价格变化百分比}} = \frac{\dfrac{Q_2 - Q_1}{(Q_1 + Q_2)/2} \times 100\%}{\dfrac{P_2 - P_1}{(P_1 + P_2)/2} \times 100\%} \tag{6.1}$$

式中，E_d 表示信息需求价格弹性；P_1 表示信息商品原来的价格；Q_1 表示与 P_1 相对应的信息需求数量；P_2 表示变动后的信息商品的价格；Q_2 表示与 P_2 相对应的信息需求量。

一般来讲，信息商品的需求量与其价格反方向变化，故信息需求价格弹性的值为负，通常对其取绝对值，所以信息需求价格弹性系数总用正数来表示。信息商品的需求价格弹性随着其价格和需求量的变化而变化，在不同的价位区间其需求价格弹性不同。

2. 信息需求价格弹性及其需求曲线状况

（1）信息需求完全无弹性（$E_d = 0$）

当信息需求完全无弹性时，无论信息商品的价格怎样变化，信息需求量对于其价格变动的反应程度几乎是零，其信息需求曲线是垂直于信息需求量数轴的直线，如图6.2中的 d_1 曲线所示。某些非常有价值、非常重要的信息产品或者信息服务，如大学图书馆中的核心学术期刊以及严重传染病的防治及治疗信息等，都不会因为价格的变动而影响需求量。

（2）信息需求完全有弹性（$E_d \to \infty$）

当信息需求完全有弹性时，即使信息商品或者服务的价格不发生或者发生微小的变化，其需求量就会无限增加，信息需求曲线是垂直于信息价格数轴的直线，如图6.2中的 d_2 曲线所示。

（3）信息需求单位弹性（$E_d = 1$）

当信息需求为单位弹性时，信息商品需求量变动的幅度与其价格变动的幅度相同，但是按同比例反方向变动，此时信息需求曲线是一条正的双曲线，如图 6.2 中的 d_3 曲线所示。

（4）信息需求富有弹性（$1 < E_d < \infty$）

当信息需求富有弹性时，信息需求量的变动幅度大于其价格的变动幅度，此时信息需求曲线是一条斜率的绝对值小于 1 的直线，如图 6.2 中的 d_4 所示。

（5）信息需求缺乏弹性（$0 < E_d < 1$）

当信息需求缺乏弹性时，信息需求量的变动幅度小于其价格的变动幅度，此时信息需求曲线是一条斜率的绝对值大于 1 的直线，如图 6.2 中的 d_5 所示。如：一些比较低端的计算机及手机，即使价格下降幅度很大，因为人们都追求高性能和多功能的信息产品，所以不会对其产生需求，其需求量上升很有限，这类信息产品的需求就缺乏弹性。

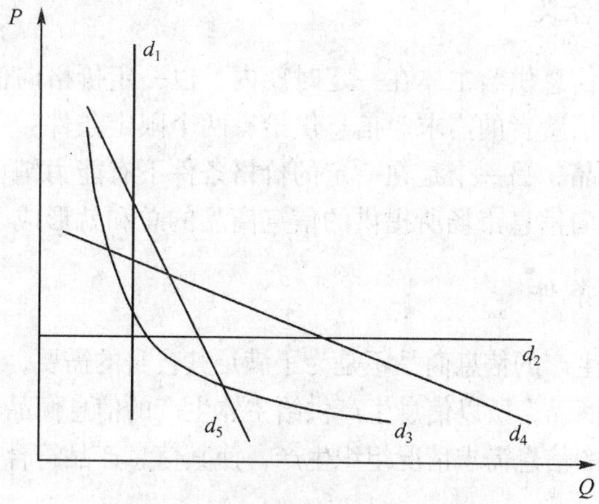

图 6.2　数据、知识与信息的关系

注：P 表示信息商品的价格，Q 表示信息商品的供给数量

3. 信息需求价格弹性与信息供给方收益的关系

1）当信息需求缺乏弹性时，信息产品价格变动对供给方总收益的影响：对于信息供给方来说，其生产的某种信息产品如需求缺乏弹性时，其价格的上升会增加信息供给方的收益，其价格的下降则不会增加其收益。所以对于信息供给方来说，当其生产的信息产品的需求缺乏弹性时，不要考虑通过降低信息产品价格的途径来增加其收入。

2）当信息需求富有弹性时，信息产品价格变动对供给方总收益的影响：对于信息供给方来说，其生产的某种信息产品如需求富有弹性时，其价格的轻微上升就会使需求量大幅度降低，则其总收益减少；当其价格轻微下降时，则需求量会大幅度增加，其总收益增加。所以对于信息供给方，当如果其生产的信息产品的需求富有弹性时，要通过降低信息产品或服务的价格的途径来增加其收益。

3）当信息需求具有单位弹性时，信息产品价格变动对供给方总收益的影响：对于信息供给方，其生产的某种信息产品的需求具有单位弹性时，其价格变动幅度与其需求量变动的幅度相等，所以价格的上升或者下降不会引起总收益的变动。所以对于信息供给方，如果其生产的信息产品或者服务具有单位需求弹性的不要考虑通过价格的变动来提高其总收益。

6.2 信息商品的供给

6.2.1 信息供给概述

1. 信息供给含义

信息供给是指信息供给主体在一定时期内，以一定价格向信息市场提供信息商品，以满足信息消费者的需求。信息供给有两个限定条件：一个是信息供给主体愿意出售信息商品；另一个是在一定的价格条件下有能力销售。在一定的时期内，信息供给主体向信息市场所提供的信息商品的总和就形成了信息的总供给。

2. 信息供给条件

信息供给主体生产的信息商品不是为了满足其自身的需要，而是为信息消费者提供有价值的信息商品，所以信息生产供给主体生产的信息商品应该以用户的需求为导向，根据用户的信息需求情况组织生产，使其信息产品符合市场的需求。

3. 信息供给曲线

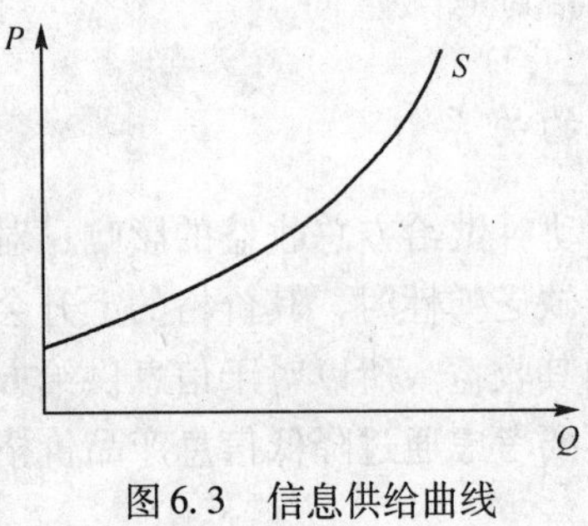

图 6.3 信息供给曲线

注：P 表示信息商品的价格，Q 表示信息商品的供给量，S 表示信息供给曲线

信息供给曲线表示一种信息商品的价格与其供给量之间的关系。根据供给定理，在其他条件不变的情况下，随着价格的上升，其供给量将会增加；反之则减少。一般情况下，信息商品的供给量是其价格的增函数，其供给曲线是从左向右上方倾斜，如图 6.3 所示。信息供给量随其价格的上升而增加，但是信息商品必须要有一个最低的临界价格，使得信息供给方能够收回成本并且能够盈利。

信息供给曲线从左向右上方倾斜是因为信息供给方都是理性的经济人，以追求自身利益最大化为目的，当价格上升时，其利润空间变大，所以信息供给方就会增加信息产品的供给数量。

6.2.2　影响信息商品供给的因素

信息供给主体提供信息产品的目的就是为了赚钱，尽管影响信息商品供给的因素很多，但最主要的因素应该包括信息商品的价格、投入成本以及生产技术要素等。

1. 价格因素

根据供给定理，在其他条件不变的情况下，商品的价格上升则其供给量就会增加；商品的价格下降，则其供给量就会减少。信息商品也如此，其价格对供给量的影响也遵循该规律，不管其价格上升还是下降，信息商品的供给量都沿着供给曲线移动。

2. 投入成本因素

生产成本是决定信息商品供给的一个关键因素，当一种信息商品的生产成本相对于市场价格而言较低时，生产者大量供给该信息产品就有利可图，供给量就会增多；反之则供给量降低。

3. 生产技术要素

如果生产信息商品的技术水平较高，则生产效率高，生产单位产品的社会必要劳动时间就会低于该产品的平均劳动时间，因此单位该信息产品的成本就低，则利润就高，所以在相同的价格下该信息产品的市场供给量就大；反之，则供给量就会降低。

6.2.3　信息商品的供给价格弹性

1. 信息供给价格弹性的含义及其弹性系数

供给的价格弹性（price elasticity of supply），是指供给量变动的百分比除以价格变动的百分比。同理，信息商品供给价格弹性表示信息商品的供给量对价格变动的反应程度或敏感程度，通常用供给价格弹性系数作为反应程度的指标。信息供给价格弹性系数等于信息供给量变动的百分比与价格变动百分比的比值。信息的供给价格弹性系数可以用公式表示为：

$$E_s = \frac{\text{信息需求数量变化百分比}}{\text{信息价格变化百分比}} = \frac{\dfrac{Q_2 - Q_1}{(Q_1 + Q_2)/2} \times 100\%}{\dfrac{P_2 - P_1}{(P_1 + P_2)/2} \times 100\%} \quad (6.2)$$

式中，E_s 表示信息供给价格弹性；P_1 表示信息商品原来的价格；Q_1 表示与 P_1 相对应的信息供给量；P_2 表示变动后的信息商品的价格；Q_2 表示与 P_2 相对应的信息供给量。

根据商品的供给价格规律，商品的供给量与其价格同方向变化，所以商品的供给价格弹性的数值为正数。信息的供给价格弹性也遵循该规律，故其供给价格弹性的值也为正数。信息商品的供给价格弹性随着其价格和供给量的变化而变化，在不同的价位区间其供给价格弹性不同。

2. 信息商品供给价格弹性类型及其供给曲线

（1）信息供给价格完全无弹性（$E_s = 0$）

当信息供给价格完全无弹性时，无论信息商品的价格怎样变化，其供给量都不变，供给量对于价格变动的反应程度是零，其供给曲线是垂直于信息供给量数轴的直线，如图 6.4 中的 S_1 曲线所示。

（2）信息供给价格完全有弹性（$E_s \to \infty$）

当信息供给价格完全有弹性时，即使信息商品的价格不变化，其供给量都可以无限增加，其信息供给曲线是垂直于信息价格数轴的直线，如图 6.4 中的 S_2 曲线所示。如：计算机操作系统软件、计算机应用软件等信息产品，其生产成本递减，且增加一份拷贝的成本几乎为零，所以即使价格不变或下降的情况下，其供给量也会迅速增加。

（3）信息供给价格单位弹性（$E_s = 1$）

当信息供给价格为单位弹性时，其供给量变动的幅度与价格变动的幅度相等，其供给曲线是一条通过原点且斜率为 1 的直线，如图 6.4 中的 S_3 曲线所示。

（4）信息供给价格富有弹性（$\infty > E_s > 1$）

当信息供给价格富有弹性时，信息供给量的变动幅度大于其价格的变动幅度，其供给曲线如图 6.4 中的 S_4 所示。

（5）信息供给价格缺乏弹性（$0 < E_s < 1$）

当信息供给价格缺乏弹性时，其供给量的变动幅度小于价格变动幅度，其供给曲线如图 6.4 中的 S_5 所示。

图 6.4 中的信息供给曲线都用直线表示并不准确，只是为了大致反映信息供给曲线的一种趋势，并不是确切的信息供给曲线，确切的供给曲线要通过供给量表来计算确定。

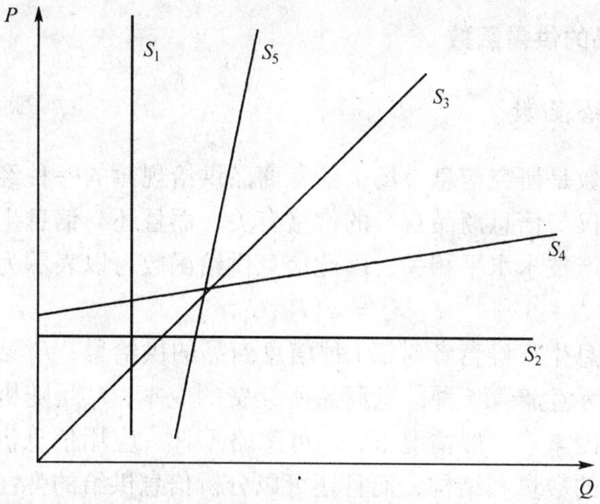

图 6.4　信息商品不同供给价格弹性下的供给曲线状况

注：P 表示信息商品的价格，Q 表示信息商品的供给量，S 表示供给曲线

6.3　信息商品的供需均衡

市场上供给和需求之间相互联系，相互作用，从而产生了供给与需求的均衡价格和均衡数量，即市场均衡。市场均衡发生在供给和需求力量达到平衡的价格与数量点上，也就是买者所愿意购买的数量正好等于卖者所愿意出售的数量。同理，信息商品的供需均衡就是市场上信息商品的价格水平正好符合信息供给方和信息需求方的要求，并且信息需求方所需要的数量正好等于信息供给方供给的数量，信息供需均衡曲线及其均衡点如图 6.5 所示。

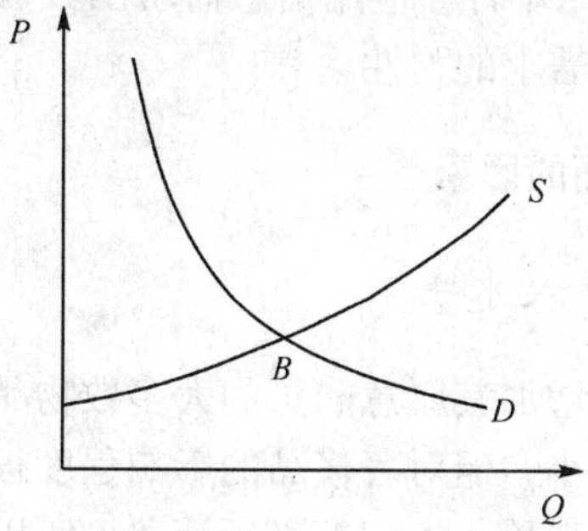

图 6.5　信息供需均衡曲线

注：P 表示信息商品的价格；Q 表示信息商品的供给量与需求量；S 表示信息商品的供给曲线；D 表示信息商品的需求曲线；B 表示信息供需均衡点

6.3.1 信息商品的供需函数

1. 信息供给函数

信息供给函数是研究信息市场上信息商品供给规律的一种经济计量模型。信息商品的供给不仅与信息商品自身的价格有关，而且还与信息生产过程中投入的生产成本以及生产技术水平相关，因此信息供给函数可以表示为：

$$S_i = g(P_i, C_i, r_i) \tag{6.3}$$

式中，S_i 表示信息生产经营者对第 i 种信息商品的供给量；P_i 表示第 i 种信息商品的价格；C_i 表示生产第 i 种信息商品所耗费的成本；r_i 是随机变量，表示影响信息供给的其他因素。一般情况下，r_i 可忽略不计。应用信息供给函数，不仅可以研究信息供给的数量和结构，而且还可以分析信息供给的弹性。

2. 信息需求函数

信息需求函数是研究信息市场上信息消费者对各种信息商品的需求规律的一种经济计量模型。根据常识，人们购买一种商品的数量取决于其价格，在相同条件下，一种物品的价格越高，人们愿意购买的数量就越少，反之就越多；人们购买一种商品的数量还取决于消费者的收入，其收入水平越高，需求量越大，反之就越小。影响信息需求的因素很多，但最主要的因素包括信息商品的价格和信息消费者的收入，所以信息需求函数可以表示为：

$$D_i = f(P_i, R, r_i) \tag{6.4}$$

式中，D_i 表示信息消费者对第 i 种信息商品的需求量；P_i 表示第 i 种信息商品的价格；R 表示信息消费者的收入；r_i 是随机变量，表示影响信息需求的其他因素。一般情况下，r_i 可忽略不计。应用信息需求函数可以研究信息需求的数量和结构，也还可以分析信息需求的弹性。

6.3.2 影响信息供需均衡的因素

1. 信息消费者的收入水平

消费者收入的上升会增加其愿意购买的大多数物品的数量。收入的变动，对生活必需品的影响程度很小，但对奢侈品的影响程度很大。生活必需品的需求缺乏弹性，不管其降价还是涨价，人们都必须消费，所以收入的变化对其影响程度很小。信息消费属于高层次的消费，其需求富有弹性，所以居民收入的变化对其影响较大。消费者收入的提高增强了其购买力，同时使潜在的信息需求转变为现实的需求，所以信息需求量增加；反之信息需求量减少。所以消费者收入的变化会引起需求曲线的移动，从而形成新的信息供需均衡点。假设市场上信息供给曲线不变，当信息消费者的收入增加时，信息需求曲线将向右移动到 D_1，形成新的信息供需均衡点 B_1；当信息消费者的收入减少时，信息需求曲线将向左移动到 D_2，形成新的信息供需均衡点 B_2。信息供需均衡的变化状况如图 6.6 所示。

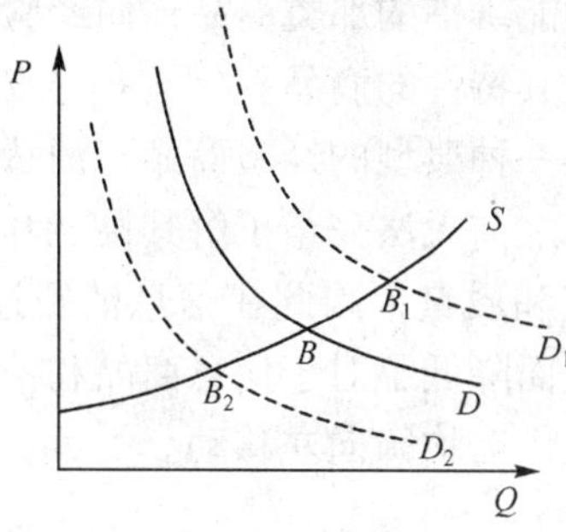

图 6.6 信息消费者收入的变化对信息供需均衡的影响

注：P 表示信息商品的价格，Q 表示信息商品的供给量与需求量，S 表示信息商品的供给曲线，D 表示信息商品的需求曲线，B、B_1、B_2 表示信息供需均衡点

2. 信息消费的外部性

信息消费的外部性是指在信息消费过程中，信息消费主体的消费行为影响了其周围的他人或者社会，但是该信息消费主体并未因此而给予相应的补偿或者取得相应的报酬，也就是说，一个信息消费主体在消费信息商品时，不仅给自己带来了效用，而且也给其他人或者社会带来某种影响，如果这种影响是积极的，就称为正的外部性，如果是消极的就称为负的外部性。信息消费外部性的本质就是个体成本与社会成本、个体收益与社会收益不相等，它们之间存在差异。

(1) 信息消费正外部性对于信息供需均衡的影响

当信息消费者进行的信息消费具有正外部性时，其自身获得效益的同时还对其外部产生了社会效益，但是信息消费者并没有获得相应的补偿，降低了其进行信息消费的积极性，从而减少了该信息产品或信息服务的需求，信息供需均衡点将向左移动，在市场及相关各因素的作用下形成新的信息供需均衡点。

(2) 信息消费负外部性对于信息供需均衡的影响

当信息消费者进行的信息消费具有负外部性时，其自身获得效益的同时会对其外部产生负的社会效益，也就是说信息消费者的个人成本小于社会成本，但是信息消费者并没有对社会给予相应的补偿，因此促进了其信息消费的积极性，从而提高了对该信息商品的需求，信息供需均衡点将向右移动，在市场及相关各因素的作用下形成新的信息供需均衡点。

3. 信息商品的体验性

在经济学中把商品分为搜寻商品和经验商品。搜寻商品是指其特性可以通过用户在购买时的直观感觉就能辨别的那类商品；而经验商品是指只有用户使用一段时间以后才能辨别和了解其特性的商品。

信息商品和信息服务是一种典型的经验商品，消费者在购买时，由于双方信息的不对称，消费者在购买之前无法完全了解其性能和质量，只有使用一段时间以后才能了解其具体的性能和质量，因此在信息消费过程中存在着很高的风险，影响了其信息消费行为，从而降低了对于信息商品和信息服务的需求，因此信息商品的体验性特征使得信息供需均衡向左移动。

4. 互联网对信息供需均衡的影响

20 世纪 90 年代以来，互联网作为一种信息传递和交流的平台，加速了信息的流动，极大地改变了人们的生存及生活方式，对市场上信息的供需均衡产生了影响。

（1）互联网对信息商品或者信息服务价格的影响

互联网使网上商店成为一种时尚，网上销售相对于传统商店中的销售可以省去很多中间的流通环节，使成本降低，消费者可以从中获得低价及方便的实惠，刺激了其信息消费行为。如许多电影、音乐、歌曲、电子图书、电子期刊、操作系统软件、应用软件等数字信息产品都可以通过网络进行销售和传输。对于信息消费者来讲，不但购买手段方便、快捷，而且价格便宜，因此刺激了信息需求，引起了信息需求量的增长，使供需均衡点向右移动。

（2）互联网对信息消费者偏好的影响

互联网的普及以及网络智能技术的发展，网上购物能投消费者所“好”，使网上购物更加人性化。如通过互联网登录到当当书店，当你选择某本图书以后，当当书店的网页上立刻会为你推荐其他同类内容的书籍，并且告诉你其他购买你所选的这本书的人同时还买了哪些图书，这种智能的网络服务技术能够识别出顾客的爱好和消费倾向，并能够根据这些信息向顾客提供个性化的服务，因此可以锁定顾客，增加这些信息商品的需求量，使供需均衡点向右移动。

（3）互联网使潜在的信息消费者转变为现实的信息消费者

方便快捷的互联网技术使信息消费者的搜寻成本大大降低，并且互联网络上的产品极其丰富，并且商家还可以通过网络与顾客进行实时的交流，为其提供满意的信息产品和信息服务。这种方便快捷的网络购物方式节约了消费者的购物时间和成本，刺激了消费者的购买欲望，使得许多潜在的信息消费者转变为现实的信息消费者，因此增加了信息需求量，使供需均衡点向右移动。

6.4　信息商品的消费

信息消费是信息生产和信息交流过程的延续，是信息产品及服务发挥作用的必需环节，是信息产品及服务的最终归宿，信息消费也是信息消费者通过思维创造性地理解信息的内容，并将获得的信息创造性地作用于客体，产生更大的价值。

6.4.1　影响信息商品消费的因素

在信息消费过程中，信息消费商品的供需状况、消费主体状况、消费环境状况等都会对信息消费活动产生影响。

1. 影响信息消费的环境因素

（1）国际、国内信息消费环境因素

1）国际信息消费环境。早在 1980 年，新加坡总理李光耀就提出了使新加坡成为一个“智能岛”；1985 年 2 月，欧共体通过了欧共体委员会德洛尔的白皮书，发展欧洲“信息高速公路”；美国总统克林顿于 1993 年初，提出了“信息高速公路”计划。继美国提出“信息高速公路”以后，得到了世界上各个国家的热烈响应，日本以美国“信息高速公路”为蓝本，力争在 2015 年建成全国性的光纤信息网络；韩国政府计划到 2015 年共投资 4408 万亿韩元来建设“信息高速公路”。信息高速公路是人类进行各种社会、经济等活动所必不可少的工具，是进行信息消费所必需的重要基础设施，为各国及世界的信息消费提供了基础和保障。

2）国内信息消费环境因素。我国信息化经过 20 多年的建设，形成了从国家信息化、政府信息化、企业信息化、城市信息化、小区信息化、家庭信息化等不同层次的信息化。我国信息化建设始于 20 世纪 80 年代，大体上经历了四个阶段：1982 ~ 1993 年的技术与产业的准备阶段；1993 ~ 1997 年以“三金工程”的启动为标志的启动阶段；1997 ~ 2000 年以“首次全国信息化工作会议”的召开为标志的展开阶段；从 2000 年开始的发展阶段，国家将按照“十五”电子政务建设规划，对“两网一站四库十二金”等重点工程和各地电子政务工程进行大量的资金投入。我国的信息化发展从无到有，从低级阶段到高级阶段的发展，使信息消费的基础设施建设获得了发展，为信息消费活动提供了保障。

（2）一般信息消费环境因素

信息环境是指人类信息生态系统中人类及社会组织周围一切信息交流要素的总和，包括：人及社会组织；人类社会赖以生存与发展所积累的各种信息；用于信息传输、信息开发、信息利用的各种信息技术及社会信息基础设施；信息法律、政策与信息伦理；信息文化等。

人类及社会组织的存在与发展需要不断地与其周围的信息环境进行信息交换。一方面信息环境向人类提供成长、发展与创新所必需的各种信息（如文化、科学、技术、管理知识等）资源，使人类受到信息环境的作用；另一方面，人类又通过各种途径不断地影响和改造信息环境。人类与信息环境的这种相互作用，使得人类不可能脱离信息环境而存在，信息环境的状况影响人们的信息消费，既可以促进信息消费也可以阻碍信息消费。

1）信息环境对信息消费的促进作用。信息科学技术的进步和发展使社会的信息环境向数字化、网络化和智能化的方向发展，因此对信息消费产生了巨大的推动作用：丰富了信息消费的内容；改变了信息消费的方式；促进了信息消费结构的优化。

2）信息环境的恶化对信息消费的影响。社会信息关系的日益复杂、信息总量的“爆炸式”增长以及对信息技术的应用不当，由此产生的信息环境问题对信息消费产生了许多负面影响：信息泛滥成灾；信息污染严重；数字鸿沟加剧；信息消费的门槛逐渐提高；信息垄断及冲突加剧；信息犯罪突出；信息过载问题普遍。

2. 影响信息消费的供给因素

（1）信息产品因素

作为供给方因素的信息产品是信息消费的对象，其质量、价格、新颖程度以及是否容易使用等因素对信息消费活动有重要的影响。

1）信息产品质量。信息产品同物质产品一样，其质量的好坏对于消费者的信息消费行为具有重要的影响。在合理的收入和价格水平下，信息消费者总是会选择质量最好的信息产品与信息服务。质量好的信息产品将会促进信息消费者的消费活动；质量差的信息产品会戳伤消费者的积极性，将会阻碍信息产品的信息消费活动。

2）信息产品价格。信息消费活动属于高层次的发展享受型资料的消费，只有生存资料得到充分满足以后才能对其进行消费。信息需求的变化与价格的高低成反比，价格越高，对信息消费品的需求量就越小，反之越大。一般来说，生活必需品的需求价格弹性较小，而信息消费品属于非生活必需品，其需求的价格弹性较大，所以信息产品的价格对信息消费的影响大。

3）信息产品新颖、实用性。人们普遍都具有猎奇心理，追求个性及刺激是大多数消费者的消费心理，因此在提供高质量、低价格的信息产品时，还应提供新颖的外观以刺激他们的消费。信息产品的实用性强，会促进消费，反之会阻碍消费。

4）信息产品易用性。消费者购买信息产品的目的是为了用，如果使用比较复杂，需要消费者有较高的信息素质，并且要对其进行详细的了解，学习如何使用，会浪费消费者的时间和精力，因此是否容易使用将会影响消费者对其进行消费的意愿。

（2）信息市场因素

从狭义上说，信息市场是进行信息商品交换的场所；从广义上说，信息市场不仅指信息商品交换的场所，而且还包括购买信息商品的用户及其与信息生产者、经营者之间的经济关系。

信息市场是联系生产者和消费者的桥梁，信息商品供需双方通过信息市场进行交易，使信息商品及服务等扩散，而目前信息市场中充斥着大量的虚假信息及伪劣产品，由于信息不完全及信息不对称所造成的“劣币驱逐良币”等问题大量存在，使信息市场无法发挥其正常功能，从而影响信息消费活动。

（3）信息产业因素

信息产业是高新技术产业的核心，为信息消费提供了坚实的物质基础，是信息消费的支撑体系。信息产业对信息消费的影响主要表现在：

1）信息产业的发达程度从总体上决定信息消费的发达程度。从消费对象上看，信息产业提供信息消费所需要的信息产品和信息服务，信息产业的产出总量和内部结构直接决定信息消费的消费投向选择和内部结构形态。

2）信息产业的不断发展推动信息消费的发展。新的信息产品和新的信息服务往往创造出新的信息消费需求和新的信息消费方式，引导信息消费的不断更新和发展。

3）信息产业结构的变动方向制约着信息消费结构的变动方向。信息产业结构的变动受到技术因素和信息消费需求对生产的反馈等因素的制约，这样，其变动速度和周期长短，在消费对象的供给上制约着信息消费结构的变动速度和周期。

3. 影响信息消费的需求因素

对于影响信息消费的需求因素主要从需求方的时间及精力、信息素质、消费习惯及示范效应、收入水平等方面进行分析。

（1）信息消费者的时间及精力因素

信息时代，人们的生活及工作节奏很快，人的时间宝贵，并且精力有限。时间是稀缺的资源，因此每个人都想在有限的时间内做更多的事情。时间和精力要素的投入量影响信息消费。

（2）信息消费的成本因素

信息具有经济成本，而且信息搜寻是一个成本递增的过程。按照斯蒂格勒

（G. J. Stigler）的观点，信息成本应包括时间成本和“鞋底”成本，前者指信息搜寻所耗费的时间，后者则是指交通成本和其他查询费用。当信息消费者所涉及的预期收益或者风险损失很小时，由于信息本身的成本以及搜寻的时间等成本的影响，他们通常不会在信息消费上花费太多；反之为了降低风险，减少损失，确保利益，其必须进行信息消费，但是必须控制在一定的限度内，以确保效益的最大化。

（3）消费者的信息素质因素

1989 年美国图书馆协会在一份报告中，将把信息素质阐述为：“具备较高信息素质的人，是一个有能力觉察信息需求的时机并且有检索、评价以及有效地利用所需信息的人，是一个知道如何学习的人。他们知道了如何学习的原因是他们掌握了知识的组织机理，知道了如何去寻找信息，并如何去利用信息。他们有能力进行终生学习，他们总能找到用于决策所需的信息。”马克思说，一个人“要多方面享受，他就必须有享受的能力，因此他必须是有高度文明的人”。当今，信息技术、信息文化的发展，要求消费者必须有较高的信息素质，否则就不能享受信息文明，并且被信息社会淘汰。信息消费与消费者的信息素质密切相关，消费者信息素质的高低决定了其信息消费水平的高低。

（4）信息消费的不可逆性及示范效应因素

人们对相对经济地位的追求，在空间上表现在与他人相比，在时间上表现在与自己的过去相比，因此人们的消费支出不仅受到当期自己收入的影响，而且还受到其周围人的消费行为的影响。

1）消费的示范效应对于信息消费的影响。杜森贝里认为每个人的消费偏好之间是有联系的，因此决定了人与人之间的消费互相影响。如果考虑到这种相互影响，那么消费者的总效用不仅取决于其自己的消费支出，而且还取决于他人的消费支出，即消费者自己相对于他周围其他人的收入水平。如果其他人的消费支出增加，而其本人的消费支出不变，那么本人的消费的总效用相对来讲就减少了，为使其总效用不变，就必须增加其自己的消费支出，这就是消费者之间在其消费上互相影响的结果。我们把这种低收入的消费水平向高收入的高消费水平看齐的现象，称为“示范效应”。根据位置消费理论，人们在相对经济地位上的追求在空间上就表现为与他人相比，也就是人们的信息消费支出不仅受其当期收入的影响，更受其相对收入的影响，也就是说还会受其周围人们的信息消费行为的影响，这就是信息消费者的攀比行为，我们可以把这些信息消费行为统称为信息消费的示范效应。

2）信息消费的不可逆性对信息消费的影响。杜森贝里认为消费决策取决于消费习惯，即消费者的消费具有“棘轮效应”，也就是不可逆性。该理论认为，对于消费者来说，增加消费容易，减少消费则困难。当高水平生活的人的实际收入降低时，他们不会立即降低其消费水准，而是继续保持其在收入最高期时所达到的消费标准，很难降下来，就像“棘轮”一样，只能前进，不能后退，因此消费习惯形成以后具有不可逆性。信息消费行为的不可逆性普遍存在，居民的信息消费行为中，其前期的信息消费行为将会影响后期的信息消费行为。居民的信息消费水平不会由于当期的收入下降而立刻随之下降，而是会延续保持一段时间才会发生缓慢的改变，因此信息消费不可逆性对居民后期信息消费水平的延续具有重要的影响作用。如用过手机、计算机、电脑网络、数码产品等电子信息消费品的人，不会由于收入的下降而放弃这些产品，同样也不会使用比以前使用过的档次低的产品。

（5）信息消费者的收入水平因素

根据马斯洛的需求层次理论，在消费者收入水平不高的情况下，高层次的信息消费需求被抑制。我们从定性和定量的角度来研究消费者的收入对信息消费的影响。

1）消费者的收入影响信息消费的定性分析。消费者的信息消费需求，主要取决于其货币收入，当信息消费者的收入较少时，其对信息消费品（信息服务）的购买力较低；当其收入增加时，其信息消费品的购买力就会增加。信息消费者收入的变化，不仅影响其信息消费需求的总量，也影响其信息消费需求的结构。信息消费量的大小、信息消费的内容结构选择，直接受制于建立在货币收入基础上的国民货币支付能力。

2）消费者的收入影响信息消费的定量分析。信息消费作为一种高层次的消费活动，20 世纪 90 年代在我国得到迅速发展。1985 年以后统计口径发生了改变，并且在 1993 年我国真正实行了市场经济，所以我们选取 1994 ~ 2004 年这一样本区间的数据进行分析，不会由于数据的异质性而对检验的结果产生影响；统计年鉴中没有现成的信息消费数据，所以用交通通信和娱乐教育文化服务两项数据之和代替信息消费数据，基本上可以代表信息消费的发展，不会对信息消费研究产生实质性的影响；我国是典型的城乡二元经济，所以只对城镇居民的收入对信息消费的影响进行研究。

信息消费数据如表 6.1 所示。

表 6.1　城镇居民人均可支配收入及信息消费支出数据（单位：元）

1	1994	1995	1996	1997	1998	1999	2000	2001	2002	2003	2004
2	3 502	4 283	4 838	5 160	5 425	5 854	6 280	6 860	7 703	8 472	9 422
3	384	484	574	681	756	878	1 023	1 147	1 528	1 655	1 877

数据来源：根据中华人民共和国国家统计局 1995 ~ 2005 年年度统计数据整理

注：1 表示年份；2 表示居民人均可支配收入；3 表示信息消费支出。为了研究的方便对数据进行了四舍五入处理

信息消费数据的回归分析：应用 Excel2003 对城镇及农村居民信息消费支出与人均可支配收入的数据进行回归分析，得到如下结果：

城镇居民：$y = \underset{-9.7932}{-690.347} + \underset{24.8861}{0.2741}x$；$R^2 = 0.9857$；$R^2_{调} = 0.9841$；$F = 619.3175$

通过上述处理的结果可知，拟合优度检验结果 $R^2 = 0.9857$，并且 $R^2_{调} = 0.9841$，说明模型对样本观察值的拟合情况非常理想，拟合优度高，解释变量对被解释变量的解释程度较高；在方程显著性检验中，F 统计量的结果为 $F = 619.3175$，查 F 分布表，可知临界值为 $F_{0.05}(1, 9) = 5.12$，即方程的 F 统计量的值远远大于临界值，说明模型的线性关系在95%的置信水平下显著成立；在变量显著性检验中，$t_0 = -9.7932$，$t_1 = 24.8861$，查 t 分布表，可知 $t_{0.025}(9) = 2.262$，计算出的 t 检验值的绝对值均大于临界值，即解释变量在95%的置信水平下显著，对被解释变量具有较高的解释程度。

从上面的定量分析及假设检验的结果我们可以看到，城镇居民收入与其信息消费的相关系数 R^2 达到了 0.9857，说明城镇居民的收入与其信息消费有很强的相关性，其边际信息消费倾向为 0.2741，也就是说城镇居民收入每增加 1 单位，用于信息消费的量为 0.2741 单位，所以城镇居民的收入水平影响其信息消费。

6.4.2 信息商品的消费过程

1. 信息需求

美国著名心理学家马斯洛把人类的需要从低到高划分为五个层次，只有较低层次的需要得到满足以后，才会考虑较高层次的需要，需要基本上呈逐渐上升的发展趋势。从人类的消费过程来看，没有基本生存需要的满足，就不会有高层次的信息需要。

人类有了信息需要以后就会产生信息需求，而信息需求是信息消费的起点。需求满足论、认知过程论和行为障碍论三种信息需求产生观点实质上都说明了人们自身所拥有的信息或者知识已经不能满足其生活、工作、享受以及自我价值实现等发展的需要，必须补充新的信息或者知识，否则将影响其生活和工作，因此产生了信息（知识）的需求。

2. 信息获得

目前信息呈爆炸式增长，为人们的信息需求提供了极大的保障，消费者可以通过如下两种途径获得所需的信息。

(1) 通过购买途径获得

信息消费品的生产、流通需要相应的成本，因此信息供给主体为了维持其自身的发展必须收回成本以及相应的利润，所以信息消费者必须通过付费的方式去购买自己所需的信息。

(2) 通过免费途径获得

目前提供免费信息的网站很多，许多信息消费品或服务都可以通过免费的途径获得。尽管消费者在获取信息的时候没有付费，但是他们在获取信息的过程中提供了自己的眼球（注意力）或者隐私，所以也相当于以另一种支付方式对获得的信息进行了付费。

3. 信息处理

消费者在获得信息消费品以后就要对其进行处理，也就是对信息的吸收过程，是消费者对信息的认知加工，涉及人脑的认知与思维过程。在信息处理过程中，消费者吸收其合理部分，去掉不相关或者无用的部分。

4. 知识形成

知识的形成是信息消费过程中，在消费者主观知识结构的基础上对所吸收的信息进行深层次加工，在该过程中形成消费者新的知识，该过程就是消费者通过思维系统将吸收的信息及客观知识与其所拥有的主观知识进行匹配，从而形成新的主观知识，形成的主观知识经过消费者表述以后就成为新的客观知识。信息消费过程中知识的形成可以用布鲁克斯（Brooks）方程来描述。

知识的形成必须以信息消费者经过信息处理后发生了变化的主观知识结构为基础，以信息处理过程中吸收的信息为素材，所以可以用布鲁克斯方程来表述新知识的形成机制：

$$K[S] + \Delta I = K[S + \Delta S] \tag{6.5}$$

式中，$K[S]$ 表示信息消费者的主观知识结构；ΔI 表示信息消费者在信息处理过程中吸收的信息量，也就是在其原有信息及知识量基础上的信息增量；$K[S + \Delta S]$ 表示信息消费者接受信息处理过程中吸收的信息量以后所产生的新的知识结构，即新的知识，包括主观知识和客观知识。

5. 信息消费效益

信息已经成为与物质、能源并重的生产要素，是社会经济发展所必不可少的资源，通过信息消费可以减少稀缺的物质资源的消耗，同时也可以对稀缺的物质资源产生置换作用；信息消费过程中所形成的知识必须应用到实际的生产及生活中，借助一定的物质技术，与相应的物质与能量相互配合，充分发挥出知识的作用，提高整个社会的生产力水平，进而促进社会及经济的发展，产生相应的效益，这才是信息消费的最终目标。社会上的每一个信息消费者都是理性的经济人，所以如果信息消费行为不会带来符合其期望的效益，信息消费者就不会去消费信息。对于信息消费所产生的效益在后面将要详细论述。

6.4.3 信息消费效益

任何消费活动都会产生效益，但是信息消费活动不同于物质消费活动，因此信息消费活动所产生的效益比物质消费所产生的效益要复杂些。我们从内部和外部两个角度来分析研究信息消费的效益问题。

1. 信息消费内部效益

信息消费产生的内部效益相对于其外部效益要简单、明了一些，我们从居民、企业以及政府三个角度来分析信息消费产生的效益。

(1) 居民信息消费产生的内部效益

居民的信息消费可以提高其信息素质，从而提高整个社会的生产力水平；可以缩短时空的距离，真正达到“无需等待，无需远行”的境界；可以产生资源的置换作用，使稀缺的、有限的时间及物质能量资源得到节约。信息消费属于物质消费领域的一个分支，同样是生产、分配、交换、消费经济领域的一个环节，所以信息消费与物质消费一样，也可以提高国内生产总值。

(2) 企业信息消费产生的内部效益

企业信息消费产生的效益一般体现在企业的管理、生产、营销等成本的降低和效率的提高两个方面。企业的活动主要是围绕物流、资金流、信息流来展开，因此我们从这三个方面来分析企业信息消费活动的效益。

1) 企业信息消费沿物流方向产生的效益。信息消费使企业获得了信息、信息技术及信息服务，通过应用降低企业新产品的设计和生产成本，降低对现有产品的改进成本，缩短了新产品的研发周期，并且通过电脑模拟等技术进行设计实验；应用电子商务支撑的供应链管理系统，足不出户就可以进行全球采购；通过信息技术支撑的供应链管理、即时性生产管理、客户关系管理等的应用可以大量压缩库存；通过电子商务系统，降低了企业的交易成本；通过客户关系管理系统的应用及时获得销售情况、客户对产品的评价等信息，可以缩短企业的服务时间，及时调整企业的生产和决策，提高产品的质量，不断地提高顾客的满意度和忠诚度，提高企业品牌的价值。因此企业通过信息消费节约了大量的物质、能源、人力以及资金。

2) 企业信息消费沿资金流方向产生的效益。企业应用会计电算化提高了企业财务结算的工作效率、企业资金的周转速度、企业资金的利用率；企业应用即时生产管理系统，减少了库存，实现零流动资金，同时也减少或杜绝了大量的呆账、死账，使资金在有效的时间内流通次数增加，提高了企业资金单位时间内的价值；电子商务技术的应用降低了企业的库存，减少了资金的占用，加速了资金流的流动，实现资金的快速循环和有效利用；效率的提高使占用资金周转的周期缩短，可重复应用频率增加，资金占用的提前期会产生新的时间价值，而资金的时间价值是企业效益中巨大的组成部分，是一种潜在的价值。

3）企业信息消费沿信息流方向产生的效益。企业通过信息消费活动使企业员工快速、及时、准确地获得各种需要的信息，减少了企业在生产、经营、管理及决策过程中信息收集和处理的时间和人力；使企业管理人员可以及时获取大量信息，有助于他们逻辑地、辩证地和系统地思考问题，提高了决策者的决策理性，提高管理决策的科学性和合理性；节约了工作人员处理信息所消耗的大量时间和精力，使他们转向其他富有创造性的工作；信息技术的消费可以加速信息流在企业内部和企业间的流动速度，实现信息的有效整合和利用；信息技术的消费使企业的管理体制更趋于合理化，管理方法更加优化，管理效率和水平更高。这些效益主要是隐性效益，往往容易被忽视。

(3）政府信息消费产生的内部效益

目前我国政府为提高工作效率和质量，进行了大量的信息消费，特别是政府信息化建设，更需要政府的信息消费活动来支撑，因此政府成为信息消费的大户。

文婧、王鹤在2005年3月8日的《经济参考报》上撰文写道“政府部门将首当其冲成为2005年IT采购的最大买家，占到我国IT商用市场份额的15%，从各个采购主体上可以看出，2005年政府部门主要采购主体分别是社保、税务、公安，增长最快的是审计、财政两方面。从政府采购产品需求规模来看，PC(个人电脑）仍在其中占到很大需求空间，2005年采购量达到84.7亿台；其次，软件和IT服务在政府采购中也占有相当高的比重，推动软件和服务增长的主要原因在于政府的软件正版化、电子政务深化，以及由自主实施向外包过渡。”可见政府的信息消费直接提高了国内生产总值，拉动了经济增长。

2. 信息消费外部效益

(1）外部性理论回顾

外部性概念源于马歇尔1890年的《经济学原理》。马歇尔在其中提出的“外部经济”概念，后来由庇古、斯科等学者对外部性理论进行深入的研究，使得外部性理论得到了发展和完善。

1）外部性理论的形成。英国经济学家、剑桥学派的奠基者西奇威克对于外部性理论功不可没，他认为经济活动中的私人成本与社会成本、私人收益与社会收益之间并非经常一致，并举了灯塔问题的例子来加以说明，因此他提出了需要政府来进行干涉，以解决经济活动中的外部性问题。一般认为，系统提出外部性理论的是剑桥学派两位奠基者亨利·西奇威克和阿尔弗雷德·马歇尔，他们首创了“外部经济”和“内部经济”这对概念。后来马歇尔的学生庇古进一步提出了“内部不经济”和“外部不经济”的概念，并从社会资源最优配置的角度出发，应用边际分析方法，提出了边际社会净产值和边际私人净产值，最终形成了外部性理论。

2）外部性概念的理解。当买者和卖者之间的交易直接影响第三方时，这种影响就称为外部性。外部性的定义基本上可以归纳到如下两类：从外部性产生主体的角度来定义外部性，保罗·萨缪尔森认为，外部性指的是企业或者个人向市场之外的其他人所强加的成本或利益。格里高利·曼昆认为，当一个人从事一种影响旁观者福利，而对这种影响既不付报酬又得不到报酬的活动时，就产生了外部性。也就是如果对旁观者的影响是不利的，就称为“负外部性”，如果这种影响是有利的，就称为“正外部性”；从外部性的接受主体来定义外部性，兰德尔认为，外部性是用来表示“当一个行动的某些效益或成本不在决策者的考虑范围内的时候所产生的一些低效率现象；也就是某些效益被给予，或某些成本被强加给没有参加这一决策的人”。

3）外部性的本质。在没有外部效应发生时，边际私人成本就是生产或消费一件物品所引起的全部成本；当存在负外部效应时，由于某一主体的活动而导致其他主体的成本增加，即其边际私人成本小于边际社会成本；当存在正外部效应时，某一主体所产生的收益并没有被该主体完全占有，还存在外部收益，即其边际私人收益大于边际社会收益。所以说外部性应该包含两个方面的含义：一是经济主体的行为会影响到外部的他人或社会，这种影响可能是积极的也可能是消极的；二是给外部的他人或者社会造成影响的经济主体并没有获得相应的补偿或者赔偿。这两个方面缺一不可。所以外部性的本质就是经济主体的个体成本不等于社会成本、个体收益不等于社会收益。

（2）网络外部性理论

在现实生产及生活中，大部分信息消费与网络相关。网络外部性问题既存在于传统经济中也存在于信息经济中，在两种经济中都能找到网络外部性的影子。如传统经济中的铁路系统、交通系统等；信息经济中的银行信用卡网络、银行取款机系统、互联网、通信系统等。

1）网络外部性起源。网络外部性是西方产业组织学者在 20 世纪 80 年代中期提出的一个概念，主要用来分析信息技术与网络产品的需求特点。网络外部性（network externalities）的雏形是网络价值（value of network），最初仅被应用于有形的交通运输网、电信网、计算机网络等物理网络研究上，后来被应用到 CD 机用户网络、任天堂游戏机用户网络等虚拟网络的研究中，人们把网络中这种“网络价值随着网络规模的增大而增大”的现象，称为网络效应（network effects）。人们对网络效应分析中，引入了网络外部性概念。

2）网络外部性概念。网络外部性是指由消费活动产生的一种外部性（消费的双向正外部性），它是用户在消费产品中得到的好处，而这个好处并不是由产品本身价值提供的，而是由于别的用户消费同一产品而产生的。对其较为正式的定义为："随着使用同一产品或服务的用户数量的变化，每个用户从消费此产品或服务中所获得的效用的变化。"（Michael Katz，Carl Shapiro，1985）

3）网络外部性的种类。根据网络外部性产生的方式，我们可以将网络外部性划分为直接网络外部性和间接网络外部性：直接网络外部性指消费者消费某种网络产品的价值会随着消费该产品的消费者的数量增加而增加，以及与该产品相兼容产品的其他消费者数量的增加而增加；间接网络外部性则是指消费者消费某种网络产品的价值随着与该产品相兼容的互补性产品的种类增加而增加，主要产生于基础产品与辅助产品之间技术上的互补性，这种互补性导致了产品需求上的相互依赖性，因此这种互补产品之间的网络外部性被称为硬件/软件范式。

（3）生产、消费外部性理论

根据外部性产生的不同领域，可以将外部性分为生产外部性和消费外部性两种情况。

1）生产的外部性理论。一般经济学意义上讲的外部性大部分是指生产的外部性，并且其基本上都是负的外部性。如生产过程中造成的环境污染就是一种负的外部性。生产者获得了利润，但却损害了整个社会的福利，使社会的整体福利下降。如淮河两岸的造纸厂，其多年产生的利润大约 40 亿元人民币，由此而产生的污染治理费用高达 60 亿元人民币，得不偿失。

2）消费的外部性理论。消费主体消费某种商品，不仅给自己带来效用，也给他人带来某种效用，这就是消费外部性。消费的外部性也可以分为正的外部性和负的外部性。如当一个女士在使用香水的时候，除了给自己带来愉悦的感觉外，还会给周围的人带来愉悦的享受，所以其消费的外部性为正；一个人吸烟给自己带来了愉悦刺激的感觉，其享受的同时使周围的人被动吸烟，危害他们的身体健康，所以其消费的外部性为负。

（4）信息消费的外部性研究

根据外部性、网络外部性以及生产、消费外部性理论，我们提出了信息消费的外部性，并在这些理论的基础上探讨分析了信息消费的外部性问题。

1）信息消费外部性的含义。根据外部性及消费外部性理论，我们认为信息消费的外部性就是指在信息消费的过程中，信息消费主体的消费行为影响了其周围的他人或者社会，但是该信息消费主体并未因此而给予相应的补偿或者取得相应的报酬。也就是说，一个信息消费主体在消费信息、信息产品或者信息服务时，不仅给自己带来了效用，而且也给其他人或者社会带来某种影响，这种影响可能是积极的，也可能是消极的，这就是信息消费的外部性。根据其产生的影响是积极的还是消极的，也可以将信息消费的外部性划分为正的外部性和负的外部性。信息消费外部性的本质就是个体成本与社会成本、个体收益与社会收益不相等，它们之间存在差异。

2）信息消费外部性的特性：信息消费外部性具有“时间差”；信息消费既具有直接的外部性又具有间接的外部性；信息消费外部性具有区域性；高素质消费主体的信息消费外部性大；信息消费外部性具有国际性；信息消费外部性具有累积性、渐进性；信息消费外部性的代际性；信息消费外部性具有积极和消极的两面性；相同的信息消费活动对不同的个体或群体外部性不同。

3）信息消费外部性的类型。根据信息消费过程中产生的影响是积极的还是消极的，将信息消费的外部性划分为正的外部性和负的外部性：信息消费的正外部性是消费者通过对信息、信息产品或者信息服务的消费，在满足自身需要，获得效益的同时也为外部的个人或者社会带来了积极的效益，这就是信息消费的正外部性。信息消费的正外部性实质上就是信息消费主体的收益小于社会收益的情形，也就是说信息消费的收益是外溢的。如电话、信息技术、网络等的应用，为自己带来便利的同时也方便了其他人，也为他人带来了便利和效益。

信息消费的负外部性是消费者通过对信息、信息产品或者信息服务的消费，在满足自身需要，获得效益的同时却为外部的个人或者社会带来了消极的影响，这就是信息消费的负外部性。从成本－收益的角度来看，信息消费的负外部性实质上就是信息消费的主体的个人成本小于社会成本，也就是说信息消费的成本是外溢的。信息消费所表现出来外部性主要是信息消费的正的外部性，但是负的外部性也存在。电影、电视剧等信息消费，为消费者带来娱乐休闲的同时也带来了一些负面的影响。

4）信息消费外部性的计量。按照传统福利经济学的观点，一种经济活动的外部经济或外部不经济，就是该种活动行为的社会影响与个人或私人影响的差值。从费用的角度来看，外部不经济的外部费用就是社会费用与私人费用的差值。这里所说的个人或私人费用是指通过市场表现并反映在产品或服务价格之中真正发生或支付的费用。社会费用是该经济活动带来的社会真正承担的全部费用，即私人费用与外部费用之和，可以用以下公式表示：

$$SC = PC + EC \tag{6.6}$$

式中，SC 表示社会费用，PC 表示私人费用，EC 表示外部费用。

我们借鉴福利经济学对于外部性的研究思想以及生产和消费外部性的定量研究方法，在此基础上来研究信息消费外部性的计量问题。信息消费所产生的外部性既可以是正的，也可以是负的，因此对于信息消费外部性的计量可以从负外部性和正外部性两个角度来进行定量分析。

信息消费负外部性的计量：信息消费的负外部性产生的主要是成本，所以对于信息消费负外部性的计量可以用信息消费所产生的成本来进行分析。在进行信息消费的过程中，除了信息消费主体自身所产生的费用以外，还会对其外部产生费用，这就是信息消费的外部成本。根据福利经济学思想，信息消费的外部成本可以用下面的公式来表示：

$$E_iC = S_iC - P_iC \tag{6.7}$$

式中，E_iC 表示信息消费所产生的外部成本；S_iC 表示信息消费产生的社会成本；P_iC 表示信息消费的个体成本。

信息消费正外部性的计量：信息消费的正外部性产生的主要是效益，所以对于信息消费正外部性的计量可以用信息消费所产生的效益来进行分析。在进行信息消费的过程中，除了信息消费主体自身所获得的效益外，这种信息消费活动还会对信息消费主体的外部产生效益，也就是福利，这就是信息消费的正外部性，所以信息消费的正外部性可以用下面的公式来表示：

$$E_iB = S_iB - P_iB \tag{6.8}$$

式中，E_iB 表示信息消费所产生的外部效益；S_iB 表示信息消费产生的社会效益；P_iB 表示对于信息消费主体自身所产生的效益。

5）信息消费外部性的纠正。当信息消费产生的外部性为负时，信息消费主体的个体成本低于社会成本，但是个体收益却高于社会收益，这是一种损人利己的行为，不利于资源的优化配置，所以要加以纠正和消除；当信息消费产生的外部性为正时，信息消费主体的个体成本高于社会成本，而个体的收益却低于社会收益，这是一种利他行为。在市场经济条件下，每个人都是理性经济人，因此将会抑制个体信息消费的积极性和创造性，所以我们要对这样的信息消费行为进行补偿，以利于资源的优化配置，达到资源利用效率的帕累托最优。

信息消费负外部性的纠正：信息消费的负外部性主要表现在对于信息产品消费后所产生的环境污染；青少年在进行信息消费过程中，不健康的信息内容对其产生的消极影响；日常工作、生活中所产生的虚假信息、欺诈等。对于这种负外部性，无法通过内部的方式解决，只能通过政府的行为来进行干预，找到合理的解决途径。对于信息消费过程中产生的环境污染问题、暴力网络游戏、黄色书刊、盗版光盘、网络黄毒、虚假广告、网络诈骗、病毒黑客等不法行为引起的负外部性问题可以通过政府进行税收、罚款等经济手段进行干预，以此来减少污染的危害；也需要政府通过信息立法加以规范，并通过法律的手段进行强制干预，以达到降低信息消费负外部性的目的。

信息消费正外部性的补偿：信息消费的外部性中，正的外部性处于主导地位，然而信息消费产生的正外部性也无法通过内部的方式解决，也需要政府的参与才能够妥善圆满解决。因为在市场经济条件下，每一个人都是经济人，对于这种社会效益大于个人效益，个人成本大于社会成本的信息消费不进行补偿，将会抑制信息消费主体的积极性和创造性，不利于社会资源的优化配置。如目前很多民营企业所做的信息网络基础设施建设，就属于一种信息消费活动，并且具有很大的正外部性，然而他们的活动受到了来自政府的多方限制，这对于我国长远的信息消费活动来讲是不利的。国家不让国内的信息消费市场进行充分的竞争，当国外信息企业进入时，我们的信息企业将受到严重的冲击。所以国家应该对民营企业所做的信息网络基础设施活动给予一定的优惠政策，进行经济上的补偿，提高他们投资的积极性，以利于我国信息消费市场的发展和社会的进步。对于教育这种具有很强正外部性的信息消费，如果国家不进行教育投入，将会导致人才有效供给不足，进而阻碍社会及经济发展。特别是农村教育成本过高，而高昂的教育成本导致很多家庭在对子女进行教育投资消费的过程中致贫，而且现在大学生毕业很难找到工作，并且应届的大学毕业生的工资很低，需要将近十年的时间才能回收教育的成本，从而在社会中已经出现了“读书无用论”的观点，特别是在农村。从长远来看将不利于我国社会和经济的发展，毕竟教育的正外部性很强，是一件利国利民的事业，所以国家应该在教育上加大投入的力度，减轻受教育者的家庭负担，使其的投入产出性价比合理。

6.5　案例分析：信息消费的成功案例

针对本章信息消费的研究，本章选取“北京大兴区：专家网上给农民支招”和“女子网上摆瓜摊两月收入20万”的网上新闻资料作为案例来进行信息消费的实证分析。通过案例分析来研究信息的供需、信息消费的影响因素、信息消费的过程以及信息消费效益等理论在居民现实的生产、生活中的实际情况，以此来提高信息消费理论的可信性，为政府进行科学决策提供理论依据。

6.5.1　信息消费案例资料

近年来，随着我国经济和社会发展水平的不断提高，居民的收入不断增长，越来越多的居民开始关注高层次的信息消费。通过高科技的信息网络，在一些发达地区的网上销售等信息消费行为已经渐成时尚。如：网络科技正在使北京市大兴区的西黄垡村的西瓜销售淘汰了传统被动式找买主的销售方式。

1. 北京大兴区：专家网上给农民支招

北京大兴区搭建起都市型现代农业信息平台，农民们足不出户就能在网上与专家和市场实现沟通。

大兴区都市型现代农业信息平台由农业资源管理决策系统、农村管理信息系统和大兴农业信息网三网组成。信息平台通过地理信息、全球定位、遥感技术、计算机网络通信等多种技术手段，统筹全区种植、养殖、林业、水利等各类农业资源，可以提供数据获取、统计分析、决策分析等，让使用者直观、准确地了解其所需要的各种资料。系统还可自动测出不同地区土壤氮、磷、钾等微量元素的含量，工作人员可根据这些数据进行现场测量，指导农业生产。

信息平台还为农民搭建了一个集农业产前信息引导、产中技术服务和产后农产品销售于一体的综合农业信息服务网，有针对性地开发了农业市场、农业专家数据库、供求信息、产品交易等十几个模块，突出了信息查询、问题咨询、网上销售等服务功能，同时链接了本区三个专业网站和 20 个农业企业网，增加了信息的承载量，疏通了从上至下的信息传递渠道，架起了农民与市场、专家之间的桥梁。

2. 女子网上摆瓜摊两月收入 20 万

北京大兴区西黄垡村充分利用交通、区位和资源优势，通过发展设施农业、实施多种经营，使农村经济得到较快发展。

瓜农曹得梅不用拉着西瓜满街叫卖，只在网上“吆喝”，足不出村，在不到两个月的西瓜销售期，家里的西瓜不仅销售一空，且卖了个前所未有的好价钱：入账 20 万！她带动全村人在网上卖瓜，使西黄垡村出现了前所未有的新气象。

曹得梅说几年前卖瓜就是碰运气，经常是赔油钱、赔摊位费、赔管理费，有时甚至把瓜扔掉！村民王凤兰说，“不了解市场到底是个什么价，虽然收成很好，可是我们庄稼人成天待在地里，不了解外面的情况，就怕遇上那些狡猾的瓜贩子，让他们给‘忽悠’了，收成再好也卖不上价”。

当年 3 月，大兴区启动了“数字家园”工程，20 台崭新的电脑被送到了村委会，很多村民都说：“学那玩意儿能干啥，这不是浪费时间吗？”

曹得梅说：“其实在今年以前，我还是个电脑盲，仅会打字，以前通过电视，了解一些网上销售的知识，但总觉得那离自己很遥远，只有大老板做大生意时才通过网络。”考虑到农民的实际需要，榆垡镇抽调了 15 名熟悉电脑的大学生当老师，曹得梅等 20 名村民成了首批学员。通过培训，4 月 20 日，曹得梅就开始在网上发布销售信息，并留下家里电话，从西瓜销售期开始，她家电话一直响个不停。有人在网上看到曹得梅发布的销售信息后，就留言询问瓜价和品质，曹得梅都一一发信息回复，从此她永远告别了起早摸黑去市场卖瓜的日子，省下人力物力不说，还省下一大笔摊位费。村里人谁都没想到，曹得梅在网上发布一个信息能起到这么大的市场效应，他们也纷纷开始进行网上销售。

网上发个信息，就能找到销售渠道，多挣很多钱，因此西黄垡村的村民对电脑有了新的认知，在他们眼中，电脑已经不再是一个高科技的东西，而是一个挣钱工具。通过“数字家园”的建设，激发了很多村民购买电脑的热情，现在西黄垡村的家庭电脑普及率已超过三分之一。

曹得梅说，网上销售招揽了两类客户，一类是家庭采摘户和单位集体采摘户，还有一类是批发商。她算了一笔账，在她足不出村的情况下，在不到两个月的西瓜销售期里，家里的西瓜不仅销售一空，且卖了个前所未有的好价钱：入账20万！采摘价比批发价高，而且当年的总收入中，采摘收入占了三分之一。全村大棚种植户约80%的西（甜）瓜通过网络销售到北京各大市场、超市以及东北、河南、河北等地。此外，网上发布的信息，还吸引了大批观光采摘客，据统计，目前已有300余支团队、4000余人次到村里观光采摘。

一个销售期下来，曹得梅总结了一套生意经。客户来了，她会主动向客户要电话，积累自己的客户资源；她也会定期给客户打电话，预告客户什么品种的瓜快熟了；她还会拿出各种创意，为客户提供更好更周到的服务。“今年西瓜的销量上去了，明年的销量会更大，因为今年的客户明年还会找上门，明年还会有新客户。不像以前在批发市场卖瓜，碰上一家算一家，几乎没有固定客户。”曹得梅逐渐找到了“大老板做大生意”的感觉。

6.5.2 信息消费案例分析流程

我们在上面给出了信息消费的两个案例，而这两个案例实质上是一个完整的案例，只是由于是在不同的网站上找到的，所以把它们分开来列举。我们在下面的案例分析过程中将对它们进行整体的分析，案例分析的过程如图6.7所示。

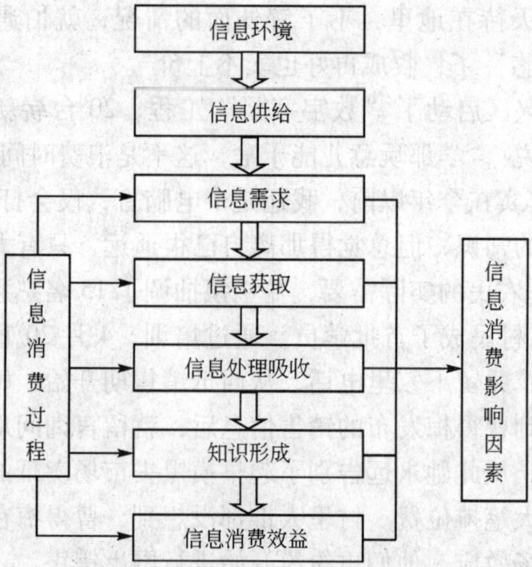

图6.7 信息消费案例分析流程

6.5.3 信息消费案例分析

在这一节的信息消费案例分析中，我们将按照上一节的信息消费案例分析流程图（图6.7）所示的分析步骤对我们前面的两个信息消费案例进行逐步的分析，逐一对我们所研究的信息消费理论进行验证。

1. 信息消费环境

随着时代的变迁，社会正在从工业社会向信息社会转变，人们的生产及生活环境都发生了极大的变化，信息化已经成为世界各国建设的重中之重。我国的信息化自从开始建设以来，已经取得了重大的发展。工业信息化、农业信息化、城市信息化、政务信息化等都取得了卓有成效的成就，为信息资源的开发与利用提供了保障。

发达地区的农业信息化为农民的增产增收提供了保障。北京市大兴区搭建起都市型现代农业信息平台，该平台由农业资源管理决策系统、农村管理信息系统和大兴农业信息网三网组成，为农民的信息消费提供了环境保障。

北京市大兴区的农业信息平台通过地理信息、全球定位、遥感技术、计算机网络通信等多种技术手段，统筹全区种植、养殖、林业、水利等各类农业资源，可以提供数据获取、统计分析、决策分析等，让使用者直观、准确地了解其所需要的各种资料。系统还可自动测出不同地区土壤氮、磷、钾等微量元素的含量，工作人员可根据这些数据进行现场测量，指导农业生产。农民们足不出户就能在网上与专家和市场实现沟通。农业信息平台提供的方案，其根据是数据定量分析，因此使农民和政府的决策更加科学、合理。

2. 信息供给

（1）信息市场完善

目前我国的信息市场已经发展得比较完善，信息产品的生产、销售、服务等环节都比较规范，售后服务逐渐完善，并且信息服务市场发展相当迅猛，各种咨询公司、中介机构大量涌现，而且有了较为完善的法律、法规保障体系。这些有利的市场条件为居民的信息消费提供了支持和保障，促进了居民的信息消费。

（2）信息硬件产品丰富

目前信息市场上的信息商品品种繁多、功能先进、科技含量较高，形成了良好的国内、外竞争趋势，为消费者提供了更多的选择机会。如在通信市场上的移动电话就有几十个国内外的品牌；在个人电脑等网络通信设备上也是如此。丰富的信息产品和先进的功能，使消费者在消费过程中获得了更好的服务。充分的市场竞争也为消费者带来了低廉的信息产品，促进了消费者的信息消费。

(3) 信息内容丰富

大兴区的信息平台有针对性地开发了农业市场、农业专家数据库、供求信息、产品交易等十几个模块，突出了信息查询、问题咨询、网上销售等服务功能，同时链接了本区3个专业网站和20个农业企业网，增加了信息的承载量，疏通了自上至下的信息传递渠道，架起了农民与市场、专家之间的桥梁。信息平台还为农民搭建了一个集农业产前信息引导、产中技术服务和产后农产品销售于一体的综合农业信息服务网。农业领域发达的信息平台，为农民提供了丰富的产、供、销信息，解决了农民信息匮乏，市场信息不对称的状况，使农民的生产、销售等决策更加科学、合理，极大地消除了决策的不确定性。完善的宏观信息消费环境为农民的信息消费活动提供了保障，提高了其信息消费的积极性，激发了其信息消费的信心。

3. 信息消费过程

(1) 信息需求

农村居民在生产及销售过程中，由于自己拥有的市场信息匮乏，并且存在着严重的信息不对称，所以产生了信息需求。

1) 市场信息匮乏。随着经济的发展以及科学技术水平的不断提高，瓜农开始进行科学种瓜，获得了好的收成。对于瓜农来讲，收成好是一件大喜事，但最重要的还是要把瓜卖出去，这样才能最终获得效益。由于瓜农不了解市场信息，导致瓜农卖瓜就是靠运气，用曹得梅的话说就是“卖瓜就是卖运气”。由于对市场上有关瓜的供需信息匮乏，只能“一路颠簸着把瓜拉到市场，有时候卖不了，只好把瓜再拉回去，这样往返两三趟是常有的事情，最后只好把瓜贱卖。碰上这种运气不好的时候，瓜农的一番辛劳只是换来了‘三赔’：赔油钱、赔摊位费、赔管理费。更让人心疼的是，往返两三趟，好瓜也颠坏了，只能忍痛扔掉”！供需信息的匮乏导致瓜农收成好了，但不一定能获得好的收入。

2) 市场信息不对称。西黄垡村种瓜采用了不少新技术，多层覆盖是其中一种。这种技术虽然能使西瓜早上市10多天，由于买卖双方市场价格信息的不对称，也给瓜农带来了销售的难题。王凤兰说：“每年到这个时候都比较怵，由于不了解市场到底是个什么价，虽然收成很好，可是我们庄稼人成天待在地里，不了解外面的情况，就怕遇上那些狡猾的瓜贩子。经常让瓜贩子给‘忽悠’了，收成再好也卖不上价。”瓜农为了获得更多的市场供需信息，来消除买卖双方的信息不对称状况，也产生了对信息的需求。

3) 瓜农信息需求。由于农村瓜农市场信息匮乏以及市场信息的严重不对称，所以导致了他们尽管可以通过科学种瓜获得好的收成，但是却不能及时把瓜出手，也不能把瓜卖个好价钱，这两个市场方面的信息因素使瓜农有了对信息的需求。瓜农有了对信息的需求，同时也带来了对获取信息的工具及技术的需求。如：他们需要固定电话、移动电话等通信工具和买主进行及时的沟通以此来获得各自相关的信息；他们也需要网络上的销售及供求信息，带来了他们对网络技术、个人电脑等的需求。由于瓜农对信息有了需求，所以他们的信息消费活动就很自然地发生了。

（2）信息消费品获得

居民有了信息需求以后，就要想办法满足其信息需求。农业信息平台为农民提供了丰富的产、供、消信息，并且大部分信息都是免费的，但是要想获得网上的信息必须要支付网络使用费，所以网络的使用费用就相当于在网络上获得信息的费用。居民要想上网还必须拥有个人电脑和与网络通信等相关的设备，所以西黄垡村三分之一以上的家庭都购买了个人电脑以及相关的信息获取设备。

（3）信息消化吸收

1）信息产品的消化吸收。瓜农获得移动通信以及电脑等网络信息产品以后还必须对这些科技含量高的高科技产品进行消化吸收，学会如何使用这些信息产品，如何保养这些信息产品，如何使这些高科技信息产品的功能得到全面的开发和利用，充分发挥这些高科技信息产品的潜能，充分发挥信息产品在网络销售中的作用。因此西黄垡村的瓜农们开始一批一批地参加电脑网络应用的培训班，来掌握这些高技术含量的信息产品的应用以及网络信息获取及发布等技术。

2）网上信息的消化吸收。瓜农熟练使用相关的信息获取技术以后，开始在网络上和客户之间进行相关信息的搜索，并对所获得的各种信息进行加工、分类、存储等信息活动，找出自己需要的信息，依靠这些信息进行相关的决策，发布自己有关瓜果的出售信息。

（4）信息转化为知识

瓜农把获得的生产、销售、客户等各方面的感性信息进行进一步的加工处理，形成理性的经验知识，来进一步指导其生产和销售，获取信息消费的溢出价值，依靠其拥有的知识来获得更高的收入，在信息消费过程中所获得的经验知识就是他们未来财富的源泉。

如客户来了，曹得梅会主动向客户索要电话信息，积累自己的客户信息资源；并且她还定期给客户打电话，预告客户关于她的瓜果成熟状况信息；她还会拿出各种创意，为客户提供更好更周到的服务。曹得梅分析网上销售的客户信息，并对这些信息进行了分类。她把网上销售招揽的客户分为两类：一类是采摘户，包括家庭采摘户和单位集体采摘户；另一类是批发商。而当年的总收入中，采摘收入占了三分之一，并且采摘价要高于批发价，所以当年的收入增长主要由采摘带来。曹得梅已经把信息转化为她自身的经验知识，并以此来指导她的生产和销售。

(5) 信息消费效益

曹得梅“在网上摆个西瓜摊”以后，永远告别了起早摸黑去市场卖瓜的日子。通过网络、电话等先进的信息通信工具来销售她的瓜果，在不到两个月的西瓜销售期里，她足不出村就把家里的西瓜销售一空，并且获得了前所未有的20万收入！

曹得梅的成功带动了全村瓜农，他们也纷纷开始进行网上销售，促进了西黄垡村田园大丰收。

4. 信息消费影响因素

(1) 消费者信息素质

从整体来看，瓜农的文化水平较低，因此阻碍了他们对于信息产品的消费。在西黄垡村瓜农进行网上销售以前，70%以上的村民从未接触过电脑，有些人对开机和关机都不懂，能够熟练使用的人就更少了。他们信息素质较低，因此对网络销售的前景和收益认识不足。尽管曹得梅以前通过电视，了解一些网上销售的知识，但是她总觉得网络销售离自己很遥远，只有大老板做大生意时才能通过网络进行，并且很多瓜农认为学习使用电脑是浪费时间，并且没有用。较低的信息素质导致他们缺乏信息的敏锐性，对信息的重要性认识不足，严重影响了他们的信息消费，进一步影响了他们的收入水平。

对瓜农进行培训，使他们学会了在“农村供求信息全国联播”网站上发布供需信息，并且能够从镇、区、市政府网站以及农业信息相关网站上获得所需信息，学会了运用网络的瓜农开始购买电脑等网络设备，开始了高层次的信息消费，提高了信息素质，为其获得更高的收入打下了基础。

(2) 信息消费者收入

在收入较低的地区，收入是影响居民信息消费的重要因素，即使有信息需求也无力进行信息消费，而西黄垡村的瓜农收入水平相对来讲比较高，他们有较大的信息消费支付能力，只是由于他们的信息素质较低，没有认识到信息消费的重要性，对信息消费的效益缺乏感性的认识，所以没有进行信息消费。当他们的信息素质得到提高以后，会立刻认识到信息消费的重要性，由于他们的支付能力不是信息消费的障碍，所以会迅速进行信息消费。

(3) 信息消费的示范效应

信息消费像其他消费一样，也具有示范效应。曹得梅通过网络销售获得成功以后，许多人开始效仿，也纷纷开始进行网上销售，形成了“全村人忙着发信息”的示范效应。网络销售，使西黄垡村田园大丰收：今年全村大棚种植户约80%的西（甜）瓜通过网络销售到北京各大市场、超市以及东北、河南、河北等地。此外，网上发布的信息，还吸引了大批观光采摘客。村里人谁都没想到，曹得梅在网上发布一个信息能起到这么大的市场效应。

信息消费的示范效应使“全村人忙着发信息”、“西黄垈村的家庭电脑普及率已超过三分之一”，信息消费的示范效应在西黄垈村瓜农网络销售过程中得到了充分的体现。

（4）信息消费的不可逆性

西黄垈村的瓜农们通过信息消费，提高了自己的信息素质，淘汰了他们传统的销售方式，采取先进的网络销售方式，降低了销售过程中的不确定性，使他们获得了销售的巨大成功，极大地提高了他们的收入水平。从此以后没有人会愿意再回到从前那种“半夜三更靠运气卖瓜”的传统销售方式了。“4 月 20 日，曹得梅开始在网上发布销售信息，并留下家里电话，从这天开始，她永远告别了起早摸黑去市场卖瓜的日子”，这就是信息消费不可逆性的重要体现。

【关键概念】

信息需求　信息供给弹性　信息需求弹性　信息消费　信息消费外部性

【思考与练习】

1. 简述信息商品的供给与需求弹性。
2. 简述信息消费过程的各相关环节。
3. 论述影响信息消费的因素。
4. 论述信息消费产生的效益。

第 7 章　信息商品的价值与价格

信息的商品化，使人们对信息商品的价值与价格有了一定的认识。一切商品都具有价值与价格，信息商品也不例外。本章主要介绍信息商品的成本、信息商品的价值与使用价值、信息商品的定价策略、定价方法以及信息商品的理论定价。通过本章学习，要求：了解信息商品成本的定义、类型以及构成；理解信息商品成本的变动规律及转嫁；熟悉信息商品的价值及实用价值；掌握信息商品的定价策略及定价方法。

7.1　信息商品的成本

信息商品的成本是构成信息商品价值和价格的一个重要因素。研究信息商品的成本，明确信息商品成本的概念与类型、不同类型成本的构成与变动规律、信息商品成本转嫁的对象、方式与原因等，不仅能加强对信息商品价值的理解，为合理确定信息商品的价格提供依据，而且有利于信息企业全面准确地核算生产经营中的劳动消耗，采用有效的组织措施，挖掘潜力，厉行节约，降低信息商品生产经营和利用成本，提高经济效益。

7.1.1　信息商品成本的概念与类型

1. 信息商品成本的概念

成本是经济学中的一个重要概念，但在不同的经济学分支学科中，成本的涵义又不完全相同。在西方经济学中，成本是指生产商品或劳务时，为使用生产要素而付出的费用的总和，由于生产要素包括劳动力、资本、土地、原材料、能源和企业家才能等，所以成本也就包括地租、工资、利息以及材料、动力、燃料和管理费用等。西方经济学成本中所包含的利润主要是指正常利润，即社会平均利润，而经济学中的利润则是指超额利润，即高于社会利润水平的利润。在马克思主义政治经济学中，成本是指生产过程中消耗的不变资本（生产资料的转移价值）和可变资本（劳动者为自己劳动所创造的产品的价值，类似于工资）两个部分。会计学中的成本也不包括利润，与政治经济学中的成本基本相同。目前，会计学界对成本概念的认识比较一致，将成本定义为对象化的消耗。广义的会计成本是指为取得资产或达到选定的目的而发生的应发生的价值牺牲，狭义的会计成本仅指生产成本。

在我国，大部分经济学学者认为成本是商品价值构成中的 c 和 v 之和。

关于信息商品的成本，一般认为，在生产过程中使用了的信息材料、消耗了的物质材料、投入了的劳动量就构成了信息产品的生产成本。

我们认为，信息商品的成本是信息产品生产和获取过程中物质材料、信息材料和活劳动消耗的费用。

2. 信息商品成本的类型

信息商品成本可按不同的标准划分出不同的类型。

(1) 信息生产成本、信息服务成本、信息用户成本与信息完全成本

按信息商品生产经营和利用的主体不同，信息商品成本可划分为信息生产成本、信息服务成本、信息用户成本和信息完全成本，这是信息商品成本划分的一种主要方法，研究信息生产成本、服务成本和用户成本是信息商品理论研究的重要内容。信息生产成本是指信息商品生产者在生产信息商品过程中所消耗的各种费用。信息服务成本是指信息商品经营机构在提供信息服务商品的过程中所消耗的各种费用。信息用户成本是指信息用户在获取和利用信息商品的过程中所消耗的各种费用。信息完全成本则是指信息商品从生产过程直到最后消费过程所消耗的全部费用，实际上是信息生产成本、信息服务成本和信息用户成本的总和。

(2) 固定成本与可变成本

按成本与信息产品产量的关系不同，信息商品成本可分为固定成本和可变成本。信息商品的固定成本是指在短期内不随信息产品的产量变动而变动的费用，由使用期限较长、不易随时增减的要素的费用构成，如信息企业的建筑与设备折旧费用、信息网络维护费用等。信息商品的可变成本是指随信息产品的产量变动而变动的费用，如信息商品生产经营和利用过程中的物资消耗费用、能源消耗费用、信息材料消耗费用、通信费用等。

(3) 总成本、平均成本和边际成本

信息商品的总成本是信息商品的固定成本与可变成本之和。若用 TC 表示信息商品的总成本，用 FC 表示信息商品的固定成本，用 VC 表示信息商品的可变成本，则有：$TC = FC + VC$ 。信息商品的平均成本是指单位信息产品的成本，即总成本除以信息产品的总产量所得到的成本。若用 AC 表示信息商品的平均成本，用 Q 表示信息产品的产量，则有 $AC = TC/Q$ 。信息商品的边际成本是指在一定的基础上再增加或减少一个单位的信息产品（或单位信息量）所花费的成本，即增加或减少一个单位信息产品而使总成本变化的增量。若用 MC 表示信息商品

的边际成本，用 $\Delta(TC)$ 表示总成本的增量，用 ΔQ 表示信息产品的单位增量，则有：$MC = \Delta(TC)/\Delta Q$。边际成本在信息商品生产经营中有着重要的意义，在不同产量基础上，增加一单位信息产品所需增加的成本是不一样的，所以信息商品的边际成本也会随着信息产品产量的不同而变化。如果边际收入，即增加一个单位产品所能增加的收入，大于边际成本，则增加产量能使总利润增加；若边际收入小于边际成本，则增加产量会使总利润减少。

（4）个别成本与社会必要成本

按成本形成的范围不同，信息商品的成本可分为个别成本与社会必要成本。个别成本是指单个信息企业生产的单位信息产品或提供信息服务时实际耗费的生产要素所支付的费用。它反映一个信息企业的生产技术水平和管理水平的高低。社会必要成本是在一定范围内所有生产同类信息产品或提供同类信息服务所需的部门平均费用。一方面，社会必要成本标志着一定社会范围内生产某种信息商品或提供某种信息服务所必需的消耗，另一方面，社会必要成本也标志着社会的信息生产技术水平和管理水平。信息企业应努力降低个别成本，这不仅可以增加企业本身的盈利，而且能够为降低社会必要成本创造条件。

（5）机会成本

在西方经济学中，机会成本是指把一定的资源用于生产某种产品而放弃另一种产品的产量或价值，也可以说，是利用一定的资源获得某种收入而放弃的另一种收入。这是在生产经营决策中，以未选择方案所丧失的利益为尺度来评价被选择方案的一种假定性成本。在信息商品的生产经营活动中，也同样存在着机会成本。例如，一定量的信息资源既可以用来生产二次信息产品，也可以用来生产三次信息产品，为生产三次信息产品而放弃生产二次信息产品所减少的收入就是三次信息产品的机会成本。机会成本有两类：一类是完全信息条件下的机会成本；另一类是非完全信息条件下的机会成本，信息商品的生产经营也会产生这两类机会成本。完全信息条件下的机会成本是指信息生产者完全知道把一定的资源用于生产两种以上信息产品或开展两种以上的服务的获利情况，但由于资源有限，只能从事其中一种信息产品的生产或一种信息服务项目，无能力顾及其他，而放弃其他信息产品生产和信息服务活动的机会。这类机会成本是不可避免的。非完全信息条件下的机会成本是指信息商品生产经营者对所能从事的信息商品生产经营活动的情况不十分了解，将拥有的资源投入到某一活动中所要付出的代价。例如，由于信息不完全，信息商品生产经营者所从事的信息生产经营活动不是收入最高的，或者所从事的信息生产经营活动并不可行只好中途停止或转向，从而造成损失。这类机会成本损失可以通过信息的搜集与利用而减少或避免。

7.1.2　信息商品成本的构成

在不同的信息商品生产经营与利用领域，信息商品的成本构成是不完全一样的。下面分信息生产成本、信息服务成本和信息用户成本进行讨论。

1. 信息生产成本的构成

信息商品生产成本主要由以下四大部分构成：

（1）质能材料消耗费用

由于大部分信息商品必须以物质为载体、信息商品生产也必须有相应的建筑，必须使用仪器和设备等，所以信息商品生产离不开物质材料和能源的支撑。信息商品生产成本中的质能材料消耗费用包括生产信息商品所使用的原材料（如纸张、油墨、色带、磁盘等）费用、燃料动力费用和各项固定资产（如房屋、计算机、通信设备、印刷设备、试验设备等）费用。原材料和燃料动力在信息商品生产中被直接消耗掉了，故其费用应一次性计入生产成本中，而固定资产并非一次性消耗，其费用是通过折旧的方式进入信息商品的成本。质能材料费用可以直接计量且容易计量。计量方法主要是沿用物质商品生产领域生产成本的计量方法。

（2）信息材料消耗费用

信息商品生产实际上是对信息材料进行不同程度的加工。为了生产信息商品，信息商品生产者必须花钱购买信息资料和搜集信息。用于搜集信息和购买信息资料的费用就是信息商品生产中的信息材料消耗费用。这类费用包括：

1）购买信息资料和信息的费用，如购买图书、报刊资料、文献数据库、内部信息资料、专利信息等的费用。

2）信息调研费用，如围绕信息商品开发和生产进行实地调查和考察的差旅费和咨询费等。

3）通信费用，即在信息商品生产过程中与外部进行信息交流的电话费、传真费、网络使用费、联机检索费等。

4）信息材料时效损失费用，即信息商品生产者掌握的信息材料因时效问题而损失的费用。由于信息材料是非消耗品，不会在一次使用中消耗掉，在以后的其他信息商品生产中还可以再次或多次使用，所以信息材料费用并非真正被消耗掉了的信息材料的费用，虽然其中一部分信息费用是一次消耗掉了，如通信费用，但大部分信息材料费用不能一次性计入生产成本之中。然而，信息材料费用计入成本的方法又不同于固定资产，不能采用每年相等的折旧率进行折旧。哪些信息材料费用应一次计入信息商品生产成本，哪些应分次计算信息商品生产成本，每次计入多少都要视具体情况而定。信息材料费用也可采用折旧的形式计入成本，但折旧系数不是固定的。也不是每年都折旧，而是使用一次，折旧一次，折旧系数应随着使用次数的增加而逐渐减少，因为为了生产某一信息商品而购买的信息资料和搜集的信息，主要是用于这种信息商品的生产，在以后的信息商品生产中的作用会降低，而且随着时间的推移，信息资料的价值会自然降低。据此，还可以得出一个结论：生产某种信息商品的信息材料消耗费用中不能只计算为生产这种信息商品新购买的信息材料费用，还应加上用于该信息商品生产的原有信息材料的费用。

（3）劳动力消耗费用

信息商品生产需要花费信息人员的劳动，用于补偿信息商品生产人员及其辅助人员的劳动力消耗的费用也是信息商品成本构成的主要部分。这类费用包括参与信息商品生产的各类人员的工资，信息商品生产企业所发放的各种奖金、津贴和补贴，信息生产人员的教育培训费用等。这部分费用计入生产成本，应注意并考虑以下几个方面的问题：

1）是否将信息商品生产者的全部收入计入生产成本。应当明确，补偿信息商品生产者劳动力消耗的费用并非个人的全部收入。信息商品生产者的个人收入包括按劳分配、按需分配和按资分配三部分。按劳分配部分包括各种工资、津贴和超工作量奖金以及创造发明奖金等；按需分配部分包括降温取暖费、副食补贴费、困难补助费等；按资分配部分包括利息、股息、红利等。很明显，按劳分配部分中的发明奖金、按需分配部分中的困难补助费用以及按资分配的部分不应计入信息商品生产成本中。

2）哪些费用不应一次性计入成本。在劳动力消耗费用中也同样存在着一些费用是否一次性计入信息商品生产成本的问题。一般说来，信息商品生产过程中所支付的工资及其附加费用应一次性计入生产成本，而为生产某一信息商品而支付的教育与培训费用应分次计入生产成本，这是因为对人员的教育和培训具有长期效用，在一次信息商品生产过程中经过培训的人员，其所掌握的知识和技能不仅仅能用于这一次，而且在以后的信息商品生产中还用得上。

3）离退休人员的工资如何计入生产成本。在我国，为了体现社会主义制度的优越性，每月要给离退休人员发放一定数量的工资，但这部分人员并非直接参与信息商品的生产活动。如果离退休人员的工资不计入信息商品生产成本，信息企业难以承受这笔费用；若计入信息商品的生产成本，又难于为信息用户接受：在现阶段，离退休人员的工资费用应计入信息商品生产成本，分摊到所生产的各种信息商品中去。而随着我国社会主义市场经济体制逐步建立和完善，相应的社会保障制度也会建立与完善，到那时，离退休人员的生活费用将由社会承担，离退休人员的工资费用也将从信息商品生产成本中剔除。

（4）其他费用

在信息商品生产过程中，有时因资金不足需向银行贷款或向其他部门和个人借款，借贷款须付利息。信息商品生产部门还需要支付管理费用或向有关部门缴纳一定的管理费用。利息和管理费用等都是信息商品生产成本的组成部分。

综合起来，信息商品生产成本的构成如图 7.1 所示。

- 信息商品生产成本
  - 原材料消耗费用
    - 质能材料消耗费用
      - 原材料消耗费用
      - 燃料动力消耗费用
      - 固定资产折旧费
    - 信息材料消耗费用
      - 调研费用
      - 信息资料购买费
      - 时效损失费用
      - 通信费用
  - 劳动力消耗费用
    - 工资
    - 附加费用
    - 教育与培训费用
  - 其他费用
    - 利息
    - 管理费用

图 7.1　信息商品生产成本的构成

2. 信息服务成本的构成

由于信息服务也需要相应的空间场所和设备，需要物质材料和能源，需要服务人员和管理等，所以总的说来，信息服务成本也是由材料消耗费用、劳动力消耗费用和其他费用三大部分构成。然而，信息服务也有不同于信息产品生产的特点，各部分费用的构成比例与信息生产成本有较大的差别。信息服务成本构成中的物质材料消耗主要是信息场地、建筑与设备等固定资产的折旧费用，原材料和能源消耗费用较少。信息资料购置与贮存费用在信息服务成本中占有很大的比例，是构成信息服务成本的主体。信息服务劳动力消耗费用和管理费用所占的比重也大于信息生产成本中劳动力消耗和管理费用所占的比重。

3. 信息用户成本的构成

信息用户成本由以下三部分构成：

（1）质能消耗费用

信息用户为了获取与利用信息商品，有时也需要购置必要的设备和工具，也需要消耗一些物质材料和能源，但这类费用相对较少，不是信息用户成本的主要部分。

（2）购买信息商品和接受信息服务所消耗的费用

用户在购买信息商品或接受商品化的信息服务时，要直接向信息商品和信息服务提供者交付费用，这就是用户购买信息商品和接受信息服务的费用。这部分费用也包括用户获取信息时的通信费用和差旅费。

(3) 时间成本

信息用户的时间成本是指用户在获取和利用信息过程中所花费的时间折算的费用，实际上是用户在获取和利用信息商品中的劳动力消耗费用，有些时间成本界于机会成本范畴。用户的时间成本包括以下几个方面：一是路途时间。即用户为获取信息而花费在路途的时间。这部分时间视用户与信息服务机构的距离远近而异。随着交通和通信事业的发展，用户的路途时间成本会逐步减少。二是等待时间。信息服务有时会出现不同程度的阻塞，需要用户花费时间排队等待，在信息查询、信息处理、图书馆借书等信息服务项目中常常出现这种情况。三是信息获取时间。用户在接受信息服务时，需要一定的时间。如通过电话获取信息时的通话时间，图书馆开架借阅中用户查找所需文献的时间，接受咨询和听课的时间等。四是信息吸收时间。对所获得的信息，用户需要花一定的时间进行消化、吸收，掌握信息商品的内容。这部分时间有的与信息获取时间重合，即信息获取与信息吸收同时进行，有的与信息获取时间不同步，即在获得信息后专门花时间消化与吸收。时间成本在用户成本中占有相当大的比重。

7.1.3　信息商品成本的变动规律

信息商品成本的变动规律是指信息商品成本随信息商品产量与服务量以及信息服务项目与用户关系变化而变化的规律。

1. 信息生产成本与信息商品产量的关系

要研究信息生产成本与信息商品产量的关系，必须先明确怎样描述和表示信息商品的产量。物质商品的产量容易描述和表示，而信息商品的产量描述却比较复杂。信息商品的产量因信息商品的类型不同而有不同的表示方式：对于物质型信息商品来说，其产量可用册、张、件等单位来描述，而且物质型信息商品的产量易于计量，同物质商品产量的计量没有多大差别；对于深化型信息商品来说，其产量可用比特（信息量）、字、篇等单位来描述；对于扩张型信息商品来说，其产量可用条、款、则等单位来表示；对于信息服务来说，可用服务时间、服务人数、服务人次、销售量、借阅量等作为产量，用小时、人、人次、册次等单位来表示。

(1) 物质型信息商品生产成本与产量的关系

物质型信息商品生产成本与产量的关系跟物质商品与其产量的关系相似。不同类型的物质型信息商品的成本与产量的关系有所区别。

物质型信息商品生产的固定成本不因是否生产和生产多少而变化，可以说物质型信息商品的固定成本与其产量无关，不随产量的变化而变化，是一个常数。平均固定成本是固定成本除以总产量所得，即每个单位信息产品分担的固定成本。随着产量的增加，每个单位信息产品所分担的固定成本下降。物质型信息商品固定成本和平均固定成本与其产量的关系如图 7.2 所示。

物质型信息商品的可变成本及平均可变成本与其产量的关系非常密切。如图 7.3 所示，不生产时、可变成本为零；随着产量的增加，可变成本开始快速增加（曲线斜率很大），产量继续增加时，可变成本的增加速度会降低（曲线斜率变小），过了 B 点后，可变成本随产量增加而增长的速度又开始增大。物质型信息商品的平均可变成本是各种产量时的可变成本除以产量所得，开始时随产量的增加而下降，过了 B 点所对应的产量后，随着产量的增加而上升。这主要是因为在信息商品的生产过程中，各种生产要素的有机结合从开始而后延续是逐步和谐的，随着和谐程度提高，劳动生产率也相应提高，消耗的单位可变成本下降。而过了 B 点后，随着生产规模的扩大，各种生产要素又进入到新的磨合阶段。由此可见，B 点所对应的产量的平均可变成本最低。

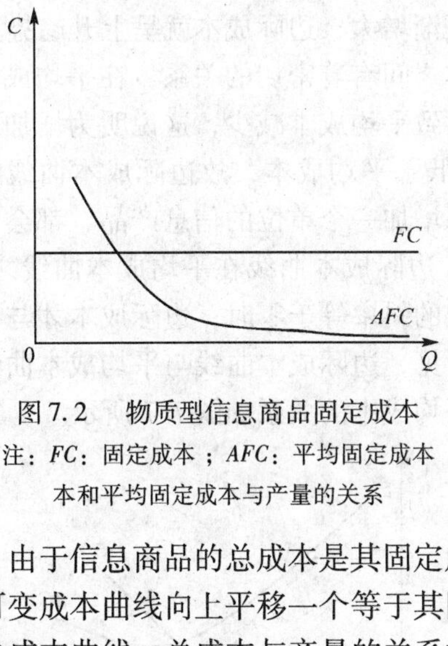

图 7.2　物质型信息商品固定成本

注：*FC*：固定成本；*AFC*：平均固定成本本和平均固定成本与产量的关系

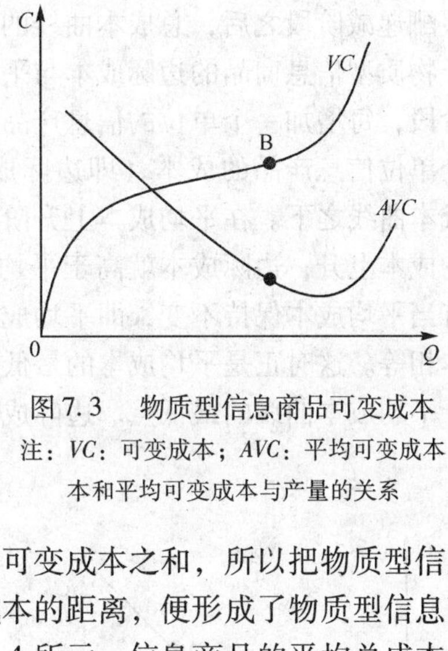

图 7.3　物质型信息商品可变成本

注：*VC*：可变成本；*AVC*：平均可变成本本和平均可变成本与产量的关系

由于信息商品的总成本是其固定成本与可变成本之和，所以把物质型信息商品可变成本曲线向上平移一个等于其固定成本的距离，便形成了物质型信息商品的总成本曲线。总成本与产量的关系如图 7.4 所示。信息商品的平均总成本是平均固定成本与平均可变成本之和，把物质型信息商品各种产量时的平均固定成本曲线与平均可变成本曲线的纵坐标值加到一起，就是在该产量时平均总成本曲线的纵坐标，连接这些点便得出了平均总成本曲线。物质型信息商品平均总成本与产量的关系如图 7.5 所示。

边际成本是增加或减少一个单位信息产品而使总成本变化的增量。当产量单位很小时，边际成本为 $d(TC)/dQ$，这就是总成本曲线的斜率。因此，可根据物质型信息商品总成本曲线在各点上的斜率画出其边际成本曲线，如图 7.6 所示。

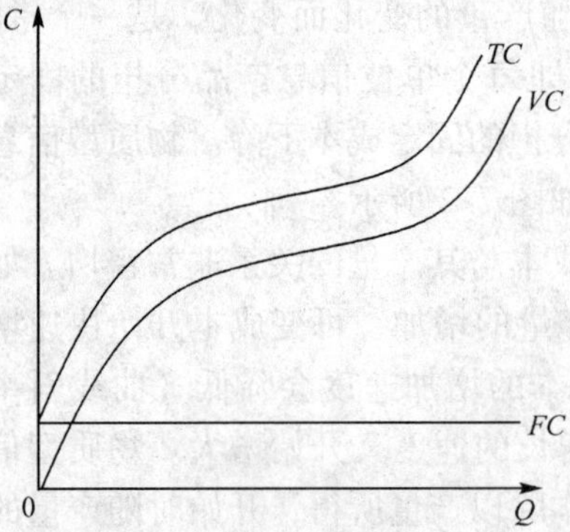

图 7.4　物质型信息商品总成本与产量的关系

注：*TC*：总成本；*VC*：可变成本；*FC*：固定成本

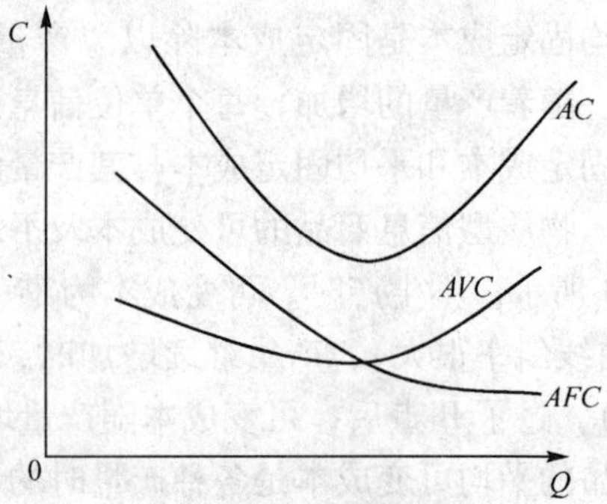

图 7.5　物质型信息商品平均总成本与产量的关系

注：*AC*：平均总成本；*AVC*：平均可变成本；*AFC*：平均固定成本

由于产量较低时，总成本的斜率逐渐减小，那么边际成本曲线应呈下降趋势。过了报酬递减阶段之后，总成本曲线的斜率逐渐增大，边际成本就呈上升趋势。

物质型信息商品的边际成本与平均成本之间有着密切的关系。在平均成本下降阶段，每增加一个单位的信息产品都会导致平均成本减少，这说明为增加最后一个单位信息产品的成本（即边际成本）低于平均成本，故边际成本曲线在平均成本曲线之下。在平均成本上升阶段，每增加一个单位的信息产品，都会导致平均成本上升，边际成本就高于平均成本，边际成本曲线在平均成本曲线之上。只有当平均成本保持不变，即平均成本曲线的斜率等于零时，边际成本才与平均成本相等。这时正是平均成本的最低点。可见，边际成本曲线与平均成本曲线相交于平均成本曲线的最低点。边际成本与平均成本的关系如图 7.7 所示。

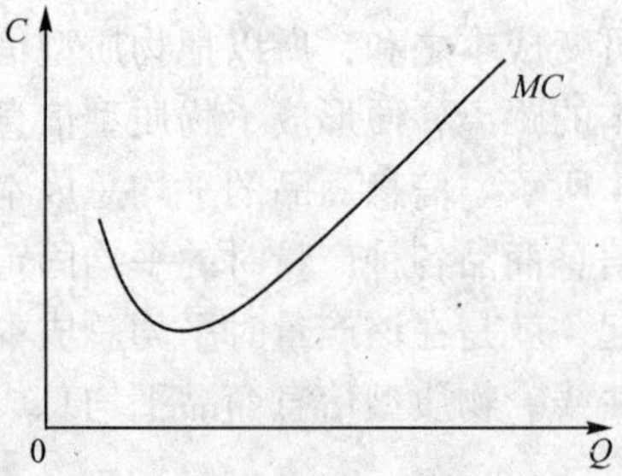

图 7.6　物质型信息商品边际成本与产量的关系

注：*MC*：边际成本

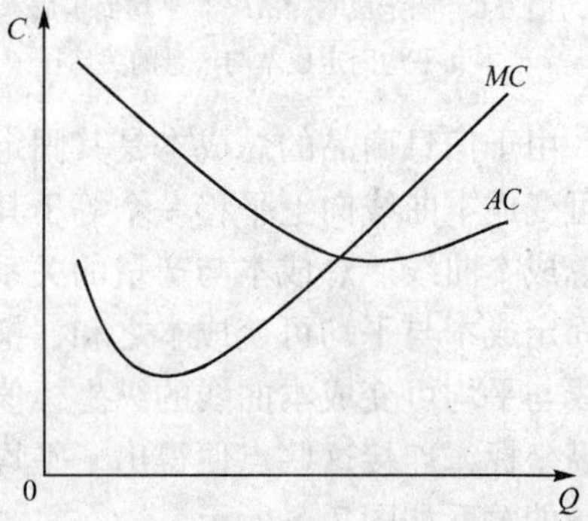

图 7.7　物质型信息商品边际成本与平均成本的关系

注：*MC*：边际成本；*AC*：平均成本

（2）深化型信息商品生产成本与产量的关系

在物质型信息商品生产中，只要投入了人力和物力，就能得到相应的产品。与物质型信息商品生产不同，深化型信息商品的产量随人力、物力投入的变化关系非常复杂，会出现不同的变化情况。这里仅讨论以下三种类型的深化型信息商品边际成本与产量的关系。

1）信息量渐增型生产。在深化型信息产品生产中，也会有类似于物质型信息商品生产的情况，即投入一定的人力与物力后，总会取得相应的成果，信息量的增加是比较均匀的。与物质型信息商品生产不同的是，其生产时间不能以天、小时或更小的单位来计算，而是用较大的时间单位来计算，也就是说，并非花费一小时的劳动就能生产出相应的信息量，但也不会在很长的时间内不出成果。这种情况与物质型信息商品的边际成本与产量的关系相似，如图7.6所示。

2）信息量突增型生产。在深化型信息商品生产中，经常会遇到这样的情况：经过很长一段时间的研究，仍不能出成果，而在某一时刻，研究会取得重大突破，信息量突增，突破前后信息量相差很大。这就是信息量突增型信息商品生产。如果用突破前后的信息量除以这期间的成本费用代表其边际成本，则信息量突增型生产的边际成本曲线有以下三种情况：一是边际成本逐级上升，表示信息量的增加越来越困难，如图7.8所示；二是边际成本逐级下降，表示取得突破后，研究工作越来越顺利，如图7.9所示；三是边际成本逐级上升与逐级下降相间，如图7.10所示。

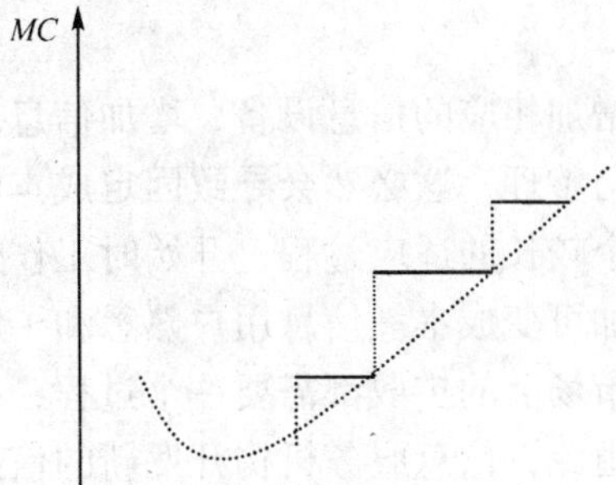

图7.8　深化型信息商品边际成本随产量逐级上升

注：MC：边际成本；Q：产量

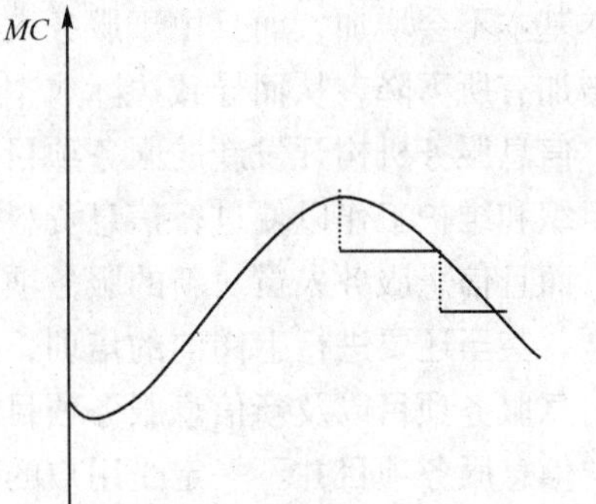

图7.9　深化型信息商品边际成本随产量逐级下降

注：MC：边际成本；Q：产量

3）信息量无增型生产。有些深化型信息商品的生产出于生产本身具有较大的难度，加上研究人员水平和研究条件有限，无论投入多少生产经费，花费多少时间，也不能出成果，这时信息产品生产的边际成本为无穷大，如图7.11所示。

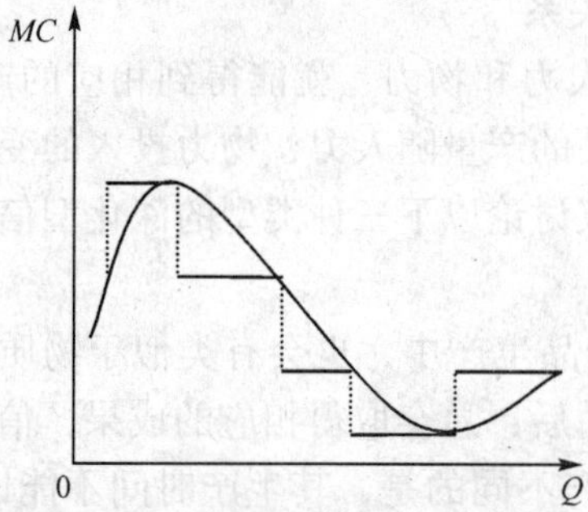

图 7.10　深化型信息商品边际成本随产量逐级上升与逐级下降相间

注：MC：边际成本；Q：产量

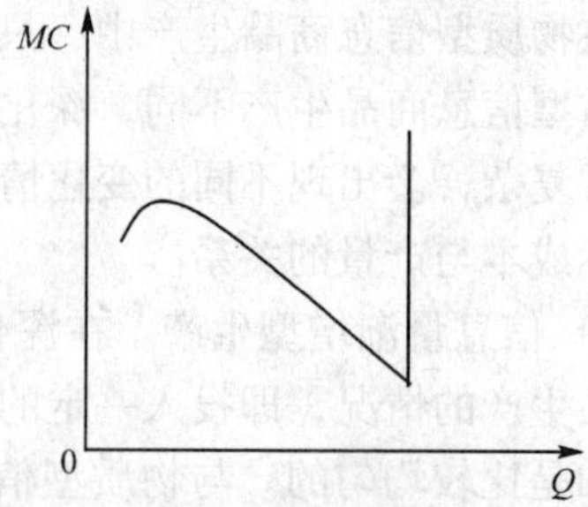

图 7.11　深化型信息商品边际成本无穷大

注：MC：边际成本；Q：产量

2. 信息服务成本的变动规律

影响信息服务成本变动的因素较多，主要有信息服务项目、信息用户和服务量等。这些因素对信息服务成本变动的作用是综合性的，但为了论述方便，下面分别讨论信息服务成本随这三种因素变动的情况。

（1）信息服务成本随信息服务项目的变化

信息服务机构可以向用户提供现有的服务项目，也可以向用户提供新的服务项目。信息服务机构提供现有信息服务项目，不需要增加建筑、设备投资，固定成本基本不会增加，而且由于服务人员轻车熟路，工作效率逐渐提高。可变成本的增加有所下降，从而导致边际成本下降。

信息服务机构开发新的服务项目，需要增加相应的信息设备，增加信息网络的组织和维护工作以便进行信息资料的搜集与整理，这必然会导致固定成本的提高，而且信息服务人员对新的服务项目有一个较长的适应过程，开始时工作效率较低，甚至还要进行上岗前的培训，从而增加可变成本。信息用户熟悉和了解新的信息服务项目以及新信息服务项目在信息市场上的扩散都需要一个过程，有些新的信息服务项目并不一定受用户的欢迎，由此，信息服务机构开发新的信息服务项目还要付出一定的风险代价。

（2）信息服务成本随信息用户的变化

信息服务机构的用户中，既有老用户，也有新用户。信息服务机构为老用户服务需要较高的固定成本，这是因为信息服务机构为了稳住老用户，就要提高服务质量，改善服务条件，降低用户成本，为此，必须采用先进的信息设备，创造良好的服务环境，固定成本上升。

信息服务机构发展新用户，为新用户服务需要增加宣传和公关费用。增加信息服务人员了解和熟悉用户的时间，而且由于新用户不熟悉服务项目，不能与服务人员很好配合，也会增加服务时间。所以，为新用户服务需要较高的可变成本。

（3）信息服务成本随服务量的变化

总的来说，在服务项目和用户基本不变的情况下，信息服务的固定成本和可变成本都会随着信息服务量的增加而下降。但是，信息服务的劳动力消耗费用并非只受信息服务量的影响，还必须考虑信息服务空闲时间。在信息服务过程中，不可能每时每刻都有用户前来要求服务，必然会出现服务空闲时间，而在服务空闲时间内，服务人员一般不能去做别的事情，所以空闲时间的消耗应分摊到服务量中去。

3. 信息用户成本的变动规律

（1）用户成本随信息服务机构的变化

用户从原有的信息服务机构接受信息服务时，由于信息服务机构与用户之间相互了解较多，用户熟悉信息服务机构的部门设置、有关规章制度、服务项目和服务设施等，只要信息服务机构不增加新的服务项目，用户获取信息的时间会较短，也不需要添置新的设备，而且还可能得到优惠，故用户成本较低。当用户转向新的信息服务机构，接受其他信息服务机构的服务时，要花较多的时间熟悉和了解其服务项目，用户的时间成本会增加。此外，用户转向新的信息服务机构可能还需要添置或改进有关设备和设施，也就是说，用户转向新的信息服务机构也可能会增加固定成本。

用户与信息服务机构的关系还有另外一种情况，即用户是面向多个信息服务机构还是面向单个信息服务机构。用户从多个信息服务机构获取信息，可保证信息量大面广，且可相互比较、验证，保证信息的准确可靠性，但可能造成不必要的重复，增加时间成本和货币支出。用户如果只从一个信息服务机构获取信息，就不可能全面而详尽地了解并得到有关信息，这就有可能导致用户在信息不完全的情况下造成机会成本的增加。

（2）用户成本随信息服务项目的变化

用户利用原有信息服务项目，会随着利用次数的增加而逐渐熟练，也不必增添设备，故固定成本与可变成本都会逐渐降低。当用户利用新的信息服务项目，一般都需要添置必要的设备，即使不需添置设备，也需要花费一定的时间来熟悉新的服务项目，在开始利用新的信息服务项目时，时间会增加。

7.1.4　信息商品成本的转嫁

1. 信息商品成本转嫁的概念

一般情况下，商品的销售价格不会低于其成本，因为以低于成本的价格出售商品会导致企业的亏损。但是，信息商品交易过程中，常常会遇到以低于成本的价格出售信息商品的情况。用户在获取和利用信息商品时不需要支付所获得的信息商品的全部或部分成本，用户未支付的成本由其他机构或个人来承担，这就是信息商品成本的转嫁。有时，用户不必支付任何费用就能得到信息商品，信息商品的成本全部转嫁给其他机构和个人；有时，用户只需支付信息商品成本的一部分，将其余部分转嫁给其他机构或个人。前者为信息商品成本的全部转嫁，后者为信息商品成本的部分转嫁。

2. 信息商品成本转嫁的对象与方式

信息商品的转嫁对象是指信息商品的成本转嫁于谁。信息商品的成本可以转嫁于全体公民或部分公民、物质商品生产者、信息商品生产者、有关组织和个人等。转嫁方式有以下四种：

（1）税收拨款式转嫁

当信息商品转嫁于公民时，公民在政府的政策、法律规定下，以纳税人的身份向政府交纳享用信息产品及信息服务的费用，政府又以财政拨款的形式向信息商品生产者支付信息商品的成本。公共型信息商品的成本一般用这种方式来转嫁，实际上是取之于民而用之于民。

（2）依附式转嫁

这种转嫁方式就是将信息商品的成本依附于其他商品或服务上，转嫁到其他商品的生产经营者身上，信息商品成本转嫁给物质商品生产者时，大部分属于这种转嫁方式。一些信息商品成本是计入物质商品生产和销售中，并未单独作为信息商品出售。例如，目前我国生产物质商品的厂家基本上都把研究开发费用、广告宣传费用等信息费用计算在物质产品的成本之中。这种转嫁从形式上看，信息商品所依附的物质商品生产经营者是信息商品成本的承担者，而最终归宿是这种物质商品的消费者。

（3）低价销售式转嫁

有些信息商品以低于其成本的价格出售，而将一部分成本转嫁于信息商品生产者、信息服务者或公民。转嫁于信息商品生产者或服务者时，用户未支付的成本由信息商品生产者或服务者从利润或其他信息商品中支出。转嫁于公民时，其转嫁部分由国家补贴。

（4）拉赞助式转嫁

一些组织和个人出资赞助信息商品的生产和信息服务用户在使用信息商品和信息服务时不需要支付费用或少支付费用。

3. 信息商品成本转嫁的原因

虽然物质商品生产经营中也存在着成本转嫁的问题，但其转嫁远远小于信息商品成本转嫁，而且转嫁的原因也比较单一。信息商品成本转嫁主要有以下四个方面的原因：

（1）社会经济活动及其发展的需要

出于信息对社会经济发展和各项社会经济活动的发展有着重要的作用。社会经济和活动领域的各个方面都要充分地利用信息，如果一切信息产品的成本均由用户来承担，势必影响信息产品的流通面和利润率，从而影响社会经济的发展。若一切教育费用都由受教育者承担，各级各类学校都按教育成本向学生收费，就会有很多人因为交不起学费而失学，这就会影响教育事业的发展，影响一个国家公民的科学文化素质；如果各级各类图书馆的各项服务都实行有偿服务，按成本或高于成本向读者收费，图书馆文献信息资源的利用就会受到限制，图书馆在社会主义精神文明和物质文明建设中的作用也就不能很好地发挥。

（2）信息商品与物质商品的不可分性

有此信息商品不能以独立的形态出现在商品市场上，而必须依附于物质商品进入市场。物质商品说明书是与物质商品的使用不可分的，没有一个生产经营者将物质商品的说明书作为信息商品另外出售，而是随着物质商品一起交给用户。然而，并非产品说明书是赠送的礼品，实际上说明书的生产成本已计入物质商品的生产成本之中。

（3）促进信息商品或物质商品销售和利用的需要

信息商品生产者将信息商品低价出售主要有三种目的：一是为了打开新开发的信息商品的销路，争占市场；二是为了处理积压的信息商品；三是为了提高信息产品或信息服务的利用率，如图书情报机构的文献信息服务不收费或少收费主要是为了提高文献信息的利用率。物质商品生产者不向用户收取广告费、宣传费，而将其成本转嫁于其他方面的主要目的是为了扩大商品的销售量。

（4）信息产品商品化程度较低

产品的商品化对成本转嫁的影响很大。物质商品成本转嫁之所以少于信息商品，是因为物质产品一般都是以商品形式出现的，信息产品的商品化程度不及物质产品，其成本转嫁必然大于物质商品。由于信息产品商品化程度较低，人们的思想观念尚未完全转变，有些信息商品成本太高，若全部由用户承担，用户心理上承受不了；有些信息产品未商品化，人们可通过非市场途径得到同样的信息或类似的信息，迫使一部分本来应由用户承担的信息成本转嫁于其他机构或个人；有些信息商品被人为地禁锢在产品的范围内，不准进入市场，致使其成本转嫁于公民或其他机构。

4. 信息商品成本转嫁的影响

信息商品成本转嫁这种不可避免的信息经济现象对社会经济和信息产业的发展既有正面影响，也有负面影响。

(1) 信息商品成本转嫁的正面影响

信息商品成本转嫁的正面影响主要有四个方面：一是有利于减轻信息用户的经济负担，克服用户因经济原因或心理原因而不涉足信息市场的情况，激发用户的信息市场有求；二是可以促进信息商品的广泛利用，提高信息商品的利用率，使信息商品能充分地发挥其作用，提高信息商品生产经营的社会效益；三是可以将部分信息商品成本转嫁于物质商品生产者或附于物质商品中，有利于促进物质商品的销售和使用；四是在我国，信息商品成本转嫁能使信息商品具有部分福利品的性质，能较好地体现社会主义制度的优越性。

(2) 信息商品成本转嫁的负面影响

信息商品成本转嫁的负面影响主要有三个方面：一是导致了信息商品成本承担的不公平性，使信息商品使用者不承担全部成本，而未使用信息商品的机构和个人却要承担一部分信息商品的费用；二是会使信息市场机制不能正常地发挥作用，给信息市场的发育和培育带来了不良影响；三是不利于信息商品生产经营机构回收生产和服务成本，不利于信息产品的扩大再生产，会影响信息产业的发展。

7.2 信息商品的价值与使用价值

7.2.1 信息商品的价值

马克思认为商品是使用价值和价值的矛盾统一体。使用价值和价值存在于统一体中、又具有排他性和对立性。信息商品也不例外，也是使用价值和价值的矛盾统一体。但是信息商品又是一种特殊的商品形态，其使用价值和价值都具有其他物质商品所不具备的各种特性。

1. 商品（包括信息商品）价值的定义

关于商品的价值，我们援引劳动价值论。在马克思之前，经济学家亚当·斯密及李嘉图已经提出了劳动创造价值的理论。但是，由于他们当时没有认识到劳动具有具体劳动与抽象劳动的二重性，因此，他们提出的劳动价值论是不完善的。马克思吸取了亚当·斯密及李嘉图劳动价值论中的合理因素，提出了劳动二重性的概念及分析方法，从而使劳动价值论牢固地建立了起来。

按照劳动价值论，商品的价值一般也称为劳动价值，不是由个别劳动时间决定的，而是由社会必要劳动时间决定的。价值就是凝结在商品中的人类抽象劳动。

商品的价值是由以下几个部分构成：

$$W = C + V + M \tag{7.1}$$

式中，W 为商品的价值；C 为不变资本，即转移价值；V 为可变资本，即必要劳动；M 为剩余价值。

信息商品价值的数学表述为：

$$W = C_1 + C_2 + V_1 + V_2 + M \tag{7.2}$$

式中，不变资本 C 分为两个部分：C_1 为生产信息商品时投入的物质材料的价值，这与物质商品相同；C_2 为生产信息商品时投入的信息材料的价值，C_2 的投入创造了生产信息的客观条件。

必要劳动 V 也分为两个部分：V_1 为同类性质的体力劳动者的体力劳动支出；V_2 为劳动者具有创造性的脑力劳动支出。

一般来说，在生产信息商品时，V_2 部分的价值量要远远大于 V_1；M 是剩余价值，为体力劳动与脑力劳动共同创造的剩余价值。

信息商品价值式中各项原则上可以量化，但具体计算相当困难，特别是 V_2 及 M。

2. 影响信息商品价值实现的因素

生产信息商品的经济目的在于实现其商品价值。不论是网上信息资源还是网外信息服务，不论是已整序的信息资源还是非整序的零散信息，其信息资源的商品化首先是为了实现其商品价值。影响信息商品价值实现的因素较多。在这些因素之中，信息本身的质量是基本因素，用户环境则是关键因素。而信息商品市场在信息商品的价值实现过程中起主导作用。

（1）信息商品的质量

这是影响信息商品价值实现的基本因素。信息商品的质量取决于多个因素，但其中最重要的是信息类型对用户需求的适用性、信息含量和信息新颖性等三个方面。

1）信息类型对用户需求的可适用性。信息类型要符合用户需求，这是实现信息商品价值需要具备的首要条件。任何针对某一对象或某特定用户生产的信息商品，其类型首先必须要符合用户需求，用户才能产生获取意愿。即使是针对社会多个领域、多个层次用户的信息集成产品或商业网站的信息资源建设，其种类也要符合相应的社会信息需求，从而至少要能够产生一定大小的相应的社会信息消费群体。否则，生产者即使付出很多的劳动，却难以产生相应的社会信息消费群体，信息商品的价值实现也将受到影响。信息对用户需求的适用性越强，用户对这种信息商品的需求和利用也越多。同时，信息商品的市场交换能力即信息商品的价值实现能力也越强。

2）信息含量的充足性。信息含量即一种信息商品必须要具有的内容深度、必要的相关说明及其他必要的各种附加结构要充足，这是实现信息商品的价值必须要具备的基本条件。这是因为，一种信息商品的信息含量是否充足，这决定用户对这种信息商品的可使用性或能否产生足够大的信息使用效果。即使一种信息商品其类型符合用户需求，但如果内容过于简单，深度不足，缺乏必要的附加结构，用户使用这种信息后难以得到预期大的利益，甚至无法使用信息，其信息商品的市场交换能力必然受影响。在很多情况下，用户的信息需求特点是复杂的，不同的用户对信息商品的内含信息量或内容深度的要求并不相同。但信息商品生产人员生产某种信息商品时，至少其内含信息量或内容深度要达到一定的程度，而且其各种附加结构要充足，说明要充分，以便能够保障特定用户或用户群体使用信息后的预期利益。否则，即使用户已经获得自己所需要的信息，但用户使用信息后不可能得到满足，而且引起用户的失望，用户对信息商品的使用量也必然减少，信息商品的价值实现也将受到影响。

3）信息内容的新颖性。这是提高用户的信息使用效果，促进信息商品的价值实现要具备的重要条件。绝大多数的信息商品都具有不同程度的时效特点。有些信息商品，如发展缓慢的科技领域和历史性内容的信息老化很慢，可以很长时间保持其新颖性或对用户的可满足性。但不少信息的老化很快，如发展较快的新兴学科领域和社会新闻、经济数据、市场环境等方面的信息等，有些信息的寿命更短。对用户来讲，越是代表最新发展水平的科技信息、社会信息和经济数据，其使用效果也越大。相反，内容过时的、陈旧的信息难以保障用户预期的信息使用效果。有些过时的信息甚至可以变成毫无用处的废品，如果不及时更新或更换，就可以影响整个数据库或信息商品资源的质量，影响其商品价值的实现。

（2）用户环境

1）用户的信息获取能力。目前我国科技人员或信息消费者获取自己所需要的信息主要有两个途径：一是通过上网直接获得信息。目前国内外大量的科技、经济、文化、教育等多方面的信息以商品形式通过互联网跨国界、超地区流通。因此，用户可以利用计算机上网后直接检索自己所需要的信息。但这需要用户具备计算机并且上网。当前我国个人计算机普及和网络基础设施建设较快，但其分布并不平衡，如东西部之间、内地与沿海之间、经济和文化发达的城市与贫困地区之间的差距都比较大，仍然有大量的科技人员或信息消费者未能直接利用网上信息资源。网络信息消费者的这种不平衡状态可以从量的方面直接制约网上信息资源的商品价值实现量。二是靠信息管理部门如情报所、图书馆及各种类型的信息经营公司获得自己所需要的信息。经济、文化和信息基础设施等条件比较落后的欠发达地区的科技人员或信息消费者及其他尚未具备上网条件的多数信息用户主要靠这种方式获得所需要的信息情报。在这种情况下，用户必须要懂得手工或计算机检索方法。如果是委托检索，用户还必须要向信息管理人员准确地表达信息需求内容。否则，用户将得不到自己所需要的正确的信息。因受用户本身的知识、智力和信息表达能力差异的影响，任何用户都不可能充分、准确地表达自己的信息需求或检索准确的信息。这不仅影响信息社会价值的实现，还影响其商品价值的实现。

2）用户对信息内容的吸收能力。这主要指根据用户的某种特定需求，信息服务部门提供各种科技、经济及其他多种信息资源的情况。在很多情况下，用户在科技、经济活动中经常需要各种信息。这些信息不仅对用户或公司企业的科技、经济活动具有重要意义，还对企业开发产品，开拓市场，促进企业的创业发展起重要的作用。因此，很多产业经营部门高度重视科技、经济信息的保障作用。但有时根据用户的需求提供有些内容复杂的高技术类科技情报时，因企业缺乏相应的技术信息吸收能力而无法采用。在农业产业化或农村多种技术开发服务过程中也有时发生类似情况。因此可以说，用户对信息内容的吸收能力也是实现信息商品特别是科技信息商品价值的不可缺少的重要条件。用户难以吸收信息内容主要有两个方面的原因：一是信息商品内含知识的深度和结构等明显超过用户可接受的水平；另一个是对外文信息的使用能力差。目前，这两种情况仍然是我国欠发达地区很多农村或中小企业信息服务中影响信息商品价值实现的一个不利因素。

3）用户的信息实施条件。对一部分产品开发型的信息来讲，其商品价值的实现还需要用户具备相应的人才、资本和其他一定的物质条件等。否则，即使为用户提供经济开发价值很高的重要的信息情报，也无法实施该信息。或者至少首先要解决实施该信息所必要的人才、资本和其他一定的物质条件等问题。这就说明，这种类型信息商品的价值实现在一定程度上还要受用户具备的信息实施条件的影响。

（3）信息商品市场

信息商品市场是影响信息商品价值实现的主要因素。信息商品市场在质和量上的发育程度主要是通过信息商品的流通量或交换量制约信息商品的价值实现量。信息商品市场的发育主要指，信息商品市场的地区分布、数量分布和信息管理人才、市场可处理信息资源量、信息设备及相应的信息消费群体的形成情况。经过多年的努力，我国的信息商品市场已有相当的发展。尤其是自从互联网进入我国以来，信息商品市场的发展更快，大量的科技、经济、文化、教育乃至娱乐等各种商品化的信息被利用于人们的工作、学习和生活，实现其商品价值。但信息商品市场的发展并不平衡，在经济和文化相对发达的中心城市和沿海地区发展相对快。而在西部欠发达地区和其他贫困地区因自然条件差，经济发展慢，社会文化水平也相对低，信息商品市场难以得到快速的发展。尤其是网络信息商品市场发展缓慢。这种状态必然制约信息商品的社会流通量和价值实现量。

7.2.2 信息商品的使用价值

1. 商品（包括信息商品）使用价值的定义

按照马克思主义经济学，商品不仅有价值，而且具有使用价值，商品（包括信息商品）的使用价值指的是商品能满足人们需要的性能，通俗地说，就是商品用途之大小。

马克思主义经济学中商品的使用价值，对应着（但不等价）西方经济学中商品的效用价值。如果不考虑消费者对商品的主观偏好，则使用价值与效用价值等价。

在西方经济学中，效用价值论认为：效用是消费者从某种物品中所得到的满足，是消费者行为的归宿，因此，效用是商品价值的源泉。但效用并不构成价值的全部内容，因为还要加上稀缺性，即越有用，越稀缺的商品，价值越高。稀缺性本身并不能提高商品的用途。但是稀缺性商品的获得，能满足某些人的心理要求。因为，在这些人看来，越是稀缺的东西越有价值（即所谓“物以稀为贵”）。

2. 信息商品使用价值的主要特征

（1）共享性

信息在同一时点上可为有关人员共同利用，即具有共享性，信息商品承袭了这一特点。信息商品的使用价值在商品交换过程中为购买者获得时，销售者并没有失去它，因而具有共享性。信息商品出售后，只要卖方不自愿放弃对该商品的信息内容的所有权和使用权，他还能再次出售或自用同一信息商品，为更多的人共享。更有甚者，某些人可以不付出代价，也享受某些信息商品的使用价值。

（2）再开发性

消费者是否获得信息商品的使用价值，并不在于获得该商品的形式或载体，而在于掌握信息商品的本质内容。信息商品一般不能立即独立地给使用者带来直接的利益，其使用价值的实现必须结合使用者自身的硬件及软件条件予以实施。在实施过程中进行再开发才可能转化为经济效益，此称为二次开发。所以说，信息商品的使用价值具有再开发性。

(3) 与使用者相关性

由于信息商品使用价值的实现要进行二次开发，因此，这种使用价值的实现程度必然与使用者自身素质、水平、能力、实力等条件相关。

同一信息商品（例如一项科技信息），有的使用者购得，可能致富；但是，有的使用者购得，却可能一无所获，甚至造成亏损。

（4）效用滞后性

普通商品买来就能用，它的使用价值可以立竿见影。但信息商品的使用价值的实现，一般都有一个时间过程。也就是说，相对于付费购买来说，其效用在时间上是滞后的。当然，这个时间过程有长有短。有些信息商品其使用价值的实现，不仅取决于信息商品本身固有的使用价值，使用者的素质及实力，还取决于社会整体的科技经济水平。

（5）时效性

尽管信息商品的使用是无消耗的，不会因使用损失其载体亡的信息，但是载体上的信息却会随着时间的流逝而成为过时或无用的信息，也就是老化。信息商品名化的速度可以仿照文献计量学中的公式来计算。如巴尔顿－开普勒老化方程：

$$y = 1 - \left(\frac{a}{e^{x}} + \frac{b}{e^{2x}}\right) \tag{7.3}$$

式中，y为经过一定时间后，某学科领域仍在利用的文献之相对数；e为自然对数的底；a、b为两个根据经验选定的常数，满足$a+b=15$；x为以10年为其单位的时间。

例如：若取$y=0.5$，即可求得描述文献随时间老化的半衰期。

信息商品上的信息，像承载在文献载体上的信息一样会随时间而老化，致使信息商品的使用受到了时间的限制，称之为信息商品使用价值的时效性。

3. 信息商品使用价值的测度

（1）关于信息量的测定

一般情况下，计算承载于信息载体上的信息量，没有统一的测度方法，往往用载体的单位来测度信息量。印刷型（或其缩微复制品）信息商品常用印刷符号的数目或印刷页数等，音像型信息商品则常用音像载体播放的时间。这些测度方式对信息商品的信息量既然没有统一的测度单位，当然也就不能准确地测度信息商品的准确信息含量了。

不过对于概率信息则可以用申农信息论，即《通信的数学理论》中测度信息熵的公式来统一测度。这样，机读型信息商品（如电子出版物）中，对用二进制编码的概率信息，便可进行统一准确的测度（当然这只是对语法信息量进行测度）。

(2) 几种信息商品使用价值的测度

在某些条件下，信息商品的使用价值是可以测度的。下面，介绍几种信息商品使用价值或效用价值的测度公式及方法。

1) 信息商品的使用价值与信息量之间的关系。设从某对象（信源）输出 n 个消息 x_1，x_2，…，x_n，它们出现的概率分别为 p_1，p_2，…，p_n，那么，该信源的平均信息量可表示为：

$$H(X) = -\sum_{i=1}^{n} p(x_i)\log p(x_i) \tag{7.4}$$

其中，$H(X)$ 在信息学中称为信息熵或申农熵。

当 $p(x_1) = \cdots = p(x_1) = \cdots = p(x_n) = p = \dfrac{1}{n}$ 时，信息熵达到最大值，称为最大熵。

信息熵是从信息的语法形式上考虑信息的测度。显然，信息熵越大，信息商品的信息含量就越大，其使用价值也越高。

这里，仅考虑了信息商品信息量的使用价值。除了信息量（语法信息）之外，还有信息的质（语义信息）等，作为信息商品的组成部分，它们还有自己相应的使用价值或效用价值。其测度或计算，可根据具体情况建立数学模型（例如经验公式）来进行。

2) 信息商品在决策中的使用价值。设有一随机事件 $\varepsilon(\varepsilon_1,\varepsilon_2,\cdots,\varepsilon_n)$ 中状态 ε_1 中发生的概率为 $p_i(i=1,2,3,\cdots,n)$，x_i 为状态 ε_i 出现时，决策者单位投入获得的收益。

假设效用函数 $U(y)$ 具有对数表式，即

$$U(y) = \log(y) \tag{7.5}$$

可以证明，在无信息时，决策者的最大期望效用为：

$$U_0 = \sum_{i=1}^{n} p_i\log p_i + \sum_{i=1}^{n} p_i\log x_i \tag{7.6}$$

当设立了一个信息容量 $H = -p_i\log p_i$ 的信道时，决策者的最大期望效用变为：

$$U_0 = \sum_{i=1}^{n} p_i\log x_i$$

拥有一定资产的决策者在有信息与无信息不同情况下取得的最大期望效用是不同的，其差值：

$$\begin{aligned}\Delta U &= U - U_0\\ &= \sum_{i=1}^{n} p_i\log x_i - \left(\sum_{i=1}^{n} p_i\log p_i + \sum_{i=1}^{n} p_i\log x_i\right)\\ &= \sum_{i=1}^{n} p_i\log P_i\end{aligned} \tag{7.7}$$

即为信息商品在决策过程中的使用价值或效用价值。

3）科技信息使用价值的估算。对于给用户提供的科技信息，其使用价值可用以下半定量经验公式作粗略计算，即

$$W = e^{-\lambda t} M \cdot R \cdot H \tag{7.8}$$

式中，W 为信息的使用价值；R 为信息对用户的适宜性，可根据用户对该信息商品的需求性及消化能力确定；M 为信息质，可根据信息商品的价值确定；H 为信息量，可根据信息商品类型计量；t 为时间；λ 为常数，λ 可由信息商品的寿命性质决定；e 为自然对数的底；$e^{-\lambda t}$为信息的衰老系数。

7.3 信息商品的定价策略与定价方法

前面分析了信息的价值及使用价值，这里将进一步分析信息市场结构，影响定价的因素、定价的理论基础、信息商品的价格策略及其具体的定价方法，最后介绍一下信息商品综合定价模型。

7.3.1 信息市场竞争模式和影响定价的因素

1. 信息市场竞争模式

经济学一般把“纯粹竞争市场”（purely competitive market）定义为有多个竞争者同时生产同类型、无差异商品的市场。例如小麦市场、谷物市场、联想股份销售市场等，都是纯粹竞争市场，而垄断竞争市场（monopolistic competition market）则是指不存在大量相同产品，但各种产品间存在替代性的市场。例如汽车市场、飞机市场等，都是垄断竞争市场，显然，纯粹竞争市场更接近于完全竞争市场，市场上的单个生产者没有决定价格的实力。但是，在垄断竞争市场上，由于产品差异性存在，单个生产者拥有一定的决定产品价格的权利。

观察信息商品市场的商品形态、生产商数量、竞争和垄断状况，可以发现，它更像一个垄断竞争市场，而非纯粹竞争市场。事实上，正是由于信息商品生产过程的特殊成本结构带来的自然垄断特性和信息商品消费过程中的体验性，使得信息生产商都具有一定的垄断势力，而且信息商品的体验特性带来的产品个性化和顾客感受加大了顾客被锁定的力度，降低了产品间替代率。例如，企业对财务管理软件的选择有很大的历史依存性，在长期使用过程中，软件的升级都必须依赖最初的软件提供商；消费者对某种休闲杂志的偏好可能会持续一生，尽管每年都会有类似杂志出现等。此外，知识产权法规保护赋予产权所有者垄断的权利，也导致垄断形成，而且保护力度越大，垄断势力也超大。例如互联网上的 MP3 音乐免费下载网站就因为音像出版商的诉讼而被迫退出市场。

从20世纪90年代开始的信息商品市场的快速膨胀，一方面是技术进步的内生性因素影响，另一方面也是高投资和高利润的交叉作用。从结果来看，目前的信息商品市场普遍拥有多家实力相当的厂商，以大（中）型数据库软件市场为例，Microsoft、IBM、Oracle、Sybase四家公司几乎瓜分了这个市场。

由此看来，信息商品市场是一个垄断竞争市场，接近于张伯伦的垄断竞争市场模型，即存在多个垄断厂商的有限竞争状态。所以，张伯伦的垄断竞争市场模型是分析现有信息商品定价策略的基础。

2. 影响信息商品价格的因素及其分析

影响信息商品价格的因素很多，不同类型的信息商品，对其价值造成影响的因素也不同，下面对这些因素做出一般的分析。

（1）价值对价格的影响

像普通商品一样，信息商品的价格必须以价值为基础。信息商品的价格乃是其价值的货币表现。不过需要注意的是，信息商品的价值及使用价值有不同于普通商品的价值及使用价值的某些特点，它们将对信息商品的价格产生一定的影响。

1）同一信息商品可能因交换内容不同而形成不同价格。同一信息商品，它包含着不同的内容，消费者购买该信息商品时，可能只购买其中一部分内容，不同消费者购买该信息商品时，根据自身情况及需要，可能购买不同部分的内容。因而价格各异。例如一项专利，按所有权、独家使用权、一般使用权购买，其价格肯定不同。

2）信息商品使用价值受社会条件影响，可能导致价格偏离价值。信息商品的价值是客观的，由其所包含的社会必要劳动所决定。但其使用价值却受到各种社会条件的影响。这些社会条件对信息商品使用价值的影响有正面的、负面的、中性的。不同类型的影响，将对信息商品的价格产生不同的作用，从而形成价格对价值的偏离。因此，可以按照偏离情况分为价格等于劳动价值量（无偏离的正常情况）、价格高于劳动价值量（例如，某些信息商品因购买者政治、军事、经济方面的需要，而出高价购买）、价格低于劳动价值量（例如，某些科学理论、文艺作品因意识形态的原因得不到相应报偿，相反，还要受到批判、迫害）。

3）信息商品使用价值的时效性引起价格的涨落。信息商品的使用价值具有较强的时效性。有些信息商品由于其使用价值不被人们认识，始终卖不出好价钱。但经过一段时间，当社会认识水平提高后，它的使用价值被人们认识后，其价格就可能大幅攀升。不过，总的来说，信息商品的使用价值是随时间而衰减的。

4）信息商品使用价值的不确定性引起成交价格的不确定性。购买者在购买信息商品之前不同于购买普通商品，并不知道或不完全知道信息商品的内容与特征。他们只知道该信息商品在内容上有一定的新颖之处，但它的真正效用（使用价值）难以被全部了解、认识。就是说，信息商品的使用价值具有不确定性或未知性，只有在付费使用之后其效用才能表现出来。

再加上信息商品使用价值的完全实现还有赖于购买者本身的技术条件、人员素质等，更增加了其使用价值的不确定性。信息商品使用的不确定性必然影响其价格的不确定性。即信息商品价格的确定将受到购买者对生产困难程度以及生产者自身生产能力等因素的影响，还受到购买者的知识水平和知识结构以及供给者的诱发和激励之影响。

（2）供求关系对价格的影响

供求关系对信息商品价格的影响较为复杂，不像对普通商品那样简单、明确。

对于大多数信息商品而言，尤其是深化型与扩张型信息生产的商品，供求关系对其市场价格可能不会有太大影响，有些甚至没有什么影响。比如专利、高科技含量的信息商品等不会以购买者的多少而影响商品的价格，价格弹性小。

对一些具有较大共享面的大众信息商品，例如报纸、书刊、音像制品等，在一定程度上存在着类似于普通商品的供求与价格关系：价格较高，消费量就少；价格较低，消费量就多。

（3）社会信息化程度对价格的影响

1）信息商品化程度较低时，许多信息产品或者不能以独立的形式进入商品市场，或者根本不能成为商品。因此，这些信息商品的交换，或者只能依附于普通商品的交换而进行，其价格只能作为物质商品价格的一部分，随着普通商品的价格变动而变动；或者不按商品等价交换的原则，生产者得不到相应的价值补偿，其价格为零。

2）信息技术水平对信息商品的价格也有一定影响。例如，过去世界上绝大多数的电视节目收看者，都不需要交谈就能获取有关信息。但是随着信息技术的发展，有线电视的出现，为电视信息的商品化提供了技术保证，收看者必须根据自己所选的专项电视节目支付一定的费用。

3）信息技术水平直接影响信息商品的成本、价值等的形成，进而对信息商品的价格产生影响，信息商品在其生产、加工、传递和存储等过程中无不依托于一定的信息技术设备，先进设备显然会极大降低信息商品制作和出售的成本，从而影响（降低）信息商品的价格。

3. 网络环境对信息市场定价的影响

互联网规模的发展带来的网络效应正在潜移默化地改变着我们的社会。网络的超时空特性使得基于网络的信息商品交易行为和传统的交易行为差异很大。在目前，网络还只能作为传统实物类商品交易的一个信息共享平台，只是减小了信息不对称的程度，但对于以信息内容为核心价值的信息商品来说，却可以算得上是一个新兴的、条件良好的市场。例如著名的网上虚拟书店 Amazon. com 就利用互联网的开放性创造了一个大的市场。信息商品交易的各个环节都可以在网络上完成，包括订购、生产、定价、谈判、交易、服务等。当然这个市场的特殊性对我们传统的经济理论分析也提出了挑战，特别是网络技术和信息商品特点的契合性已经使我们不得不重新审视传统经济理论的适用性问题。

在网络环境中，信息商品三个典型的特征并没有消失，网络在以下几个方面对信息商品市场产生了新的影响，也给网络上的信息商品交易行为提出了新的挑战。

(1) 零边际成本的转售成为可能

网络上的信息商品以二进制编码形式存储，与以文字形式存储于纸张上的信息商品相比，网络上的信息商品拷贝和转售的成本更加低廉，就是点击鼠标和键盘的时间成本。所以和传统交易行为相比，这种交易过程中的交易费用也没有构成经济约束，即边际成本真正为零。

同时网络信息共享的便利使得供给和需求的信息极易发现。在信息充分对称的前提下，一方面供给和需求更易达到均衡价格；另一方面，首先购买信息商品的消费者转售该商品的条件更加优越，如果产权约束不严格，监测费用过高，这种转售的可能性就大大增加了，并且转售带来的产量增加会降低信息商品原始厂商的垄断势力和获利能力。以电子书籍为例，期望出售电子版图书而获利的网络商务模式在目前就被证明是失败的。

(2) 共享便利增加规模经济效应

网络的功能一方面改善了供需双方的信息不对称，对于具有自然垄断特性的信息商品市场来说，网络无疑加大了市场空间，可以令更多的顾客接触并消费信息商品；另一方面就是把信息商品的非竞争性消费特点发挥得更加淋漓尽致。互联网作为信息商品的传播和销售的渠道，使得信息商品的产量可以更大，平均价格可以更低，规模效应更易实现。

(3) 价格歧视更加严重

通过网络销售信息商品的过程中，虽然生产商统一显示了发布价格，但由于销售行为的独立性，也就使单个交易行为不易被第一方观察到，消费者互相不知道对方的最终交易价格。在此前提下，生产商为了达到收益最大化，就有更大的积极性变动最终的交易价格，以获得最大的市场和最大的利润，而不用担心价格歧视带来的顾客责难和同行指责。结果，隐秘的价格歧视行为更加严重，价格更加离散，价格策略更难把握。

网络环境下的信息商品市场的新变化，也直接反映在价格波动上。事实上，通过网络出售的商品，大部分都是信息商品，如书籍、磁带、CD、软件等。而网络改变了这些信息商品价格离散结构，简单的搜索就可以统计价格离散度，其结果就是在不考虑其他交易费用的情况下，定价成本更低；而价格本身的离散度也变低，价格更加接近成本，它使得定价行为更加科学、有效。

信息商品的特点使得信息商品市场和其他物质商品市场有较大的差异，这种差异反映在市场竞争结构和商品销售形式上。在经济学价格理论指导下，根据信息商品市场的特殊性，制定出一个合理的、有效率的价格是信息商品生产商头痛的难题。随着信息商品标准化和个性化的双向变动，价格问题日益突出。网络的出现，改善了定价的成本，也使价格选择更加被动。新的定价策略和方法也伴随着时代的发展不断涌现。像金山公司利用定价 50 元的金山毒霸成功地进入电脑杀毒市场一样，价格策略已经成了信息商品厂商重要的竞争战略。当然，在一切价格战略中必须考虑的关键词有：零边际成本、信息悖论、非竞争性消费、转售、垄断竞争、多重定价、捆绑定价、歧视定价等。

7.3.2　信息商品定价的理论基础

目前关于信息商品价格的讨论在很大程度上仍然借鉴了经济学中的价格理论，主要集中在以下三个方面。

1. 古典经济学理论

应用古典经济学理论解释信息商品价格的形成，包括效用价格论、供求价格理论、生产费用理论。

(1) 效用价格论

效用价格论认为信息商品的价格主要由信息使用后可能产生的效用来决定。因为信息商品不存在平均化的社会必要时间，商品中没有一个稳定的价格实体。信息商品价格高低，主要是看它效用的大小，即将使用该信息商品后的预期收益（或损失）与不使用该信息商品的预期收益（或损失）相比，两者之差就是信息价格的最高值：

$$P(I) \leqslant \sum_{i=1}^{n} P_i J_i - \sum_{R=1}^{n} Q_R H_R \tag{7.9}$$

式中，Q_R 是使用信息 I 前事件发生的概率；H_R 是使用信息 I 前的可能收益；P_i 是使用信息 I 后事件发生的概率；J_i 是使用信息 I 后的可能收益。

信息商品的效用是信息商品定价的基础，信息商品效用越大，信息商品的价格就越高，反之则越低。但是由于信息商品是经验型商品，其效用的发挥和实现很大程度上取决于消费者的感受和满意程度。即使同一件信息商品，对于不同的消费者来说，其所产生的效用也可能不相同，因而效用价格理论在实际的定价中存在一定的局限性。

(2) 供求价格论

供求价格论认为市场的供求关系决定了信息商品的价格。对于单独的厂商来说，他们没有能力控制市场价格，而只是价格的被动接受者。如图 7.12 所示，S 表示供给曲线，D 表示需求曲线，E 是均衡点，E 所对应的价格 P 是信息商品的供求平衡价格，所对应的数量 Q 是信息商品的均衡需求量。

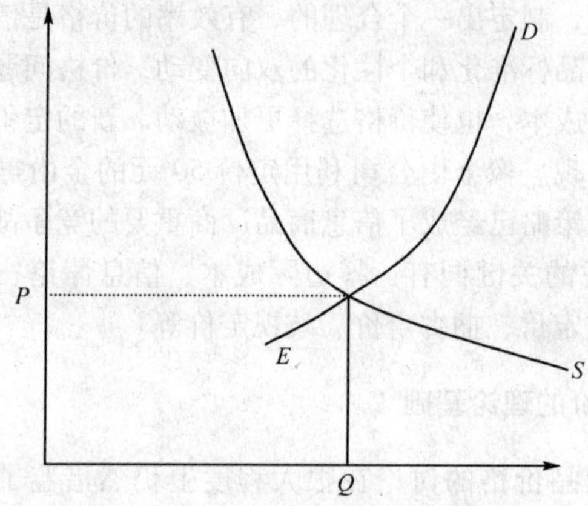

图 7.12　供求均衡价格

(3) 生产费用论

生产费用论认为信息商品的价格取决于商品的生产成本与耗散费用，以及利润率。公式表达为：

$$P = C + C \cdot r \tag{7.10}$$

式中，P 为信息商品价格；C 为生产成本；r 为产品利润率。

从公式上可以看出，信息商品的生产成本越高，其价格越高；企业利润水平越高，信息商品的价格也越高。由于行业平均生产费用在一定时期内是固定的，行业内各企业的生产成本和利润是雷同的，因而信息商品价格在一定时期内会表现出一定的相似性。

2. 马克思劳动价值论

运用马克思的劳动价值论解释信息商品的价值和价格。马克思劳动价值论认为价值量由信息商品生产的社会必要劳动时间决定，这一理论沿袭了物质商品的定价理论。由于信息商品本身的特殊性，其价值量的表现形态和内容更具复杂性。

信息商品的价格同样是商品价值的货币表现形式。根据前面的介绍，信息商品的价值可分为效用价值、劳动价值和效益价值，这些都可以作为信息商品价格形成的基础。由于信息商品价值的不统一性和多维性，使得信息商品的价格在反映价值时也比物质商品复杂，不同层次的信息商品间也有所差别。一般来说，一次信息商品的价格主要决定于效用或效益价值，二次信息商品以劳动价值为基础形成费用价格，而三次信息商品兼有一次信息商品和二次信息商品的特征，其价格的形成要充分考虑其劳动价值和效用价值。

3. 现代西方经济学理论

借助于现代西方经济学关于价格理论阐述信息商品的价格问题，包括边际成本理论、垄断价格理论和均衡价格理论。

(1) 边际成本理论

边际成本理论是在完全竞争市场的假设前提下，企业为实现自身利润最大化，将再生产一单位产品的边际成本（MC）等于消费者的边际效益（MB）时的价格确定为信息商品的价格。公式表达为：

$$P = MC = MB \tag{7.11}$$

这是不考虑个性化的外部性的社会最优价格，它实现了企业的规模产量与社会效率，达到了帕累托最优。但在信息市场中，市场表现出的是垄断与竞争的双重特性，完全竞争的市场状态是不存在的。所以，单纯的边际成本理论难以成为信息商品实际定价的基础。

(2) 垄断价格理论

垄断价格理论以信息商品具有垄断性作为前提，承认信息商品生产商对商品所持有的垄断权利。这种垄断权利源于由各行业自身特点形成的自然垄断，也可以源于人为规定的法律和权利，如知识产权法。当市场处于垄断状态时，厂商为保证收回投资，实现利润最大化，通常会以高于平均成本的价格定价，形成垄断价格。垄断价格的形成，一方面保证了信息商品生产者的利益，并为其提供了继续生产的激励，另一方面却造成了净损失，降低了社会效率。

可以看出，垄断价格理论是一种与产权相关的信息商品价格理论，信息商品的价格与产权之间存在着一定的关系。无论信息商品表现出的是公共物品属性、私人物品属性，还是垄断特性，只要是产权属性不同，商品的价格都会随之改变。

(3) 均衡价格理论

均衡价格理论认为信息商品的价格应该以生产费用为基础，兼顾一定时期的市场状况，包括综合考虑供求关系、垄断特征和竞争程度等因素而制定出的均衡价格。这个价格体现了市场上多种因素的作用，既是一个主动的价格，也是一个被动的价格，它实现个体收益与社会收益的均衡。

可以发现，马克思劳动价值论和效用价值论，主要从信息商品的价值或使用中的期望收益出发，揭示了信息商品价值和价格的实质内涵；供求价格论和垄断价格论，主要从信息商品市场的角度出发，考虑宏观的市场结构和企业实力，有助于解释整个信息商品市场的价格问题；生产费用论和边际价格论，主要从信息商品生产过程本身出发，从微观角度考虑信息商品的价格制约因素，有助于说明不同信息商品的价格差异；均衡价格论则考虑了多种经济因素交叉作用的解释理论，是综合分析信息商品价格形成过程的基础理论。

7.3.3 信息商品的综合定价理论

“综合”就是以系统的观点，把一件事物的诸多因素有机地结合起来的过程。

“综合定价说”则是把信息商品定价理论中的“价值说”、“使用价值说”、“垄断价值说”以及“需求价值说”的理论依据融合起来，从一个新的高度来构筑信息商品定价理论，继承和发展了马克思主要政治经济学中的劳动价值论，把信息商品的价格问题放到市场中去研究，“综合定价说”具有很强的开放性和动态性特点。

1. 信息商品“综合定价说”的定价基础及价值量的构成

对于一般商品来讲，价格不过是价值货币表现形式，是物化在商品内的劳动的货币表现。这种劳动不是创造唯一价值的唯一劳动，而是社会必要劳动。根据我们前面几节分析的信息商品价值和使用价值的特殊表现形式与内容，作为价值转化形式的价格，对信息商品是不适用的。

那么，以什么为依据来确定信息商品的价格呢？为了回答这一问题，我们可以从信息商品本身和它的消费过程去分析。

从价值和使用价值统一的观点来认识信息商品价格形成的基础有重要意义。这意味着要从具体劳动与抽象劳动的统一性上认识信息商品价格形成的基础。抽象劳动对价格的影响，经过中间环节后，在很大程度上具体化为生产费用对价格的影响；而具体劳动的物化形成了使用价值，这也影响价格。使用价值并不仅是具有一定性能的物品，而且是与价值不可分割的辩证统一的范畴。从使用价值统一的观点认识信息商品价格形成的基础，坚持和强调了劳动在价格形成中的意义和作用。

随着经济的迅速发展，价格已越来越不局限于作为费用的函数，而成为费用和效用的共同函数。在前苏联和东欧的一些国家中，很多文献在探讨一种新价格单位，即等一效用上的社会劳动量。比如，研究 1 千卡热量的价格，而不是局限于 1 吨煤或 1 吨油的价格，这就使价格与效用的联系更为紧密。

还应该看到，信息商品生产具有垄断特性。那么信息商品的价格就有垄断的一面，此时我们必须从市场的角度出发，在供需关系和垄断的基础上研究信息商品的价格。

在信息商品的定价过程中，供需关系和垄断起着举足轻重的作用。生产信息商品的劳动只有个别劳动而无社会必要劳动，这种劳动创造的信息商品的使用价值能带来可观的利润，这使信息生产者在信息市场上居于有利的经济地位。因此，从某种程度上讲，信息市场是卖方市场，信息商品的生产和交换几乎完全由信息生产者（卖方）控制，信息生产者可以凭借其垄断地位获取高额的垄断利润。信息商品能够按照垄断价格交换，然而这种交换不意味着信息生产经营者可以漫天要价，事实上这种垄断价格会受到一些客观因素的制约，主要是供需关系。马克思在讲到垄断价格形成时指出："垄断价格既不是由商品的生产价格决定，也不是由商品的价值决定，而是由购买者的需求和支付能力决定的。"在时间和供给不变的情况下，社会对信息商品的需求和信息商品的价格呈正向变动趋势。同时，买方的支付能力对信息商品价格的高低也起很大作用。由于买方的购买能力是有限的，价格过高，超过了用户的实际经济承受能力，信息商品的买卖就不能成交。因此，信息卖方不得不对信息商品的价格有所控制，控制在买方支付能力允许的范围之内。

综上所述，信息商品的价值和使用价值是信息商品定价的最基本依据，而供需关系和垄断则成为信息商品交易成功与否的关键因素。

"综合定价说"理论以信息生产成本为基础，以效用为核心，兼顾需求、垄断、竞争等市场因素，由供需双方共同作用确定信息商品价格。

2. 信息商品的价格构成

信息商品的价格构成，是以信息商品的价值、使用价值为基础，以供需关系和垄断为市场的关键制约因素。至此，我们对价格的构成有了一个比较概括的认识。本节是从信息商品生产的成本、流通费用、利润等方面探讨信息商品的价格构成问题。

(1) 信息商品生产的成本

信息商品生产的成本是指在生产信息商品的过程中，固定资产折旧费 A、原材料费用 B、职工工资和附加工资 C 等费用的总和，用 $A+B+C$ 表示。

(2) 信息商品的风险费用

在物质商品中，生产成本就是制定商品价格的主要经济依据，然而对于信息商品来说，生产成本只能作为定价的依据之一，不是最主要的依据。不过，生产成本是制定信息商品价格的最低经济界限。这是保证信息商品生产者能够正常进行再生产的必要条件。如果制定的信息商品的价格等于生产成本，那么至少还可以补偿生产者的物质消耗支出和劳动报酬支出，使再生产继续下去。一般来说，正常情况下，价格的制定要高于生产成本。而且价格中应当含有社会平均利润。平均利润的取得通常是这样的：把在研制整个信息商品中的资金占用额（设为H）乘以社会平均资金利润率（设为$\bar{\beta}$），即为$H\bar{\beta}$，那么$A+B+C+H\bar{\beta}$就构成信息商品理论价格的基本部分。

还应看到，在科技研究中充满了风险与不确定性，这是信息商品研制有别于一般商品生产劳动的重要特点。如果信息商品的理论价格不能反映出这一特点，按社会平均资金利润率确定的信息商品的利润，很可能会因某一科研项目的失败而使信息生产方式的利润丧失殆尽，影响信息研究的再生产和扩大再生产。因而产生了一个风险系数的问题，它是失败的科研费用与全部科研费用的比例，设它为X。

那么，整个生产成本的完整形式应为：

$$(A+B+C)(1+X)+H\bar{\beta} \tag{7.12}$$

(3) 信息商品价格中的流通费用

信息商品从生产领域到消费领域的转移，必须经过流通过程。在流通领域消费的劳动，就是流通费用，是信息商品价格构成元素之一。

流通费用按性质可分两部分。一部分是生产过程在流通领域继续相关的劳动耗费，它也创造价值；另一部分是劳动耗费，是与价值形式更替，即与商品买卖相关的劳动耗费，如商品广告费、办公费、采购费等。它的货币支出形成了纯粹流通费用。这部分劳动消耗虽不创造价值却是社会必要的。信息商品的流通费用没有物质商品那样典型，物质商品的流通费用包括运杂费、保管费、包装费、商品损耗、银行利息、经营管理费用。信息商品的流通费用相对简单些，包括包装费、保管费、银行利息、广告费和协商费等。用数学的方法，经过归并，可以用流通费用F来表示它们。那么信息商品的价格就等于：生产成本/$(1-F)$，其中$(1-F)$表示流通费用率，即

$$P=\frac{(A+B+C)(1+X)+H\bar{\beta}}{(1-F)} \tag{7.13}$$

(4) 信息商品的利润

从经济学角度来说，利润是激活劳动在生产过程中所创造的价值。信息商品的创造性和新颖性正是信息商品的本质特点。因此，信息商品的利润要比一般商品的利润高得多，其影响因素也比一般商品复杂很多。

1）信息商品的寿命。信息商品的寿命长，可以使信息商品的生产者有从容的余地来选择购买者，多一份讨价还价的余地；在一家采用以后，还会有第二家、第三家等多家要求购买。因此，信息商品生产者关心的是其商业寿命，而信息商品的购买者关心的则是其自然寿命。自然寿命长的，可以在较长的时间里获得经济效益；反之，如果信息商品的自然寿命短，花了一定代价买回来以后不久

便失去了作用，经济效益就小，甚至产生负效益。

2）信息商品的垄断性。信息商品具有垄断的特点，其垄断程度越高，其价格就越高。因而信息商品在获得社会平均利润之后，还能够获得相当的“垄断利润”，这些垄断利润是保证信息研究向更高级发展，鼓励信息科研人员多出成果的基本财源。我们用 L 表示垄断系数，它的值在一个较大的值域内波动。采用模糊数学的方法来判断垄断程度的强弱与否。

影响信息商品垄断程度的因素有需求方的需求欲望、支付能力和它的总体经济效益；垄断程度分强、一般、弱三个级别。因而构造出因素集和评语集两个论域，即

$$\begin{aligned} I &= \{\text{需求欲望}(I1),\ \text{支付能力}(I2),\ \text{经济效益}(I3)\} \\ S &= \{\text{强}(S1),\ \text{一般}(S2),\ \text{弱}(S3)\} \end{aligned} \tag{7.14}$$

然后请有关专家对某一信息商品的某买方进行分析，假设结果如下：

对需求欲望的评语是：20%的人认为很强，70%的人认为一般，10%的人认为很弱，于是得到需求欲望的评价向量：

$$(0.2\quad 0.7\quad 0.1)$$

类似地，对支付能力和经济效益的评价向量，假设分别为：

$$(0.4\quad 0.5\quad 0.1)$$

$$(0.3\quad 0.3\quad 0.4)$$

联合以上三个单因素的评价向量，得一评价矩阵：

$$I = \begin{vmatrix} 0.2 & 0.7 & 0.1 \\ 0.4 & 0.5 & 0.1 \\ 0.3 & 0.3 & 0.4 \end{vmatrix}$$

我们还注意到，需求欲望、支付能力和经济效益三因素对垄断系数的影响程度，不同专家有不同的看法，我们称之为“权重”。假设60%的人认为需求欲望影响最大，30%的人认为支付能力对垄断系数的影响最大，10%的人认为用户的经济效益对垄断系数的影响最大。于是就得到权重向量：

$$A = (0.6\quad 0.3\quad 0.1)$$

然后根据模糊数学原理进行模糊变换：

$$B = A \cdot I = (0.6\quad 0.3\quad 0.1)\begin{vmatrix} 0.2 & 0.7 & 0.1 \\ 0.4 & 0.5 & 0.1 \\ 0.3 & 0.3 & 0.4 \end{vmatrix}$$

为了方便起见，使其归一化，得：

$$B = (0.25\quad 0.65\quad 0.1)$$

综合评判的结果是65%的人认为该信息商品对某购买者来说垄断程度一般，25%的人认为垄断程度强，10%的人认为垄断程度较弱。结果就判定为这一信息

商品对某购买者来说垄断程度一般，此时，垄断系数不可设得过大。一种信息商品，对于不同的购买者来说，垄断系数是不小于1的数。如果大多数人认为一种信息商品的垄断系数高，则可把它定得大些，反之要定得小些，究竟要定到多少，得视具体情况而定。垄断系数值主要由信息商品生产者确定。

如果信息商品购买者在未使用信息商品时的正常利润设为 M，那么信息商品的利润就等于 RLM。至此，信息商品价格公式演变为

$$P=\frac{(A+B+C)(1+X)+H\bar{\beta}+RLM}{1-F} \tag{7.15}$$

(5) 其他

随着信息市场的不断发展完善，出现了信息经纪人。作为信息生产者同信息商品使用者相联系的关系和纽带，如图 7.13 所示。

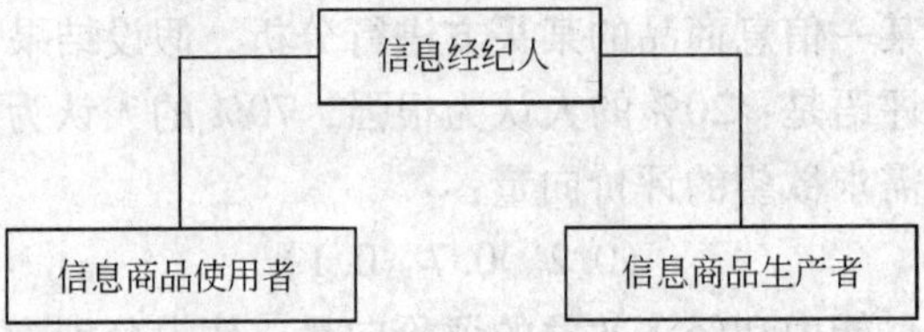

图 7.13　信息商品生产者、使用者与信息经纪人之间的关系

信息经纪人为促成信息交易起着重要的作用。对信息经纪人的佣金应该考虑到信息商品价格中去。

同时，税金是商品价格的构成要素之一，信息商品价格也不可忽视税金。按照经济学中的惯用手法拟用税率（T）表示。

3. 信息商品的理论价格模型

经过以上价格构成的分析，我们导出信息商品的理论价格模型为：

$$P=\frac{(A+B+C)(1+X)+H\beta+RLM+Y}{(1-F)(1-T)} \tag{7.16}$$

式中，P 为信息商品的理论价格；A 为固定资产折旧费；B 为研制信息商品中物质消耗费用等支出；C 为研制中的工资支出；H 为资金占用额；$\bar{\beta}$ 为社会平均资金利润率；X 为社会规模科技研究中的平均风险率；R 为信息商品寿命周期系数；L 为信息商品垄断系数；M 为未使用信息商品前买方的利润；Y 为信息经纪人的佣金；F 为信息商品的平均流通费用率；T 为信息商品税率。

几点说明：

1）信息商品的理论价格是客观存在的，是有规律可循的，同时它又是抽象的，它的数学模型普遍适应于一般的信息商品。

2）理论上的数学模型是从信息商品价格理论中得出来的。所以本模型着重

反映的是价格原理，而不是去简单堆砌和叠加各种因子以构造数学公式。

3）关于弹性系数的考虑，在经典经济学中弹性系数是用来表示需求量对价格变动做出的反映程度，也就是需求量变动同价格变动的比率。弹性系数大，表示需求量的变化程度大于价格的变化程度，也就是说需求量对价格的反应灵敏，只要价格稍有变动，需求量就会发生很大的变化；弹性系数小，表示需求量的变化程度小于价格的变化程度，也就是需求量对价格的反应迟钝，价格的变动对需求量的影响不大。弹性系数可用公式表示如下：

$$E = \frac{\Delta Q/Q}{\Delta P/P} = \frac{\dfrac{Q_1 - Q_0}{Q_0}}{\dfrac{P_1 - P_0}{P_0}} \tag{7.17}$$

在一般情况下，价格的变化同需求量的变化是相反方向进行的。因而弹性系数是个负值，我们通常考虑它的绝对值即可。信息商品是一种特殊的商品，其生产几乎处于独家生产的状态，因而价格的变动对需求量的影响甚小。弹性系数的值通常小于1，且它在一个很小的范围内波动。所以，在信息商品理论价格公式中，没有加进弹性系数。

7.3.4 信息商品定价策略

由于信息商品市场接近于垄断竞争市场模型，所以这种市场的特点和信息商品自身的特征共同决定了信息商品的具体定价策略。其主要定价策略包括：

1. 多重定价

多重定价（multiple pricing）是指厂商对于同一件信息商品通过不同角度进行分割或者组合，赋予不同价格，从而实现市场细分。这是一种从产品角度出发的定价策略，这种角度包括信息时滞、系统界面、使用权限、计算速度、服务协议、结构性能、广含性、功能数量等。例如路透社的信息终端根据消息显示时滞分为实时用户和延时用户；Microsoft 的 Windows NT 操作系统根据结构性能分为高级服务器版、服务器版、工作站版；Symantec 的杀毒软件根据服务协议也分为企业版、多用户版、个人版等。这些不同的用户和版本的价格差别是相当大的，这种策略分析迎合了用户的需求，细分了市场，提高了市场效率。

2. 捆绑定价

捆绑定价（bundling pricing）是指将两种或两种以上的相关产品，捆绑打包出售，并制定一个合理的价格。这种销售行为和定价策略在信息商品领域常常出现，例如微软公司将 IE 与 Window 98 浏览器捆绑，并以零价格附随出售。此外，微软的 Office 软件也是一个典型的捆绑商品，捆绑销售的收益体现在其价格上。为说明此问题，让我们举个例子来看，有两位教授 Staff 和 Sean，两本杂志《经济学人》和《经济报道》。教授 Staff 愿意为《经济学人》付出 160 元，而只愿意为《经济报道》付出 120 元，教授 Sean 愿意为《经济学人》付出 120 元，愿意为《经济报道》付出 160 元，如表 7.1 所示。

表 7.1　购买某种杂志愿意付出的价格（单位：元）

教　授	《经济学人》	《经济报道》
Staff	160	120
Sean	120	160

假如杂志销售商想实现收益最大化，他只有为每本杂志定价为 120 元，两位教授都买了两本杂志，杂志销售商总收入为 480 元；假如杂志销售商将两本杂志捆绑出售，那么每位教授将为捆绑杂志付出 280 元，这样，杂志销售商将有 560 元进账。显然，捆绑定价策略可以增加生产者收入。事实上，很多信息商品都在捆绑销售，例如 ERP 软件、订阅一年的杂志等。当然，捆绑商品的好处不止如此，它还可以降低用户的搜索成本、使用难度、交易成本等。

捆绑定价的适用范围如下：

1）信息商品比实物商品更加适合于捆绑定价，这是由于信息商品的低边际成本特点决定的。生产第一份信息产品花费的固定成本通常非常昂贵，而其后的复制成本极其低廉，几乎可以忽略不计。因此，在捆绑销售的信息商品中增加组件几乎不会增加成本。这使得信息商品生产商乐于捆绑更多的组件，以提高产品的吸引力和售价；相反，在捆绑销售的实物商品中增加组件则会使生产商的成本增加。

2）具备互补性的商品适合于捆绑定价。商品的互补性是指不同的商品在有用性上互相补充的一种属性。如果一种具体的使用价值由两种或两种以上的商品互补而成，那么这两种商品之间存在着互补性，消费者购买一种商品会增加其互补品的效用。微软的 Windows 操作系统和 Windows Media Player 媒体播放器就具备互补性，微软把二者捆绑销售，使 Windows 媒体播放器的市场占有率大大超过了竞争对手 RealNetworks 公司的 RealPlayer。如果用户对某一项产品的估价只存在两种可能——一种是估价为零，一种是估价非常高，对这样的产品，单独出售可获得最大收益。如果把这样的产品加入到捆绑中，不但不会改变该产品自身的获利，还会影响捆绑产品中其他产品的获利。

3. 歧视定价

歧视定价（discrimination pricing）是一种常见的定价策略。企业为了实现收益最大化，针对不同用户的支付能力制定了不同的收费价格，从而使各类用户都能购买该商品，这是一种以顾客为核心的定价策略。

Pigou 提出了著名的一、二、三级价格歧视，一级价格歧视是指将消费者最高意愿价格确定为商品卖价的行为，它的特点是完全剥夺了消费者剩余。二级价格歧视是指垄断厂商把商品购买量划分为两个或两个以上的等级，对不同等级的购买量索取不同的价格。比如对于一种商品，如果购买数量超过一定的限度，则可以获得一个较低的价格或一个价格折扣。二级价格歧视较多地出现在社会公共事业中，比如政府的批量采购常常可以获得一个较大的价格折扣，这可以以政府机关对“格力”空调的采购价格远远低于市场零售价来说明。三级价格歧视是指垄断厂商把购买者划分为两个或两个以上的类别，对每类购买者收取不同的价格。每类购买者就是一个单独的市场，比如针对中老年人、学生和一般人制定不同的价格。

歧视定价类型包括两种：基于对象和基于空间。基于对象是指根据顾客的身份、收入水平实施价格歧视，例如杂志出版商针对大学图书馆、教授和学生制定的三种不同价格，而实际上成本是一样的（图 7.14）（*MC* 为边际成本、*AC* 为平均成本、*MB* 为边际收益、*D* 需求曲线）。

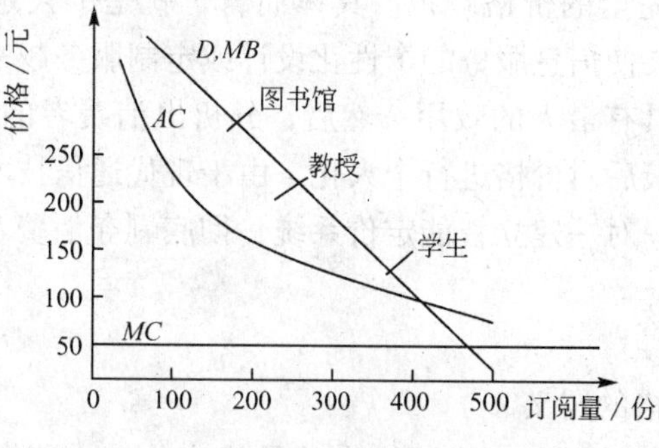

图 7.14　实行价格歧视和分段市场的结果

基于空间是指根据顾客所属国度或者地区实施价格歧视。例如国际报纸发行商针对一份报纸在不同国家或地区制定不同的发行价格，当这种价格差别和成本差别不成比例时，就存在价格歧视。

当一家垄断厂商能够向每个消费者索取他愿为每单位商品支付的最高价格时，厂商就实现了完全价格歧视或一级价格歧视。

每个消费者均需求一单位的信息商品，但他们为这一单位商品所愿支付的金额各不相同，产生了向下倾斜的需求曲线。假定厂商知道每个消费者愿意支付的最高金额，能够防止转卖发生，它就可向每个消费者索取他愿支付的最高价格，从而不给消费者留一点消费者剩余。厂商的销售对象是任何一个愿意支付不低于厂商边际成本的价格的消费者。如图 7.15 所示，实施完全价格歧视的垄断厂商销售 q 单位商品，最后一个边际消费者支付的价格为 p。每位对信息商品评价大于边际成本的顾客都买到了商品，并接受了其支付意愿的价格，所有互惠的贸易都进行了，没有无谓的损失，由于消费者的剩余为零，市场的全部剩余以利润的形式归于信息商品提供商。

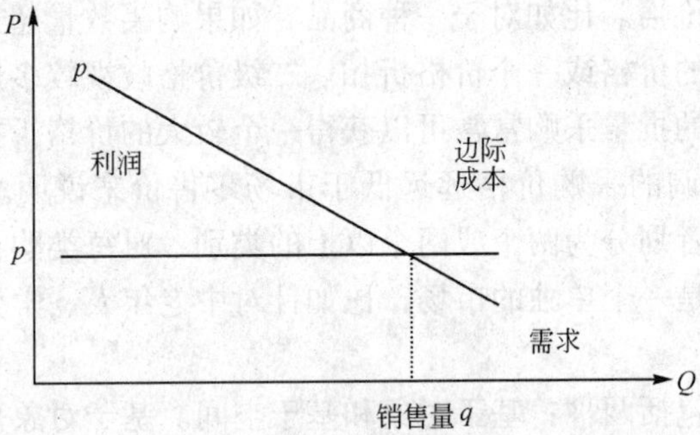

图 7.15　完全价格歧视

当信息商品提供商得到消费者偏好的准确信息，可能推断出每个消费者的消费者剩余，以实施完全的价格歧视。具体而言，就是个人定制加个人定价。首先，信息技术的发展使信息服务的个性化设计或定制服务越来越容易实现，定制服务使其对消费者具有最大的效用；然后，分析出消费者的消费偏好、购买力、累计总额等信息；最后对价格进行个人化。由于现代通信技术的成熟和良好的交互性，使厂商可以一对一建立智能定价系统，彻底剥夺消费者剩余。

4. 拉姆齐价格

(1) 拉姆齐价格的定义

拉姆齐价格是一系列高于边际成本的最优定价。它能资助商品和服务的提供，当某一商品或服务的价格提升所产生的净损失小于运用额外收入所产生的净收益时，经济效率就提高了。例如：公共有线电视台接入市场，假定实施用户付费的成本很小，可以忽略不记；如果已经存在着收看费用，这就是一个合理的假设。简单增加这种费用的数量将对额外收入的成本影响甚微。

在信息机构提供的一系列信息商品中，既有核心业务，也有一般业务，且其具有不同的投入产出函数特性。核心业务是信息机构存在的主要价值所在，具有较大的消费者效用系数，能给消费者带来更多满足和消费者剩余，因而具有较大的社会效益，需要信息机构切实提高其质量和水平；一般业务是提升核心业务水平的附加业务，其存在更多的是向信息机构提供经济效益。拉姆齐定价充分把握信息商品的特点，合理利用两种业务的不同，通过对一般业务收取高于边际成本的费用，将额外收入用于资助核心业务的提供和发展，使得一般业务价格提升产生的消费者剩余净损失小于运用额外收入产生的消费者净收益，从而增加消费者剩余，提高资源配置效率。

如图7.16所示，经济价格为50元以及52万用户。如果接入价格为60元，那么接入用户减少1万户，△ABC区域所示的净损失达5万元，同时有线电视台净收入为510万元。用图中BCFE表示，用户从价格提升中损失515万元（ABC+BCFE）的消费者剩余。经济效率是由这些额外收入的使用价值来决定的。如果这些收入被电视台用来购买更加优良的电视节目，成本为510万元，而这些电视节目可以给用户带来550万元的观赏收益。这样一来，用户损失了515万元的消费者剩余，却从额外的电视节目中得到了550万元的收益。也就是说，公共有线电视用户以5万元的净损失从额外的电视节目那里购买了40万元的净收益，在支付额外的电视节目导致接入费用上升后，用户从中获得了35万元的净收益，如图7.17所示。

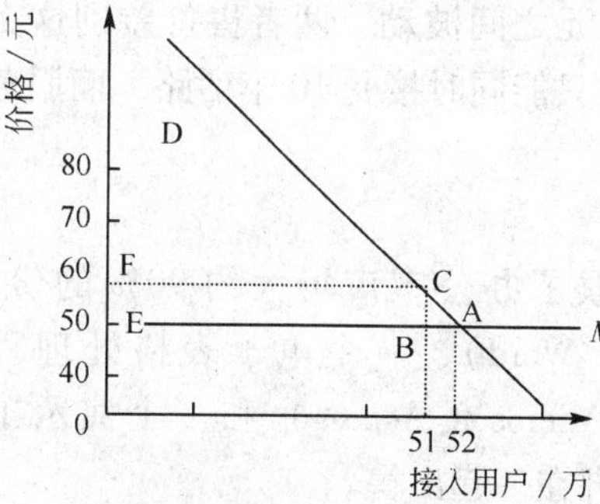

图7.16 接入产生的额外收入

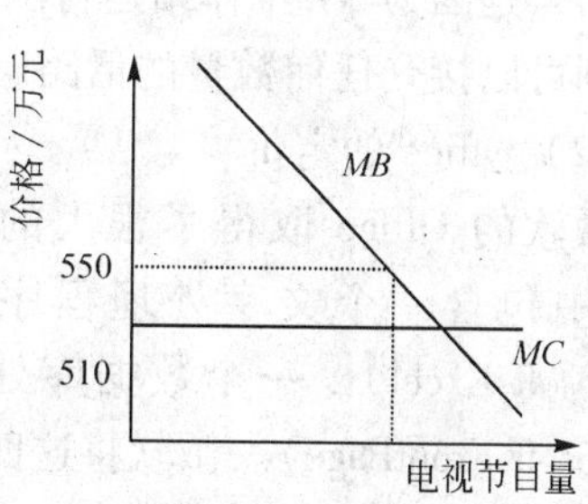

图7.17 增加电视节目的成本和收益

（2）拉姆齐定价优势

拉姆齐价格在信息商品市场以及其他信息服务机构是相当普通的，因为它增加了社会福利，是一种有效定价方式。

首先，拉姆齐定价机制运用高于边际成本的价格，从信息机构的一般业务中获取一定的资金，并用其资助生产函数更高的核心业务的建设，从而为消费者赢得更多的利益，这点与垄断价格单纯榨取利润形成鲜明对比。其次，拉姆齐定价机制资助发展的业务具有较高的生产效用和社会效应，在同等投入下具备弥补高价产生的效率损失，并提高消费者剩余的能力。正如国家的税收政策：商家通过向国家机关交纳税款而不是自己筹资，让更具专长的国家机关进行经济基础设施建设，为经济活动提供良好的环境。信息机构的拉姆齐定价等同于信息机构向消费者收取的税收，并利用其在专业领域的特长生产出更有价值的信息商品和服务，最终提高消费者剩余，实现帕累托最优。

7.4 案例分析：微软公司的定价策略

信息商品给人们及社会带来了巨大的经济效益。但由于信息商品的一些特殊性质，如非消耗性、高固定成本、低边际成本等，使不同用户对同一信息商品的价值可能存在很大分歧，从而使得信息商品的价格往往难以确定，同时各个单位对自己的信息商品的定价方式也各有不同。究竟如何对信息商品进行定价，才能最佳体现其价值，并给本单位带来最大效益，是一个值得深入探讨的问题。

微软取得了巨大的成功，仅在我国就占领了近90%的市场。微软之所以如此，除了其产品质量高以外，其灵活的定价策略也立下了汗马功劳。

（1）Windows NT 的定价

Windows NT 是我们所熟知的操作系统。微软在为 Windows NT 定价时，对其提供了 Windows NT 工作站和 Windows NT 服务器两种版本。前者售价 260 美元，后者售价根据配置不同在 730 美元到 1080 美元之间波动。两者售价差别这么大的原因，是因为 NT 工作站运行网络服务器时只能同时接受 10 个话路，而服务器版本则可以接受任何数量的话路。

（2）Office 的定价

微软的 Office 取得了很大的成功，获取了办公室市场大约 90% 的份额。Office中包含一个文字处理程序（Microsoft Word）、一个电子表格处理程序（Microsoft Excel）、一个数据库处理程序（Microsoft Access）和一个演示工具（Microsoft FrontPage）。微软将这四个产品捆绑在一起出售。

（3）IE 浏览器是免费的

微软曾在互联网上免费派发 Internet Explorer，而且还向原始设备制造商和 ISP 付钱，使其将 IE 设为"默认"浏览器。

（4）Office 的群体定价

微软最近的 Office XP 价格显示，一般的普通售价为 399 美元，对企业售价为 499 美元，而对高校教授和科研工作者售价仅为 149 美元。

微软采用以上定价策略，究其深层原因，是由于它充分利用了信息商品的一些独有特性。

第一，利用了信息商品的外部效应特性。与物质商品不同，信息商品具有很强的外部效应，一部分人的使用，会对另一部分人产生影响，促使另一部分人使用。这种外部效应会促成产生正反馈，即成功产生更大的成功。所以，运用恰当的定价方式，对取得一定的市场份额十分重要。

第二，利用了信息商品高固定成本、低边际成本的特性。在信息商品生产出来前，需要做大量的投入，而当商品生产出来以后，再生产一份该商品的成本却趋近于0。正是由于信息商品具有这种高固定成本、低边际成本的特性，微软才能大量地免费派发其浏览器 Internet Explorer。一般来讲，消费者对于免费使用的产品都不会太排斥。当消费者免费体验到了该产品的好处，微软在消费者心目中的形象便自然提升了；一旦微软的整体形象树立后，消费者往往也会爱屋及乌，倾向于信任微软的其他产品。这样做的另一个结果就是容易产生垄断的现象。

第三，利用了信息商品的匹配特性。信息商品常常要结合在一起使用。例如：硬件间的相互匹配，操作系统与应用程序方面的匹配，应用程序与其升级版本之间的匹配等。考虑到这种匹配性，用户在面临新的但不兼容的信息商品的选择时，往往使用原有的信息商品。Office 捆绑销售的成功，就与信息商品的匹配特性有很大联系。

第四，利用了信息商品的高科技属性。由于这种特性，用户更倾向于选择已掌握的信息商品。Windows NT 工作站和 Windows NT 服务器的价格相差甚远，而事实上，O'Reilly 软件公司经过科学分析后指出，这两种操作系统本质上是一样的，核心程序只有很小的改动。一般用户由于专业知识有欠缺，只好购买较熟悉的信息产品。

第五，利用了信息商品的体验性特性。不同的用户对同一信息商品有不同的体验，对其价值的判断也不尽相同。微软 Office 群体软件就是根据用户的不同消费心理和承受能力制定了不同的价格，以获取最大利润。

【关键概念】

信息商品的成本　信息商品的价值　信息商品的使用价值　信息成本转嫁　歧视定价　拉姆齐价格

【思考与练习】

1. 简述信息商品成本的概念、类型及其构成。
2. 简述信息商品成本与信息商品产量的关系。
3. 影响信息商品价值实现的因素。
4. 写出信息商品综合定价模型。
5. 论述信息商品定价策略，举例说明。

第8章 信息商品市场

在市场经济条件下，信息成为商品，进入整个商品的生产、分配、流通和消费的各个环节或过程中去，因此，信息商品市场在社会、经济生活中所起的作用比以往任何时期更为巨大。本章主要介绍信息商品市场基本内涵、特征、功能与作用；在此基础上分析信息商品市场的运行机制及其相互关系；最后讨论信息商品市场管理的方法与手段；并通过案例对信息商品市场进行实证分析。通过本章的学习，要求：理解信息商品市场的内涵、特征；了解信息商品市场的功能与作用；分析信息商品市场的运行机制；了解如何管理信息商品市场。

8.1 信息商品市场的内涵与特征

8.1.1 信息商品市场的内涵

信息商品市场是一种新兴的市场形态。作为一种市场形态，虽然早就以一种“隐性”形式与物质市场同时存在着，并一直发挥着情报交流和传播的功能，但长期以来它仅仅是物质商品交换的附属形式，没有形成独立的市场。独立的信息商品市场是近30多年才发展起来的。

进入现代社会以来，信息商品市场很快由最先出现“情报爆炸”的科技领域扩展到经济、政治、金融、管理、生活娱乐等各个领域，信息成为促进经济发展不容忽视的重要因素。人类社会对信息的重视与需求，促进了信息的利用和信息技术的发展。专门从事信息生产、组织和交易的信息产业也全面兴起，逐步形成了一整套足以与物质流通系统分庭抗礼的信息流通系统。

1. 信息商品市场的内涵

从狭义上说，信息商品市场是进行信息商品交换的场所。也就是说，信息商品市场是把信息商品纳入整个经济活动中，和其他商品一样进行流通、交换。实际上，信息商品市场不仅涉及信息商品、信息商品交换场所，还涉及信息生产者、经营者、用户及其经济活动和经济关系。因此，从广义上说，信息商品市场不仅指信息商品交换的场所，而且还包括购买信息商品的用户及其与信息生产者、经营者之间的经济关系。即信息商品从生产到消费之间的整个流通过程和领域，是信息商品供求关系的总和，这里所指的商品既包括信息本身，也包括信息服务和信息流通。

2. 我国信息商品市场的兴起与发展

我国信息商品市场不仅落后于发达国家，而且也落后于形势的发展，这主要是我国科学技术还比较落后、商品经济不发达、信息技术落后、社会信息化程度不高、信息需求和信息观念淡薄所造成的。

自经济体制改革以后，商品经济的发展，以技术市场为先导，全国各地的信息咨询、信息开发公司如雨后春笋般发展起来。主要从事技术成果转让、技术市场交易、人才交流市场介绍、提供产销经营信息等，信息市场经纪人空前活跃。尽管如此，目前我国信息商品市场还是处于初级发展阶段，仅具雏形。从目前提供的信息商品的形式和性质来看，多是零散的信息和实物性技术产品，连续性、系统性差，配套服务不够，大规模、系统化的数据库市场还没有形成。

20 世纪 80 年代以来，我国信息商品市场由最初的刚刚兴起到目前的已形成规模，已取得了相当迅速的发展。国家先后投资上百亿元建成了十多个大型宏观系统，为我国的经济建设提供了有益的服务和科学的依据。目前，在全国 30 个省（区、市）、16 个副省级市、地级市、1500 个县成立了信息中心，初步形成了以中心城市为依托的信息网络（例如，国家经济信息网络已经直接或间接联系着各个层次的 25 万信息人员，信息量比过去增加了 5 倍）和以信息中心为中介的信息市场。

与此同时，各类信息服务业自 1990 年以来也产生了革命性的转折。信息提供业从以手工和印刷媒体为主向电子方式转换，软件开发和销售开始脱离制造业而走上了独立发展的道路，现代意义的信息服务业（即新兴的电子信息服务业）开始了自己的发展历程，每年以平均 25% ~30% 的增长率发展着（表 8.1）。

表 8.1 近年来我国电子信息服务业营业额状况

年 份	1995	1996	1997	1998	1999	2000
营业额/亿元	145	205	260	325	420	550

数据来源：中国统计信息网 http：//www. stats. gov. cn

但由于我国信息商品市场兴起的时间较晚，与世界发达国家相比差距很大。在我国，社会对信息商品市场的认识虽已得到提高，信息交流与共享程度得到发展，但总体收入水平仍然很低，与日本、美国、西欧国家等根本无法相比。2000 年我国信息服务业的总收入也只有 260 亿元，而美国、日本 1997 年时信息服务业收入就已分别达到 2170 和 774 亿美元，居世界前二位。

8.1.2 信息商品市场的分类

1. 从信息商品的所属层次划分

可以把信息商品市场划分为一次信息商品市场、二次信息商品市场和三次信息商品市场。一次信息商品市场主要经营人们在科研、生产和管理等活动中的成果，最有代表性的当推技术市场，它提供各种技术产品和技术服务。二次信息商品市场和三次信息商品市场主要以信息工作成果和信息系统提供的产品为交换对象。二次信息商品市场中最有代表性的就是数据库市场，这是以计算机为中心的各种信息技术用于信息加工处理和存储传输所形成的信息商品的流通领域。三次信息商品市场主要向用户提供各种信息研究成果、研究报告、可行性论证报告、决策支持报告、市场调研报告等。

2. 从交易的性质和形式划分

可以将信息商品市场划分为：产品型信息商品市场，如转让科研成果、出售技术成套设备、出售数据库、发布专题信息、出售资料等；服务型信息商品市场则主要提供智力型劳务，如信息咨询、技术咨询、技术培训、专利代理、信息检索、代译等服务。

3. 按组织形式划分

可以把信息商品市场划分为固定型信息商品市场、通信型信息商品市场、临时型信息商品市场和联营型信息商品市场。固定型信息商品市场，即有着固定的经营机构和交换场所，进行长期的信息交易活动。如信息机构设立的信息商店、科技信息咨询服务中心以及银行开办的经济信息咨询公司等。通信型信息商品市场，采用通信联系的方式进行信息业务洽谈和信息商品交易，以及通过商品介绍，提供用户直接购买某一信息商品或进一步洽谈。临时型信息商品市场，发布信息集中、及时、影响大、受益面广，具体有信息发布、科技成果和新产品展销会、交易会、科技集会、科技大篷车等。联营型信息商品市场，是由若干个信息商品经营机构联合组建一个经营市场，互为代办信息商品的交易业务。

4. 按编制属性划分

可以把信息商品市场划分为公办型信息商品市场、民办型信息商品市场。公办型信息商品市场指国家设置的常设性信息机构。民办型信息商品市场，主要指个体劳动者经营的信息市场，包括私营信息公司、信息服务站、信息旅店等。

5. 按信息商品的种类划分

可分为经济信息商品市场、科技信息商品市场、综合信息商品市场等。

6. 按信息商品流通的方式划分

有单向对应型信息商品市场、网络咨询型信息商品市场、大众传播媒介型信息商品市场等。

上述对信息商品市场的划分，并不是绝对的，还可以从其他角度划分。但是，无论怎样划分，我们都可以抽象出信息商品市场的共同结构，那就是包括信息商品的供给方、需求方、中介方和管理方，这四个方面缺一不可，而且还必须有一个合理的结构才能保证信息商品市场正常运行，充分发挥其功能。

8.1.3 信息商品市场的结构与特征

1. 信息商品市场的结构

关于信息商品市场的结构，人们依据不同的标准可以有不同的划分方法。这里主要从市场的主体、客体、时间动态、空间分布诸方面分析市场的结构。

(1) 信息商品市场的主体结构

一般认为信息商品市场结构是由信息商品供给方、需求方、中介方和管理方四个方面组成的。信息商品市场的主体是指监护信息商品这一客体进入市场，并使之发生市场交易关系的当事人。

供给方是信息商品的生产者和提供者；需求方是信息商品的消费者；中介方是信息商品市场中的经纪人；管理方是信息市场的监督者和执法者。这四个方面缺一不可，而且它们之间只有保持合理的结构和一定的稳定性、层次性，才能保证信息商品市场正常运行和充分发挥其功能。所谓稳定性是指信息商品市场这四方之间，从时间上、空间上必须保持较稳定的联系；所谓层次性，是指信息商品市场四方之间，在相同或不同的等级上应保持较稳定的联系。

对于信息商品市场来说，中介方和管理方比物质市场具有更为重要的作用和意义。中介方的活动可以克服供需双方在空间和时间上的障碍，在较大范围和较长时间内排列组合相应的供求渠道，提高信息商品交易的成功率。管理方的活动则以法律手段、行政手段、经济手段和科学方法维护交易各方的合法权益。由此可见，中介方和管理方的活动保证了信息市场具有较高的稳定性和合理的层次性。

(2) 信息商品市场的客体结构

信息商品市场的客体是指各类不同的信息商品和信息服务。它是信息当事人之间发生法权让渡的媒介物，是信息交换关系的客观载体。没有这种载体，市场主体的意志就无法体现，从而也不存在市场关系。实际上，信息商品市场当事人的经济关系隐藏在客体运动后面，通过客体的运动表现出来，展现在我们面前的信息商品市场首先是客体的运动。

作为信息商品市场客体的信息商品，主要包括有形物的信息产品和无形物的信息服务。对于信息产品，我们通常从信息的内容、信息与物质载体的关系、信息的加工层次等角度去划分。这里需要强调的是信息服务，这是一种以活劳动形式存在的使用价值。在信息经济活动中乃至整个人类的信息活动中，信息产品和信息服务总是密不可分的，在许多情况下都是结合着发挥作用的。离开信息产品，信息服务好像无米之炊、无源之水，难以维持和展开；没有信息服务，信息资源就无法开发利用，信息产品就不能从生产领域进入消费领域。可以说，信息服务之于信息生产和消费，恰如货运服务和商业服务之于物质生产和消费一样不可缺少，甚至关系更为密切。在许多情况下，信息本身是无偿的，有偿完全是由信息服务创造的。例如，从各种公开出版物中获得的信息是无偿的，不能成为商品，但对这些信息进行收集、筛选，并将它传递给用户时，就可以收取相应的费用。这些费用不是信息带来的收入，而是信息服务带来的收入。因为，同样的信息，用户也可以从相应的渠道获取，由于种种原因他转而依靠信息服务时，信息服务便可以实现价值和使用价值。这说明，我们在信息商品市场上不能只见信息而不见服务。随着科学技术和经济发展，信息获取难度越来越大，用户对信息服务需求将更加迫切，无论通过哪一种渠道去获取信息，信息服务都不是可有可无的，而是不可缺少的，这就为当代信息服务市场的发展提供了条件。

信息服务比信息商品更复杂，因为它是由人的活劳动携带以活动形式存在的使用价值，这种使用价值是无形的，与服务生产行为不可分离，生产和消费在时间、空间上存在于同一过程，信息服务在许多场合都是由服务活动与信息产品结合着展开的，服务劳动的结果无论是无形物（如咨询活动）还是有形物（如信息检索），其实质都是一样的，都是以活动形式存在的使用价值，而不是活动过程的活劳动本身或提供的信息产品的价值。信息服务是信息生产者利用自己的主观知识向消费者提供使用价值，一般不生产新的信息产品，但信息服务同样是复杂劳动。这种劳动消耗既包含脑力劳动又包含体力劳动，脑力劳动支出是服务过程的主要内容，体力劳动支出是服务过程得以实现的条件。各类咨询及信息提供都属于信息服务的范畴。

(3) 信息商品市场的时间结构

市场的时间结构是指市场主体支配交换客体的运行轨迹的量度，这种量度总是表现为交换过程的连续性和间断性的有机统一。在实际的市场活动中，市场主体之间的权利让渡与交换客体的位置移动，可以有不同的结合方式，从而形成了市场运行的不同轨迹。

由于信息商品市场交易的复杂性和多样性，因而在时间上就留下了多样化的运动轨迹。具体说来，主要有三种：一种是各种现存的信息产品和信息服务，如果信息消费者愿意以一定的价格购买，即当面成交、银货两清，便形成信息商品现货市场；二是某种信息产品和信息服务还有待于生产，信息生产者根据信息消费者的要求和自身的生产能力确定是否接受某种信息商品（或信息服务）的生产任务，先达成交易契约，然后在未来的某一日期实现银货授受的交易，这种成交在先、交割在后的交易方式，即形成信息商品的期货市场；三是信息商品贷款市场，通过借贷形式所进行的商品交换领域。这种信息商品交换形式具有借贷性质，包括借贷关系，在市场经济条件下是广泛被采用的。只有上述三种信息商品供求形式同时存在，才能使“以产定销”和“以销定产”两种信息市场经营方式得以相互补充，使信息供给者和信息经纪商在信息市场上始终处于主动地位，以满足信息消费者多样化、多元化的信息需求。否则，单一的信息商品市场时间结构导致的将是信息商品市场上的某类信息商品供不应求或另一类商品供过于求，其最终结果还是信息消费者所需要的信息商品“无货供应”。

（4）信息市场的空间结构

市场空间是指市场主体支配交换客体的活动范围。市场空间因其扩散和吸引作用大小，分为不同的范围等级，市场空间结构就是指各种市场活动范围等级所占的比重及相互关系。信息市场和其他市场一样，是地方市场、全国性市场和世界市场结合而成的分级性一体化市场结构。

地方信息商品市场是指信息交易以地区为活动空间范围的信息市场，反映了市场支配客体运动空间的局部性。地方信息市场一般以地方行政区划为基础，信息产品和信息服务注重地方特点，针对地方需求，具有明显的地方适用性，市场效益以地方利益极大化为标志。

全国性信息市场是指信息商品和信息服务以全国范围为活动空间的市场。这一活动范围反映了市场主体支配客体的空间活动的广泛性。全国性信息市场形成和发展的基本条件是必须要以先进的通信技术作为信息传输手段，以突破地理障碍。全国性信息市场一般是以中心城市为依托进行辐射，与许多信息节点相联而成。它虽不是处处均衡，但不排斥不平衡的信息生产能力和信息吸收，通过利益竞争，使信息市场具有开放性。

世界信息商品市场是指信息商品交换以世界范围为活动空间的信息市场，反映了市场主体支配客体的空间运动的无限性（相对于前两种市场空间而言）。世界信息市场的形成是与当代经济的全球化、国际化分不开的，这是其发展的动力，而现代大规模高速信息传输网络的建立则是世界信息市场发展的基础条件。世界信息商品市场是建立在国际信息贸易基础之上的，国际信息贸易构成了国际信息商品市场的主要内容。

一个完整的市场空间结构是一个分级性市场的一体化结构，所以我们既要发展地方信息商品市场，又要发展国内统一信息商品市场，还要开拓世界信息商品市场，增强我国信息业的国际竞争力。

2. 信息商品市场的特征

无论信息商品市场中流通的商品以何种形式出现，其实质都是知识信息，信息商品的特殊性决定了信息商品市场具有特殊性质。

（1）信息商品市场形态的多样性和复杂性

信息商品的形式不仅包括信息产品，而且包括信息服务，每种信息商品形式都可以从不同角度和层次出发，加之供求具有较强的个性，其结果导致信息交换范围广，经营形式多种多样，供求关系复杂，信息商品市场的管理和协调控制十分困难。

（2）信息商品市场形态的隐蔽性

由于信息商品的实质是知识和信息，在很多情况下并不能像物质商品一样在货架上出售，交易形式往往不是简单“货物”易手，而是信息传递，甚至在商品未生产出来的情况下就已确定交换关系，而当商品生产出来并易手后，其交换关系并未结束，要到用户对信息商品使用、开发以后，创造收益的同时向供方支付费用，由于信息商品交易的特殊性，有时需要运用法律手段、行政手段和经济手段来实现正常交换。这些因素都会使信息市场的形态表现得不明显。

（3）信息商品市场交易广域性

由于信息商品市场主要经营信息产品，因而可借助现代化通信技术跨越时空使供需双方之间实现商品交换和转让。信息商品市场已超越了“场所”的狭义范围，而具有“流通”的含义。

（4）信息商品市场具有双重性

信息商品市场既是满足消费需求的、独立的最终产品市场，是信息商品交换的具体场所，又是满足生产需求的、寓于其他市场中的、无形的要素市场，体现着商品的交换关系。因此信息商品市场基于其他市场又高于其他市场，具有双重特性。由此导致信息商品市场的高风险性和高投机性。

（5）信息市场垄断因素的主导性

这对于一次信息商品市场尤为突出，由于这类信息商品生产的非重复性，因而商品的独占性决定了垄断因素在信息商品市场中的主导地位。信息商品经营者可凭借其垄断地位欺行霸市，哄抬物价，因此信息市场的管理尤为重要。

（6）信息商品市场供求关系具有扩张性

信息商品市场不同于物质市场，它不为经营者提供物质条件，也不为社会提供最终物质产品，但其运行对其他市场的价格和供求关系产生连带影响，可以看作类似普通商品市场中价格一样配置资源效应，引起物质商品供求关系的扩张。

(7) 信息商品市场的管理更具科学性

由于信息商品承袭了信息的许多特征，如共享性、易复制性、依附性、时效性等，信息商品的交换必须有合理的价格制度和较强的法制系统作为保证。这就是说，信息商品市场的发育和发展，需要有严格的科学管理，由于信息商品有其物质载体，信息商品的交换往往连同其他非信息的物质商品交换结合进行，这往往会导致定价不合理、交易行为紊乱。由于信息商品具有共享性，它常常容易被没有支付费用的使用者无偿使用。对某些信息商品实行专利价格制度就是为了对信息商品的生产者和使用者都确保各自的利益所得。由于信息商品具有时效性，它在一定时间内可能价格较高，而过一段时间有可能降价。鉴于上述种种情况，需要用一定的法规条例来维护信息商品的交换秩序和保护信息商品买卖双方的利益。

(8) 信息服务方式多样性

信息商品从其内容来看，有科技信息、经济信息、管理信息、生产信息、文化信息、生活信息、劳分信息、人才信息等；从加工程度来看，有一次信息、二次信息、三次信息；从产品形式来看，有文献信息、光盘信息、其他形式的数据库及信息咨询与服务等。因此，就呈现出书本式、电子式、摊点式展示服务等信息服务方式。

(9) 信息用户扩大性

随着社会主义市场经济体制的进一步发展和完善，我国的信息服务对象正在日益扩大。主要包括：工商企业、科技工作者、领导管理人员、经济工作者、教学人员、专业户、个体户及广大的农民等。

(10) 信息商品销售的特殊性

信息商品销售不同于一般物质销售有其饱和销售量。在各种领域，特别是经济领域中，信息商品的销售、应用起着越来越大的桥梁、媒介、启迪、诱发、激励、促进、反馈和控制等作用，这些作用又具体体现在生产、流通、分配和消费中，因此信息销售是一个循环往复“螺旋式”上升的过程，销售的最后成交，并不意味着整个销售过程的结束。

信息商品市场是信息商品销售的重要场所之一。我们将信息商品市场与信息营销的关系表示如图8.1。

可以看出，信息经过筛选，有的直接进入信息商品市场，有的经企业生产出信息产品，再进入信息商品市场。信息商品市场里的信息商品一般都不会直接到达用户，而是通过信息营销。而用户对信息产品的使用情况，综合评价等情况，只有通过市场营销售（如售后服务、信息跟踪等），才能反馈到信息机构，从而

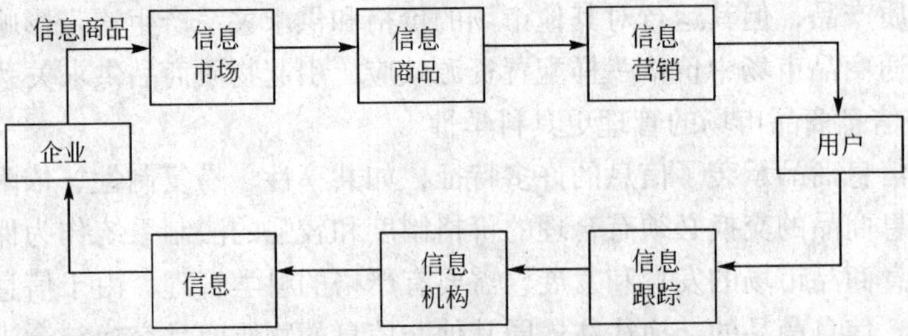

图 8.1 信息市场与信息营销的关系

形成新的信息。由此可见，信息商品市场若无一定的营销策略，信息商品难以送到用户的手中，信息机构也无法掌握第一手材料，更不利于开发用户的潜在需求，创造新的消费，这也是信息商品市场的知识功能所决定的。

8.2 信息商品市场的功能与作用

8.2.1 信息商品市场的功能

信息商品市场既是商品流通渠道，又是信息流通渠道，这种双重性使它具有下述特定功能。

1. 媒介功能

信息商品市场为信息商品的生产者、消费者和中介人提供了一个活动场所，以有偿的形式交换知识信息和信息服务，克服了传统信息服务中的供需分离、产销脱节现象，促进了信息的定向有序流动，缩短了传播的时滞，创造了信息利用的时间效益。

2. 存储与整序功能

信息商品市场要实现信息商品的交换，首先要将收集到的信息商品有序化并存储起来，才便于提供服务和销售。

3. 检验、评价与监督功能

进入信息商品市场的商品都要受到检验和评价，信息商品的交换过程和交换方式也要受到监督。这种检验、评价和监督是由信息市场的供方、需方、中介方、管理方独自或共同来完成的。信息商品的评价和检验主要是对各项特性指标如新颖性、先进性、科学性、可靠性以及可能的经济效益和社会效益进行定性和定量的评价检验，以确定信息商品的效用。市场还对信息商品本身及其交换方式和交换过程实施监督管理，以保证信息商品交换的合法性。信息商品市场的检验、评价和监督功能不仅保证了进入市场交换的信息商品的质量合格、价格合理，同时也保证了参与交易的各方的权利和义务得以实现。

4. 扩散与传递功能

信息商品市场将有序存储的信息商品，按不同的需求渠道扩散、传递给消费者，从而实现信息商品的价值和使用价值。信息商品的扩散和传递实质上是在市场机制的作用下，信息商品从知识信息密集的地区和部门向外转移的过程。

8.2.2 信息商品市场的作用

1. 信息商品市场对信息观念转变的催化作用

在信息社会中，在市场经济条件下，信息生产者、中介者、需求者必须改变传统的观念，树立“信息财富观”、“信息商品观”、“信息竞争观”、“信息效益观”等。发展信息商品市场，可以加快人们信息观念的转变。信息时代，不能固守传统的土地财富观、金钱财富观，而要充分认识到信息的价值、信息就是财富。掌握和利用好信息，就能在市场经济大潮中立于不败之地，创造更多财富。传统的财富观是封闭的财富观，抱残守缺的财富观，与信息时代不相适应。只有树立信息商品观念，才能真正理解信息资源稀缺性的含义，才能珍惜信息，更好地利用信息。信息是竞争的一大要素，市场经济与竞争是孪生的，要搞市场经济，就必须正视竞争、参与竞争，而信息是竞争中赢得优势的法宝。信息的作用是巨大的，同时又是无形的，信息能促使生产要素的合理配置，提高劳动生产率；信息能改善经济的宏观、微观结构，带来无穷的效益。

2. 信息商品市场对资源配置的调节作用

资源的配置有两种方式：一是计划机制配置，二是市场机制配置。前者是自上而下的社会集中型配置，由于计划配置不是也不可能是依靠充分的完全的信息，往往容易演化成权力型配置，因而不能达到最优状态。后者是从微观要求着眼，以利益杠杆为约束力，按照商品交换的平等法则，以企业需求和能力的内平衡系统控制进行资源配置选择，能够以充分的完全的信息依据，以市场的自发调节为主体，又能利用预测的结果进行宏观调节，因而能达到资源最优配置的目标。

3. 信息商品市场对供求关系的平衡作用

供给与需求不断变化又不断适应的过程，是社会再生产系统的动态平衡过程。产品的供给与需求经常会出现不平衡的情况，通过完善市场体系和市场体系中的反馈调节体系，借助于价格机制、竞争机制，可以调节信息供求矛盾，使商品的生产与消费之间相互协调。

4. 信息商品市场对科技与经济结合的联结作用

科技信息市场的发展使科技成果生产者不能关门搞科研和开发，要提高科技成果转化为生产力的速度，提高科研的实用性与针对性。另一方面，生产企业和其他经济的组织能通过信息市场尽快获得先进可靠的科技成果，促进新产品、新工艺、新材料的开发。

5. 信息商品市场对市场体系的完善作用

社会主义市场体系是市场经济的重要组成部分，完善市场体系不仅包括建立和完善消费品市场、生产资料市场以及包括信息市场在内的其他各要素市场，而且包括加强各市场之间的联系，使之成为有机的联合体，相互联系与协调，共同发挥作用。信息市场既是消费品市场，又是要素市场，还是各市场有机联系的纽带和桥梁。加强消费品信息市场的建设，可以丰富消费品的内容，更好地满足消费者的消费需求。加强要素信息市场的建设，可以促使生产要素合理配置，有效地进行经济的宏观、微观调控，提高劳动生产率，促进经济发展。加强信息市场建设，还可以完善整个社会主义市场体系，更好地发挥市场机制的作用。

信息产业作为市场经济的组成部分，它们之间的联系是紧密的。从上述两个方面阐述信息商品市场的作用，有人为割裂经济自然联系之嫌，但由于我们面临着两大挑战，一是信息时代到来的挑战，二是市场经济体制改革的挑战，分而述之，对于我们认识发展信息市场的意义，是有利无害的。

8.3 信息商品市场的运行机制及其关系

8.3.1 信息商品市场的运行机制

所谓信息商品市场的运行机制是信息商品价值规律发挥作用的形式，是由信息商品经济决定的，是信息市场体系的传导机制。

从狭义上说，信息商品市场的运行机制是指信息商品市场上信息商品供求关系和信息价格变动时对信息商品的交换，从而对信息商品的生产和消费所发生的刺激或抑制作用。从广义上说，信息商品市场的运行机制可表述为：它是信息商品经济运行的内在规律，是商品经济规律（包括价值规律、竞争规律、货币流通规律）互相作用形式的对经济过程的有机制约功能。具体表现为信息商品货币关系中的价格、供求、信贷、利率等要素间相互制约、相互联系的关系。通过信息商品供求的变化、自由竞争、价格波动实现社会劳动在各信息部门之间按比例的分配。

对上述信息商品市场运行机制的概念分析之后，可以这样理解：信息商品市场的运行机制是一个具有动力、传动、变应、调节、效应的系统综合机制。其内在动力是物质利益的差别，它的传动器是由各种经济信息的传动、经营服务而决定的。其变应器是由信息商品价格、税收、利息及财政补贴等组成；其效果是市场机制运行所表现在信息商品在生产、交换、消费、利益分配等过程中各项经济变动的结果。

根据对信息商品市场运行机制作用的分析，我们可以将其运行机制具体分为供求机制、价格机制、竞争机制、激励机制、风险机制、利润机制、控制机制等。

1. 信息商品市场的供求机制

信息供给与信息需求，是信息商品市场上相互联系和相互对立的两种概念。信息供给要求有信息需求实施，而信息需求又要由信息供给来满足。供给制约需求又必须适应需求，需求依赖于供给又给予供给出路。供给与需求都要求对方与之相适应。如果相互适应了，供求就平衡了、协调了。否则就是供求不平衡、不协调。

信息商品市场的供求矛盾由于实际情况的变化和差异可以表现为三种形态，即供过于求、供不应求、供求平衡。由于信息具有非消耗性和共享性，某种信息商品一旦生产出来，就可以在不同时间、不同地点进行多次转让，从而满足多次的、反复的消费需求。所以在信息市场中一般不存在长期供不应求或供过于求的情况，有些需求得不到满足，只可能因为无货供应。

2. 信息商品市场的价格机制

价格机制是指价格变动与市场供求变动之间相互制约的作用和联系，价格机制对信息商品市场运行的作用是多方面的，在不同的作用层次上价格机制有不同的功能。价格机制对生产同种商品的企业来说是竞争的工具，因为生产同种商品的企业为了在市场上占据更多的有利地位，必须在保证质量的前提下尽量压低价格，以商品的价廉物美取胜。价格机制对生产不同商品的企业来说，是调整生产方向和生产规模的信号，从而促使信息生产各部门大体地按比例地协调发展。

价格并非一成不变。信息商品的价格在流通中必然随着市场的供求变化而涨落。当信息商品市场某种商品卖不出去时，就应当适当降价，以便压缩生产量，扩大需求；当信息市场中某种商品“无货供应”时，就应当适当提高价格，以刺激企业扩大生产，增加供给量，限制需求。

运用价格机制，不但要考虑商品的供求关系，还要考虑商品的需求弹性。所谓需求弹性，简单来说，就是指需求对价格的感应性。需求弹性提供了衡量价格下降或上升一定比率所引起的需求增加或减少比率之间关系的数据。对不同商品来说，价格变动所引起的需求量变动幅度是不同的。信息商品的需求弹性较小，其价格与总收益成同方向变化，即价格上升，总收益增加，价格下降，总收益减少。

3. 信息商品市场的竞争机制

信息商品市场竞争可以使信息产品生产者和经营者的生产、经营活动经常保持相对的局部平衡。这种平衡是通过信息市场竞争的自我选择机制实现的。信息市场竞争所形成的优胜劣汰，是商品经济运行的一种最重要的强制力量，它要求信息产品的生产者和经营者依据用户的需求动态来调节自己的生产、经营。这种信息市场竞争的自我选择机制，不断地扩张或收缩着某些类型的信息产品的生产、经营，从而保证信息产品生产与消费的统一，促进着信息产品生产者与消费者的自我协调。

在市场经济中，竞争是信息产业发展的必不可少的外在动力，这应该是毫无疑问的。首先，它可以促进信息生产者不断挖掘潜力，节约消耗，降低成本，提高工作效率，以便实现最佳的经济效益。其次，它可以促进信息供需之间的平衡。竞争关系到信息生产者的物质利益，因此，每个生产者都必须去注意市场动向，调查社会需要，掌握需求状况和预测市场，从而保证生产出来的产品不仅质量好，而且效用大。这样，根据消费、需要以及消费结构的不断变化来组织生产，并且通过竞争，通过市场价格的作用，达到信息市场的供需平衡。再次，它可以促进物质利益原则更好地贯彻。竞争直接关系到生产者和经营者的物质利益，哪些生产者生产的产品质量好、效用大，经营者经营得好、盈利大，上缴的税金就越多，企业的利润也就越高，职工所得的物质利益也就越多。这就促使生产者从切身的物质利益上关心自己的劳动成果，从而更好地调动起信息生产者的积极性。信息商品的经营者即信息市场经纪人对信息商品的交换起着十分重要的中介作用，他们的收入将随着完成的交易额的增加而增加，这就必然形成竞争。这种竞争促使信息经纪人广为交际，频繁活动，收集、存储紧俏的信息商品，掌握更多的供需信息，以达到对信息交易的垄断。信息经纪人由于不受信息生产和消费过程的条件限制，可以跨行业、跨学科、跨地区组织商品，联结供求，实现交易。

信息商品市场的竞争机制，既有其刺激功能的一面，也有其约束功能的一面。刺激机制和约束机制的同步与对称是保证信息机构采取合理的信息行为的前提，并规定着信息机构的决策和行为。如同缺乏刺激的约束会窒息信息机构的生命和活力一样，没有有效约束的刺激也会导致信息机构行为的紊乱。经济利益的刺激有助于增加信息机构和信息人员的活力，激发他们的积极性、创造性，从而使生产出的产品或提供的服务在市场竞争中处于有利地位，以获取更大的经济效益。而信息商品质量的提高、效用的增大又进一步刺激了信息商品市场的繁荣。

4. 信息商品市场的激励机制

随着我国信息商品市场的逐步建立和完善，信息市场范围必将日益扩大，奖勤罚懒、奖“活”罚“死”的激励作用也将日益显著。在现阶段，我国既有公办、民办信息机构，也有各种各样的个体信息经营者，由于民办、个体性质的信息经纪人与瞬息万变的信息市场紧密联系，在信息市场经营中处于主动地位，从而使其自身的发展表现出更大活力。这说明信息市场的激励功能已经开始显现出来。

与信息商品市场相适应的激励机制，在系统结构的层次上主要有以下三方面的内容：

(1) 需求约束型的总量波动机制

它是指在一个中长期的时间序列中，宏观经济总量在需求小于供给的态势中波动，并给生产者的进步以现实的压力。简单地说，是宏观上的买方市场的波动对生产者进步的影响作用。显然，它是生产者进步的宏观市场环境。这种环境对生产者进步的推动作用主要表现在：

1）在需求收缩时期，生产者之间争夺有限市场的竞争加剧，低质量、低效用企业的产品生存下去的唯一途径，便是改变方向、提高效率。

2）在市场成长的繁荣阶段，资产调整的主要方向是趋向于增加产量的变革，以最大限度地抓住市场机遇和获取利润。需求约束型的总量波动与生产者进步之间的关系分析说明，市场经济中的周期波动，是促进企业技术进步和更新产业素质、调整产业结构的有效机制。

(2) 产业市场的自由进入或退出机制

这是激励企业进步的中观机制，任何一个特定的信息企业，总是在某一或某些特定的信息市场中活动的，就某一特定的信息市场来说，信息产业内所有企业之间的竞争和垄断关系，构成了某一企业进步的中观市场环境。在经济增长中，中观层次的进步机制，必须在大规模生产和市场的竞争之间寻求适度的平衡模式，而这一模式的形成则以产业市场的自由进入或退出为前提。

1）某一信息产业市场的自由进入，意味着该市场中不存在行政壁垒，而只有与经济效率有关的经济性壁垒。任何一个企业，只要它具有潜在的经济优势，都可以随意进入该产业。这种进入自由，一方面对现有产业中的企业来说是一种潜在的竞争威胁，促使其提高效率、提高质量，加快进步的步伐，以竖起更高的竞争壁垒；另一方面也有利于生产集中和大规模生产。因为无论对产业中的现有企业来说，还是对新进入企业来说，都必须使自身趋向于最大最佳规模，才有可能取得经济效率上的优势地位，否则就有被挤垮的危险。

2）与产业市场的自由进入一样，自由退出某一产业也是企业进步机制完善和健全的表现。主要体现在：自由退出某产业，可以使仍滞留在该产业中的企业提高市场集中度，自由退出某产业，是资源投向上的效率改善和企业进步的集中体现。

(3) 产权市场、经理市场、劳动力市场三位一体的利益激励机制

这是促进企业进步的微观动力和机制。产权市场对所有者行为的约束，经理市场对经营者行为的约束，劳动力市场对劳动者行为的约束，分别从不同的角度形成相互制约的利益机制。其市场的健全程度，直接关系到具体企业的进步方向及速度。

1）作为企业资产的所有者，其行为目标函数不外乎是追求自身资产的不断增殖。在产权市场的竞争约束下，资产所有者只有不断地加强对资产使用效率的监督和管理，才有可能保证自身资产的增殖和安全。

2）作为企业内部的劳动者，其行为目标不外乎是取得劳动收入最大化。劳动收入最大化的要求，在一定时期内并不是无限制的，它会受到许多社会因素和经济因素的制约。其中一个重要方面是劳动力市场的约束存在，追求劳动收入极大化的目标会受到劳动力市场供给的明显制约。

3）资产收益最大化目标与劳动收入最大化目标之间存在此消彼长的矛盾。在其他条件不变的前提下，资产收益扩大有利于积累和技术进步，但如果超过一定限度，则会损害劳动者利益，反而造成企业发展不稳定；劳动收入扩大有利于从分配上调动劳动者积极性，但超过一定限度，则会损害企业积累和技术进步的目标。在现代市场经济中，劳资双方的这种矛盾，是由企业经营者在协调的。大量实证研究表明，经营者的具体行为标准，是沿着“资本价格与劳动价格的比率”进行选择的。当资本市场中的资本价格上涨率持续地超过劳动价格上涨率时，经营者倾向于用劳动力来代替机器；当后者持续地大于前者时，经营者会毫不犹豫地用机器生产代替劳动力。这样，劳资双方的基本矛盾就得以解决。

5. 信息商品市场的风险机制

一般地讲，信息产品是智力劳动的产物，它不像一般物质产品那样可直接用于消费，需要经过一定的物化过程，才能产生收益，才能评价出最终的效果。因此生产者在生产、经营、销售以及用户在利用、开发信息产品的时候，都在承担一定的风险，这也就直接影响到信息在市场中的交换，以及在交换中的交换价格等。下面将分别论述信息生产者、经营者及用户所要承担的风险。

(1) 信息生产者承担的风险

信息生产者由于以下三方面的原因，会使生产出的信息有一定的误差。

1) 信息商品本身不能直接体现效用。信息商品的需求与社会经济发展水平密切相关，对它的需求一般都是潜在的、间接的，因此这就给信息生产者对市场的预测带来障碍，往往影响预测的准确性。预测失准对产品销售将产生三种不同影响。第一是预测完全错误，也就是市场对该信息产品需求几乎为零，这将可能导致生产者严重亏损甚至破产；第二是预测过低，包括需求量过低和产品档次过低，这都将使市场需求得不到满足，生产者也无法得到最大利润；第三是预测过高，包括需求数量过高和产品档次过高。由于信息商品可以经过多次转让，所以需求数量过高不会影响生产者，而产品档次过高会使产品价格昂贵，从而影响产品销售数量，导致产品积压，使生产者资金无法正常周转。由此可见，市场预测作用大，风险也大。

2) 信息研究方法本身的误差。信息工作最基本的功能在于从已知信息推测未来的发展，从而为决策提供必要的依据。但是任何预测都不可能是百分之百可靠的。从技术上说，任何的预测手段都是有条件的、有误差的。如有的预测方法需要大量的、完备的、准确的基础数据，也有的方法，特别是数理统计诸方法本身就规定了其误差范围，也就是说其准确度只能保持在某个范围内。

3) 由信息生产者工作失误造成。工作失误的类型很多，如选用方法不当、数据不准确、提供报告迟于要求而造成损失等。

(2) 信息经营者承担的风险

经营者在信息市场中起到疏通营销渠道，将信息交易活动由现实可能性转化为必然性。中介人的利益与交易成交额息息相关。因此，他们在经济活动中承担风险。中介方承担的风险来自供给方和需求方。

中介方在供求双方之间既要为供给方负责，也要为需求方负责。在对需求方负责的时候，风险是由供给方带来的。因需求方从中介方购得信息商品以期发挥作用，如因质量不高、效益不好，将会使需求方追究中介方责任，这就要求中介方有较高的知识水平和良好的职业道德，才能使自己在交易中保持不败。

在对供给方负责时，风险是由需求方带来的。因需求方不一定将信息商品使用费一次付清，而是在该信息商品发挥效用、取得经济效益之后才付清。因此，当需求方因某种原因不能从信息商品中取得预期效益，或无资金，往往拒付费用，使中介方不能及时回收资金，也就不能向供给方付款。信息商品转让与使用是受一定法律约束的。中介方也可能要承担一定的法律责任。这样看来，中介人的风险是与其参与的交易活动的交易额成正比的。

(3) 信息用户承担的风险

一般需求者都追求最大效益，但效用大的信息商品价格也高。这就使购买信息商品给需求方带来风险。风险因素包括：信息商品本身质量，即效用；需求者本身能否吸收利用该信息商品；需求者对某信息商品的垄断性。

如前所述，信息商品的效用是隐形存在的。这就要求需求者自身具有较高的专业知识水平，能够判断该信息商品对于自己的效用大小。也就是说，如果需求者没有相应的技术和水平，可能对信息商品所涉及的高技术内容不能理解和运用，致使该信息商品不能完全、甚至根本不能发挥作用，或者因资金不足，会使效用延缓发挥或发挥不充分，这些都将给需求方带来损失。生产者对自己产品的估价也可能有一定程度的误差，所以价格高的产品其效用不一定大，甚至有些重复开发的产品同样也会以高价出售，这就要求需求方有较强的鉴别能力，在鱼龙混杂的情况下购买真正高效用的产品，否则将造成损失。

信息商品具有共享性，这与需求者要求的使用权的垄断是矛盾的。这就形成了同一信息商品在不同需求者之间取得使用权后，在发挥其效用方面进行竞争，竞争总有失败者，这就给需求者带来风险。需求者应尽快发挥信息商品的效用，尽可能保持自身的垄断性。

上面探讨了信息市场各方需要承担的风险，表 8. 2 列出了决定各方风险的因素，并定性地反映出其影响的趋势。

表 8. 2　影响各方风险的因素

各方风险影响因素	卖方风险	中介方风险	买方风险
产品投资额	↗		
市场需求量	↘		
产品开发周期	↗		
供方集团规模	↘		
产品质量		↘	
需方支付能力		↘	
商品质量			↘
商品效用			↘
需求方本身吸收利用能力			↘
该商品的垄断性			↘

下面分别构造出各方的风险曲线，并加以简单说明。

决定供给方风险的因素主要有：产品投资额、市场需求量、产品开发周期及供方的集团规模。

投资额越高，成本越高，产品的价格也就越高，产品转让不出去的可能越大，因而供给方亏本或破产的风险越大。当投资额很低的时候，投资增加引起的风险增大幅度也小；而在投资额很高的情况下，投资增加会引起风险的大幅度增加。所以，构造出的投资额与风险之间的关系曲线应该是先缓后陡的趋势，如图 8.2 中曲线 a 所示。

市场需求量越大，供方产品卖出的可能性越大，赢得的利润越高，因而风险越小。在需求很大的情况下，需求量增加引起的风险减小的幅度小，而需求量很小时，需求量增加引起风险减小的幅度大。因此需求量与风险之间的关系是下凹曲线，如图 8.2 中曲线 b 所示。

产品的开发周期越长，投资量就越大，而且市场的变化也就越大，原来的目标市场被其他生产者占有的可能性也越大，这样一来，供给方所要担负的风险越大。在开发周期短时，周期加长引起的风险增加幅度不大，而在开发周期已经很长的情况下，再延长周期就可能带来很大的风险了，所以开发周期与风险之间的关系曲线应是先缓后陡的趋势，当开发周期为零时，风险亦为零，如图 8.2 中曲线 c 所示。

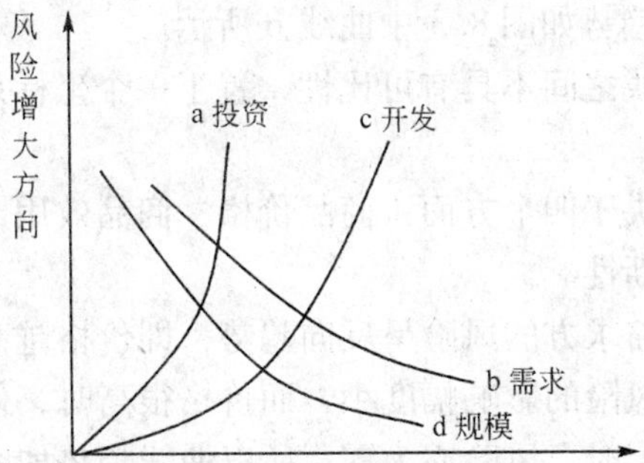

图 8.2 供给方风险曲线

注：a 投资额增大；b 需求量增加；c 开发周期加长；d 集团规模增大

生产者的集团规模、开发能力本身对其承担的风险也有一定的影响。集团规模越大，开发能力越强，生产的产品质量越高，售出去的可能性越大，因而风险越小。在集团规模很大的情况下，规模增大所引起的风险减小的幅度不大，而在规模很小的情况下，规模增大就可能大幅度地减小风险了。所以集团规模与风险之间的关系曲线应该是先陡后缓的趋势，如图 8.2 中曲线 d 所示。

在这四个因素中，对供给方风险影响更大的是投资额和需求量，所以将投资额曲线和需求量曲线分别置于开发周期曲线和集团规模曲线之上。

决定中介方风险的因素主要有产品质量和需方的支付能力。

产品的质量越高，需求量越大，获利的可能性也越大，于是风险越小。在质量很好的情况下，质量提高引起的风险减小的幅度小，而在质量不太好的情况下，质量提高可能会引起风险的迅速减小，所以曲线趋势如图 8.3 中曲线 a 所示。

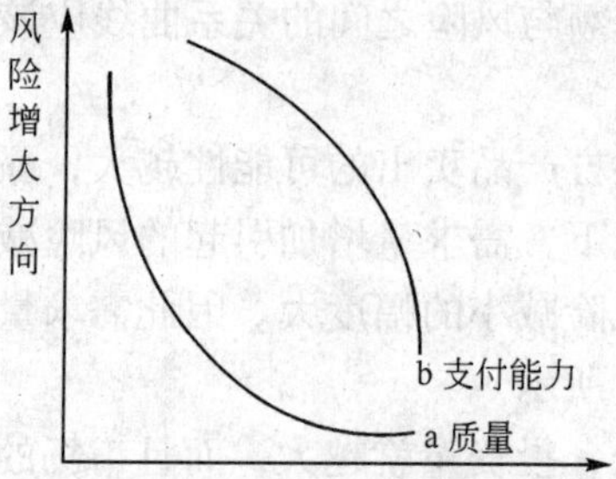

图 8.3　中介方风险曲线

注：a 质量提高；b 支付能力增强

需求方支付能力对中介方的风险也有影响，需求方支付能力越强，中介方获利的可能性越大，承担的风险就越小。在支付能力很大的情况下，支付能力增加所引起的风险减小越大；在支付能力很小的情况下，支付能力增加所引起的风险减小越小。所以曲线趋势如图 8.3 中曲线 b 所示。

在这里的两条曲线之间不具有可比性，置于一个坐标系中只表示决定中介方风险的两个因素。

需求方的风险取决于四个方面：商品价格、商品效用、需求方本身吸收利用能力及对该商品的垄断性。

信息商品价格同需求方的风险呈反向趋势，即价格越高，风险越大。价格很低时，价格的提高对风险的影响幅度小，而价格很高时，价格的提高对风险的影响幅度大，当价格为零时，风险亦为零。所以曲线趋势如图 8.4 中曲线 a 所示。

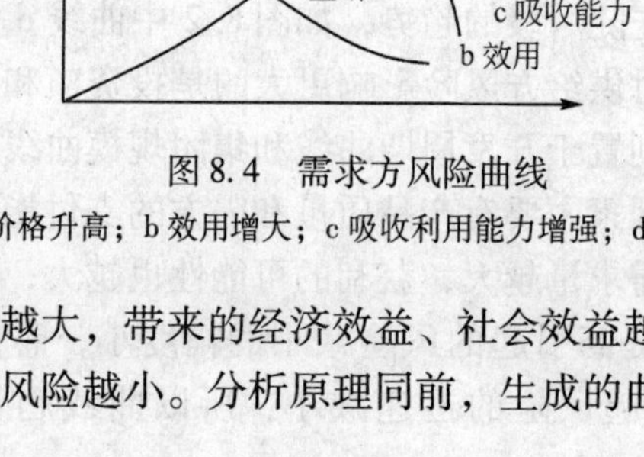

图 8.4　需求方风险曲线

注：a 价格升高；b 效用增大；c 吸收利用能力增强；d 垄断性增强

信息商品的效用越大，带来的经济效益、社会效益越大，需求方使用以后产生的效果越大，因而风险越小。分析原理同前，生成的曲线趋势如图 8.4 中曲线 b 所示。

信息商品多为高技术产品，这就要求需求者本身具有较高的专业知识水平，以使信息商品内含中所涉及的高技术内容能够被充分理解和运用。需求方对产品的吸收利用能力越强，信息产品被利用的程度越高，获得的收益越小。在吸收利用能力很强的情况下，能力增强对风险减小的影响很小。而在吸收利用能力很弱的情况下，能力增强对风险减小的影响很大。于是得出曲线如图 8.4 中曲线 c 所示。

需求方对某商品的垄断性也决定了需求方的风险。对某商品的垄断性越高，同其他用户之间的竞争越小，风险也就越小，分析原理同前，生成的曲线趋势如图 8.4 中曲线 d 所示。

6. 信息商品市场的利润机制

利润，不仅是企业从事生产经营的动机，也是企业评价生产经营的标准，不仅影响整个社会的信息资源利用，也影响到整个社会的收入分配。正是由于预期利润的刺激，才使企业从事创新和冒险促进总投资和总产量，这对社会是有利的。

利润机制是信息经济的动力源。利润机制是指利润变动与生产者经济利益变动之间的相互制约的联系和作用。

在社会主义信息商品市场经济中，平均利润率规律在起作用，不同的生产部门投入等量的资金要取得等量的利润。这个规律是通过部门之间的竞争，使资金由利润率低的部门转移到利润率高的部门而实现的，也就是通过资金的转移，最终使得各个部门高低不同的利润率平均化。所以这里讲的利润机制是以平均利润为基础的。运用利润机制可以实现生产者生产规模的最优化，即实现利润最大化的生产规模。生产者追求自身经济利益，是立足于总收益的绝对值最大，还是立于利润的绝对值最大，或者利润率最高，关键取决于对利润机制的灵活运用。

由于利润是构成价格必不可少的一部分，所以利润势必影响价格，从而影响供求双方。图 8.5 所示的曲线即反映了利润对供需双方的影响。

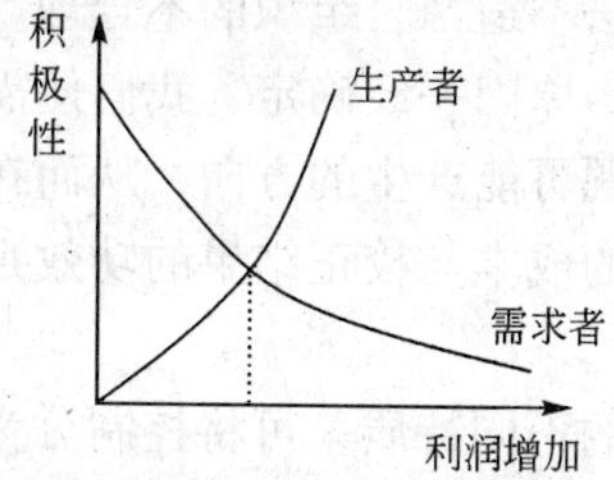

图 8.5　利润供需曲线

利润增加，刺激生产者的生产积极性，同时利润增加引起的价格升高必然限制需求，所以其趋势如图 8.5 所示。在两曲线相交处，供需双方达成一种平衡，这时成交的可能性最大。

7. 信息商品市场的控制机制

信息商品市场控制是指查核交易行为的发生是否和已采用的计划、原先的指标和原有的原则一致。它的主要目的为指出弱点和错误以便加以改正和避免重蹈覆辙。

把信息市场看成一个控制系统，它主要包含以下三个要素：

(1) 目标与标准

根据经营的目标，设立适当的标准，是计划程序中的第一个步骤。标准设定的目的在于对信息交易中将来与实际的行动互相比较，以作为将来是否要管制及如何予以管理的基础。

(2) 衡量、比较与评价

通常标准的设立必须相当的明确，而且是可以衡量与比较的。实际上顾及成本的因素，控制工作不可能对每一件工作、每一个进度都做周密详细的衡量，所以通常都选择几个重点（即重要的参数），予以定期及不定期的确认。比较与评价的目的，在于将原来的计划数值与实际结果数值予以相减，再将此差异作为检讨与采取校正行动的基准。由于计划数值与实际数值间完全相等的可能性是少之又少的，一般均设立一个允许误差，只要差异值在此允许误差范围之内，我们均承认其是合理的，而只对那些超过允许误差的参数，予以特别的检讨与控制。

(3) 校正行动的控制决策

信息经营者就如同船长一样，比较自己的航向与标准间的差距，然后深入分析差异产生的原因，并对症下药，提出改正的行动，并予以实施校正。就整个控制程序而言，前述的设立标准、衡量、比较与评价等，只是发现偏差之所在，提供我们一个问题的讯号，而只在采取校正行动后，才能真正显示控制程序的价值。在采取任何校正行动前，必须先要深入探求偏差发生的原因，研究一下，到底是当初计划的不正确、方法不适当、组织的不合理，或是人为因素所造成的问题，才不致盲目地从事行动。原因一经确定，我们便需迅速采取校正性的调整措施，有时甚至要事先预期问题可能产生的方向，从而在事先予以补救。校正行动的优劣，可由比较其所花费的成本与校正结果的功效判断，两者予以比较，以决定选用最高效率者。

依照采取行动修正偏差的不同特质，可将控制分为以下两类：

1) 回馈控制：回馈控制大约可以由图 8.6 所示的回馈控制循环图来表示。

这种控制是在工作已经完成、效果已经确定之后才发生作用，不能有效地及早避免可能的偏差，但是它仍然发挥了以下功能：

如果操作是一再重复的，那么回馈控制检讨所得经验，不论成功失败皆可作

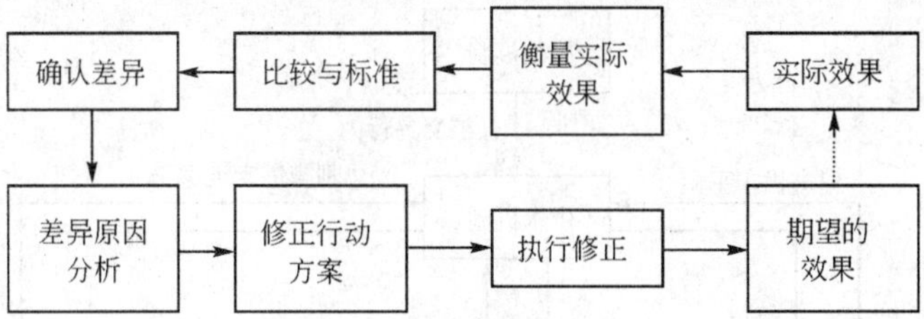

图 8.6　回馈控制循环图

为下次的参考而有所改进。

如果操作是有限次，甚至是唯一的，但是适当的正确性相当重要，则回馈控制应当有助于修正行动，以求达到标准所需。

2）前瞻控制。由于整个控制循环必然有时间的落后，为了使控制能有效发挥功能，我们只有采用未来导向的控制了。也就是说，经营者所要的控制系统是否能即时告诉他有关的数据，以便使他能够采取行动以防止可能的偏差。在管理上，未来导向的控制已经有所发展，一般信息经营者最常做的是：依据手头最新的资料显测出未来可能的状况，将预测得到的资料和期望情况相比较，若有差异，则采取某些有计划的变动，将情况导向所希望的。

在实际应用的信息市场控制系统中，我们常常进行系统分析，找出与所希望控制的项目有关的任何项目，以及这些项目对所要控制项目的交互作用，然后根据对此系统的预测或此系统所发生的征兆，对所欲控制的项目加以控制。

8.3.2　信息商品市场各机制之间的关系

以上论述了信息市场的七种机制：供求机制、价格机制、竞争机制、激励机制、风险机制、利润机制和控制机制。它们之间并不是独立存在的，也不是独立在市场中起作用的。它们之间相互作用、相互影响、相互制约，共同构成信息市场的市场机制，成为信息市场运行和发展的基础和依据。下面将这七种机制之间的关系用框图表示出来，如图 8.7 所示。

在商品经济情况下，供求机制是信息市场的最基本的运行机制，它对其他机制都有直接或间接的影响作用，所以这里将供求机制单独抽取出来，对它和其他机制之间的关系用图 8.7 表示出来，并加以简单说明。

信息商品的价格受供求关系的影响，当信息市场的商品供过于求时，就应当适当降价，以便压缩生产量，扩大需求；当信息市场中某种商品“无货供应”时，就应当适当提价，以刺激企业扩大生产，增加供给量，限制需求。同时价格的上下波动也会对信息商品的供给和需求起到一定的调节作用，某种信息商品的价格越高，就会吸引更多的生产者来生产、开发这种产品，而价格的提高又限制了需求，这种调节最终导致供需平衡，如图 8.8 所示。

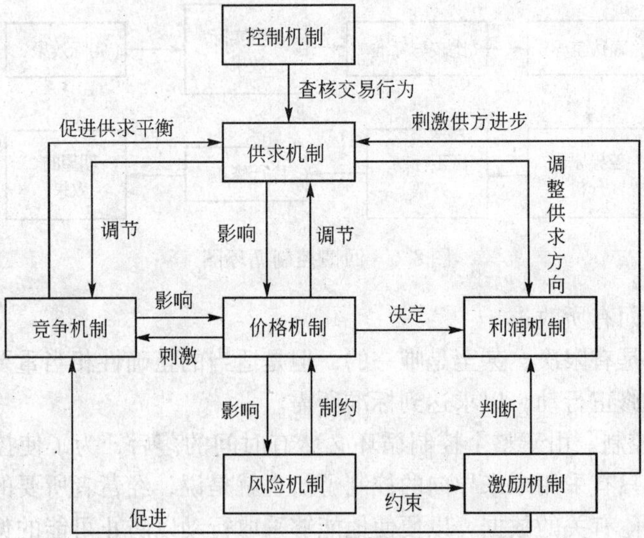

图 8.7　信息市场各运行机制之间的关系

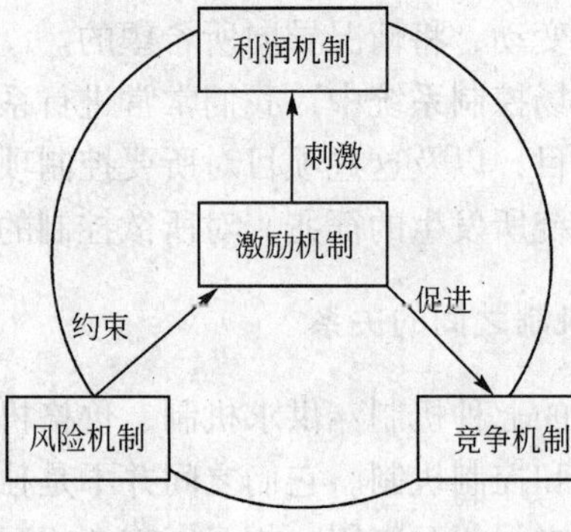

图 8.8　供求机制与其他机制之间的直接关系

信息市场竞争可以使信息产品生产者和经营者的活动经常保持相对的局部平衡。市场竞争的结果就是“优胜劣汰”，这种结果要求供给方不断按照市场的需求来调整自己的生产方向和生产规模，从而保证信息产品生产和消费的统一。同时，信息市场的供求机制对市场竞争也有一定的调节作用。供求之间的矛盾越激烈，开辟市场、占有市场的可能性越大，市场竞争也越激烈；供求之间的关系越平衡，竞争越弱。

激励机制对供求关系的影响主要表现在对生产者进步的影响作用上，它是促进企业技术进步和更新产业素质、调整产业结构的有效机制，促进企业不断发展自己、完善自己，从而表现出更大活力以适应不断变化的市场需求。

利润机制发生作用，使得资金由利润率低的部门向利润率高的部门转移，最终使得各个部门高低不同的利润率平均化。运用利润机制可以实现生产规模的最优化，促进企业不断更新与改造，增加总投资与总产量，从而使供方市场更为丰富和繁荣。

控制机制主要是对供求双方在交易过程中的行为发生进行检查、控制，防止交易行为与已采用的计划、指示、指令、原则等相抵触。它的主要目的是指出交易过程中的弱点和错误，以便采取有力措施加以改进和避免重蹈覆辙。

下面将价格机制及其相关的竞争机制、利润机制、风险机制抽取出来，用图 8.9表示其作用关系。

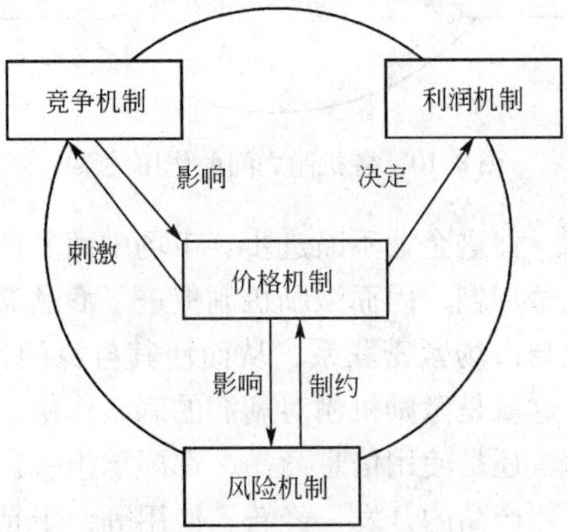

图 8.9　四机制之间的作用关系

在价格机制与竞争机制的作用关系中，竞争会引起价格的波动。竞争越激烈，价格波动越大，市场于是越不稳定。反过来，价格的上下波动也会刺激市场的竞争。价格上涨，会使生产者之间的竞争加剧；价格下跌，则需求者之间的竞争更为激烈。

利润机制通过价格机制起作用。价格中主要包含成本和利润两部分，因而价格的高低决定了利润的多少。而所获的利润可以刺激生产者调整生产方向、生产规模等，从而影响到整个市场的供求关系。

价格机制和风险机制的作用关系表现在，价格的高低会影响风险的大小。产品如果卖不出去，生产者和经营者所遭受的损失越大。所以生产者、经营者所承担的风险越大，而如果产品被需方买到，由于价格较高，则效益与成本的比率较小，所以风险较大。对于供方来说，风险越大的产品，希望价格越高；而对于需方来说，风险越大的产品，希望价格越低。所以风险制约着产品的价格。

下面将剩余的几个机制之间的关系用图 8.10 表示，并将讨论其相互作用关系。

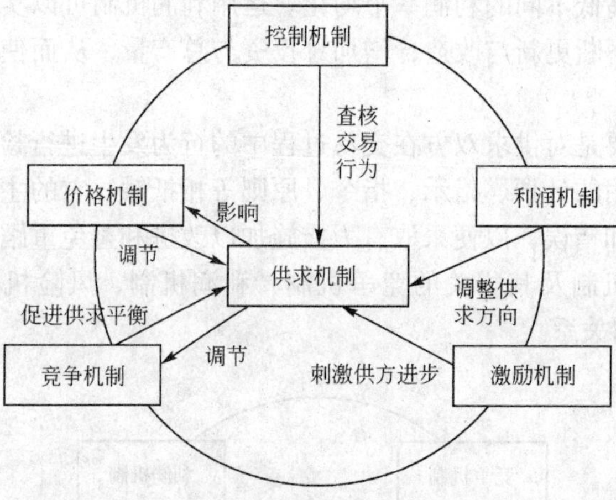

图 8.10　各机制之间的作用关系

激励机制发生作用，促进企业不断进步，市场中商品的供给量不断增多，质量也不断提高，于是竞争加剧，因而激励机制促进了商品竞争。

激励机制促使企业与市场紧密联系，从而使其自身的发展表现出更大活力，以便取得最大的利润，这就是激励机制对利润的刺激作用。

无论是生产、经营，还是使用信息商品，都要承担一定的风险，这样，风险就会在一定程度上约束新产品的开发、经营、使用等，于是也就约束了激励机制的作用。

8.4　信息商品市场的管理

8.4.1　信息商品市场管理的概念与内容

1. 信息商品市场管理的概念

信息商品市场管理是指由国家政权机构依靠经济组织、行政组织和法律组织以及消费者群众，按照客观经济规律的要求，运用科学的方法对在市场上从事信息交换活动的单位和个人，在商品、价格、合同、税收、利润、场地等各个方面所进行的计划、组织、调节和监督。其目的是为了维护信息市场的正常秩序，保障供方、需方、中介方的合法权益，使信息市场更加稳定、繁荣。信息市场是一种新型的市场结构，同物质商品市场相比，它的管理要复杂得多，有效的管理将对信息市场的发展起重大的作用。

首先，由于单个信息生产者或信息机构往往只掌握局部信息，如市场商品、需求、价格资源等信息，特别是往往容易偏向于单纯地追求经济效益而忽视商品的社会效益，忽略社会信息总需求以及需求的各个层面，往往使某些信息需求得不到满足，这就需要国家行政机关从总体上予以客观的指导和干预，使信息市场的商品生产适应社会信息需求各个层面的范围，并通过信息市场的控制和管理促使其健康合理的发展。同时，随着生产力的发展，社会分工的不断细化使信息市场也不断扩大，这使得信息市场管理也必须加强。

其次，我国信息市场交换对象、范围随着商品流通的不断扩大而有明显扩大的趋势，其结果必然是信息商品化程度日益提高，而这与我国当前信息有偿服务与无偿服务并存的信息政策显然有较尖锐的矛盾。这必然导致信息供需关系以及信息经济活动的复杂化，这就需要国家主管部门适时进行管理、限制和诱导信息商品的范围和市场结构。

再次，社会需求的信息产品项目品种繁多，而且同一信息产品因为信息流通渠道和信息产业分布等原因往往有可能多个信息机构同时进行生产，这必然造成人力、财力、物力的浪费。因此，为了避免重复生产和有效分工协作，需要对信息生产项目进行协调组织。特别是对于国家或地方重点科研项目、生产项目所必需的信息产品生产，客观上也需要国家进行统一的协调、组织和管理。

第四，它可以维护良好的市场秩序。众所周知，在信息市场中，市场主体是一个个独立的实体，它们都有自己的目的和动机，都希望获得最大限度的利润。信息商品提供者之间，信息商品生产者与信息商品消费者之间，既存在着协作关系，又存在相互对立的矛盾。为了维护信息市场秩序，国家管理部门必须运用各种管理手段，协调生产者、经营者、消费者之间的关系，维护正常权益，保护合法经营，同时对一些危害性行为做出限制，惩治违法行为。

第五，它可以有效地沟通供求。信息市场管理是对信息商品生产和流通各个环节进行的管理，它通过对信息用户的需求进行调查、研究来消除供求双方之间的障碍，并指导信息商品生产者生产出更多适销对路的信息产品，从而最大限度地发挥信息市场的作用。

2. 信息市场管理的内容

信息市场管理的内容很广泛，其中心内容是：管理信息流转总量和主要信息流转量的供需平衡，管理信息流通渠道、调整信息流通结构、制定信息购销政策、颁布并实施有关市场管理的规章制度和经济法令等。其具体内容如下：

(1) 对信息经营者的管理

对在市场上从事信息交换活动的一切团体和个体的管理，是信息市场管理的首要内容。对信息经营者进行管理，有利于统筹兼顾、综合平衡、通盘考虑和合理安排产业布局、购销渠道和网点建设，防止可能出现的盲目性。对信息经营者的管理，有利于保持合法经营，制止非法活动。

对信息经营者的管理，主要包括三个方面，即进行经营者登记注册的管理，对经营者经营范围、经营手段的监督检查和对信息经济效益的评价。

进行经营者登记注册，是指凡是参加信息市场交换活动的一切企业，无论是国营、集体、私营企业，还是中外合资企业，都必须经过主管部门批准，再到政府有关信息市场管理部门进行登记，经允许后，方可开业。企业登记注册的主要条件是有营业场地、购销渠道畅通等。进行企业登记后，还要继续加强对企业经常性的管理和监督，只有这样，才能真正达到登记发证的目的。

信息市场管理部门要对企业的经营范围、经营手段进行监督检查，防止企业经营非法产品或以不正当的手段牟取利润，引导企业以优质的产品、周到的服务赢得用户，从而使信息经营沿着健康的轨道发展。

进行经济效益评价，是指对信息经营产生的社会效益、经济效益进行评价，一方面可以把评价结果提供给经营者，为经营者的经营内容、方式的选择、企业发展方向（或增加投资、发展壮大，或减少投资、转产）的选择等提供依据，另一方面还可以根据评价的结果，督促经营者上缴利税。

(2) 进行信息商品管理

因为信息市场实际上就是信息买卖，所以信息商品管理就是信息市场管理的基本内容，进行信息商品管理，可以满足科研、生产、行政决策等各方面的需要，可以保证信息市场稳定，促进信息商品流通的有计划发展，并使信息市场繁荣兴旺。

对信息市场的商品管理，包括对非保密信息的正常流通管理和对保密信息的限制流通管理。作为商品的信息具有非消耗性和共享性，可以进行多次转让，信息市场管理部门应采取必要的手段，保证信息的正常流通，防止个别经营者或用户对某种信息商品的垄断，以便充分发挥信息的作用，促进科技和生产的发展。

(3) 加强信息合同管理

在信息商品流通过程中，合同是一种经济上的契约，是由买卖关系的双方，为了实现信息商品交换而签订的书面协议。为了保证信息商品流通的顺利进行，为了维护信息经营者的经济利益，为了巩固交易双方的经济联系，有经济联系的各方是要签订合同的。信息合同对于发展信息生产和信息流通，保证信息市场商品供应，改善生产者经营管理，实现信息流转计划有着重要意义。

加强合同管理就要在签订合同时，坚持各方在经济上的平等地位和自愿原则；在合同的内容上要具体详尽，文字解释清楚；最后在合同的执行过程中，要严肃认真，重合同，守信用。对不执行合同者要根据情况，承担法律责任和赔偿经济损失。

(4) 加强信息商品的价格管理

价格问题是信息市场管理中的重要问题，加强信息市场价格管理主要包括三方面的内容：对价格制订的管理，对价格调整的管理，对市场价格的监督和检查。由于价格的制定与调整在前面已有论述，所以这里着重叙述市场价格的监督与检查。对市场价格的监督与管理首先要监督各类商品价格的执行情况。尤其是一些重要信息商品的价格必须坚决执行，不得随意涨价。其次，要建立和健全各种物价管理制度；健全责任制，明确价格管理部门和价格管理人员的职责；建立价格台账制，登记价格的执行情况；建立自上而下的物价检索和自下而上的群众监督制度，及时发现和纠正物价执行中的差错。

（5）加强专利管理

专利是指发明者对自己研究成果所享有的权利。在信息市场管理中，在竞争存在的条件下，为了保护发明创造者的权利，一方面要鼓励其积极发明创造、推动科学研究发展，另一方面又能使其研究成果得到广泛的推广和应用。为此，就必须加强专利管理。加强专利管理主要是指对发明创造者的奖励，即凡是具有一定发明创造的，经过有关部门鉴定，国家要予以表彰和奖励。第二，其他单位和个人需要使用其研究成果时，必须付出一定的报酬，不得无偿使用。第三，对于那些不经允许，通过不正当途径获取专利者，市场管理部门应予以制止，以保护发明者对研究成果的专用权。

总之，我国信息市场管理的内容是十分广泛的，它涉及信息流通的各个方面。明确市场管理的主要内容，从不同的方面采取相应的措施，有利于保证信息市场的稳定，并促进信息市场的繁荣。

8.4.2　信息商品市场管理的主要方法与手段

要逐步建成与社会主义市场经济相适应和加入 WTO 后所需要的功能社会化、经营产业化、结构网络化、手段现代化、联系国际化的结构合理、高效、综合的信息服务体系，必须加强对信息市场的管理、培育和完善。

首先，加快实现信息资源社会化步伐，建立多层次、多类型的信息市场。这就需要：一是健全信息市场服务体系，做到信息咨询机构社会化，信息产品商品化，信息服务系统化，信息价格合理化。二是统一规划，发展信息规模经营，建立多层次的信息市场，以便最大限度地集中开发信息资源。为此，要组建国家级宏观信息市场、大经济区级综合信息市场、省级行业信息市场、地市（县）级微观信息市场和企业专业信息市场以及其他类别的信息市场等。各级各类信息市场应尽快实现计算机联网，形成全国贯通、国内外联结的信息市场网络系统。三是信息市场的经营方式和所有制结构要实现多样化，走国家、集体、个人、外资、合资一起上的路子，发展固定型、通信型、流动型、临时型等多种信息市场，保证不同种类、不同形式的信息商品得以顺利交换和流通，从而打破由国家包揽的局面，利用市场机制作用，使信息产业结构要素真正发挥作用，同时最大限度满足用户对信息多样化的需求。四是加强政策引导，引导各类信息机构以市场需求为导向，围绕产业化和社会化转换机制，使信息市场的参与者和经营者不断提高服务水平，增强聚散功能。

其次，国家必须从法律上、经济上等方面加强对信息市场的扶持、保护和管理。在法律上，完善的市场法制规范体系应包括市场主体制度、市场权利制度、市场债务合同制度、市场竞争制度、市场调控制度等，从不同方面确认市场当事人所具备的权利能力和行为能力等方面的法律依据，明确竞争性质、范围以及正当与否的界限，保护公平市场竞争，防止不正当的竞争和垄断。要加强专利法、合同法、商业法、版权法等的立法与执法力度，制定信息法，建立和强化仲裁机构，制定信息交易法规等。从信息机构的设置、信息传递、信息媒介及载体，直到信息机构及其从业人员所应承担的法律义务、合法权益和责任以及对不正当行为的处置等，均应有相应的法律法规予以规范。在经济上，要加强经济核算，建立税收优惠政策，如高新技术产品、不发达地区的经费支持等。此外，运用宏观经济手段和计划手段调节市场关系也是重要的。应充分利用税收等经济手段和政府调控干预市场的作用，并使计划手段、经济手段法律化，规定政府干预市场的程度和程序，使政府既能有效地运用调节手段，又能防止政府对市场的任意干扰。各级政府和信息机构应采取有效的措施加强对信息市场的管理，确保信息的权威性和真实性。有必要设立专门的监控机构，强化管理，对违法者予以行政、经济或法律处罚。同时，切实保护知识产权，从根本上改变信息市场中对知识产权保护不力的局面。

再次，要改进信息传递和处理手段。国家应采取“跳跃式”战略，抓住机遇，直接引进国际上最先进的技术设备，实现与国际网络接轨。信息机构要根据经济规律和价值规律，从一切由国家包揽的事业管理模式，向全面成本核算、分配与效益相统一的企业化经营转变，以更好地适应市场经济的需求，为社会化提供更多更好的信息服务。同时不断壮大自己，发展再生产。应研制适合我国国情的信息管理系统，推动电子计算机等现代手段的应用，由国家制定有关政策，创造一种鼓励建库、有利于联网的环境，以此来建立多层次、多角度的数据库，使信息产品市场网络化、标准化，形成一个结构合理、层次分明、工作协调、脉络畅通的管理模式。

第四，不断建立完善信息市场的运行机制，尤其是建立合理的信息商品的价格制度。我国信息市场发育迟缓的重要根源在于信息市场运行机制尚未完全形成，即信息市场的供求机制、价格机制、竞争机制尚未确立。因此，完善信息市场运行机制，要使信息市场供求机制、价格机制、竞争机制相互作用、相互制约程度不断增强，从事信息生产的信息机构在经济能力上基本摆脱国家保障制度而达到自给自足，并有扎实的基本信息工作和存在较大范围和规模的信息市场。价格规律能充分发挥其对于信息市场的调节作用，就必然使信息商品的供需关系在信息市场运行中不断趋于平衡，使信息市场竞争机制日益完善。由于信息商品承袭了信息的许多特征，如共享性、易复制性、依附性、时效性等，信息商品的交换必须有合理的价格制度来保证。通过信息商品价格体制改革，逐步实现信息商品价格转向市场定价，融入市场经济，从而维护信息商品的交换秩序，保护信息商品的买、卖、中介三方的合理权益，使信息市场走向良性循环。

第五，增加投入力度，为信息市场建设创造雄厚的物质基础。我国巨大的城乡市场和改革开放所创造的良好投资环境，正吸引着越来越多的海外投资者。然而，由于信息的闭塞，更由于信息市场的建设滞后，使他们中的大多数处于徘徊状态。从吸引外资的角度来看，也要首先建立信息市场，不断增加对信息市场建设的投入。这不仅包括信息资源建设的投入、信息传递系统建设的投入，而且包括提高全民族科技文化素质和信息意识的投入。

最后，要对信息从业人员进行培训和再教育。在科技发展迅猛和信息量激增的今天，知识更新和老化的速度愈来愈快。信息从业人员是现代化信息设备最经常的使用者，应不断地接受再教育。在信息市场从业人员中，应广泛普及现代信息科学技术知识和经济知识。尤其是有关计算机、网络、知识经济和电子商务等方面的知识，以使他们能够跟上时代步伐，适应新世纪和加入 WTO 的需要。

8.5 案例分析：北京和君创业咨询公司的成功

在信息商品市场中，我们可以狭义地理解信息商品市场，即信息商品市场是进行信息商品交换的场所。在此，就信息市场的一种类型——科技中介机构，对信息商品市场进行实例分析。

党的十六大报告明确指出“健全统一、开放、竞争、有序的现代市场体系，发展产权、土地劳动力和技术市场，充分发挥科学技术第一生产力的作用，完善科技服务体系，加速科技成果向现实生产力转化，推进国家创新体系建设”，为我国技术市场在新世纪的进一步发展指明了方向。

就目前信息商品市场情况来看，成果转移中的信息服务尚不能满足用户的需求，我国的中介信息服务未能从根本上适应市场经济的发展。

8.5.1 典型成功案例

北京和君创业咨询公司成立于 2000 年，擅长技术转移过程中的科技投融资服务，业务范围主要集中在信息技术、生物技术、汽车、医药等技术领域。该公司主要是为技术买方提供投融资服务。2003 年该公司受北汽福田公司的委托，寻求汽车行业的国际知名企业，帮助与其建立战略联盟关系，引进国际汽车制造行业的先进技术，共同打造中国重卡市场。该公司通过公司调研，项目论证，帮助北汽福田策划融资方案，实现了它与德国奔驰汽车公司的合资，成功的引进了重卡汽车的生产技术，该项目的成功运作每年为北京带来 20 亿的税收。近几年，该公司帮助深圳灵顿高科技有限公司、陕西沃土等 17 家企业完成了 17 个技术转移服务项目，交易合同额 33.49 亿，实现交易额 7540 万元，服务收入 205 万元。

8.5.2 案例分析

从上述案例中我们可以从以下几方面对信息商品市场加以理解。

1. 科学技术以“商品”形式进入市场

北京和君创业咨询公司的经营商品以技术、策划为主，该公司在深入了解技术买方市场的基础上，进行技术市场调研，帮助企业筛选出合适的技术和项目，通过收购、兼并等资本运作模式帮助企业购买技术，帮助实现技术转移。而该交易就是以北汽福田为客户、以先进技术为商品进行流通、交换。

通过本章的学习可以了解到信息商品市场划分为一、二、三次信息商品市场，而该案例中的信息商品可以归类为科学技术，故可划分为一次信息商品市场，同时又是产品型信息商品市场。

2. 科学技术信息商品市场的特点及其功能

从案例中可以看出，和君创业咨询公司的工作任务具有总结性和预见性。它体现了信息商品市场的双重性质：一方面，和君公司需要深入了解北汽福田公司的现状、实力以及未来发展目标；另一方面，该公司需要根据客户要求，积极的调查、分析、研究世界重卡车型的相关资料，做出相关可行性报告，最终向福田公司提出可靠方案。同时，该公司提供的价值信息区别于普通商品“生产—销售”的模式，而是“确定客户—生产信息”的模式，这是信息商品市场的又一特点。

和君创业咨询公司在自身盈利的同时，还创造了许多社会价值。宏观上讲，引进外资、为国家创税收；从局部看，和君公司通过自身对信息的搜集、分析、加工，加速了福田公司与奔驰公司的合作化进程，缩短了双方寻找新契机的时间，帮助双方发现自身劣势、对方优势，降低了双方的投资风险，为双方的生产提供了指导意见，从而达到资源配置的最优化。

3. 部分影响和君创业公司的运行机制

目前，在全国大中城市中共有各类科技中介服务机构 6 万多个，从业人员 110 余万人，其中生产力促进中心已发展到 850 多家，从业人员 1 万多人，服务企业 6 万家。2002 年通过各种中介服务使企业增加销售额 310 多亿元、增加利税 32 亿元、为社会增加就业 23 万多人。

尽管我国的科技中介服务机构种类繁多，数量却并不多，主要集中在北京、上海等沿海城市，但真正系统地提供科技中介服务的大公司和名牌机构并不多。案例中的和君创业咨询公司的经营特点，同我国的同类行业相比，恰恰处于供不应求状态，加上本身地处北京的优越的地理位置，使得其“商品”的价格相对颇高。

根据经济学知识，即便是垄断型的大型企业同样也存在竞争的考验，在市场经济中，竞争是信息产业发展的必不可少的外在动力。北汽福田公司在选择代理公司的时候，必定会全面地考虑哪家中介公司会给其带来最好的信息，也就体现了竞争机制可以促进物质利益原则。

4. 科技信息市场的发展方向

从案例中，不难发现科学技术中介在国家和地区创新系统中所处的地位，以及在产业及国家或地区经济发展中的重要作用。通过此类中介的发展，加强产业共性技术研究，促进共性技术发展已经成为我国的一项重要的技术政策。我国作为发展中国家，如何以有限的资金加速支持产业技术进步，提高资金使用率，突破关键和重大技术瓶颈，实现技术追赶和技术跨越，缩短技术差距，是非常现实的问题。

结　语

随着中国加入WTO带来的各种变化，中国信息咨询业发展中的一些问题逐渐受到关注，对其他行业的发展所带来的影响也越来越重要。对信息咨询业资本运营的研究，是解决信息咨询业发展空间和提升信息咨询业竞争优势的一个关键。我们相信，信息咨询业在更加注重资本问题之后会取得一个新的飞跃。

【关键概念】

信息商品市场　信息商品市场运行机制　供求机制　价格机制　信息商品市场管理

【思考与练习】

1. 何谓信息商品市场，有哪些特征？
2. 试分析信息商品市场的运行机制。
3. 简述信息商品市场各运行机制间的关系。
4. 论述如何管理信息商品市场。

第9章 信息资源配置与评价

信息资源作为一种经济资源，具有稀缺性。为了使信息资源发挥最大的效用，必须要对其进行合理配置。为此，本章主要介绍信息资源的内涵及相关知识、信息资源配置的目标与原则、信息资源的配置模式、信息资源的配置效益、信息资源宏观配置的测度以及对信息资源微观配置的评价。通过本章的学习，要求：了解信息资源的含义、类型、经济特性及经济功能；了解信息资源配置的含义、层次、目标和原则；掌握信息资源的配置模式；理解信息资源的配置效益；掌握信息资源宏观配置的测度；了解信息资源微观配置的评价指标体系及评价方法。

9.1 信息资源概述

9.1.1 信息资源的含义

信息资源广泛地存在于自然界和人类社会中，同时它还普遍存在于人类的认识思维中，是反映客观事物的各种信息和知识的总称。它为人类提供的是非物质形态的社会财富，这一点是物质和能量资源无法比拟的。对信息资源的开发利用已成为社会经济发展的首要推动力量，是决定生产力、竞争力和经济成就的关键。

对信息资源这一概念的认识和理解起源于20世纪70年代后期。

1977~1978年，美国哈佛大学的奥廷格（Oettinger）在其主持的“信息资源政策项目”研究报告中，将信息资源简单区分为信息内容与信息管道两个基本部分，并认为在多数情况下，内容与管道是不可分离的。

1979年，美国信息管理专家霍顿（Horton）指出，信息资源为单数（resource）时指信息内容，信息资源为复数（resources）时指支持工具，包括供给、设备、环境、人员、资金等。

1986年，在马尔香（Marchand）与霍顿合著的《信息趋势：从你的信息资源中获利》一书中提出，信息资源包括：①拥有信息技能的个人。②信息技术及其硬件与软件。③诸如图书馆、计算机中心、传播中心、信息中心等信息设施。④信息操作和处理人员。

从 20 世纪 80 年代中后期开始，我国一些学者开始关注和研究信息资源的相关问题，先后给出各自对信息资源相关概念的理解和认识。比较有代表性的有：

1991 年，孟广均先生在《知识工程》中写道："信息资源包括所有的记录、文件、设施、设备、人员、供给、系统以及搜集、存储、处理、传递信息所需的机器。"

1993 年，马费成、杨列勋两位学者在所发表的文章中写道："信息资源由三部分组成：信息生产者、信息和信息技术"，并把这三者分别称为信息资源的元资源、本资源和表资源。

1996 年，乌家培教授撰文指出："对信息资源有两种理解：一种是狭义的理解，即仅指信息内容本身；另一种是广义的理解，指的是除信息内容外，还包括与其紧密相连的信息设备、信息人员、信息系统、信息网络等。"

尽管国内外学者和研究人员对信息资源含义和构成的认识不尽一致，但综合起来有两种观点比较典型：狭义信息资源和广义信息资源。

1. 狭义信息资源

狭义的信息资源是信息内容本身所构成的信息有序化集合，是人类社会经济活动经过加工、处理、有序化并大量积累后的有用信息的集合。如科学技术信息、政策法规信息、社会发展信息、市场信息、金融信息等，都是信息资源的重要构成要素。

2. 广义信息资源

广义的信息资源既包括信息内容本身，又包括有关提供信息的设施、设备、组织、人员和资金等。即信息资源及与其有关的各种资源的总和，是人类社会信息活动中积累起来的信息、信息生产者、信息技术等信息活动要素的集合。

一般说来，信息资源应包括下述几个部分：

1）人类社会经济活动中经过加工、处理、有序化并大量积累后的有用信息的集合。

2）为某种目的而生产有用信息的信息生产者的集合。

3）加工、处理和传递有用信息的信息技术的集合。

4）其他信息活动要素（如信息设备、信息活动经费等）的集合。

狭义的信息资源观突出了信息资源中信息要素这一核心和实质，但同时忽视了"系统"的特性；相比较而言，广义的信息资源观更注重以"系统"的观点去诠释信息资源，不但包括了信息及其载体，而且反映了信息采集、传输、加工、存储与利用的能力和发展潜力。把信息活动的各种要素都纳入信息资源的范畴，是因为信息资源的社会价值虽然主要体现在信息要素上，但信息要素价值的实现却离不开信息生产者、信息技术等信息活动要素的综合作用。只有按照一定的原则加以配置并组成一个信息系统，信息要素的价值才真正能得到实现，信息资源也才真正能谈得上开发和利用。

9.1.2　信息资源的类型

根据不同的划分标准，信息资源的类型也有所不同。例如，如果按信息资源组成与内在关系划分可分为元信息资源、本信息资源、表信息资源；按信息资源有形与无形可分为有形信息资源与无形信息资源；按其地域（所处空间范围）可分为国际（世界）信息资源、国家信息资源、地区（部门）信息资源、单位信息资源；按其加工程度可分为一次信息资源、二次信息资源、三次信息资源；从其管理和开发的角度，可分为记录型信息资源、实物型信息资源、智力型信息资源与零次信息资源；按人的感官对信息的接收方式或信息对人感官的作用，可将信息资源分为视觉信息资源、听觉信息资源、声像信息资源与触觉信息资源；按信息传递的范围可分为公开信息资源、半公开信息资源、非公开信息资源等。

划分信息资源的标准并不固定，主要取决于人们分析问题的不同需要。在这里，我们主要把信息资源归纳为四种类型，即体载信息资源、文献信息资源、实物信息资源、网络信息资源。

1. 体载信息资源

指以人体为载体并能为他人识别的信息资源。按其表述方式又可分为口语信息资源和体语信息资源。口语信息资源是人类以口头语言表述出来但被记录下来的信息资源。如谈话、授课、讲演、讨论、唱歌等。体语信息资源是以人的体态表述出来的信息资源。如表情、手势、姿态、舞蹈等。

2. 文献信息资源

文献信息资源是以文献为载体的信息资源。文献信息资源依据其记录方式和载体材料又可分为刻写型、印刷型、缩微型、机读型、声像型五大类。这五大类又可进一步细分，如刻写型文献信息资源可分为手稿、日记、信件、原始档案、碑刻等；印刷型文献信息资源可分为图书、报刊、特种文献资料、档案、图片、乐谱等；缩微型文献信息资源可分为缩微胶片、缩微卡片等；机读型文献信息资源可分为磁带、磁盘、光盘等；声像型文献信息资源可分为唱片、录音带、录像带、电影胶卷、胶片、幻灯片等。

3. 实物信息资源

实物信息资源指以实物为载体的信息资源。依据实物的人工与天然特性又可将实物信息资源分为以自然物质为载体的天然实物信息资源和以人工实物为载体的人工实物信息资源（如产品、样品、样机、模型、雕塑等)。

4. 网络信息资源

网络信息资源是指从计算机技术、通信技术、多媒体技术相互融合而形成的网络上可查找到的资源。按人类信息交流的方式，网络信息资源可分为：

1）非正式出版信息。指流动性、随意性较强，信息量大、信息质量难以保证和控制的动态性信息。如电子邮件、专题讨论小组和论坛、电子会议、电子布告版等工具上的信息。

2）半正式出版信息。又称“灰色”信息。指受到一定产权保护但没有纳入正式出版信息系统中的信息，如各种学术团体和教育机构、企业和商业部门、国际组织和政府机构、行业协会等单位介绍宣传自己或其产品的描述性信息。

3）正式出版信息。指受到一定的产权保护，信息质量可靠，利用率较高的知识性、分析性信息，用户一般可通过互联网查询到。如各种网络数据库、联机杂志和电子杂志、电子图书、电子报纸等。

信息资源是一个发展着的有机体。信息资源的类型也不是一成不变的，而应是动态发展的。随着科学技术的发展，新的信息资源类型将不断涌现。信息资源类型体系应及时吸纳、涵盖这些新兴类型。另外，随着信息资源内涵与外延的深化、拓展，信息资源的分类标准与分类方法也可能发生变化，信息资源类型体系亦应及时地予以调整，以保持信息资源类型与其定义的一致性。

9.1.3　信息资源的经济特性

信息资源作为一种经济资源，具有以下经济特性：

1. 生产性

人类从事经济活动离不开必要的生产要素（即各种生产性资源）的投入。传统的物质经济活动主要依赖于物质原料、劳动工具、劳动力等物质资源和能源资源的投入，现代的信息经济活动则主要依赖于信息、信息技术、信息劳动力等信息资源的投入。

2. 稀缺性

稀缺性是经济资源最基本的特征。在既定的技术和资源条件下，物质资源和能源资源都是有限的、不能自由取用的。某人利用多了，其他人就只能少利用甚至不利用。如果一种资源具有生产有用性，但不稀缺，可以取之不尽、用之不竭，则不属于经济资源讨论的范围。当然，稀缺性也是相对的，是会变动的。

信息资源同样具有稀缺性，其原因主要有两方面。一方面，信息资源的开发需要相应的成本（包括各种稀缺性的经济资源）投入，经济活动行为者要拥有信息资源，就必须付出相应的代价。因此，在既定的时间、空间及其他条件约束下，某一特定的经济活动行为者因其人力、物力、财力等方面的限制，其信息资源拥有量总是有限的。如果信息资源具有经济意义，但不稀缺，就不存在投入人力、物力、财力进行开发和利用的问题。另一方面，在既定的技术和资源条件下，任何信息资源都有固定不变的总效用（即使用价值），当它每次被投入到经济活动中去时，资源使用者总可以得到总效用中的一部分（也可能是全部），并获取一定的利益。随着被使用次数的增多，这个总效用会逐渐衰减。当衰减到零时，该信息资源就会被“磨损”掉，不再具有经济意义。这一点，与物质资源和能源资源因资源总量随着利用次数的增多而减少所表现出来的资源稀缺性相比，虽然在表现形态上有所不同，但在本质上却是非常相似的。

3. 使用方向的可选择性

信息资源与经济活动相结合，使信息资源具有很强的渗透性，可以广泛地渗透到经济活动的方方面面。同一信息资源可以作用于不同的作用对象上，并可以产生多种不同的作用效果。经济活动行为者可以根据这些不同的作用对象所产生的不同作用效果对信息资源的使用方向做出选择。这就是信息资源在使用方向上的可选择性。正是由于这种特性，产生了信息资源的有效配置问题。

9.1.4 信息资源的经济功能

信息资源作为一种与物质和能量资源完全不同的新兴资源，具有诸多特性。正是由于这些特性使信息资源同时具有许多其他经济资源所无法替代的经济功能。

1. 信息资源作为生产要素具有促进生产力发展的功能

信息资源的经济功能表现在多个方面，在经济活动中发挥不同的作用，其中最重要的是它对社会生产力系统的作用功能。

除了劳动者、劳动工具和劳动对象这三个要素外，信息也是社会生产力系统中的重要构成要素。信息作为生产力要素具有特殊性：它一方面是一种有形的独立要素，与劳动者、劳动工具、劳动对象一起，共同构成现代生产力的基础；另一方面又是一种无形的、寓于其他要素之中的非独立要素，通过优化其他要素的结构和配置、改进生产关系及上层建筑的素质与协调性来实现其对生产力的影响。

（1）信息可以作为独立的生产要素直接创造财富

信息资源本身就是一种独立的生产要素，具有直接创造财富，实现经济效益放大的功能。传统的物质经济活动主要依赖于物质原料、劳动工具、劳动力等物质资源和能源资源的投入，现代信息经济则主要依赖信息、信息技术、信息劳动力等信息资源的投入。信息资源可以转化为信息产品，信息产品逐步商品化，实现了信息商品的价值，同时积累资金，大幅度的增加了国民经济收入。在高科技发展的今天，信息资源已经成为一种可以加工的生产要素和一种原材料，从而生产出信息产品，形成信息产业。信息产业中的信息服务业的活动内容，其实就涵盖了以信息资源为核心和实质性内容的信息收集、加工、综合、分类、转化、传输及信息资源的交易等诸多方面的内容。

人类之所以把信息作为一种生产要素来需求，主要是因为各种媒体（如文字、声音、图像等）的信息不仅本身就是一种重要的生产要素，可以通过生产使之增值，而且是一种重要的非信息生产要素的“促进剂”，可以通过与这些非信息生产要素的相互作用，使其价值倍增。

(2) 信息要素通过对生产力系统中其他要素的内化作用推动生产力发展

信息资源的生产力功能是在信息要素和信息技术要素（两者同是信息资源的重要因素）有机结合的条件下实现的。在信息技术的支持下，信息可以有效地改善其对生产力各要素影响的条件，给社会生产力带来的变化不是一般意义上的效率提高和功能改善，而是从质到量的深刻变革。

1) 从劳动者角度来看。马克思的劳动价值论在最一般的意义上揭示了商品经济的本质，认为创造价值的劳动是劳动者的活劳动，而不是作为活劳动结晶的物化劳动。不管物化劳动以什么形式出现，它在生产过程中只能直接发生价值的转移，而不能创造价值。在现代生产力系统中，信息技术等信息资源在劳动者的活劳动中大量内化。一方面使其效率大大提高，即劳动生产率大大提高了；另一方面，劳动者的劳动作为抽象劳动，直接创造新的价值，而作为大量内化了知识技术的活劳动可以抽象为多倍的简单劳动，进而可以创造出更多的价值。

在信息经济时代，劳动者不再是生产过程的一部分，而是站在生产过程的旁边，对生产过程进行管理和监督，使人类得以从大部分简单的生产过程中解放出来，去从事更富有创造意义的劳动和学习。同时，信息要素的注入也有助于提高生产力系统中劳动者的素质，缩短劳动主体对客体的认识及熟练过程，使各生产要素以较快较佳的状态进入生产运行体系，创造和发展更高水平的社会生产力，从而在生产过程的时效性上表现与发挥其生产力功能。

2) 从劳动工具角度来看。信息要素的投入有助于引发对生产过程、生产工具、操作方法和工艺技术等的革新与创造，提高生产力系统的质量与效率。

在农业、手工业社会，人类使用的是人力操纵的（锄、镰、纺车）或畜力驱动的（犁、磨、马车）等效率低下的劳动工具；在工业社会，劳动工具有了重大改进，由于蒸汽机、望远镜、显微镜、电报以及电话的发明，开始出现新型动力工具，使工业社会的生产力达到了前所未有的水平。

进入信息社会以后，由于信息资源的注入和内化，形成了完备的劳动工具体系，使劳动工具实现了全面的信息化、智能化。一方面，扩展人的信息器官功能的通信与感测技术发展到了空前高度；另一方面，出现了扩展人的思维器官功能的计算机技术和控制技术。新型控制技术与高级动力工具有机结合，形成为一体化的智能控制系统。这样，从行动器官到思维器官，从体力劳动到脑力劳动，劳动者的全部功能都可能转交给机器工具去执行，甚至出现了“无人车间”、“无人工厂”。这些自动化的生产方式，使得在劳动耗费大量减少的情况下，却能生产出难以计数的庞大物质财富。整个劳动的过程是在信息的指挥下，在材料和能量的支持下有目的、有智能完成的，极大的提高了社会生产力的发展。

3）从劳动对象角度来看。在信息经济时代，由于信息资源的注入，使信息技术在生产资料中大量内化，这部分生产资料在活劳动创造价值的同时，可以最大限度吸收劳动者的抽象劳动所创造的新价值，从而使抽象劳动最大限度的凝结，成为新价值。通过上述过程，使产出的产品被融合或叠加进信息资源，或者被赋予吸收、加工、存储、传输信息资源的能力，从而获得价值和使用价值的增加。这样，合格产品的数量大大提高，使消耗的生产资料价值最大限度地转移到新产品之中；同时，减少了生产资料的浪费，提高了生产资料价值向新产品价值的转化率。在这里，大量内化在生产资料中的信息技术虽然不直接创造新价值，但它对活劳动创造价值的效能起着乘数作用。

2. 信息资源具有协调各生产要素，保证经济活动正常进行的功能

(1) 信息资源有指示生产要素流向、实现资源最佳配置的功能

信息资源的开发和利用可以为社会、组织或个人的资源配置及资源流向起到引导的作用。在人类社会中，物质和能源不断从生产者“流”向使用者，这种客观存在的物质流和能源流的运动表现为相应的文献和信号的运动（由各种物质和能量携带），其总汇便构成信息流。信息流反映物质和能源的运动，社会正是借助信息流来控制和管理物质能源流的运动，左右其运动方向，进行合理配置，发挥最大效益。对于任何一个社会、组织或个人来讲，其资源存储量相对都是固定有限的。如何应用这些资源以及将其应用于何种领域，在很大程度上取决于特定的社会活动主体所拥有和可能利用信息资源的状况。就一个地区来讲，其产业发展方向和各种物质、人力、资金等生产要素的流向，主要受两方面因素的影响：一方面在很大程度上是由地区的发展战略、政府的方针政策决定的，而地区经济发展战略的制定，又是由政府及研究部门在开发利用现有的国际、国内各种类型的信息资源的基础上制定的；另一方面，市场对于这些要素的流动和配置也起着十分重要的作用。而市场的运作，就是各种类型的参与者在其所能够获得信

息资源的基础上决定和做出自己的行为。所有类型市场参与主体共同作用的结果就形成了市场运作的全过程。无论是对于宏观主体还是微观主体，无论是计划导向还是市场导向，信息资源所起的导向作用都是相似的。20 世纪 80 年代东南沿海地区率先开放的信息，使得国内外大量的人才、资金和技术等生产要素流向这些地区，创造了深圳经济特区和沿海开放地区经济发展的奇迹。国家有关西部大开发的信息，同样会对国内各种资源的地区性、产业性配置产生影响。

（2）信息资源有实现生产要素之间的联络、结合，保证经济活动协调进行的功能

信息资源已经成为整个社会不同类型的经济实体之间、不同的经济环节之间发生关系和作用的核心要素。从社会的范围或企业、组织的范围来看，其所有的活动都是以经济活动为核心，或者是与其密切相关的。经济活动就是人、物、资金、能源、信息各个要素之间互相作用、互相影响而构成的一个有序的循环圈。在这一切活动中，信息活动是核心，其他要素之所以要进行某种流动，起因是由于有信息的引导，当该种流动产生后，又产生了新的信息，在此基础上又引起了其他要素的流动。就这样，周而复始、循环往复，信息将整个社会的所有活动联系起来，使其构成一个完整有序的系统和整体。如果缺乏了这种联系，整个社会就将瘫痪而无法运转。

3. 在管理活动中，信息资源具有提高管理水平和管理效率的功能

（1）信息资源有提供管理手段与提高管理效率的功能

信息资源在管理活动中，能起到提供管理手段、提高管理效率、保证管理目标实现的作用。信息资源是管理的基本工具，管理的每一项基本职能的实现都必须依靠与利用内部和外部的各种人、财、物、设备、技术、环境、市场等各个方面的信息资源。对于企业内部各种可控要素的管理首先是通过对这些可控要素的信息管理实现的。信息资源的有效开发及利用可以帮助企业吸纳高质量的人才、科技及其他各项生产要素；加强对生产过程的有效控制；生产和提供高质量的产品；有效地开展营销活动；降低经营成本等。

（2）信息资源有辅助决策、减少决策失误，进而提高管理效率的功能

信息资源的这种功能广泛作用于人类选择与决策活动的各个环节，并可以优化其选择与决策行为，实现预期目标。一个典型的选择（或决策）遵循这样的程序：针对某一目标，考虑所受的条件限制和其他约束，从几种可能的方案中做出一种选择。选择单元中的目标、限制条件、多种方案都必须依赖信息的支持。而当一次选择成功之后，还必须依赖反馈信息不断修正，才能达到选择和决策结果的优化。可以说，没有信息就无任何选择和决策可言；没有信息的反馈，选择和决策就无优化可言。

9.2 信息资源配置的内容、目标及原则

9.2.1 信息资源配置的含义与层次

1. 资源配置的概念

作为经济发展的基本条件和表现形式，资源配置是指为最大限度地减少宏观经济浪费和实现社会福利最大化而对现代技术成果与各种投入要素进行的有机结合。一般认为，资源配置属于微观经济学范畴。但对于市场基础尚不完善的发展中国家来说，由于并不存在经济运行中的“一般均衡”条件，因而它也是重要的宏观经济问题。即资源的优化配置是通过个别利润率与平均利润率之间的差别，在资源投入方向上不断变化，保持微观经济的竞争优势和实现宏观经济效率的最大化。显然，个别利润率与平均利润率之间的差别始终存在，资源流动固然会使得原有的差别不断缩小，但在流动过程中，新的差别又会产生。从经济发展的角度看，资源配置是一个不断继起的动态过程。从根本上说，“发展不仅需要找出现有资源与生产要素的最佳组合，为了发展的目的，还必须发挥和利用那些潜在的、分散的及利用不当的资源和潜力”（马费成，2004）。

2. 信息资源配置的含义与内容

信息资源配置是以人们的信息资源需求为依据、以信息资源配置的效率和效果为指针来调整当前的信息资源分布和分配预期的过程。

信息资源配置就容量变化而言有存量配置和增量配置之分。存量配置不涉及总体容量增减的问题，其实质是信息资源在不同地区、行业和组织之间的流动和调剂；增量配置则意味着总体容量的增加，其核心问题是如何在不同地区、行业和组织之间实现均衡配置，而均衡配置只有在存量配置和增量配置并举的前提下才能实现。

解决存量配置问题的关键是制定相关的政策法规、提倡和推行资源共享的观念、实行信息资源定期申报和评审制度、确立信息资源有偿调剂的准则、建立基于 Internet 的信息资源存量配置信息系统等。解决增量配置问题的关键则在于全面而准确地了解信息资源分布的现状，预测总体信息需求的变化以及不同地区和行业的信息需求变化，动态调整满足国家战略需求的信息资源体系的结构和重点，分解总体的信息资源配置经费并确保最大限度地发挥这些经费的作用，成立信息资源配置协调和监控组织等。

由此，信息资源配置包括以下两方面内容：

1）当前不合理的信息资源分布状况的调整（即存量配置）问题，存量配置

主要表现为载体形式的信息资源的再配置。

2）新增信息资源的配置（即增量配置），增量配置主要表现为配置经费的切分和调整。

增量配置只有与存量配置相互协调和互为补充，才能真正实现信息资源的合理配置。信息资源配置最终要落实到一定的地区、一定的行业和一定的组织，所以，无论是存量配置还是增量配置，归根结底都是地区、行业和组织之间的信息资源量的增减和流动变迁。

3. 信息资源配置的层次

信息资源的配置可分为宏观、中观和微观三个层次。在这三个层次的信息资源配置过程中，宏观配置和中观配置是微观配置的前提，微观配置是宏观配置和中观配置的基础。

（1）信息资源的宏观配置

宏观层次的信息资源配置是一种战略性的信息资源配置，一般由国家信息资源管理部门运用经济、法律和必要的行政手段对信息资源进行配置。这种宏观层次上的信息资源配置一般是通过国家有关政策、法规、管理条例等来实现对信息资源的组织、协调和开发利用，使信息资源按照国家宏观调控的目标，在不影响国家的信息主权和信息安全的前提下得到最合理的开发和最有效的利用。

宏观层次的信息资源配置是保证信息资源开发利用活动顺利进行以及降低资源开发成本、提高信息资源利用率的最有效的方式。其主要任务是从总量和结构上组织、协调信息资源的开发利用活动。近年来，随着国际间信息资源开发利用问题的日益突出，我国宏观层次的信息资源配置将会逐渐同国际信息市场接轨，以便实现国际信息资源的有效配置。

国家从宏观层次上对信息资源进行配置管理应遵循以下基本原则：

1）信息资源是一种重要的经济资源，要从思想上把它提高到战略的高度去认识。

2）信息资源配置管理体制是一项复杂的社会系统工程，规模巨大，结构复杂，必须实行分级分类配置管理。

3）国家的信息资源配置，主要是确定目标，进行投资决策，并为各级政府业务部门的中观层次的信息资源配置提供条件。

4）大力推广使用现代信息技术，以提高信息资源的开发水平和利用效果。

5）确定信息资源配置的保密和保存制度，协调与国际间的信息资源交流关系。

宏观层面的信息资源配置着重需要解决三方面的问题：

1）国家信息资源体系的规划和建设，主要是国家信息资源保障体系组成结构的设计和动态平衡发展。

2）现有信息资源分布状况的调整，主要是地区和行业之间以及地区和行业内部的组织之间不合理的信息资源存量的调剂和互补余缺。

3）新增信息资源的规划，主要是新增信息资源在地区和行业之间以及地区和行业内部的组织之间的分配及其比例的确定。

（2）信息资源的中观配置

中观层次的信息资源配置一般是由各地区、各行业的信息资源配置部门通过制定地区或行业性政策、法规和管理条例来实现对本地区、本行业内部的信息资源的组织、协调和开发利用活动，以及组织、协调本地区、本行业与其他地区、行业间的信息资源交流，使本地区、本行业的信息资源开发利用活动在总体上与宏观层次的信息资源配置活动相互协调，以便更好地开发利用本地区、本行业的信息资源。

中观层次的信息资源配置活动是介于宏观和微观之间的一种信息资源配置活动，它具有承上启下的功能。因此，中观层次的信息资源配置原则上既要符合宏观层次的信息资源配置的需要，又要有利于指导、规划微观层次的信息资源活动，两者缺一不可。中观层次的信息资源配置的主要任务是在本地区、本行业范围内组织、协调信息资源的开发利用活动，因而由此引发的一切信息资源配置效果都是针对以本地区、本行业的信息资源开发利用而言的，具有明显的区域或行业性质。

中观层次的信息资源配置着重需要解决五个方面的问题：

1）特定组织在其所属地区和（或）行业中的位置及其所决定的信息资源体系的特点。

2）特定组织在其所属信息网络中的分工及其所决定的信息资源体系的侧重点。

3）特定组织应该满足组织成员哪些信息需求及其所决定的信息资源体系的结构。

4）特定组织内部现有信息资源体系的调整。

5）新增信息资源内容和媒体结构的确定。

（3）信息资源的微观配置

微观层次的信息资源配置是最基层的信息资源配置，一般是由企业等基层经济实体负责实施。其主要任务是认清企业等基层经济实体中各级各类人员对信息资源的真正需求，合理组织、协调信息资源的开发利用活动。自20世纪80年代以来，在以美国为首的西方国家中的一些大型企业里相继出现了“首席信息经理”（CIO）这样一个引人注目的高层管理职位（相当于企业的副总经理），其主要职能是全面负责所属企业（或其他基层经济实体）的信息资源的统一配置、开发和利用，包括负责开发企业的信息技术、健全企业的信息系统、管理信息人员、实现企业内部的信息资源共享、沟通最高决策者与信息部门之间的联系、协调和组织企业内外的信息交流关系等。CIO 的出现，使信息资源配置工作者的行政地位提高到最高决策层次，标志着微观层次信息资源配置工作的地位与作用正日趋重要。CIO 成为微观信息资源配置的“热点”，成为一种微观有效的资源配置机制或制度。

9.2.2　信息资源配置的目标与原则

1. 信息资源配置的目标

信息资源有效配置的目标就是实现资源的均衡合理配置，实现社会经济福利的最大化。所谓均衡合理配置，是指在兼顾公平和效率的前提下，权衡国家、地区、部门、组织和个体用户的信息需求，有先后、有缓急、有侧重、有倾斜、有计划地配置信息资源。均衡不同于“平均”，虽然每一个公民都有权利获取和利用信息资源，但人们的信息需求毕竟又有战略需求和一般需求之分，战略信息需求理应优先得到相应的信息资源配置，因为战略信息需求满足后所产生的社会和经济效益有利于国家和地区的进步，从而符合大多数一般用户的利益；同样，信息资源配置向老、少、边、穷地区倾斜，虽然配置效率不够理想，但有助于缩小各地区之间的社会经济差距，有利于长远的均衡配置。均衡更多地属于一种理想状态，现实的信息资源分布总是不均衡的，即使暂时实现了均衡，也会很快被动态发展的用户信息需求所打破，故信息资源配置是一项未来导向的、动态的、长期的艰巨任务。

检验信息资源的配置效率，我们可以看这种配置是否达到帕累托最优状态。经济学意义上的效率指的是资源的配置已经达到这样一种状况：无论做何改变都不可能同时使一部分人受益而其他人不受损，也就是说当经济运行已经达到有效时，一部分人进一步改善处境必须以另一些人处境恶化为代价。反之，如果资源配置是低效率的，那么通过改变现有的资源配置，至少一部分人可以提高福利水平，同时不减少其他人的福利。经济学家经常将资源的最大效率配置称为“帕累托最优”（Pareto optimum），并将其作为检验经济总体运行效率与社会福利的一种准则。这一准则同样适用于信息资源的配置当中。

2. 信息资源配置的原则

信息资源有效配置应遵循以下原则：

1）需求性原则。信息资源不论是在时间、空间矢量上的配置，还是品种、数量上的配置，其依据都是用户对信息资源的需求性。因此，合理配置信息资源，使之最大限度地满足社会各阶层人们的不同信息需要，这是有效配置的出发点和归宿。

2）公平和效率原则。公平就是要确保每个信息使用者平等地获取信息资源。效率则是在必要的公平前提下，考虑优先满足哪类信息使用人的需求或人们的哪类信息需求能够产生更大的效益和价值，即在兼顾公平的同时有所侧重和倾斜。

3）利用性原则。信息资源有效配置的落脚点是用户有效的利用。因此，应对信息服务工作的特点及时进行适应性调查，积极探索信息服务的新模式，使信息资源得到有效的利用。

9.3 信息资源配置模式

信息资源配置模式的相关内容引用马费成教授在其《信息资源开发与管理》(2004）一书中的阐述。

9.3.1 信息资源的市场配置

1. 信息资源的市场配置——市场自组织过程

市场机制能够通过价格信号自动地以较低的成本合理地配置资源，信息资源的市场配置是通过市场机制对信息生产的自组织过程实现的，它表现在以下五个方面：

(1）市场可以减少信息生产的不确定性影响

不确定性是信息生产的内在属性，也是制约信息生产的一大因素。在计划经济体制下，常常指定一个企业或科研单位进行专项开发研究。这种做法看起来似乎可以减少重复性的信息生产，但另一方面，却造成信息生产者无竞争压力，而且，若指定的单位开发不成功，便会使信息生产时间大大推迟。市场机制则允许多个企业为某一新产品进行竞争性的研究开发，这种做法从表面上看会造成一定的资源浪费（事实上也的确如此，这也正是市场机制的运行成本），因为几家企业同时进行竞争性的信息生产，既有资本品的浪费，又有不能互相从对方的经验中学习知识的浪费。但从实际效果上看，这种做法的效率往往更高。这是因为事前我们并不知道哪条途径通向成功，而多路并进有助于尽快找到正确的途径；其次，技术争先会形成一个竞争性的环境，从而刺激信息生产效率的提高。

(2）市场能自动地使企业、个人甘冒创新风险，为信息生产提供动力

信息生产的风险是明显存在的，因为信息生产的投资是不可逆的，研发和创新活动不一定成功，一旦失败，便会带来巨大的损失。但另一方面也有巨大的吸引力，如果获得成功，就会因此而获得巨大的收益。简而言之，信息生产高投

入、高风险的反面是高收益的诱惑！

在纯粹的计划体制中，信息生产活动只是按照上级的布置，而不是根据市场需求，企业和个人的经济利益都与开发创新活动的成败无关，因而缺乏有效的激励机制。一项对1991年我国大中型企业技术开发状况的调查显示：到1991年，万元以上技术开发项目中，根据市场需要自选的仅占52.2%，其余均由上级主管部门计划指定。而且，在专利法未公布之前的几十年内，我国明文规定，发明者除可得少量奖金外（实际上20世纪80年代前从未兑现过），发明的所有权归全社会所有，任何企业和个人都可以无偿使用这些发明成果。在这种体制下，发明、创新和信息生产变成了一种任务和义务，变成了德国社会学家韦伯（M. Weber）所说的“惯例性活动”。熊彼特指出，一旦创新变成为一种惯例性活动，创新便失去了作为经济增长发动机的意义。

(3) 市场通过价格信号引导信息生产

市场把信息生产成功与否的裁决权交给消费者，这既达到了使信息生产服务于消费者的目的，又达到了引导信息生产的目的。消费者需求的变化常常通过市场价格反映出来，而创新开发活动常常在“节省那些价格变得相对昂贵的生产要素”的方向上进行。

传统计划经济的典型做法是，企业该不该创新或进行什么样的创新一律由上级主管部门计划确定，而这些主管部门的行政人员一般并不了解企业、市场和技术的具体情况，造成创新从一开始就带有很大的盲目性。我国长期存在科研与生产脱节、科技成果大量闲置的现象，就是这种制度缺陷的后果。由此不仅造成了大量的资源浪费，而且造成机会的丧失。

(4) 市场竞争的压力迫使企业不断创新

在市场体制下，技术水平低、创新能力差的企业会自动被市场淘汰，企业不创新就等于自杀。相比之下，计划体制下的国有企业就完全没有这种压力，它们没有活力、没有发展，但也决不会破产。如果不打破这种传统的体制，企业的创新水平和社会的信息产出水平就不可能有明显的提高。

(5) 市场制度有助于培育创新的主体——企业家

熊彼特所说的企业家是创新的组织者。在市场机制下，经过优胜劣汰的选择，一些有才能的企业家会脱颖而出。而传统的计划体制只能产生行政官僚，而不是企业家。

当然，市场具有信息生产的自组织功能并不等于说由市场自然引致的信息产出水平能够自动达到社会最优水平。由于信息的公共商品特性等原因，无论是在完全竞争还是在垄断市场结构下，其产出水平都将低于社会最优水平，这就是市场失灵。这就提出了一个信息生产的非市场激励问题，也就是必须借助非市场手段（计划配置和产权配置等）以弥补市场机制的缺陷。

2. 信息市场失灵

尽管完全竞争市场能够以最低的成本自动导致资源的有效配置，但在现实中其前提条件却经常不能满足。换言之，完全竞争市场只能是一种“理想”，或者说只是一种高度简化的模型。在实际的经济活动中，市场机制常常无法有效地自动配置资源，从而使得放任的自由市场均衡偏离帕累托最优。这在经济学中被称为市场失灵（market failure）。

信息市场的自组织机制同样不是万能的，它对信息资源的市场配置存在着一些自身无法克服的缺陷，我们称之为“信息市场失灵”。它主要表现在以下三个方面：

1）信息市场本身并不能保证构建一个最有利于信息生产的市场结构。

2）市场不能自动创造良好的外部环境，制定与信息活动有关的法律和政策。

3）产权明晰（包括有形产权和无形产权）是信息市场有效性的前提，但市场本身不能界定产权。

由于信息产品和信息生产具有一些特殊的属性和规律，与一般市场相比，信息市场的资源配置功能相对要弱一些，或者说信息市场失灵的问题表现得更加突出。其原因突出地表现在以下五个方面。

（1）信息的外部效应

信息商品和信息服务既有正的外部效应，也有负的外部效应，当其具有正的外部效应时，使得信息生产者的边际收益小于边际社会收益，从而导致信息生产不足，信息资源配置无效；当其具有负的外部效应时将会把社会成本强加给市场中那些间接消费者和生产者，从而使信息市场偏离均衡，信息资源配置无效。

（2）信息的公共物品属性

信息的公共物品属性（即信息消费的非排他性、非消耗性）所导致的“搭便车”问题，使得信息生产者的成本无法通过市场机制取得有效的补偿，从而导致生产不足，这与信息外部效应（正的）所导致的结果十分类似。

（3）信息商品的垄断性

信息商品和信息服务的垄断表现在两个方面：一是信息商品和信息服务生产具有很高的初始成本、较低的边际成本而形成自然垄断；二是为了保护信息生产者的合法权益和创造性，需要用法律排除信息商品的共享性而形成垄断。在这两种情形下都会出现垄断定价，使得价格高于边际成本，导致效率损失，信息资源配置无效。

（4）信息市场的信息不对称

价格在市场中的重要功能之一是传递资源稀缺程度的信号。但在信息市场中，价格的这种信号功能被大大削弱了，其原因主要在于：

1）信息的效用具有不确定性，它在很大程度上要取决于消费者对信息的偏好（主观评价）和利用能力。

2）在空间上（生产者与消费者之间）和时间上（事前与事后）都存在着严重的信息不对称，这就使得信息市场中的交易活动带有很大的随意性和盲目性，妨碍了信息交易的有效性。

(5) 信息活动的非营利性

教育和基础研究这类基础性信息活动并不是出于商业性目的，因而市场机制无法对其进行调节。

正是由于存在着信息市场失灵这一现象，所以，在对信息资源进行配置的过程中有必要引入政府这一配置主体。尤其是在宏观信息资源配置的问题上，市场机制的作用更是有限的，必须由政府直接参与并主要依靠政策引导和政府直接投入来保障信息产业的投入产出总量水平。

9.3.2　信息资源的政府配置

由于市场机制在配置信息资源上存在着明显的局限性，因而要求必须有外部力量的介入——政府的参与作为市场机制的必要补充，但这并不意味着政府干预比市场更加有效。恰恰相反，实践表明，单独依靠计划方式配置资源，不仅成本更高，而且经常会导致资源无效配置，中国在这方面的教训是十分深刻的。同样，在信息资源配置方式上，政府干预只能作为一种辅助性手段，发挥有限的作用。

政府在信息资源配置方面的作用应集中在五个主要目标上。

(1) 信息基础设施建设

这是一项耗资巨大的长期的基础性工程，依靠私人投资是无力完成的。世界各国的经验均表明，政府必须承担这项工作，为信息产业的发展构筑一个操作平台。这也是当前我国政府迎接知识经济挑战的重要战略性举措。

(2) 公共信息服务

公共信息服务本身的性质即决定了它不应作为营利性活动。有效的公共信息服务对于提高民众的文化素质、传播知识信息具有重要的作用。我们认为，我国公共信息服务系统所要解决的首要问题是减员增效，改进服务质量和服务效率，而不是开展“有偿服务”。公共信息服务的投资应由政府投入，过分强调“创收”目标会将公共信息服务引入歧途。

(3) 教育

教育是提高国民素质的根本手段，它决定了一国的科学技术水平，是一个国家社会经济可持续发展的根本保障，因此，任何一个“明智的”政府都应当重视教育。

(4) 科学研究

科学技术水平直接决定一个国家的技术创新能力，从而决定了一个国家经济的长期增长速度。科学研究（尤其是基础性研究的投入）是政府的一项重要职能。

(5) 制度建设

包括规范市场、界定产权、完善法律制度以及调整信息产业结构和信息产业组织，从而在制度上保障市场机制的有效性。

政府对信息资源的配置主要依靠三个工具：

1) 财政工具：通过对教育、科研和信息基础设施建设的直接投入，推动信息产业的发展，从而带动整个国民经济的增长。

2) 税收工具：对技术创新活动和高新技术企业减免税收，以鼓励 R&D 和创新活动。

3) 产业政策工具：政府可以通过产业政策引导和促进产业结构的升级，刺激和推动知识密集型产业的发展。

9.3.3 市场配置与政府配置的边界

现在已经很少有人再相信纯粹的计划经济或者完全放任的自由市场能够单独承担起配置资源的功能的神话了。各国经济发展的实践证明，在大多数时候，市场能够以更低的成本配置资源，但同时市场失灵也要求政府必须进行适度干预。问题在于如何确定市场配置与政府配置的边界。

资源配置的主要工具应当是市场，政府干预只能是一种辅助性的手段，而且其作用的方式应当是间接的，一般不宜直接介入具体的经济活动。一般来说，政府在配置资源上的作用在于以下几个方面：

1) 通过制定法律和规定，保障市场机制的正常运行。

2) 通过政策工具（主要是产业政策）调整产业结构，引导资源的流向。

3) 利用税收工具对社会财富进行再分配。

4) 维护法律秩序，明晰和保护私人产权。

5) 对基础设施建设的投资。

6) 对教育和高新科技研究与开发的投资。

尽管政府的适度干预能够解决一些市场机制本身无法解决的问题，但政府调节机制也存在着内在的缺陷，我们称之为政府失灵（government failure）。其根源主要在于以下四个因素：

(1) 信息有限（limited information）

市场的信息不足是造成市场失灵的一个因素，然而，由于现实生活是相当复杂而难以预计的，如果私人难以掌握完全的信息，政府往往也很难做到掌握充分信息。

（2）对私人市场反应的控制有限性

政府采取某种政策后，它对私人市场可能的反应往往无能为力，即所谓“上有政策，下有对策”。例如，政府采取医疗保险或公费医疗政策，却无法控制医疗费用的飞速上升；为了吸引外资或鼓励投资，对外来资本或国内某些地区实行税收优惠政策，却有许多不应享受优惠的投资者也钻了空子；一些国家为了使收入均等化对高收入者征高额累进税，却使这些人带着资产移居到税率低的国家定居。

（3）时滞（time lags）

时滞包括三个方面：

1）认识时滞（recognition lag）：这是从问题产生到被纳入政府考虑日程的时间。如果是中央政府做决策，那么还需要考虑各级政府部门反映、报告问题的时间。

2）决策时滞（decision lag）：这是从政府认识到某一问题到最后得出解决方案的时间，当中可能要经过多方征求意见、讨论、争论、修改等。

3）执行与生效时滞（execution & effecting lag）：这是从政府公布某项决策到付诸实施以至引起私人市场反应的时间。

（4）公共决策的局限性

即使政府拥有充分的信息，通过政治过程来在不同的方案之间做出选择仍会遇到很多困难。政府的决策会影响到许多人，但做出决策的只是少数人，不管这些少数决策者是如何产生的，他们在决策时总会代表其所在的阶层或集团的偏好和利益。

9.3.4 信息资源的产权配置

1. 科斯定理

外部效应会导致市场自动调节机制的失灵，从而引起资源配置的低效率。对于这个问题，传统的经济理论认为应当由政府进行干预。美国著名产权经济学家科斯（Coase）则提出了相反的观点。科斯认为外部效应从根本上说是因为产权界定不够明确或界定不恰当而造成的，所以政府不必一定要用税收、补贴、管制等方法来试图消除社会收益或成本与私人收益或成本之间的差异，政府只需适当地界定并保护产权，没有政府直接干预的市场也可以解决外部效应问题，随后产生的市场交易能自动达到帕累托最优。这就是著名的科斯定理。

科斯第一定理指出，如果交易成本为零，产权的清晰界定是资源最优配置的充要条件。然而，假设交易费用为零，就跟物理学里假设自然界不存在摩擦力一样，永远都是一种不切实际的假想。在实际经济活动中，交易费用无处不有。科斯最早意识到交易费用的存在，所以，他没有停留在交易费用为零的假想中，而是马上进入了交易费用为正的世界，他指出，当交易费用大于零时，自愿交易就可能化作泡影。由此可见，当交易费用大于零时，不同的产权安排，会有不同的资源配置效率。这就是所谓的科斯第二定理。

2. 产权的资源配置功能

所谓产权的资源配置功能是指产权安排或产权结构直接形成资源配置状况、驱动资源配置状态、改变或影响资源配置的调节。这种功能主要表现在以下几个方面：

(1) 相对于无产权或产权不明晰的状况而言，设置产权就是对资源的一种配置。与产权的“内化外部性”和“减少不确定性”功能相联系，设置产权不仅是依靠产权界定来配置资源，而且，与没有产权的情况比较，能减少资源浪费，提高经济效率。这种效率提高不是因为优化产权结构而导致的，而是产权设置本身所导致的。

(2) 任何一种稳定的产权格局或结构，都会形成一种资源配置的客观状态。资源产权在不同地区、不同部门的不同主体之间的分布也就基本上代表各种生产要素的分布——分布在什么地区、分布在什么行业、分布在哪些主体手中等。

(3) 产权的变动同时也改变资源配置格局，包括改变资源在不同主体间的配置、资源的流向和流量、资源的分布状况。

产权总是客观地具有配置资源的功能，这就使得通过调整产权优化配置功能成为可能。人们可以在一定限度内调整产权、优化产权结构，从而优化其配置功能，提高资源配置效率。

3. 信息资源的产权配置

关于信息资源的产权配置，现在主要有三种迥然不同甚至是截然相反的理论，即标准理论、波斯纳理论以及自然垄断理论。

(1) 标准理论（公共物品理论）

公共物品理论的结论是：由于信息产品的“外部效果”以及“消费的非排他性”所导致的“搭便车”行为，私有产权的履行和保护费用较高，市场机制会造成这类资源的生产不足，即私人市场提供的信息产品数量可能小于最优值。从资源配置的帕累托效率观点来看，信息产品的公共产权安排更为有效。

为了更清楚地解释公共物品理论的观点，让我们来看一个典型的例子——天气预报。

天气预报对每个人都是有效用的，它可以帮助人们避免某种意外损失，或者至少可以不被雨淋或不被冻坏。另一方面，天气预报对于每个人的效用肯定是不等的，有些人可能更需要天气预报，有些人则可有可无。但是，天气预报的生产者却面临着一个成本不对称的现象：天气预报的生产成本极其昂贵，而传播费用却相当低廉，这意味着要使每个听到了天气预报的人付费会花费更大的执行费用和监督费用。通过进一步的分析，我们发现，无论生产者以何种价格出售天气预报，购买者都不会很多。由于生产者无法识别消费者的效用差别，所以只能采用统一的价格。较高的价格必然会排斥较低效用的潜在消费者，而即使采用较低的价格，大多数消费者仍然会等待其他人去购买。只有极少数迫切需要天气预报的人才可能在价格不太高（至少不能高于其效用）的情况下购买。另外一种可能付费的人是“再售者”（reseller），他们购买的目的是尽快得到信息（天气预报）以便“再售”，但这种人也不可能太多。其他人则可能通过两种方式获取信息：

1）“买半票”：一部分人可能会从“再售者”那里以更低的价格购买。由于“再售者”的成本远远低于生产者，因此，他的价格肯定更具有竞争力。

2）“搭便车”：更多的人则会通过观察别人的行为或者通过询问间接地从已经购买天气预报的人那里得到免费信息（天气预报）。

购买了信息的人会在行动上做出相应的反应，搭便车者只要看看别人出门是否带伞就可知道是否下雨。在这种情况下，生产者没有办法排斥“无功受禄者”，因此也就无法通过有效地收费补偿生产成本，最后的结果只能是天气预报在私人市场上慢慢消失。

既然私人市场无法保证信息生产的正常进行，由政府出面干预就是必要的了，这就解释了为什么天气预报或者义务教育要由政府免费提供，也解释了政府为什么要对基础研究提供资助，或者对高新技术企业实行税收减免。

(2) 波斯纳理论

近年来，有些经济学家针对传统的结论（不受管制的私人市场生产“不足”的信息）提出了相反的论点。著名的产权经济学家波斯纳（Posner）在《垄断和管制的社会成本》（*The Social Cost of Monopoly and Regulation*）一书中指出，公共物品理论关于私人市场会导致信息类的资源生产不足或停止生产的结论在有些条件下是根本错误的。只要具备一定的条件，私人市场完全可以生产出帕累托效率条件所要求的产出数量。

我们仍然用天气预报这一特殊资产来说明波斯纳的观点。假定某个人花费较高的代价发明了预报天气的手段，按照公共物品理论的解释，这项天气预报手段的发明是不可能的，因为发明者没有其他方面的资助，根本不可能从这一发明中获得成本的补偿，更谈不上获得发明的利润。可是，波斯纳认为，虽然像天气预报这类的资产具有公共性，无法通过出卖这一“物品”从消费者那里得到相应的价值和报酬，但是天气预报的发明人完全可能通过买卖期货合同（future contracts)，借助于“期货”市场来间接地得到发明的补偿并赚得利润。

现假定天气预报的发明人能完全预见到未来天气的恶化情况。据他的预测，由于气候的恶化，农业的收成在未来某个时间内会大幅度减少，而农产品价格则会大幅度上升，这一预测是不公开的私有信息。由于发明人掌握了这一信息，他便可以运用期货市场以现时的价格大量购买未来的农产品，因为只有他才知道未来的农产品价格会比现在已经签约需要支付的价格高多少倍。一旦收成到来，农民为了履行合同，必须按当时（即现在）签约的价格出卖天气预报发明人所购买的农产品。农产品一到手，发明人便可就地以当时（即未来交货时）的高价格转让农产品。这一买卖“期货合同”的过程便是间接收回发明投资和赚取利润的过程。有了期货合同的交易，无形资产的私有产权可以克服公共物品的“搭便车”的外部效果问题，使私人市场制度的运行避开“市场失灵”的陷阱。

这个例子的关键在于可能存在这样一种情况，即有可能不用直接出卖给消费者的方式收回信息的价值。如果这是真的，那就会削弱支持政府干预信息市场的经济论点。事实上，只要能够以某种途径间接地收回信息价值，不受管制的市场可以恰好生产出最优数量的信息。

(3) 自然垄断理论

一些学者既反对公共物品理论的传统观点，又对波斯纳等人的市场竞争制度提出了质疑。他们认为竞争性的私人市场可能导致信息的“过度”生产，造成资源的重置（duplication）的效率损失，因此，为了使竞争的浪费尽可能地减少，政府应当采取某种措施来限制竞争。“自然垄断理论”就是探讨在什么样的条件下哪些资源是自然垄断的。其基本结论是，自然垄断的市场结构将保证该资源充分利用范围经济（economics of scopet）和规模经济（economics of scale），使资源配置的成本达到最小。

这一观点所代表的政策建议一般是利用特许权（franchise）、许可证（license）和专有权（logalty）的形式保护生产的垄断地位。赋予发明人或生产者这种特殊的受保护的地位，既提高了资源利用的效率，又为生产者和发明人提供了在私人竞争市场制度下不可能存在的刺激和行为动力，使发明人与生产者的利益不受他人侵犯。

这三种观点都有自己的理论依据和政策主张，并且不难在现实的经济生活中找到支持的证据，但是，这三个理论不可能同时成立，那么，问题的症结何在呢？

美国著名经济学家罗伯特·考特（Robert Cooter）教授和托马斯·尤伦（Thomes Ulen）教授提出了一个折中性的建议：“肯定地说，在某些情况下或对不同种类的信息来说，仅有一个理论成立。在这种情况下，一个错误地假定所有信息市场上仅有一种信息因而仅有一个产权规则的政策制定者就会造成无效率，引起生产中的信息数量和种类错误。我们所需要的（并且是经济学界尚未提供的）是对信息进行分类，以便我们可以决定哪种信息理论适合于信息的不同种类。如果能对信息种类加以区分，那么就可能制定出相应的公共政策来生产出整个社会最优的信息数量。”

罗伯特和托马斯为我们提供了一个有益的思路和框架，但如何区分信息的种类，他们并没有提出具体的办法和建议，对于实际产权安排的政策选择，难题仍然存在。

9.4　信息资源配置的效益及评价

9.4.1　信息资源配置的效益

信息资源配置效益是信息资源优化配置的最终目标。理想状态的信息资源配置是在信息资源配置过程中实现政治上的公平性和经济上的合理性。可见，信息资源配置效益包括经济效益和社会效益两个方面，不仅要实现最大的经济效益，而且也要实现最大的社会效益。

信息资源配置的经济效益，是指用一定的信息资源投入取得最大的产出，或者用最小的信息资源投入取得一定的产出，它们实质上都是要用尽可能小的信息资源投入取得尽可能大的产出。在信息资源配置中，应明确信息资源配置经济效益的两层含义：一是投入与产出的关系，即在信息资源配置中，以尽可能少的信息资源投入（劳动耗费、劳动占用）取得最大的产出（一定质量的信息资源数量或收益）；二是信息资源配置中的产出要符合社会需要，即产出的信息资源数量、结构和信息资源质量要符合用户需要。事实上，经济效益的两层含义是相互关系的，信息资源配置经济效益的提高，既要改善信息资源结构，又要提高信息资源质量，以满足用户信息消费需要，最终以用户信息资源需要为导向的信息资源配置才是真正有益的。

关于信息资源配置的经济效益，我们可以从不同的角度对其进行分类。下面仅介绍四种。

1. 直接经济效益和间接经济效益

根据信息资源配置经济效益的受益面，可分为直接经济效益和间接经济效益。

（1）直接经济效益

它指的是企业内部经济效益与直接受益部门或单位的经济效益的总和。

（2）间接经济效益

它是指直接受益部门和企业自身经济效益以外的经济效益，多指对社会、环境、生态等产生的影响。

把信息资源配置效益区分为直接经济效益和间接经济效益，虽然在对间接经济效益的分析和定量计算上还存在一些困难，但是仍然有一定的实际意义。这是因为，企业或组织对信息系统建设项目的经济效益进行论证分析时，首先考虑的是对其本身所带来的直接效益的大小，一个没有直接经济效益的项目是很难被列入议事日程的，因此它也不会产生间接经济效益。

2. 宏观经济效益和微观经济效益

根据信息资源配置效益涉及的层次，可把信息资源配置的经济效益区分为宏观经济效益和微观经济效益。

（1）宏观经济效益

它一般是指全社会、整个国民经济的经济效益，是社会生产、分配、交换、消费等整个经济活动过程的经济效益。影响国家整体的信息资源配置效益的因素有两个：一是信息资源配置的社会总消耗量；二是信息资源配置的社会总产出。通过信息资源的合理配置，不断降低信息资源配置的社会总消耗量，从而提高整个社会信息资源配置的投入产出率；通过对国家的信息资源体系符合社会需要的程度的分析，即降低国家信息系统中信息资源的短缺与滞存，减少信息资源的闲置与浪费，提高其符合社会需要的总产出量。

（2）微观经济效益

它一般是指一个企业（或组织、项目或措施等）的经济效益。显然，信息资源配置的经济效益首先表现为微观经济效益，它是宏观经济效益的基础，没有好的微观经济效益，就不可能有好的宏观经济效益。影响信息机构个体的信息资源配置效益的因素也有两个：一是信息机构资源的投入与耗费；二是信息机构配置信息资源获得的产出。信息机构一方面通过加强内部管理，不断降低投入与耗费，从而提高信息资源配置，另一方面，通过加强对用户需求的研究，制定合理的信息资源配置策略，调整与完善信息资源结构和质量，提高其符合社会需要的产出量，从而提高信息资源配置效益。

3. 近期经济效益、中期经济效益和远期经济效益

根据信息资源配置效益发生作用的时间，可区分为近期经济效益、中期经济效益和远期经济效益。

在一般情况下，近期、中期和远期可分别定为 2 ~ 4 年、5 ~ 9 年和 10 年以上。对各种技术方案和政策进行决策时，不仅要考虑时间因素，而且必须协调好

近期、中期和远期经济效益之间的关系。由于信息资源配置通常是分阶段实施的，并且在投入运行后还有一个纠错和维护、用户适应的过程，因此在近期内不能很快进入最佳运行状态，其经济效益主要集中表现在中期或远期经济效益上。

4. 有形、准有形和无形效益

根据对信息资源配置经济效益测定的具体量度，可区分为有形、准有形和无形经济效益。

（1）有形经济效益

它指的是可以用货币或产品定量计算的经济效益，主要来源于生产成本的节约和减免。例如，新的信息资源配置以自动化手段代替部分人工信息加工过程，从而带来工资费用的节省。

（2）无形经济效益

它是指难以定量计算，不能直接用货币或产品来体现的效益，主要指企业、组织机构的各种行为的有效性的增强。例如，信息资源配置后，企业或组织机构能够获得更多、更及时和更准确的信息，使企业的组织计划加强，经营更具有灵活性，加强了决策手段等。

（3）准有形经济效益

它是介于有形经济效益与无形经济效益之间的经济效益，该类经济效益主要表现在生产效率和工作效率的提高上。例如，提高了信息处理的效率，加强了对资源的控制，提高了业务人员的工作效率等。这类经济效益很难直接用货币或产品来衡量，但可以通过一些评估技术指标将其近似地量化。

除了信息资源配置的经济效益之外，信息资源配置的社会效益也很重要。所谓信息资源配置的社会效益，是指信息资源配置所表征的公平效应和导向效应。如果说信息资源配置经济效益主要体现的是资源配置的效率原则，那么，信息资源配置社会效益的核心则是要体现资源配置的社会公平原则。信息资源配置的公平原则要求必须保证各类信息用户具有平等利用信息资源的机会与权利。由于历史和现实的原因，我国信息资源在各地区的分布存在比较严重的非均衡性，信息资源富集与贫乏的现象同时并存，而且，这种信息资源的非均衡性分布和落差态势还有进一步扩大的可能，这严重影响了用户的信息资源配置的公平性。这种不公平进一步影响了不同地区在信息资源占有与利用水平和获得程度上的差异，进而又将进一步关系到不同地区的信息资源积累水平和参与市场信息资源流动的能力，并对其未来经济发展产生更深远的影响。在政策与法规导向机制作用下进行的信息资源配置，可以根据地区的信息资源占有实际而进行资源倾斜配置，这对形成“公平的信息机会”有着特别重要的意义。我国各地区经济与社会发展的差距，实质上就是信息资源占有、开发利用水平上的差距。缩小各地区贫富差距的关键首先是要缩小各地区在信息资源占有与开发利用水平上存在的差距。信息资源配置创造的公平信息机会和产生的社会效益实际上就体现在信息扶贫与知识扶贫，这对推动信息资源共享基础上的经济共同富裕和社会最大经济效益的实现将产生重大意义。信息资源配置的社会效益主要体现在信息资源配置的社会公平性。

此外，信息资源配置的社会效益还包括两方面内容：一是信息环境社会效益，信息资源的配置不能以牺牲信息环境作为代价，如要减少和避免信息污染、信息交流障碍、信息安全和信息犯罪等信息环境问题；二是文化社会效益，信息资源的重要功能之一是陶冶人的情操并推动社会科技水平与文明程度的提高，同时，信息资源对改变人的观念也有潜在的影响。

9.4.2 信息资源宏观配置的测度

1. 信息资源丰裕系数测度模型

目前对信息资源配置的测度主要采用的是“信息资源丰裕系数”的测度方法（谢康等，1997），定量计算信息资源储备与发展能力。这也是对信息资源配置的社会效益的一种测度方法。

社会活动产生和涉及的信息资源内容丰富、形式多样，人们难以对之进行全面准确的测度。因此，可以采取在不完全中求相对完全的思维方法，选择信息资源内若干最基本要素进行测度，从而在某个层面上相对准确地测度信息资源。通过分析，该模型选择了数据库资源、专利和商标资源、图书报刊资源和视听资源作为信息资源的最基本要素。认为这四类信息资源基本上表达了信息资源的范畴和内容，并将生产这四类信息资源的能力称为信息资源的生产能力。

信息资源的生产和消费是一个循环过程。信息资源问题不是一个单纯的信息产品生产能力问题。在社会经济活动中，信息资源的生产也需要信息资源，信息资源的传播又可能产生新的信息资源，如此循环。显然，不能从静态的角度把信息资源丰裕程度简单地看成是数据库资源等基本构成要素的总量。信息资源丰裕程度还应与传播、存储和处理信息资源的能力密切相关，甚至在较大程度上由这个领域所体现。因此，模型将信息资源的传播、存储和处理能力称为信息资源的发展潜力。

由此，模型如下：

信息资源丰裕系数简称 R 值，计算公式为：

$$R = R_1 + R_2 \tag{9.1}$$

式中，R_1 为基本信息资源生产能力，计算公式为：

$$R_1 = \frac{P_1 + P_2 + P_3 + P_4}{M} \tag{9.2}$$

其中，P_1 为数据库数量；P_2 为获得专利和商标数量；P_3 为图书报刊出版数量；P_4 为视听产品生产数量；M 为测度期测度范围内的人口总数。

因此，R_1 事实上是一个国家或地区测度期测度范围内的人均生产信息资源的能力。

R_2 表示基本信息资源的发展潜力，计算公式为：

$$R_2 = S_1 + S_2 \tag{9.3}$$

式中，S_1 为信息资源的储备能力；S_2 为信息资源的处理能力。

S_1 和 S_2 的测度公式分别为：

$$S_1 = \frac{Q_1 + Q_2 + Q_3 + Q_4 + Q_5 + Q_6}{M} \tag{9.4}$$

式中，Q_1 为计算机拥有量（计算机绝对数、普及率和用户数量）；Q_2 为文化设施拥有量（图书馆、信息中心、档案馆、博物馆和文化馆）；Q_3 为新闻设施拥有量（电台、电视台）；Q_4 为娱乐设施拥有量（电影院、剧院、体育馆和电视机拥有量）；Q_5 为邮电设施拥有量（邮电局网点、邮电业务量）；Q_6 为通信设施拥有量（通信网点、电话机拥有量）。

$$S_2 = \frac{T_1 + T_2 + T_3 + T_4 + T_5}{M} \tag{9.5}$$

式中，T_1 为测度范围内的识字人数（或识字率）；T_2 为中小学、高等教育在校人数（或教育机构普及率）；T_3 为科研人员数（或科研机构普及率）；T_4 为政府部门人数；T_5 为咨询机构人数。

从严格意义上分析，建立在信息资源生产能力和发展潜力基础上的信息资源丰裕系数模型并不是一个完善的测度模型，其统计数据源本身就存在着局限，尤其是随着信息产业的蓬勃发展以及网络技术的迅猛发展，信息资源丰裕系数模型的指标体系有待进一步完善。而且，这个模型一个最大且最明显的缺点就是，将不同量纲的指标绝对值简单算术平均相加，也没有对不同指标进行加权处理，以区分其对信息资源丰裕度的贡献大小，从而掩盖了实质上的差异。然而，模型的精确性应以可操作性为前提，信息资源丰裕系数模型具有较强的可操作性，且可以在一定层面、一定程度上较为全面准确地测度信息资源的内在发展。

2. 信息资源丰裕系数测度模型应用

根据以上的信息资源丰裕系数模型，中山大学的谢康和肖静华两位学者对中国及部分国家和地区的信息资源丰裕程度进行了初步测算，结果如表 9.1、表 9.2 所示。

表 9.1　1970～1992 年中国信息资源丰裕系数的变化

年　份	1970 年	1980 年	1981 年	1982 年	1983 年	1984 年	1985 年
R 值	0.811 0	0.976 1	0.980 2	0.972 6	0.994 4	1.014 1	1.039 7
年　份	1986 年	1987 年	1988 年	1989 年	1990 年	1991 年	1992 年
R 值	1.078 2	1.137 0	1.178 4	1.229 9	1.265 3	1.274 3	1.287 4

资料来源：谢康，肖静华．1997．信息资源测度、国际比较与中国的战略选择．情报学报，(6)：202～211

表 9.2　部分国家和地区信息资源丰裕系数比较

国家/地区	1970 年	1980 年	1984 年	1990 年	1991 年
美　国	2.385 0	2.899 1	3.048 1	3.416 3	3.476 8
加拿大	2.044 0	2.622 0	—	3.028 0	3.065 5
日　本	1.743 5	2.531 0	2.671 8	2.820 4	2.851 8
英　国	1.893 8	2.367 9	2.507 1	2.688 5	2.729 0
澳大利亚	1.802 0	2.289 0	—	2.554 0	2.591 2
法　国	1.724 8	2.184 8	2.378 0	2.522 7	2.553 9
德　国	1.804 8	2.208 9	2.386 9	2.524 4	2.550 2
意大利	1.667 3	2.160 4	2.201 4	2.361 5	2.388 7
苏联（俄）	1.474 4	1.758 0	1.829 4	2.072 4	2.105 1
中国香港	1.313 0	1.614 0	1.797 0	2.031 5	2.087 1
新加坡	1.238 0	1.524 0	1.756 0	1.995 5	2.038 8
中国台湾	1.225 0	1.409 0	1.647 0	1.867 4	1.903 6
韩　国	1.372 0	1.500 0	1.668 0	1.788 8	1.809 3
印　度	0.624 0	0.605 0	—	0.988 0	1.002 6

资料来源：谢康，肖静华．1997．信息资源测度、国际比较与中国的战略选择．情报学报，(6)：202～211

从表 9.2 中截至 1991 年的数据可以看到，美国和加拿大是世界上信息资源的“超级大国”（$R>3.0$）；日本、英国、澳大利亚、法国、德国和意大利等发达国家为二级信息资源强国（$2.9>R>2.3$）；俄罗斯、中国香港、新加坡、中国台湾和韩国等新兴工业化国家和地区组成第三级信息资源丰裕国家和地区（$2.1>R>1.7$）；包括中国、印度在内的广大发展中国家的信息资源，构成世界信息资源中第四级丰裕程度国家（$R<1.3$）。而且，与经济发展不平衡相对应，世界信息资源的分布和发展也极为不平衡。

具备强大的信息资源生产能力是美国在世界信息资源分布上保持超级地位的最根本基础，例如，美国计算机软件销售额 1992 年占全世界市场销售总额的 39.23%；1991 年美国数据库占全球数据库总数近 60%；管理咨询市场占世界市场销售额的 54.94%；视听产品占世界销售市场的 40%。当然，美国信息资源发展潜力的巨大也是保证其成为世界信息资源超级强国的基础。美国几乎在信息资源发展潜力的所有领域都具有强大的竞争力，特别是在信息资源储备潜力上具有较强的比较优势——其计算机、电话普及率远远超过其他国家和地区，1992 年，美国信息技术市场占全球市场的 35%，与欧洲市场持平。在此基础上，美国信息资源发展潜力的比较优势将会继续保持下去。

亚洲国家和地区中，中国香港、新加坡、中国台湾和韩国信息资源发展水平相当接近，其丰裕系数从 1970 年的 1.225 ~ 1.372 到 1991 年的 1.809 3 ~ 2.087 1，大小幅度介于 0.15 和 0.28 之间。有趣的是，1970 年韩国是“四小龙”中信息资源最丰裕的国家，而 1991 年却成为“四小龙”中信息资源最贫瘠的国家，中国香港则由其中的第二位跃升为第一位。中国信息资源丰裕系数远低于其他发达国家和某些新兴发展中国家和地区。1991 年，中国信息储备潜力比美国低 174.5%，比日本低 103.1%，比英国低 93.5%，比中国香港低 61.8%；同年，中国信息资源处理潜力系数比美国低 43.20%，比英国低 49.20%，比日本低 53.10%，比中国香港低 17.50%。

此外，国内还有一些学者对我国部分城市和地区的信息资源丰裕系数进行了测度，进而对我国的信息资源配置状态进行了分析。表 9.3 和表 9.4 分别列出了我国部分省市信息资源丰裕系数以及我国中、东、西部信息资源丰裕系数。

表 9.3　1985 ~ 1996 年中国部分省（直辖市）信息资源丰裕系数

地　区	1985 年	1988 年	1992 年	1996 年	地　区	1985 年	1988 年	1992 年	1996 年
北　京	1.339	1.525	1.703	2.179	湖　北	1.055	1.194	1.306	1.598
上　海	1.227	1.423	1.558	2.018	湖　南	1.062	1.198	1.295	1.564
天　津	1.218	1.394	1.547	1.976	四　川	1.023	1.179	1.270	1.512
辽　宁	1.242	1.370	1.474	1.806	河　南	0.963	1.121	1.228	1.463
广　东	1.086	1.223	1.398	1.861	甘　肃	0.863	0.960	1.109	1.284
山　东	1.018	1.190	1.330	1.809	香　港	1.797 0	1.887 4	2.127 2	—
江　苏	1.019	1.200	1.341	1.689	台　湾	1.647 0	1.766 0	2.014 1	—

资料来源：马燕京．2001．湖北省信息资源的测度与区域性比较．情报杂志，(8)：48 ~ 50

从表 9.3 中我们可以看到，就我国信息资源地区配置情况来看，港、台、京、沪是目前我国信息资源的一级强省（直辖市）($R>2.0$)；津、辽、粤、鲁等为二级信息资源强省（直辖市）($1.8<R<2.0$)；苏、鄂、湘、川等组成第三级信息资源丰裕地区 ($1.5<R<1.8$)；豫、甘等构成第四级信息资源丰裕地区 ($R<1.5$)。很明显，与经济发展不平衡相对应，我国信息资源分布和发展也严重不平衡。

表 9.4　1985～1992 年中国东、中、西部地区信息资源比较

地　区	1985 年		1988 年		1992 年	
	比重/%	R 值	比重/%	R 值	比重/%	R 值
东部地区	39.6	1.122	39.7	1.277	40.2	1.413
中部地区	27.1	1.075	27.0	1.193	27.1	1.307
西部地区	33.3	0.945	33.3	1.070	32.7	1.147

资料来源：谢康，肖静华. 1997. 信息资源测度、国际比较与中国的战略选择. 情报学报，(6)：202～211

从表 9.4 中可以看出，在中国东、中、西部地区之间，东部地区信息资源拥有量占全国总量的 40.2%，并且有逐步上升趋势；西部地区虽然拥有全国信息资源总量的 32.7%，但比重有逐渐下降趋势。1985 年中国东、西部地区 R 值相差 0.177，但是，1992 年这一数值扩大到 0.266，即该期间中国东西部地区之间信息资源丰裕差距几乎扩大一倍。在东中部地区之间，R 值的差距也由 1985 年的 0.047 扩大到 1992 年的 0.106，差距扩大近两倍。显然，我国东西部地区之间信息资源丰裕差距不断扩大的趋势，与它们总体经济发展水平之间差距不断扩大的趋势相吻合。

9.4.3　信息资源微观配置的评价

企业作为社会经济活动的基本单位是进行信息资源微观配置的重要主体，所以，在此我们以企业为例，介绍信息资源微观配置的评价方法。

企业进行信息资源配置的目的是使有限的信息资源产生最大的效益，即在一定量的信息资源的条件下，通过对其的合理安排、组合，以追求产出效益的最大化。

1. 评价体系的构建

对企业信息资源配置效率的评价应从信息资源在企业中的扩散或流动过程来考虑，信息资源在企业内部经历“信息资源开发→信息资源投入→信息资源利用→信息资源产出”的过程，如图 9.1 所示。

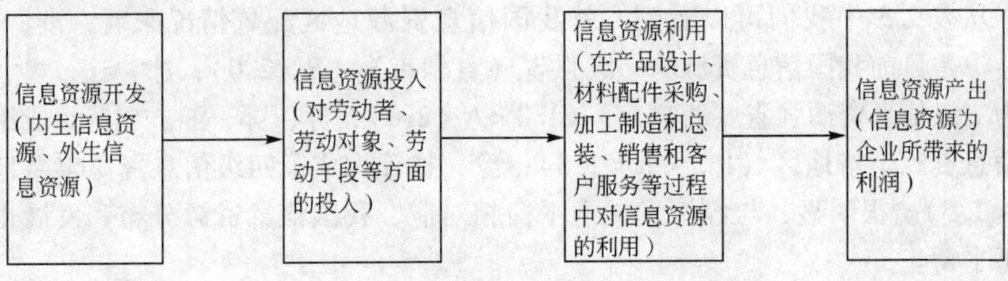

图 9.1　信息资源在企业内部的流动过程

信息资源的开发、投入、利用及产出这几部分之间存在的关系如图 9.2 所示。

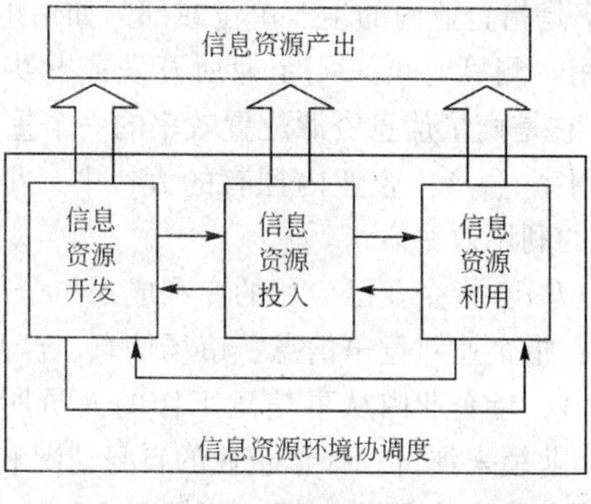

图 9.2　信息资源在企业内部的流动过程关系图

在确定企业信息资源配置效率的指标体系时，我们认为也应该遵照以上关系来设定，即在企业信息资源配置效率总指标之下，下设四大指标——信息资源开发效率、信息资源投入效率、信息资源利用效率和企业信息资源配置的环境协调度，每个二级指标下都包括细分的三级指标。

（1）信息资源开发效率（K）

企业信息资源的开发包括两个方面：一方面是内生信息资源，即企业自主研发的硬件、软件、技术项目、专利成果等；另一方面是外生信息资源，即企业外购或引进的信息技术、项目、信息人才等。这部分的指标包括：

内生信息资源产出率 k_1：指企业自主研发的硬件、软件、技术项目、专利成果等产出值与投入成本之比。

外生信息资源产出率 k_2：指企业外购或引进的硬件、软件、技术项目、专利成果等产出值与投入成本之比。

（2）信息资源投入效率（T）

信息资源投入效率是企业在信息资源方面的总体投入与产出之比，反映的是企业信息资源的投入产出是否合理。具体指标有：

信息资源销售收益率（t_1）：指报告期企业信息产品或技术、专利等售出所得净收入与报告期信息资源投入成本之比。

信息资源应用收益率（t_2）：指报告期企业应用信息资源后所得净收入与正常使用这些信息资源所付出的成本之比。

信息资源需求效率（t_3）：指企业投资开发或购买的信息资源能够满足的信息需求占总的信息需求的百分比。企业信息资源配置的最终目的是满足国家、社会组织和社会个体的信息需求，进而增加自身的利润收益，所以信息资源需求效率也是评价指标中重要的一方面。

(3) 信息资源利用效率 (L)

信息资源利用效率是指企业内的生产单位或部门如何组织运用有限的信息资源使之发挥最大的作用。测算时可采用企业所开发或购买的信息资源的利用率(或闲置率) 来确定，它是衡量信息资源配置效率的一个重要指标。具体包括：

信息基础设备使用率 (l_1)：企业内拥有的大、中、小型机、服务器、工作站、PC 机等基础设施的利用效率。

专利成果利用率 (l_2)：指企业已应用的专利成果与全部专利成果之比。

信息利用率 (l_3)：指企业对竞争信息、市场信息、产品信息等的应用效率。

信息人员业绩 (l_4)：指企业内从事信息工作的人员所达到的工作效率，通过信息工作人员的工作业绩来评价。根据企业的自身情况和信息人员的工作性质将信息人员的工作表现分为四个等级：好、较好、一般、差，分别对应分值为：100、80、60、40。

信息系统运行协调度 l_5：指企业信息系统平均无故障运行时间。该指标反映了信息系统运行状况和功能发挥状况。该指标评分分为四个等级：好、较好、一般、差。

(4) 环境协调度 (H)

企业信息资源配置的效率高低很大程度上也决定了企业内整体信息环境的协调与否。信息资源配置的效率高，将会调动起企业内全体员工的信息意识，甚至会把这种信息意识融入企业文化中，达到企业生产、管理、人文三方面的协调。这部分的指标包括：

管理运行协调度 (h_1)：该指标反映企业管理运行的智能和速度水平。测算时应根据所选标杆企业的水平以及本企业的具体情况将该指标评分分为四个等级：好、较好、一般、差，分别对应分值为：100、80、60、40。

企业文化适宜度 (h_2)：该指标反映企业文化对企业信息化支持程度。测算时应根据所选标杆企业的水平以及本企业的具体情况将该指标评分分为四个等级：好、较好、一般、差，分别对应分值为：100、80、60、40。

由此，企业信息资源配置效率的评价体系如图 9. 3 所示。

2. 评价方法的选择

上述评价指标体系中，每一个指标只能说明信息资源配置效率的某一个方面，每个指标所揭示的变化方向和变化程度各不相同，我们需要对企业信息资源配置的效率做出综合评价，这里我们采用“功效系数法”进行评价。

基本步骤如下：

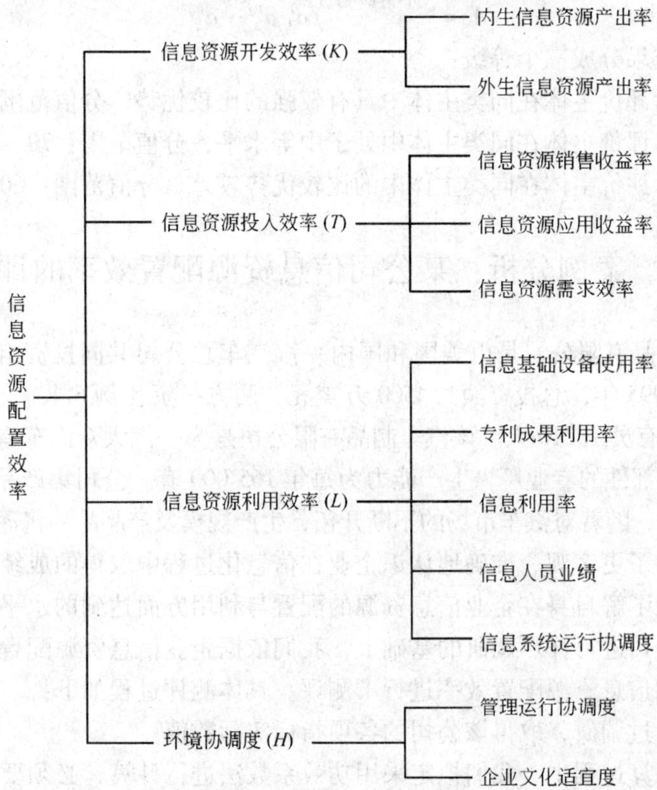

图 9.3　企业信息资源配置效率的评价体系

首先，各评价指标做无量纲化处理，即给各指标打分，其公式为：

$$a_i = \frac{x_i - x_i^{(s)}}{x_i^{(h)} - x_i^{(s)}} \times 40 + 60 \tag{9.6}$$

式中，a_i 为第 i 个指标得分；x_i 为第 i 个指标的实际数值；$x_i^{(h)}$ 为第 i 个指标的满意值（可根据需要或实际情况取平均水平或先进水平，即标杆企业的取值）；$x_i^{(s)}$ 为第 i 个指标的不允许值（或可取的最差值）。$x_i = x_i^{(s)}$ 时，只能得 60 分，即指标最低得分为 60 分。当 $x_i = x_i^{(h)}$ 时，可得满分 100 分。同时需满足：

$$60 \leqslant a_i = \frac{x_i - x_i^{(s)}}{x_i^{(h)} - x_i^{(s)}} \times 40 + 60 \leqslant 100 \tag{9.7}$$

这样，企业信息资源配置效率的各个评价指标得分则保持在 60 ~ 100 分。

然后，确定各评价指标的权数值 P_i。一般根据各指标在综合评价中的重要程度，用专家意见法确定。即聘请若干专家，请他们提出各指标重要程度意见，经多次循环直至大多数专家意见比较一致时为止（指标越重要，其权值越大）。

最后，加权几何平均法计算总功效系数 A，其公式为：

$$A = \sqrt[(p_1+p_2+\cdots+p_n)]{a_1^{p_1}a_2^{p_2}\cdots a_n^{p_n}} \tag{9.8}$$

我们将评价结果分成三个等级：

一级表示评价主体在同类主体中具有较强的比较优势，分值范围：85～100。

二级表示评价主体在同类主体中处于中等水平，分值范围：70～85。

三级表示评价主体在同类主体中的比较优势较差，分值范围：60～70。

9.5 案例分析：某公司信息资源配置效率的评价

某汽车制品有限公司是由美国和国内一汽汽车总公司共同投资组建的合资公司，成立于1995年，总投资额为4500万美元，两方投资比例6:4，公司建筑面积15 000m^2，现有员工210人。该汽车制品有限公司是为一汽大众汽车有限公司配套生产轿车结构部件的专业厂，生产能力为每年165 000套。公司集产品开发、生产和销售于一体，随着对汽车市场的不断开拓，生产规模及产品品种将逐步扩大。

该公司为了更客观、准确地认识企业在信息化过程中取得的成绩和存在的问题，迫切地想了解自身在企业信息资源的配置与利用方面达到的水平和效率。据此，在对该公司进行详尽调研的基础上，我们依据企业信息资源配置效率评价体系对该公司的信息资源配置效率进行了测评。具体测评过程如下：

首先，通过调研，取得该公司的各项指标实际数值。

在具体测算过程中，我们拟定采用功效系数法进行计算，必须要根据需要或实际情况取所属行业的平均水平或先进水平作为满意值，也可以确定一个标杆企业，将其对应指标取值作为满意值；同时选定所属行业的最低水平，或者根据需要选择最不可以接受的数值作为不允许值（也称最差值），如表9.5所示。

表9.5 某公司信息资源配置效率指标的分值

数值指标			实际取值	满意值	不允许值	指标得分
信息资源配置效率指标体系	信息资源开发效率（K）	内生信息资源产出率（k_1）/%	58	80	30	82.4
		外生信息资源产出率（k_2）/%	67	80	30	89.6
	信息资源投入效率（T）	信息资源销售收益率（t_1）/%	31	70	15	71.6
		信息资源应用收益率（t_2）/%	60	80	20	86.7
		信息资源需求效率（t_3）/%	32	70	15	72.4
	信息资源利用效率（L）	信息基础设备使用率（l_1）/%	53	85	20	80.3
		专利成果利用率（l_2）/%	70	90	30	86.7
		信息利用率（l_3）/%	60	80	15	87.7
		信息人员业绩（l_4）/分	60	100	40	73.3
		信息系统运行协调度（l_5）/分	60	100	40	73.3
	环境协调度（H）	管理运行协调度（h_1）/分	60	100	40	73.3
		企业文化适宜度（h_2）/分	40	100	40	60

其次，按下面公式将各评价指标做无量纲化处理，即给各指标打分，其公式为：

$$a_i = \frac{x_i - x_i^{(s)}}{x_i^{(h)} - x_i^{(s)}} \times 40 + 60 \tag{9.9}$$

式中，a_i 为第 i 个指标得分；x_i 为第 i 个指标的实际数值；$x_i^{(h)}$ 为第 i 个指标的满意值；$x_i^{(s)}$ 为第 i 个指标的不允许值（或可取的最差值）。当 $x_i = x_i^{(s)}$ 时，只能得60分，即指标最低得分为60分。当 $x_i = x_i^{(h)}$ 时，可得满分100分。这样经过测算后，该企业信息资源配置效率的各个评价指标得分见表9.5。

第三，确定各评价指标的权数值 p_i。

各个指标对总指标的贡献和影响是不一样的，必须确定各指标的权重，最后的测算结果才能科学合理。我们采用的是专家意见法，即根据该企业的具体情况设计调查表，聘请若干专家，请他们提出各指标重要程度意见，经多次循环直至大多数专家意见比较一致为止（指标越重要，其权值越大）。最后确定的指标权重如表9.6所示。

表9.6 信息资源配置效率指标体系的权重分配

	二级指标	权重 P	三级指标	权重 P
信息资源配置效率指标体系	信息资源开发效率（K）	3	内生信息资源产出率（k_1）/%	5
			外生信息资源产出率（k_2）/%	5
	信息资源投入效率（T）	2.5	信息资源销售收益率（t_1）/%	3
			信息资源应用收益率（t_2）/%	5
			信息资源需求效率（t_3）/%	2
	信息资源利用效率（L）	3.5	信息基础设备使用率（l_1）/%	2
			专利成果利用率（l_2）/%	1.5
			信息利用率（l_3）/%	3
			信息人员业绩（l_4）/分	2
			信息系统运行协调度（l_5）/分	1.5
	环境协调度（H）	1	管理运行协调度（h_1）/分	5
			企业文化适宜度（h_2）/分	5

最后，按照公式 $A = \sqrt[(p_1+p_2+\cdots+p_n)]{a_1^{p_1} a_2^{p_2} \cdots a_n^{p_n}}$，计算总功效系数。由于我们的测评体系具有两层指标，所以需要分别测算两次功效系数。

第一步，需要对每个二级指标下的三级指标进行计算，结果如下：

$$A_k = 85.92$$

$$A_t = 78.96$$

$$A_l = 80.79$$

$$A_h = 66.32$$

第二步，需要将上述数值作为每个二级指标的分值重新带入公式中，计算出最后的总功效系数：

$$A = 80.23$$

我们将评价结果分成三个等级：

一级表示评价主体在同类主体中具有较强的比较优势，分值范围：85～100。

二级表示评价主体在同类主体中处于中等水平，分值范围：70～85。

三级表示评价主体在同类主体中的比较优势较差，分值范围：60～70。

按照评分结果来看，总体上该公司的企业信息资源配置效率与其他同类企业相比处于中等水平。从各个二级指标的测算结果来看，该公司在信息资源开发效率和信息资源的利用效率方面优势较大，发展水平较高；而在信息资源的投入效率与信息资源配置的环境协调度方面还有些不足，需要进一步调整和改进。

【关键概念】

信息资源　资源配置　信息资源配置　科斯定理　信息资源丰裕系数　信息资源配置的经济效益　信息资源配置的社会效益

【思考与练习】

1. 什么是信息资源？信息资源有哪些类型？
2. 简述信息资源的经济特性及经济功能。
3. 简述信息资源配置的层次、目标与原则。
4. 试分析信息资源配置的模式有哪些。
5. 简述信息资源丰裕系数测度模型，并分析其优点及存在的不足。
6. 简述企业信息资源配置效率的评价指标体系及评价方法。

第10章 信息技术与经济增长

信息技术在当今的经济发展与增长过程中起到了至关重要的作用。信息技术发展到今天，不仅形成了新的经济增长点——信息产业，而且它正在快速的改变着传统农业经济和工业经济的根本特征，促进着国民经济的持续发展。本章主要介绍信息技术的内涵、特点、作用以及信息生产力的特点和作用，介绍信息增长的相关概念、模型和经济增长方式，并简要阐述了信息技术对经济增长方式的影响。通过本章的学习，要求：了解信息技术的定义、分类、特点和作用；理解信息在生产力系统中的作用；掌握信息生产力的特点及其动态分析；掌握经济增长理论和经济增长模型；了解经济周期和经济增长的概念；理解经济增长理论；了解经济增长方式；掌握信息技术对经济增长的作用。

10.1 信息技术概述

10.1.1 信息技术的内涵

1. 信息技术的定义和内容

根据国际标准化组织（International Organization for Standardization，ISO）和国际电工委员会（International Electrotechnical Commission，IEC）的定义，信息技术（information technology，IT）是“针对信息的采集、描述、处理、保护、传输、交流、表示、管理、组织、存储和补救而采用的系统和工具的规范、设计及其开发”。换言之，信息技术是指有关信息的收集、识别、提取、变换、存储、传递、处理、检索、分析和利用等的技术。

信息技术包括四大类：

1）感测技术，包括传感、遥感和遥测等技术。

2）通信技术，既包括一般意义的通信技术也包括信息存储技术。

3）智能技术，包括计算机（软件和硬件）技术、人工智能专家系统和人工神经网络技术。

4）控制技术，包括一般的调节技术和控制技术。

2. 信息技术的分类

信息技术可能是机械的，也可能是电子的，可能是激光的，也可能是生物的。它集通信、计算机和控制等技术于一体，故又被称为“3C”技术。其主要内容包括微电子技术、通信技术、计算机技术、感测技术等等。

(1) 微电子技术

微电子技术是指应用大规模集成电路和超大规模集成电路，并结合现代计算机技术和通信技术，生产现代高速计算机等通信产品的一种技术。如今，微电子技术发展极快，指甲般大小的芯片可内藏上千万个半导体元件，这就是当今超大规模集成电路技术的发展水平。半导体工业自诞生以来，就一直遵循著名的“摩尔定律”(Moore law)。它指芯片所能容纳的晶体管数量每18个月提高1倍，而价格下降一半。按此定律，预计到2010年一块芯片最多可包含100亿个元件。

(2) 通信技术

通信技术的任务是延伸人的神经系统传递信息的功能。通信技术由模拟数据通信技术和数字通信技术组成。

1) 光纤通信技术。光纤通信是现代电信网的基石。光纤通信的优点是数字化、低衰耗、宽频带、高质量、大容量和远距离，该性能在过去10年间以每年翻番的速度提高，预计还可持续10~15年。

2) 异步传输模式（asynchronous transfer mode，ATM）技术。ATM技术采用异步时分复用技术，将信息流分成固定长度信元进行高速交换，它具有交换速率高、吞吐量大、自动分配各种业务的能力、支持多业务等特点，而且具有比较完整的流量控制和流量管理机制，用户可最大限度地利用网络资源，有可避免网络发生拥塞。

3) 移动通信技术。移动通信是目前通信领域增长速度最快的方面之一。2005年全球移动电话用户已突破20亿户。移动电话发展如此之快的根本原因除了便于个人化外，还在于因技术上的巨大进步而引发的成本大幅度下降。

4) IP技术。采用IP技术的Internet发展极快，呈指数增长，年增长率高于300%，到2005年用户已达到8.8亿。

5) 卫星技术。传统静止轨道卫星的发展趋势是数字化、宽带化、高功率、高性能、低成本以及向多媒体方向发展。现在一颗通信卫星最多可有118个高功率转发器。卫星通信目前主要用于国际电话、数据通信；派生应用主要有VSAT、全球定位系统、卫星移动通信等。

(3) 计算机技术

计算机技术与现代通信技术一起构成了信息技术的核心内容。由于微电子技术的发展，计算机发展迅猛，体积越来越小，功能越来越强。

1946年2月15日，世界上第一台电子数字计算机ENIAC在美国研制成功。1974年美国电话电报公司（AT&T）的贝尔实验室三位科学家研制成世界上第一支晶体管，从此开始了以晶体管代替电子管的时代。第三代计算机用集成电路取代了晶体管，体积更小、耗电更低、寿命更长、功能更强。第四代计算机用超大规模集成电路（VLSI）取代了中小规模的集成电路；并行处理与多处理领域正在积累经验，为未来的技术突破准备了条件。微处理器的出现使得微型计算机发展迅猛，从大型主机、小型计算机、工作站到个人计算机、笔记本电脑、便携式计算机等。随着中央处理器的不断更新换代，计算机处理信息的能力也在不断加强。

计算机之所以发展迅猛，其生命力在于它的广泛应用。目前，计算机的应用范围几乎涉及人类社会的所有领域——从国民经济各部门到个人家庭生活，从军事部门到民用部门，从科学教育到文化艺术，从生产领域到消费娱乐，无一不是计算机应用的天地。具体来说，计算机可以用于科学计算、自动控制、测量和测试、信息处理、教育和卫生、家用电器和人工智能等领域。

（4）感测技术

感测技术的任务是延长人的感觉器官收集信息的功能，包括传感（sensing）、遥感（remote sensing）和遥测（remote measuring）技术。传感技术亦称传感器技术，主要是开发和研究能感知外界信息的人造器官。遥感技术是指从远距离高空及外层空间的各种运载工具及遥感平台上，利用各种传感器接收来自地球表面各类地物的电磁波信息，如可见光、红外光、微波等，并对这些信息进行扫描和摄影、传输和处理，从而对地表各类地物和现象进行远距离探测和识别的现代综合技术。遥测技术是对被测对象的某些参数进行远距离测量的一种信息获取技术，具体应用中由传感器测出被测对象的某些参数并转换成电信号，然后应用多路通信和数据传输技术将这些电信号传到远处遥测终端进行记录、处理和显示。

10.1.2　信息技术的特点和作用

1. 信息技术的特点

与其他技术相比，信息技术具有以下主要特点：

（1）显著的知识密集性

如果说其他技术是人的体力的延伸，那么信息技术则是人的智力的增强。信息技术的研究开发需要高水平的专业技术人员来进行，更需要专业技术人员的联合与协作。知识密集型的信息技术的广泛应用，有利于替代和节省能源和其他原材料的消耗，减少污染，促进经济的可持续发展。

（2）高度的创新性

目前，世界信息技术已进入了一个加速发展的新时期，它的更新速度是每3

年增加1倍，信息技术专利每年超过30万件，科研资料的有效寿命平均只有5年。20世纪以来，信息技术领域的几项重大突破——半导体、计算机、卫星通信、光导纤维等都体现了信息技术的高度创新性。可见，信息技术的创新速度是其他技术所不能比拟的。当代经济的增长与技术创新的联系越来越紧密，发达国家40%～90%的经济增长要归功于技术的创新。

(3) 极强的渗透性

由于信息本来就是一切生产活动、经济活动与社会生活都离不开的要素，并且随着时间的推移越来越显露其锋芒，因而，现代信息技术便具有了更为广泛的用武之地。目前，新兴电子信息技术应用的重点领域已覆盖到生产制造、产品设计、办公室业务、家庭生活、医疗保健、教育、交通、通信、商业、科研、娱乐、保安、金融、气象、资源勘测、军事、大众传媒等许多方面。历史上还没有哪项技术像现代信息技术这样，对人类社会产生如此广泛而深刻的影响。信息技术的渗透性主要表现为两方面：一是信息产业内部有关产业部门的相互渗透，二是信息产业对其他产业的渗透。

(4) 强大的带动性

信息技术对信息产业及其他产业都有很强的带动性，在信息产业内部，带动微电子、半导体、激光、超导等产业的发展；在信息产业外部，带动一批如新材料、新能源、机器制造、仪器仪表、海洋、航空航天等产业的发展。利用信息技术对传统产业进行改造，可使之重现辉煌。美国经济在世界经济中的份额自20世纪50年代以来一直呈下降趋势，但从1991年3月以后开始逐年回升，长达10年之久，正是依靠了以信息技术为基础的高技术产业的迅速发展及利用其对传统产业的改造。

(5) 高度的增值性

信息技术的高增值性主要取决于信息产品生产中的低消耗与高产出、高附加值。一方面，在信息产品的生产、流通及提供利用的过程中，大量运用先进的信息技术，直接或间接地减少了生产中的物质与能源消耗，在信息产品生产和服务中虽然增加了信息资源的投入，但由于信息资源是一种非消耗性的资源，可多次反复使用，因而其成本也是比较低廉。另一方面，信息劳动是脑力劳动，而脑力劳动是一种高效率、高效益的劳动，有些信息劳动能在短时期内创造出超过其本身价值多倍的价值。国际电联的统计结果显示，一个国家对通信建设的投资每增加1%，其人均国民收入可提高3%。

(6) 高额的投入性

信息技术的R&D需要大量的资金投入。以美国为例，为了开发360系列计算机，总投资达50亿美元。目前，一个公司的力量已难以支持庞大的信息技术R&D的资金投入，许多公司往往采取结盟、合资、兼并的办法联合起来，实施某一计划或目标。

(7) 极强的时效性

我们已经知道，国际上集成电路的开发生产遵循着“摩尔定律”。计算机的发明虽不到50年，但现今第六代产品的研制已形成热点；微型计算机出现才20多年时间，不仅设计工艺几经革命，而且新机种纷纷问世。特别是当前的数字技术革命正促进电脑、电信、电视等方面的技术走向大规模融合，使信息产业的方方面面呈现出日新月异的景象。

(8) 巨大的风险性

现代信息技术的发展、更新和普及应用都需要高额投资。但考虑到信息技术极强的时效性，所以巨额投资同时又意味着巨大的风险，一旦决策失误，不仅会招致惨重的损失，而且会贻误发展的历史时机。

2. 信息技术的作用

基于信息技术的上述特点，信息技术在国民经济发展中具有如下一些作用:

(1) 先导作用

根据信息技术的广泛适用性和渗透性，大力普及应用信息技术，可实现对整个国民经济技术基础的改造，因而通过信息产业的优先发展，可以带动各行各业的发展。

(2) 替代作用

通过加大信息资源的投入或人们智力与知识的投入，可在一定程度上替代各种物质资源和能源的投入，并减少物质资源和能源的消耗，从而改变经济增长的传统模式。

(3)“软化”作用

随着信息技术的普及应用，在产业结构、就业结构、投资结构中，信息、研发、公共关系、智力、人才、广告、管理等“软”的无形的方面相对增强，而设备、能源、原材料、基建、实物产品等“硬”的有形的方面相对弱化。

(4) 优化作用

在经济活动中大力普及应用信息技术，可以有助于优化生产要素本身的质量、优化对各种生产要素的管理、优化其相互间的配置、优化其运行的有序度和效率等。

(5) 增值作用

信息技术的应用可以增加财富，扩大供给，提高产品与劳务的附加值，使过去的非资源转化为资源，促进国民经济增长。这种增值是成倍增长的，因而有人把信息技术称为国民经济的“倍增器”。

10.2 信息生产力

10.2.1 生产力的概念

1. 生产力

生产力（productive forces）是指人类征服自然、改造自然获得物质资料的能力，它所解释的是在物质资料生产过程中所必然发生的人与自然界之间的关系。构成生产力的要素有劳动者、劳动资料和劳动对象。这几个因素处于彼此分离的状态时，它们都只是一种潜在形式的生产力，而要把这种处于潜在形式的生产力转变为现实的生产力，就必须实现人的因素和物的因素相结合。任何现实的生产力都是一定的人的因素和物的因素的结合和统一。

2. 生产关系

物质资料的生产过程既包括人与自然之间的关系，同时也包括人与人之间的关系。而且，人与人之间的关系是实现人与自然界之间关系的前提。这是因为，物质资料的生产活动从一开始就是一种社会性的实践活动，只有当人们按一定的方式彼此结合起来，才能与自然界发生关系，从而才能实现人和自然界之间的物质转换。正如马克思所说："他们只有以一定的方式共同活动和相互交换其活动，才能进行生产。为了进行生产，人们相互之间便发生一定的联系和关系；只有在这些社会联系和社会关系的范围内，才会有他们对自然界的影响，才会有生产。"这种人们在物质资料生产过程中结成的不以人的意志为转移的社会关系，就是生产关系。

3. 生产方式

物质资料的生产过程既然同时是现实的生产力和生产关系得以形成的过程，那么，物质资料的生产过程必定是生产力与生产关系相统一的过程，生产力是生产的物质内容，生产关系是生产的社会形式。生产力与生产关系的有机结合、统一，便构成生产方式。在人类社会历史上，相继出现过原始社会、奴隶社会、封建社会、资本主义社会和社会主义社会五种生产方式。

生产力和生产关系是社会生产方式不可分割的两个方面，它们之间存在着辩证统一的关系。

10.2.2 信息在生产力系统中的作用

1. 信息技术对生产力发展的贡献

推动社会进步的决定性因素是社会生产力的发展。经典理论的分析表明，在生产力的三大要素中，劳动工具是最积极、最活跃的因素，正是劳动工具的不断进步才推动着社会生产力的发展。因此，为了分析信息技术对社会生产力的贡献和影响，此处首先着重分析信息技术对劳动工具的变革所做出的贡献和影响。

在原始社会，一方面劳动者赤手空拳与劳动对象打交道，向劳动对象施加作用；另一方面，劳动者又能凭自身的信息器官去获得有关劳动对象的各种信息。在农业和手工业社会，人类开始使用人力操纵的（锄、镰、纺车）或畜力驱动的（犁、磨、马车）工具，但获得有关劳动对象的信息仍主要靠自身的器官。进入工业社会，劳动工具有了重大改进，一是由于蒸汽机及电的发明和发现，开始出现新型动力工具，使人的体力功能和行动器官功能得到有效的扩展；二是由于望远镜、显微镜、电报、电话的发明，使人们得以运用初级信息工具来扩展信息器官的功能。这两类工具的变革，使工业社会的生产力达到了前所未有的水平。社会生产力的最有意义的变革发生在现代信息技术普遍成长起来之后。它给社会生产力带来的变化不是一般意义上的效率提高和功能的改善，而是质到量的彻底深刻的革命。

与前几个时期相比，“信息社会”的生产力模型有如下几个重要特点：

1）形成了完备的劳动工具体系。一方面，扩展人的信息器官功能的通信与感测技术发展到了空前高度的水平；另一方面，出现了扩展人的思维器官功能的计算机技术和控制技术。新型控制技术与高级动力工具有机结合，形成为一体化的智能控制系统。这样，从行动器官到思维器官，从体力劳动到脑力劳动，劳动者全部功能都可能转交给机器工具去执行。

2）劳动工具实现了全面的信息化、智能化。劳动者通过感测技术获得劳动对象的信息，通过通信技术把这些信息传到“指挥中心”，在这里通过计算机——人工智能技术进行处理分析后形成改造劳动对象的策略信息（通过动力工具）反作用于劳动对象。整个劳动的过程是在信息的指挥下，在材料和能量的支持下有目的、有智能地完成的。

3）劳动者获得空前的解放。马克思曾经预言，随着大工业的迅速发展，劳动者将不再是生产过程的一部分，他们将从生产的流程中解放出来，站在生产过程的旁边，对生产的过程进行管理和监督。

2. 信息要素的生产力功能

信息作为现代生产的要素之一，与劳动者、劳动工具和劳动对象共同构成现代生产力的基础。它是通过优化生产要素、导向生产要素的合理有效配置、促进生产力系统运行的有序程度、改进生产关系及上层建筑的素质与协调性等方面来发挥其生产力功能的。

1）信息要素通过与劳动力要素相互作用，增加其他生产要素的信息含量，从而提高生产力系统水平和利用效率。增进了信息含量的生产要素一旦进入生产过程，首先是缩短劳动主体对客体的认识及熟练过程，使生产要素以最快、最佳状态进入生产运行体系中，从生产过程的时效上表现与发挥其生产力功能。其次，可增强生产的有序性与安全系数及其带来的机会收益。第三，信息要素的投入还有助于引发对生产过程、生产工具、操作方法和工艺技术等的技术革新与发明创造。

2）信息要素通过与生产力系统中的决策群相互作用，导向生产要素的最佳组合，提高生产力。

3）信息要素通过与生产管理者的相互作用，增强管理者与管理对象间的可知性和透明度，从而提高生产力系统运行的有序度与运动增量。充分、可靠、准确的信息，有助于管理者准确把握对生产运行的推进与控制尺度，形成生产力系统的正常、有序、高效运行。

4）信息要素的社会化作用，有利于协调生产关系及上层建筑，促进生产力的提高。社会生产关系和上层建筑制约着生产要素的形成、投向、组合与效率，从而影响生产力水平。生产关系和生产力之间的矛盾与摩擦很大程度上是信息的模糊、失真与不畅造成的，通过信息要素的社会化有助于消除矛盾，减少冲突，使生产关系更加适应于生产力的发展。

3. 第三代生产力的主体——信息生产力

如前所述，由信息要素的生产力功能而显示出的信息力对社会生产力系统具有举足轻重的作用。信息力是主导、驾驭生产力其他要素的关键要素，它不仅孕育在三要素之中，而且将成为重要的第四要素，信息生产力已成为现代生产力——第三代生产力的主题。信息力的大小是衡量现代国家生产力水平高低的重要标志。

一个国家的信息力越大，那么它的生产力水平也越高。据原苏联科学家的研究，一个国家总的信息流的平均增长同其工业潜力的平方成正比。任何力都是一个矢量，同样，信息力也是一个矢量，其大小与方向是由五个分力所决定的。

1）联结力：联结社会生产力诸要素内部及相互之间，联系不同层次的社会生产力系统内部及相互之间，使之形成有机运动整体，生成整体功能的作用力。

2）调控力：调节和控制不同层次的社会生产力系统内部及相互之间，以及与环境之间的相互关系，使之有效、合理地运行，并最大限度的发挥整体功能取得理想产出的作用力。

3）决策力：在全部决策过程中通过信息的收集、加工处理、存储检索、传递使用，使之形成科学的系统目标和行动方案的作用力。

4）辐射力：通过其自身运动，使空间相对缩小、时间绝对缩短，从而使投入相对减少、产出相对增加的作用力。

5）再生力：通过信息自身的运动（消费）而又使自身发生“增殖”的作用力。

以上五个力复合后即形成了信息合力，如图 10.1 所示。

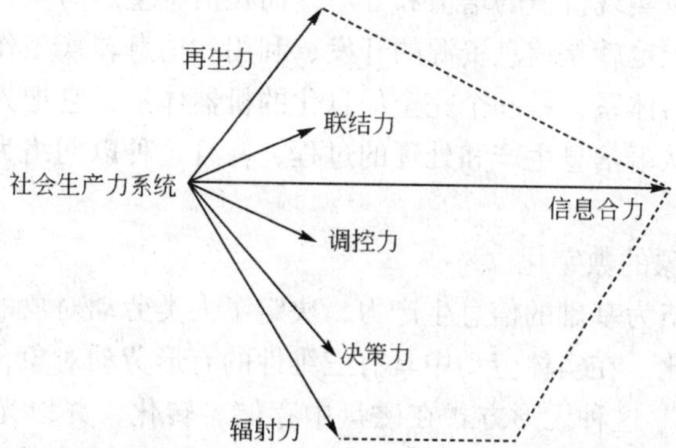

图 10.1　信息力矢量图

这一信息力本身又是社会生产力的一个分力，只是随着时代的推演，它在社会生产力中所占的比重和所发挥的作用也在不断变化着。今天，它是作为推动近代生产力向现代生产力过渡的革命性要素正发挥着划时代的巨大作用。信息生产力是社会生产力的一个构成要素，其功能作用由大到小，由强到弱，以至于演化为当代和未来新一代生产力的主体。因此，这种第三代生产力比较明显地表现为一种划时代的信息生产力。

10.2.3　信息生产力的特点

信息生产力与历史上不同质态的生产力（古代的手工生产力、近代的机器生产力）相比较，具有自身独特的地方。

1. 信息生产力构成要素的特点

信息生产力构成要素包括以下三方面：劳动资料的网络化、劳动者从事的信息劳动的虚拟化、劳动对象的数字化。

（1）以生产工具为主的劳动资料的网络化

人类在信息生产、传递过程中所必须借助的工具性的东西，在现代的表现形式是计算机网络系统。与历史上不同质态生产力中的生产工具相比较，它不再是孤立的实体性存在，而是一个具有反馈功能的、网络节点式的互动即时性网络系统。在当前具体表现为信息高速公路——由信息交换和应用信息系统组成的高速信息网络系统。这个系统的基本组成为计算机、光缆和其他信息设备，并由它们组成联结千家万户的信息交换网络，将各个端点的用户连接在一起，相互之间用网络建立起一个基于信息流转的广泛地交换空间，打破了传统交换的时空约束。

(2) 劳动者从事的信息劳动的虚拟化

传统的生产力结构中，劳动者主要面对的是实体的资本物品，从事具体的生产与交换行为，以实现价值的增值和分享。而在信息生产力中，劳动者主要从事信息知识的创造，也就是信息资源的开发、利用和信息转换工作。信息高速公路这种智能化的机器体系，是一个完全信息化的机器体系，它把人们从事物质生产的过程，转变为从事信息生产和处理的过程，并且这种以网络为基础的信息劳动具有虚拟性。

(3) 劳动对象的数字化

以电脑和网络为基础的信息生产力，决定了人类劳动对象的数字化，即一切客体信息的数字化。在实体劳动中具有三维性的有形劳动对象，在网络的基础上皆以“0”与“1”这种无形方式在磁盘中存储、转化，并以光速在光纤网络中传输。这不仅提升了信息处理的数量、质量及速度，同时也增加了各种信息组合的可能性几率。

2. 以网络为基础的信息生产力构成要素的特点决定了信息生产力的特征

(1) 信息生产力的虚拟性

劳动对象的数字化，经济主体的存在形式（虚拟存在：虚拟供应商、虚拟生产商、虚拟销售商及虚拟供应链等）及从事劳动的虚拟性（与实体劳动范畴相反的另一极），决定了信息生产力存在形态和外在表现形式的虚拟性，进而决定了整个经济活动的虚拟性。虚拟主体从事虚拟劳动、劳动成果为虚拟产品，虚拟产品转化为虚拟商品则需要虚拟市场。而虚拟市场的健康运行需要虚拟规则的约束，从而构成了虚拟经济过程。

(2) 信息生产力扩散的快速性

扩散即信息生产力的传播范围的广泛程度。在实体性生产力状况下，人们可以通过收买等经济手段把新技术和作为新技术物化的工具加以垄断，实行技术保密。而在信息社会中，信息传播的快速广泛及电子波与信息的无所不在、网络传播信息的瞬间性与波及范围的全面性，都使得技术发明及新技术的保密成为一种不可能性。即使对于完善的保密技术，也会出现“道高一尺魔高一丈”的情况。可以说，在信息社会中，绝对的技术信息、经济信息的保密是无法做到的。

（3）信息生产力的渗透性及由此决定的价值凸现性

从信息（科学技术）作为生产力中的渗透性要素看：科学技术被劳动者所掌握，运用到劳动资料和劳动对象中去，可以提高这些要素的质量和功能；科学技术运用到生产管理中，可以使管理科学化，并提高管理绩效；科学技术被运用到社会经济系统的各个领域中，成为现代生产力发展的核心因素。信息（科学技术）的渗透性，是现代经济快速发展的直接动力，从而使新质态的生产力价值性凸现。这种渗透颇具广泛性，不仅体现在经济领域中，而且还体现在社会生活的政治、思想、文化和教育领域，并对这些领域起到了积极的促进作用，同时也凸现了其价值性。

3. 对信息生产力的动态分析

认识信息生产力的基本内涵，最主要的是要从动态的角度来把握。只有从动态的视角才能如实地反映信息的结构和功能。从动态的角度上看，信息生产力的内涵可以被认为包含下列内容：

（1）信息生产力的动力系统

人类与自然之间的矛盾关系是一切质态生产力发展的基本动力，信息生产力也不例外。由于工业社会人类对自然资源的无节制开发和利用，导致随着社会经济活动深度的不断升华，社会财富在积累的过程中，人与自然关系发生了较大的冲突和对立，这主要突出地表现在不可再生资源问题、环境污染问题、生态平衡等问题的严重。诸多问题的产生必然引发人们对解决这些问题的理性思考。这就是，借助科技手段，在质上提升生产力，以实现人类需求的多样性、无限性和自然资源使用过程中的有限性问题。这一可能性的实现，表现为人与生产工具的动态关系：劳动者—新的生产工具—新的劳动者—更新的生产工具，从而促使生产力不断发展。信息社会，随着信息科学的发展及信息技术的广泛运用，新质态的信息生产力诞生并获得了飞速发展，以缓冲和解决人与自然的对立性关系。同时，信息时代催生的新产业、新领域创造出了新的需求动力，以促使信息生产力的工具性基础——网络技术、新材料技术的不断发展。

（2）信息生产力动态过程

这是就动态模式下的信息生产力发展状况的集中体现。它主要包括：信息生产力流动的全球性、流向的多维性、流动的层级性。信息生产力运动范围的全球性是指：适应信息社会经济、政治、文化等方面的需求，网络覆盖率不断提高，信息生产力在全球范围内的运动已经呈现出明显的发展趋势。以网络为基础的信息生产力，其核心是信息的交换和在交换过程中的信息创新，而创新源自于人类智力的至上性，即人类认识能力的无限性。从而为信息生产力川流不息的运动提供了无限的智力源泉。信息生产力运动的具体表现形式为：数字化信息的复制及复制的反复性。从经济学的角度讲，这种复制的成本趋于零，从而为信息生产力的快速流动提供了经济理论支撑。

信息生产力流向的多维性：信息生产力之前的不同质态生产力的流动，一般都表现为一维直线式的流动，这种运动存在着特定的起点和终点，并且在一定的产业内运行，流动的范围狭小、流动规模也不大。而且，这种流动具有非连续性和阶段性，在某种程度上大大地降低了生产力的功能和影响。而基于网络的信息生产力的流动，具有与此完全不同的特点：网络的节点式和纵横交错的网络系统，使信息生产力的运动具有方向上的多维性和运动起点、终点的相对性。在信息社会，各类产业存在着一个信息化的问题。也就是说，各类产业需要信息技术的介入才能更好地适应信息社会的快速发展步伐的要求；从另一方面讲，信息技术已经广泛地渗透到经济社会的各个产业和市场交易的各个环节之中，并与这些产业运作过程相融合、统一。因此，信息生产力的运动不再仅仅局限于某一个行业，它流动范围空前扩大、运动规模气势磅礴，并且呈现出运动过程中复杂的连续性特征。

信息生产力运动的层级性：在传统的工业社会，实体性生产力的流动主要表现为技术设备的流动，而在后工业社会，生产力的流动最基本的是人才的流动。在信息社会，信息生产力的流动成为社会生产力进步的源泉，信息的流动是多层级的、多维模式的。不同层级的流动为：网络设备的流动及延伸、信息的流动、人才的流动、供给生产力和需求生产力的流动。生产力的流动不再局限于生产、流通和消费的某一领域，而是发生在信息生产力涉及的所有领域，既表现为实体性流动，又体现为观念性流动。

(3) 信息生产力运动的周期

分为产生阶段、发展阶段、消亡阶段。任何质态的生产力在具体的社会发展变化中都会随着整个社会生产力水平的进步而得到不断改进，这就是生产力的运动产生了周期性规律，都要经历一个从产生、发展到消亡的周期性发展过程，信息生产力的发展也同样具有这样的生命周期。就整个信息生产力发展的过程来看，20 世纪上半叶至 20 世纪中后叶是信息生产力的孕育及产生阶段。20 世纪上半叶，局部地区的部分产业已经出现了信息生产力的萌芽，具体表现为计算机信息处理设备的诞生和在部分产业中的应用，发达市场经济国家的整体科技水平和势力极大地促进现代信息交流手段的研发和使用，很多的大型跨国经营公司在对待正常的市场交流中形成的商务信息都试图使用电子计算机进行处理。20 世纪中后叶是真正意义的信息生产力的产生时期，在这个阶段，全球范围内开始了社会化的信息交换，其标志是互联网的产生。21 世纪，人类步入了信息生产力的快速发展时期，这一发展过程的时间持续性究竟有多久，只有经济实践方能给出最好的回答。至于信息生产力的未来命运，或者说它的最终结局已经注定，那是一种更新的并优于它的新质态生产力的诞生。这是所有事物的命运，无可抗拒。人类社会的生产力将不断地向更高质态发展。

10.3 信息技术与经济增长

10.3.1 经济周期和经济增长的概念

1. 经济周期的概念

经济周期（business cycle）是指经济活动的繁荣与萧条重复交替出现的一种波动现象。这种波动可以通过国民生产总值、工业生产指数、就业人数、物价水平等综合性经济指标表现出来。经济周期一般分为四个阶段：

1）扩张（expansion）阶段，又称繁荣（boom）阶段。这是经济活动高于正常水平的一个阶段：生产扩大，投资增加，信用扩张，价格上升，就业增多，企业家与消费者情绪乐观。这一时期的最高点称作顶峰（peak）。

2）萧条（depression）阶段。这是经济活动低于正常水平的一个阶段：生产缩减，投资下降，信用紧缩，价格下跌，失业严重，企业倒闭率高，企业家与消费者情绪悲观。这一时期的最低点称作谷地（trough）。

3）衰退（recession）阶段。这是经济由扩张向萧条过渡的阶段，以峰顶为转折点（turning point）。

4）复苏（recovery）阶段。这是经济由萧条向扩张过渡的阶段，以谷底为转折点。

在经济周期这四个阶段中，前两个是主要阶段。由于所据资料和划分标准的差异，一般又把经济周期分为3~4年的短周期、10年左右的中周期和50年左右的长周期三种类型。

基钦周期（Kitchin cycle）是一种短周期。英国经济学家基钦研究了1890~1922年英国与美国的物价、银行结算、利率等指标，认为经济中存在着平均长度为40个月左右的短周期，这是一种由心理原因引起的有节奏的变动，而影响人们心理的则是农业产量与物价的波动。

朱拉尔周期（Juglar cycle）是中周期。以前，经济学家主要研究经济中的危机现象。法国经济学家朱拉尔认为，危机并不是一个孤立的现象，而是经济周期性波动中的一个阶段。他对较长时期的工业经济后期进行了研究，根据物价、生产和就业人数等指标，确定了经济中每9~10年有一次周期。他把每个周期分为繁荣、危机、清偿三个阶段，强调银行信贷的变化是引起经济周期性波动的主要原因。

康德拉季耶夫周期（Kondratieff cycle）是长周期。原苏联经济学家康德拉季耶夫研究了法、英、美、德和世界其他一些国家长期的时间序列数据资料，根据各国的价格、利率、工资、对外贸易以及生产与消费，在1925年提出资本主义社会存在着平均长度为54年左右一次的长周期。康德拉季耶夫认为这种长周期是资本主义经济所固有的，其主要原因是资本积累的变动。生产技术中的各种变革、战争与和平、新市场的开拓等，都不是影响经济周期的偶然事件，而是其有规律的组成部分。例如，在长周期的下降阶段会产生重大的技术发明，而这种发明要在下个周期的上升阶段开始时才会得到大规模应用。又如，长周期上升阶段经济实力的扩大引起局势紧张，这是战争与革命的主要原因。

美籍奥地利经济学家熊彼特（Schumpeter）又把以上三种类型的经济周期统一起来，认为一个长周期包括六个中周期、一个中周期包括三个短周期。

许多经济学家对经济周期的成因进行了探讨，形成了众多的有关经济周期性波动的理论。这些理论基本上可以分为两大类：一是外生经济周期理论（exogenous business-cycle theory）。这是利用经济体系以外的因素来解释经济周期的理论，它认为经济周期不是因经济体系内部因素的变化所引起的，而是由某些外在因素，如太阳黑子和气候的变化、战争、科学技术的重大发明创造、人口变动等所引起的。二是内生经济周期理论（endogenous business-cycle theory）。这是利用经济体系内在的因素来解释经济周期的理论，它认为经济周期是因经济体系内部因素的变化所引起的，这些因素可能包括货币、消费、投资、政府开支等多种。

2. 经济增长的概念

经济增长（economic growth）是指经济生产能力和实际国民收入的增加，一般用国民生产总值的增长率或人均国民生产总值的增长率作为衡量经济增长的尺度。

大致上来说，一个国家经济增长的程度可以用该国人均国民生产总值及其增长率来表示。例如，美国1995年人均国民生产总值为27 551美元，为高度开发国家；韩国1995年的人均国民生产总值为12 396美元，为中度开发国家；洪都拉斯1995年人均国民生产总值只有571美元，为低度开发国家。随着时间发展，每个国家的国民生产总值会发生变化，大部分时候都会有所增加，这就是经济增长。

一个国家的经济在增长的同时伴随着经济结构系统变革的状况称作经济发展（economic development）。经济发展以经济增长为基础，因此有发展必定有增长。但是单纯的经济增长不一定意味着经济发展，所谓的无发展的增长（growth without development）即指某些发展中国家，如某些石油输出国，虽然人均收入持续增长，但经济结构并无根本变化，人民生活状况无明显改善，贫穷、失业、收入分配不均三大基本问题仍未得到应有的解决。

10.3.2　经济增长理论

经济增长理论的发展大致可以分为三个时期：

1）20世纪50年代，主要是建立各种经济模型，探讨经济长期稳定增长的途径。在这些经济模型中主要的有哈罗德-多马增长模型、新古典增长模型和新剑桥增长模型。

2）20世纪60年代，主要是对影响经济增长的各种因素的作用进行定量分析，以寻求促进经济增长的最佳途径。

3）20世纪70年代，主要是研究经济增长的极限问题，以说明经济是否可以或者应该无限地增长下去。以罗马俱乐部为代表的一些学者，对人类经济增长的前途作出了悲观的结论，提出了“实现零经济增长”的主张。而另一些学者则反对这种观点，认为人类社会经济增长的前途是光明的。

1. 经济增长模型

（1）哈罗德-多马经济增长模型

近代经济增长模型起源于英国经济学家哈罗德（Harrod）和美国经济学家多马（Domar）。他们于20世纪40年代初几乎同时提出了十分相似的经济增长模型，即劳动增长、资本积累与经济增长之间关系的增长模型。他们的理论在本质上是以凯恩斯（Keynes）的理论为基础的，认为经济在增长中若要保持长期均衡，则劳动及资本必须同时保持充分就业。哈罗德-多马经济增长模型是建立在$I=S$（投资与储蓄相等）的基础上的，常用以下公式表达：

$$G = I/Y \cdot Y/K \tag{10.1}$$

式中，I/Y为投资在产出中所占比例，称作资本投入率；Y/K为每单位资本提供的产出水平，称作资本产出率。

于是可以得出：

国民收入增长率 = 资本投入率 × 资本产出率

根据上式不难看出，提高经济增长速度可以通过两种方式：一是铺摊子、上项目，提高资本投入率，即走扩大外延的道路；二是注重投资效率，提高资本产出率，即走提高内涵的道路。

（2）新古典经济增长模型

新古典经济增长模型（neoclassical growth model）由美国麻省理工学院的经济学家Robert M. Solow在哈罗德-多马经济增长模型的基础上，结合了第二次世界大战以后西方国家的经济现实，于1956年提出。该理论认为，经济的产出增长率基本决定于资本、劳动力和技术知识增长的速率，其数学表达式为：

$$Y = f(K,L,A) \tag{10.2}$$

式中，K 为资本存量；L 为劳动力；A 为技术和知识增长的指数。

新古典经济增长模型是以柯布－道格拉斯生产函数为基础推倒出来的，常用以下公式表达：

$$g = r + ah + (1 - a)n \tag{10.3}$$

式中，g 为产出增长率；r 为技术增长率；h 为资本增长率；n 为劳动增长率。

当产出 Y 与资本存量 K 按相同的比率发生变化，即 $g = h$ 时，可得下式：

$$g = r/(1 - a) + n \tag{10.4}$$

上述结论表明，经济处在黄金时代或均衡状态时，增长率取决于技术进步与劳动供给的增长率，要提高黄金时代的经济增长率，必须提高上述任一增长率。

（3）新剑桥经济增长模型

新剑桥经济增长模型是说明经济长期增长所需条件的模型，由英国经济学家罗宾逊（Robinson）等于20世纪50年代提出。它的特点在于把经济增长与收入分配结合起来进行分析，把收入分配中利润与工资相对份额的变动所引起的储蓄率变动作为实现经济长期稳定增长的条件，并进一步分析了经济增长过程中资本与劳动所有者所获收入在国民收入中所占份额的变化。新剑桥经济增长模型通常用以下公式表达：

$$G = S/v = (W_K S_K + W_L S_L)/v \tag{10.5}$$

式中，G 为国民收入增长率；S 为储蓄率；W_K、W_L 分别为资本和劳动所有者所获收入在国民收入中所占比重；S_K、S_L 分别为资本和劳动所有者的储蓄增加倾向；v 为资本－产出比率。

在式（10.5）中，S 取决于 W_K、W_L、S_K 和 S_L。假设 S_L 与 S_K 是既定的，而 $S_K > S_L$，这样 S 便主要取决于 W_K 和 W_L，而且 W_K 越大，S 也越大。这一分析说明，要使经济有效较快增长，S 就要增加；而只有资本所有者所获得收入在国民收入中比重较大时，S 才能有较快的增加。因此，经济加速增长的条件是相对提高资本所有者所获收入的份额，降低工资所有者收入的份额。换句话说，经济增长引起的收入分配变动的格局不利于劳动所有者而利于资本所有者。

2. 经济平衡增长和不平衡增长理论

为了寻求发展中国家经济发展的正确途径，经济学家提出了有关平衡增长与不平衡增长的理论。

平衡增长论（theory of balanced growth）是关于国民经济各部门必须同时协调发展的理论。该理论认为，经济上长期不发达的国家，在其发展初期必须动员一切力量，振兴百业，奋勇迈进，才能打破停滞状态。平衡增长理论的依据是“外在的经济性”与供求的不可分性。持平衡增长论的学者认为，只有各种企业同时建立起来，才能相互支持，形成外部的经济利益。例如，创办企业要与各种企业基础设施配套，交通运输、水电供应系统的发展使各企业均可获益。至于供求的不可分性，可以理解为当只有一家企业时，该企业的产品将面临着极其有限的需求，只有当大批企业同时形成后，它们才能互为客户，相互供求，形成广阔的市场。但是，一国在发展初期，百业俱兴势必带来资本不足、熟练劳动和原材料缺乏的问题。于是有人提出不平衡增长的理论。

不平衡增长论（theory of unbalanced growth）是关于发展中国家的各经济部门和地区应按一定的先后顺序或不同速度进行发展的理论。该理论认为大批项目难以同时建成，建成后效率也会很低。因此，应集中力量优先发展一部分工业，以此为动力逐渐扩大对其他工业的投资，带动整个国民经济的发展。在不平衡发展中，应实行生产专业化，鼓励出口，用市场机制进行调节，重视供给方面的问题影响的部门。通过这些主导部门的“前瞻后顾”和“旁敲侧击”来影响带动其他部门和地区的发展。建立“发展极”就是这种观点的一种具体体现。

发展极（development poles）是关于地区发展的一种理论，由法国经济学家佩鲁（Peru）提出。他认为由于地区或部门经济发展不平衡，因而某些主导部门或有创新能力的企业有可能聚集在某一地区或大城市，形成发展极。发展极的作用是对它所影响的广大地区发挥扩散效应，形成以中心城市为依托的、相互联系、相互贯通的经济网络，产生外部经济效应，带动整个经济的发展。发展极可分为两类，一类是吸引中心，即把边沿地区的居民吸引到发展极来，减少边沿地区的人口压力，使那里的农户耕作面积扩大，改进生产技术，从而提高边沿地区的人均福利水平。另一种是扩散中心，即通过向边沿地区投资及输出技术，增加边沿地区的人口密度和生产力水平，促进其开发与发展。

3. 经济增长阶段理论

美国经济学家罗斯托（Rostow）提出经济增长阶段理论，把人类社会经济增长的历史过程划分为六个阶段：

1）传统社会阶段。特征是不存在现代科学技术，产业以农业为主，生产以手工劳动为主，消费水平低下，生产关系以等级制、家族与民族为主。这一阶段包括原始社会、奴隶社会和封建社会在内的前资本主义社会。

2）为“起飞”创造条件阶段，即从传统社会向经济起飞阶段过渡的时期。其特征是世界市场的扩大以及对世界市场的争夺成为经济增长的动力。

3）“起飞”阶段。这是人类社会的第一次“突变”，即指资本主义工业革命时期，成为经济增长的关键阶段。基本特征是：妨碍经济增长的阻力已被最后克服，国民收入的 10% 以上用于投资，新技术在工农业中得到广泛应用，生产力发展迅速。

4）成熟阶段。这是国民经济各部门基本上实现了现代化的时期，经济持续发展，国民收入中10% ~20%用于投资，新工业部门加速发展，国际贸易大大增长。一个国家从“起飞”阶段到成熟阶段大约需要60年左右的时间。

5）高额消费阶段。经济呈现高度发达的工业结构，社会注意力从供给转向需求，从生产转向消费或广义福利。显著变化的是汽车等耐用消费生产成为主导部门，劳动生产率很高，劳动力构成中白领工人比重增大，消费结构变化，消费比重明显提高。

6）追求生活质量阶段。人类社会发展的第二次突变，不再以有形产品的数量，而是以劳务形式反映的生活质量来衡量社会的成就。它将解决经济发达后人类所面临的精神危机、环境污染、人口过密、种族歧视等社会问题，使人们不仅在生活上舒适、安逸、而且在精神上有新的价值标准和追求。

4. 悲观的经济增长观点

19世纪的经济学家当中，大都笃信边际生产率递减的原则，不论是劳动或是资本，其边际生产率都是递减的。所以，虽然人口数量与资产数量可以积累，但其生产率的增加却是有限的。既然生产率增加受到限制，因此，经济社会进步也会受到限制。

对于人类经济进步的悲观论点，以英国经济学家马尔萨斯（Multhus）最具代表性。马尔萨斯在其1798年出版的巨著《人口论》（*Essay on the Principle of Population*）中指出，人口的增长是以几何级数的速度增加，而食物与财货的增长却是以算术级数的速度增加。

因此，虽然有时候也许某地的经济状况良好，但在人口快速增长下，这些人口会消耗掉所有的生产产品，所以使得该地区的经济状况又回到仅仅足以维持生存的地步。由于人口增长速度会一直超过产品增长速度，因此，每个工人的工资在长期内达到维持生存所需的最低标准，马尔萨斯称之为工资铁律（the iron law of wage）。

英国的另外一位经济学大师李嘉图（Ricardo）基本上持相同的看法。他认为劳动的边际生产率是递减的，所以劳动力增加并无法带来足够的产品，因此人口迅速增加的结果会使经济体系最终会停留在最低生活水准之上。

依照马尔萨斯的观点，由于人口增长速度超过食物增产的速度，因此，人类将永远生活在贫困的边缘，人类的经济永远无法提升到较高的水准。所以，人们把悲观的经济学看法当成是一种忧郁的科学。

然而，经过100年后的经验证明，马尔萨斯和李嘉图等人对经济增长的悲观看法并不正确。因为有很多国家人们的生活水准大有提高，世界上的人们很多都已摆脱了每日仅够温饱的日子，而能追求其他更多的目标。马尔萨斯的论点主要有两个谬误：第一，世界人口固然增长速度十分快速，但发达国家经济发展的经验表明，人口增长率会随着经济增长而迅速减缓。第二，更重要的是，食物与其他物质财富的增加速度则远超过算数级数的增加。也就是说，马尔萨斯忽略了技术进步所带来的效果。

同样，李嘉图所持劳动边际生产率递减的观念并没有错，但这种观念必须在维持其他生产要素数量不变的前提下才能成立。发达国家经济增长的经验告诉我们，当人口在增加的同时，资本、机器等重要的生产因素也在迅速积累。在资本大量积累与生产技术进步的配合下，劳动的边际生产率不但没有下降，反而是大大提升的。

因此，虽然传统经济学家如马尔萨斯与李嘉图等人对经济增长持非常悲观的看法，但事实证明他们的观点并不正确。发达国家经济增长的经验告诉我们，除了劳动的增加以外，资产积累与技术进步都是造成经济增长的重要因素，不可轻易忽略。

10.3.3　经济增长方式

1. 经济增长方式的概念

经济增长方式是指一个国家或地区实现经济持续增长所依赖的基本源泉、机制和路径，以及由此表现出来的总体特征。可以从不同的角度对其作出不同的划分。例如，从需求的角度，经济增长方式可以划分为内需型增长方式和外向型增长方式；从供给的角度，可以划分为外延型增长方式与内含型增长方式；从投入产出的角度，可以划分为粗放型经济增长方式和集约型经济增长方式。

从投入与产出的关系来讲，一定的产出水平增长取决于两方面：一是投入物（包括劳动和资本）的增长率；二是总和要素生产率。根据要素投入与总和要素生产率在经济增长中的贡献率大小，可以把经济增长方式粗略地划分为两种类型：如果产出水平的提高主要依靠增加要素投入来维持产出水平，就是典型的粗放型经济增长方式；如果产出水平的提高主要依靠要素内在质量提高及利用程度提高，或总和要素生产率提高，便是典型的集约型经济增长方式。当然，在现实经济生活中，投入物的增长率总和与要素生产率是不可分割的。它们互为前提，互相转化，因此，实际的经济增长方式并非如理论上所做的分类那样泾渭分明。

2. 经济增长方式的历史回顾

人类社会发展的历史表明，经济形态的演变具有客观规律性：从农业经济、工业经济再到知识经济，不断地从低级走向高级；相应地，经济增长方式也随之不断变化，从粗放型逐渐向集约型转变。

农业经济阶段，科学技术水平低下，人类开发自然资源的能力很低，维持生产力的动力主要是人力。人力的增加能够提高产出水平，增加财富，因而这一时期的经济形态也被称为“劳力经济”。

随着科学技术的不断发展，人类开发自然资源的能力不断增强，以蒸汽机为标志的产业革命的出现，将人类从农业经济时代过渡到工业经济时代：煤、石油等自然资源代替了人力，成为经济系统的主要动力；机器及其机器体系不断将资源转化为产品。此时，资源的多寡、取得的难易及成本高低，成为制约经济发展的最主要因素，因此，工业经济也被称为“资源经济”。

近几十年来，以信息技术为代表的高科技的发展，使得工业经济逐渐向依靠知识和技术进步推动经济增长的知识经济转变。在知识经济阶段，劳动力和资源这两种生产要素的重要性将退居二线，知识、科技进步以及蕴含此类知识的人力资本这些要素的地位不断上升，成为经济增长的基本源泉。

显然，劳力经济时代产出的增加是依靠人力和土地投入的不断增加，是一种典型的以增加要素投入来促进经济增长的粗放型经济增长方式，科技的作用非常小；资源经济时代中，尽管科技进步对经济增长的作用越来越大，但总体上仍以资源投入的增加为主来推动经济增长，基本上还是属于粗放型增长方式，即使在资源经济后期，其经济增长方式也至多属于集约型经济增长方式；而在知识经济时代，经济的增长不是以要素投入的增加为主、而是依靠主要素生产率的提高，属于典型的集约型经济增长方式。

在经济增长过程中，推动增长的主要因素会不断发生变化。资本的地位、对经济贡献的作用逐渐弱化，经济增长对劳动者的要求逐渐由数量转向质量，技术进步和知识的作用在经济中的地位逐步强化。

3. 传统经济增长方式的弊端

粗放型的经济增长方式是高投入、高消耗、低产出、低质量的经济增长方式。这种经济增长方式主要是靠扩大建设规模，大量增加生产要素投入，忽视技术进步和科学管理，不重视提高生产要素的使用效率和经济运行质量。

实行粗放型的经济增长方式，在一定时期内有其客观必然性，是不可逾越的，但当经济达到一定规模和总量水平之后，仍然实行这种增长方式，就不可避免地带来一系列矛盾和问题。以沿袭粗放型经济增长方式的我国为例，这些问题主要表现在以下几个方面：

1）企业规模不合理。

2）技术进步缓慢，生产工艺设备落后。

3）资源浪费严重，生态环境问题突出。

4）产业结构不合理，生产效率低，经济效益差。

5）经济波动经常出现，阻碍经济的进一步发展。

4. 信息经济时代的经济增长方式

据OECD的调查统计，近10年来其主要成员国的经济突飞猛进，知识经济已占国内生产总值的50%以上，高新技术产品在各个领域里所占的份额也越来越高。另外，据OECD统计，教育程度低的人平均失业率为10.5%，而受过高等教育的人失业率只有3.8%。在OECD国家内，制造业部门的就业在减少，但在计算机产业、药品制造业等高新技术为基础的产业部门，工作岗位却在增多，并且职工的工资也在提高。同样，服务部门中的知识性工作岗位也是如此。

上述事实表明，在知识经济条件下的经济增长方式中，知识是经济增长最主要的生产要素，人力资本是经济增长的主要动力和依托，而信息产业等高科技产业是新的经济增长点和支柱产业。

1）知识是知识经济条件下经济增长单个因素中最关键的因素，是经济增长的主要来源。

2）人力资本是知识经济条件下经济增长的主要动力和依托。

3）信息产业等高科技产业是知识经济时代中经济增长的支柱产业。

10.3.4　信息技术对经济增长的作用

1. 信息经济增长理论

（1）保罗·罗默的新增长理论

随着信息技术的日新月异，越来越多的经济学家开始思考技术进步和人力资本对经济发展的重要性。其中保罗·罗默的新增长理论是这种思考的主要代表。

新增长理论是经济学的一个分支，主要研究经济增长的基本原因。罗默的新增长理论认为，好的想法和技术发明是经济发展的推动力量，知识的传播以及它的变化和提炼是经济增长的关键，而好的想法和知识非常丰富且能以很低的成本复制，因而收益递减的法则不再成立：这一理论给人以“收益递增”的希望，激起人们对经济长期增长的兴趣，从而形成经济增长可持续发展的重要理论。

罗默的理论与传统的经济理论有两点不同：

1）传统的经济理论只考虑生产中的两个因素即资本和劳动力。而罗默的杰出贡献是将第三种因素——技术考虑进去，因为经济学进入了信息时代。罗默对技术因素的考虑使他与传统的经济理论在三个重要方面有分歧：

① 罗默将技术看成是“内生”的，是经济系统中的一个核心部分。他认为，尽管任何特定的技术突破都可能是随机出现的，但技术整体的增长同投入的资源（人力和物力）成正比。而传统的经济理论认为技术是“外生”的、是可能从天上掉下来的随机事物。

② 罗默认为技术可以提高投资的收益。这就解释了为什么发达国家能够保持强劲的经济增长率，而不是像传统经济理论所预测的那样出现投资收益递减的情况。

③ 罗默认为投资能够使技术更有价值，而技术也能够使投资更有价值。这是一个良性循环，因此，能长期恒定地提高经济增长率。而传统的经济理论则否认这一可能。

2）罗默理论与传统理论的另一点不同是他对垄断力量的看法。传统理论认为“完美的竞争”是规范准则；罗默却认为垄断力量也会有用，甚至起关键作用，它提供了使公司从事参与技术性研究的动力。

新增长理论对政策制定者和经理们都具有极为重要的意义。罗默说，政策制定者总是将精力集中在商业周期，忙于进行经济“微调”和设法使经济“软着陆”。他声称政府应当制定促进新技术的政策。罗默警告经理们最好要提高自身素质，做好准备。

（2）卡尔·费拉保罗的知识规模经济论

随着对美国近期经济的深入研究，以及信息产业的迅猛发展，卡尔·费拉保罗鲜明地提出了“知识规模经济论”这一全新的科学主张。在卡尔·费拉保罗看来，随着各大区域经济联盟如欧洲共同体、美加墨自由贸易区以及亚太经合组织的成立，并日益发挥着巨大作用，全球经济一体化趋势越来越明显，“知识的作用正在通过正在形成的科技园、知识集团的规模收益而获得突破性进展”。“知识规模经济论”主要是指在知识经济的时代，随着信息经济和知识经济的更进一步集中，形成的一个区域或一个集团。在这个集团里，众多高科技人才互相协作，在信息、知识资源充分共享下，集中群体的智慧，共同开发各种产业。如今，在美国，制造业占国民生产总值（GNP）的百分比含量，已从20世纪70年代的30%～50%，降至近几年的20%左右。从制造业本身来看，当今的制造业与传统的制造业相比也发生着很多变化，增加了许多知识和科技的内容，在企业中，知识、信息、技术等无形资产的比例正在大大提高。据测算，美国1995年很多企业的无形资产的比例已高达50%～60%；同时各类咨询公司如雨后春笋般兴起，咨询业务在经济活动中的重要性大大增加，知识共享、知识集团化的趋势正在逐步形成。

卡尔·费拉保罗认为集体的作用远大于各部分之和。由于网络日新月异的发展，集体的作用已越来越明显。利用集体工作网络，大家不但可以突破空间的限制，还可以同时进行工作，也不必等上游的人完成工作才动手。这可改变组织的工作流程与内容，建立高效率的团体。例如，美国波音公司的波音777型飞机的设计，从头到尾没有一张蓝图，全靠集体工作网络把从材料供应端到消费者端的各类参与者串联起来，共同在网络上完成设计。由此可知，集团的工作可同时在异地进行。由于通过网络上的知识管理使集体智慧得到极为充分的发挥。集体智慧的不断创新，产生众多新兴产业，实现产业经济的蓬勃发展，带动全国经济的进一步发展。

2. 信息技术与信息大国的经济增长

(1) 信息技术与美国的经济增长

美国经济在由工业经济向知识经济转变的过程中处于世界领先地位。10 年前还很薄弱的信息产业，如今已占美国国内生产总值的 10% 以上。以信息技术为主的知识密集服务的出口，已相当于产品出口额的 40%。据分析，美国依靠信息技术和信息产业，至 2007 年底，劳动生产率将比 1999 年提高 20% ~ 40%。在信息技术领域，美国目前占有极大的优势：Internet 是以美国建设为主的；英特尔、康柏、惠普和苹果等是具有世界影响的大公司；微软和网景是在世界上具有统治地位的软件公司。据美国最近发表的一份报告说，美国的信息产业，其重要性排在建筑业、食品加工业和汽车制造业之前。1990 ~ 1996 年，美国信息业的销售额增长了 57%，达到 8600 亿美元。过去，美国经济的风向标是通用汽车、福特和克莱斯勒三大汽车公司，但在信息技术和信息产业大发展的今天，对美国经济起主导作用的是高技术信息产业，微软、英特尔等已取代了三大汽车公司当年的地位。

美国为进一步推动信息技术和信息产业的发展，正在实施跨世纪计划。

1) InternetII 计划。1996 年 10 月 10 日，克林顿提出，更新美国的计算机网络，建立名为“InternetII”的新型高速计算机网络，将通信速率提高 100 ~ 1000 倍，以解决 Internet 的过分拥挤问题。据专家介绍，这一新网络旨在提供一系列宽带应用网络。

2) 1000 万亿次超级计算机计划。由美国联邦政府实施的这项计划，将使目前最快的工作站 1 年的计算机工作缩短到只需 39 秒钟，它比目前最快的计算机快 1000 多倍。美国争取在 10 年实现这一目标。

3) 发展 10 项高新电子技术。它包括虚拟现实技术、高清晰度电视和显示器等。

(2) 信息技术与印度的经济增长

印度对信息产业提供优惠政策，使得过去几年印度信息技术产业每年以 50% 的速度增长。印度的计算机软件和硬件工程师就其数量来说仅次于美国。印度软件开发的成本低、质量高、可靠性强。2000 年，印度的软件产品的出口总额达到 57 亿美元，占印度国内生产总值增长部分的 1/4。据最近的一项研究报告估计，8 年后，印度的信息技术产品的年出口总额可以达到 500 亿美元，占印度出口总额的 33%，现在只占 10%。这将可以创造 220 万个就业机会，并把印度的经济增长率提高到两位数。

1996 年在美国《财富》杂志评选的 500 家公司中，有 131 家公司的软件用品是在印度采购的。印度在软件开发方面将确立领先地位。即使印度不能发展信息高速公路所需的基础设施，但是凭借其强大的软件实力，印度仍可以轻而易举地扮演导航者的角色。

数以千计的印度高技术毕业生已升到美国公司的领导位置。现在，由于国内提供了大量的机遇，在硅谷和华尔街工作的印度人已开始带着他们的专长、关系和资本回国。如果这种情况大量出现，这对印度的影响将不亚于当年美国的人才外流对中国台湾电子制造业的繁荣作出的贡献。

现在，印度的信息技术产业已开始腾飞。通过帮助外国公司及时地解决电脑网络中的千年虫问题，印度的设计和工程公司表明了自己的价值，它们现在已成为各种商品的供应商。软件服务商维普罗技术公司和信息系统技术公司向外国公司提供从用于新一代无线电话的浏览器到电子商务网站等各种各样与 Internet 有关的产品。印度的公司擅长芯片设计，在得到卡内基－梅隆软件工程学会最高评价的全球 21 家公司中，有 12 家来自印度。

从长远看，信息技术产业的繁荣将对印度国内的经济产生巨大的影响。戈德曼－萨克斯公司估计，再过 3 年，印度的 Internet 用户将从现在的 200 万猛增到 7000 万。这意味着，印度消费电子商务前途光明。它也为老企业的改造提供了一个途径。为了使个人电脑用户每年增长 25%，政府正在逐步取消硬件和软件税，并且放宽了网络公司在股票交易所上市的标准。

印度可以为新兴的发展中国家开辟一条新的发展道路。20 世纪 50 年代以来，亚洲的经济增长迅速的国家都主要依赖制造业出口，印度可能成为第一个依赖信息技术产业带动经济增长的国家。

3. 信息技术对经济增长的作用

由前面的分析可以看出，信息技术对经济增长具有显著的促进作用。

1）信息产业是国民经济新的增长点。随着经济的发展和社会的进步，人类社会总是不断产生新的需求，为了满足新的需求，国民经济需要形成新的增长点。社会经济发展到今天，从居民需求来看，对消费类信息商品的需求旺盛：从投资需求看，随着国民经济信息化进程的加快，对投资类信息产品和服务的要求越来越高，需求越来越大；从信息商品和服务的出口需求看，全球信息化浪潮的高涨导致了全世界对信息商品与服务的需求进一步增长，出口需求进一步扩大。

2）信息产业已成为战略性的新兴带头产业。在工业发达国家，信息产业正逐步取代钢铁、造船、汽车、石油等传统产业的战略地位，成为当代社会的带头产业。在新技术革命的推动下，许多高新技术产业相继产生并构成新兴产业群，无论是宇航卫星通信、生物工程、海洋开发、光纤通信、新材料工业、新能源产业还是新兴服务业，都离不开具有核心地位和先导作用的信息产业。

3）信息产业是国民经济发展的助推器。信息产业的带动效应很大，发展信息产业不仅本身可以创造巨大的社会财富，而且可以渗透到其他产业之中，推动其他产业生产率的提高，从而产生二次经济效益，可见信息产业对国民经济的发展具有倍增作用。如此类推，一系列直接经济效益与间接经济效益的总和构成了信息产业对整个国民经济的扩散效应，促进了其他专业和整个国民经济系统的发展和进步。

10.4 案例分析：电子商务在现代经济发展中的应用

电子商务是21世纪经济发展的一个主要影响因素，从生产力发展的角度来说，是新的生产力形式，也是信息时代生产力在经济生产中的具体体现。现代经济活动的基本模式已不再是简单、直接的生产活动和外化为实物的交易活动，相当数量的经济活动或经济决策活动都是在信息的交换中间接地影响于现实的生产过程和交易过程的。据估计，当前全球经济活动中基于信息的占有和直接的信息交流在社会总产值中的比重，已经由20世纪初期的不足15%上升为50%左右，欧美主要发达国家的经济活动，从直接的生产到间接的政府对社会生活的管理都利用现代电子商务和信息网络传送着指挥令。可以说，在现代经济活动中，信息的掌握已成为实现市场竞争胜利的最关键因素。从全球经济竞争的整体状况分析，发达市场经济国家之所以在世界经济活动中处于主导的地位，最深层的原因还在于掌握了现代生产发展水平上最核心的因素——信息和知识。电子商务已经不再是简单的关于商务活动的信息流，而是新质态生产力（信息生产力）的一种最为突出的表现形式。

就一般的定义来说，电子商务是“在计算机与通信网络基础上，利用电子工具实现商业交换和行政作业的全过程”。可以看出，电子商务具有突出的生产力特征，符合生产力实体性构成要素的基本标准：

1）商务和政务活动所依赖的是电子工具，即计算机和网络。这是生产力实体性因素中的以生产工具为主的劳动资料。

2）劳动对象是数字化的商品及信息，计算机化的各种数据资料的采集、存储、加工和传输等。

3）电子工具的使用需要掌握了信息科学技术的现代劳动者，而商务活动进一步要求把握商务运行规律和规则的劳动者。电子商务对生产力中人的因素的需求是：掌握了信息科学技术和商务规律的智能性劳动者。从电子商务生产力构成因素，我们可以看出，其中蕴涵着厚重的信息色彩——掌握了信息科学技术的劳动者、作为信息科学技术物化的计算机和网络、劳动对象是渗透着信息科学技术的数字化商品等。从电子商务具有一般信息生产力的特征进一步论证其生产力本性：如前所述，信息生产力具有虚拟性、信息扩散快速性及渗透性特征。

① 电子商务的虚拟性。电子商务这种新型的商业运作模式，一改传统商务的完全实体性运作，以虚拟为其最显著的特点。以 Internet 为基础和平台的商务活动，其活动的主体（生产者、消费者）的存在方式是在网络基础上的数字化虚拟存在。虚拟主体进行交易活动的电子市场与传统商务活动的市场相比较其结构发生了诸多的变化：从实体空间市场到虚拟空间市场，从纸介质货币到电子货币，从普通实体性服务到网络增值性服务，交易对象从实体性商品到数字化虚拟商品（特别是电子化的书籍、刊物及音像制品等）。

② 电子商务活动中信息传递的快速性。Internet 的商务基础，使商务信息的扩散和传递具有光速特征。或者说，电子化信息的基本特点，就是商务信息获取的全面、快速和及时。

③ 电子商务实体性构成因素中渗透着信息科学技术。这一渗透性特征，使电子商务与传统商务活动相比较所具有诸多优势，例如信息获取的全面快速，无纸贸易的成本减少，物质配送的优化，以 Internet 为基础的国内国际大市场、大流通、大贸易的形成等，从而使电子商务成为一种高效率、低成本、价值性凸现的经济事务活动。

【关键概念】

信息技术　信息生产力　经济周期　经济增长　保罗·罗默的新增长理论　卡尔·费拉保罗的知识规模经济论

【思考与练习】

1. 简述信息技术的特点。
2. 简述信息技术对生产力发展的贡献。
3. 试举一例来阐述信息技术对现代经济发展的影响。

第11章　信息系统的经济评价

信息系统是对信息进行采集、处理、存储、管理、检索、传输及向有关人员提供有用信息的系统。信息系统已广泛应用于各行各业。对信息系统经济效益的分析和评价可以帮助人们正确认识信息系统的投入与产出关系及约束条件，有助于找到信息系统活动的平衡点，制定出相应的战略、策略，实现以尽可能少的费用建立和完善尽可能好的信息系统。本章主要从信息系统的功能和结构入手，力图建立一个一般化的经济信息系统分析框架，通过对信息系统成本和效益的分析，给出信息系统的成本测算方法，阐明信息系统评价的评价准则与评价方法，识别并描述信息系统分析评价体系的要素构成及指标体系。通过本章的学习，要求：了解信息系统的功能和结构；熟悉信息系统的分类方法；能够对信息系统的成本和效益做出合理分析；掌握信息系统的评价和测算方法；运用信息系统的评价和测算方法进行分析和测算。

11.1　信息系统的功能和结构

11.1.1　信息系统的基本功能

信息系统是对信息进行采集、处理、存储、管理、检索和传输，必要时能向有关人员提供有用信息的系统。这个定义概括了信息系统的基本功能。

1. 信息的采集

信息的采集即信息收集。信息系统必须首先把分布在各部门、各处、各点的有关信息收集起来，记录其数据，并转化成信息系统所需形式。信息采集有许多方式和手段，如人工录入数据、网络获取数据、传感器自动采集等。对于不同时间、地点、类型的数据需要按照信息系统需要的格式进行转换，形成信息系统中可以互相交换和处理的形式。如传感器得到的传感信号需要转换成数字形式才能被计算机接受和识别。

信息采集是信息系统的一个重要环节。它关系到信息系统中流动和处理的信息的质量好坏，对信息系统的功能、作用和作用效果有着直接的影响。

2. 信息的处理

对进入信息系统的数据进行加工处理，如对财务数据的统计、结算、预测分析等都需对大批采集录入到的数据做数学运算，从而得到管理所需的各种综合指标。信息处理的数学含义是：排序、分类、归并、查询、统计、预测、模拟以及进行各种数学运算。现代化的信息系统都是依靠规模大小不同的计算机来处理数据，并且处理能力越来越强。

3. 信息的存储

数据被采集进入系统之后，经过加工处理，形成对管理有用的信息，然后，由信息系统负责对这些信息进行存储保管。当组织相当庞大时，需存储的信息是很大的，就必须依靠先进的存储技术。这时，有物理存储和数据的逻辑组织两个问题。物理存储是指将信息存储在适当的介质上；逻辑组织是指按信息的内在逻辑联系和使用方式，把大批的信息组织成合理的结构，它常依靠数据存储技术。

4. 信息的管理

一个系统中要处理和存储的数据量很大，如果不管重要与否，有无用处，盲目地采集和存储，系统将成为数据垃圾箱。因此，对信息要加强管理。信息管理的主要内容是：规定应采集数据的种类、名称、代码等，规定应存储数据的存储介质、逻辑组织方式，规定数据传输方式、保存时间等。

5. 信息的检索

存储在各种介质上的庞大数据要让使用者便于查询。这是指查询方法简便，易于掌握，响应速度满足需求。信息检索一般要用到数据库技术和方法，数据库的组织方式和检索方法决定了检索速度的快慢。

6. 信息的传输

从采集点采集到的数据要传送到处理中心，经加工处理后的信息要送到使用者手中，各部门要使用存储在中心的信息等，这时都涉及信息的传输问题，系统规模越大，传输问题越复杂。

11.1.2 信息系统的结构

按照系统的观点，可以把一个组织简单地看成是由三个子系统所组成：管理子系统、执行子系统和信息子系统。但信息系统本身除包含自身的管理外，将一般组织的管理功能融合在信息系统中。信息系统提供给执行子系统有效的信息，同时接受执行的结果，并将处理后的信息传输给管理子系统。必须指出的是，这里讲的管理子系统与管理信息系统不同，管理子系统包括管理信息系统。

管理子系统根据组织的目标和方针，决定对执行子系统进行控制活动：执行子系统负责业务处理和物质交流等；信息子系统可以看成是插入上述两个子系统之间负责收集、存储、处理和分发信息的功能部分，抽象地看，它包括信息库（模型库和数据库）和信息处理程序（管理控制程序、转换管理程序等）。

信息系统的结构是指各部件的构成框架，对部件的不同理解构成了不同的结构方式。

1）概念结构：从概念上看，信息系统由四大部件组成：信息源、信息处理器、信息用户和信息管理者。其中，信息源是信息的产生地；信息处理器负责信息的传输、加工、保存等；信息用户是信息的使用者，并利用信息进行决策；信息管理者负责信息系统的设计、实现和实现后的运行、协调。

2）功能结构：从使用的角度看，信息系统总是具有一个目标和多种功能，各种功能之间又有各种信息联系，构成一个有机结合的整体，形成一个功能结构。

3）软件结构：支持信息系统各种功能的软件系统或软件模块所组成的系统结构，是信息系统的软件结构。信息系统的软件结构通常是树型结构。

4）硬件结构：信息系统的硬件结构说明硬件的组成及其连接方式和硬件所能达到的功能。通常，硬件结构所关心的主要问题是用微机网还是用小型机及终端组成。

11.1.3　信息系统的结构分类

1. 按处理功能结构划分

按处理功能结构可分为如下五类：

1）事务数据处理功能。

2）数据管理功能。

3）数据输入输出功能。

4）数据通信传输功能。

5）数据分析预测功能。

2. 按辅助管理层次结构划分

按管理计划和控制活动的三级分类法，信息系统又可按照其对管理活动的不同层次的辅助划分为三个层次的结构形式：

1）辅助操作控制层：通常利用事务数据处理模块、报表生成模块和查询处理模块来产生事务活动的单据、统计报表和查询应答。该层次的处理一般都是预先确定，较容易通过计算机来实现。

2）管理控制层：该层要求能为企业各职能部门管理人员的管理活动提供用于衡量组织的成绩、控制和组织生产活动，制定组织资源分配方案等所需的信息。

管理控制层信息系统输出包括计划与预算、定期报告、特别报告以及问题的分析、评审决策和查询应答等。

3）战略控制层：该层的处理较复杂，需要采用模型、模拟方法等提供辅助，需要对获得的数据进行深加工。其主要作用是：提供组织当前能力的评价；对组织未来的潜力预测；分析外部环境因素；估计竞争对手的能力；提供备选方案；对备选方案的资源规划。

3. 按辅助管理活动职能的结构划分

对于企业可以划分为：市场销售信息子系统、生产信息子系统、后勤信息子系统、财会信息子系统、人事信息子系统以及其他职能信息子系统。

对于政府综合经济部门可有：宏观综合计划控制信息子系统、统计反馈信息子系统、财经信息子系统、贸易信息子系统、交通信息子系统、能源信息子系统、文化教育信息子系统、工业信息子系统、农业信息子系统等。

4. 按物理部件组成的结构划分

一个以计算机为基础的信息系统主要由下述部分组成：

1）计算机硬件：包括中央处理机、输入/输出设备、数据存储设备、数据采集设备以及网络通信设备等。

2）计算机软件：系统软件、通用应用软件和专用软件等。

3）数据库：存储于物理介质中，经过整理的可方便进行存取使用和维护的共享数据。数据库的种类很多，如 DBase、FoxPro、Oracle、Sybase 等。

4）系统规程：指保证信息系统能正常运行的各种规则、协定、指导手册、说明书等。

5）人：包括系统管理人员、研制人员、运行维护人员以及信息系统的用户。信息系统能辅助人进行各项工作，并大大减轻人的劳动强度，同时，信息系统又与人密不可分，人的素质直接影响信息系统的效率发挥。

11.1.4 信息系统结构的综合

从不同的侧面，人们可对信息系统进行不同的分解。在信息系统研制的过程中，最常见的方法是将信息系统按职能划分成一个个职能子系统，然后逐个研制和开发。显然，即使每个子系统的性能均很好，并不能确保每个系统的优良性能，切不可忽视对整个系统的全盘考虑，尤其是对各个子系统之间的相互关系应做充分的考虑。因此，在信息系统开发中，强调各子系统之间的协调一致性和整体性。要达到这个目的，就必须在构造信息系统时注意对各种子系统进行统一规划，并对各子系统进行综合。

1. 横向综合

将同一管理层次的各种职能综合在一起，例如，将运行控制层的人事和工资子系统综合在一起，使基层业务处理一体化。

2. 纵向综合

把某种职能的各个管理层次的业务组织在一起，这种综合沟通了上下级之间的联系，如工厂的会计系统和公司的会计系统综合在一起，他们都有共同之处，能形成一体化的处理过程。

3. 纵横综合

主要是从信息模型和处理模型两个方面来进行综合，做到信息集中共享，程序尽量模块化，注意提取通用部分，建立系统公用数据库和统一的信息处理系统。

11.2 信息系统的成本测算

11.2.1 信息系统的成本和效益

对信息系统经济效益进行评价分析，要综合考察多种因素对信息系统运行的影响，明确界定信息系统的成本与效益，用定性或定量的方法分析信息系统的投入和产出构成，以判明信息系统开发的经济可行性，运行和发展的价值性。

1. 信息系统的成本

信息系统通常是一个规模大、复杂程度高的人机系统，它的开发、使用、维护和管理等过程是一项复杂的系统工程，需要投入大量的人力、财力、物力，需要各种硬、软件的支持，这一切就构成了信息系统的成本。效益实质上是成本的函数，无论我们选择什么样的角度，采用什么样的方法评价信息经济效益，都离不开成本的测度。当决策者从众多的备选方案中进行选择时，主要注意力往往集中在收益与成本的比较上，希望以最小的成本获得最大的效益。为方便计算，我们可以根据不同的标准，从不同的角度对成本进行划分。

1）按信息系统成本的功能划分，可划分为开发成本、初始成本、操作成本、维修成本等。开发成本指在进行新的信息产品、信息系统和信息服务项目的市场调研、需求分析、系统设计或改进中所花的费用；初始成本一般指新的信息产品或信息系统实施投产阶段的开支，如设备添置费、系统软件配置、编程与测试、人员培训等；操作成本主要指信息系统投入运行后所需的费用，包括人员费用、材料费、固定资产折旧费、技术资料获取费以及管理费用等；维修成本指用于信息系统的维护和修理的花费。

2）按信息系统成本的经济用途，即成本项目划分：用于信息系统的全部费用，按其用途不同可以分为各种具体的费用项目即“成本项目”。而按照费用发生的环节和用途计算考核的成本就是“项目成本”。针对信息系统成本的特点和国家对成本项目的统一规定，信息系统的成本项目可由以下十个大类组成：硬件购置费用、软件购置费用、基建费用、通信费用、人工费用、水和电费用、消耗材料费用、培训费用、管理费用、其他费用。

以上各类成本项目还可根据实际情况进行细分或者合并。按成本经济用途分类的主要优点在于：可以明确指出费用的目的，便于对信息系统开发、运行过程中的经费使用情况进行监督和管理，同时也为信息系统的价值分析奠定了基础。

3）按信息系统成本在生产中的变动程度划分：①固定成本，是指一定限度内不随信息产品的数量变动和服务量变动而变动的成本，如通信设备和印刷设备的折旧费用、信息网络的维护费用等。只要建立了信息系统不管是否进行生产和服务这部分费用都是要支出的。②变动成本，是指随着信息生产和服务的变动而变动的成本。这类费用依据信息生产和服务的不同类型，而具有不同的内容：对于物质产品型的信息生产和服务来说，变动成本主要包括信息载体的材料消耗、燃料和动力支出、职工的工资等；对于深化型信息生产和服务来说，变动成本主要包括信息资料的费用、专利信息费用、专项调查咨询费用、试验费用等；对于扩张型的信息生产和服务而言，变动费用主要包括信息网络的组织运行费用、通信费用、工作人员的奖金等。

2. 信息系统的成本构成

成本分析是一门技术与艺术的综合，可根据需要从多角度、多层次加以研究。信息系统的成本主要根据系统在开发、运行、维护、管理、输出等方面的资金耗费以及人力、能源的消耗和使用来确定。为了对其进行更好分析，可以从功能属性角度将其划分为：基础成本（开发阶段所需投资和初步运行所需各种设施的建设费用，如开发成本、基础设施购买费、信息材料成本费）、附加成本（指运行、维护过程中不断增加的新的消耗，如材料耗损费、折旧费、业务费）、额外成本（由于信息的特殊性质而引起的成本耗费，如信息技术以及信息交流引起的通信费）和储备成本（在信息活动中作为储备而存在的备用耗费，如各种公积金等）。具体而言，包含以下要素：

1）开发成本。指在信息系统的分析、设计过程中的耗费，包括市场调研费、人力耗费等。

2）基础设施购买费。在信息系统建立之初对各种硬件设备的购买费用，可以说是一次性投入的物质耗费，作为固定资产而存在。

3）信息材料成本费。对信息活动中所需利用的信息资料的购买费用。

4）各种耗损费。在信息系统的运行过程中涉及的软、硬件耗损费用，包括：①信息材料耗损费。包括因材料的时效性和材料使用程度而引起的损耗。②物质材料耗损费。包括能源耗费和原材料（如纸张、磁带等）的损耗。③固定资产耗损、折旧费。包括各项固定资产（如通信设备、办公设备等）的折旧。

5）通信费用。为进行系统内外交流引起的费用，如联网所交纳的上网费、软件购买费等。

6）调研费用和咨询费用。包括上级部门委托或自身需要或接受外来委托所进行的调研、咨询过程中产生的耗费，也称业务费。

7）劳务费。包括职工工资、离退休人员工资及出差的差旅费等。

8）各种管理费。对人员的管理如职工医药费等福利措施以及对系统内部资源的维护与管理费用。

9）税金。向税务部门所缴纳的税额。

10）设备更新与购买费。指在系统运行时除基础设施之外的设备的购买与更新费。

11）其他费用。除以上费用之外的一切开销，如可能的流动资金贷款利息等。

3. 信息系统的经济效益

作为一个特殊的投资项目，信息系统的经济效益既与一般投资项目有相类似的表现形式，又有其自身的特性。信息系统经济效益的表现形式随着企业或组织机构的管理水平、信息系统的类型、目标及其应用环境的不同而不同。随着信息系统的发展，已开始从进行结构化管理信息处理的电子数据处理系统（EDPS）、管理信息系统（MIS）向支持半结构化决策的决策支持系统（DSS）的转变。目前信息系统可能取得的经济效益主要可以从两个方面来实现：

(1) 面向企业或组织机构的内部实体（internal entity）的管理

它使企业的一系列经营活动及计划管理工作得到改进，从而提高生产率并为高级管理人员提供决策支持。例如EDPS及OA系统可以减少数据处理人员数目，提高数据处理的速度和质量；MIS和DSS能为决策人员提供更丰富、准确的背景信息，提供决策支持模型，减少了管理决策中的不确定性等。

（2）面向外部实体（external entity）的信息服务

它通过信息加工或生产信息产品为社会提供信息服务而获利，例如证券交易信息系统、信息咨询系统等，这方面的经济效益可以直接用市场价格来衡量。

根据美国某学会的统计数据表明，使用设计完善的计算机管理信息系统以后，平均给企业带来的经济效益为：库存降低35%，延期交货减少80%，采购提前期缩短50%，停工待料减少60%，制造成本降低12%，生产能力提高10%～15%，管理人员减少10%。这组数据在一定程度上定量反映了信息系统可以给企业带来经济效益的大小。

因此，信息系统的经济效益评价要兼顾直接经济效益与有形效益、间接经济效益和无形经济效益，要做到统筹考虑。

一般来说，直接经济效益包括企业内部经济效益与直接受益部门、单位的经济效益的总和；间接经济效益则是指直接受益部门和企业自身经济效益以外的经济效益，多指对社会、环境、生态等的影响。

这种分类方法在具体问题的分析和定量计算上虽然存在一些困难，但是仍然有一定的实际意义。这是因为，企业或组织对信息系统建设项目的经济效益进行论证分析时，首先将考虑对其本身所带来的经济效益大小，一个没有直接经济效益的项目是很难被列入议事日程的。

有形经济效益是指可以用货币定量计算的经济效益，主要来源于生产成本的节约和减免。例如，新的信息系统以自动化手段代替部分人工信息加工过程，从而带来的工资费用的节省。无形经济效益是指难以定量计算，不能直接用货币来体现的效益，主要指企业、组织机构的各种行为的有效性的增强。例如，信息系统使用后，企业或组织机构能够获得更多、更及时和更准确的信息，使企业的组织计划加强，经营更具灵活性，加强了决策手段等。

11.2.2 信息系统的成本测算

信息系统成本测算是指根据待开发的信息系统的成本特征及当前能够获得的有关数据，采取定量和定性分析方法对信息系统生命周期各阶段的成本水平和变动趋势做出科学的估计。成本测算是信息系统项目投标或报价的基础，是进行规划和做出实施方案的前提，也是进行信息系统项目管理和审计工作的有效手段。然而，信息系统成本测算目前还未引起人们的足够重视，测算的理论和技术也很不成熟。

1. 信息系统成本测算的一般过程

信息系统成本大致可分为开发成本和运行维护成本两大类，前者包括硬件设施成本、系统软件购置成本和应用软件开发成本等。不同的成本对象具有不同的可预计性，如硬件设施、系统软件成本等在系统规划设计做好后就可以当前市场价格为参照而较精确地测算出来。而应用软件开发成本则与人员素质、经验，对系统软件的熟悉程度和用户的随时干预等难以度量的因素密切相关，较难准确预测。与此相对应，信息系统成本测算的一般过程如图 11.1 所示。

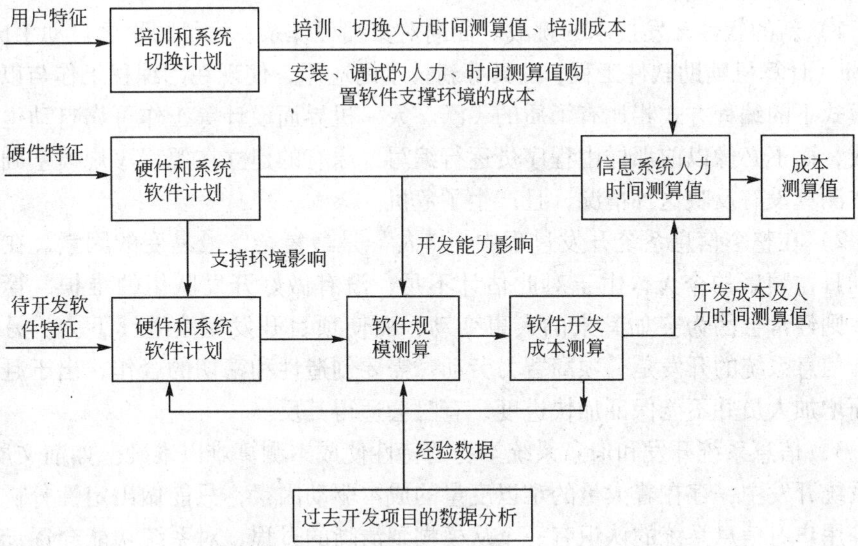

图 11.1　信息系统成本测算一般过程

2. 常用的信息系统成本测算方法

目前国内外对信息系统成本测算已提出许多方法，大致可归类为：

1）任务分解。任务分解可分为“自底向上”和“自顶向下”两种方法：前者把一个系统分解为许多基本的模块和相应的任务，由开发人员直接测量各个模块的成本，再累计得出总成本；后者则相反，先通过初步调研和需求分析，大致确定系统的结构、规模，估算总成本值，再在各个子系统或模块中分配。

任务分解方法的缺点在于割裂了信息系统开发中的有机联系，对于一些因模块间相互影响而带来的协调、管理等成本容易忽视。

2）专家判定法。依靠领域专家自己的经验、直觉以及对所测算信息系统的理解，给出预测值，这是一种传统的预测方法，也广泛应用于其他领域。类比法和 Delphi 法是其中比较典型的。但前者误差较大，只能提供定性意见，后者则对专家可能具有的偏见无法处理，且耗时过长。

3）其他方法。如价格制胜法，为使报价具有竞争力，迎合用户要求而制定成本预算，较少考虑本企业实际情况，容易引起大幅超支。

3. 信息系统成本测算的难点分析

信息系统成本测算是一个涉及技术和非技术因素、开发部门与用户的配合情况、测算人员的劳动与前人经验的结合等复杂因素的一项十分艰难的工作，并且随着社会经济、信息技术的发展而不断地出现新情况，使原有的成本测算模型在精度上越来越不能满足要求。

1）新的软件开发技术的挑战。面向对象编程体系、大量的程序自动生成器、CASE（计算机辅助软件工程）工具等新技术的应用，使现在的编程工作与以往字符模式下的编程方式相比有了质的飞跃。人－机界面设计等工作可靠自动生成器完成，而不必像以前那样由程序员逐行编写，原有的建立在源程序规模基础上的成本测算没有反映这种情况，且产生了危机。

2）在整个信息系统开发过程中，“人”是最复杂、最易变的因素。在人员流动日益频繁的今天，由于对此估计不足，没有做好开发队伍的维护、管理工作，则经常会因为突如其来的人事变动，而使项目开发无法继续下去。另一方面，信息系统的开发是一项高智力劳动，需要创造性和密切的合作，出于赶工目的而增加人员并不能保证加快进度，有时会适得其反。

3）信息系统开发和信息系统本身的特性使成本测算难以准确。如前文所述，在系统开发中，存在着大量的难以度量的成本驱动因素，只能做出定性分析，而且，用户对信息系统的认识有一个从模糊到清晰的过程，对系统功能会逐步提出新的要求，从而使开发发生变化。

从信息系统本身来说，逻辑模型的抽象程度、业务处理流程的复杂程度、软件的可度量程度都会对成本测算产生影响。

4）信息系统的开发不仅是一个技术问题，更是一个管理问题，大型项目更是如此。对各部分开发进度的协调，人力的调配、激励，物力、财力的支持等等这些管理工作水平的高低在很大程度上影响着信息系统的成本，而这更加难以度量。

综上所述，信息系统成本测算面临着大量的不确定性，传统的建立在经典数学函数基础上的测算模型因没能充分考虑到这些情况而产生了危机。模糊机制和人工智能方法的引入，使测算模型能充分利用历史数据，具有自学习、积累知识并自动推理的功能，这是信息系统成本测算的发展方向。

11.3　信息系统评价指标体系

目前，国内外对于信息系统评价的研究主要集中在以下三个方面：第一，对信息系统经济效益的评价和预测，如日本企业采用第三利润概念来评价 MIS 的经济效益，前苏联将投资经济效益系数作为衡量 MIS 经济效益的基本指标来测量系统运行后经济效益的提高等；第二，对信息系统本身的质量的评价；第三，对信息系统进行多指标综合评价。考虑到信息系统是一个复杂的社会系统。因此，除了涉及费用、经济效益和财务方面考虑外，这种评价方法还涉及系统性能、系统建设、系统环境以及用户评价等。

11.3.1　信息系统评价指标体系的建立原则

为了进行评价，必须确定评价指标和建立评价指标体系。科学、合理的评价指标体系是对信息系统进行全面分析和评价的先决条件。

信息系统评价指标体系的建立一般应遵循以下几个原则：

1）综合性原则。信息系统是一个复杂的巨系统，其中的各个要素相互联系、相互作用构成系统这一有机的整体，因此指标体系的设置首先要能全面、客观地反映系统的整体状况，要涵盖系统的各个方面，当然这并非说指标越多越好，指标体系如何设置，其数量与层次如何构造也都必须符合系统工程的综合性原则。

2）指导性原则。任何评价活动都是一种目标驱动的活动，信息系统的评价也不例外，因此评价指标体系的设置必须围绕着评价的目的而展开，这样才能对信息系统的研究和应用具有一定的指导意义，才能为设计信息系统工作的各方面人员提供科学的参考依据。

3）可行性。信息系统评价指标必须具有操作的可行性，因此含义必须明确，具体设置不宜太多、过细，要便于信息的收集和汇总，并且同类指标之间要能够比较，同一指标要具有历史可比性。

4）相关性原则。系统的评价指标体系应能够反映出待评系统的运行和发展过程才具有实用价值。因此要求各项评价指标之间不是简单的数据集合，而是必须具有一定的相互联系。

11.3.2　常用的信息系统评价指标

信息系统种类繁多、应用面广且规模大小不同。评价指标体系的建立并不存在统一的模式。而且评价指标可能会随着评价对象、评价时间和评价目的的不同而发生变化。一般来讲，主要从系统建设、系统性能和系统应用三方面来综合评价一个信息系统，如图 11.2 所示。

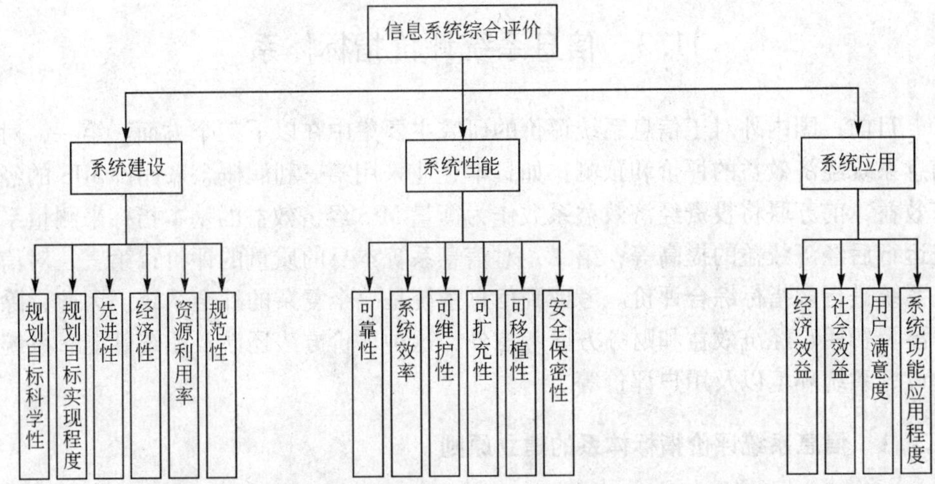

图 11.2　信息系统评价常用指标

上述三方面 16 项指标从一般意义来说基本包括了信息系统的各个方面，充分体现了指标体系设置的四原则，并且指标之间的充分互异性避免了其交叉意义存在的可能，是系统评价指标体系的原型，至于具体的信息系统评价指标体系则可以在此基础上稍做变更，以适应不同的评价需要。具体再细分为以下三类：

1. 一般性能指标

该部分指标由系统性能、系统费用、系统技术水平等几个方面组成，如表 11.1 所示。

表 11.1　一般性能评价指标表

一般性能评价指标			
系统性能	系统可靠性	系统费用	环境装备费用
	系统效率		硬件装置费用
	可维护性		软件费用
	可扩充性		安装费用
	可移植性		项目管理费用
	适应性		系统发展费用
	可共享性		培训费用
	系统寿命		安全费用
	系统安全性		项目其他费用
	系统实用性		基本消费

续表

一般性能评价指标			
系统技术水平	响应时间	其他一般性指标	输　入
	存取能力		输　出
	资源利用率		文　档
	规范性		操作安全可靠性
	经济性		界面友好方便性
	开发效率		管理科学性
	在线支持度		系统利用率
	系统可靠性		用户满意度
	决策满意度		企业流程重组
	系统新功能整合度		组织结构重造

2. 专业性能指标

现代信息系统专业性能指标即为信息质量的评价指标，包括内容质量、集合质量、表达质量、效用质量，如表 11.2 所示。

表 11.2　专业性能评价指标表

信息质量评价指标			
内容质量	客观性	集合质量	相关性
	正确性		完整性
表达质量	可理解性	效用质量	有用性
	准确性		实时性
	一致性		适量性
	简洁性		

3. 效益指标

效益指标由战略效益、技术效益、具体运作效益等几个方面组成，如表 11.3 所示。

表 11.3　效益评价指标表

效益评价指标			
战略效益	领先新技术	技术效益	提高竞争优势
	提高市场份额		提高技术柔韧性
	领导市场		增强对变化的反应度
	合理优化资源		提高产品质量
	减少劳动力费用		提高整合度
具体运作效益	降低制造费用		增加生产力
	提高数据可用性和报告结构		提高作业效率
	提高产品跟踪服务		提高数据管理
	程序计算化和责任化		增强决策准确度
	提高公司知名度		
其他效益	提高定单能力		
	节约成本		

11.3.3　信息系统评价方法

目前常用的评价方法有层次分析法、模糊综合评判法、灰色综合评判法、数据包络法、德尔菲法、神经网络法等。

1）层次分析法。层次分析法是美国著名运筹学家、匹兹堡大学教授 Satty 于 20 世纪 70 年代提出的解决非数学模型决策问题的方法。该方法从系统观点出发，把复杂的问题分解为若干层次和若干要素，并将这些因素按一定的关系分组，以形成有序的递阶层次结构；通过两两比较判断的方式，确定每一层次中因素的相对重要性；然后在递阶层次结构内进行合成，以得到决策因素相对于目标的重要性的总顺序。层次分析法是一种定性与定量分析相结合的评价决策法，要求评价者对评价问题的本质、包含要素及相互间的逻辑关系掌握比较清楚，比较适用于对无结构特性的系统评价以及多目标、多准则、多时期等的系统评价。

2）模糊综合评判法。模糊综合评判法是一种利用集合理论和模糊数学理论将模糊信息数值化以进行定量评价的方法，是一种模糊综合决策的数学工具，在难以用精确数学方法描述的复杂系统问题方面有其独特的优越性。其模型有单层次的和多层次的，单层次模型主要用于规模比较小的系统，对于一个复杂的大系统来讲，需要考虑的因素往往非常多，而且因素之间还存在着不同的层次，这就产生了多层次模型。对于信息系统而言，常用的就是多层次模型，因为一个信息系统首先是“模糊”的：即系统内部诸要素之间的相互作用关系及各要素对系统功能的影响程度在量上是难以精确衡量的；其次信息系统也还是一个包含着若干不同层次（或若干子系统）的复合系统，其系统功能从整体上来说是一种综合功能，具有“多属性”特点。因此信息系统的功能评价就是一种多属性多层次的评价，在这方面，模糊多层次模型提供了一种行之有效的方法。

3）灰色综合评判法。灰色理论是1982年开始发展起来的一种新理论，该理论认为：一个实际运行的系统是一个灰色系统，在这个系统中，有些信息是可知的，有的信息知道得不准或完全不知，但是尽管客观系统表象复杂，数据离散，信息不完全，其中必然潜伏着某些内在的规律，系统中各因素总是相互联系的。该理论提供了一种新的系统分析方法即灰色关联度分析法，它根据因素间发展趋势的相似或相异程度，来确定因素间关联程度的大小。灰色综合评判法就是利用灰色关联度分析法结合拓展的最小二乘准则来建立，能很好地处理贫信息系统，也是信息系统评价常用的一种方法。

4）数据包络法。由美国著名的运筹学家 Charnes 和 Cooper 等以相对效率概念为基础发展起来的一种新的评价方法，它通过使用数学规划模型比较决策单元之间的相对效率来定量做出评价。数据包络法可以用来评价技术有效性和规模有效性，对信息企业的效益评价是一种很好的方法。

5）德尔菲法。德尔菲法也称专家法，20 世纪 40 年代由美国赫尔姆和达尔克首创，经过戈尔登和美国兰德公司进一步发展而成的。德尔菲法依据一定的程序，采用匿名发表意见的方式，即专家之间不得互相讨论，不发生横向联系，只能与调查人员发生关系，通过多轮次调查专家对问卷所提问题的看法，经过反复征询、归纳、修改，最后汇总成专家基本一致的看法，作为预测的结果。

6）神经网络法。神经网络的出现为信息系统的评价提供了一种新的方法，神经网络是由许多简单的信息处理单元组成，具有强大的非线性映射能力，还具有自适应、自组织、自学习的特性，并且能从近似的、不确定的、甚至相互矛盾的知识环境中做出决策，可以避开人为计取权重和计算相关系数等环节，因此，目前在系统评价方面也得到了一些尝试。

在实际的评价过程中，上述几种方法经常结合起来使用，常见的有模糊层次分析法、灰色层次分析法、专家神经网络法等，可以根据实际情况选取不同的方法。

上述介绍的评价指标体系涉及信息方面的指标，主要是评价信息的质量，如果用于评价现代信息管理系统将无法反映系统在信息加工、信息处理、信息分析方面的能力。现代信息管理系统评价指标建立应该是基于信息质量的、综合评价信息系统效益的现代信息系统评价指标体系。

每个系统中指标的指标权重决定了指标在整个评价指标体系中的相对重要性，因而决定了相应指标对评价选择的影响力。指标权重的确定可以有三种方法：①采用专家调查法确定权重。采用 1 ~ 3 标度法，由专家确定指标权重。

②采用层次分析法与专家调查法确定权重。设对于评价目标组成的专家 $E = \{E1, E2, \cdots, En\}$，$n \geq 1$，由 E 中专家对目标层中的各指标进行指标权重的两两比较，用求本征值的方法（如方根法、和积法等）计算各评价子指标的权重并进行一致性检验然后计算评价指标的总评分。③完全采用平权的方法。在一定范围内的权重变化对计算结果虽然有所影响，但对结果的影响并不是决定的，即尽管采用不同权重产生了不同的计算结果，但并未造成显著的结果差异。也就是说平权的方法在一定的范围内，尤其是在评价指标所涉及的范围跨行业、跨部门、跨学科或涉及经济、科技、社会等诸多因素的情况下是适用的。完全采用平权的方法在计算和处理上易于操作，易于推广，可以克服上述两种方法带来的人为因素干扰，提供了一个发挥各指标因素作用的平等几率。

信息系统评价人员可以采用类似上述指标对信息系统进行评价，并根据具体评价项目的要求或者信息系统的常规要求挑选信息。如一个以挖掘企业内部信息资源为目标的信息系统，则信息的相关性、完整性、有用性、适量性这四个指标要求尤为突出，而一个以市场预警为目标的信息系统，其信息的实时性与准确性就是至关重要的。

11.4　案例分析：管理信息系统成本费用的测算

管理信息系统简称 MIS 系统，是一个由人、机（电子计算机）组成的，能进行管理信息的收集、传送、存储、加工、维护和使用的信息系统。企业在制定其开发计划时，其中一项重要的内容是系统成本费用的测算，以便尽可能以最小的代价达到预期的目标。MIS 系统按其物理结构，由五部分组成：硬件设备、软件、数据资源、系统工作规程和工作人员。据此，我们把 MIS 系统成本费用划分为硬件成本、软件成本、使用及维护成本、人才培训费用和准备费用六大部分。

（1）硬件成本

计算机硬件主要包括采集设备、处理设备、存储设备和输出设备。

硬件成本是指上述设备的一次性购置费或租赁费。购入的硬件成本由设备价款、支付的运杂费、包装费、安装调试费和缴纳的税金等组成。租赁的硬件成本应按融资租入的固定资产的价值计算，即包括按租赁协议确定的设备价款、运输费、途中保险费和安装调试费等。

（2）软件成本

软件成本是指企业开发 MIS 系统所需软件成本总和，包括系统软件成本和应用软件成本。

系统软件主要包括操作系统和计算机语言系统，一般由计算机厂商免费负责提供，这时系统软件没有成本。若企业根据信息系统还需购置一些其他系统软件，则其系统软件成本由软件价款、邮费、税金等组成。

应用软件又分为通用软件和专用软件，则应用软件成本包括通用软件成本和专用软件成本。通用软件都有成品出售，则其成本构成与购置的系统软件成本构成相同。专用软件成本是企业根据业务需要开发的软件成本总和。其成本的大小与软件程序量的大小、软件开发方式、软件开发投入的工作量和工期等因素有关。一般来说，专用软件开发方式有三种：独立开发、协作开发和委托开发。独立开发软件是完全由使用单位自己开发，其成本较低，主要包括人工成本、材料成本和机器使用成本。对人工成本，可按下列公式计算：人工成本 = 软件开发所需人数 × 系统开发时间（年或月或日）× 工资标准（年或月或日）；对材料成本，可按每一阶段各种材料的耗用量与其单位成本（实际成本或计划成本）相乘计算求得；对于机器使用成本，按下列公式计算：机器使用成本 = 每小时机时费、计划机时总数。协作开发是由系统使用单位和某技术力量较强的单位协作开发，其软件成本较独立开发成本要高。协作开发成本由两部分构成：一是支付给协作单位的系统开发费；另一部分是系统使用单位为本系统开发发生的支出，其计算方法与独立开发方式成本计算相同。委托开发是指完全由某软件公司开发，使用单位不参与工作，其成本最高，支付给软件公司的开发费就是其实际成本，此成本最高。

（3）系统使用及维护成本

系统使用及维护成本是指使系统得以正常进行的日常开支，包括系统操作运行人员及管理人员工资、系统每项具体应用所耗用的辅助材料费用（如打印纸、色带、软盘等）和电费等。系统维护分为环境维护、意外事故维护和软件系统维护。对这三种维护过程中发生的费用都统称为维护成本。它包括维护人员的工资、维护所用的工具费用和材料费用。

（4）人才培训费用

人才培训费用是指对系统分析人员、设计人员、程序人员、使用与维护人员和管理人员等的培训费用，包括上述人员在培训期间的工资及支付给培训单位的培训费。

（5）准备费用

为使系统开发、设计和使用得以正常进行而发生的准备费用。包括机房建设或改造费用、机器（非硬件设备中的机器）安装及调试费用和空调、电源及 UPS 设备等的费用，这些费用按其实际支付和金额计算。

企业开发运用了管理信息系统之后，无论是固定成本还是变动成本都会有所增加。准备费用、硬件成本会增加大量的固定成本；各种打印纸、软盘和色带等材料费用会增加变动成本。因此，科学地测算管理信息系统成本，在合理使用各种资源、降低成本方面有着重要的意义。

【关键概念】

信息系统　信息系统的成本　信息系统成本测算　信息系统的评价方法　信息系统评价指标体系

【思考与练习】

1. 简述信息系统的结构、功能及分类方法。
2. 简述几种信息系统成本测算模型。
3. 列出常见的信息系统评价指标。
4. 简述信息系统的评价方法。

第12章 信息产业

当今世界正处于信息时代，信息已被视作现代社会的重要战略资源，是社会、经济、科技发展的基础。信息科学理论的日趋成熟和信息技术的不断发展，使世界的经济结构、产业结构、社会结构正在发生深刻的变化，以高新技术为代表的经济时代的主导产业——信息产业也逐渐从第三产业中分离出来，成为人类迄今为止最具发展前途的产业之一。本章主要介绍信息产业的基本知识及基本概念，着重分析信息产业的产业结构、信息产业对国民经济发展的影响等相关问题。通过本章的学习，要求：了解信息产业的含义、特征和分类；理解信息产业的形成机制和发展特征；熟悉信息产业的几种结构；理解信息产业对国民经济中的影响；掌握信息产业对经济发展贡献的测度方法。

12.1 信息产业概述

12.1.1 信息产业的含义与特征

1. 信息产业的含义

关于信息产业的定义，由于处于不同的历史发展阶段、不同的研究角度和研究重点，国内外著名学者有不同的提法，具有代表性的有以下几种：

美国北美行业分类系统的最新定义，信息产业特指将信息转变为商品的行业，它不但包括软件、数据库、各种无线通信服务和在线信息服务，还包括了传统的报纸、书刊、电影和音像产品的出版。

美国信息产业协会（AIIA）认为，信息产业是指依靠新的信息技术和信息处理的创新手段，制造和提供信息产品和信息服务的生产活动组合。

日本学者认为，信息产业是为一切与各种信息的生产、采集、加工、存储、流通、传播和服务等有关的产业。

欧洲信息提供者协会（EURIPA）认为，信息产业是指提供信息产品和服务的电子信息工业。

在我国，有人认为：信息产业是与信息的收集、传播、处理、存储、流通、服务等相关产业的总称。还有人认为：信息产业是指从事信息技术的研究、开发与应用，信息设备与器件的制造以及为公共社会需求提供信息服务的综合性生产活动和基础结构。

上述对于信息产业的定义都有一定的局限性，但可以明显看出，对于信息产业的定义从外延特征看总在不断扩大，是一种演进的概念。

综合来看，信息产业是社会经济活动中专门从事信息技术开发，设备、产品的研制生产以及提供信息服务的产业部门的统称，是一个包括信息采集、生产、检测、转换、存储、传递、处理、分配、应用等门类众多的产业群。主要包括信息工业（包括计算机设备制造业、通信域网络设备制造业以及其他信息设备制造业）、信息服务业、信息开发业（包括软件产业、数据库开发产业、电子出版业、其他信息内容业）。

2. 信息产业的特征

任何产业的特征都表现在两个方面，一是产业形态，二是产出形态。如果一个产业在产业形态和产出形态上具有区别于其他产业的特征，它就构成一个独立的产业。

信息产业的产业形态最本质的特征是，产业活动的客体即员工劳动的对象是一种无形的、非物质的信息，产业的劳动力结构是以科学家、工程技术人员、软件设计人员等脑力劳动者为主体。这是其他产业所不具备的。所以，这是信息产业区别于非信息产业的本质特征。

信息产业的产出形态是信息产品和信息劳动。这种产品和劳动是非物质的、无形的，是物质产业无法生产的。这种产品和劳动一般不能直接独立对社会发生作用，它或者要经过信息消费者的再劳动或者要和物质生产相结合才能产生效益和增值。这也是其他产业所没有的，是信息产业区别于非信息产业的本质特征。

信息产业与其他产业有着许多不同之处，研究分析信息产业的特征，有利于认识信息产业的本质，掌握信息产业的运行与发展规律。其特征主要有：

（1）信息产业是新兴的战略产业

第二次世界大战后，高新技术的快速发展极大地改变着产业结构。生物工程产业、新材料新能源产业和信息产业一起被列为未来社会最重要的三大新兴产业。由于信息资源已经成为现代社会的第一战略资源，因而信息产业也就处于最突出的战略地位，在新兴产业群中是具有导航和促进作用的产业。在许多发达国家，信息产业正在或者已经取代了钢铁、造船、石油等产业在社会发展中的传统地位，成为当代社会的先导产业、带头产业。

（2）信息产业是高渗透型、高催化型产业

由于信息的扩散机制和反馈机制，由于信息技术的高度亲和性，使得信息产业具有极强的辐射性，可以渗透到社会的各个领域、各个产业或各种产品中，其影响可能涉及一个部门、一个地区，甚至整个国家。这种渗透性一方面表现为信息产业部分地融合于社会和产业的各个部门，是一种为产业服务的产业，其中主要融合于制造业和服务业；另一方面，是指信息产业中含有尚未正式独立或直接计量的信息工作部门，这些部门的产出融合于社会其他产业内部的间接信息产业部门。这些工作部门虽然直接从事信息工作，但其价值未计入信息产业产值，而是计入了相关行业的产值之中，成为国民生产总值的一部分。信息产业的高催化性，体现在其渗透性可以进一步促使劳动资料的机械要素、物理要素、化学要素和其他要素有机地结合，综合发挥科学技术转化为生产力的作用。

(3) 信息产业是智力密集型产业

从产业形态来看，信息产业是智力密集型产业，高于劳动密集型产业和资本密集型产业。信息产业的产业活动对象是信息，是对信息的研究、开发、传播和利用。整个产业活动过程是人类的智力活动过程，整个产业活动中所使用的信息都是人类的智力活动成果。信息产业的劳动力构成不再像传统产业那样，以体力劳动者为主体，而是以科学家、工程技术人员、软件设计人员的脑力劳动者为主体，对劳动者的智力素质要求很高。再从信息产业的产出来看，信息产品中信息含量的比重也比其他产业产品的含量要大得多。

(4) 信息产业是更新快、受科技影响大的变动型产业

信息产业的形成与发展，与信息技术的更新换代紧密相连。以计算机为例，从计算机的发明到现在，仅仅40多年的时间，计算机就进行了四次更新换代。目前，世界上以电子技术为核心的信息产业已进入一个加速发展的新时期，以科研、开发为先导的产业特点日益突出，设计自动化、生产自动化和柔性加工系统的广泛采用，大大缩短了产品从研制到投产的周期。从计算机芯片的技术发展速度大体可了解整个信息产业的发展速度，从产品研制到形成批量生产，4k存储器用了5年时间，16k用了3年，64k用了2年，265k和1M（1兆位）各用了3年。信息产业的更新速度是其他产业所不能比拟的。

(5) 信息产业是需要大量智力和资金投入的高投入型产业

无论是信息产业的研究开发，还是信息服务，都需要专门技术人员来进行，而且需要有关专业技术人员的共同联合与协作。无论是信息产业中“硬件”设备的制造，还是信息的生产、服务和流通，均需要大量资金的投入。如通信设备制造业、计算机业、集成电路业等，投资都是巨大的。目前，在信息产业内部，一个公司的力量已难以支持庞大的资金投入，往往许多公司采取结盟、合资、兼并的办法联合起来实施某一计划或指标。这种联合、兼并，提高了投资和竞争能力，形成了产业发展的新格局。

(6) 信息产业是效益高的高增值型产业

由于智力密集和资金密集，信息产品本身具有高产值、高增值和高效益。例

如，50 公斤玻璃纤维制成的光缆，所能传送的信息量与 1 吨重的铜缆相当，消耗的能源只是后者的 5%；1 公斤集成电路的价值，超过 1 辆豪华轿车。而且，信息产业渗透于社会经济的各个领域，可产生巨大的直接效益和间接效益，促进第一产业、第二产业、第三产业协调发展，提高社会经济发展整体水平。

（7）信息产业是高创新、增长快、综合性强的复合型产业

信息产业自 20 世纪 50 年代开始，在短暂的几十年里，就形成了巨大的规模，现在信息技术的更新速度是每 3 年增加 1 倍，信息技术的专利每年超过 30 万件，科研资料的有效寿命平均只有 5 年，所以信息产业是更新快、变动大的高创新型产业。信息产业的综合性极强，是集信息收集与处理、信息流通、信息服务、信息传播、信息设备生产等功能于一身的复合型产业。

（8）信息产业是就业面大、对劳动者的文化层次要求高的新职业供给型产业

信息技术与信息产业的高智力特点，对就业者的知识水平要求很高，这在某种程度上，会给社会带来结构性失业现象。但是信息产业的发展带动了文化、教育、知识、服务产业的发展，又可以创造许多新的职业，如信息服务业、信息流通业、软件业等，因而形成了对就业的更大要求。近年来，在美国、日本、加拿大、英国、德国、法国、瑞典、芬兰、澳大利亚等国家，信息职业占全部职业的比重在 20 世纪 70 年代就达到 28% ~41% 的水平。这表明信息产业的发展为提供就业机会开辟了一条途径。

（9）信息产业是可持续发展型产业

信息产业的发展，不仅自身能够以较小的人力资源和消耗、能耗，提供高附加值的产品，从而可以一方面通过优化社会结构，提高生产力水平，创造更高的社会效益，起到结构性的节省物质资源和能源的作用；另一方面，通过向各类产业提供信息和信息技术，改造传统产业，从而起到使各类非信息产业节省物质资源和能源的作用。信息产业自身是低公害、无公害产业，被誉为“无烟产业”。

12.1.2 信息产业的分类

1. 中国信息产业分类

我国国家标准《国民经济行业分类》（GB/T4754 - 2002）（以下简称《行业分类》）是反映社会经济活动的基础分类。但由于它是按照经济活动的同质性原则划分行业的，难以满足横向观察某一经济现象（跨行业观察，如信息产业、环保产业等）的要求，因此需要以此为基础，制定派生的相关分类。为了统一和规范以电子信息技术为基础的信息相关产业的统计范围，准确提供相关的统计资料，同时与国际上相关分类进行比较，2004 年，国家统计局制定了《统计上划分信息相关产业暂行规定》。

（1）制定的原则

1）以党和国家的方针政策为指导。信息产业是国家重点发展的产业之一，在确定信息产业分类的范围时，应满足党和国家以及各级政府部门对信息产业的观察和比较需要。

2）以我国实际情况为基础。制定《统计上划分信息相关产业暂行规定》，要以国家标准《行业分类》为基础制定分类框架。在确定分类的内容时，应充分考虑我国现阶段的电子信息技术及相关行业的发展情况。

3）兼顾国际比较。信息产业是当今全球发展最快的产业之一，世界各国都在加快发展自己的信息产业。因此，制定与国际可比的信息产业分类，有利于我国在信息产业方面与国际比较和交流，使之更快地发展。

（2）制定的方法

1）以行业分类为基础制定信息相关产业分类。《统计上划分信息相关产业暂行规定》是按照信息活动的自身特征，在《行业分类》的基础上，对与信息活动有关的类别进行的重新组合。同时，该分类参考了联合国的《全部经济活动的国际标准产业分类》第3.1版（简称ISIC/Rev.3.1）的相关分类的编码方法，使得《统计上划分信息相关产业暂行规定》的细类名称及代码与《行业分类》相对应。

2）信息相关产业范围的确定。目前关于信息产业划分大致有三个口径、一是大口径，即将与信息活动有关的内容都列为信息产业。它包括所有的信息生产、搜集、加工、传播、管理活动，以及与信息有关的产品生产、销售、租赁和技术活动。二是中口径，按照十六大报告提出的优先发展信息产业的战略目标，同时参考了ISIC/Rev.3.1的两个相关分类确定的范围。即，电子信息设备制造、电子信息设备销售和租赁、电子信息传输服务、计算机服务和软件业、其他信息相关服务。三是小口径，它是在中口径基础上，剔除了信息文化产品的内容（其他信息相关服务）。其范围包括电子信息设备制造、电子信息设备销售和租赁、电子信息传输服务、计算机服务和软件业。

在上述三个口径中，大口径的范围较宽，几乎包括了与信息有关的全部活动。小口径虽能满足政府和社会各界对信息相关产业的观察，但由于口径较窄，无法与国际上相关分类比较。中口径是在小口径基础上拓宽了与国际比较的内容，它既符合十六大报告提出的战略目标的要求，又能与联合国的两个相关分类进行比较。因此，中口径更加科学、实际。

（3）中国信息相关产业分类

产业分类如表12.1所示。

表 12.1 中国信息相关产业分类

类别名称	分类代码
一、电子信息设备制造	
1. 电子计算机设备制造	
电子计算机整机制造	4041
计算机网络设备制造	4042
电子计算机外部设备制造	4043
2. 通信设备制造	
通信传输设备制造	4011
通信交换设备制造	4012
通信终端设备制造	4013
移动通信及终端设备制造	4014
其他通信设备制造	4019
3. 广播电视设备制造业	
广播电视节目制作及发射设备制造	4031
广播电视接收设备及器材制造	4032
应用电视设备及其他广播电视设备制造	4039
4. 家用视听设备制造	
家用影视设备制造	4071
家用音响设备制造	4072
5. 电子器件和元件制造	
电子真空器件制造	4051
半导体分立器件制造	4052
集成电路制造	4053
光电子器件及其他电子器件制造	4059
电子元件及组件制造	4061
印制电路板制造	4062
6. 专用电子仪器仪表制造	
雷达及配套设备制造	4020
环境监测专用仪器仪表制造	4121
导航、气象及海洋专用仪器制造	4123
农林牧渔专用仪器仪表制造	4124
地质勘探和地震专用仪器制造	4125
核子及核辐射测量仪器制造	4127
电子测量仪器制造	4128
其他专用仪器制造	4129
7. 通用电子仪器仪表制造	
工业自动控制系统装置制造	4111
电工仪器仪表制造	4112
实验分析仪器制造	4114
供应用仪表及其他通用仪器制造	4119

续表

类别名称	分类代码
8. 其他电子信息设备制造	
电线电缆制造	3931
光纤、光缆制造	3932
计算器及货币专用设备制造	4155
二、电子信息设备销售和租赁	
1. 计算机、软件及辅助设备销售	
计算机、软件及辅助设备批发	6375
计算机、软件及辅助设备零售	6572
其他电子产品零售	6579
2. 通信设备销售	
通信及广播电视设备批发	6376
通信设备零售	6573
3. 计算机及通信设备租赁	
计算机及通信设备租赁	7314
三、电子信息传输服务	
1. 电　信	
固定电信服务	6011
移动电信服务	6012
其他电信服务	6019
2. 互联网信息服务	
互联网信息服务	6020
3. 广播电视传输服务	
有线广播电视传输服务	6031
无线广播电视传输服务	6032
4. 卫星传输服务	
卫星传输服务	6040
四、计算机服务和软件业	
1. 计算机服务	
计算机系统服务	6110
数据处理	6120
计算机维修	6130
其他计算机服务	6190
2. 软件服务	
基础软件服务	6211
应用软件服务	6212

续表

类别名称	分类代码
其他软件服务	6290
五、其他信息相关服务	
1. 广播、电视、电影和音像业	
广　播	8910
电　视	8920
电影制作与发行	8931
电影放映	8932
音像制作	8940
2. 新闻出版业	
新闻业	8810
图书出版	8821
报纸出版	8822
期刊出版	8823
音像制品出版	8824
电子出版物出版	8825
其他出版	8829
3. 图书馆与档案馆	
图书馆	9031
档案馆	9032

注：分类代码栏中的代码均采用《行业分类》小类代码

资料来源：国家统计局关于印发《统计上划分信息相关产业暂行规定》的通知，2004

2. 中国信息相关产业分类与国际分类比较

2002年联合国统计委员会参考了《北美产业分类体系》（NAICS）的“信息业”和OECD的“信息和通信技术”（ICT），制定出ISIC/Rev. 3. 1中的“信息业”和“信息和通信技术”两个相关分类。《统计上划分信息相关产业暂行规定》可以与ISIC/Rev. 3. 1、NAICS和OECD的有关分类相对应。

(1) 联合国“信息业”与我国“信息相关产业分类”对比

联合国的“信息业”不包括我国“信息相关产业分类”中的“电子信息设备制造”、“电子信息设备销售和租赁”，以及“计算机服务”中的“计算机系统服务”、“计算机维修”和“其他计算机服务”，如表12. 2所示。

(2) 联合国“信息和通信技术”与我国“信息相关产业分类”对比

联合国的“信息和通信技术”不包括我国“信息相关产业分类”中的“其他信息相关服务”，如表12. 3所示。

表 12.2 联合国“信息业”与我国“信息相关产业分类”对照表

信息业	信息相关产业分类	分类代码
录制媒体的出版、印刷和复制		
2211 书籍、小册子和其他出版物出版	图书出版	8821
2212 报纸、期刊和杂志出版	报纸出版	8822
	期刊出版	8823
2213 记录媒介出版	音像制品出版	8824
	电子出版物出版	8825
2219 其他出版	其他出版	8829
邮政和电信		
6420 电　讯	固定电信服务	6011
	移动电信服务	6012
	其他电信服务	6019
	有线广播电视传输服务	6031
	无线广播电视传输服务	6032
	卫星传输服务	6040
计算机和有关活动		
7221 软件出版	基础软件服务	6211
	应用软件服务	6212
7230 数据处理	数据处理	6120
7240 数据库活动和电子内容在线分发	互联网信息服务	6020
娱乐、文化和体育活动		
9211 影片和影带的制作和发行	电影制作与发行	8931
	音像制作	8940
9212 影片放映	电影放映	8932
9213 广播和电视活动	广　播	8910
	电　视	8920
9220 新闻社活动	新闻业	8810
9231 图书馆和档案馆活动	图书馆	9031
	档案馆	9032

资料来源：国家统计局关于印发《统计上划分信息相关产业暂行规定》的通知，2004

表 12.3 联合国“信息和通信技术”与我国“信息相关产业分类”对照表

信息和通信技术	信息相关产业分类	分类代码
办公、会计和计算器具的制造		
3000　办公、会计和计算器具的制造	电子计算机整机制造	4041
	电子计算机外部设备制造	4043
	计算器及货币专用设备制造	4155
电力机床和器械的制造 n. e. c. a		

续表

信息和通信技术	信息相关产业分类	分类代码
3130　绝缘线和电缆的制造	电线电缆制造	3931
	光纤、光缆制造	3932
收音机、电视和通信设备和器材的制造		
3210　电子阀门和电子管及其他电子组件的制造	电子真空器件制造	4051
	半导体分立器件制造	4052
	集成电路制造	4053
	光电子器件及其他电子器件制造	4059
	电子元件及组件制造	4061
3220　用于有线电话和有线传输的电视和无线电发射机和设备的制造	印制电路板制造	4062
	通信传输设备制造	4011
	通信交换设备制造	4012
	通信终端设备制造	4013
	移动通信及终端设备制造	4014
	其他通信设备制造	4019
	广播电视节目制作及发射设备制造	4031
3230　电视和无线电接收机、音、像录制或复制设备及其相关产品的制造	计算机网络设备制造	4042
	移动通信及终端设备制造	4014
	广播电视接收设备及器材制造	4032
	应用电视设备及其他广播电视设备制造	4039
	家用影视设备制造	4071
	家用音响设备制造	4072
医疗设备和仪器及度量、检验、测试、导航和其他用途器具的制造，光学仪器除外		
3312　度量、检验、测试、导航和其他用途仪器仪表的制造，工业流程检测设备除外	雷达及配套设备制造	4020
	电工仪器仪表制造	4112
	实验分析仪器制造	4114
	供应用仪表及其他通用仪器制造	4119
	环境监测专用仪器仪表制造	4121
	导航、气象及海洋专用仪器制造	4123
	农林牧渔专用仪器仪表制造	4124
	地质勘探和地震专用仪器制造	4125
	核子及核辐射测量仪器制造	4127
	电子测量仪器制造	4128
	其他专用仪器制造	4129
3313　工艺流程检测设备的制造	工业自动控制系统装置制造	4111
批发贸易和经纪贸易，机动车辆和摩托车除外		

续表

信息和通信技术	信息相关产业分类	分类代码
5151　计算机、计算机周边设备和软件的批发贸易	计算机、软件及辅助设备批发	6375
5152　电子部件和设备的批发贸易	通信及广播电视设备批发	6376
	计算机、软件及辅助设备零售	6572
	通信设备零售	6573
	其他电子产品零售	6579
邮政和电信		
6420　电　讯	固定电信服务	6011
	移动电信服务	6012
	其他电信服务	6019
	有线广播电视传输服务	6031
	无线广播电视传输服务	6032
	卫星传输服务	6040
无接线员机器和设备及个人和家庭用品的租赁		
7123　办公器具和设备的租赁（包括计算机）	计算机及通信设备租赁	7314
计算机和有关活动		
7210　硬件咨询	计算机系统服务	6110
7221　软件出版	基础软件服务	6211
	应用软件服务	6212
7229　其他软件咨询和供应	其他软件服务	6290
7230　数据处理	数据处理	6120
7240　数据库活动	互联网信息服务	6020
7250　办公、会计和计算器具的保养和维修	计算机维修	6130
7290　其他与计算机有关的活动	其他计算机服务	6190

资料来源：国家统计局关于印发《统计上划分信息相关产业暂行规定》的通知，2004

12.2　信息产业的形成和发展

12.2.1　信息产业的形成机制

信息产业的形成，是指信息产业从无到有的过程。这一过程是在内在主动因素和外在影响因素共同作用下实现的。

1. 信息产业形成的内在动因分析

（1）社会生产力发展到一定水平

在人类社会发展初期，生产力水平极其低下，信息活动只处于最简单的直接交流阶段。

后来，随着生产知识不断丰富，生产技能不断提高，人类社会的信息活动开始进入到积累和交流阶段。当人类从农业社会进入工业社会进而跨越到信息化社会以后，信息已经成为现代生产的要素之一，与劳动者、劳动工具和劳动对象共同构成现代生产力的基础。信息要素通过优化生产素质、导向生产要素的合理有效配置、促进生产力系统运行的有序度、改进生产关系及上层建筑的素质与协调性等方面发挥其生产力功能，使生产力取得了巨大进步。

信息要素的生产力功能愈加明显，由此而显示出的信息力对社会生产力系统具有举足轻重的作用。今天，信息生产力作为推动近代生产力向现代生产力过渡的革命型要素正发挥着划时代的巨大作用。信息生产力是社会生产力的一个构成要素，其功能作用由小到大，由弱到强，以至于演化为当代和未来新一代生产力的主体，使人类对信息及信息活动的认识产生质的飞跃。这是信息产业能够形成的最基本条件。

（2）产业结构的变革

产业结构属经济学范畴的概念，产业结构是指一个国家国民经济领域里各种产业间的相互关系结构。在产业革命浪潮的推动下，全球的传统产业结构面临着一次次大的变革。

人类社会生产活动最初以农业（包括农业、林业、牧业、副业、渔业等）为主，尽管当时也存在手工品生产和商品销售活动，但是，这些活动都依附于农业生产，没有完全独立形成新的产业。这一以农业为主导的时期，称之为农业经济时代。

产业革命加速了手工小商品生产从农业中分离出来的进程，经过工场手工业时期，机械制造工业、纺织工业、电力工业、钢铁工业相继独立，并且不断扩大规模。工业逐渐取代农业，成为新的、在社会经济中起主导作用的产业。在工业强劲发展的带动下，人类社会进入了工业经济时代。

工业化后期，在信息革命浪潮的冲击下，全球的产业结构的演变具有“脱工业化”和“非工业化”的特征。一般机械、重工业的生产增长放慢，计算机制造业、金融、贸易、网络等一系列以信息、知识为特征的高技术产业产值比重不断上升，并且超过工业生产的比重，逐渐形成了新的主导产业——信息产业。

（3）社会成员对信息产品和服务的需求增加

任何产业的形成都是靠社会需求来推动的，信息产业也是如此。当人们的物质需求满足到一定程度，其他方面的需求不断扩大，著名的恩格尔定律就说明了这种变动关系。当恩格尔系数降低到一定程度时，人们对信息类商品和服务的消费欲望迅速提高、消费支出不断扩大。人们愿意购买并消费信息产品及服务，因为它不仅能够满足人们物质生活的需要，为人们带来高效率、高效益、高智能，而且也能够满足人们精神生活的需要，提高人们工作与生活的质量。正是社会成员对信息产业的这种需求成为信息产业形成的主要动因之一。

个人计算机的大量增加，必将促进了对经贸、法律、科技、教育等各类数据的需求，要对大量信息数据进行快速有效的传递，就要建立现代化的网络，因而上述需求也就带动计算机业、网络通信业、信息服务业的产生和发展；网络市场的开拓，将刺激其设备的需求，国家及各系统信息网络的建设，对光纤线、信息传输、交换设备、计算机软件管理系统、计算机网络操作系统及用户终端设备产生大量的需求，就要扩大其硬软件产品的生产量，提高其质量。与此同时，信息服务业的需求也将增加，需要大量的服务人员、技术人员、维修人员、管理人员，从而创造大量新的就业机会，推动信息服务业的发展。

当信息产品和信息服务成为一般社会成员较为稳定的需求时，信息产业将会迅速形成。

(4) 信息技术的发展及应用

20 世纪 40 年代以来，信息技术获得了飞速发展，其应用已渗透到社会生活的各个方面，成为了当代社会、经济发展的核心技术。信息技术的发展及应用是信息产业产生及壮大的根本动力。信息技术的发展主要在信息载体、信息工具和信息内容上增强了人类信息能力，信息载体促进了信息设备制造业的形成和发展，信息工具增强了开发与利用信息的广度和深度，信息内容扩展了信息服务业的范围和服务方式。从信息技术本身来看，它包括人们对信息的获取、存储、传输及处理，信息技术的发展相应扩展了人的各种信息器官功能，同时也成为将要产生的信息产业中重要行业的支撑技术，如图 12.1 所示。

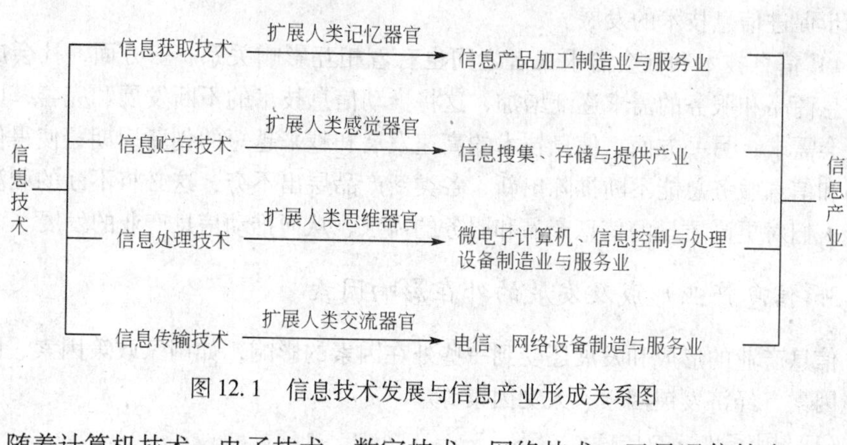

图 12.1　信息技术发展与信息产业形成关系图

随着计算机技术、电子技术、数字技术、网络技术、卫星通信技术、通信材料技术、激光技术的高速发展，给信息传播、服务、管理领域带来了技术革命，使信息活动注入了新技术革命的活力，彻底改变了传统信息活动的传输方式、处理方法和存储模式。新闻、出版、图书馆、档案馆等传统活动，采用计算机及现代技术，改进了信息的获取分类传播整理方式，使效益成倍提高。通信、广播、电视、电影在现代技术的推动下，使信息的传播速度、传播范围，以及由此带来的社会经济效益都发生了天翻地覆的变化。在现代信息技术的推动下，信息产业迅速形成并发展起来。

2. 形成信息产业的内在动因之间的影响关系

上述信息产业形成的几个动因不是孤立的，而是相互联系的。

1）社会生产力的发展是信息产业形成的基础，也是其他动因产生的基础。只有生产力发展到一定程度，人类才有能力进行更高级的信息活动，才有可能形成信息产业。信息技术的发展和应用是信息产业形成的最主要动力。

2）信息技术和生产力发展二者之间存在着相互作用关系。生产力发展是信息技术发展及应用的基础，信息技术的发展和应用对社会生产力有促进作用。主要表现在信息技术对劳动工具的变革所做出的贡献和影响。信息技术使劳动工具实现了全面的信息化、智能化，使劳动者获得空前的解放，推动着生产力的不断发展。

3）信息技术和产业结构变革之间同样存在着密切关系。一方面，信息技术的发展促进了产业结构的调整和优化。表现在：①使一些技术上落后的产业部门受到巨大的冲击逐步走向衰退而被新兴的产业部门所替代。②通过信息技术的作用与渗透，使某些产业部门发生变革，使传统产业部门走向成熟。③信息技术的发展促使新的产业得以产生，使传统产业部门之间出现融合组合等现象，使产业系统逐渐走向合理化。另一方面，经过一系列变革的更加合理化的产业结构也将进一步促进信息技术的发展。

4）信息技术和社会需求二者之间也有着相互影响关系。一方面，社会成员对信息商品和服务的需求逐渐增加，这将推动信息技术的不断发展和完善，以满足社会需求；另一方面，信息技术的高速发展和越来越短的创新周期，使得信息商品和信息服务总能不断推陈出新，各类新产品层出不穷，这必将不断的刺激和创造人们对更高质量的信息产品和服务的需求，从而推动信息产业的发展。

3. 信息产业形成及发展的外在影响因素

信息产业的形成和发展还受到一些外在因素的影响，如国家政策因素、国际环境因素、经济发展因素、人文因素等。

（1）国家政策的扶持

信息产业的形成与发展离不开国家政策的扶持，这方面的内容主要体现在国家对信息产业宏观的管理体制上。信息产业的管理体制是实现信息产业发展目标的重要组织保证。它决定着信息产业运行的有效方式，制约着信息产业的管理水平，是合理组织信息产业发展所需的人力、物力、财力和信息资源、保证信息产业系统正常运转的主要手段。

韩国、新加坡、日本等亚洲国家近年来纷纷在政府倡导下在本国内掀起信息技术发展热潮。拿日本来说，近几年经济低迷不振，迟迟摆脱不了衰退的阴影。与此同时，日本政府调整战略，加大力度扶持信息产业，力图推动经济复苏。事实证明，信息产业的发展对日本经济复苏和社会发展都起到了重要作用。

我国政府也逐渐意识到了信息产业在国民经济中的重要地位和先导、带动作用，大力扶持信息产业的发展。我国在1998年成立了信息产业部，在各省下设信息产业厅（局），相关政策纷纷出台，其目的就是实现我国信息产业的快速、稳健、正常的发展。

（2）国际环境的影响

国际经济环境的巨大变化是促进信息产业、尤其是欠发达国家的信息产业形成及快速发展的重要因素。主要表现在：

1）当前，世界信息产业进入新的发展时期，发展与融合、调整与变革成为全球大趋势，西方发达国家信息产业的成功经验对于欠发达国家的信息产业产生和发展来说影响很大。在新技术革命与经济全球化的推动下，越来越多的国家投入到这股巨大的洪流中，积极发展本国的信息产业。

2）随着微电子、软件、计算机、通信技术进步日新月异，通信网、计算机网与有线电视网加快融合，国际市场竞争日益激烈，要想在这个充满商机的巨大的信息商品市场中占领一定的市场份额，就必须进一步推动本国信息产业的发展进而促进国际信息商品与服务贸易的繁荣。

经过上述分析，信息产业的形成及发展机制如图12.2所示。

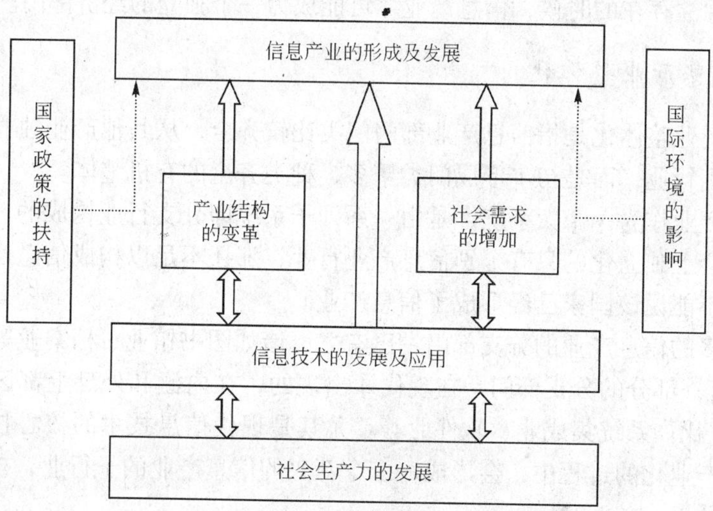

图12.2 信息产业形成机制示意图

12.2.2 信息产业形成的标志

我们不能简单地用信息的特征来解释信息产业。只有当信息活动在社会经济中的价值得到了体现，或者说信息活动为社会总资本提供了带动国民经济增长的增加值时，才能形成信息产业。非媒介传播的信息活动为社会提供的是难以计量的价值，所以不能形成信息产业；以纸张为媒介的信息传播、共享、存储活动（如出版、图书馆、档案）和以电磁波为媒介的信息传播、处理活动（如电话、电报等）虽然能够产生价值，但其对于社会经济增长的作用是有限的，所以也不能形成信息产业。

只有当这些新兴的科学技术融入到信息传播活动中，使信息的传播、处理量成几何级数增长，并真正带动了社会经济的飞速发展时，信息活动才能形成一种全新的产业，即信息产业。

总结来看，信息产业的形成应该具有以下四个标志：

1. 信息产业部门独立化

信息产业部门独立化是指信息产业的经济活动不再从属、依附于第一、二、三产业，而是从后者中独立、分化出来，形成自成体系的独立产业。

虽然信息产业的经济活动早就出现了，但是这些经济活动还附属于其他产业，比如信息设备制造业起初是属于第二产业的，咨询服务业起初是属于第三产业的。只有当信息产业的经济活动过程从其他产业的相应过程中分离出来，并且信息生产和信息劳动已经职业化，信息产业的产出形式已经区别于其他产业的产出形式而独立存在的时候，信息产业才可能成为一个独立的经济部门。

2. 信息产业整体化

信息产业整体化是指信息产业部门门类比较齐全，从其他产业独立出来的部门不是个别行业，而是初步形成门类繁多，种类齐全的有机整体。

信息产业作为一个大系统，是由一系列子系统即分支行业构成的。如果一个国家、社会上独立化的只有个别信息产业行业，那还不足以构成信息产业的大系统，也就不能说该国家已经形成了信息产业。

相当多的信息产业的分支部门古已有之，诸如图书馆业、档案业等“传统行业”，也有一部分的分支部门是在现代才出现的，在内涵和外延上都区别于“传统行业”，比如系统集成业、软件业等。尤其是现代信息技术的核心技术在国内逐步实现产业化的过程中，会形成一个个新兴的信息产业的子行业，丰富信息产业的行业体系。

所以，信息产业整体化应该包括两方面内容，一是当本国的信息产业中原属于“传统行业”的分支部门已经独立出来了，二是本国有条件形成信息产业的“新兴行业”。

3. 信息产业劳动具有职业性、有偿性

信息产业劳动应该成为一种“职业性的劳动”。

职业性劳动是人们所从事的以谋生为目的的专门性劳动。它包括两层含义：一是具有专门性，劳动者固定的而不是偶然的从事该项工作；二是具有收益性或（全部或部分的）有偿性，不能以义务劳动或免费服务的形式存在。

4. 现代信息技术的核心技术基本产业化、自主化

信息技术的发展趋势必然带动信息产业化的兴起，这是历史的必然，信息技术产业化是生产力发展的客观要求。在社会经济效益的驱使下，各国竞相开发并努力实现信息技术的产业化、商品化，只有在现代信息技术的核心技术基本产业化后，信息产业能真正的从其他产业中分离出来，成为一个独立的产业。

另一方面，现代信息技术的产业化还是信息产业演进的重要组成部分和重要特征。这是因为，高速分化、创新与发展的信息技术在经过产业化后形成一个个新兴的信息产业子行业，充实了信息产业的基础，完善了信息产业的内容，促使信息产业向合理化、高级化方向发展。

信息技术的核心技术基本自主化是指引进的技术只有被消化、吸收并创新之后才具有自主的知识产权，才能不受制于人，才有可能形成独立的民族信息产业。这是因为信息技术更新很快，没有技术的自主权只能在市场竞争中处于劣势和被动，独立的民族信息产业的形成必须拥有自主化的技术作保证。

12.2.3 未来信息产业发展趋势

我国的信息产业的基本形成是以 1998 年国家信息产业部成立为标志。虽然起步较晚，但投入大、规模大、市场健康。信息产业作为当今高新技术产业的主体，是我国面向 21 世纪生存与发展的战略性支柱产业。2005 年，我国信息产业实现产值达 3.3 万亿元，其中软件产业总产值达 3300 亿元，出口 2500 亿美元，已成为我国出口支柱产业。2006 年，我国信息产业产值约为 4 万亿元。我国信息产业规模已仅次于美国，成为世界第二。

未来一段时期内，信息产业的发展有以下几大发展趋势：

1. 多极化、国际化与合作化

信息产业发展走向多极化、国际化，与世界政治经济格局的多极化相一致外，还与信息产业发展的一些自身特点相适应。信息产业在社会政治中的战略地

位，决定了世界各国都期望能够建立起本国强大的信息产业并拥有先进的信息技术，因而当今世界信息产业领域出现了激烈竞争，导致了过去由美、日、欧等发达国家（地区）一统天下的发展格局，逐步向发达国家、经济次发达国家、新兴工业化国家（地区）、发展中国家互相竞争的多极化方向发展。在这其中，中国就是重要的一极。同时，世界各国、企业集团和信息机构都在不断完善其遍布全球的信息网络，将信息迅速在全球范围内进行传递，因而信息产业走上了立体多维的世界性国际大舞台。

2. 信息产业结构走向高级化

信息产业结构走向高级化是由于两方面的因素推动：一是信息产业比任何产业部门都更具有专门化的特点。产品专门化、服务专门化、人才专门化、组织机构专门化，从而使得优化组织结构提升部门效率成为信息产业中最重要的地位。二是日渐纷繁的多样化社会信息需求促使信息产业结构变动频率加快，结构转换能力对信息产业的发展至关重要。目前，世界各国都把促进产业结构的高级化作为推动信息产业发展的重要手段。统计显示，我国自改革开放以来已经在产业结构上基本实现了调整与合理化的任务，开始进入升级与高级化的阶段，初步摆脱了改革开放以前那种“农业基础薄弱，工业畸形发展，服务业水平低下”的局面。三次产业增加值在宏观经济总量中的比例关系，由1978年的28.1:48.2:23.7变为1989年的25:43:32，再变为2001年的15:51:34。

3. 信息服务主体从传统型课题转向改善人民生活质量的课题

随着信息产业发展的不断深入，信息产业的课题越来越亲民。选择和制定的标准都是与人民生活息息相关的方面，像移动通信的3G标准、音频视频的AVS标准、绿色能源等，这些项目都将改善人民的生活质量。信息产业既是高新技术产业，又是现代服务业，与老百姓的生活密切相关。市场经济条件下，企业、行业的发展必须讲经济效益，但也要讲社会效益，坚持经济效益和社会效益的统一。只有坚持社会利益最大化，才能使得行业和整个社会齐头并进。

4. 人才培养成为信息产业发展的关键

随着经济、科技的发展，人才资源已经成为增强综合国力和国际竞争力的重要战略资源，国家之间的竞争主要是科技、知识和人才的竞争。信息产业技术发展快，产业门类多，渗透能力强，市场竞争激烈，人才资源尤为重要。目前，我国信息产业规模总量已进入世界大国行列，但是，与国际先进水平相比，我国信息产业在核心技术、产业结构、管理水平、综合效益等方面还存在较大差距，产业发展“大”而不“强”。能否培养和建设一支适应产业发展需要的高素质人才队伍，是推动信息产业持续、健康、快速发展的关键，对提升我国信息产业的核心竞争力，实现信息产业由大到强的战略转变具有重大意义。

12.3 信息产业的产业结构

12.3.1 信息产业结构的含义

产业结构是20世纪50年代中期出现的一个概念，当时在拟定经济战略的讨论中，研究产业之间的关系就是用产业结构这一词来概括和表述的。到了20世纪60年代，人们对产业结构的具体含义和用法存在着不同的看法：有的把产业结构视为某个产业内部的企业之间的关系，有的把产业结构视为各个产业之间的关系，有的把产业结构视为产业的地区分布状况。现在一般认为，产业结构也有广义和狭义之分：狭义的产业结构理论主要研究产业之间的关系；广义的产业结构理论中还应包括研究产业内企业之间的关系。

从产业经济学角度出发，信息产业的产业结构是指在我国国民经济体系中信息产业与其他所有非信息产业的关系结构。如信息产业与农业、工业、服务业即常说的第一产业、第二产业、第三产业的关系结构。但信息产业本身也是一个多部门、多因素、多层次的结构系统。因此，信息产业结构应具有两层含义：一是信息产业与外部其他产业之间的结构关系，二是信息产业内部的结构关系。

由此，信息产业结构是指信息产业与国民经济其他各产业之间以及信息产业内部各部门之间的联系和量上的比例关系，包括信息产业外部结构与信息产业内部结构。

12.3.2 信息产业的部门结构

信息产业的部门结构是指按照信息产业在生产、流通、分配、消费过程中的共性和个性而区分的一组或多组产业之间的联系及其形式，它是信息生产和服务的社会化、专业化、协作化相互作用和发展的结果。既然信息产业由众多的产业部门组成，那么对信息产业部门的划分也可按多种标准来进行：

1）波拉特以是否向社会提供信息产品和信息劳务为特征，将信息产业划分为第一信息部门和第二信息部门。向社会提供信息产品和劳务的为第一信息部门，不直接向社会、只向组织内部提供信息产品和信息劳务的为第二信息部门，如图12.3所示。

2）张守一以产业产出形态的不同为特征，将信息产业划分为信息设备制造部门和信息商品化部门。产出为物质形态产品的为信息设备制造部门，产出为非物质形态产品和信息劳务的为信息商品化部门，如图12.3所示。

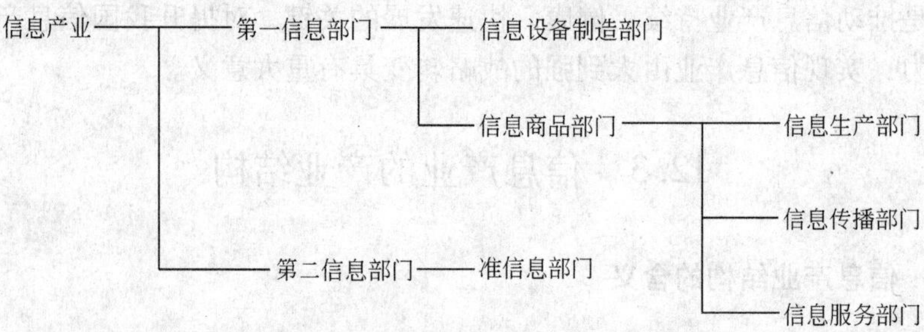

图 12.3　信息产业的部门结构

资料来源：司有和 . 2001. 信息产业学 . 重庆：重庆出版社

3）金建在《信息产业经济学论纲》一书中认为：按照信息产品的生产和信息服务的性质来划分，信息产业包括生产部门和非生产部门两大类。在生产部门中又可区分为直接信息生产部门和间接信息生产部门，如图 12.4 所示。

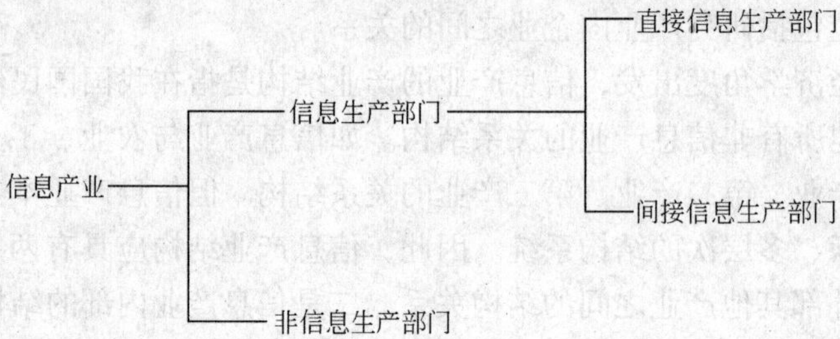

图 12.4　信息产业部门结构

资料来源：金建 . 1993. 信息产业经济学论纲 . 北京：北京出版社

直接信息生产部门：是最基本的信息生产部门，既包括新闻出版、图书情报、邮电通信、科研教育等传统的信息产业部门，也包括信息处理、数据库服务、软件开发等新兴的信息产品生产部门。

间接信息生产部门：是指在非信息生产部门和其他产业中存在的信息机构。

4）按照信息产品和信息服务的形态划分，信息产业可分为物质生产部门和非物质生产部门：物质生产部门主要生产为信息产品提供物质基础和有形信息产品本身；非物质生产部门主要生产无形的信息产品和信息服务。

5）按照信息产品和信息服务的最终用途划分，信息产业分为信息生产资料生产部门和消费资料生产部门：信息生产资料生产部门是指为信息产品生产提供生产工具和其他物质条件的部门；信息消费资料生产部门是指为信息产品生产提供生活消费和信息消费服务的部门。

6）按照信息产业的生产和交换过程及活动特点划分，信息产业可分为第一信息部门、第二信息部门和第三信息部门：第一信息部门是指所有向市场提供信息产品和信息服务的部门和企业；第二信息部门是指不向市场出售而为本单位内部提供信息产品和服务的信息部门与企业；第三信息部门是指为信息产品生产和服务提供所需基础设施和工具的部门与企业。

7）按照产出性质的不同，可将信息商品化部门再分为信息生产、信息传播、信息服务三个部门：产出是创造性新信息的为信息生产部门，也称信息开发部门；产出是传播他人信息的劳务为信息传播部门；产出是为用户信息需求服务的为信息服务部门。

12.3.3 信息产业的产值结构

信息产业的产值结构是指信息产业各部门的生产总值占国民生产总值或国内生产总值（GDP）比例的实际分布。

通过信息产业的产值结构，既可以清楚地看到整个信息产业或信息产业各部门对国民经济的贡献程度，也可以清楚地看出信息产业内部各部门之间的关系。前者可以说是信息产业外部结构的产值结构，后者是信息产业内部结构的产值结构。

研究信息产业外部结构的产值结构主要通过信息产业在国民生产总值中所占有的地位和作用来看，而以定量来分析就要看其在国民生产总值中所占有的比例，用这个数值来判断信息产业在国民经济中的结构问题。还有一种方法就是用信息产业的产值和其他产业的产值的比较，通过比较的系数和数值来说明信息产业的外部结构。

根据信息产业内部各部门的产值，研究各部门之间的相互关系，是信息产业内部结构的产值结构研究。这方面的研究，可以用来判断信息产业部门结构的合理性和高级性。可以通过以下几个参数来判断。

1. 信息设备制造部门的产值结构

信息设备制造部门的产值结构是信息设备制造部门的总产值占信息产业总产值的比例。这一比例可以反映信息产业内部部门的合理性。如果比例过高，说明信息产业缺乏产业高度。如果比例过低，有两种可能，一种是产业结构高级化了，另一种是产业结构的部门结构不合理。比如，印度虽然在软件业高居世界前列，产值很高，但是计算机、通信等信息设备制造非常落后，所以这一产业比例就比较低。显然，这种产业结构是不合理的，印度应该加快发展信息设备制造业。

2. 信息商品化部门的产值结构

信息商品化部门的产值结构是信息商品化部门的总产值占信息产业总产值的比例。这一比例也可以反映信息产业内的部门结构的合理性。如果比例过低，说明信息产业缺乏产业高度，需要大力发展。如果比例过高，有两种可能：一种可能是信息利用的水平比较高，产业结构确实已经高级化了；另一种可能是虽然应用水平高，应用领域广泛，但是信息设备和信息产业的借口依存度很高。显然，这种产业结构是不合理的。

3. 信息产业的软化率

信息产业的软化率是信息产业内信息商品化部门的产值与信息设备制造部门的产值的比例。

由于信息商品化部门通常被称为“软”产业，信息设备制造部门通常被称为“硬”产业，所以“软”产业产值和“硬”产业的产值的比例作为一种产值结构的指标，被称作信息产业软化率或软化系数。信息产业软化率越高，就是说信息产业中“软”产业产值是超过“硬”产业产值，就说明一个国家的信息化水平很高，信息产业的部门结构越高级、越合理。

12.3.4 信息产业的就业结构

根据信息产业的就业结构，既可以清楚地看出整个信息产业或信息产业内各部门的信息劳动者在整个国民经济中的地位和作用，也可以清楚地看出信息产业内各种信息职业的分布。前者可以说是信息产业外部结构的就业结构，后者是信息产业内部结构的就业结构。

关于信息产业内部的就业结构，是指各种信息职业的就业人数占全国总劳动人口比例的分布。

由于信息职业种类繁多，为了便于统计各种信息职业人数，联合国经济与发展组织将信息职业化分成四大类：

一是信息生产者，包括科技人员、信息采集与咨询人员、市场调查与协调人员等。

二是信息处理者，包括管理监督人员、信息处理控制与管理者、文秘与相关的办公人员等。

三是信息分配者，包括各类信息传播工作者。

四是信息基础设施职业者，包括各类信息设备的操作者。

其中，世界各个国家的信息处理者在信息劳动者中都占有最高的比例，其次是信息生产者，再次是信息分配者和信息基础设施职业者。有关研究数据表明，在美国、日本、英国、芬兰、澳大利亚等这些世界上公认的信息产业发达的国家中，信息部门劳动力占总就业人数的比重，在20世纪80年代就已达到30%～40%，90年代以后更是达到了50%以上；而我国在80年代，信息产业劳动力占就业总人数的比重仅为8.8%，到了90年代，我国的信息产业劳动力占就业总人数的比重上升为32.1%，虽然已取得了长足的发展，但我国的经济信息化程度和发达国家相比还是有一定差距的。可见，信息处理人员的匮乏，是阻碍发展中国家发展信息产业和实现国民经济信息化的主要原因之一。

12.3.5 信息产业的其他结构

除了上述结构之外，信息产业结构还包括技术结构、人才结构、产品结构、组织结构、区域分布结构等。

1. 技术结构

信息产业是一种技术密集型产业，其运行和发展离不开多种技术的支持。信息产业中的技术结构是指由信息产业在产业活动中使用的各种技术类型所组成的体系结构。按不同的标准，信息产业的技术结构有多种划分方式：

1）从技术的功能与作用来看，信息产业的技术结构包括信息获取技术、信息传递技术、信息处理技术和信息利用技术等。

2）从技术的特征来看，信息产业的技术结构由传感技术、通信技术、计算机技术、控制技术等组成。

3）从技术的适应程度看，信息产业的技术结构由落后技术、适用技术、先进技术和高新技术的功能组成。

4）按技术出现的先后和先进程度可以将信息产业中所应用的技术分为传统信息技术和现代信息技术。

5）左美云按技术的主次提出了如图12.5所示的信息产业技术结构体系。

2. 人才结构

人才是信息产业运行的主体，没有各种各样的人才，信息产业就不能成为一个产业。

1）从人才的知识结构看，信息产业的人才结构由各种专业型人才（如科技信息人才、经济信息人才、法律信息人才、管理信息人才等）和复合型人才所组成。

2）从人才的学历结构来看，信息产业的人才由大专、本科、硕士、博士等不同学历的人才所组成。

3）从人才的智能结构来看，信息产业的人才结构由理论研究型人才、技术操作型人才、组织管理型人才和业务工作型人才所组成。

由于信息产业是一个智力密集型产业，故对人才的知识结构和智能结构要求较高，在信息产业中，高学历、高职称、高智能的人才应占很大的比例，不同的信息产业部门对人才的要求也有所差异，信息生产业、信息传授业、信息咨询业等行业中应以学术水平较高、研究能力较强的理论研究型人才为主。

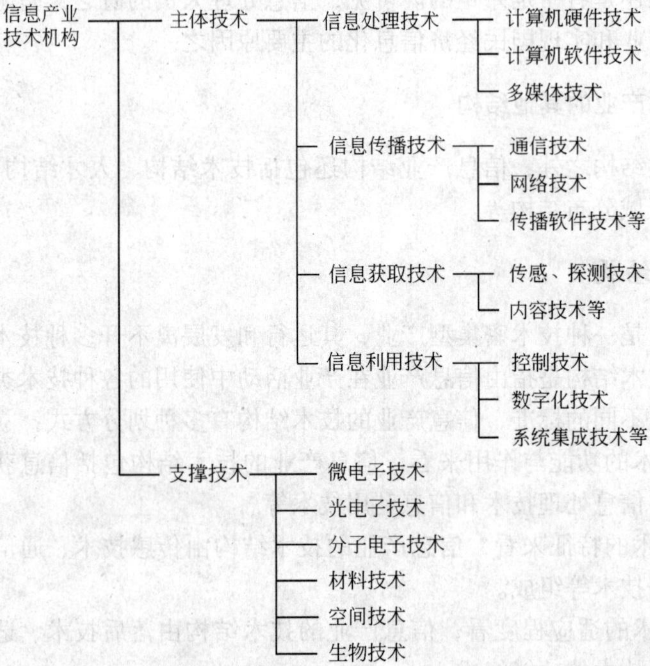

图 12.5　信息产业技术结构

资料来源：左美云．1998．知识经济的支柱——信息产业．北京：中国人民大学出版社

3. 产品结构

产品结构是信息产业微观结构中最基础的一种结构形态。由于信息产品是信息产业生产经营活动的成果，其结构及变化也必然反映出信息产业资源结构、人才结构、技术结构的构成与转换，信息产业产品结构的变化，也会导致信息产业人才结构、技术结构和部门结构的变化。

信息产业的产品结构复杂，产品的类型多样，由不同物质形态、不同加工深度、不同生产方式、不同内容性质、不同使用范围、不同生命周期的信息产品所组成。

12.4　信息产业在国民经济中的地位与作用

12.4.1　信息产业在国民经济中的地位

1. 信息产业是国民经济的基础产业

基础产业是整个国民经济的物质来源和物质基础，它的发展规模和水平制约着国民经济的发展速度和质量。基础产业如没有得到充分的发展，将成为国民经济发展的瓶颈。信息产业中的邮电通信、网络基础设施是国民经济重要的基础性产业，虽然邮电通信、网络基础设施的资本有机构成较高、需要的资金和设备较多、建设周期较长，但为国民经济创造的经济效益和社会效益要数倍甚至数十倍于企业自身的效益。比如在1985年，由于具有发达的计算机支付系统，美国现钞流通占流动资金的比例仅为7.1%，全国结算系统全年平均在途资金只有5亿美元，大大降低了相关费用，带来了极高的经济效益和社会效益。因此，各国对邮电通信、网络基础设施的发展都给予了较高的重视。信息产业的发展水平对其他产业的发展具有基础性作用，如同传统产业中的机械制造业为其他工业部门提供各种装备的作用一样。

2. 信息产业是国民经济的先导产业

在世界范围内蓬勃兴起的新技术革命的推动下，许多高新技术产业相继产生并构成新兴产业群，无论是宇航卫星通信、生物工程、海洋开发、光纤通信、新材料工业、新能源产业还是新兴服务业，都离不开具有核心地位和先导作用的信息产业作为其应用开发的突破口和带头部门。信息产业作为高新技术产业群的主要组成部分，是带动其他高新技术产业腾飞的龙头产业。其他高技术及产业的原理、机理的认识和控制以及功能、目标的设计和实现，无不依赖于信息技术的新突破和综合应用；其他高新技术产品都必然以相应的信息技术设备为其部件或功能子系统。事实上，许多高新技术及其产业难以突破的障碍都只有在信息技术及其产业取得相应突破后才能消除。如在被称为“生命科学阿波罗登月计划”的人类基因草图的诞生过程中，康柏公司的Alpha服务器为研究人员提供了出色的计算能力。业界分析人士称，在这场激烈的基因解码竞赛背后隐含的是一场超级计算能力的竞赛。因此，可以说，信息技术是其他高新技术的先导性技术，而基于信息技术发展的信息产业更是促进其他产业形成和发展的先导产业。

3. 信息产业是国民经济的支柱性产业

信息产业称为世界经济的支柱产业是必然的。首先，信息产业符合支柱产业的基本要求。从需求方面看，信息产业的收入弹性较高，潜在的市场空间很大；从供给方面看，信息产业的生产成本较低，具有较强的开拓和占领市场的能力。其次，信息产业带来国民经济增长的倍增效应，发展信息产业能够直接或间接地使国民经济成倍增长。信息技术在改造传统产业中的投入产出比，我国一般为1:4，发达国家甚至可达到1:10以上。

随着第三次科技革命的完成和信息产业的发展，信息产业在时间坐标上将成为继纺织工业、钢铁工业、电力工业、汽车工业之后的第五个支柱产业。信息产业的发展将推动整个国民经济产业结构的高度优化。信息产业创造的价值在国民生产总值中所占的比例将大大提高，国民经济发展将由以传统工业为主导转向以信息产业为主导。

4. 信息产业是国民经济的战略性产业

信息产业已经成为各国争夺科技、经济、人才和军事主导权和制高点的战略性产业，其中的软件产业和集成电路产业既是信息产业中独立的产业，又是与国民经济中其他产业紧密结合的产业，软件和集成电路成为信息产业的核心和关键，其渗透性极强。通信网络是国民经济的基础设施，网络与信息安全是国家安全的重要内容，强大的电子信息产品制造业和软件业是确保网络与信息安全的根本保障。各项信息技术体制标准已经成为世界各国经济主权的重要体现，信息技术和装备是国防现代化建设的重要保障。因此，美国、欧盟、日本等发达国家（地区）以及印度等发展中国家的政府近年来都纷纷制定信息产业发展战略，采取重大举措，大力发展信息产业，抢占世界经济竞争及信息安全的制高点。

12.4.2 信息产业对传统产业的影响和作用

信息产业作为新兴产业，既具有独立性，又对各个行业具有较强的渗透性，信息产业的发展给原有的传统产业的发展注入了新的活力因素。信息产业对其他传统产业产生的巨大的影响已经成为推动产业、经济乃至社会向前发展的内在动力。

1. 信息产业对传统产业的影响途径

信息产业对传统产业的影响主要通过以下几条途径：

1）信息产业的发展使生产过程中的技术、设备更新成为可能，并使企业的生产方式不断发生改变，劳动生产率不断得以提高。

2）信息产业中某些行业的协调发展可以为企业发展提供良好的人才基础，使生产的发展和全员劳动生产率的提高成为可能。

3）信息产业所提供的信息产品及信息服务使传统产业的经营方式、管理方式发生了变化，提高了传统产业的产品质量和效益，减少了决策过程中的失误。

4）信息产业中房地产管理、行政机关等部门的发展为传统产业的发展创造了良好的外部环境，提供了必需的资金保证、风险补偿等机制。

5）信息产业中信息基础设施制造业的发展为传统产业提供了良好的信息设备，使企业的生产方式、经营方式、管理方式、营销方式等方面发生重大变化，提高了传统产业的生产效益和经营效益。

2. 信息产业对第一产业的作用分析

第一产业包括农业、林业、畜牧业，它们的共同特点是产品基本上从自然界中取得，属有形物质产业。因而，自然环境或者说自然条件对第一产业的影响较大。

一般而言，产业经济的发展，在超越第一产业范围之后，自然条件的影响力逐渐减弱。也就是说，对初级产品的依赖性逐渐降低。因此相对来说，第一产业对信息产业的作用具有间接性，它只是为信息产业提供最基本的物质基础。但不可否认，信息产业的发展壮大在相当程度上依靠农业剩余劳动力的转移。反之，信息产业作为高知识、高技术产业以其高渗透性、高效益性、高增殖性的特点，对现代农业有着广泛而深刻的影响。主要表现在：

1）通过实现农业机械设备的电气化、自动化、智能化，大大提高农业劳动生产率。

2）通过先进的农业科学技术的发明创造，如改良动植物品种，改善农药、化肥效能，可以大大提高农副产品的产量和质量，并降低生产成本。

3）通过环境技术的发明及应用，协调农业生产与自然关系，维护农业的可持续发展。

4）及时、准确地提供与农业生产供销有关的咨询服务，减少天灾及人为因素带来的危害。

5）通过农业人员的技术培训提高农业劳动力的素质，进而实现增产增收。可见，信息产业在提高农业劳动生产率的同时，也为自身的发展创造了生存的空间。

3. 信息产业对第二产业的作用分析

第二产业是我们通常所说的工业。在近代，工业的迅猛发展，曾在一时近乎覆盖了人类社会整个物质生活资料的生产领域。工业在需要农业作为基础的同时，也创造了服务业，即交通运输、商业、通信、保险等行业。随着科学技术的迅猛发展，工业与信息产业的关联作用越来越强。一方面，高度发达的工业为信息产业的形成和发展奠定了坚实的物质基础和提供了巨大的资金保障。另一方面工业的发展创造了对信息产业广泛而迫切的需求。信息产业对以工业为代表的第二产业的作用是相当直接的并且是相当强的。主要表现在：

1）通过对工业生产工艺设备的改造及技术创新，大大提高了劳动生产率，降低了劳动成本，借此大幅度提高了产品的数量和质量。

2）通过新材料、新能源的开发，开拓了新的资源领域或提高了原有资源的利用率。在创造新的工业产品的同时，使新的生产部门及服务行业不断涌现。

3）通过对劳动者的教育培训，提高工业劳动者的文化素质，紧密了生产资料、生产工具与生产者之间的结合，为创造现代经济增长提供了可能性和必然性。

4）通过信息传递方式的革命性转变，加快了工业企业之间的竞争，为工业的成熟发展创立了良好的市场经济环境。

5）信息产品、信息服务以及信息技术设备的提供使第二产业面临的信息环境发生改变，改变了第二产业的生产方式、经营方式和管理方式，提高了产品质量和生产效益，为传统工业带来了新的曙光。

4. 信息产业对第三产业的作用分析

第三产业是指繁衍于有形财富生产活动之上的无形财富生产的服务性产业。它又可分为传统的服务行业和新兴的服务行业。前者包括商业、饮食业、运输业等；后者包括通信、咨询、言行等技术服务以及文教、科研、卫生、法律等。

随着信息技术的快速发展，其产品通过广泛的实用化和商品化，使一些行业部门从第三产业中分离出来，形成了一个全新的产业——信息产业。所以，信息产业与第三产业有着相当密切的关联，信息产业对第三产业的促进作用也最为明显：

1）信息技术及信息服务的提供扩展了服务性行业的经营领域和范围，例如通信技术的发展使异地会诊、远程办公、电子购物等活动成为可能。

2）信息技术的应用改变了传统服务业的经营方式，不仅能够提高服务性行业的工作效率，而且也为这些部门带来了直接的经济效益和良好的社会效益。

3）信息技术的更广泛应用也使第三产业内部的产业部门间出现了重新调整的态势，新兴的服务部门不断涌现，原有的服务部门相互融合、重组，使服务性产业内部结构不断向前发展。

5. 信息产业与传统产业的互动关系

由于信息产业是高渗透、高增值的战略性新兴产业，它除了在产业内部自我循环和增值外，更重要的是通过对传统产业进行改造，在使传统产业增值的过程中拓展自己的市场发展空间。前者即为“信息产业化”，后者即为“产业信息化”。信息产业与传统产业之间的相互促进关系，是通过信息产业的有效供给与传统产业对其的有效需求保持动态平衡来实现的。如图 12.6 所示。

传统产业由于信息化而产生的大量需求，为信息产业提供了广阔的应用领域，并培养出一批能将信息技术与传统产业结合起来的复合型人才，同时还为信息产业提供丰富的原始产业数据和信息。信息产业则向传统产业提供信息技术、信息设备、信息内容和信息服务，从而推动传统产业的信息化进程，并极大地增

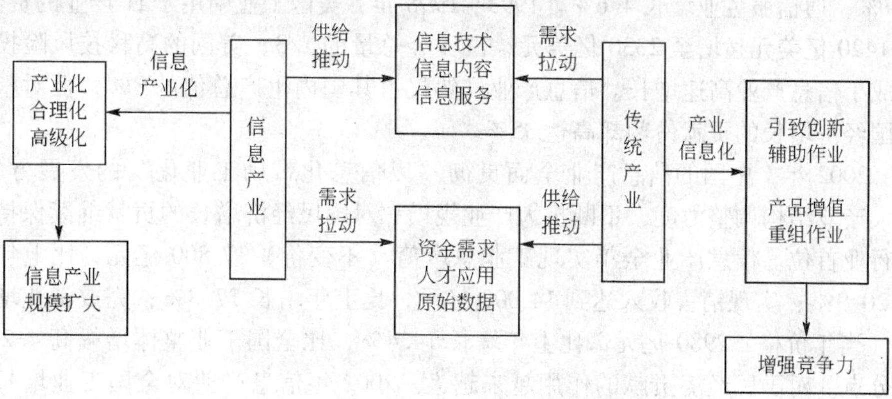

图 12.6　信息产业与传统产业的互动模型

资料来源：曲维枝. 2002. 信息产业与我国经济社会发展. 北京：人民出版社

强了传统产业的竞争力。随着传统产业的有效需求向大范围、高层次发展，信息产业日趋合理化、高级化，信息产业的规模也不断扩大。

综上所述，信息产业在国民经济中具有极其重要的地位和作用。信息产业的快速崛起带动了相关产业的发展，信息技术已经成为世界经济产业结构调整的驱动力。社会与经济发展水平越高，信息产业的作用也越大，而信息产业比重越大的国家，社会与经济的发达程度也越高。两者相辅相成，互相推进。

12.5　信息产业对经济增长的影响分析

12.5.1　信息产业对经济增长的贡献

经济增长是一个国家经济实力的体现，而经济实力表现在产品与劳务的产量上，产量增长收入也就增加。因此产量的增长是经济增长的体现。在经济学中使用“国内生产总值”概念表示一个国家的国内总产值，所以，经济增长往往指国内生产总值的增长。

传统的新古典经济增长理论强调人力资源的数量和企业的固定资产，新经济增长理论更关注的是人力资源的质量和科技的进步程度；而政府加大对信息产业的投资对经济增长的作用也已引起经济学家们的广泛关注，并被进一步引进到新古典的模型之中。

纵观目前一些发达国家和新兴工业化国家发展经济的经验，可以发现这些国家的经济增长走的是一条高科技推进、高强度投入、高效益产出的现代经济增长道路。以美国为例，其信息产业从 1993 年到 1999 年在国民经济中的比重由 6% 升至 8%。其中，信息服务和计算机软件每年增长 10.7%，硬件业每年增长

9.9%，通信服务业增长4.6%。1993~1998年，美国工业中用于IT产业的资金，从1420亿美元猛增至2330亿美元，占资金总量的1/3，美国的高科技风险投资促成了信息产业高速增长。信息产业虽然仅占其国内生产总值的8%，但对整个美国经济增长的贡献份额却高达35%。

2002年，中国的信息产业全面贯彻“以信息化带动工业化”的发展方针，加大产业结构调整力度，不断扩大产业规模，对国民经济增长的贡献继续保持在各行业首位。信息产业全年实现工业总产值（不变价）17 800亿元，比上年增长20.9%；实现销售收入达到14 000亿元，比上年增长17.8%，完成工业增加值（当年价格）2980亿元，比上年增长14.4%，比全国工业整体增幅高4.2个百分点。对国民经济贡献的作用越来越大。2002年信息产业对全国工业增长的贡献率达到10.4，拉动全国工业增长1.1个百分点，位于国民经济各行业之首。

从各个国家经济增长的轨迹分析，信息产业对经济增长的促进主要有两个方面：

1. 信息产业的发展是经济增长的动力

从20世纪70年代后期到80年代，受到以信息化为特征的新技术革命的重大影响，世界产业结构进入了新一轮的重组。利用信息技术对传统产业进行改造，加速了产业结构的调整和向信息产业的转移。

根据非均衡经济增长理论，经济增长与产业结构的变动有着密切的相关关系，产业结构的演进过程就是经济发展的过程。经济发展水平的提高在相当大的程度上取决于产业结构的优化，而信息技术是产业结构优化的基础。在进行工业化的过程中，传统产业受到市场容量和科学技术的制约，经济增长必须转向依靠高于平均增长率的新兴产业——信息产业来支持；通过结构性转换来实现技术创新和产品创新。各国经济发展表明，任何一个国家经济的持续、稳定、协调、长远的发展，都依赖于该国产业结构的优化。当今各国产业结构的优化主要通过发展信息化，促进信息技术产业化——信息产业来实现。通过引入信息技术促进产业结构的变革，加快信息产业的发展，为新经济增长创造良好条件。

2. 信息化促进内生技术进步是经济增长的源泉

经济增长理论研究表明，当今经济增长的最主要动力之一是信息，越来越多的人们担心因信息不灵而处于与世隔绝的孤立状态，担心因信息系统失灵而造成巨大损失。

传统的经济增长理论认为，经济增长取决于可利用物质、资本与劳动力等要素。随着科技进步的影响日益增大，这种理论已经无法解释许多经济活动现象。传统增长理论将技术进步假定为由某种外生力量所决定，并按某种外生的速度发展，技术进步不在资本产品中。内生经济增长理论与传统经济增长理论相反，它认为：技术进步是内生的，并且原有意义上的劳动力概念也应为人力资本。这样，支撑经济增长的主要因素有人力资源、可供利用的物质资源、管理效能和技术水平，其中人力资源（掌握科学技术的人力资源）和技术水平（能转化为实现生产力的科技成果）实质上就是科学技术。科学技术在发达国家经济增长的作用目前已达72%，而投资增加的作用不到30%。

内生经济增长理论还将技术进步具体化为专业化的知识，认为专业知识和人力增加积累是现代经济增长的主要推动力。罗默在其内生增长模型中假定有四种投入：资本、劳动、人力资本和技术。这样，生产函数可写成：

$$Y(H_y,X,L) = H_y^{\alpha}L^{\beta}\sum_{i=1}^{\infty}X_i^{1-\alpha-\beta} \tag{12.1}$$

最终产出 Y 是劳动力（L）、物质资本（X）和用于最终产品（H_y）以及人力资本 H 的函数。模型假定每种特定的资本对产出具有单独作用。

研究部门的投入是人力资本 H 和已有的知识存量，产出是新设计、新技术。假设第 j 种技术的产出为 $\delta H_j A_j$，其中为生产率系数。若考虑知识是共享的，则技术 j 的产出为 $\delta H_j A_j$。所有研究的总和则为：$A = \delta H\alpha A$。

选取代表性的最终产品生产企业，对于所有资本品 $X(i)$ 和对应的价格 $P(i)$，选择利润最大化：

$$\max\int_0^{\alpha}[H_y^{\alpha}L^{\beta}X(i)^{(1-\alpha-\beta)} - P(i)X(i)]\mathrm{d}i$$

由此，可推出对资本的总需求：

$$P(i) = (1-\alpha-\beta)H_y^{\alpha}L^{\beta}X(i)^{(1-\alpha-\beta)} \tag{12.2}$$

该模型引入了知识的外在性，进一步将知识视为除资本、劳动之外的第三个生产要素。在现代经济中，知识作为生产函数的投入要素产生知识效应，和其他要素相比，知识要素的投入更为重要，其投资收益也更为明显。作为知识产品的软件来看，发达国家的软件信息化的发展对人力资本提出了新要求，即具有更高的知识与信息应用能力。当今世界发达国家的劳动力结构已经由产业型转向服务型和智力型，发达国家信息部门劳动力占全社会劳动力的比例迅速上升。美国信息技术人才结构显示，在以信息技术为代表的信息产业中，具有学位和高中毕业后经两年以上培训的人员占40%～60%。

信息产业形成于20世纪60～70年代，目前正步入高速发展阶段。随着社会信息化进程的加快，信息产业已成为跨世纪的支柱产业，其兴衰决定着整个经济的走向，信息产业作为经济的一部分与经济增长有着密切的联系。

信息产业是高渗透型、知识智力密集型、更新快、受科技进步影响大、要求有大量智力和高智能投入、产出效益高、增长快、需求广、就业面广、对劳动者文化层次要求高、综合性强、省资源、无公害的产业。我国电子信息市场一直保持快速增长，在国民经济中的作用不断提升。1998 年信息产业工业增加值占 GDP 比重约为 1.0%；2001 年这一比重为 1.8%；2002 年信息产业仍然是拉动全国工业增长的主要力量；2003 年以来，信息产业的产业规模仍然名列全国工业各行业之首。

信息产业对经济增长的影响表现在两个方面：一是信息产业对经济增长产生直接的影响。信息产业作为经济活动的组成部分，其就业规模和产值规模的不断扩大，意味着经济活动规模的扩大，信息产业自身的发展直接促进了经济的增长。二是信息产业对经济增长产生间接影响。主要表现为信息产业与其他产业之间存在着很强的关联性。第一，信息产业与其他产业存在着前向关联性。信息产业的发展要依赖于其他产业对信息产业产品的需求，其他产业部门对信息产业最终产品的需求越大，信息产业的发展就越能有效地促进其他产业的扩张，从而推动其他产业的发展。第二，信息产业与其他产业存在后向关联性。信息产业的发展也依赖于其他产业的最终产品，信息产业对其他产业部门最终产品的需求越强烈，就越能有效地促进其他产业的发展。如，金融保险业和房地产业是信息产业的组成部分，它们与其他产业和信息产业内部行业有着较强的前向联系和后向联系。房地产业可以带动建材业的发展，金融保险业能带动信息设备制造业、信息基础设施、房地产业的发展，居民收入水平提高对金融保险业和房地产业的需求增长等。科学文化教育事业也是如此。一方面，社会各行各业对它们的需求日趋增大，使其对社会发展产生较大的推动作用；另一方面，科学文化教育事业对信息设备、信息基础设施的需求增大，带动着这些行业的发展，从而信息产业通过对经济产生直接和间接影响，使产业结构得到调整，朝着优化方向提升，最终提高经济增长率水平。

同时，经济发展水平又是信息产业发展的基本要素之一，它决定着信息产业发展的规模和水平，经济发展的水平越高，信息产业发展所需的技术、人才、资金、设备、基础设施等条件就越好，能够极大地促进信息产业的发展。

12.5.2 测度信息产业对经济增长贡献的模型

信息技术正在极大地改变当代的社会经济生活，信息产业在极大程度上转化为经济增长和生产率增长，在过去 10 年里信息产业对经济增长的推动效应在提升。根据 OECD 的研究报告，1990 ~ 1996 年，世界主要工业国家生产力的增长有 17% 归功于 IT 产业的投资。

1. 模型分析

目前，用于计算信息产业对经济增长贡献的计量模型不尽相同，但对于驱动信息技术对经济生产力增长之贡献的因素，可通过以下模型分析。

技术进步的定量研究始于索洛（R. Solow）1957年发表的《技术进步与总量生产函数》，自此，各国经济学家创造和发展了多种技术进步的测量模型，归纳起来主要有生产函数模型、指标体系模型、投入产出模型等。根据我们的研究，为了准确地度量、评价技术进步的作用，有必要在生产函数中引进时间因素，即动态生产函数。因此，我们将对生产函数模型进行一些必要的修正，并以此测算信息技术对中国经济增长的作用。其形式为：

$$Y = F(X_1, X_2, \cdots, X_n; t) \tag{12.3}$$

式中，X_1，X_2，…，X_n 为 n 种投入要素；t 表示时间。

这种生产函数最早是由卡多儿（N. Kaldor）提出的。我们只考虑劳动力和资本两种生产要素，此时的动态生产函数为：

$$Y = F(L, K, t)$$

这种生产函数又分为三类：①中立的技术进步，又称希克斯（Hicks）中性的技术进步，生产函数形式为：$Y=A(t)F(L,\ K)$。②劳动节约型的技术进步，又称为哈罗德（R. F. Harod）中性的技术进步，生产函数的形式为：$Y=F[A(t)L,\ K]$。③资本节约型的技术进步，又称为索洛中性的技术进步，生产函数的形式为：$Y=F[L,\ A(t)K]$。

在实证研究中使用得较多的是希克斯中性技术进步的假定。我们在本书中关于信息技术对经济增长的研究中也采用希克斯中性技术进步的假定，并且采用柯布－道格拉斯生产函数。在中性技术进步的假定下柯布－道格拉斯动态生产函数形式为：

$$Y = A(t)L\alpha, K\beta \tag{12.4}$$

式中

$$A(t) = A_0 e^{\mu t} \tag{12.5}$$

则

$$\frac{1}{Y}\frac{\mathrm{d}Y}{\mathrm{d}T} = \alpha\left(\frac{1}{L}\frac{\mathrm{d}L}{\mathrm{d}t}\right) + \beta\left(\frac{1}{K}\frac{\mathrm{d}K}{\mathrm{d}t}\right) + \mu \tag{12.6}$$

式（12.6）的左边表示产出的增长率，右边第一项是劳动力的增长使产出增长的部分（α 为产出的劳动力弹性）；第二项为资本的增长使产出增长的部分（β 为产出的资本弹性）；μ 表示由于技术进步而使产出增长的部分，称为技术进步率。

估计技术进步率的方法一般有两种：

方法一是将式（12.6）两边取对数得：

$$\log Y = \log A_0 + \mu_t + \alpha \log L + \beta \log K \tag{12.7}$$

然后用时间序列数据来估计其中的参数。

方法二是将式（12.6）的各项用年增长率代替（$\triangle t=1$ 年），得：

$$\frac{\Delta Y}{Y}=\alpha\frac{\Delta L}{L}+\beta\frac{\Delta K}{K}+\mu \tag{12.8}$$

然后，用各变量的年增长率数据来估计上述各参数。

由于

$$\frac{\mu}{\Delta Y/Y}+\frac{\alpha\Delta L/L}{\Delta Y/Y}+\frac{\beta\Delta K/K}{\Delta Y/Y}=1$$

令

$$\eta_T=\frac{\mu}{\Delta Y/Y},\quad \eta_L=\frac{\alpha\Delta L/L}{\Delta Y/Y},\quad \eta_K=\frac{\beta\Delta K/K}{\Delta Y/Y} \tag{12.9}$$

分别称之为技术进步、劳动力增长、资本增长对产出增长的贡献度。

2. 模型求解

1）根据1991～2002年《中国统计年鉴》的数据加以整理，得到中国农业、工业、服务业以及整个国民经济的生产总值、资本和从业人员的数据如表12.4所示。用表12.4的数据计算出，1990～2001年，我国国内生产总值年平均增长率为16.53%（图12.7）。同时，利用式（12.8）和式（12.9）计算出技术进步、劳动力投入、资本投入对国民经济增长以及农业、工业、服务业的贡献度分别为

$$\eta_T=36.26\%,\quad \eta_L=2.87\%,\quad \eta_K=60.87\%$$

其中，参数估计值分别为：$\mu=6.665\%$，$\alpha=0.476$。

$$\eta_T=7.25\%,\quad \eta_L=-3.5\%,\quad \eta_K=99.4\%$$

其中，参数估计值分别为：$\mu=0.546\%$，　$\alpha=0.476$。

$$\eta_T=64\%,\quad \eta_L=4.46\%,\quad \eta_K=31.54\%$$

其中，参数估计值分别为：$\mu=13.34\%$，$\alpha=0.476$。

$$\eta_T=7.68\%,\quad \eta_L=18.63\%,\quad \eta_K=73.69\%$$

其中，参数估计值分别为：$\mu=1.45\%$，$\alpha=0.476$ 。

表12.4　1990～2001年传统三产业产值、资本和从业人员数据表

年份	总产值 Y/亿元				资本 K/亿元				从业人员数 L/万人			
	农业	工业	服务业	合计	农业	工业	服务业	合计	农业	工业	服务业	合计
1990	5 017	7 717	5 814	18 548	29	1 766	1 192	2 987	38 914	13 856	11 979	64 749
1991	5 289	9 102	7 227	21 618	34	2 415	1 991	4 440	39 098	14 015	12 378	65 491
1992	5 800	11 699	9 139	26 638	40	3 076	2 940	6 056	38 699	14 355	13 098	66 152
1993	6 882	16 428	11 324	34 634	48	3 725	4 153	7 926	37 680	14 965	14 163	66 808
1994	9 457	22 372	14 930	46 759	58	4 089	5 469	9 616	36 628	15 312	15 515	67 455

续表

年份	总产值Y/亿元				资本K/亿元				从业人员数L/万人			
	农业	工业	服务业	合计	农业	工业	服务业	合计	农业	工业	服务业	合计
1995	11 993	28 538	17 947	58 478	74	4 693	6 132	10 899	35 530	15 655	16 880	68 065
1996	13 844	33 613	20 428	67 885	108	5 110	6 838	12 056	34 820	16 203	17 927	68 950
1997	14 211	37 223	23 029	74 463	139	5 159	7 794	13 092	34 840	16 547	18 432	69 820
1998	14 552	38 619	25 174	78 345	201	4 875	10 293	15 369	35 177	16 600	18 860	70 637
1999	14 472	40 557	27 038	82 068	252	4 801	10 890	15 943	35 768	16 421	19 205	71 394
2000	14 628	44 935	29 879	89 442	314	4 729	11 530	16 573	36 043	16 219	19 823	72 085
2001	14 610	49 069	32 254	95 933	373	4 710	2 524	17 607	36 513	16 284	20 228	73 025

资料来源：根据1991～2002年《中国统计年鉴》数据整理

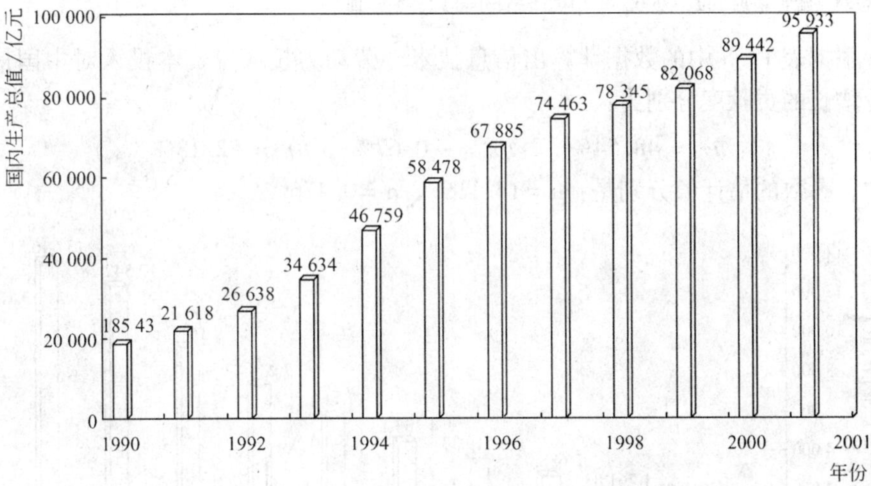

图12.7 1990～2001年我国国内生产总值增长

资料来源：根据1991～2002年《中国统计年鉴》数据整理

2）我们从1992～2002年《中国统计年鉴》和有关资料中划分出电子及通信设备制造业和邮电通信业的相关数据来近似代替信息产业的相关数据，如表12.5所示（由于中国统计年鉴的统计口径还是按传统三产业的划分来统计的，因此没有信息产业的相关统计数据）。依表12.5的数据可以计算出，1991～2001年，中国信息产业年平均增长29.07%（图12.8）。

表12.5 1991～2001年电子及通信设备制造业和邮电通信业数据表

年份	总产值Y/亿元	资产K/亿元	从业人员数L/万人
1991	969.08	391.81	267.4
1992	1 219.87	477.71	267.1
1993	1 761.83	772.66	250.2

续表

年　份	总产值 Y/亿元	资产 K/亿元	从业人员数 L/万人
1994	2 688. 05	1 037. 31	269. 3
1995	3 519. 33	1 358. 14	281. 5
1996	4 393. 13	1 911. 43	278. 4
1997	5 694. 32	1 915. 25	279. 4
1998	7 324. 77	2 371. 22	49. 1
1999	9 161. 78	2 641. 68	250. 7
2000	12 342. 28	3 788. 41	251. 2
2001	13 546. 51	4 575. 19	254. 3

资料来源：根据 1992 ~ 2002 年《中国统计年鉴》数据整理

根据表 12. 5 中的数据计算出信息技术、劳动力投入、资本投入对中国信息产业增长的贡献度分别为：

$$\eta_T = 48.54\%, \quad \eta_L = -0.67\% \quad \eta_K = 52.13\%$$

其中，参数的估计值分别是：$\mu = 14.11\%$，$\alpha = 0.476$。

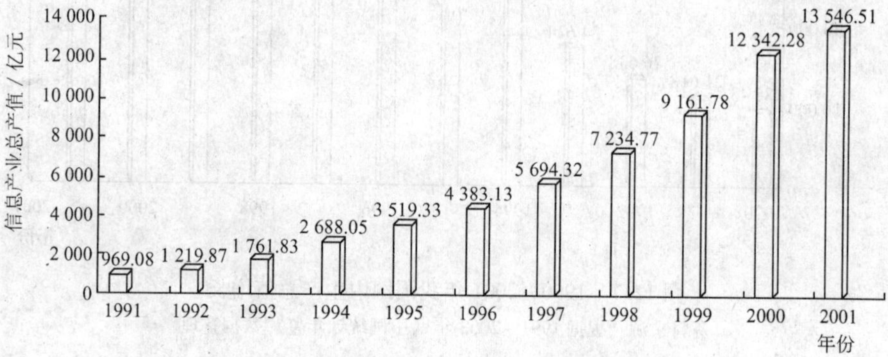

图 12. 8　1991 ~ 2001 年我国信息产业年增长

资料来源：根据 1991 ~ 2001 年《中国统计年鉴》数据整理

3. 结论分析

上述计算结果表明，中国国民经济增长的份额中，资本投入的贡献度最大占了 60. 87%，其次是技术进步占了 36. 26%，而劳动力投入只占了 2. 87%。这充分说明中国现阶段还处在粗放型经济时代，即主要是由于生产要素的投入使得经济增长。根据中国“九五”规划和 2010 年远景目标的规定，“九五”期间经济增长率年均要达到 8% 左右。过去十几年来支撑经济高速增长的一些因素将会逐步减弱。因此，加快实现经济增长方式从粗放型向集约型的转变成为我们面临的十分迫切的紧要任务。实现增长方式从粗放型向集约型的转变，就意味着要提高经济增长的信息含量、技术含量，而减少粗放成分，即扩大再生产成分。

传统的3个产业中，农业的信息化程度很低，它们的经济增长几乎是靠大量投入而得到的。服务业的信息化程度也很低，其增长主要靠资金和劳动力的投入来实现。而中国工业的增长主要是靠技术进步来实现，其技术进步的贡献度达到64%，反映出现阶段中国对工业产业结构的改造和优化取得了一定的成果，使得中国工业在劳动力基本不变，资金投入年均增长12.53%的情形下，产值达到年平均20.84%的高速增长。

中国信息产业增长中，信息技术进步的贡献度为48.54%，资金投入的贡献度为52.13%。从上面计算中可以看到，中国信息产业的增长速度保持在29.07%，与传统的3个产业相比较增长速度是最快的。但同时我们也应清晰地看到其资金投入的增长速度为28.92%，这表明中国信息产业的产业结构还有待调整和优化。

12.6 案例分析：中国GDP与信息产业相关度

根据1990~2002年《中国统计年鉴》的数据加以整理，并提取1989~2001年的各年数据为样本数据，进行如下分析，如表12.6所示。

表12.6 1989~2001年信息资源丰裕系数指数、GDP指数、固定资产指数和就业指数

年份	1989	1990	1991	1992	1993	1994	1995	1996	1997	1998	1999	2000	2001
Y	1	1.096 9	1.278 5	1.575 4	2.048 3	2.765 3	3.458 4	4.014 7	4.403 7	4.633 3	4.844 2	5.289 6	5.673 5
I	1	1.165 4	1.385 2	1.648 1	1.134 1	2.582 4	3.208 4	3.952 1	4.931 8	6.168 7	7.591 4	9.272 5	11.364 3
K	1	1.024 2	1.268 5	1.832 1	2.964 0	3.864 1	4.539 1	5.195	5.655 1	6.440 7	6.769 2	7.463 7	8.437 7
L	1	1.155 1	1.171 2	1.184 8	1.199 6	1.214 5	1.228 1	1.244 4	1.257 9	1.264 3	1.275 8	1.286 0	1.302 7

资料来源：根据1990~2002年《中国统计年鉴》数据整理

1. 模型与数据分析

为了测度信息产业对经济增长的拉动作用，这里采用信息资源丰裕系数指数I、GDP指数Y、固定资产指数K和就业指数L，运用模型$Y = aI^bK^cL^d$进行回归分析。

信息资源丰裕系数

$$I = R_1 + R_2 \tag{12.10}$$

式中，R_1和R_2的含义如下：

1）R_1表示基本信息资源生产能力：$R_1 = (P_1 + P_2 + P_3)/M$。其中，$P_1$为

三种专利申请授权量（发明、实用新型和外观设计）；P_2 为图书、杂志和报纸出版数量；P_3 为录像和录音制品出版数量；M 为测度期测度范围内的人口总数。

2）R_2 表示基本信息资源的发展潜力：$R_2 = S_1 + S_2$。其中，S_1 为信息资源的储备潜力；S_2 为信息资源的处理能力。

$$S_1 = (Q_1 + Q_2 + Q_3 + Q_4 + Q_5 + Q_6)/M \qquad (12.11)$$

其中，Q_1 为计算机拥有量（计算机拥有量）；Q_2 为文化设施拥有量（图书馆、博物馆和文化馆）；Q_3 为新闻设施拥有量（广播电台、电视台、电视机拥有量）；Q_4 为娱乐设施拥有量（影剧院、剧场、体育场）；Q_5 为邮电设施拥有量（邮政局所、邮电业务总量）；Q_6 为通信设施拥有量（交换机容量、电话机拥有量）。

$$S_2 = (T_1 + T_2 + T_3 + T_4 + T_5)/M \qquad (12.12)$$

其中，T_1 为测度范围内识字人数；T_2 为中小学、高等教育在校人数；T_3 为科学研究和综合技术服务人员数；T_4 为国家机关、政党机关和社会团体人员数；T_5 为信息咨询服务人员数。

对上述模型进行转化得：

$$\ln Y = A + b \times \ln I + c \times \ln K + d \times \ln L \qquad (12.13)$$

代入数据可得：

$$\ln Y = -0.0049 + 0.2527\ln I + 0.5776\ln K + 0.1031\ln L \qquad (12.14)$$

$$(2.0866) \quad (5.1047) \quad (0.1795)$$

$$R_2 = 0.9914 \quad DW = 1.0588 \quad F = 268.8415$$

该结果表明：1989～2001 年，中国实际 GDP 与信息要素之间的相关关系显著；进而表明，该时期内中国信息丰裕系数的对数每增长 1 个单位能够引发 GDP 指数的对数增长 0.252 7 个单位，说明信息要素对经济增长具有强影响度。

2. 模型的局限性

由于模型中省略了影响经济增长的其他一些因素，从而会可能出现多重共线性；同时，信息要素的测定到目前为止还没有形成共识，且其数据搜集非常困难，给研究工作带来极大的困难；中国存在严重的隐性失业使得就业水平不能反映经济活动对劳动力的真实需要，使得模型中就业指数与信息丰裕系数指数和固定资产投资指数存在多重共线性，这里表现为回归方程中的就业指数的系数的 T 检验不能通过，DW 检验的结果显示模型存在着正相关关系。但这一切不会影响该模型在解决现实问题中的作用。

【关键概念】

信息产业　信息产业特征　信息产业分类　信息产业形成机制　信息产业结

构 产值结构

【思考与练习】

1. 信息产业有哪些特征？如何理解这些特征？
2. 信息产业是如何形成的？形成的标志是什么？
3. 国内外对于信息产业是如何分类的？
4. 信息产业有哪些主要的产业结构？
5. 信息产业对传统产业的影响作用有哪些？
6. 信息产业对经济增长的贡献体现在哪几方面？

第 13 章 信息经济测度理论与方法

要考察一个国家或地区的信息经济发展规模不能单凭抽象论证和主观推断，必须要有相应的定量测度分析和评估。本章主要介绍国内外信息经济测度的理论与方法，对各种信息经济测度方法进行述评。通过本章的学习，要求：了解信息经济测度的理论；熟悉信息经济测度的方法；能够利用某种方法进行信息经济的测度。

13.1 信息经济测度理论

自宏观信息经济学形成以来，国内外许多的学者对信息经济进行了测度，已经形成了一套基本的测度理论与方法，而且都已用于实际的测算工作之中。最早开展这方面研究的是已故的美国经济学会前会长弗里兹·马克卢普（Fritz Machlup），他在 1962 年出版的一本名为《美国的知识生产与分配》（*The Production and Distribution of Knowledge in the United States*）的著作中，率先提出了“知识产业”（knowledge industry）的概念，以此为基础对美国知识产业的规模做了初步的测算，发现知识产业占 1958 年美国国内生产总值的 29%，占劳动力的 32%；1971 年，澳大利亚经济学家 Lamberton 在《信息与知识经济学》著作中进一步扩展了马克卢普的理论。1977 年，美国斯坦福大学马克·波拉特在美国商务部资助下，以《信息经济》为题完成博士论文，出版了九卷本的《信息经济》著作，进一步拓展了马克卢普的信息经济思想；1995 年 Schement 等《信息时代的趋势与强度：美国信息的生产与分配》和 1986 年 Rubin 等《1960 ~ 1980 年美国的知识产业》先后对马克卢普和波拉特的研究方法和结果进行了改进。1977 年 OECD 成立了信息社会指标工作组，他们在信息社会测评方面做了大量开创性的工作。1981 年 OECD 对九个成员国进行了测度，2002 年出版了《测度信息经济》，2003 年提出了信息社会测度分析框架。1984 年美国银泉公司测度了委内瑞拉信息经济；1988 年约瑟夫·萨博等对匈牙利信息经济进行了测度；汉斯·恩格尔布雷希特对韩国信息经济进行了测度；贾斯瓦娜等对泰国、委内瑞拉、菲律宾、新加坡、新西兰、斐济、巴布亚新几内亚、马来西亚、澳大利亚、印度尼西亚等国信息经济进行了测度；1994 年布恩等人对南非信息经济进行了测度；1997 年开始卡卢纳尔顿等对澳大利亚、巴布亚新几内亚进行了测度。1986 年中国科技促进发展研究中心对 1985 年中国信息经济进行了测度；1987 年上海科情所郭沪玲等完成上海 1980、1982、1985 年度信息经济的测度；1989 年叶明完成江苏省信息经济测度；贺铿等对湖南岳阳信息经济发展规模进行测度；刘建完成对北京地区信息经济的测算研究；1993 年，靖继鹏等对吉林省 1990、1991 年信息产业进行了测度；刘毅对香港信息产业结构进行了分析；有些学者对广州、湖北等地信息产业进行了测度，并进行了一般分析。

对信息经济进行测度，是分析信息经济对经济增长贡献、经济结构变化和未来发展趋势的一个重要手段。信息经济测度理论和方法始于 20 世纪 60 年代，在 70 年代得到发展，80 年代得到了广泛的应用。目前，能够形成完整的信息经济测度理论体系的主要有美国经济学家马克卢普的知识产业测度理论与方法和波拉特的信息经济测度理论与方法，而国内有影响的是吉林大学靖继鹏教授提出的综合信息产业力度法。

13.1.1　马克卢普信息经济测度理论体系

弗里兹·马克卢普，奥地利裔美籍经济学家，早在 20 世纪 50 年代他就开始了对知识和知识产业的研究。1962 年马克卢普在他的《美国的知识生产与分配》一书中，在关于"生产知识产业及其职业"中正式提出"知识产业"这一概念，并给出了知识产业的一般范畴和最早的分类模式。马克卢普的知识经济测度理论被认为是最早进行信息经济测度的理论。

1. 马克卢普信息经济测度的基本理论

马克卢普对知识产业的研究，是从微观的市场竞争与垄断的不完备性开始的，最后扩展到对宏观的知识产业的研究。马克卢普的研究包括了有关专利制度、研究与开发的投入、国家的各级教育、与教育制度相关的知识生产与传播的各类社会活动，几乎囊括了所有的知识生产与信息资源配置活动，即产业组织研究—剖析垄断与竞争的不完备性—分析抑制竞争的因素（专利制度）—专利竞争及其研究和发展投入的关系—教育—与教育有关的其他生产知识的基础性活动—美国知识生产与分配，形成了知识产业研究的体系。

马克卢普认为，知识产业是或者为自身所消费，或者为他人所消费而生产知识，或者从事信息服务和生产信息产品的组织或机构。其中信息产品指以生产、传播和接收知识为主要目的（功能）的有形产品，如记录纸、报纸、期刊、图书、唱片、磁带、办公用品和信息设备等。信息设备是指以生产、传播和接收知识为目的，或以信息服务为目的的机械、器具、装置和设施。知识生产者利用"来自于他人的丰富的信息储存，并在其中增加许多自身的创造天才和想象力，而且他们还能够发现某个已被接受的事物和与其进行信息交流的事物之间的新的相互影响和联系”，从而形成新的知识或信息。

知识产业及其在“教育产业、研究与开发产业、通信媒介产业、信息设备产业和信息服务产业”等五个层次上的组成是马克卢普信息经济理论的核心。

2. 马克卢普信息经济测度体系

知识产业及其五个层次的划分，是马克卢普信息经济理论的核心内容，马克卢普在此基础上建立起对美国知识生产与分配的最早的测度体系，如图 13.1 所示。

- 教育
  - 家庭教育
  - 职业培训
  - 宗教教育
  - 军事教育
  - 中小学教育
  - 高等教育
  - 商业与职业培训
  - 政府教育项目
  - 公共图书馆等
- 研究与开发
  - 基础研究
  - 应用研究
  - 发展研究
- 通信媒介
  - 印刷与出版（书籍、小册子、杂志、报纸）
  - 文具办公用品、商业印刷
  - 摄影、速记
  - 戏剧、音乐、电影
  - 广播、电视、广告、公共关系
  - 电话、电报、邮政服务、会议等
- 信息设备
  - 印刷业设备
  - 乐 器
  - 电影设备
  - 电话电报设备
  - 信号设备
  - 测量观察和控制仪器
  - 办公用设备
  - 计算机设备等
- 信息服务
  - 专业服务（法律服务、工程建筑服务、医疗服务、会议等）
  - 财政金融服务（支票存款业务、证券经纪人、保险代理人、不动产代理人等）
  - 批发商服务、各种商业服务
  - 政府服务等

图 13.1 马克卢普信息经济测度体系

资料来源：靖继鹏. 2003. 应用信息经济学. 北京：科学出版社

这个体系主要有以下几个部分组成。

1）教育产业方面包括：家庭教育、职业培训、宗教教育、军事教育、中小学教育、高等教育、商业与职业培训、政府教育项目、公共图书馆、隐含的教育成本（学生放弃的收入、建筑物与场地的隐含租金等）、免税学校的成本、交通书籍与衣料等。

2）研究与开发方面包括：基础研究、应用研究、发展研究。

3）通信媒介产业方面包括：印刷与出版（书籍、小册子、杂志、报纸）、文具办公用品、商业印刷、摄影、速记、戏剧、音乐、电影、体育表演、广播、电视、广告、公共关系、电话、电报、邮政服务、会议等。

4）信息设备产业方面包括：印刷业设备、乐器、电影设备、电话电报设备、信号设备、测量观察和控制仪器、打字机、办公用设备、计算机设备、办公机器零部件等。

5）信息服务产业方面包括：专业服务（法律服务、工程建筑服务、医疗服务、会计等）、财政金融服务（支票存款业务、证券经纪人、保险代理人、不动产代理人等）、批发商服务、各种商业服务、政府服务等。

马克卢普信息经济测度方法就是将知识产业从现存的统计体系中筛选出来，然后逐个进行测算和平衡。

13.1.2 波拉特信息经济测度理论的体系

1977年，美国斯坦福大学马克·波拉特在美国商务部资助下，以《信息经济》为题完成博士论文，出版了九卷本的《信息经济：定义与测量》著作，进一步发展了马克卢普的信息经济思想。在这套著作里，他对信息经济的理论与方法进行了开创性的研究，提出了一整套测量信息经济规模和结构的方法，这一方法被OECD所采纳，成为用来测算其成员国经济发展水平的权威方法。这种经济测度的模式，被称为“波拉特范式”。

1. 波拉特信息经济测度的基本理论

波拉特信息经济测度基本理论主要由三部分组成：首先波拉特明确了若干个概念，为理论分析打下了良好的基础；其次是从市场的角度，按信息市场的供求关系分析信息经济的结构；最后对信息部门进行了区分，形成了可操作的信息经济测度体系。

在波拉特信息经济测度理论中涉及以下一些概念：

（1）信息活动

给“信息”和“信息活动”下一个合理的、具有经济意义的、可以量化的定义，是建立信息经济理论首先要解决的问题。

波拉特认为：信息是组织好的、能传递的数据或资料。信息活动是信息产品和信息服务在生产、处理、流通、分配过程中所消耗掉的一切资源。或者说，信息活动是指与消耗在生产、处理和分配信息商品及信息服务过程中所有资源相关的经济活动。也就是说，一切用于处理、使用和传播的全部人力、机械、商品和服务都是信息活动所要消耗的资源。一切与信息活动相关的各种信息设施和设备，诸如以信息活动为目的而使用的电话、印刷机械、管理人员、程序员等，都是从事信息活动不可缺少的要素。

（2）信息资本

“信息资本”指的是对与信息生产和信息服务等信息活动相关的各种信息设施和设备的投资。比如，为了满足信息消费者对于信息或信息活动的需求，需要使用的打字机、计算机、复印机、电子计算机、终端设备、电话、传真机、微波通信和卫星接收装置都属于信息资本范畴。还有办公室、教学楼等“信息建筑物”，它们的基本作用是为从事信息活动提供相应的信息环境，所以也是信息资本的组成部分。

（3）信息劳动者

波拉特将社会劳动者划分为信息劳动者、非信息劳动者、复合劳动者。

信息劳动者指的是为满足个人、企业、团体或政府对信息的需求，社会上所出现的以提供信息服务或生产信息产品为中心的职业劳动者。比如，科研人员、工程师、教师、设计师、绘图员、管理人员、秘书、书记员、会计师、律师、广告人员、文艺工作者、体育明星等都是信息的创造者或传播者。他们不断地创造信息，传播信息，所以都是社会的信息劳动者。

波拉特从美国422种职业中归纳出五大类信息劳动者（表13.1）：

1）知识生产与发明者。

2）知识分配者。

3）市场调查与管理人员。

4）信息处理工作者。

5）信息机械操作者。

表13.1　波拉特测度理论关于美国信息劳动者分类及信息职业一览表

信息劳动者	信息职业种类	信息职业
知识生产与发明者	科学、技术工作者	自然科学家、社会科学家、工程学家
	私人信息服务提供者	律师、法官、医生、设计师、建筑家等
	电子计算机专家	程序员、系统分析员、其他计算机专家
	金融保险业专家	会计师、保险师、精算师、银行及金融管理者等

续表

信息劳动者	信息职业种类	信息职业
知识分配者	教育人员	各类教师、教练员
	公共信息提供者	图书馆员、档案馆员、博物馆员、文化管理人员
	大众传播工作者	作家、艺术家、编辑、记者、摄影家、广告制作者、广播电视播音员等
市场调查和管理人员	信息收集人员	统计调查员、走访员、公共事业检查员、测量员、核算统计员、检查员、鉴定员
	市场调研人员	购买者调研员、销售方调研员、广告代理人、推销员、销售代理人
	计划、管理工作者	行政官员与企业经营者，作业管理者（包括：事务管理员、邮政管理员、车辆管理人员、航空管制员、生产管理员等）
信息处理工作者	非电子信息处理劳动者	各类秘书、文书管理人员、通信办事员、信息投递员、统计办事员、记录员、检查员、注册员、收发员、铁路乘务员
	电子信息处理劳动者	银行窗口职员、核算办事员、账簿员、现金出纳员、打字员、销售事务人员、持有政府执照的人员、放射线技师
信息机械操作者	非电子机械操作员	速记员、复印机操作员、装订员、排字员、制版工、印刷工
	电子机械操作员	账簿核算操作员、计算机操作员、数据处理机修理员、办公机器保管员
	电器通信劳动者	电报员、电话员、电话修理员、电话架设员、广播操作员、广播电视修理员

资料来源：靖继鹏. 2004. 信息经济学. 北京：清华大学出版社

（4）信息职业

信息职业划分的标准，在于分析这些劳动者的主要收入是否来自所从事的信息劳动。

因为人类社会本来就是一个充满信息的社会，所有的人类社会活动都不同程度地包含有某种成分的信息采集、处理和使用的内容，完全离开信息和信息活动，人类就不可能生存下去。但是，我们既不能说所有的劳动者都在从事信息职业，也不能要求完全从事信息活动的劳动者才是在从事信息职业，更不可以要求其他劳动者一点也不涉及信息活动。所以波拉特信息经济测度理论将社会职业划分为两类：信息职业与非信息职业。信息职业主要是从事符号信息处理活动或者从事某种高智能性的符号信息处理活动（如知识创造性的发明活动）的职业，详见表 13.1。非信息职业主要是从事机械性的操作活动（如在车间操作车床）

的职业。

波拉特还认为，大约有28种职业具有显著的复合特征。他于是进一步将这28种职业划分为两种类型：一类是信息部门与服务部门各占50%的复合职业，另一类是信部门与工业部门各占50%的复合职业，如表13.2所示。

表13.2　波拉特测度理论复合职业一览表

信息部门与服务部门各占50%		信息部门与工业部门各占50%
医　生	船长、海员、零售	其他的车间主任
持政府证书的护士	商　人	木材检查员、测量员、定级员
营养师	零售事务员	其他分类的检查员
临床检查技师	其他办事员	线路测量员
保健记录技师	零售店主（薪给）	制造业检查员、试验员
放射线诊断技师	零售店主（自营）	定级员、分类员
设计人员	十人服务业主（薪给）	
非食品的销售人员	十人服务业主（自营）	
协会工作人员	事业服务业主（薪给）	
站　长	事业服务业主（自营）	
广告宣传人员	收发员	

注：薪给，指零售店主拥有经营权，不拥有所有权；自营，指零售店主既拥有经营权也拥有所有权

资料来源：靖继鹏.2004. 信息经济学. 北京：清华大学出版社

2. 波拉特信息经济测度体系

波拉特将美国的国家产业划分出116个信息行业，将它们分为八大类，构成一级信息部门。将这些仅满足政府或非信息企业内部消费而提供的信息产品和服务的部门，统称为二级信息部门。波拉特在此基础上建立了一套可以量化测算信息产业发展规模的测度体系，如图13.2所示。

波拉特理论中的二级信息部门的核算与分析与一级信息部门相比更复杂，波拉特假设不在市场上销售的信息服务的价值是由生产这种服务所消耗的劳动构成。在此假设下，可以认为二级信息部门的附加值可由两部分组成：一是非信息部门内信息工作者的收入，二是非信息部门所购置的信息资产的折旧与损耗。非信息部门内的信息部门称为准信息产业，一般是指非信息部门内部执行计划、财务管理、通信、电子计算机处理、研究与开发、技术服务和文秘等活动的部门。如表13.3所示。

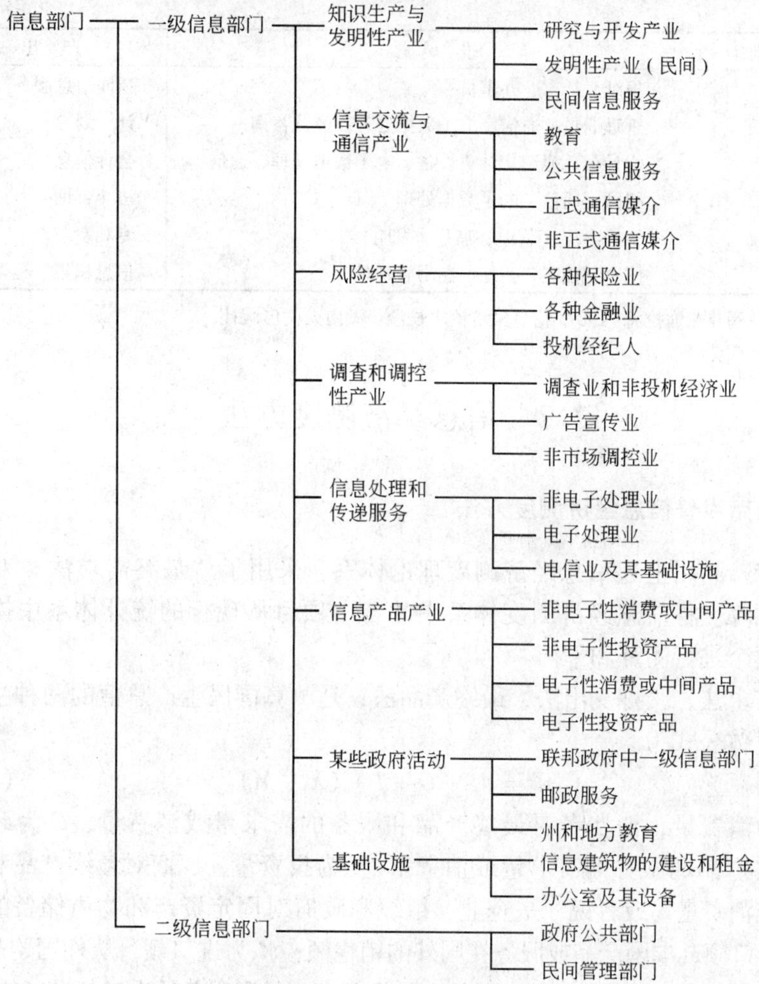

图 13.2　波拉特信息部门分类体系

资料来源：靖继鹏 . 2004. 信息经济学 . 北京：清华大学出版社

表 13.3　非信息产业内部部分典型的准信息产业

假设产业类别	投　入	产　出
电子数据处理	电子计算机、外围装置、程序设计、咨询	电子数据处理服务
广　告	艺术家、照相排版技术、电视影片装置	广告、宣传
书信打字员	秘书、打字机、纸张	信、商业电函
复　印	静电复印机、机械操作人员、纸张	复制品
印　刷	印刷机、装订机、印刷装订技术人员	印刷物
直接邮递	地名印刷机、计算机、档案、印章机、信封	邮政服务
研究发展	研究室、电子数据处理、科学家、技术人员	新知识、发明专利

续表

假设产业类别	投 入	产 出
杂志剪贴	报纸、杂志、办事员	新闻信息服务
经营管理	管理职员、通信、电子数据处理、经营咨询	计 划
会 计	会计员、簿记、计算设备、电子数据处理、通信	会计信息
法 律	律师、通信、电子数据处理	法律咨询
专利、著作权	知识生产（著作、唱片、发明）	专利费
图书检索	图书、档案、橱柜、图书管理员	信息积累、检索

资料来源：马克·波拉特. 1989. 信息经济论. 长沙：湖南人民出版社

13.2 信息经济测度方法

13.2.1 马克卢普信息经济测度方法

马克卢普利用上述信息经济测度理论体系，采用了“最终需求法”对信息产业进行测算。将信息经济测度体系中的各个项目从现行的统计体系中挑选出来，然后逐个进行测算和平衡。

最终需求法，又称支出法、最终产品法，是测算国民生产总值的两种主要方法之一，具体公式为

$$GNP = C + G + I + (X - M) \tag{13.1}$$

式中，C 为消费量，消费者对最终产品和服务的需求量或消费量；G 为政府采购，对最终产品和服务的需求量或消费量；I 为投资量，厂商对最终产品和服务的需求量或消费量，或者说，是企业、组织和政府对固定资产和物质储备的总投资；X 为出口额，本国产品或服务在国外的销售额；M 为进口额，从外国购进的产品或服务的销售额。所以（$X-M$）是出口净额，产品和服务的出口与进口的差额。

根据最终需求法，马克卢普选择对美国 1958 年信息经济的现状进行了测算，测算的结果如表 13.4 所示。

表 13.4 1958 年美国知识产业分支测度表

知识产业分支	价值/百万美元	构成比例/%	占国民生产总值比例/%
教 育	60 194	44.1	12.6
研究与开发	10 990	8.1	2.3
通信媒介	38 369	28.1	8.0
信息设备	8 922	6.5	1.9
信息服务	17 961	13.2	3.8
知识生产总量	136 436	100.0	28.5

资料来源：靖继鹏. 2004. 信息经济学. 北京：清华大学出版社

通过对 1958 年信息经济的测度，可以得出以下三点结论：

第一，1958 年美国信息产业生产总值为 136 436 百万美元，同年美国国民生产总值（GNP）478 900 百万美元，信息产业生产总值占国民生产总值的 28.5%。美国知识产业各分支对国民生产总值的贡献度由高至低依次为：教育、通信媒介、信息服务、研究与开发、信息设备。

第二，1947 ~ 1958 年，美国国民生产总值中信息产业按 10.6% 的综合增长率在增长，信息生产的增长率是其他生产部门的平均增长率的 2.5 倍。

马克卢普据此预言，在不久的将来，美国的信息生产总值将超过国民生产总值的一半。果然不出马克卢普所料，10 多年后，到 1972 年时，美国的信息生产总值就达到了国民生产总值的 50%。

第三，美国在 1958 年时从事信息职业的劳动力已占就业总人数的 31.6%。

马克卢普还对美国信息职业劳动者的收入分配进行了统计，结果向人们提供了一项关于信息产业迅速发展的有力证据。统计显示，1947 ~ 1958 年，美国信息职业收入的年平均增长率为 10.68%。其中电视业、计算机业增长最为强劲，如表 13.5 和表 13.6 所示（司有和，2001）。

从表 13.5 和表 13.6 可以看出，大多数信息职业的收入显示出非常强劲的增长势头，明显高于同期传统职业收入的增长率。在各类信息职业中，通信媒介职业的平均收入增长较为缓慢，增长最快的是信息设备的生产与操作职业。

表 13.5　1954 ~ 1958 年美国信息职业收入的平均增长率

知识职业	收入的平均增长率/%	知识职业	收入的平均增长率/%
教　育	13.95	信息设备	22.16
研究与开发	18.38	信息服务	7.96
通信媒介	6.33		

资料来源：陈禹，谢康．1998．知识经济的测度理论与方法．北京：中国人民大学出版社

表 13.6　1947 ~ 1958 年收入增长率超过 10% 的美国信息职业一览表

信息职业		收入增长率/%	
		1954 ~ 1958 年	1947 ~ 1958 年
教　育	中小学教育	9.5	（1948 ~ 1958）12.0
	高等教育	13.2	（1948 ~ 1958）7.5
	联邦教育项目	24.9	
研究与开发	基础研究	17.97	（1949 ~ 1958）16.4
	应用研究	18.8	（1949 ~ 1958）16.4

续表

信息职业		收入增长率/%	
		1954～1958 年	1947～1958 年
通信媒介	出版（书籍、小册子）	10.71	7.4
	速　记	9.6	6.1
	广播电视业：	14.8	
	电　视	3.7	
	广播电视维修	（1954～1957）10.7	77.2
	广播电视投资	（1947～1957）18.3	18.3
	电　话	9.3	10.9
信息设备	电话电报设备	10.6	
	计算机及其设备	104.4	6.2
	办公用设备零部件	（1953～1958）30.2	
信息服务	专业服务：会计服务	（1953～1958）11.8	12.2
	金融服务：证券经纪人	9.4	
	各种商业服务	10.6	15.5

资料来源：陈禹，谢康．1998．知识经济的测度理论与方法．北京：中国人民大学出版社

13.2.2 波拉特信息经济测度方法

波拉特在确定一级信息部门的过程中，有些产业如计算机产业、电信产业等可以直接从制造业中划分出来，但是，有些产业是难以划分的，需要做具体的调查来确定信息生产与服务的份额。波拉特在其专著中以金融、内科医生事务所、不动产和建筑业四个产业为例做了具体的说明。

在确定了一级信息部门的基础上，波拉特分别采用最终需求法和增加值法测算了信息部门的产值。最终需求法在前面进行了介绍，而增值法就是将所有部门的销售额或营业收入扣除从别的部门购买生产资料的支出之后余额相加，求得一定时期内社会生产的新增加价值总额的一种计算方法。用增值法测定信息市场的产值时，需要运用投入产出矩阵，并把其产品不采用商品形态的非独立的信息部门的增加值也计算进去。

对二级信息部门产值的测算是把这类不直接进入市场的信息产品和服务价值，看作是由这些产品和服务在生产时所消耗的劳动力和资本这两种职员的价值所构成。即二级信息部门的增加值由以下两个可测算的投入量构成：① 在非信息行业就业的信息劳动者的收入。② 非信息行业购入信息资本的折旧。

波拉特利用美国劳工统计局编制的按产业划分的详细的就业结构矩阵，将该矩阵中的职工人数变换为职工收入，从而可以根据产业分类测度美国非信息产业内部的信息劳动者的收入额。同时利用美国经济分析局编制的按产业分类的资本流量矩阵，通过预先设定若干假设条件，从而计算出非信息产业内部信息资本的折旧。通过非信息部门内部的信息劳动者收入和信息资本折旧两大数据，建立起二级信息部门的账户体系。

波拉特运用最终需求法测算出，1967 年美国一级信息部门的产值占美国 GNP 的 21%，二级信息部门对最终需求的销售占美国 GNP 的 3.4%。

他运用增值法测出 1967 年美国一级信息部门的产值占美国 GNP 的 25.1%，二级信息部门占 GNP 的 21.1%。就是说 1967 年美国 GNP 的 46.2% 是由信息部门通过市场和非市场创造的。

他还测算出 1967 年美国信息劳动者人数占总就业人口的 45%，信息劳动者总收入占就业者总收入的 53.52%，信息部门就业人员的收入比非信息部门就业人员的平均收入高 38%（司有和，2001）。

波拉特通过对美国劳动力构成长期趋势的考察认为，自 1955 年后所有信息部门就业人数的比重迅速提高，大约一半的劳动力都与某种信息服务有关，到 20 世纪 70 年代，该比例已达到 55%，如图 13.3 所示。

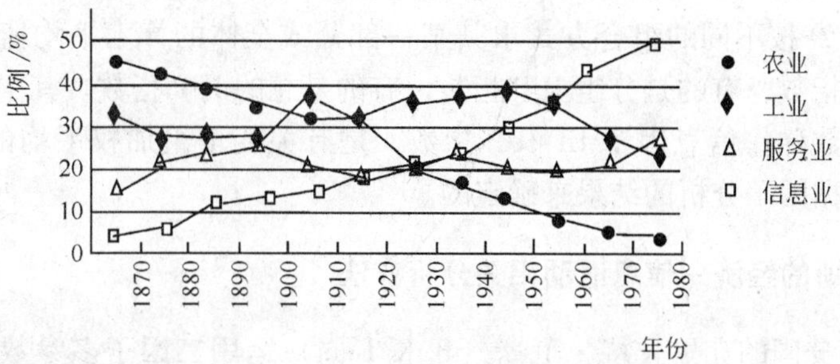

图 13.3　按四大产业方式统计的美国劳动力构成的历史情况

资料来源：乌家培等. 2002. 信息经济学. 北京：高等教育出版社

我国国家统计局是采用收入法（要素分配法）来计算 GNP，具体公式为

$$
\begin{aligned}
\text{GNP} &= \text{劳动者收入（职工工资 + 职工福利基金）+ 利润 + 税金} \\
&\quad + \text{净利息支出 + 固定资产折旧 + 其他} \\
&= \text{净产值 + 折旧}
\end{aligned}
\tag{13.2}
$$

我国有关部门和有关省市在测算一级信息部门增加值时，基本上都采用了收入法。

对二级信息部门增加值的测算非常困难。波拉特的方法是把不向市场出售的信息服务的价值看作是由提供这种服务所消耗的劳动力以及资本这两种资源的价值所构成的。

我国有多个研究案例根据波拉特方法并结合自身实际，对二级信息部门的增加值采用如下的估算公式：

$$
\begin{aligned}
\text{二级信息部门增加值} &= \text{二级信息部门的信息劳动者收入} \\
&\quad + \text{二级信息部门的固定资产折旧} \\
&= \text{二级信息部门的信息劳动者人数} \\
&\quad \times \text{（人均工资 + 人均固定资产折旧）}
\end{aligned}
\tag{13.3}
$$

13.2.3 IUP（信息利用潜力指数）模型

IUP 模型是由联合国教科文组织委托美国加利福尼亚大学图书情报研究院伯克（H. Borko）教授和该组织顾问、法国学者迈纽（M. J. Menou）提出的一种测度方法。1980 年 11 月完成第一阶段工作，1982 年 11 月发表最终报告。

IUP 模型是多变量、多层次的信息环境评估模型，包括反映一个国家信息基础结构和信息利用潜在能力的各种变量共达 230 个。其中 27% 反映国家的基本条件，20% 反映信息的需求和使用，53% 反映信息资源和活动。这 230 个变量按结构和功能两大方面进行分组，产生出 21 个结构组和 17 个功能组，分别属于三个结构子集和六个功能子集。

该模型的数据处理主要包括：① 对原始数据进行标准化，得出各变量的无量纲的值；② 按不同的组合方式求其某一部分或全体的算术平均值，即产生一系列的 IUP 指数，有的是分组 IUP 指数，有的是总的 IUP 指数。其中，最重要的一个综合指数称作信息因子 EF-IUP 指数，是有关变量组加权平均的综合结果，其权重是根据因子分析的结果来确定的。

13.2.4 厄斯的经济 - 信息活动相关分析方法

1982 年美国的克里夫特 · 厄斯（B. K. Eers）运用三因子多参数模型分析了 87 个欠发达国家的信息活动与经济社会发展的相关性。

厄斯的方法主要是通过 49 个变量做相关分析，衡量每个国家社会经济发展程度与其信息活动水平的相关性，它以三个主要因子来衡量每个国家的信息活动水平。这三个因子是文字传播总量（written communication）、技术（technology）、图书馆（libraries）。每个因子下面又分多个参数，这样就构成三因子多参数模型。然后根据每个因子的分析结果对 87 个欠发达国家进行排序、分类。同时，社会经济发展状况则按 GNP 值排序，以反映经济实力对信息活动的影响。

13.2.5 综合信息产业力度法及改进

目前国际上常用的几种信息经济测度方法有马克卢普测度法和波拉特测度法。1982 年以来，中国科技发展促进研究中心、上海科技情报所、北京市科技情报所、吉林大学、武汉市科委情报处曾先后运用波拉特测度法进行了信息经济的测度研究。由于上述方法都不足以全面反映一个国家或地区信息经济的发展情况，为此，吉林大学靖继鹏教授设计了一套新的测度方法——综合信息产业力度法。

1. 指标确定

该方法以定性分析和定量分析相结合，应用现代科学的精髓——对称性，选择合理的构成要素，建立指标数量适度的指标体系，能够从整体上来描述综合信息产业力。而且，还可以进行国与国、地区与地区之间的横向比较，比较结果也是比较客观的。

综合信息产业力是反映信息经济总体概况的。在进行具体指标选择时，通过采用层次分析法，既考虑了方法的科学性、理论的合理性，又考虑到数据的可取性、指标的可比性，以及综合测度的可操作性、结果的可靠性等。因此，综合信息产业力主要由信息产业发展潜力、信息产品的开发力、信息产业生产力、信息资源流通力、信息资源利用力及信息产业平衡力等力度组成，这六种力又由许多具体指标组成，如图 13.4 所示。

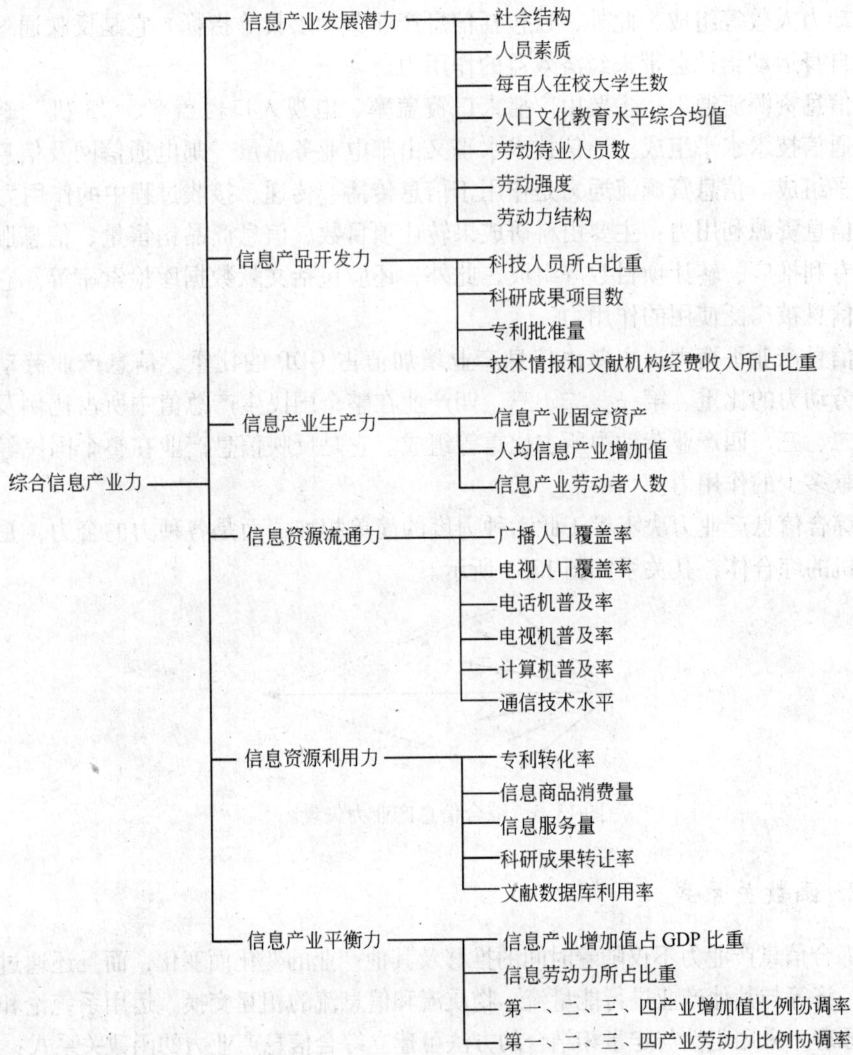

图 13.4　综合信息产业力度法的指标体系

信息产业发展潜力：主要由社会结构、人员素质、每百人在校大学生数及人口文化教育水平综合均值组成，此外，还应包括待业人员数、社会劳动强度、社会劳动力结构等指标。它是影响信息产业发展的潜在作用力。

信息产品开发力：主要由科技人员比重、科研成果项目数、专利批准数及县以上政府部门属研究与开发机构经费收入中技术情报和文献机构经费收入所占比重等组成，此外，还应包括信息产业技术开发人员数、信息产业技术开发机构数等指标。它是科学技术有效的、合理的应用，并最大限度地发挥整体功能，取得理想产出的作用力。

信息产业生产力：主要由信息产业固定资产、信息产业人均增加值和信息产业劳动力人数等组成，此外，还包括信息产业劳动工具等指标。它是反映通过信息的自身运动给社会带来经济效益的作用力。

信息资源流通力：主要由广播人口覆盖率、电视人口覆盖率、“3 机”普及率及通信技术水平组成。通信技术水平又由邮电业务总量、邮电通信网及信息技术水平组成。信息资源流通力是作用于信息传播、传递、接收过程中的作用力。

信息资源利用力：主要由科研成果转让项目数、信息商品销售量、信息服务量及专利推广、转让项目数等组成，此外，还应包括文献数据库检索率等。它是反映信息被广泛使用的作用力。

信息产业平衡力：主要由信息产业增加值占 GDP 的比重、信息产业劳动力占总劳动力的比重、第一、二、三、四产业在整个国民生产总值中所占比例及第一、二、三、四产业劳动力所占比重等组成。它是反映信息产业在整个国民经济中贡献多少的作用力。

综合信息产业力决不等于此六种力度的简单相加，而是各种力的合力，是一个有机的综合体，其关系如图 13.5 所示。

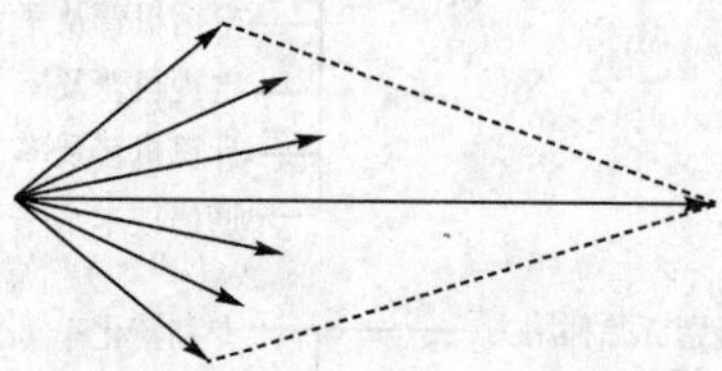

图 13.5　综合信息产业力矢量图

2. 函数关系式

综合信息产业力不仅随着时间的推移及其他产业的变化而变化，而且还通过科技、经济等与其他产业进行能量流、物质流和信息流的相互交换。运用系统论和动力学原理，采用定性与定量相结合的方法可建立综合信息产业力的函数关系式：

设综合信息产业力的六个力——信息产业发展的潜在力、信息产品开发力、信息产业生产力、信息资源流通力、信息资源利用力及信息产业平衡力等 n 个结构要素 x_1，x_2，x_3，…，x_n 作为变量并组成投入量，则综合信息产业力的实际产出量 Y_t 为：

$$Y_t = F(x_1, x_2, x_3, \cdots, x_n, t) \tag{13.4}$$

式中，t 为时间变量；x_1，x_2，x_3，…，x_n 为 t 的函数。

这是综合信息产业力函数的一般形式。

为简单起见，对以上综合信息产业力函数进行简化。通过系统分析，可以从信息产业综合构成要素中归纳出影响大的三个变量：

1）“硬”变量 H_t：它包括信息产业的潜在力、信息产品开发力、信息产业生产力和信息资源流通力。

2）“软”变量 S_t：它是指信息资源利用力。

3）“协同”变量 K_t：它是指信息产业平衡力。

信息产业平衡力本来也是“硬”变量，但为了反映当前信息产业在整个国民经济体系中的地位，把它当作一个协调系数更符合研究的实际。

根据式（13.4）有：

$$Y_t = F(H_t, S_t, K_t) \tag{13.5}$$

综合信息产业力是运用动力原理和方法研究信息产业发展潜在力和实力的合力。根据牛顿第二定律：$\sum F = k \cdot m \cdot a$，综合信息产业力可表示为：

$$Y_t = H_t \cdot S_t \cdot K_t \tag{13.6}$$

式中，H_t 为信息产业力的“质量”；S_t 为信息产业力的“加速度”，它决定信息产业力“硬”指标的有效发挥程度；K_t 为协同系数。

3. 综合信息产业力的预测

为了更好地了解信息产业的发展情况，需要对信息产业力进行预测。其预测公式如下：

$$\mathrm{d}Y_t = (1 + \rho t) Y_0 \mathrm{d}t \tag{13.7}$$

式中，ρ 为综合信息产业力年增长率；Y_0 为指定的某一年的综合信息产业力。

4. 对综合信息产业力度法的改进

（1）改进的原则

考虑到经过改进的综合信息产业力度法应该保留原有方法的精髓，总体思路及测度方法不应有太大变动，可以主要对指标进行改进。改进后的指标体系应该数量适度，既能反映信息产业的现实能力和潜在能力，又能反映信息产业的有形能力和无形能力，把定性分析与定量分析有机地结合起来，更重要的是，新的指标体系能够在现代信息技术环境下更好地发挥作用。

（2）指标的重新设定

1）信息产业发展潜力。

“人员素质”、“每百人中在校大学生人数”、“人口文化教育水平综合均值”相关度较大，从获得数据的可获得性角度考虑保留“每百人中在校大学生人数”这一指标，并将其改为“每百人中普通高校在校学生数”。

“劳动待业人数”和“社会劳动力结构”相关度较大，考虑保留“社会劳动力结构”。

改进后信息产业发展潜力中包括“社会结构”、“社会劳动强度”、“每百人中普通高校在校学生数”和“社会劳动力结构”四项指标。

2）信息产品开发力。

考虑将“技术情报和文献机构经费收入所占比重”这一指标改为“信息产业R&D经费投入量”，这样更能代表信息产业对信息产品开发的能力。

改进后信息产品开发力中包括“科技人员所占比重”、“科研成果项目数”、“专利批准量”、“信息产业R&D经费投入量”四项指标。

3）信息产业生产力。

信息产业生产力之下只含有“信息产业劳动力人数、信息产业固定资产、信息产业人均增加值”并不完善，因为这三项指标只说明生产力中“量”的问题，对它的研究还应该有“质”的表现，由此应增加“信息产业劳动生产率”这一指标。

改进后信息产业生产力中包括“信息产业劳动力人数”、“信息产业固定资产”、“信息产业人均增加值”、“信息产业劳动生产率”四项指标。

4）信息资源流通力。

“电视机普及率”和“电视人口覆盖率”相关度较大，保留“电视人口覆盖率”这一指标。

近年来网络技术迅速发展，互联网业务已经成为信息产业中重要的组成部分，同时也成为信息传输和流通的重要手段。由此，将“计算机普及率”改为“互联网普及率”。

改进后信息资源流通力中包括“广播人口覆盖率”、“电视人口覆盖率”、“电话机普及率”、“互联网普及率”、“通信技术水平”五项指标。

5）信息资源利用力。

将“专利转化率”、“科技成果转化率”两项指标相结合，改为“无形资产转化率”，无形资产的含义更为广泛，不仅包括专利、科研成果，还包括专有技术、计算机软件、版权等，将指标设定为“无形资产转化率”能更全面地反映信息资源利用的能力。

从数据的可获得性方面考虑可将“信息商品销售量”和“信息服务量”两项指标合并成“信息商品和服务的销售利润”。

改进后信息资源利用力中包括“信息商品和服务销售利润”、“无形资产转化率”、“文献数据库利用”三项指标。

6）信息产业平衡力。

“信息产业劳动力占总的比重”与信息产业生产力中“信息产业劳动力人数”相关性大，故可删去此项。

“信息产业增加值占 GDP 比重”与信息产业生产力中“信息产业人均增加值”相关性较大，可删去此项。

为了更好地反映信息产业在整个国民经济中贡献的作用力，增加“信息产业总资产贡献率”这一指标。

改进后信息产业平衡力中包括“信息产业总资产贡献率”、“第一、二、三、四产业增加值比例协调率”、“第一、二、三、四产业劳动力比例协调率”三项指标。

重新设定后的指标体系如图 13.6 所示。

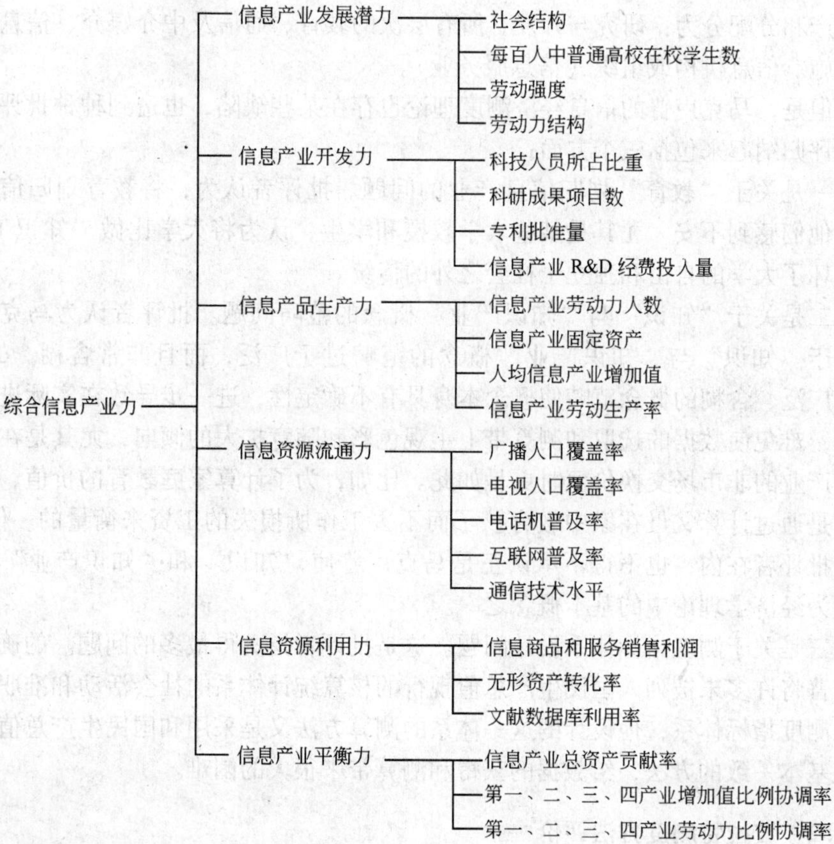

图 13.6　改进后的综合信息产业力度法的指标体系

改进后的综合信息产业力度法，可以全面地测度信息产业及信息经济的发展情况，能够具体地描绘出信息产业在整个国民经济中的地位，并为指定产业政策提供科学依据。该测度方法具有说服性、合理性、实用性和科学性等特点。它是多种理论综合运用的有机合成体，在学术上有很大的价值。当然，随着技术的发展和环境的变化，此方法指标体系的要素和指标选择还将继续变化，希望此方法能得到更广泛的应用，为信息产业和信息经济的发展起到更大的作用。

13.3 信息经济宏观测度方法的评价

13.3.1 马克卢普信息经济测度方法评价

马克卢普采用最终需求法对信息经济进行测度，是最早的宏观信息经济的测度理论和方法，具有开创性的意义。知识产业及其在五个层次上的构建是马克卢普信息经济理论的核心，也是其测度体系的核心之一。他将30个产业部门的知识生产和分配分为：研究与开发、所有层次的教育、通信及中介媒介、信息设备或设施、信息机构或组织（信息服务业）。

但是，马克卢普的信息经济测度理论也存在某些缺陷，也遭到种种批评。这些批评归纳起来包括三个方面：

一是关于“教育”划归信息产业的问题。批评者认为，将教育划归信息产业使他们感到不安。尤其是某些大学教授和学生，认为将大学比做“知识工厂”是破坏了大学的自由和独立于社会之外的传统。

二是关于“知识”与“知识产业”概念的范畴问题。批评者认为马克卢普的关于“知识”与“知识产业”概念的范畴过于广泛，而且非常含糊。的确，这种广泛、含糊的概念范畴使概念本身具有不确定性，进一步导致在实际进行测度时，难免使数据的选取和测算带上主观色彩和随意扩大的倾向，尤其是在测度某些产业的非市场交换价值时更是如此。比如，为了计算家庭教育的价值，马克卢普是通过计算父母在家中教育孩子而不去工作所损失的工资来衡量的。但是，包括批评者在内，也不得不承认正是马克卢普使“知识”和“知识产业”的概念成为经济学理论中的基本概念之一。

三是关于测度指标体系设计问题。这是批评者指责得最多的问题。的确，马克卢普将许多未被列入国民生产总值现行的核算统计体系的社会活动和准职业都列入测度指标体系，他设计的这一体系的测算方法又是采用和国民生产总值核算方法基本一致的方法，给数据的获得和测算带来很大的困难。

13.3.2 波拉特测度方法评价

波拉特方法的主要优点和特点是选取了经济学的角度和经济统计的语言。他首次从国民经济各部门中识别出信息行业，并开拓性地以定量的方式反映出信息行业或信息劳动力在整个经济部门中的比重及其变化。特别是对二级信息部门的明确划分和测度更具创造性。波拉特方法对于研究信息产业与国民经济结构及其他产业部门间的内在联系等问题具有重大意义。

波拉特方法的贡献和优点在于：

第一，科学性较高，国际影响和国际通用性较强，测定结果具有国际可比性，因此国内很多机构和学者都采用这种方法测算我国的信息经济水平。

第二，波拉特首次以信息商品是否进入市场交换为标准，将信息产业划分为一级信息部门和二级信息部门，使人们对信息产业的概念、结构和产值构成有了比较清晰的认识。

第三，波拉特方法从经济学角度，以经济统计语言开启了定量描述信息经济的先列，并比较系统地提出了信息经济测度的理论与方法，而且具有较强的可操作性，为我们间接对信息化发展水平进行定量研究提供了一定的理论基础和评价方法。

第四，提出经济的两大领域划分观点：一个是包含物质和能源转移的领域，另一个是包含从一个模式向另一个模式的信息转换的领域。

但是，波拉特的理论与方法并非完美无缺，也存在着一些缺陷和不足：

第一，波拉特对信息活动、信息产业、信息职业的划分缺乏统一的科学依据，“信息经济”概念的外延太广。

第二，测算中所采用的某些方法和某些数据欠合理，如二级信息部门信息劳动者创造的价值在时间和空间上都存在不小的差异，因而使测算结果的可比性受到影响

第三，波拉特方法的运算非常繁琐，对统计资料的要求比较高，波拉特本人在测算中，就曾经因某些数据难以获得而采用估算的方法，因此在实际统计操作过程中，就只能通过调查，确定比例系数后再根据现有统计资料推算出来。其他一些部门的行业或职业的识别及分类也有类似情况，增添了主观因素，有失规范性，降低了测度结果的准确性和可信度。

第四，波拉测度方法本身属于宏观经济测度范畴，但信息商品和信息服务的微观经济特性却削弱了他们使用投入-产出法分析的基础。

第五，波拉特范式的最大缺陷是对统计数据有严格要求，而当前许多国家实行的社会经济统计体系一般难以满足这种要求。由于数据来源不同，应用波拉特范式测度的结果也就有所差异。

尽管如此，波拉特范式仍然是目前较为准确地考察国家信息经济规模的理论模式。

13.3.3 IUP 模型方法评价

在信息宏观测度中 IUP 模型是迄今所运用的指标数量最多的一个模型，适用于多个国家（特别是发展中国家）或地区的信息活动状况、信息利用潜力等的分析比较。IUP 方法在运用中各层次的值都要经数据检验及专家论证等，因而较可靠。而且该方法比较灵活，使用者可根据情况、需要来选择和采用其中的部分指数。

但是 IUP 模型试图将各类信息活动的有关参数都包括在一个系统内，因此层次多、参数量大、计算复杂，所以现阶段 IUP 方法应用面尚不广泛。

13.3.4 厄斯的经济 – 信息活动相关分析方法

厄斯的方法的意义主要在于相关分析，通过因子分析能概括出反映信息活动和经济发展水平相关关系的主要因子，为构造模型进行分析研究提供了很好的思路和依据。

13.3.5 综合信息产业力测度法的评价

1. 科学性

马克卢普和波拉特方法是从劳动力构成和信息部门增加值占 GDP 比重两方面去反映信息产业发展状况的。信息化指数虽说采用多个指标，但是没有反映信息产业最主要指标的变化情况。综合信息产业力是采用层次分析法，采用多个指标，从信息产业发展的潜在力、信息产品开发力、信息产业生产力、信息资源流通力、信息资源利用力及反映信息产业在整个国民经济中所占比例的信息产业平衡力多方面去测度信息产业发展情况的。这既考虑了信息产业在国民经济中所占比重，又考虑了各产业之间的比例关系。因为信息产业不是孤立存在的，它在整个国民经济中的规模不能过大也不能过小，它的发展必须与物质产品规模相适应，所以，第一、二、三、四产业之间的比例必须协调。再者，第一、二、三、四产业之间的协调比例在农业社会、工业社会和信息社会也不相同，应根据国家的发展状况确定合适的比例。因此，此方法具有科学性。

2. 可比性

综合信息产业力所选用的指标，通过定性与定量分析，可全部量化，因此可进行比较。综合信息产业力不但可以进行纵向比较，反映某一国家或地区的历史进程，还可以横向比较国与国、地区与地区之间的差别。因此，此方法具有可比性。

3. 理论的合理性

综合信息产业力指标体系是参照波拉特理论，运用现代科学方法的对称性原理与简单性原理，依据牛顿第二定律设计的。在测算中又运用模糊性最小原则及平均值法处理数据。因此，此方法具有理论的合理性。

4. 可操作性

综合信息产业力的具体指标数据可测算出来，并可量化和进行比较，最后得出较准确的结果。另外，可利用计算机语言编写程序进行计算，所以，该方法具有可操作性。

5. 数据可取性

该测度方法中的指标所需数据，大部分可从统计年鉴中直接获取，少数经分离也能得到。“软”指标则采用专家打分，定性分析与定量分析相结合。因此，具有数据可取性。

利用此测度方法对吉林省及北京市信息产业发展进行了测算。使用此方法不需要对信息部门进行细分，计算简单并且测度结果与用波拉特测度结果相一致，故此方法具有实用性。

6. 缺点及不完善之处

由于经济环境的变化和信息产业及信息技术水平的不断提高，综合信息产业力度法中有些指标已经不再适合当前的形势：由于缺少数据，有些指标在实际测度中没有被放进指标体系，但其实这些指标是很重要和有价值的；有些显得过于繁复，而且缺乏能够反映当前技术水平的相关指标。如果现在仍然采用原有指标体系对信息经济进行测度，其结果将不够完善和全面。鉴于此，应着手对此方法进行改进。

13.4　案例分析：综合信息产业力度法的应用

13.4.1　指标量化

为了测算综合信息产业力，必须把综合信息产业力诸要素指标予以量化。“硬”变量的计算采用指数法；“软”变量采用专家评分法；“协同”变量采用权重分配系数法。对于一些不确定的要素量化则采用模糊数学方法处理。

为了检验此方法的实用性，我们对吉林省 1989 年和 1990 年信息产业发展及北京 1989 年信息产业发展进行了测度。在测度中，只选用各种力的主要指标。

综合信息产业力的“硬”变量采用指数法。规定 1990 年吉林省的各单项指标为 100，然后用这一指标去计算其他国家或地区的指标指数，指数均采用取整的办法。如 1990 年吉林省每百人在校大学生数为 0.298 人，规定其指数为 100。北京 1990 年每百人在校大学生数为 1.365 人，故其指数为 458。吉林省 1989 年每百人在校大学生为 0.305，故其指数为 102。其他指数类推。

信息技术水平目前难以定量化，故采用定性与定量相结合的方式，利用“信息技术树”来估计其发展程度，信息产业树如图 13.7 所示。对于这些难以确定的数据，采用模糊数学方法确定。规定“信息技术树”的每个分支得分为 0.5，凡是信息技术被社会普遍利用的就是 0.5 分，如吉林省目前普遍使用的是缩微技术、声频/视频技术和信息系统，故其得分为 1.5。北京也基本如此，故得分也为 1.5。

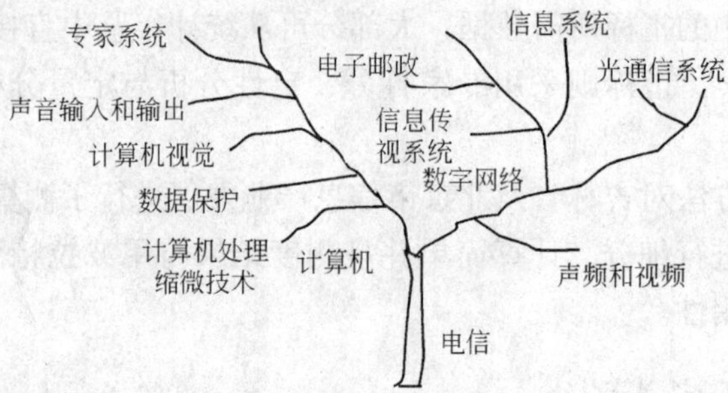

图 13.7　信息技术树

吉林省和北京市信息产业各主要指标的指数值见表 13.7。

表 13.7　综合信息产业力测算指标指数表

综合信息产业力	测度指标	指数		
		吉　林（1990 年）	吉　林（1989 年）	北　京（1990 年）
信息产业发展的潜在力	社会结构	100	96	129
	人员素质	100	86	117
	每百人在校大学生数	100	102	458
	人口文化教育水平结合均值	100	99	143
信息产品开发力	科技人员比重	100	93	160
	科研成果项目数	100	92	318
	专利批准量	100	75	365
	技术情报和文献机构经费收入所占比重	100	86	523

续表

综合信息产业力	测度指标	指数		
		吉　林（1990 年）	吉　林（1989 年）	北　京（1990 年）
信息产业生产力	人均信息产业增加值	100	89	496
	信息产业人员数	100	88	960
信息资源流通量	广播人口覆盖率	100	99	116
	电视人口覆盖率	100	99	118
	电视机普及率	100	92	144
	电话机普及率	100	90	468
	计算机普及率	100	88	261
	邮电业务总量	100	80	273
	邮电通信网	100	93	99
	信息技术水平	100	100	100
信息资源利用力	科研成果转让率	1	0.83	1.09
	信息商品消费量	1	0.85	2.05
	信息服务量	1	0.87	2.15
	文献数据库利用率	1	0.92	3.70
信息产业平衡力	信息产业增加值占 GDP 比重	0.197 8	0.192 0	0.364
	信息劳动力占总劳动力比重	0.154 7	0.153 9	0.321
	第一、二、三、四产业劳动力比例协调率	0.7	0.7	0.8

13.4.2　综合信息产业力评估

根据综合信息产业力各要素指标量化结果，运用方程式（13.6）可进行对比计算，计算结果见表 13.8。

表 13.8　综合信息产业力测度结果（单位：力度单位）

	吉林（1990 年）	吉林（1989 年）	北京（1990 年）
综合信息产业力	35.1	27.5	271.3

13.4.3　综合信息产业力预测

为了更好地了解吉林省信息产业的发展状况，对吉林省信息产业进行了预测。用式（13.7）预测吉林省 2000 年的综合信息产业力为 111.1 个力度单位。

【关键概念】

信息经济测度　马克卢普测度方法　波拉特测度方法　综合信息产业力

【思考与练习】

1. 试述信息经济测度理论有哪些?
2. 信息经济测度方法有哪些?试分析比较它们各自的优缺点和应用范围。
3. 如何进行综合产业力度法的测算?
4. 你认为目前的信息经济测度方法存在哪些问题?

第 14 章　信息化与经济发展

以信息化带动工业化、以工业化促进信息化、走新型工业化道路是我国的基本国策，信息化在国民经济中发挥越来越重要的作用。本章主要介绍国内外信息化的概念、特征和类型，信息化对国民经济增长的作用，企业信息化及其测度，国民经济信息化测度的理论与方法，对各种信息化测度方法进行述评。通过本章的学习，要求：了解信息化的概念与特征；了解信息化对国民经济增长的作用机理；熟悉企业信息化；了解国家企业信息化的指标体系；熟悉常用的信息化测度的方法；能够利用某种信息化测度方法对国民经济信息化进行测度。

14.1　信息化的概念、特征与类型

14.1.1　信息化的概念

信息化（informatization）这个概念是同信息产业（information industry）、信息社会（information society）等概念相伴而生的，最早起源于日本。信息社会已经成为国际学术界、政府、国际组织所普遍接受的概念，相应的信息社会测度（information society measurement）成为国际上公认的测度体系。而信息化并不是国际上普遍接受的概念，仅仅是在日本、中国和俄罗斯有所使用，其中在中国使用最普遍。信息化这个单词来自日文的“Johokao”，英文翻译也不统一，常见的有informationalization、informationization、informatization 等。其中 informatization 源于法语，或许因为比较简洁同时又有源头，在国内应用较多，尤其被用于许多官方场合，例如中华人民共和国国务院信息化工作办公室（The State Council Informatization Office People's Republic of China）、国家信息化测评中心（National Informatization Evaluation Center，NIEC）等。不过，在港台地区，信息化则被称为“资讯化”。

信息化概念是从社会进化的角度提出的，信息化的思想是 1963 年 1 月由日本社会学家梅棹忠夫发表的《信息产业论》中首次提出的，但有关社会现象，则更早就受到西方学者的重视和研究。“信息化”概念由 1967 年日本科学技术和经济研究团体提出，基本看法是今后的人类社会将是一个以信息产业为主体的信

息化社会。信息化用来描述社会进化过程：在工业社会，有形的物质生产占主导地位，而信息社会的主要特征是无形的信息生产创造价值，并占据主导地位。信息化一词就是用来描述上述社会进化过程的。可见，信息化概念，从一开始就是从社会经济结构演进的角度提出来的，是与信息革命等紧密相连的概念。

我国的信息化始于1986年。1986年12月，国家科委的中国科技促进发展研究中心等单位在北京联合发起召开了“首届中国信息化问题学术会议”，在会上讨论了信息化的战略与政策、道路与发展模式、信息化与社会发展、信息化测度等问题，并编辑出版了论文集《信息化——历史的使命》一书。信息化的概念在我国开始流行比在国外晚了20多年。

随着信息化实践的推进，人们对信息化概念的认识也在逐步深化和丰富，学术界从不同角度对信息化概念进行了论述：有的从信息技术的角度出发，强调信息化的技术特征；有的从信息资源的开发利用方面出发，从信息的收集、加工、传递角度界定信息化概念；有的从信息产业的成长和发展方面出发，强调信息技术对各领域的改造和在国民经济中的作用。由此形成不同的观点，代表性的观点如表14.1所示。

表14.1　信息化概念的不同观点比较

序　号	概念要点	著　者
1	信息化是通信现代化、计算机化和行为合理化的总称	李京文
2	信息化是指在经济和社会活动中，通过普遍地采用信息技术和电子信息设备，更有效地开展和利用信息资源，推动经济发展和社会进步，使信息经济增加值在国民生产总值中的比重逐步上升直至占主导地位的过程	李京文
3	信息化是指用现代信息技术装备国民经济各部门和各领域，极大地提高社会劳动生产率	钟义信
4	信息化就是利用电子信息技术，实现信息资源高度共享，发掘社会智能潜力，推动经济和社会优质发展	高新民
5	信息化是指在工业化的过程中，要逐步提高信息经济在国民生产总值中的比重，同时通过信息高速公路的建设，把信息产业发展起来，把信息技术的应用普及开来，把信息技术的自主开发能力提高上去	张东彦
6	信息化就是要加快国民经济各部门之间、部门内部以及企业间的信息沟通和交流，促进企业技术改造，使企业的发展更适应新技术的发展和不断变化的市场需求，从而加快经济的运行节奏，促进经济发展	南　云
7	信息化是指人们凭借现代电子信息技术手段，通过提高自身开发和利用信息资源的智能，推动经济发展、社会进步乃至人们自身生活方式变革的过程	汪向东

续表

序　号	概念要点	著　者
8	信息化是指社会经济的发展，从以物质与能量为经济结构的重心向以信息为经济结构的重心转变的过程；在这个过程中，不断地采用现代信息技术装备国民经济各部门和社会各领域，从而极大地提高社会劳动生产率	李富强
9	信息化是采用现代化信息技术等手段，通过提高人类开发和利用信息资源智能，推动经济发展、社会进步甚至人们生活方式变革的过程	韩建新
10	信息化是指人们对现代信息技术的应用达到较高的程度，在全社会范围内实现信息资源的高度共享，推动人的智能潜力和社会物质资源潜力充分发挥，使社会经济向高效、优质方向发展的历史进程	赵　萍
11	信息化就是指社会经济结构从以物质与能量为重心向以信息与知识为重心转变的过程	吴基传
12	信息化通常是指由信息技术推广和应用、信息资源开发利用及产业化所组成的整个信息革命的发展过程	宋　玲

资料来源：姜爱林. 2003. 信息化的涵义与中国信息化发展的特征. 郑州轻工业学院学报（社会科学版），(9)：61～64

我们认为信息化就是在国家宏观信息政策指导下，在经济、科技和社会各个领域广泛应用现代信息技术，有效开发利用信息资源，建设先进的信息基础设施，发展信息技术和产业，不断提高综合实力和竞争力，加速现代化进程，使信息产业在国民经济中的比重逐步上升，从而加速社会各个领域的共同发展以推进到信息社会的过程。

所谓信息化，首先是一个“化”字，是指一个过程。就是人们在一个系统中推动信息技术应用和依此信息技术推动信息资源的传播整合和再创造的过程。完整的信息化内涵包括：

1）信息网络体系：它是大量信息资源、各种专用信息系统及其公用通信网络和信息平台的总称。

2）信息产业基础：即信息科学技术的研究、开发、信息装备的制造，软件开发与利用，各类信息系统的集成及信息服务。

3）社会支持环境：即现代工农业生产以及管理体制、政策法律、规章制度、文化教育、道德观念等生产关系和上层建筑。

4）效用积累过程：即劳动者素质、国家的现代化水平和人们生活质量不断得到提高，精神文明和物质文明不断获得进步。

1997 年国务院信息化工作领导小组提出了国家信息化的定义。国家信息化就是在国家统一规划和组织下，在农业、工业、科学技术、国防及社会生活各个方面应用现代信息技术，深入开发、广泛利用信息资源，加速实现现代化的过程。

这个定义包括四层含义：

一是实现四个现代化离不开信息化，信息化要服务于四个现代化。

二是国家要统一规划、统一组织信息化建设。

三是各个领域要广泛应用现代信息技术，深入开发利用信息资源。

四是信息化是一个不断发展的过程。

14.1.2 信息化的特征

1. 信息化的基本特征

从信息技术的开发与应用的角度看，信息化具有以下明显的特点：

1）明显的信息外溢性。信息网络具有“外部性”，而“信息的外溢效应”是其外部性的主要表现。信息的外溢效应主要表现为三个方面：首先是信息本身的外溢效应，它可以对外部产生影响；其次是新信息创造的新市场的外溢效应，新市场能产生连锁反应；最后是新信息创造的新利益的外溢效应。

2）极强的技术创新性。20 世纪以来信息技术领域实现了几次大的重大突破，包括如半导体、集成电路、计算机、光纤通信、互联网等，它的意义已经远远超出技术领域，它推动产业结构的加速重组与调整和世界经济的持续增长。技术的强劲创新产生了产业的不断突破，这个过程本身就是一个极强的创新过程。当代世界科技发展的主体是信息技术，产业结构高级化的主要动力之一是信息化，通过信息化的发展来实现结构的升级。即当技术变革引起产业结构转换时，通过引入信息技术促进产业结构的变革，为经济增长提供动力。同时，信息技术还是产业升级的重要推动力。在产业结构优化、经济增长方式转变的同时，信息技术可为国民经济带来巨大经济效益。

3）广泛的技术渗透性。信息技术产业在国民经济的各个领域具有广泛的适用性和渗透性。信息技术的发展，不仅带动了一批新的交叉科技和新兴产业，还创造了新的经济和社会需求。

4）较高的经济效益性。信息技术的应用可以显著提高资源利用率、劳动生产率与管理效率，从而极大的降低社会总成本，取得巨大经济效益。特别是以信息技术为主导技术的企业信息网络的发展，增强了管理者与被管理者以及不同管理对象之间的交叉性、有序性，提高了生产效率、经济效益，促进了生产组织与经营模式的变革，推动了经济的持续增长。

5）强劲的产业带动性。大量的研究计算显示，信息产业是一个产业链很长、产业感应度与带动度都很高的产业。据分析，电子信息产业部门的感应度在我国

37 个国民经济部门中列第 9 位，说明信息技术业在整个国民经济发展中具有重要的基础作用；电子信息产业带动度在 37 个国民经济部门中分别居第 4 位，说明信息技术业对整个国民经济发展的带动和推动作用巨大。因此，以信息技术为支撑的经济信息化，极大地推动了信息产业的调整发展。

党的十六大提出“以信息化带动工业化，发挥后发优势，实现国民经济的跨越式发展”，这是一项非常重要的战略决策，把信息化放到与工业化同样重要的高度，对于推动我国经济的跨越式发展具有重要的意义。

2. 我国信息化发展的特征

根据中国信息化发展的历史进程及其规律，中国信息化发展的特征归纳为以下几个方面：

1）从信息化的发展进程上看，一般呈现出如下特点：起点低但起步早，个别信息网络技术已处于世界领先地位；信息技术从无到有，并从工业技术脱胎而出，衍生为一门新兴的技术；信息产业由低到高，逐渐从第一、二、三产业分化出来，演变成一种新兴的产业——第四产业；信息产业由弱到强，成为国民经济发展的支柱产业；信息经济发展的市场化程度不高，计划经济的痕迹仍然存在，阻碍了信息化的加速发展。

2）从信息化的发展战略上看，呈现出以下特点：20 世纪 80 年代的信息化发展战略具有摸索性、探讨性，意见分歧较大，未形成明确的发展战略；90 年代前后，信息化发展战略具有实践性、经验性，虽有意见分歧，但发展战略逐渐浮出；最近两三年来，信息化发展战略具有规范性、条理性，总体认识趋向一致，发挥后发优势、实现跨越式发展的中国式战略日益明朗化，成为未来信息化发展的行动指南。

3）从信息化发展方针上看，呈现出以下特点：20 世纪 80 年代，信息化发展附属于农业、工业及第三产业，因此，信息化发展的方针没有引起世人的关注，尚处于理论探讨的层面；进入 90 年代以来，信息化的重要地位与作用使其发展方针成为实践的必要条件，1997 年召开的全国第一次信息化工作会议形成了信息化发展的二十四字方针，即“统筹规划、国家主导、统一标准、联合建设、互联互通、资源共享”；21 世纪提出了“统筹规划、资源共享、应用主导、面向市场、安全可靠、务求实效”的方针，信息化发展方针比 1997 年更完善，更趋合理，有助于加快推进信息化发展的进程。

4）从信息化发展目标上看，呈现出如下特点：20 世纪 80 年代信息化发展目标比较模糊、粗糙，信息化发展目标理想化成分偏重；进入 90 年代以后，开始向具体的内容靠近，信息化发展目标实践性加强；“九五”时期信息化发展的目标是国民经济信息化的程度显著提高，范围只包含经济部分，强调的是程度，希望在一定程度上实现经济信息化；“十五”时期信息化发展的目标是国民经济和社会信息化水平显著提高，范围不仅包含经济内容，还包括社会内容，强调的是水平，要求的是具有一定水平的经济信息化和社会信息化。“十一五”时期信息化发展目标是“以信息化带动工业化；以信息技术应用为主导，面向市场；网络共建，资源共享；技术创新，竞争开放；发挥后发优势，实现跨越式发展”。到2020年，我国信息化发展的战略目标是：综合信息基础设施基本普及，信息技术自主创新能力显著增强，信息产业结构全面优化，国家信息安全保障水平大幅提高，国民经济和社会信息化取得明显成效，新型工业化发展模式初步确立，国家信息化发展的制度环境和政策体系基本完善，国民信息技术应用能力显著提高，为迈向信息社会奠定坚实基础。

5）从发展速度上看，呈现出如下的特点：受工业化发展中速度思维定势的影响，多年来比较重视信息化发展速度，而不太重视发展效益；20世纪90年代的发展速度快于80年代，“十五”期间的发展速度明显快于“九五”时期；东部沿海及大城市信息化发展程度较高，而西部及农村信息化发展程度严重不足；个别尖端信息技术发展较快，而一些大众化、普及性且又急需解决、急需国产化的信息技术相对滞后；中小企业信息化发展前景良好，但一些歧视性、偏好性政策抑制了这些中小企业尤其是民营企业信息化增长速度。

14.1.3 信息化的类型

信息化按照层次可以划分为五个层次，即产品信息化、企业信息化、产业信息化、经济信息化和社会信息化。产品或服务的信息化是最基本的，是企业信息化的表现，产品的信息化导致企业的信息化，各类企业的信息化产生了产业的信息化，产业信息化建立在企业及其管理信息化的基础上。而产业组成经济，所以有经济的信息化。经济是社会的基础，为向信息社会演变，需推进经济信息化与产业信息化的互动。信息化的发展从理论上来说，是一个由初级向高级不断完善的过程，可以划分为产品信息化、企业信息化、产业信息化、经济信息化、社会信息化这样几个层次和阶段，但就其内容而言是相容的，高一层次的内容包容着低一层次的内容。

1. 产品信息化

产品信息化是信息化的原点，也是信息化基础的基础。它有两层涵义：一是产品被物化的信息含量逐渐增高，物质比重日益降低，产品由物质产品的特征向信息产品的特征递进；二是越来越多的产品中嵌入智能化元器件，使产品具有越来越强的信息处理功能，如家常使用的微波炉、智能洗衣机等。

2. 企业信息化

企业信息化是信息化特别是国民经济信息化的基础，它是指企业以产品的设计、开发、生产、管理、经营等业务流程的重组为基础，广泛利用信息技术、控制和集成化管理企业生产经营活动中的所有信息，实现企业内外部信息的共享和有效利用以提高企业的经济效益和市场竞争能力。

3. 产业信息化

指在传统产业中广泛利用信息技术，大力开发和利用信息资源，建立各种类型的行业信息数据库和网络，从而实现产业内各种资源、要素的优化与重组，促进产业结构进一步合理化，并向更高级的产业结构迈进，从而实现传统产业的优化升级。

4. 经济信息化

指信息产业及信息技术在国民经济中的作用日益突出，并逐渐对经济增长发挥主导作用的过程。具体来说，经济信息化就是以信息作为基本的生产要素，提高物质、能源的使用效率，提高劳动、资本的投入产出效益，求得国民经济更加有效发展的历史进程。

5. 社会信息化

指信息技术和装备在经济、科学、教育、文化、卫生、政治、军事、国防等在内的整个社会体系和领域内的广泛应用，以及在居民家庭生活中的重要作用。它更多地关注信息化在国民经济、社会发展、人民生活以及上层建筑领域内的进展。

信息化的不同层次，实际上就是信息技术在不同范围内的运用及其作用边界。产品信息化是最低层次的信息化，而社会的信息化则是最高层次的信息化。企业信息化包容着产品信息化的基本内容，是产品信息化的更大范围的拓展。产业信息化包容着企业信息化的基本内容，是在产业范围及产业间关联上的拓展。经济的信息化不仅包括了信息技术产业化和产业信息化两方面的内容，而且涵盖了政府调控、居民、部门行为方式等经济运行更大范围的信息化内容。社会信息化是最高层次的信息化，不仅包括经济信息化，而且包含一切社会体系和领域内的信息化（图 14.1）。

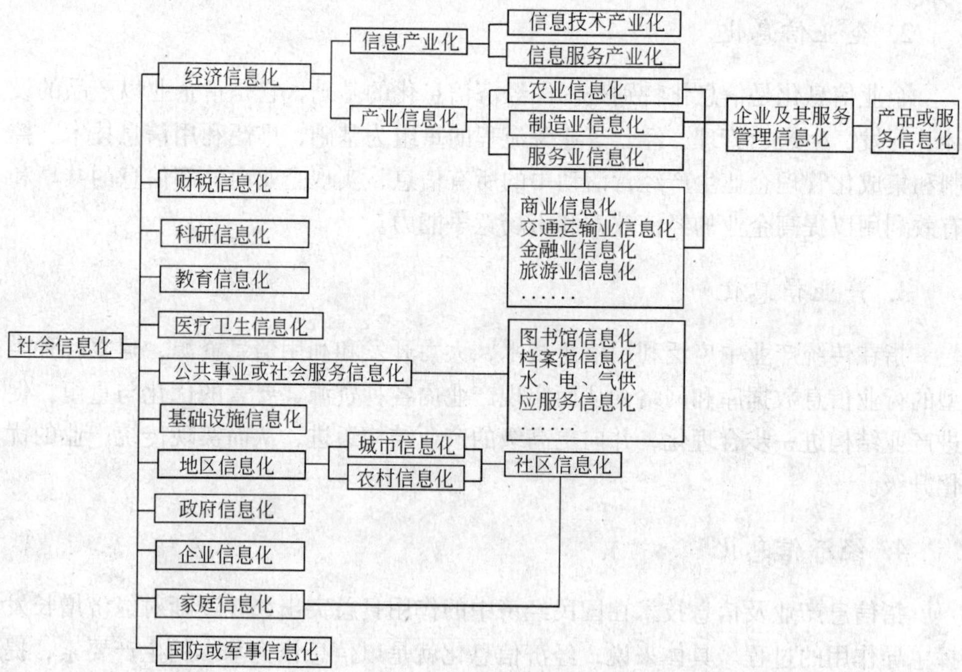

图 14.1　以社会为对象信息化分类

资料来源：乌家培. 2002. 信息经济. 北京：高等教育出版社

14.1.4　信息化对经济增长的作用

信息产业在国民经济增长中占的比例越来越大，那么它是如何促进国民经济增长的呢？这一直是国内外学者研究的课题，信息化对经济增长的影响可以从以下方面进行阐述。

1. 信息要素与经济增长

（1）信息化经济增长函数的提出

我们认为，除资本和劳动外，决定经济增长的第三种要素是信息要素。朱幼平（1996）根据保罗·罗默提出的新经济增长理论和柯布－道格拉斯生产函数的变形形式，认为在现代社会中，除资本和劳动外，决定经济增长的第三个要素是信息要素（包括科技进步），而不是单纯的科技进步。社会总产品或 GDP 生产函数如公式（14.1）所示：

$$Y = a \cdot I^{\alpha} \cdot K^{\beta} \cdot L^{\gamma} \tag{14.1}$$

式中，Y 为社会总产品产量或 GDP；I 为社会信息要素量；K 为社会总资本量；L 为社会总劳动量；a、α、β、γ 为系数。公式（14.1）就是我们给出的信息化的经济增长函数。

(2) 信息要素使经济增长方式集约化

信息作为生产要素作用于生产过程，使国民经济的增长方式大为进化。越来越多的产品会不再以物质形式表现出来，而是以电子“比特”的形式出现，从而有效地降低了原材料和能源的消耗，改善了生态环境，实现了经济与社会的良性发展。20世纪50年代以来，世界的汽车、飞机、计算机、冰箱、电视机的产量增长了3倍，而钢的消耗量只增加40%，铝、镍、锌、钨等的消耗量出现同样的情况。应该把信息化作为促进经济增长的主要方式，即通过增加经济建设中信息要素的比重为原动力来带动经济的快速增长。

2. 信息化对生产力要素的优化与提高

经典政治经济学认为，生产力是由生产资料和具有一定生产经验和生产技能的生产者组成的，是在生产过程中人的因素及其所利用的物的因素相结合并共同发挥作用的总体能力。信息作为现代生产的要素之一，与劳动者、劳动工具和劳动对象共同构成现代生产力的基础，它通过优化生产力的素质、引导生产要素的合理配置、促进生产力系统运行的有序化、改善上层建筑的协调性，充分发挥其生产力功能。信息要素作用于生产力要素，增加其他生产要素的信息含量，就可以提高生产力的质量和利用效率；作用于生产系统中的决策群，可以产生生产要素的最佳组合，提高生产力；作用于管理者，可以增加管理者与管理对象的可知性和透明度，从而提高生产力系统的有序度和效率。信息要素的社会化使用，将有利于优化生产关系及上层建筑的素质，促进生产力水平的提高。

3. 信息化使生产方式发生深刻变化

由于信息化的作用，生产方式正在经历着前所未有的深刻变化，即生产操作自动化、生产模式灵活化、生产规模分散化以及生产分工系统化，从而促进了劳动生产率的提高。

(1) 生产操作自动化

数控机床、机器人、CAD、CAM、CAPP的出现，使信息时代的生产操作向自动化又迈进了一步。由工业机器人自动装配零件，数控机床自动加工，再配以自动搬运车和自动仓库，从而形成一个高度自动化的生产系统。有些国家还在大力发展一种被称为FMS的柔性操作系统。这是一个由多台计算机控制的机械手、装配机器人、智能管理系统组成的自动化装配线，其突出的特点就是使进行操作的机器人具有类似人的触觉和视觉，并能识别语言和图像。

(2) 生产模式灵活化

信息时代的消费者注重个性，追求商品“仅为我一个人而做”的境界。如在服装界可以采用先进的计算机控制技术进行人体测量和面料裁剪、缝合，并按购买者的要求加以个性化处理，可以迅速、准确而且便宜地制作出适合个人形态与爱好的服装。同时，还可根据需求的变化更改相应的信息数码，从而使同一套生产设备在不同的时间生产不同的产品，又可以在不同时间生产同一产品，机器设备的利用率大大提高，并大大减少了零部件和成品库存量，加速资金周转，提高经济效益。

（3）生产规模分散化

随着信息越来越成为主导性的生产因素以及劳动对象的逐渐信息化，“规模经济效应”出现了弱化的趋势。由于在经营方面的灵活性，中小企业往往反倒会使大公司处于尴尬境地。

（4）生产分工系统化

信息化时代的生产力水平在原来基础之上有了较大的提高，一方面计算机技术使生产设备的灵活性和劳动者的适应性不断增强，另一方面充分的信息资源使生产者对新工艺和新需求了如指掌。这使得传统的生产分工出现了微妙的变化，逐渐趋于一种系统化的分工方式。这种分工更加强调各个生产环节之间的联系，注重成品整体的系统性。例如一个大型的软件程序的编制可能会分拆为几个部分同时进行，然而分工的同时必须遵循一条维持该软件整体可运行性的信息主线。这与传统制造业产品各部件之间的机械联动关系有本质的区别。

4. 信息化对产业结构升级的推动作用

信息化的发展是信息产业的发展和信息产业与非信息产业不断融合，它促进了产业结构的调整，改变了经济增长的速度和潜力。产业结构的发展历程表明，技术创新，特别是20世纪中期开始的信息技术革命，对产业结构的升级优化发挥着巨大的推动作用。当今产业结构的高级化主要通过发展信息化、促进信息技术产业化来实现，即当技术变革引起产业结构转换时，通过引入信息技术促进产业结构的变革，为新经济增长创造良好的条件。李志翠和杨海峰通过经济计量方法论证了信息化与产业结构升级之间的关系。他们利用我国31个省、市、自治区1998～2000年各类产业所占比重和对应的衡量信息化发展水平的“信息化指数”的数据，对信息化与产业结构变动之间的相关性进行了分析，结果表明：各类产业对信息化指数的影响是不同的。具体地说，就是第一产业所占比重越低，第二产业所占比重越高，越有利于提高信息化水平。如果以各类产业所占比重的变化代表产业结构升级的过程，则说明产业结构的升级过程与信息化水平之间确实存在明显的相关性。信息化对一个国家或地的产业结构升级具有重要推动作用。

14.2　企业信息化及其评价

我国企业信息化研究已有 30 多年的历史，起步于 20 世纪 70 年代中期，改革开放后，80 年代掀起了高潮，90 年代步入了网络化的新阶段。企业信息化是国民经济信息化的重要领域，也是我国企业发展中的必然过程，信息环境的优劣在很大程度上影响着企业的竞争能力，影响着企业的生存和发展。全面掌握企业信息化发展状况，是研究和推进国国民经济信息化的基础，也是企业制定发展策略和政府制定相关政策的前提。

14.2.1　企业信息化概念

企业信息化是经济信息化的微观层面，是信息技术与企业生产经营活动的创新性结合，充分利用信息技术改造和重构企业系统生产经营的结构、规模和机制，增强企业在剧烈变化的外部环境中的应变能力，寻求自身发展条件的过程。

企业信息化是指企业利用现代信息技术特别是网络技术，充分开发和广泛利用企业内外信息资源，不断提高生产、经营、管理、决策的效率和水平，进而提高企业经济效益和企业竞争力的过程。企业信息化包括制造业、服务业等领域企业的信息化。

国家信息化测评中心给出的定义：

企业信息化，是企业为了适应快速变化的环境，提高效益和发展能力，应用信息技术，再造企业的变革过程，是信息技术从一般业务应用向业务核心渗透的过程，是传统管理向现代管理转变的过程，是企业在基础设施、技术应用、结构调整、资源拓展、管理制度等方面向信息化转变的过程，也是提高经济主体活力，提高企业效益和能力，最终在国民经济中实现人的现代化转变的过程。

1. 企业信息化的内涵

1）目标：企业进行信息化建设的目标是“增强企业的核心竞争力”。

2）手段：信息技术。

3）涉及的部门：企业的各个部门，包括企业的生产、经营、设计、制造、管理等职能部门。

4）支持层：高级经理层（决策层）、中间管理层（战略层）、基础业务层（战术层）。

5）功能：进行信息的收集、传输、加工、存储、更新和维护。

6）组成：企业信息化是一个人机合一的系统，包括人、计算机网络硬件、系统平台、数据库平台、通用软件、应用软件、终端设备（如数控机床等）。

2. 企业信息化的外延

1）企业信息化的基础是企业的管理和运行模式，而不是计算机网络技术本身，其中的计算机网络技术仅仅是企业信息化的实现手段。

2）企业信息化建设的概念是发展的，随着管理理念、实现手段等因素的发展而发展。

3）企业信息化是一项集成技术。企业建设信息化的关键点在于信息的集成和共享，即实现将关键的准确的数据及时地传输的相应的决策人的手中，为企业的运作决策提供数据。

4）企业信息化是一个系统工程。企业的信息化建设是一个人机合一的有层次的系统工程，包括企业领导和员工理念的信息化，企业决策、组织管理信息化，企业经营手段信息化，设计、加工应用信息化。

5）企业信息化的实现是一个过程。包含了人才培养、咨询服务、方案设计、设备采购、网络建设、软件选型、应用培训、二次开发等过程。

企业信息化是国家信息化的重要组成部分，企业信息化评价指标体系是国家信息化指标体系的一个重要分项指标体系。建立全国统一的信息化指标体系，对于科学评价国家及地区信息化水平，正确指导各地信息化发展都具有重要意义。

企业信息化是贯彻落实“以信息化带动工业化”战略的重要举措，是带动企业各项工作创新和升级的重要突破口，是适应我国加入世界贸易组织，增强企业国际竞争力的客观需要。国家经贸委、信息产业部、科技部联合成立全国企业信息化工作领导小组，共同发起“企业信息化工程”以来，全国企业信息化建设蓬勃发展。

14.2.2 企业信息化的分类

企业的信息化建设可以按照不同的方式进行分类，如按照行业、企业运营模式等进行分类。

信息化按照涉及的范围可以分为区域信息化、领域信息化、企业信息化和社会信息化，如图 14.2 所示。政府信息化是表率；企业信息化是基础；社会信息化是方向；电子商务是重点；信息安全是前提；法律法规是保证；组织机构是关键。

按所处行业，可分为制造业的信息化、商业的信息化、金融业的信息化、服务业务的信息化等。

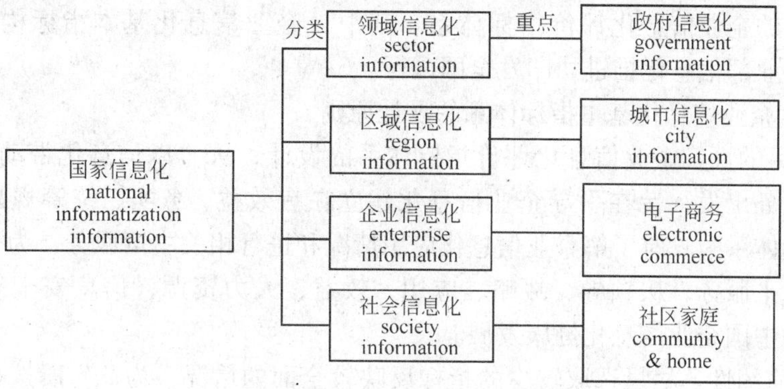

图 14.2　信息化分类

按照企业的运营模式，可分为离散型企业的信息化和流程型企业的信息化。

14.2.3　企业信息化评价

国家信息化测评中心（NIEC）2004 年推出了第一个中国企业信息化评价指标体系，第一次提出从效能角度评估企业信息化水平，建立企业信息化标杆库，构成可以反映统计规律性的基本数据库，并以此为重要刻度之一，准确评价企业信息化水平及效益水平。

国家信息化测评中心发布的中国企业信息化评价指标体系，是我国企业信息化建设的效益指南，是企业信息化的有力的决策支持依据，是企业信息化水平认证的测评依据。

企业信息化评价指标体系的推出和中国企业信息化标杆企业库的建立，将科学和客观地评价中国企业信息化水平，引导企业信息化建立在有效益、务实、统筹规划的基础上。

中国企业信息化评价指标体系由基本指标、效能指标和评议指标三部分组成。该指标第一次将“建设有效益的信息化”要求以评价指标的形式落到实处，并第一次提出从效能角度，适宜度、灵敏度等多个方面，全面评估企业信息化水平并提供解决方案的咨询。企业信息化评价指标体系尽量选取较少的指标反映较全面的情况，为此，所选指标具有一定的综合性，指标之间的逻辑关联强。所选取的指标尽量与企业现有数据衔接，必要的新指标定义明确，便于数据采集。所设计的指标体系不仅可在时间上延续，而且可以在内容上拓展。

1. 企业信息化基本指标构成方案（试行）

为了从效能上评估企业信息化水平、指导企业建设有效益的信息化，国家信息化测评中心经过长时间研究，参考了国内外数十个方案的优点，提出了第一个面向效益的企业信息化评价指标体系。其中《企业信息化基本指标构成方案》经信息产业部信息化推进司印发全国试行。

(1) 企业信息化基本指标体系的设计原则

1) 目的性。企业信息化评价指标体系的设计，从“以信息化带动工业化”的战略任务出发，旨在引导企业信息化建立在有效益、务实、统筹规划的基础上。指标体系为政府了解企业信息化应用情况和进行相关决策服务，为企业提高信息化水平服务，从领导、战略、应用、效益、人力资源、信息安全等多个方面，引导中国企业信息化健康发展。

2) 简约性。尽量选取较少的指标反映较全面的情况，为此，所选指标要具有一定的综合性，指标之间的逻辑关联要强。

3) 可操作性。所选取的指标应该尽量与企业现有数据衔接，必要的新指标应定义明确，便于数据采集。

4) 可延续性。所设计的指标体系不仅可在时间上延续，而且可以在内容上拓展。

(2) 中国企业信息化基本指标体系

该指标适用于企业信息化状况的客观描述，主要用于社会统计调查和政府监测，具体指标如表14.2所示。

表14.2　企业信息化基本指标体系

序　号	一级指标	二级指标	指标解释	指标数据构成
1	战略地位	信息化重视度(分)	反映企业对信息化的重视程度和信息化战略落实情况	企业信息化工作最高领导者的地位；CIO职位的级别设置；信息化规划和预算的制定情况
2	基础建设	信息化投入总额占固定资产投资比重(%)	反映企业对信息化的投入力度	软件、硬件、网络、信息化人力资源、通信设备等投入
3		每百人计算机拥有量(台)	反映信息化基础设施状况	大、中、小型机；服务器；工作站；PC机
4		网络性能水平(分)	反映信息化基础设施状况	企业网络的出口带宽
5		计算机联网率(%)	反映信息化协同应用的条件	接入企业内部网的计算机的比例

续表

序　号	一级指标	二级指标	指标解释	指标数据构成
6	应用状况	信息采集的信息化手段覆盖率(%)	反映企业有效获取外部信息的能力	采集政策法规、市场、销售、技术、管理、人力资源信息时信息化手段的应用状况
7		办公自动化系统应用程度(分)	反映企业在网络应用基础上办公自动化状况	是否实现了日程安排、发文管理、会议管理、信息发布、业务讨论、电子邮件、信息流程的跟踪与监控等
8		决策信息化水平(分)	信息技术对重大决策的支持水平	是否有数据分析处理系统，方案优选系统、人工智能专家系统等
9		核心业务流程信息化水平	核心业务流程信息化的深广度	主要业务流程的覆盖面及质量水平
10		企业门户网站建设水平(分)	反映企业资源整合状况	服务对象覆盖的范围；可提供的服务内容
11		网络营销应用率(%)	反映企业经营信息化水平	网上采购率；网上销售率
12		管理信息化的应用水平(分)	反映信息资源的管理与利用状况	管理信息化应用覆盖率及数据整合水平
13	人力资源	人力资源指数(分)	反映企业实现信息化的总体人力资源条件	大专学历以上的员工占员工总数的比例
14		信息化技能普及率(分)	反映人力资源的信息化应用能力	掌握专业 IT 应用技术的员工的比例；非专业 IT 人员的信息化培训覆盖率
15		学习的电子化水平(分)	反映企业的学习能力和文化的转变	电子化学习的员工覆盖率；电子化学习中可供选择的学习领域
16	安　全	用于信息安全的费用占全部信息化投入的比例(%)	反映企业信息化安全水平	用于信息安全的费用包含软件、硬件、培训、人力资源支出
17		信息化安全措施应用率(%)	反映企业信息化安全水平	信息备份、防非法侵入、防病毒、信息安全制度与安全意识培养等措施的应用状况

续表

序号	一级指标	二级指标	指标解释	指标数据构成
18	效益指数	库存资金占用率(%)	反映企业信息化效益状况	库存平均占用的资金与全部流动资金的比例
19		资金运转效率(次/年)	反映企业信息化效益状况	企业流动资金每年的周转次数
20		企业财务决算速度(日)	反映企业信息化响应水平	从决算指令的发出到完成一次完整的企业决算所需的最短时间
21		增长指数	反映企业绩效	销售收入增长率、利润增长率

资料来源：1）企业信息化指标体系. 企业信息化测评网，http：//www. ciq. com. cn/tx. htm

2）靖继鹏，吴正莉. 2004. 信息社会学. 北京：科学出版社

企业自测时，可有助于了解自身信息化基本状况，进行初步的横向行为对比分析；基本指标不独立用于对企业信息化水平的全面评价和认证。得分不向社会公示。

（3）企业信息化基本指标计算方法

企业信息化基本指标可以根据指标加权获得无量纲化总指数，反映企业信息化基本发展状况。具体权重根据德尔菲法、层次分析法，结合政策导向确定。

企业信息化基本指标的计算方法如下：

1）信息化重视度（分）。

① 企业信息化工作最高领导者的地位：最高领导者是一把手，得 100 分；是二把手，得 70 分；是三把手，得 50 分；是部门领导，得 30 分。

② CIO 职位的级别设置：

a. 正式设置 CIO 职位，得 50 分，否则得 0 分。

b. CIO 的职位级别处于企业最高层，得 50 分，处于中层，得 25 分。

计算方法：a 项得 0 分，则要素的总分为 0，否则，将 a 和 b 的得分相加。

③ 信息化规划和预算的制定情况：

单列信息化规划，得 50 分，分散在总体规划中，得 25 分，无成文的信息化规划，得 0 分。

单列信息化预算，得 50 分，分散在总体预算中，得 25 分，无成文的信息化预算，得 0 分。

计算方法：将 a 和 b 的得分相加。

该指标总分：①、②、③的得分相加除以 3。

2）信息化投入总额占固定资产投资比重（%）。信息化投入总额的计算口

径包含软件、硬件、网络、信息化培训、聘用专业 IT 技术人员发生的直接费用、通信设备、维护费用投入。该指标的得分由以下公式计算（总分最高为 100 分）：

$$\frac{\text{近 3 年平均的企业信息化投入总额占固定资产投资比重}}{50\%}\times 100 \tag{14.2}$$

企业成立时间少于 3 年的，可以按照实际成立时间计算。

3）每百人计算机拥有量（台）。计算机拥有量的计算口径为：能够正常运转的大、中、小型机以及服务器和工作站，并包括主频在 75MHz（含）以上的 PC 机。该指标得分由以下公式计算（总分最高为 100 分）：

$$\frac{\text{企业拥有的能够正常运转的计算机总量}}{\text{员工总数}}\times 100 \tag{14.3}$$

4）网络性能水平（分）。企业网络的出口带宽小于 128k（含）得 30 分，在 128k 和 512k（含）之间得 50 分，在 512k 和 2M（含）之间得 70 分，在 2M 和 10M（含）之间得 80 分，在 10M 和 100M（含）之间得 90 分，在 100M 以上得 100 分。

通过调制解调器（ISDN）和普通电话上网，带宽在 128k（含）以下，即使可以同时开辟多个联接通道，得分依然按 30 分计。

5）计算机联网率（%）。计算机的统计口径与指标 3）相同。该指标得分由以下公式计算：

$$\frac{\text{接入企业内部网的计算机总量}}{\text{企业拥有的能够正常运转的计算机总量}}\times 100 \tag{14.4}$$

6）信息采集的信息化手段覆盖率（%）。企业在进行政策法规、市场、销售、技术、管理、人力资源等 6 个领域的信息采集时，信息化手段占有重要位置的，每覆盖一个领域得 16 分，全部覆盖得 100 分。

7）办公自动化系统应用程度（分）。该指标计分方法：

如果没有建立基于 Intranet/Extranet 的企业网，得 0 分。

在具备基于 Intranet/Extranet 的企业网的基础上，实现信息流程的跟踪与监控的得 5 分，实现面向外部的电子公文交换的得 5 分，每实现一个其他功能（见下列举）得 1 分，总分乘以 3.85，满分为 100 分。

其他功能包括：文档共享、收文管理、发文管理、会议管理、签报管理、周报（月报）管理、信息集成、信息发布、业务讨论、电子邮件、个人数据管理、档案管理、人力资源管理、固定资产管理，日程安排、决策支持（具备数据库、模型库和方法库）等。

8）决策信息化水平（分）。该指标为定性考核指标，初级水平为 50 分，中级水平为 80 分，高级水平为 100 分。级别划分标准如下：

初级水平：通过信息资源的开发利用，能为企业决策提供初步支持。

中级水平：能开展数据分析处理，对各种决策方案进行优选，为企业决策提供有力的辅助支持。

高级水平：采用人工智能专家系统，进入管理决策智能化。

9）核心业务流程信息化水平。该指标为综合考核指标，初级水平为 50 分，中级水平为 80 分，高级水平为 100 分。级别划分标准如下：

初级水平：信息化覆盖部分主要业务流程，业务流程自身及业务流程之间的信息流通不畅，在主要业务流程方面存在比较严重的信息孤岛现象。

中级水平：信息化覆盖 80% 以上的主要业务流程，并能实现及时充分的数据共享。

高级水平：主要业务流程全部实现最优控制。

10）企业门户网站建设水平（分）。指标得分计算方法：

① 对以下服务对象覆盖一个得 1 分，总分乘以 7.2，满分 50 分。

服务对象列表：企业员工、招聘对象、管理者、决策者、最终客户、供应商、其他合作伙伴。

② 对以下服务功能覆盖一个得 1 分，总分乘以 6.25，满分 50 分。

服务功能列表：信息发布、网上采购、网上销售、客户网上自助服务、员工入口、移动商务、消息自动传送、业务报警功能。

指标总分为两者之和。

11）网络营销应用率（%）。经电子商务产生的销售额/采购额占总销售额/采购额的比例。

计算口径：以下两点满足其一，即认为是经电子商务产生的销售额/采购额：

① 线上沟通并达成交易。

② 采取在线支付方式。

$$\text{网上销售率} = \frac{\text{当年电子商务产生的销售额}}{\text{全年总销售额}}\% \tag{14.5}$$

$$\text{网上采购率} = \frac{\text{当年电子商务产生的采购额}}{\text{当年全部采购额}}\% \tag{14.6}$$

$$\text{指标得分} = \text{网上采购率} \times 50 + \text{网上销售率} \times 50 \tag{14.7}$$

12）管理信息化的应用水平（分）。

① 管理信息化的应用覆盖率，计分方法：覆盖 1 项加 1 分，结果乘以 6.25。

管理信息化的应用领域包括：财务管理、购销存管理、生产制造管理、分销管理、客户关系管理、人力资源管理、商业智能、电子商务等。

② 管理信息化的数据整合水平，计分方法：

以下数据库，有 2 个实现共享为 2 分，3 个实现共享为 3 分，以此类推，结果乘以 6.25。

数据库包括：财务、购销存、生产制造、分销、客户关系、人力资源管理、商业智能、电子商务等。

指标总分为①和②的分数相加。

13）人力资源指数（分）。指标分值=有大专（含）以上学历的员工数占员工总数的百分比×100。

14）信息化技能普及率（分）。指标由两部分构成，指标得分计算方法如下：

① 掌握专业IT应用技术的员工的比例，指掌握专业IT技术的员工占全部正式员工的比例。计分方法：

该比例大于15%，得35分；10%～15%，得28分；5%～10%，得24分；3%～5%，得17分；1%～3%，得10分；1%以下，得5分。

② 管理层非专业IT人员的信息化培训覆盖率，统计口径为：管理层包含高层管理者、中层管理者和基层管理者，需接受过2小时以上的正式培训，方可进入培训覆盖的范围。计分方法：

$$\text{管理层非专业IT人员的信息化培训覆盖率（\%）}\times 65 \tag{14.8}$$

指标总分为以上两部分分值之和。

15）学习的电子化水平（分）。

① 电子化学习的员工覆盖率，计分方法：

$$\frac{\text{正式参与企业组织的电子化学习项目的员工数量}}{\text{企业全部员工的数量}}\times 50 \tag{14.9}$$

② 电子化学习中，可供选择的学习领域的覆盖率，计分方法，以下各选项有1项加1分，总分乘以7.2，满分50分。

选项包括：管理、营销、财务、企业文化等、生产及工作技术、技能、规章制度等。

指标总分为以上两部分分值之和。

16）用于信息安全的费用占全部信息化投入的比例（%）。计算口径：用于信息安全的费用包含安全软件、安全硬件、信息安全培训、信息安全人力资源支出。

指标分值计算方法：

该比例大于30%，得100分；20%～30%，得90分；15%～20%，得80分；10%～15%，得70分；5%～10%，得50分；5%以下，得20分。

17）信息化安全措施应用率（%）。该指标计分方法：重视员工安全意识的培养及制定严格的员工信息安全制度，得2分，每采取一个其他安全措施，加1分，结果乘以7.6，满分100分。其他安全措施包括：

本地实时备份；本地定时备份；异地实时备份；异地定时备份；拥有2个

（含）以上的ISP；安装了防火墙；安装了企业级杀毒软件，并严格按照供应商要求按时升级；全面安装了单机版杀毒软件，并严格按照供应商要求按时升级；安装了邮件加密系统；建立了虚拟专用网；档案服务器、网络服务器、防火墙等网络流量相关的设备有备份。

18）库存资金占用率（%）。数据采集的跨度不得超过3年。

$$库存资金占用率 = 库存平均占用的资金/全部流动资金 \tag{14.10}$$

库存资金占用率降低的计算方法：

$$\frac{信息化实施前库存资金占用率 - 信息化实施后库存资金占用率}{信息化实施前库存资金占用率} \tag{14.11}$$

指标分值：库存资金占用率降低80%以上得100分；降低60%以上得80分；降低50%以上得60分；降低20%以上得20分；降低20%以下得0分。

19）资金运转效率（次/年）。数据采集的跨度不得超过3年。

企业流动资金每年的周转次数增长幅度的计算方法：

$$\frac{信息化实施后企业流动资金每年的周转次数}{信息化实施前企业流动资金每年的周转次数} \tag{14.12}$$

指标分值：企业流动资金每年的周转次数是原来的5倍以上得100分；3～5倍得80分；2～3倍得60分；1～2倍得20分。

20）企业财务决算速度（日）。此项指标考察企业实现一次完整的虚拟财务决算所需要的时间。

指标得分计算方法：实现24小时以内完成决算为100分；1～10日为80分；10～20日为60分；20～30日为30分；30日以上为0分。

21）增长指数。该指标为综合考核指标，是根据现阶段对信息化的认识制定的重要参考指标。

该指标考察企业自身销售收入的增长比率、企业自身利润的增长比率、行业平均销售收入增长比率、行业平均利润增长比率以及它们之间的关系。

通过对企业自身发展变化的考察，以及与同期行业状况的比较，判断企业信息化在相关方面带来的影响。

计算方法：

$$\begin{aligned}增长指数 = & K_1 \times \frac{企业自身销售收入增长比率 - 行业平均销售收入增长比率}{行业平均销售收入增长比率} + \\ & K_2 \times \frac{企业自身利润的增长比率 - 行业平均利润的增长比率}{行业平均利润的增长比率} + \\ & K_3 \times 企业自身的销售收入增长比率 + K_4 \times 企业自身利润的增长比率\end{aligned} \tag{14.13}$$

其中，K_1、K_2、K_3、K_4 为各项的系数，具体数值以另发的形式落实。

考察期限为近3年，企业成立时间少于3年的，可以按照实际成立时间计算。

说明：以上各指标的计算方法中，在表达上如存在时间段等数据区间，除非特别说明，则包含数据的上限，不包含下限，如“2%～5%”意味着包含5%，不包含2%。

企业信息化基本指标总分计算方法如公式（14.14）所示：

$$I = \sum (P_i \cdot W_i) \tag{14.14}$$

式中，I表示指标体系的总得分；P_i表示第i个指标的得分，各指标的满分都是100分；W_i表示第i个指标的权重，所有指标权重的和为100%。

权重表将基本指标划分成五个大类，每一类的权重设计如下：

战略地位：10%；基础建设：20%；应用状况和效益指数：50%；人力资源：15%；安全：5%。

各个指标的具体权重，以权重表（另发）形式落实。

（4）企业信息化评价指标体系的结构和测评组织方法

企业信息化基本指标是反映信息化基本情况的统计调查指标，可以形成对企业信息化基本发展状况的标准化客观定量分析结论。主要用于社会统计调查和政府监测。

为了反映企业信息化效益状况，在基本指标测评之外，由专门的第三方中介机构进行“企业信息化补充指标”和“企业信息化评议指标”的相关工作。

企业信息化补充指标是在企业信息化基本指标基础上，结合不同行业、不同对象特点，以标杆库和标杆值为参照，以信息化实效为评价目标的效能评价指标，形成对企业信息化实效的定量分析结论。企业信息化补充指标由适宜度和灵敏度两大类指标构成，适用于企业自测和企业信息化水平评价定级。

企业信息化评议指标是对影响企业信息化实效的特殊非定量因素进行判断的评价指标，以此形成对企业信息化评价的定性分析结论。由评价实施机构中的专家咨询组进行评价。

具体测评实施，依据《国家信息化评价规则》进行。

2. 企业信息化效能指标构成方案

过去评价企业信息化，最常见的办法，是把信息化投入和企业整体效益简单联接起来。由于很难将企业的整体效益归属给单独的要素，信息化投入产出之间，总是存在一个难解的“黑箱”。为了解析“生产力悖论”中从信息化投入到信息化产出之间的黑箱，另一种常见方法，是给单独的信息化要素赋予权重。然而，无论是专家打分的德尔菲法，还是根据某一时期的政策导向确定权重，实质都是一种用逻辑方法解析黑箱的行为。如果信息化的规律，真的从逻辑上精确地认识清楚了，用这种方法也未尝不可。但看来，现在谁也不敢说，人类的认识水平已达到了从逻辑上解析生产力黑箱而能服众的程度。

企业效能指标沿着用统计规律性来替代逻辑规律性的思路，分门别类地采集企业信息化标杆基准值，用这个基准值与被测具体企业的个别值进行比较，可以非常有效地避免逻辑打分方法的主观性，同时又不至于出现被测企业投入水平高信息化水平就一定高的情况。

（1）企业信息化效能指标设计原则

1）功能性。企业信息化补充指标与企业信息化基本指标互相联系又相对独立，基本指标主要适用于政府、社会对企业信息化基本状况的普测、监测；补充指标是测量、评价企业信息化所达到的实际效果的评价系统，因而又称效能指标。补充指标与基本指标、评议指标一起，用于企业信息化水平的测定、评级、认证等。

2）目的性。把企业信息化引导到有效益、有竞争力和可持续发展的方向上来；使企业信息化配合企业总体战略；使企业领导正确认识和正确实施所在企业的信息化工作，讲求实效，避免浪费。

3）可操作性。易懂，易用，易推广。

4）参考标杆值系统进行信息化水平评价。

（2）企业信息化效能指标构成方案介绍

企业信息化效能指标是测量、评价企业信息化所达到的实际效果的评价系统，即《企业信息化基本指标构成方案（试行）》（国家信息产业部信函［2002］64号）中所指补充指标。企业信息化效能指标，作为反映和评价企业信息化实效的一套评价指标体系，包含适宜度和灵敏度两大类指标。

1）适宜度指标。适宜度指标的实质是测评信息化系统的有机化程度。包括信息化系统与传统业务系统的有机联系程度，信息化各子系统的整合程度，信息化整合传统资源的有机化程度等。

适宜度指标分为五类：战略适宜度、应用适宜度、投资适宜度、资源匹配适宜度、组织和文化适宜度。

战略适宜度，包括：企业战略匹配度，反映企业信息化战略与企业战略之间配合协调程度，如主营业务相关度等；技术战略适宜度，反映企业信息化技术战略与技术环境之间的配合协调程度，如战略性合作伙伴的信息技术战略等。

应用适宜度，包括：管理信息化应用适宜度，反映管理信息化水平的合理性，如营销管理应用的深度、广度等；数据库应用适宜度，反映数据库应用的合理性，如数据库整合的领域等；安全应用适宜度，反映企业信息安全状况的合理性，如安全费用等。

投资适宜度，包括：投资理念适宜度，反映企业主要领导对企业信息化的正确认识水平，如投资的价值导向等；投资力度适宜度，反映企业信息化投资力度的合理性，如投资规模等；客户价值适宜度，反映信息化投资给上下游及最终客户带来的实际价值水平，如客户满意度等；信息化的投入结构适宜度，反映信息化投入在各要素之间分配状况的合理性，如培训费用等。

资源匹配适宜度，包括：人力资源结构适宜度，反映信息化人力资源结构的合理性，如员工结构、CIO 的业务背景等；系统运行协调度，反映系统运行状况和功能发挥状况的合理性，如信息系统平均无故障运行时间等。

组织和文化适宜度，包括：企业组织的网络化程度，反映企业结构的合理性和企业行为的网络化状况合理性，如信息化管理部门的设置、产品编码标准化状况等；企业文化适宜度，反映企业文化对企业信息化的支持程度，如管理科目编码标准化状况、员工学习状况等。

2）灵敏度指标。灵敏度，是企业本身作为有机系统的生命特征的代表，它是企业信息化效益的集中体现之一。

灵敏度指标包括：信息灵敏度、管理运行灵敏度、对外反应灵敏度、创新灵敏度四个方面。具体指标为：信息灵敏度反映企业收集各种外部信息的渠道、手段和速度水平，如终端顾客信息反馈速度、数据挖掘状况等；管理运行灵敏度反映企业管理运行的智能和速度水平，如虚拟财务决算速度等；对外反应灵敏度反映企业对外反应的智能、广度和综合速度水平，如企业定制化水平、客户服务电话拨通率等；创新灵敏度反映企业创新能力，如产品创新灵敏度等。具体指标如表 14. 3 所示。

（3）效能指标计算方法

企业信息化效能指标，是反映和评价企业信息化实效的一套评价指标体系，包含适宜度和灵敏度两大类指标。适宜度指标，主要从“是否合理”的角度，考察企业在信息化过程中的行为和状况，主要计算方法是通过考察企业的实际情况与标杆值的相似度，判断其是否适宜。

企业信息化效能指标的标杆值，是一套“标杆值”体系，根据企业所处的行业、规模和发展阶段的不同，评价其信息化实效的标杆值也各不相同。中国企业信息化标杆企业库，是“标杆值”体系的一个重要参考系统。

灵敏和有活力，是企业信息化的最重要目标之一，灵敏度指标，通过考察其灵敏程度的水平及质量，判断其得分。

效能指标总分，是适宜度和灵敏度得分的综合。

企业信息化效能指标是在企业信息化基本指标基础上，结合不同行业、不同对象特点，以标杆库和标杆值为参照，以信息化实效为评价目标的效能评价指标，形成对企业信息化实效的定量分析结论。适用于企业自测和企业信息化水平评价定级。

表 14.3 企业信息化效能指标体系

序号	一级指标	二级指标	三级指标	指标解释	指标内容构成举例
1	适宜度	战略适宜度	企业战略匹配度	企业信息化战略与企业战略之间配合协调程度	主营业务相关度等
2			技术战略适宜度	企业信息化技术战略与技术环境之间的配合协调程度	战略性合作伙伴的信息技术战略等
3		应用适宜度	管理信息化应用适宜度	管理信息化水平的合理性	营销管理应用的深度、广度等
4			数据库应用适宜度	数据库应用的合理性	数据库整合的领域等
5			安全应用适宜度	企业信息安全状况的合理性	安全费用等
6		投资适宜度	投资理念适宜度	企业主要领导对企业信息化的正确认识水平	投资的价值导向等
7			投资力度适宜度	反映企业信息化投资力度的合理性	投资规模等
8			客户价值适宜度	反映信息化投资给上下游及最终客户带来的实际价值水平	客户满意度等
9		资源匹配适宜度	信息化的投入结构适宜度	反映信息化投入在各要素之间分配状况的合理性	培训费用等
10			人力资源结构适宜度	反映信息化人力资源结构的合理性	员工结构、CIO 的业务背景等
11			系统运行协调度	反映系统运行状况和功能发挥状况的合理性	信息系统平均无故障运行时间等
12		组织、文化适宜度	企业组织的网络化程度	反映企业结构的合理性和企业行为的网络化状况合理性	信息化管理部门的设置、产品编码标准化状况等
13			企业文化适宜度	反映企业文化对企业信息化支持程度	管理科目编码标准化状况、员工学习状况等
14	灵敏度	信息灵敏度	反映企业收集各种外部信息的渠道、手段和速度水平		终端顾客信息反馈速度、数据挖掘状况等
15		管理运行灵敏度	反映企业管理运行的智能和速度水平		虚拟财务决算速度等
16		对外反应灵敏度	反映企业对外反应的智能、广度和综合速度水平		企业定制化水平、客户服务电话拨通率等
17		创新灵敏度	企业创新能力		产品创新灵敏度等

3. 企业信息化评议指标

企业信息化评议指标是对影响企业信息化实效的特殊非定量因素进行判断的评价指标，以此形成对企业信息化评价的定性分析结论。企业信息化评议指标配合基本指标、补充指标，是对影响企业信息化实效的特殊非定量因素进行判断的评价指标。由评价实施机构中的专家咨询组进行评价。具体测评实施，依据《国家信息化评价规则》进行。

14.2.4　中国企业信息化标杆企业推选方案

国家信息化测评中心于 2005 年 10 月 20 日公布了中国企业信息化标杆企业推选方案。

1. 企业信息化指标的意义

企业信息化指标体系是企业信息化建设的指南。建立企业信息化指标体系，是为了正确和客观地评价中国企业信息化水平，引导企业信息化建立在有效益、务实、统筹规划的基础上。它从宏观上指导企业信息化整体水平的提高；在微观上，使企业更准确地认识信息化的内涵，明确信息化的目的，制定正确的信息化战略，并对具体实施提供帮助。

2. 中国企业信息化标杆企业的定义

在企业信息化评价中，将通过选取有代表性的标杆企业，从中获得反映不同行业、规模和发展阶段特点的企业信息化基准值，用来补充校正指标数据。“中国企业信息化标杆企业”（下称标杆企业）是指在同行业、同规模、相同发展阶段的条件下，与其他同类企业相比，在信息化的全部或部分方面有相当先进性的企业。

由标杆企业建立的标杆库，是企业信息化指标体系的重要补充数据及修正系统。以标杆企业数据为重要数据基础构造的“标杆值”表，构成可以反映统计规律性的基本数据库，并以此为重要刻度之一，准确评价企业信息化的效益水平。标杆企业将视情更新，以反映企业整体信息化水平的进步。

3. 标杆企业的价值

标杆企业将获得 CECA 国家信息化测评中心颁发的“中国企业信息化标杆企业”证书，是企业在经营、发展中的重要品牌资产；标杆企业将收入该中心主编并公开发行的《中国企业信息化标杆企业库》。标杆企业的模式将被列为示范样本，将得到更多的专家指导，得到信息化服务提供商及各方面更多的支持和服务。

4. 标杆企业推选标准

1）企业合法经营，无严重违法记录。

2）企业主要领导的信息化观念正确，信息化建设与企业发展战略相适应，务实、有效。

3）企业信息化投资战略和投资力度适宜，信息化投资的技术方向正确。

4）企业信息化各要素之间有很好的配合，信息化基础设施、应用、人才、信息资源、硬/软件、应用系统之间相互协调，资源共享程度高。

5）企业灵敏度高。能及时更新竞争对手、行业、客户、供应链信息，决算速度快，资金周转快，对外反应快。

6）企业组织与文化有利于企业创新、学习、变革，有利于信息化的实施。

5. 标杆企业推选方法

采取各省、自治区、直辖市、计划单列市信息化主管部门推选，各相关部委推选，行业协会推选等方式。各地、各部门在推选标杆企业时，可采取政府考察、企业自荐、专家和信息化服务商推荐等方式。

信息化特别优秀的企业可以直接向国家信息化测评中心报名申请。

企业信息化指标的推行，将充分发挥政府引导和市场推动的作用，改变过分依赖行政命令实施标准的情况，通过其严谨性、科学性、先进性、权威性和实用性，逐步成为引领企业信息化发展的事实标准。

企业信息化标杆企业库，是企业信息化指标体系的重要补充数据及修正系统。标杆企业是指在同行业、同规模、相同发展阶段情况下与其他同类企业相比，在信息化效益相关指标数据方面有典型特征意义的企业。标杆企业将定期或不定期更新，以不断地反映信息化水平的整体进步。以标杆企业数据为主构造“标杆值”表，构成可以反映统计规律性的公共数据库，并以此为参照基准，计算具体待测企业基本指标数据的偏离，可以准确评价企业信息化的效益水平。

本测评系统采用了国际通行的先进管理方法——“标杆管理”，将企业的信息化参数与同行业、同规模、同发展阶段的企业信息化标杆值进行总体和分项比较，能够准确评价企业信息化的效果和仍然存在的问题，使企业对自身信息化水平有一个全面、客观的了解和评价，以利于今后企业信息化工作的进一步顺利展开。

14.3　国民经济信息化及其评价

14.3.1　国民经济信息化

国民经济信息化是指国民经济的发展，从以物质与能量为经济结构的重心，向以信息为经济结构的重心转变的过程。在这个过程中，不断地采用现代信息技术和手段，在国民经济各部门、各行各业广泛开发、利用信息资源，从而有效地提高劳动生产率。国民经济信息化体现为信息产业高度发达，社会信息利用非常广泛，科学知识和信息成为推动经济发展的主要动力。

国民经济信息化可以理解为，在经济和社会活动中，通过普通地采用信息技术和电子信息设备，更有效地开发和利用信息资源，推动经济发展和社会进步。使由于利用了信息资源而创造的劳动价值（信息经济增加值）在国民生产总值中的比重逐步上升直至占主导地位的过程。

国民经济信息化含义有三点：一是利用现代信息技术改造社会再生产过程，用信息技术不断提高生产要素的使用效率和经济资源的利用程度，使经济增长方式集约化。二是用现代信息技术提高经济活动中信息采集、处理、传输、存储和使用的功能，发展信息产业及其服务体系，提高整个经济系统运行的有效性。三是利用现代信息技术使经济信息的生产、创造、储存、学习和使用方式发生根本变革，从而影响人类社会进步的进程和方式。

国民经济信息化包括两方面的内容。一是实现产业信息化，即利用现代信息技术改造国民经济各个领域，以提高我国国民经济活动中信息采集、处理、传输和利用能力，增强其运行的有效性，提高其生产的效率，从而实现农业、工业、服务业的信息化，增强国际竞争力。二是实现信息产业化，即发展信息产业，培植新的经济增长点，这将有利于提高我国国民经济的整体效益，促进国民经济的持续、健康和快速发展。国民经济信息化也意味着整体社会的信息化，所以它既表现为由不同经济层面的信息化构成，又表现为不同经济结构的信息化。

14.3.2　国民经济信息化测度理论与方法

信息化程度已成为 21 世纪衡量一个国家（或地区）经济发展水平竞争实力的重要标志。信息化水平测度是对某国家、地区、部门信息产业及其服务业发展状况的度量。信息化水平测度的研究对加强测度的科学性和促进信息经济发展有重要的指导意义。

国民经济信息化程度是一个静态的概念，是指在一定时期内信息活动规模的大小及其在国民经济中所处地位的强弱程度。测算一国经济信息化程度，可以依据信息化的基本特征从不同的侧面设置评价指标。对一个国家（或地区）信息化发展水平及其信息技术应用环境进行定量和定性分析，有利于更好地了解一个国家（或地区）向信息社会迈进的程度、把握潜在的市场机会和制定进一步的发展战略。到目前为止，国内外有关信息化水平测度的模型或方法有二三十种，比较有代表性的有信息化指数法、国际电联指标体系法、国际数据公司法、信息化综合指数法和信息产业部（2001）发布《国家信息化指标构成方案》。宋玲（2001）在其《信息化水平测度的理论与方法》一书中，总结了国民经济信息化水平测度理论及方法。2001 年 7 月 29 日，我国正式公布的国家信息化指标构成方案，它极大地推动了我国信息化测度的理论方法与实践的发展。

1. 国外信息化测度方法

从衡量社会的信息流量和信息能力等来反映社会的信息化程度，主要依据某些综合的社会统计数字构造测度模型。有代表性的是日本提出的信息化指数模型、国际电信联盟指标体系法、国际数据公司的“信息社会指标法”。

（1）日本信息化指数模型

日本经济学家小松崎清介于 1965 年提出信息化指数法。信息化指数模型由四个二级指标和 11 个三级指标构成，4 个二级指标包括信息量（间接表示信息装备水平和信息服务业的发展）、信息装备率、通信主体水平（人才结构和第三产业发展水平）和信息系数（消费者基本生活费用之外的投入）。

信息化指数测算方法是从信息量、信息装备率、通信主体水平、信息系数四个主要因素来体现社会的信息程度化的。它具体包括 11 个变量，其模型结构如图14. 3 所示。

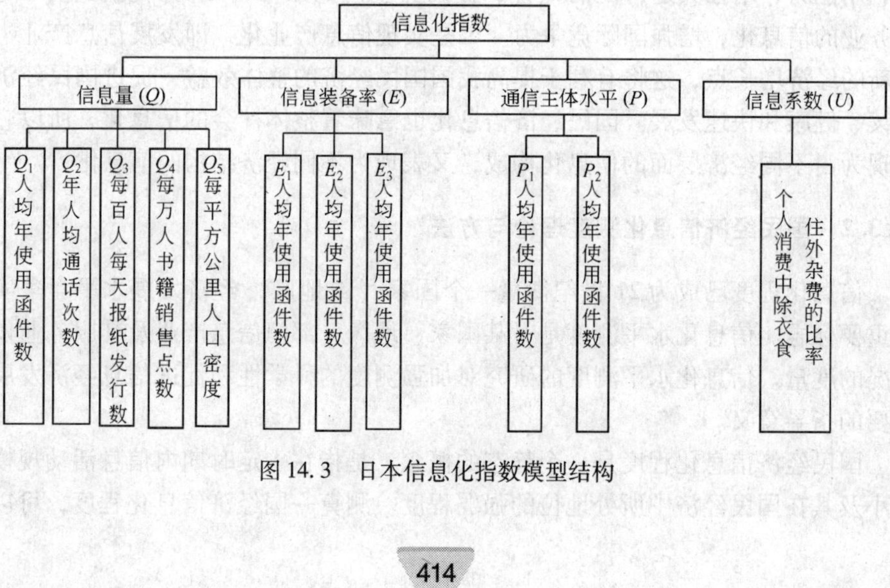

图 14. 3　日本信息化指数模型结构

由于这个变量是不同质的量，无法直接进行比较，故首先需要转换成指数，最后求得反映信息化程度的总指标——信息化指数。

求最终的信息化指数的方法一般有两种：第一种方法是将基年各项指标指数的值定为100，然后分别将测算年度的同类指标值除以基年指标值，求得测算年度的各项指标值的指数，再将各项指标值指数相加除以项数，就可得到最终的信息化指数；第二种方法先分别计算出 Q、E、P、U 这四个组的指数平均值，即对每一组的变量指数值求平均值，再对分组的指数平均值求算术平均值得出最终的信息化指数。

第一种算法实质上是一步算术平均法，11 个变量对最终信息化指数的贡献是等价的，即各变量的权重都相同；而第二种算法是二步算术平均法，四个因子对最终信息化指数的贡献是等价的，但各变量对最终信息化指数的贡献是不等价的，同一组内的变量数越多，相对的贡献越小（或影响越小），即每一组变量的权重各不相同。显然，这两种算法的最终结果会有所不同。

（2）国际电信联盟指标体系法

国际电信联盟（ITU）是国际上最重要的与 ICT 相关的国际组织。1995 年，国际电信联盟向以信息社会为主题的西方七国集团部长会议提出一套评价信息化发展现状的指标体系，这一体系包括六组指标，如图 14.4 所示。

在 2003 年，该组织在世界电信报告中，发布了信息社会测度指标体系。该指标体系称为 DAI，共有八个指标体系。其中包括：基础设施（固定电话和移动电话），费用可承受性（因特网的接入价格），知识准备（读写能力和入学率），网络接入质量（宽带接入的比率，国际带宽），使用情况（因特网用户）。

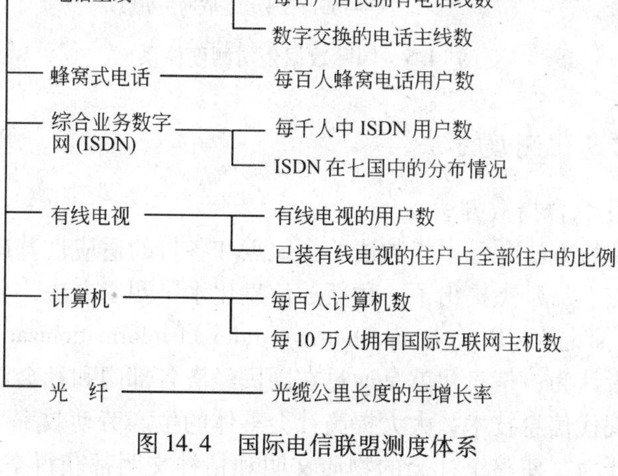

图 14.4　国际电信联盟测度体系

(3) 国际数据公司的“信息社会指标法”

国际数据公司（IDC）是国际数据集团下属的信息研究机构，他们提出了“信息社会指标法”（information society index，简称 ISI），并以此作为测度社会信息化程度的基础。ISI 指标变量分三大类 20 个指标，具体内容如图 14.5 所示。

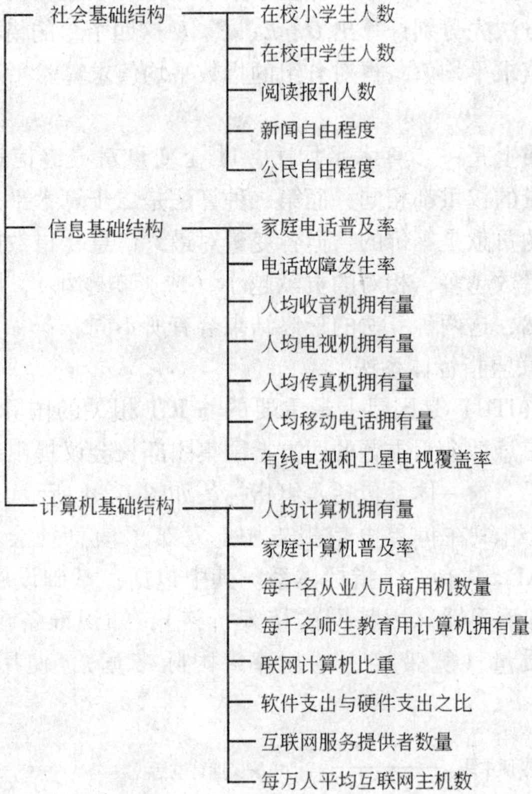

图 14.5　国际数据公司测度体系

2. 国内信息化测度方法

(1) 信息化综合指数方法

在总结波拉特方法和日本指数法的优缺点和各自的适应性基础上，我国学者钟义信、舒华杰、吕延杰提出了一种新的信息化水平测度方法，名为“信息化的综合指数法”，简记为 CIIC（comprehensive index of informationization capaeities）。

这几位学者认为：信息化就是通过在国民经济各部门和社会活动各领域大量地普遍地采用现代信息技术，大大提高社会整体的生产劳动效率、工作效率、学习效率和创新能力，使整个社会的物质文明和精神文明都获得空前发展的过程。因此，衡量一个国家或地区的信息化程度或水平不能只看某一个或几个局部方面，而应当考察它的整体的、综合的能力和水平。

CIIC 模型包含以下几方面的因素：信息产业的能力，记为 $I(P)$；信息基础设施的装备能力，记为 $I(E)$；信息基础设施的使用水平，记为 $I(U)$；信息主体的水平，记为 $I(S)$；信息消费的水平，记为 $I(C)$；$\omega(x)$ 表示权系数。

显然，不同因素对信息化水平的贡献各不相同，因此需要考虑权重分配的问题，即有：

$$\mathrm{CIIC} = \sum \omega(x) I(x), \quad x = P, E, U, S, C \tag{14.15}$$

为了便于分析和比较，可以取某一年作为基准年，其他年份的数据都以基年数据为基准进行标准化，即有：

$$\mathrm{CIIC}(s) = \mathrm{CIIC}/\mathrm{CIIC}(0) \tag{14.16}$$

式中，CIIC(s)为某年的信息化综合指数的标称值；CIIC(O)为基年的信息化综合指数值；CIIC 为根据式（14.15）计算得到的数值。

进一步考察发现，$I(P)$、$I(E)$、$I(U)$、$I(S)$、$I(C)$ 都包含若干分指标，即有：

$$I(x) = \sum \alpha(n) I(x,n), \quad x = P, E, U, S, C \tag{14.17}$$

式中，$\alpha(n)$ 是 $I(x,\ n)$ 的权系数。于是：

$$\mathrm{CIIC}(s) = \sum_x \omega(x) \sum_n \alpha(n) I(x,n) / \sum_x \omega(x_0) \sum_n \alpha(n) I(x_0,n) \tag{14.18}$$

式中，$\omega(x_0)$、$I(x_0,\ n)$ 为基年的权系数和分指标值。

具体地说，CIIC 的指标体系共包含 18 项指标，如表 14.4 所示。

各个指标和各个方面的权系数还要通过专家调查法、系统动力学方法或层次分析法进一步确定。这些权系数的确定可以告诉我们信息化建设的重点应当如何选择。

表 14.4　CIIC 的指标体系

$I(P)$	信息产业能力
$I(P,\ 1)$	第一信息部门产值
$I(P,\ 2)$	第二信息部门产值
$I(E)$	信息基础设施装备能力
$I(E,\ 1)$	电话普及率
$I(E,\ 2)$	电视普及率
$I(E,\ 3)$	联网计算机普及率
$I(E,\ 4)$	联网数据库人均容量
$I(E,\ 5)$	人均网络容量公里数

续表

$I(U)$	信息基础设施使用水平
$I(U, 1)$	年人均电话次数
$I(U, 2)$	年人均电视收看时数
$I(U, 3)$	计算机平均利用率
$I(U, 4)$	年人均信函数
$I(U, 5)$	年人均书报量
$I(U, 6)$	年人均拥有的音像制品量
$I(S)$	信息主体水平
$I(S, 1)$	信息产业就业比率
$I(S, 2)$	每百人大学生数
$I(S, 3)$	九年制教育普及率
$I(S, 4)$	信息技术研究开发费用比率
$I(C)$	信息消费水平
$I(C, 1)$	个人平均信息消费指数

（2）中国社会信息化进程测度报告中的测度指标体系

郑建明在国家社科基金项目《中国社会信息化进程的测度分析》有关《中国社会信息化进程测度报告》中，提出了中国社会信息化测度指标体系。

该测度小组通过调研，在日本信息化指数模型的基础上，吸取有关案例的积极成果，参照国务院信息化工作领导小组制定"国家信息化九五规划和2010年远景目标纲要"中确定的国家信息化体系的六要素（信息资源、国家信息网络、信息技术应用、信息技术和产业、信息化人才、信息化政策法规和标准），构建了社会信息化指数模型，如图14.6所示。

（3）中国国家统计局社会信息化水平统计测度指标体系

国家统计局在其《中国信息能力研究报告》中，设计了一套力图全面、客观地评价我国信息化水平的指标。其测算方法是：先用功效系数对各指标原始数值进行无量纲化处理，算出各指标的标准分，然后运用综合评分法或主成分分析法算出总的信息化水平得分。

该指标体系共分三个层次、四大类，共有30个指标组成测算信息能力的指标，如图14.7所示。

（4）中国信息化测评指标体系

在汇集各部委、各省市、各研究机构大量研究成果的基础上，我国正式公布了国家信息化指标构成方案。2001年7月29日，信息产业部、国家信息化

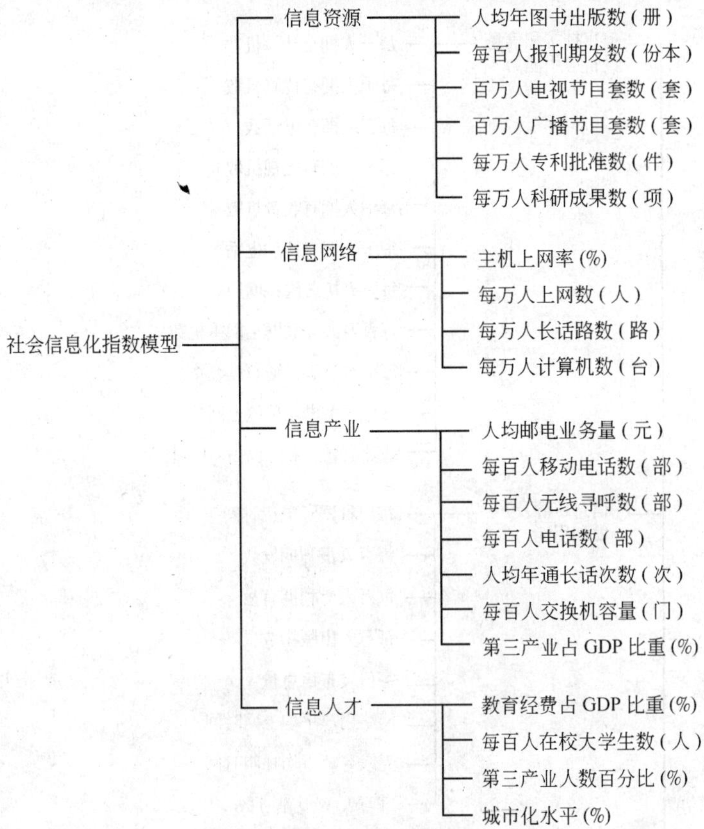

图 14.6　社会信息化指数模型结构

推进工作办公室、中国电子商务协会主持召开了国家信息化指标工作会议，信息产业部正式公布了《国家信息化指标构成方案》，并成立了“国家信息化测评中心”。

这一国家信息化标准的出台，为我国地区经济发展提供了重要依据，使国家信息化实现量化管理。这套指标方案是适合中国国情的评价与比较信息化水平及发展的指标体系，能够以科学、完整的量化数据来反映与评价中国及各省（区、市）的信息化水平以及发展进程中存在的问题，以促进全国及各地区信息化健康、快速地发展，从而促进中国经济乃至中国现代化的发展。通过对信息化指标的统计分析，定量地衡量中国及各地区的信息化发展程度，可以提高政府推进信息化建设决策的科学性和准确性，使宏观决策部门和行业管理部门能够有效地指导和促进信息化建设工作，为研究制定信息化经济和社会发展计划提供量化、科学的依据。

- 信息技术和信息设备应用能力
  - 每千人拥有计算机数
  - 每千人拥有传真机数
  - 每百人拥有电话数
  - 每千人拥有电视机数
  - 每千人拥有收音机数
  - 每千人拥有移动电话数
  - 每万人接入因特网用户
  - 每百万人互联网上网主机数
  - 每平方公里光缆长度
  - 每百家企事业单位上网数
  - 基础信息产业产值占 GDP 比重
- 信息资源及开发利用能力
  - 每户打国际电话时间
  - 每百人报刊期发数
  - 每万人专利拥有量
  - 每万人出版物数量
  - 每日发布信息量
  - 网络用户平均上网时间
  - 无线寻呼平均呼叫时间
  - 每万人 Web 站点数
- 信息化人才与人口素质
  - 每万人平均科学家和工程师数
  - 信息产业从业人数占就业总人口比重
  - 大学入学率
  - 每十万人在校学生数
  - 每十万人计算机专家和工程师数
- 国家对信息产业发展的支撑状况
  - 人均电信投资
  - 信息产业增加值占 GDP 比重
  - 研究开发 (R&G) 支出占 GDP 比重
  - 每主线电信投资
  - 人均 GNP
  - 教育投入

图 14.7　社会信息化水平统计测度指标体系

资料来源：宋玲 . 2001. 信息化水平测度的理论与方法 . 北京：经济科学出版社

这套指标体系设置了六个一级要素，包括信息资源、国家信息网络、信息技术应用、信息技术与产业、信息化人才、信息化政策法规和标准。同时还设置了20 个二级指标。该体系主要用于国家信息化发展水平地区间横向比较，并在此基础上拓展到纵向比较。指标的数据绝大部分在现有的统计数据中可以获得，个别没有的，做特定调查也比较容易获得，基本上可以反映一个国家、地区或部门的信息化水平与发展态势。中国信息化水平综合指数测算与评价的指标体系如表 14. 5 所示。

表 14. 5　国家信息化指标体系构成方案及说明

序　号	指标名称	指标解释	指标单位	资料来源
1	每千人广播电视播出时间	目前，传统声、视信息资源仍占较大比重，用此指标测度传统声、视频信息资源	小时/千人（总人口）	根据广电总局资料统计
2	人均带宽拥有量	带宽是光缆长度基础上通信基础设施实际通信能力的体现，用此指标测度实际通信能力	千比特/人（总人口）	根据信息产业部资料统计
3	人均电话通话	话音业务是信息服务的一部分，通过这个指标测度电话主线使用率，反映信息应用程度	通话总次数/人（总人口）	根据信息产业部、统计局资料统计
4	长途光缆长度	用来测度带宽，是通信基础设施规模最通常使用的指标	芯长公里	根据信息产业部、统计局资料统计
5	微波占有信道数	目前微波通信已经呈明显下降趋势，用这个指标反映传统带宽资源	波道公里	根据信息产业部、统计局资料统计
6	卫星站点数	由于我国幅员广阔，卫星通信占有一定地位	卫星站点	根据广电总局、信息产业部、统计局资料统计
7	每百人拥有电话主线数	目前，固定通信网络规模决定了话音业务规模，用这个指标反映主线普及率（含移动电话数）	主线总数/百人（总人口）	根据信息产业部资料统计
8	每千人有线电视	有线电视网络可以用作综合信息传输，用这个指标测度有线电视的普及率	有线电视台数/千台数人（总人口）	根据广电总局、统计局资料统计

续表

序 号	指标名称	指标解释	指标单位	资料来源
9	每百万人互联网用户数	用来测度互联网的使用人数，反映出互联网的发展状况	互联网用户人数/百万人（总人口）	根据 CNNIC、统计局资料统计
10	每千人拥有计算机数	反映计算机普及程度，计算机指全社会拥有的全部计算机，包括单位和个人拥有的大型机、中型机、小型机、PC 机	计算机拥有数/千人（总人口）	根据统计局住户抽样数据资料统计
11	每百户拥有电视机数	包括彩色电视机和黑白电视机，反映传统信息设施	电视机数/百户（总家庭数）	根据统计局住户抽样资料统计
12	网络资源数据库总容量	各地区网络数据库总量及总记录数、各类内容（学科）网络数据库及总记录数构成，反映信息资源状况	吉（G）	在线填报
13	电子商务交易额	指通过计算机网络所进行的所有交易活动（包括企业对企业，企业对个人，企业对政府等交易）的总成交额，反应信息技术应用水平	亿　元	抽样调查
14	企业信息技术类固定投资占同期固定资产投资的比重	企业信息技术类投资指企业软件，硬件，网络建设、维护与升级及其他相关投资，反映信息技术应用水平	百分比	抽样调查
15	信息产业增加值占 GDP 比重	信息产业增加值主要指电子、邮电、广电、信息服务业等产业的增加值，反映信息产业的地位和作用	百分比	根据统计局资料统计
16	信息产业对 GDP 增长的直接贡献率	该指标的计算为：信息产业增加值中当年新增部分与 GDP 中当年新增部分之比，反映信息产业对国家整体经济的贡献	百分比	根据统计局资料统计

续表

序号	指标名称	指标解释	指标单位	资料来源
17	信息产业研究与开发经费支出占全国研究与开发经费支出总额的比重	该指标主要反映国家对信息产业的发展政策，从国家对信息产业研发经费的支持程度反映国家发展信息产业的政策力度	百分比	根据科技部、统计局资料统计
18	信息产业基础设施建设投资占全部基础设施建设投资比重	全国基础设施投资指能源、交通、邮电、水利等国家基础设施的全部投资，从国家对信息产业基础设施建设投资的支持程度反映国家发展信息产业的政策力度	百分比	根据信息产业部、广电总局、统计局资料统计
19	每千人中大学毕业生比重	反映信息主体水平	拥有大专毕业文凭数/千人（总人口）	根据统计局资料统计
20	信息指数	指个人消费中除去衣食住外杂费的比率，反映信息消费能力	百分比	根据统计局资料统计

3. 信息化测度方法述评

（1）日本信息化指数模型法评价

日本的信息化指数模型法侧重从与社会信息活动相关的多个方面来进行测算。其优点是，该方法所用的统计资料较易获得，参数少，计算也较简单，所以实用性较强。同时这种方法将信息化发展进程的相对阶段和相对差距用量化的方式反映出来，在有较完整的时间序列数据的情况下还可对今后的信息化发展趋势做出预测，而且通过细致的数据处理和对比分析，也可发现一些信息化过程中的结构性失衡或缺陷。此方法能够在纵向上比较一个国家或地区不同时期的信息化程度以及横向上比较不同国家或地区之间的信息化程度。

但这种方法的问题和不足也比较明显，对在国民经济中信息化的作用又反映太弱，在信息技术飞速发展的今天，明显感到对整个体系概括得不全。该方法的主要缺点是：

1）从理论上分析，该模型显得过于简单，不够全面。在信息环境评估的完整意义上，它只反映了某几个方面的信息环境状况（主要是社会信息流量、社会信息能力等）。而信息活动的有些重要方面（如信息需求满足程度等）未能充分体现和包括在模型之中。

2）从指标体系上分析，该模型采用算术平均得出综合的测度结果（信息化指数），未能适当区分出不同参数或不同因子的贡献大小，简单平均的算法其结果可能掩盖实质上的差异。同时，该方法的测度结果是无量纲的相对量，即确立某一基准点前提下的相对比较值。该值只有相对的意义，而无绝对的意义。信息化指数仅从邮电、广播、电视、新闻出版等有限的几个方面选取试图描述信息化的指标，其结果只能反映这几个方面的信息环境状态，而其他一些重要的因素（如信息需求与利用程度、规模）在模型中未能体现出来。同时，缺少现代通信设备和其他信息产业变化情况的指标，忽视计算机和网络在社会信息化水平测度中的重要性。也没有反映人均生产方面的指标，因而没有准确反映信息产业发展状况及其在国民经济中的比例。此外，该方法是在30多年前被提出来的，而当今社会变化异常迅速，信息技术飞速发展，该方法中的一些具体指标已经不能适合当代信息化水平的测度。例如，人口密度指数在过去不发达的社会是信息化程度的一个重要指标，但在当今发达的社会已经与社会信息化程度没有太大的联系。

3）该模型割裂了社会信息化和经济信息化的关系，较多考虑社会信息化方面，几乎没有涉及经济方面的指标。

4）指标选取的人为确定性使模型本身带有主观因素。张启人认为，函件和通话指数是邮电业务量的主要成分，单用函件量反映有失偏颇，报纸没有省（国）界，按报纸发行量不足以说明信息量；人口密度指数更与信息化无直接关系，电话、电视、电脑在评估上表现的特点截然不同，难以反映实际的信息需求。

（2）国际电联指标体系法评价

国际电联指标体系法主要指从ICT方面评价信息化程度，可以很好地反映ICT方面的情况，但是对整个社会信息化程度反映较弱，评价指标比较片面，不能全面反映国民经济信息化程度。

（3）国际数据公司法评价

该方法从三个方面测度信息化发展，可以更好地反映社会的基本结构，但整个体系概括还是不全面，而且没有反映人均信息产业方面的情况。

（4）信息化综合指数法评价

该方法融合了波拉特测度方法和日本指数法的优点，由CIIC的计算过程可以看出，波拉特测度方法和日本指数方法都是CIIC在某些特殊条件下的特例。我们很容易由CIIC的结果推出波拉特方法和日本指数法的测算结果。在这方面，CIIC算法体现了合理的结构，又非常便于与现有方法接轨。指标的设定中，增加了“联网计算机普及率”、“人均网络容量公里数”等指标，能够与当代信息化发展情况相结合。

但是，从该方法的计算结果来看，只具有相对意义而不具有绝对意义；从该方法的指标体系来看，有些指标的设定仍不够完善和全面，例如在信息消费水平下只设有“个人平均信息消费指数”这一项指标，有一些重要的指标并没有考虑进去。

（5）中国社会信息化进程测度报告中的测度指标体系评价

该方法同样也存在着自身难以克服的不足，主要是注重于社会信息化内容的分析，而忽略了经济信息化特征的研究，如广播、电视、新闻、邮政、电信、出版、教育、网络、文化等领域或行业的指标占据了绝对多数，而直接反映信息经济规模的指标、尤其是有代表性的微观指标则极为有限。这就很难客观真实地测评出一个国家或地区的信息经济发展水平。

（6）中国国家统计局社会信息化水平统计测度指标体系评价

该测度指标体系突出了信息技术、信息资源开发利用和人才素质等因素，这些方面是提高信息能力和推动国民经济发展的重要因素，但经济信息化特征的内容较少。

（7）对我国国家信息化水平测度指标体系的评价

《国家信息化指标构成方案》的公布，标志着我国对信息化水平测度理论与方法的研究已经取得了一定的发展和比较成熟的研究成果。《国家信息化指标构成方案》与波拉特和日本信息化指数模型的测度理论和方法相比有了进一步的发展，主要表现为：

一是指标体系更趋全面与完善。我国国家信息化水平测度指标体系，既吸收了日本信息化指数法理论与方法的优长之处，也借鉴了美国学者波拉特有关信息化水平测度研究成果的合理内核，其指标体系既包括反映信息技术、产品和信息资源开发利用的指标，也包括反映与信息化密切相关的信息产业发展状况的指标，同时还包含反映信息化人才、信息化政策和信息化基础设施建设的指标，因而使指标体系更趋全面和完善。

二是该指标体系中的数据易收集、测算方法简便，因而具有较强的实用性。该指标体系的数据大部分在现有的统计数据中可以获得，而且其测算方法可以采用加权平均法，因而具有测算简便、实用的特点。以该指标体系和测算方法对国家信息化水平进行测度，基本上可以反映一个国家或地区一定时期的信息化水平和发展态势。

但是，我国国家信息化水平测度指标体系还有待发展和完善之处：

第一，指标体系中由于选取的实物测度指标较多，不利于长期对一个国家或不同地区的信息化水平进行比较。因为随着科学技术特别是信息技术的飞速发展，信息产品及信息服务千变万化，因而其指标体系会缺乏相对稳定性。

第二，各指标体系之间的关系没有通过指标结构设计得到充分的体现。虽然其体系之间已经对各指标结构的作用进行了说明，但各指标之间关系没有通过指标结构不同层次的设计得到充分的反映。

信息化指数法主要是从能集中反映社会生活信息化特点的、具有代表性的若干微观指标出发，并通过对这类指标中具体数据的指数化，向人们提供一系列可供比较分析的计量材料，使人们实实在在地感受到一个国家或地区社会信息化发展水准。信息化指数法，既可从时间序列的视角对一个国家或地区的信息化发展进程进行纵向研究，亦可从空间的视角对地区之间、国家之间的信息化现状进行横向分析，准确地找出本地、本国在信息化方面的缺陷与失衡之处，进而为出台切实可行的信息化发展举措提供科学依据。

14.4 案例分析：信息化水平测评

根据国家信息化测评指标体系，可以分别利用综合评分分析方法和主成分分析方法对国家或地区的信息化水平进行测算和比较。

14.4.1 综合评分分析法

该方法是在原日本信息化指数法基础上修改和扩展的一种方法。原日本信息化指数法在对各个指标汇总时，使用的是算术平均，没有考虑各个指标对总体的贡献水平。在综合评分分析法中，以加权平均计算信息化的总水平。

1. 信息化水平指数的测算方法

综合评分分析法的基本评价模型，通常多采用简单线性加权方法如公式（14.19）所示：

$$\mathrm{II} = \sum^{n} P_i W_i \tag{14.19}$$

式中，W_i 为第 i 个评价指标无量纲化处理后的值；II（informatization index）为信息化水平总指数值。

采用综合评分分析法的具体测算过程为：

第一，对选择的指标进行相关分析，筛掉相关性极高的指标，以避免相同因素在计算中占有过大的份额，以保证评价结果的合理性。

第二，对指标进行标准化处理以进行规范，使量纲不同的各类指标值转化为可以直接进行计算的数值。

第三，权重的确定采用德尔菲法，即专家评价与打分法。这个方法一般用问卷方式，请研究该问题的有关专家进行打分，将专家打的分数综合平均后作为权重。

我国国家信息中心编制的国家信息化水平测算的计算方法是：从具体的指标开始，逐项分层加权计算，最后汇总得出结果。

其具体计算公式如公式（14.20）所示：

$$II = \sum^{n}\left(\sum^{m} P_{ij}W_{ij}\right)\cdot W_{i} \tag{14.20}$$

式中，II 为国家或地区信息化水平总指数值；n 为信息化水平构成的一级要素个数；m 为信息化水平第 i 个一级要素的二级指标个数；P_{ij}第 i 个一级要素的第 j 项指标标准化后的值；W_{ij}为第 i 个一级要素的第 j 个指标在其中的权重。

2. 信息化水平指数增长速度的计算

综合评分法适用于测算某一年度国家及地区信息化水平指数（总指数与分类的六要素指数），测算出他们的基本水平与位次。但是，要考察信息化水平发展状况，由于各年度指标数据的区间范围不可能完全一致，就会造成计算结果不可比，因此可采用无量纲指标增长速度加权平均计算方法来计算信息化水平指数的增长速度，即以选定的一年（基准年）为基期，计算信息化水平指数报告期与基期的增长速度，加权平均后逐层计算，得出比较年份信息化指数的增长速度。并以基准年为基础，计算出其他有关年份信息化水平总指数。

在测算中，基准年份的选择和调整，可根据国家宏观决策的需要以及进行国际比较等需要来确定，并通过换算使按两个基准年份计算的指数可以进行比较。

3. 测算结果

利用国家信息化测评中心采用综合评分分析法对全国及各地区 1999 ~ 2000 年信息化水平发展状况的有关测评结果如表 14.6 和表 14.7 所示。

表 14.6　2000 年全国及各地区信息化各要素指数

地　区	资源开发利用	信息网络建设	信息技术应用	信息产品与服务	信息化人力资源	信息化发展环境
全国合计	45.29	37.12	65.89	53.78	13.43	21.86
北　京	93.53	318.82	179.97	112.68	112.15	79.61
天　津	54.24	83.51	127.75	111.27	45.87	23.92
河　北	31.72	45.58	85.24	44.50	6.44	7.63
山　西	61.15	101.83	60.99	44.92	19.48	11.95
内蒙古	73.18	7.65	57.69	44.32	10.91	21.57
辽　宁	74.12	52.67	84.60	46.44	28.36	21.33
吉　林	66.11	41.86	81.49	44.49	25.48	24.85
黑龙江	59.13	18.64	105.91	43.79	18.89	23.39

续表

地　区	资源开发利用	信息网络建设	信息技术应用	信息产品与服务	信息化人力资源	信息化发展环境
上　海	99.91	191.86	155.30	45.19	68.91	16.65
江　苏	48.31	37.03	101.57	34.90	21.97	41.91
浙　江	72.43	59.03	86.53	33.49	9.86	34.68
安　徽	26.02	50.12	65.22	39.25	6.95	24.42
福　建	68.78	54.33	106.24	68.35	6.87	90.77
江　西	22.95	41.92	51.33	68.42	5.48	37.81
山　东	29.86	50.10	65.55	25.26	13.36	20.16
河　南	30.16	42.02	66.23	41.67	6.45	19.74
湖　北	32.53	108.19	69.60	30.43	11.90	21.97
湖　南	5.91	204.38	56.32	55.35	5.42	43.64
广　东	73.81	81.89	84.13	44.12	13.71	27.53
广　西	17.02	50.79	52.12	38.89	3.25	36.01
海　南	76.97	66.48	51.97	50.30	7.83	7.49
重　庆	11.69	217.20	87.81	48.55	11.76	25.87
四　川	21.48	50.87	55.79	34.91	9.10	29.08
贵　州	2.16	157.84	40.38	5.62	4.45	21.01
云　南	15.02	59.53	32.90	29.07	3.76	16.54
西　藏	70.43	0.20	1.67	41.18	3.13	6.13
陕　西	37.73	69.46	76.24	76.35	19.69	46.61
甘　肃	26.14	16.85	44.38	21.58	11.21	26.75
青　海	45.66	2.25	61.10	49.16	10.44	13.42
宁　夏	60.27	39.29	65.88	48.53	14.52	23.83
新　疆	40.48	3.93	94.43	87.72	17.32	9.60

表 14.7　1999 ~ 2000 年全国及各地区信息化水平总指数的发展速度

地区＼年度	2000 年	1999 年	地区＼年度	2000 年	1999 年
全国合计	1.28	1.16	辽　宁	1.18	1.15
北　京	1.21	1.45	吉　林	1.28	1.15
天　津	1.21	1.19	黑龙江	1.29	1.12
河　北	1.37	1.21	上　海	1.14	1.08
山　西	1.43	1.12	江　苏	1.23	1.15
内蒙古	1.37	1.23	浙　江	1.39	1.15

续表

地区＼年度	2000 年	1999 年	地区＼年度	2000 年	1999 年
安　徽	1.35	1.24	重　庆	1.28	1.30
福　建	1.41	1.16	四　川	1.28	1.17
江　西	1.24	1.10	贵　州	1.48	1.20
山　东	1.28	1.15	云　南	1.28	1.17
河　南	1.36	1.08	西　藏	1.75	1.10
湖　北	1.27	1.17	陕　西	1.34	1.13
湖　南	1.26	1.23	甘　肃	1.24	1.14
广　东	1.24	1.13	青　海	1.25	1.15
广　西	1.43	1.19	宁　夏	1.31	1.15
海　南	1.12	1.29	新　疆	1.26	1.16

资料来源：国家信息化测评中心．2001．国家信息化水平研究报告

14.4.2　主成分分析法

为了客观、准确地测算和比较被测国家或地区的信息化水平，可以选用多元统计分析法中的主成分分析法对综合评分分析法计算的结果进行检验。

主成分分析是考察多个变量间相关性的一种多元统计方法，它是研究如何通过少数几个主分量（即原始变量的线性组合）来解释多变量的方差－协方差结构。形象地说，这种方法是通过对多变量平面数据表进行最佳综合简化，对高维变量空间进行降维处理，导出少数几个主分量，使它们在尽可能地保留原始变量信息的前提下能保持彼此间不相关。

1．主成分分析法的计算方法

1）利用 SPSS 统计软件的因子分析法来处理数据。在对统计指标进行分析时，研究人员应注意到选定的指标之间具有一定的相关性。

2）通过因子分析法中的主成分分析，取累计贡献率达到一定值以上的所有特征根，确定主成分，即提取出几个新的综合变量，使得这些较少的变量既尽可能地反映原来变量的统计特性，又在新变量之间保持相互的独立性。

3）根据每个观测量在新变量上的得分及每个新变量所对应的贡献率计算出观测量的最终得分。

4）对计算得分结果进行排序，以确定国家或地区的信息化水平的排序。

2．主成分－费雪双边比较法

主成分－费雪双边比较法就是利用主成分测算基国和对应国的权数，并分别

用拉氏和派氏法计算比较双方的相对信息化指数，最后用费雪公式测算对应国相对基国的信息化水平。

根据主成分－费雪双边比较法和综合评分分析法测算的结果，建立回归方程，可得到相对于其他国家（或地区）的信息化指数。

3. 测算结果

以下采用主成分－费雪双边比较法，得到有关中国相对美国的信息化指数，包括中国相对美国及中国各年相对美国1990年的信息化指数，如表14.8所示。

表14.8　1990～1996年中国相对美国的信息化指数

年　份	信息化指数（相对美国各年）	信息化指数（相对美国1990年）
1990	0.024	0.024
1991	0.023 9	0.027 7
1992	0.024 9	0.038 3
1993	0.02	0.041 7
1994	0.040 8	0.07
1995	0.06	0.080 3
1996	0.072 4	0.095 9

资料来源：靖继鹏．吴正荆．2004．信息社会学．北京：科学出版社

通过换算使按两个基准年份计算的指数可以进行比较。

【关键概念】

信息化　企业信息化　企业信息化指标体系　日本信息化指数方法　国家信息化测度指标体系

【思考与练习】

1. 什么是信息化？信息化有哪些特征和类型？
2. 信息化如何对国民经济增长起作用？
3. 如何进行信息化的测算？
4. 你认为目前的信息化测度方法存在哪些问题？如何进行改进？

第 15 章　信息经济学的新发展

信息经济将成为 21 世纪经济的主流，人类进入信息社会、迈入信息经济时代后的经济形态将发生深刻变革。作为一门新兴的学科，信息经济学的发展任重而道远，其理论的充实、应用的拓展、体系的完善，将是我们信息经济工作者长期的使命。本章结合信息经济学最新的发展，着重说明知识经济、网络经济学、电子商务经济学、信息生态学等新的经济形态中的基本概念和相关理论。通过本章的学习，要求：理解知识经济与信息经济的区别与联系；掌握网络经济学研究的基本问题、概念、特征；掌握电子商务学的研究框架；理解信息生态学的含义及其内容组成。

15.1　知识经济

从经济发展史来看，经济形态按产业结构可分为：农业经济、工业经济和知识经济；按资源配置可分为：劳动经济、自然资源经济和智力经济。目前一些文献习惯将知识等同于信息，因此将知识经济也等同于信息经济。

15.1.1　知识经济概述

1. 知识经济的提出

信息经济源于 20 世纪 20 年代的西方，主要是美国，但正式提出是在 20 世纪 50 年代末。1959 年，美国著名经济学家丁·马尔萨克首先提出了“信息经济学”一词，使信息经济学作为新兴的学科进入了科学的殿堂。美国学者马克·波拉特提出了“信息经济”一词，为信息经济的定量研究提供了一套完整、适用和可操作的方法，向人们展示了信息产业和信息经济的客观存在。20 世纪 80 年代中后期，英国、法国、日本、原欧共体、澳大利亚、瑞典、新加坡、马来西亚、委内瑞拉等先后采用波拉特方法进行了本国或本地区的信息经济研究和测算。我国科技促进发展研究中心于 1986 年也首次利用波拉特方法对我国 1982 年信息经济状况进行了分析测算。这些研究与测算表明，信息经济在 20 世纪 60 年代在发达国家初露端倪；70 年代已经在发达国家的国民经济中占有重要的地位，并加速发展；80 年代成为一些物质经济高度发展的工业化国家经济继续向前发展的主要推动力；90 年代成为当代经济的主体。

在 20 世纪 80 年代中后期，信息经济、信息革命是十分流行的词汇。在 10 年之后，人们又强调了知识经济。

知识经济一词的提出，可以追溯到 20 世纪 80 年代。1985 年，加拿大卡尔加里大学成立了一个知识科学研究所，在成立该所的建议书上，明确提出了其背景就是知识经济时代的到来。1988 年春季美国《经济发展评论》载文说道："美国现在已经进入了以知识为基础的经济。"但过去有关知识经济的描述并没有产生很大的影响。以发达国家为主要成员国的 OECD，在 1996 年发布了一系列报告，在国际组织文件中首次正式使用了"知识经济"这个新概念。在 OECD《以知识为基础的经济》的报告中，对知识经济的内涵进行了界定。OECD 估计其主要成员国 GDP 总值的 50% 以上是以知识为基础的，并在《科学、技术和产业展望报告》中最后总结说："事情已使人们越来越清楚地意识到：知识是支撑 OECD 国家经济增长的最重要因素。"1997 年美国政府、1998 年世界银行分别接受了"知识经济"这一概念，用它来描述知识和信息起主导作用的"新经济"，并明确宣称世界正在进入知识经济时代。

2. 知识经济的内涵及特征

1996 年 OECD 科技工业部的报告《以知识为基础的经济》中对知识经济做出了定义：知识经济是以知识为基础的经济，是建立在知识和信息的生产、分配和使用之上的经济。报告指出，经合组织成员国 GDP 的 50% 以上是以知识为基础的，他们的经济比以往任何时候更加依赖于知识的产生、扩散和应用。报告侧重科学技术在新经济形式下的趋势和作用。同时，报告还将知识分为四种形式，即知道是什么的知识（know-what）、知道为什么的知识（know-why）、知道怎样做的知识（know-how）、知道是谁的知识（know-who）。

新型的知识经济具有四个主要特征：①信息和通信技术在知识经济的发展过程中处于中心地位。②科学研究和技术开发日益成为知识经济的重要基础。③人力资源的素质和技能成为知识经济实现的先决条件。④服务业在知识经济中扮演着重要角色。

3. 知识经济测度的指标体系

OECD 在《以知识为基础的经济》报告中，提出了一个知识经济测度的框架体系。确定的知识经济计量的四个范围是：知识的投入、知识的存量和流量、知识网络、知识和学习。该框架体系主要指标有：①R&D 经费和密集度。②专利：通过对专利的应用测度知识的产出价值。③就业结构。④用于技术方面的国际收支平衡表：通过支付购买技术许可证费用或其他直接购买技术知识在国际间流动的收支情况确定。⑤知识流量的测定：指在某一段时间内传播和扩散到经济系统的知识存量的比例。

由于对知识经济的定量研究还有许多尚待解决的技术问题，OECD 关于知识经济测度的指标体系并不能全面反映知识经济的整体水平。因此，不少专家学者开始探索使用更具体的指标来测定知识经济，OECD 著名的知识经济研究专家曼塞尔（Mansell）和维汉（Wahn）提出了一套判断知识经济发展水平的指标体系，并给每项指标确定了一个作为参照标准的国家（表 15.1）。

表 15.1　知识经济水平测度指标

指　标	变　量	参照标准国家
计算机指标	人均计算机拥有量	新西兰
电话指标	人均电话数量	瑞　士
电子产品生产指标	电子产品收入/GNP	爱尔兰
电子产品消费指标	人均电子产品消费/人均 GNP	爱尔兰
技术人员指标	研究生数量/每千人	荷　兰
互联网入网率	入网人数/每千人	丹　麦
电视机拥有率	电视机数量/每百人	英　国
识字率	识字人数/每百人	以实际数计算

自从 OECD 关于知识经济的报告提出后，我国也迅速展开了对知识经济的测度研究，其中以柳卸林为首的研究小组提出了一套颇具代表性的测定指标体系，它分两类指标：一类为综合指标，包括知识的流通、知识的存量、知识的产出、对知识的投入、知识经济基础建设、对知识生产的激励指标；另一类是产业指标，包括知识产业发展度和三次产业比重。他们并根据这两大类指标中各种变量参数，以美国为参照标准，计算出中国相对于美国的知识经济水平（表 15.2）。这对分析我国知识经济与世界先进水平的差距，从而制定我国知识经济发展战略具有重要的参考价值。

表 15.2　知识经济测定指标及中美比较

指　标	参　数	中国：美国
知识的流通	电话数量/每百人；计算机数量/千人	0.05 : 1
知识的产出	科技论文数量/全球总论文数量；专利申请数量/全球专利总数量	0.07 : 1
知识存量	在校大学生数量/每万人科学家；工程师数量/每万人；15 岁以上人口受教育年限	0.17 : 1

续表

指　标	参　数	中国：美国
知识的投入	R&D 投入经费/GDP	0.20：1
对知识基础设施的投资	信息技术投资额/固定资产投资额	0.61：1*
对知识的激励	科技人员工资/人均 GNP	0.74：1
知识产业发展度	R&D 投入＋教育投入＋信息技术产业产出/GDP	0.68：1**
三次产业的比重	第一产业：第二产业：第三产业	4.0：20.6：75.4（美国 1994） 20.6：48.4：41.8（中国 1995）

*：中国测算时间为 1996 年，美国测算时间为 1998 年；

**：中国测算时间为 1996 年，美国测算时间为 1980 年

15.1.2　知识经济与信息经济的区别

1. 信息与知识是对客观事实认识不同阶段的反映

在日常用语中，人们往往把载于特定信号的信息理解为数据、资料、消息、新闻、情报、知识等的总称。但在科学术语中，上述各个概念之间以及它们与信息之间都有一定的差别。把信息和知识作为科学概念按照各自的客观对象来定义，信息是反映事物运动的状态及其变化方式的，知识则是研究事物运动的状态及其变化的规律的。因此，可将数据、信息、知识看作是对客观事物感知的三个不同阶段。数据直接来自感应的仪器，反映了变量的测定值，数据是根据某种测度而得出的事实；信息是经过组织的有结构的数据从而具有了意义；知识则进了一步，它能够预测、给出因果关系，并指导进一步要做什么。如果说数据是有关事物现象的记录，那么信息则是有序的数据，经过组织的数据，而知识是指构成事物之间联系的原理、规律及诀窍等。知识是基于信息之上的有关事实之间的因果或相关性的联系，它已使我们有可预测未来的一种能力。

2. 信息与知识在经济活动中各自所处的关系不同

从信息和知识与经济活动的关系看，信息是经济活动的重要投入；而知识是将投入转化为更高产出的关键，是控制变量。一切产生经济附加价值的活动是在信息的基础上，经过人脑的加工、知识的加工完成的。例如，当对一系列相同的加工部件进行测量时，原始数据就产生了。当将数据用点图描述出来时，它就给出了一个生产过程状况的信息。这些测量也许有一个趋势，也许没有趋势，但所有这些都是信息不是知识。知识是通过观摩这些图，结合过去的知识得出结论：某机器需要经过校正。这是指导行为的指令，它描绘出机器状态与加工产品状态之间的因果联系。因此，知识是信息之间的因果联系、规律，是经过大脑加工后

的产品。

3. 知识产业与信息产业是区分知识经济与信息经济的一个重要分水岭

知识经济的主体知识产业要比信息经济的主体信息产业丰富得多。知识经济超出了信息产业的视野，一方面包括了所有高新技术产业，另一方面，把非科技类的但以知识为基础的产业放在突出的位置。美国学者马可罗普早在20世纪60年代就提出了知识产业的概念，并把知识产业分为五大类：研究开发、教育、信息设备、信息服务和通信。显然，信息产业只是知识产业的一个方面。今天，人们在知识产业和信息社会的基础上提出了知识经济的概念，可将知识经济看作是信息社会的更高一级的阶段，因为知识对经济的影响已不局限在马可罗普所说的五个产业，而是整个经济的所有产业，它使传统产业知识化并产生了许多新兴产业，例如教育产业。教育在传统的意义上讲是一个国家投入的公共部门，但随着知识经济成分在经济生活中重要性增加，人创造价值的多少取决于其拥有知识的多少，而教育是提高人的知识拥有量的重要渠道，这使教育成为价值创造中的重要一环。教育将成为一个重要的产业。因此教育产业是知识经济中的重要组成部分，而在信息经济中是没有重要位置的。再如高技术产业，是知识密集、需要较大研究开发投入的产业。它们不一定是信息产业，虽然信息产业是其中的重要组成部分，但是它们可以是医药产业、生物产业、新材料产业等。

4. 知识经济与信息经济对学习和智力资本的重视不同

对学习的重视是知识经济的特色。在知识经济时代。人的价值主要取决于他拥有多少商业价值的知识。而获取这些知识的主要途径是学校学习，从干中学，从用中学。国外最近出现的新词"学习经济"便是对学习重要性的最好概括。又由于有商业价值的知识具有极强的时间性，知识的更新速度不断加快，从而使得终身学习成为必要。人在学习过程中当然要积累许多信息，但决定一个人的价值主要是知识。同时，知识经济把智力或人力资本看作是最重要的资源，尤其是知识和无形资产在经济中起着越来越重要的作用，这难以用信息经济来概括，却可以用知识经济来加以说明。就无形资产而言，它包括人力资本、研究开发能力、工作场所与运动体系、专用软件、客户数据库、品牌与信誉资本等。国外的许多企业的发展表明，企业的市场价值越来越取决于其智力资本的管理状况。这些资产是知识经济的重要体现但却难以用信息经济来说明。

综上所述，信息经济≠知识经济、信息经济 < 知识经济、知识经济 = 信息经济 + 教育产业 + 学习经济 + 研究开发密集型的产业 + 智力资本等。

15.1.3 知识经济与信息经济的联系

1. 信息经济与知识经济都是信息技术不断发展的结果

信息经济与知识经济的产业都是和信息技术的不断发展分不开的。信息技术是高技术中的关键技术，它以微电子技术为基础，以计算机和通信技术为标志，渗透于各种传统技术中，由此又形成了许多边缘学科。信息技术是一项基础技术，它是科学研究和技术开发中不可缺少的技术手段。当今几乎所有重大高技术领域，如航天技术、生物技术、新材料技术、能源技术等等，都离不开信息技术的支持。传统产业的更新换代，也主要是依靠信息技术的渗透使产业“软化”。因此推动人类从工业经济和信息经济与知识经济转变的主要是信息技术。信息技术的迅猛发展使信息与知识的储存、传递的成本大大降低了，为信息经济与知识经济的出现奠定了基础。无论是从今天还是从历史上看，信息技术的历史演进直接推动着人类社会和经济的发展。从语言的产生、文字的创造、印刷术的发明到电报、电话和广播的使用，直至今天电子计算机的普及和卫星通信的发展，大大降低了人们获取信息与知识的成本，增加了人们获取信息与知识的机会。由此产生的结果是：信息、知识商品化的能力大大提高了，产品和服务越来越信息化、知识化、智能化、数字化；生产模型正从规模生产向个性化产品的规模生产转变；生产工艺越来越智能化；市场变得越来越电子化。企业管理将从生产向创新转变，其经济效益将越来越依赖于信息、知识和创新，而不再是有形的资源、厂房和资本。这是信息经济与知识经济的产生而共有的特征。因此，信息经济与知识经济都是信息技术不断发展的结果。

2. 信息经济与知识经济的发展都以信息网络为基础

目前，各国都把信息网络的开发置于重要的战略地位，一个发展信息网络的信息高速公路的浪潮正在席卷全球。美国为振兴经济、增强综合国力、保持它在世界上的领先地位，率先提出了信息高速公路计划；其他发达国家紧随美国也大力开拓世界信息网络；发展中国家也充分认识到，要发展本国的信息经济与知识经济就必须以信息网络为基础，也都投入了巨大力量建设和并发信息网络。因此，信息网络在信息经济与知识经济中起着重要的基础作用。

首先，信息网络将是生产增长的主要因素。信息网络的应用通过生产率的提高和生产成本的降低而促进社会生产的增大，生产领域广泛采用网络技术来扩大生产能力，加快生产的高度自动化，调节原材料和生产能源的合理配置，减轻劳动强度，改善劳动条件，提高产品质量。

其次，信息网络将影响经济组织的变革。信息网络的应用使信息传递加快、信息处理效率提高，从而一方面导致经济组织管理方式的集中化，因为信息与知识越集中、越积聚，其有效性越充分发挥作用；而另一方面又导致经济组织管理方式的分散化趋势。因为信息系统的建立与选择较难形成束缚。这两种趋势形式上是矛盾的，实际上却是统一的。今后管理中真正起作用的将是高层领导和基层单位，而中间环节在组织管理中的地位和作用将会下降。

第三，信息网络使经济形态由物质型向信息型与知识型更快转变。传统的“夕阳”产业的优势为现代的“朝阳”产业优势所取代。社会经济结构由消耗能源型向节约能源型转变，由劳动密集型向技术知识密集型转变，由低附加值向高附加值型转变，信息产业将促进第一、二、三产业的发展，且将继第一、二、三产业而成为“第四产业”。

3. 信息经济与知识经济都是以信息产业为主导产业

随着计算机网络技术的发展，信息高速公路在经济发展中日益显示其重要作用，信息产业创造的价值在国民生产总值中的比重逐渐上升，并超过农业、工业和服务业。信息产业不仅是信息经济的主导产业，而且已成为知识经济的主导产业。因为信息经济与知识经济的相同特征之一就是对其他产业的渗透，信息经济与知识经济可持续发展将主要通过信息产业发展来实现，并体现在产业结构的调整上，即使传统产业知识化、高技术产业规范化。信息产业是其他产业效率提高的基础，信息产业与其他产业的相互作用和相互推动是产业、经济甚至社会进一步前进的重要动力。信息产业在今天的发达国家所创造的价值占国民生产总值中的比重已经高达 45% ~70%，农业创造的价值占国民生产总值的比重一般在 5% 以下，工业创造的价值占国民生产总值的比重一般在 18% ~30%，服务业创造的价值占国民生产总值的比重一般在 10% ~20%。

15.2　网络经济学

15.2.1　网络经济学的基本问题

1. 网络经济学的形成

1991 年，美国互联网开始进入商用，随之而来的就是大规模互联网基础设施建设，到 1995 年，美国形成互联网骨干网。与之相适应，从 1993 年起美国的很多学者开始研究网络经济学，政府和大学、专业咨询公司、IT 媒体和企业界成为了美国网络经济学研究的三支主要力量。麻省理工学院的一些学者在 1996 年介绍了有关互联网技术、经济和政策分析的理论模型和框架，并提出了六个研究领域：①数字网络经济学。②互联网资源分配和定价模型。③响应定价。④对互联网服务进行定价的需求。⑤互联网和网络经济学。⑥网络经济学和政策。

2. 网络经济学的含义

网络经济学是近年来才出现的新概念，其原意是把网络与经济学结合起来，用网络来反映经济问题，通过网络来架构经济模型。英文中的表述有 webnomics，cybernomics，internet economy，internet economics，digital economy 等。李·麦克奈特（Lee W. Mcknight）与贝利（Joseph P. Baily）合编的《网络经济学》一书，用的是 internet economy，似乎已成为规范的称谓。但是，作为一门新的学科，其概念、内容、定理、体系等，是不可能在短期内规范出来的，需要通过比较长期的实践和研究。

（1）狭义的网络经济学

狭义的网络经济学认为网络经济学研究的是基于互联网的经济活动，如网络企业、电子商务（不包括基于电子数据交换的电子商务）以及网络投资、网络消费等其他网上经济活动的学科。这是从 1993 年互联网开始应用于商务活动后蓬勃发展起来的。

在这种理论支持下，网络经济学被认为是国民经济整体中的一部分。美国得克萨斯州立大学的一些学者对网络经济学进行了分类，认为可以包括：①网络基础设施层。②网络应用软件层。③网络商务中介层。④网上交易层。我国一些最新研究也沿袭了这种分类，将网络经济学的研究总体分为：①网络建设的产品提供层。②网络建设的产品应用层。③网络空间的虚拟中介层。④网络空间的直接商务层。

（2）广义的网络经济学

广义的网络经济学是指确定以信息网络（主要是互联网但不局限于互联网，如内部网和外部网）为基础或平台的、以信息技术与信息资源的应用为特征的、信息与知识起重大作用的经济活动的学科。因此，它还包括非互联网的网络经济活动，不以网络为主营业务但与信息网络有关的经济活动，特别是因受信息革命影响而正在变化中的传统经济活动，如“e 化”（电子化）中的传统企业的经济活动。这种观点将网络经济看作是一个整体的宏观经济，它是网络诞生后，在其不断影响和深化的过程中，整体经济本身也不断变革、适应和创新的一种新的经济形态。

3. 网络经济学的性质

首先，网络经济学的实质是研究通过不断进步的信息网络技术创新手段，连接全球生产和消费网络，改进生产要素组合方式，扩展市场作用范围，降低交易成本，促进结构调整和生产率提高，逐步实现以信息科技进步为主要推动力的经济增长方式；或是研究建立在国民经济信息化基础之上，各类企业利用信息和网络技术整合各色各样的信息资源，并依托企业内部和外部的信息网络进行动态的商务活动和管理活动所产生的经济。总之，网络经济学是一种前所未有的经济形态学，网络经济是比以往任何的经济形态更加强大、更富有效率的经济。

其次，网络经济学是研究信息网络技术发展与经济发展相互推动、最佳组合规律及其实现方法的科学，它是一门信息网络技术与经济交叉的学科或边缘科学。其实质是，揭示信息网络技术创新发展过程中的经济活动规律，寻找信息网络资源的最优开发利用，实现其在经济领域中最适应的条件，并取得最大经济效益。因此，信息网络技术发展的方向必须适应经济发展的特点和条件，同时信息网络技术发展又是为了改变经济条件，加速经济发展。所以，网络经济学也是一门应用经济学。

4. 网络经济学研究的特点

(1) 系统性

信息网络技术与经济发展的关系及其最佳组合的相关因素非常复杂，而且这些因素都是不断运动和变化的，是一个相互关联、相互制约和相互促进的复杂系统。因此，必须运用系统工程的理论与方法进行全面的系统分析和论证，才能全面揭示出所研究问题的实质。所以，它是系统科学的运用。

(2) 综合性

网络经济方案最优化的实现，在很多情况下要求多目标多指标的组合才能达到。这些目标和指标，既包括技术因素又包括经济因素，可能还包括社会因素；而且有的可用数量指标衡量，有的只能用定性指标衡量；有的是直接的影响，有的是间接的影响。因此，研究和处理网络经济问题时，需要运用多学科的知识进行综合分析与评价，这就反映了网络经济学的综合特点。

(3) 预测性

信息网络技术与经济的最佳组合在大多数情况下都是在问题决策之前进行的，它必须有科学的预测才能进行科学的决策，预测的方法是网络经济学常用的方法。由于预测是在事件实际发生之前进行的，所以必须有一定的假设条件，或以过去的统计数据为依据，正因为这样，它所提供的结果只能是近似值，而不是实际值。但我们应尽可能使结果接近实际，在处理资料数据时，要去粗取精，去伪存真，方法要科学实用。

(4) 实践性

网络经济学是一门应用经济学，它在经济学理论的指导下，主要解决信息网络技术与经济结合中的实际问题，其依据的资料和对内外环境和条件的分析，都是为解决现实问题，所以具有很强的实践性。

网络经济学是一门具有丰富内容并大有发展前景的新兴科学，信息网络科技与经济的日益发展及其相互作用的加强，必将提出许多新课题、新要求，需要我们去研究并运用网络经济学的原理与方法去解决，这也是我们为什么要学习网络经济学的理由。

5. 网络经济学的研究对象

（1）网络经济学是研究如何最有效地利用信息网络资源以促进经济增长的科学

信息网络已成为一种以知识为基础的再生资源，也是一种有限的稀缺资源，因此要求人们有效地利用它们，以达到促进经济增长的目的。同时，合理地利用信息网络资源，要求对资金、劳动力等稀缺资源进行最佳配置，这是网络经济学的基本出发点与落脚点。

（2）网络经济学是研究信息网络技术发展与经济发展的相互推动、最佳结合规律及其实现方法的科学

1）信息网络发展与经济发展相互作用的规律。首先必须认识信息网络技术与经济的关系及信息网络技术发展与经济发展是如何相互推动的。信息网络技术发展与经济发展的相互推动必须从两个方面来认识。一方面是经济发展推动信息网络技术发展。经济发展是技术发展的动力和基础。没有经济发展的需要，信息网络技术就会因失去发展的方向而无法发展；经济又是信息网络技术发展的保障条件，没有经济条件，包括人力、物力、财力的支持，即使最好的信息网络技术也无法实现。经济既是信息网络技术进步的检验标准，又是信息网络技术进步的归宿。另一方面必须认识信息网络技术发展推动经济发展的规律。我们研究的问题是：信息网络技术如何有效作用于经济才能更好地促进经济发展；如何衡量信息网络技术对经济的影响程度；在不同信息网络技术发展水平和生长条件下，如何扩大这些影响，加速这些影响，以便使信息网络技术更好地推动经济、相互作用，产生连锁效应促进经济发展等。例如，信息网络技术开发、创新、转移和普及与经济政策的关系及其连锁效应，信息网络技术突变对社会经济结构、生产方式变化的影响等。

2）信息网络发展与经济发展最佳结合协调发展的规律。信息网络技术发展与经济发展的最佳组合，首先表现在信息网络技术构成要素之间的最佳组合，如硬件技术与硬件技术的最佳组合、硬件技术与软件技术的最佳组合、物的技术与人的技术最佳组合等；其次是信息网络技术活动与经济活动的最佳组合，如信息网络技术的创造、实施与所需物质条件的最佳组合，信息网络技术价值的实现与相应储运、销售、市场条件的最佳组合，信息网络技术运行与相应的社会经济政策、经济杠杆、法规之间的最佳组合；第三，信息网络技术开发、创新与转移和

社会经济条件、经济政策的最佳组合及相互适应。

3）信息网络技术与经济最佳结合的实现形式与方法。研究和揭示上述规律的重要目标就是要使信息网络技术都能不断进步，协调发展，并使各项信息网络技术经济活动取得最大的经济效益。因此，必须研究不同信息网络技术经济活动，如信息网络技术政策、信息网络技术规划、信息网络技术措施和信息网络技术方案及不同信息网络技术与经济结合的形式。同时，还必须就如何采用正确的评价方法及进行经济效益计算，研究不同信息网络技术项目的评价标准、评价指标体系和计算方法，以便准确地预测和衡量其经济效益的大小数值，衡量信息网络技术与经济结合对社会所作出的贡献。

15.2.2　网络经济的内涵、特征、产生原因及作用

1. 网络经济的内涵

最早提出“网络经济”这个概念的是约翰·弗劳尔，他提出的 internet economy 一词，国内把它译为“网络经济”。面对网络经济这一全新的经济形态，目前还没有统一的定义。对于网络经济的描述，主要有以下几个方面观点：

观点一，所谓网络经济，在广义上是指围绕着现代信息技术的开发与应用的一切经济活动，在狭义上是指生产者与消费者通过互联网联系而导致的经济活动，后者的特征是以信息服务业为主导。这种观点强调网络经济的核心是迅猛发展的信息技术和通信网络，同时通过金融市场与信息服务把无形的知识和信息真实地转化为商品。网络经济的价值并不在于它本身立即能给社会带来多少有形的财富和利润，而是在于它可以营造一个新的社会形态，为全体社会成员提高经济创造力提供一个平台。

观点二，所谓网络经济，是指建立在由现代通信网络、电子计算机网络所形成的信息网络基础之上的一切经济活动，即基于互联网基础上发生的经济行为以及网络的上游、下游经济活动。这种观点强调了互联网作为现代信息技术最为广泛的应用形式，现代网络经济所依托的环境。

观点三，网络经济是指通过计算机网络在社会经济各个领域中的普遍应用，使知识、信息逐渐成为核心生产要素的全球化经济形态。国家信息中心乌家培研究员认为，从理论上说，网络经济就是通过网络进行的经济活动，是经济网络化的必然结果；从经济形式上看，它有别于游牧经济、农业经济、工业经济。

观点四，网络经济以现代信息技术为主要特征，特别是计算机技术和网络技术，网络经济同时表现为经济的网络化。网络经济既是信息经济又是知识经济。这种观点对于网络经济的内涵给予了更加宽泛的扩展，网络经济作为新经济的一种描述，是与促进经济发展的多种因素密切相关的。

我们认为，对网络经济可以从不同的层面去认识它。从经济形态这一宏观层面看，网络经济就是有别于游牧经济、农业经济、工业经济的信息经济或知识经济；从产业发展的中观层面看，网络经济就是与电子商务紧密相连的网络产业，既包括网络贸易、网络银行、网络企业以及其他商务性网络活动，又包括网络基础设施，网络设备和产品以及各种网络服务的生产和提供等经济活动；从企业营销、居民消费或投资的微观层面看，网络经济则是一个网络大市场或大型的虚拟市场，其交易额几乎每一百天增加一倍。

2. 网络经济的特征

（1）网络经济是“充分信息”经济

任何事物都有相应的表征信息，事物外在的和内涵的信息是杂乱的。人们要获取信息需要总结、提炼和传递。在前网络时代，人们获得的信息是非常有限的，获得信息的成本很高，人们对信息的处理能力也不强。

在网络经济时代，出现了趋向于信息的状态。这种状态的出现源于两方面原因：一方面是事物信息化，信息化过程就是表征事物的信息转化成为可以通过计算机和网络来处理和传递的数字信息；另一方面是信息的网络化传输，通过互联网，信息的传输方式或者称为信息的生存方式发生了变化，信息从其他的低效率载体上转移到网络上，并在网络上广泛传递，人们所面临的信息瓶颈被突破。

由于信息化的深入和网络传输能力的不断提高，在网络经济中信息的获取变得越来越容易。可以说网络经济时代实际上就是一个“充分信息”的时代，也可以说网络经济就是世界的信息化和信息传输的网络化。

（2）网络经济是“信息序化和整合”经济

要让网络中的信息发挥作用，体现经济价值，就必须把网络上大量信息进行整合、排序，以便能够为生产、生活有效服务，这样网络才能体现其生命力和意义。

网络经济中信息的组织化服务正在发生变化，人们通过各种信息工具对网络上的大量信息进行有序整合，使得信息能够被有效利用。例如，网络中的搜索引擎，开始具备对信息的整理和分辨的能力，可以帮助人们从浩如烟海的信息中找到寻找符合需要的信息。

（3）网络经济是“直接”经济

由于网络的发展，经济组织结构趋向扁平化，处于网络端点的生产者和消费者可直接联系，而降低了传统的中间商层次存在的必要性，从而显著降低了交易成本，提高了经济效益。为解释网络经济中诸多传统经济理论不能解释的经济现象，学者姜奇平提出了“直接经济”理论。

直接经济理论认为，如果说物物交换是原始的直接经济，那么当今的新经济则是建立在网络上的更高层次的直接经济。从经济发展的历史来看，它是经济形态一次回归，即农业经济（直接经济）—工业经济（迂回经济）—网络经济（直接经济）。

直接经济理论主张网络经济将工业经济中迂回曲折的各种路径重新地拉直，缩短中间环节。信息网络化的发展过程中会不断突破传统流动模式，逐步完成对经济存量的重新分割和增量分配原则的初步构建，并对信息流、物流、资本流之间的关系进行历史性重构，压缩甚至取消不必要的中间环节。

(4) 网络经济是“全球化”经济

网络克服了信息传递上的物理距离，使不同地点之间的地理距离的远近变得无关紧要，把空间因素对经济活动的制约降低到最小限度。网络又克服了信息传递上的时间约束，把远距离的信息交流的时滞降低到最低。网络使不同信息主体之间的距离和时间都趋近于零。

正因为网络所具有的强大的信息传递能力和信息容纳能力，可以把世界上所有的经济活动以及其他活动囊括进来，这样就把整个世界变成了“地球村”，使全球经济一体化进程大大加快，让分工在全球范围内进行，使得世界各国的相互依存性空前加强。这种全球化趋势在前网络时代是不可能出现的。网络是全球化的物质基础和推动力，而且网络经济和全球化互为表现形式。

(5) 网络经济是“个性化”经济

著名经济学家汪丁丁在他的《网络经济的三个经济学原理》一书中曾对网络经济时代的企业生产方式所适用的三个经济原理进行阐释。书中谈到，由于信息在网络经济里传播的成本越来越低，使“大规模量身定制”成为可能。因为在传统经济里，为特定客户“量身定制”是很昂贵的，通常意味着特权价格，包含一部分“炫耀性消费”的价格，以及相应的超额利润。但是网络彻底改变了这一局面，信息的充分传播，使任何特殊款式的商品都面对着全球范围的潜在市场，而且最重要的是集结在这一全球市场所需要的费用正以网络经济的扩张速度迅速下降。个人在网络社会具备了表达和实现个人的意愿和主张的可能。

商家通过网络成为信息纽带，可以及时通过网络了解潜在的顾客个性化要求、预测个性化的需求，并通过网友对产品的测评建议相应地改进产品和服务，对生产要素按照市场需求和消费者的愿望进行个性化配置，有的放矢，迅速、有效地改进相应的服务，提供个性化的商品。

(6) 网络经济是“虚拟”经济

这里所说的虚拟经济不是由证券、期货、期权等虚拟资本的交易活动所形成的虚拟经济，而是指在信息网络构筑的虚拟空间中进行的经济活动。经济的虚拟性源于网络的虚拟性，转移到网上去经营的经济都是虚拟经济，它是与网外物理空间中的现实经济相并存、相促进的。培育和促进虚拟经济的成长，已成为现代经济发展的新动向。

(7) 网络经济是“创新型”经济

创新是一个民族的灵魂，是国家兴旺发达的不竭动力。网络经济是建立在高科技基础上的经济，它源于高技术和互联网，但又超越高技术和互联网。进入20世纪八九十年代以来，科学技术在生产中的作用显著增强，企业的发展速度，主要来源于企业的技术不断创新。技术创新成为发展高科技、实现产业化的重要前提和基础。据中国科学院的一份研究报告表明，科学技术对经济增长的贡献率在20世纪70年代为70%～80%，进入21世纪，随着网络经济的快速发展将达到90%，在一些高新技术产业将达到100%。社会经济的发展越来越取决于科学技术在生产中的广泛应用，一个企业、一个国家的生存和发展越来越取决于创新。在网络经济中，企业竞争、国内市场竞争的实质就是技术创新的竞争，不竞争则被淘汰。

(8) 网络经济是“知识智力型”经济

由于现代科学技术突飞猛进的发展，科技成果转化为产品的速度大大加快，形成知识形态生产力的物化，使人类认识和开发资源的能力大大增强。因此，在生产中自然资源的作用退居次要地位，科学技术成为经济发展的决定因素。正如邓小平同志所深刻指出的：“科学技术是第一生产力。”这一科学论断说明，科学技术在经济发展和生产力诸要素中起着第一位的重要作用。传统的工业经济是靠大量资金、设备、有形资产的投入起决定性作用，而网络经济则是靠知识、智力、无形资产的投入起决定性作用。网络经济是建立在知识、智力、技术、信息的产生、分配、使用基础上的新型经济。

(9) 网络经济是“快捷”经济

互联网突破了传统的国家、地区界限，使整个世界紧密联系起来。在网络上，不分种族、民族、国家、职业和社会地位，人们可以自由地交流、漫游，彼此沟通信息，人们对空间的依附性大大减少。其次，信息网突破了空间的约束，使人们的信息传输、经济往来可以在更小的时间跨度上进行。网络经济可以24小时不间断地运行，经济活动更少受到时间因素制约。

如果说20世纪80年代是注重质量的时代，20世纪90年代是注重再设计的年代，那么21世纪的头10年就是注重速度的时代。因此，网络经济是对市场变化发展高度灵敏的“即时经济”或“实时运作经济”。

(10) 网络经济是“可持续”经济

网络经济是知识经济的具体形态，知识、信息同样是支撑网络经济的主要资源。美国未来学家托夫勒指出：“知识已成为所有创造财富所必须的资源中最为宝贵的要素，……知识正成为一切幽香资源的最终替代。”正是知识与信息的这种特性使网络经济具有可持续性。

信息与知识具有可分享性，这一特点与实物显然不同。一般实物商品交易后，出售者就失去了实物，而信息、知识交易后，出售信息的人并没有失去信息，而是形成出售者和购买者共享信息与知识的局面。更为重要的是，在知识产品的生产过程中，作为主要资源的知识与信息具有零消耗的特点，正如托夫勒指出，“土地、劳动、原材料，或许还有资本，可以看作是有限，而知识实际上是不可穷尽的”，“新信息技术把产品多样化的成本推向零，并且降低曾经至关重要的规模经济的重要性”。网络经济在很大程度上能有效杜绝传统经济生产中有形资源、能源的过度消耗，造成环境污染、生态恶化等危害，实现社会经济的可持续发展。

3. 网络经济的产生原因

网络经济的产生是全球经济一体化发展和网络技术，特别是 Internet 技术快速发展和应用的结果。归纳起来，主要有以下几个原因：

（1）全球贸易发展是网络经济产生的动力

现代社会是一个全球性的分工协作、共同发展的社会。自 20 世纪 80 年代后期以来，世界各国就在酝酿着建立各种各样的经济和贸易联盟，并先后出现了欧洲经济共同体、北美自由贸易区、东南亚经济联盟、亚太经合组织等跨国经济和贸易集团。各国商业和经济发展也越来越依赖于国际贸易业务。于是，跨国、跨地区的商贸文件、资本流通、商品流通、贸易往来和生产、技术、劳务合作与交流等经贸活动越来越频繁。另外，全球范围内市场竞争日益激烈，人们越来越体会到，谁先获得信息，谁就会获得竞争优势，谁就会在国际市场竞争中取胜。因此，跨国公司和各企业都迫切需要运用快捷的手段及时和准确地掌握国际市场的经贸信息，在贸易伙伴之间传递贸易信息，在相互合作和竞争中求得共同发展。全球贸易的发展，最重要的条件是提高通信和运输效率并减低成本，从而促进了网络经济的产生和发展。

（2）互联网和万维网技术的广泛应用为网络经济提供了条件

Internet 作为全球范围内的计算机网络，目前拥有 1 亿多用户，且用户数量以每月 7% ~10% 的速度增长。Internet 的全球性和 Internet 上的电子邮件应用，为全球各跨国公司、各企业、各贸易伙计之间快速传递各种贸易信息、开展各种经贸活动提供了便利、快速、廉价的手段。特别是 WWW 技术的应用，使得各跨国公司、企业、贸易伙伴很方便地建立自己的 Web 站点，在 Internet 网和 WWW 网上发展商品信息，签订贸易合同、传递和交换贸易单证，提供售后服务、开展各种经贸活动等。因此，越来越多的跨国公司和企业将经贸业务通过网上来完成。Internet 和 WWW 技术的广泛应用为网络经济的发展提供了条件。

（3）电子支付手段为网络经济发展开拓了广阔空间

电子货币是一种适应网络交易需要、区别于传统货币和银行信用的交换媒介。随着网络交换活动的增加，交易双方除了通过网络交换交易单证，越来越需要通过网络进行资金转账和支付，加速资金周转，降低资金周转成本。电子货币的出现，改变了许多跨国公司和企业做生意的方式，运用电子货币和网络进行资金转账，使得许多跨国公司和企业进行全球贸易而无需通过银行，使资金收付更快捷、更方便。电子货币的广泛应用，必将极大提高金融市场的运作效率，使各国金融市场更紧密地联系在一起，使交易行为真正实现网络化，促进世界各国之间的资本融通，从而为网络经济的发展提供了更为广阔的空间。

4. 网络经济的作用

网络经济在社会经济发展中起着越来越大的作用，其主要表现在以下几个方面：

（1）网络经济可以提高决策水平，实现生产要素的优化合理配置

科学的决策过程实际是“信息接受—信息综合利用—制定决策”的过程。信息的投入量越大，信息方法运用得越好，信息功能及使用水平和利用率越高，生产要素组合设计就越充分，其决策选择也就越科学，对生产力的促进作用也就越大。网络经济在这方面有着得天独厚的优势，它能以最快的速度、多层次、多角度、多方面地提供大量的信息。在多种生产要素组合方式中，确定最优的生产经营方案，从而提高决策水平，实现生产要素的优化合理配置。

（2）网络经济可以节约大量劳动力资源

网络经济给劳动对象、劳动工具带来了革命性变革。网络经济的劳动对象是取之不尽、用之不竭的可再生性的知识资源，使用的工具主要是电子信息网络系统。具体来说，这些工具就是电子网络连接的计算机辅助设计系统、计算机辅助生产系统、计算机集成制造系统等由电子计算机控制的信息化、自动化的先进计算机网络工具体系。由于使用电子网络系统和知识资源从事生产，人们可以把更多的劳动职能转移到计算机网络上，计算机和知识代替了部分人的劳动，从而可以解决大量劳动力资源，降低产品成本，大幅度提高劳动生产率和经济效益。

（3）网络经济可以解决大量物质资源

网络经济是知识和经济密集型经济。知识和技术作用生产要素与其他生产要素相结合，可以大大解决经济活动中物质资源的使用和耗费。现在的产品生产有一种“轻薄短小”型不断取代“重厚长大”型趋势。谁生产的产品质量轻、体积小、质量高、科技含量高，谁就能占领市场，就有市场的竞争力，就会取得更大的经济效益。网络经济时代的产品适应了这一发展趋势，从而大大节约了物质资源的消耗。

（4）网络经济可以提高资金的利用率

在网络经济中，通过推广使用电子支付手段和电子转账系统，可以把货币流和票据流的资金运动转变为信息流的运动，这样可以大大减少在途资金，加快资金周转，提高资金利用率，从而为国民经济建设提供更多的资金。

15.3　电子商务经济学

15.3.1　电子商务经济学的产生与发展

电子商务经济学是伴随着因特网和电子商务的迅速发展而形成的一门新兴经济学分支。电子商务经济学始于技术层面的研究，逐步拓展到数字产品和商业流程的研究，再上升到厂商和市场层面的研究，最后形成将电子商务作为一个整体生产要素来考虑的宏观经济研究。

1996 年，美国 Soon-Yong Choi、戴尔·斯塔尔（Dale O. Stahl）和安德鲁·温斯顿（Andrew B. Whinston）三位学者率先出版《电子商务经济学——在电子市场中经营的基本经济问题》（1997 年再版）一书。该著作被美国、加拿大、德国、荷兰、丹麦、澳大利亚、南非和中国台湾等的 19 所大学作为相关经济学课程的教科书或参考书，如美国麻省理工学院因特网经济与商业课程、奥斯汀得克萨斯大学数学经济与商务以及中国的国立台湾大学电子商务经济学课程等。1997 年，麻省理工学院李·麦克奈特（Lee W. McKnight）和约瑟夫·贝利（Joseph P. Bailey）编辑出版了论文集《因特网经济学》，同年 T. G. 勒维斯（T. G. Lewis）出版了《非摩擦经济：网络时代的经济模式》，均对电子商务的经济模式做了初步探讨。

随后，产业界和学术界逐步兴起对电子商务经济学的讨论兴趣。1998 年，德里克·科格伯恩（Derrick L. Cogburn）博士在一次高级研讨会上，作了题为《全球政治与电子商务经济学：对于南非的意义》的专题报告。1999 年春，美国加州大学尼维卡·辛格（Nircikar Singh）教授开设了电子商务经济学课程，2001 ~ 2003 年继续开设该课程，并不断改进其讲义。1999 年，卡尔·夏皮罗（Carl Shapiro）和哈尔·瓦里安（Hal Varian）出版《信息规则：网络经济的策略指导》。这本书成为电子商务经济学的一本经典通俗读物，被美国和澳大利亚等的多所大学列为电子商务经济学课程的教学参考书。

1992 年，巴克斯（Y. Bakos）和凯默勒（C. F. Kemerer）系统地论述了应用经济理论用来分析信息技术的方法。2001 年，针对某些教师认为传统的经济分析手段在分析电子商务方面几乎没有价值的观点，塞林夫·波伦斯坦恩（Severin Borenstein）和伽斯·莎罗纳（Garth Saloner）从标准的微观经济学角度考察了电子商务如何在经济中创造价值，哪些经济机构最有可能获取这些新创造的价值，以及电子商务如何导致现有经济效益的分配等问题。他们认为，传统经济学的分析方法依然适用于分析电子商务等经济现象。电子商务仅仅是所有商业活动的一种形式，不可能替代所有商务形式，它将与通信、运输、生产过程的电子化及其他技术一起，成为现代经济活动的另外一个支柱。在这个转变过程中，电子商务将强有力地改变企业创造和获取价值的能力，并导致许多市场的重构，这与以往的重大技术变革所导致的结果没有什么区别。

目前，国外电子商务经济学的课程设置大致有七种方式。第一，将电子商务经济学内容包含在电子商务课程中，作为电子商务概论或电子商务课程的一个组成部分，如澳大利亚昆士兰大学、麦克基大学（McGill University）等；第二，将电子商务经济学内容包含在管理信息系统（MIS）课程中，作为 MIS 课程的一个组成部分，如美国的衣阿华州立大学（Iowa State University）的 MIS 课程（编号 534），将电子商务作为 MIS 的内容之一，而电子商务经济学则作为电子商务的内容之一；第三，将电子商务经济学内容包含在电子商务系统发展课程中，如美国西部依利诺斯大学（Western Illinois University）将电子商务经济学作为计算机科学课程的一个组成部分，在第一讲电子商务导论中设立有电子商务经济学专题；第四，将电子商务经济学包含在管理经济学课程中，如美国波士顿大学法学院等；第五，将电子商务经济学内容包含在电子商务营销课程中，如美国怀德纳大学商学院等；第六，研究电子商务的产业经济学，如英国伦敦大学布赖别克学院的研究；第七，研究电子商务市场经济学，如美国西北大学凯洛格管理学院。

在中国，电子商务经济学往往与因特网经济学或网络经济学的研究结合在一起。早在 1996 年中国信息经济学会庐山年会中，时任中国信息经济学会理事长、中国著名经济学家乌家培教授率先提出了要重视和加强对网络经济的研究。2002 年，乌家培教授将他在 1999 ~ 2001 年所写的 40 篇论文、报告和讲话稿整理出版了一本文集，名为《信息社会与网络经济》。该文集对网络经济与经济治理、电子商务与信息经济学的问题进行了深刻的探讨和剖析。1998 年，纪玉山出版了《网络经济学引论》（吉林教育出版社），并在此基础上出版《网络经济》（长春出版社，2000 年）。2001 年，黄宗捷等编著《网络经济学》（中国财政经济出版社）。2002 年 6 月，芮廷先编著出版《电子商务经济学》（电子工业出版社）。2003 年，盛晓白出版《网络经济通论》（东南大学出版社）。这些研究均对网络经济与电子商务经济学进行了有益的探索。

目前，无论对国外电子商务经济学研究，还是国内电子商务经济学研究，都还没有形成较为成熟、一致的经济学理论分析框架和透视角度。虽然如此，但就研究主题的深度和广度而言，国内电子商务经济学研究要比国外同期研究大致落后 5 ~ 7 年。

15.3.2　电子商务经济学研究框架

1. 电子商务经济学定义

我们可以通俗地为电子商务经济学下一个定义，即电子商务经济学就是以电子商务的经济现象为研究对象的经济学。或者说，电子商务经济学是将电子商务市场或在线市场作为研究对象而形成的一门新兴经济学分支学科。在研究方法上，电子商务经济学依然是使用传统的微观经济学和宏观经济学方法。我们认为，传统的经济分析方法依然适用于分析电子商务市场的运行。

国内外对电子商务经济学存在不同看法。部分学者将电子商务经济学看成是网络经济学的一部分，或者认为网络经济学研究的就是电子商务经济学的内容。部分学者认为，电子商务经济学是信息经济学的一部分，没有必要就信息经济学与电子商务经济学之间做什么划分；还有学者将电子商务经济学纳入产业经济学研究范围中。我们认为，从狭义角度讲，电子商务经济学是以网络经济学、信息经济学、通信经济学、计算机经济学、管理信息系统和信息技术基础等学科为基础的。但是，它与这些作为基础的学科还是存在差别的。从广义角度讲，电子商务经济学，乃至网络经济学都可以看作是信息经济学的一个组成部分。或者说，电子商务经济学是信息经济学在因特网时代的发展形式之一。

在具体研究内容上，电子商务经济学侧重于研究基于因特网或网络基础设施基础上的商务活动和经济现象，网络经济学侧重研究网络设施或网络服务定价等经济现象。与以往的信息经济学研究内容不同，电子商务经济学侧重于研究基于因特网基础上的商务和经济活动，这自然会涉及信息市场中的经济问题。无论是主流或非主流的信息经济学分支，它们的研究范围都要比电子商务经济学广泛得多，前者的研究几乎囊括了经济活动中所有与信息相关的经济现象。

2. 电子商务经济学的基本问题

可以认为，电子商务经济学研究的范围将随着电子商务实践活动的展开和深入而发生变化，这种变化将会继续持续下去。因此，现在来总结和概括电子商务经济学研究的基本问题存在着一定的风险。但是，基于我们对国内外电子商务经济学研究进展及其主要成果的认识，认为电子商务经济学研究大体由三类基本问题构成：

一是将电子商务作为一个市场和一种数字服务产品而展开的研究，包括电子商务市场的形成、电子商务市场规模的测度与分析（如数字商品市场的测度与分析等）、市场构成，以及市场的演化和发展等内容，也包括电子商务对企业和消费者的福利响应等内容的研究。

二是着重研究在线市场如何影响离线市场的竞争和发展，或者研究离线市场的竞争如何影响在线市场的结构，包括在线市场的结构、在线市场价格离散和灵敏度等内容的分析、数字产品定价与价格歧视、中介作用、垄断与竞争分析、知识产权管理、企业赢利模式与商业模型等。此外，还包括电子商务如何创造市场价值，特别是离线市场价值与在线市场价值之间如何相互转移等问题的研究。电子商务的价值创造和价值转移问题构成电子商务经济学研究的基本问题，甚至可以说这个问题始终贯穿于电子商务经济学研究和发展的全过程。

三是侧重于研究电子商务的宏观经济影响，包括电子商务对国家福利的短期与长期影响，电子商务对技术进步、市场效率、就业、税收、金融、投资和国际贸易以及国际关系等方面的影响等内容。

3. 电子商务经济学分析框架

电子商务经济学的分析框架可以按照产品（交易物）、企业（交易主体）、市场（交易环境）、竞争（交易过程）和宏观经济影响（交易影响）的逻辑展开。按照这个逻辑搭建的电子商务经济学分析框架，既需要分析数字产品、电子商务环境中的企业，也需要分析电子商务环境中的市场、电子商务的市场竞争，以及电子商务的宏观经济影响等内容。如果根据供给与需求、离线与在线市场的四要素法来分析上述六方面内容。那么，电子商务经济学的基本分析框架如表15.3所示。

表 15.3　电子商务经济学的四要素分析框架

	离线市场	在线市场
供　给	Ⅰ	Ⅲ
需　求	Ⅱ	Ⅳ

作为电子商务经济学基础的微观经济学或宏观经济学主要研究Ⅰ类市场和Ⅱ类市场，电子商务经济学则着重于研究Ⅲ类市场和Ⅳ类市场。同时，也重点研究Ⅰ类市场与Ⅲ类市场的比较和Ⅱ类市场与Ⅳ类市场的比较。因此，在电子商务经济学的讨论中，经常会出现这种比较分析的内容。如前所述，在线市场与离线市场的异同研究和影响研究，构成电子商务经济学的基本研究内容之一。

此外，卡纳科特（Kalakota）和安德鲁·温斯顿（1996）、兹瓦斯（Zwass，1996，1999）等分别提出了有启发性的电子商务经济学分析框架。2001年，罗伯特·考夫曼（Robert J. Kauffman）和埃里克·沃尔顿（Eric A. Walden）在总结前人研究成果的基础上，提出了考夫曼－沃尔顿分析框架。他们将电子商务的研究划分为五个层次，即按照技术、产品、商业流程、市场和宏观经济五个层次搭建电子商务分析框架（图15.1）。在图15.1中，与电子商务相关的技术以多种方式被厂商和消费者所用，厂商借助电子商务技术生产出新的产品和提供新的服务品种，这样，厂商和消费者成为数字经济的参与者并承担价值创造者的角色。这些被创造出来的价值往往构成厂商竞争优势的基础，同时，消费者在厂商的竞争和创造价值的创新过程中也获得了实惠，成为价值的受惠者。

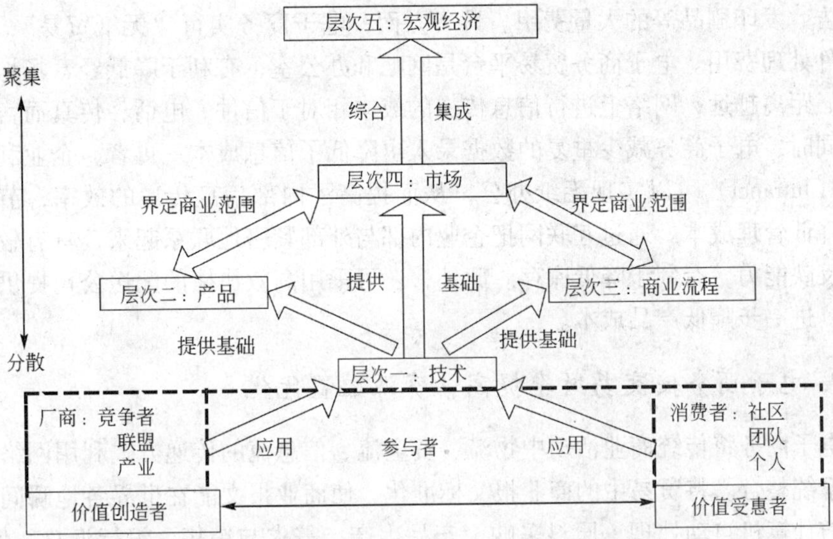

图 15.1　考夫曼和沃尔顿的电子商务分析框架

根据图 15.1，电子商务技术（层次一）加强了厂商和产业对新产品（层次二）和商业流程（层次三）的创新能力。随着这种创新能力的增强，厂商不断改善它们服务消费者的能力进而在商场上更加具有竞争力。伴随着电子商务的发展，对于消费者而言，这些新的产品和商业流程构成了一个新的交易市场。在这个新的因特网电子市场（层次四）中，形成了企业对消费者（B2C）、企业对企业（B2B）和消费者对消费者（C2C）等不同的电子商务模式。结果，厂商的性质和市场组织的边界发生了变化，而且这种变化已经成为推动产业结构和厂商市场结构调整的力量，由此构成了对宏观经济（层次五）的影响。电子商务对宏观经济的影响包括就业、税收、社会福利、经济增长以及政府的监管模式的变化等。

15.3.3　电子商务的经济特征

与传统商务活动相比，作为一种新型商务活动形式的电子商务具有自己的特征，具体而言，表现在如下几个方面。

1. 电子商务的交易成本相对较低，交易各方的信息获取和占用能力显著增强

电子商务使买卖双方通过网络进行商务活动，无需中介者参与，减少了交易的中间环节，卖方还可通过互联网络进行产品介绍、宣传，避免了在传统方式下做广告、发印刷品等的大量费用。另一方面，电子商务实行“无纸贸易”，节约了文件处理费用。电子商务贸易平台是网吧和办公室，有利于降低经营场地租赁费用。距离越远，网络上进行信息传递的成本相对于信件、电话、传真而言就越低。同时，电子商务减少重复的数据录入也降低了信息成本。再者，企业利用内部网（Intranet）可以实现无纸办公，从而提高了内部信息传递的效率，节省时间并降低管理成本。通过互联网把企业内部与外部紧密地联系起来，具有较强的市场反映能力，有利于降低库存。此外，还可采用高效快捷的配送公司提供交货服务，进一步降低产品成本。

2. 电子商务使交易效率提高，资源配置优化

电子商务将传统商业活动中物流、资金流、信息流的传递方式利用网络技术加以系统整合。将贸易中的商业报文标准化，使商业报文能在世界各地瞬间完成传输与计算机自动处理，原料采购、产品生产、需求与销售、银行汇总、保险、货物托运及申报等过程无需人员干预，而能在最短时间内完成。在传统贸易方式中，信息传输花费的时间成本较高，有时由于人员合作和工作的时间问题，导致传输时间延误，不仅增大了成本，还会丧失商机。电子商务避免了传统商务费用高、误差大、速度慢等缺点，极大地缩短了交易成本与时间，使交易效率提高。电子商务能够规范事物处理的工作流程，将人工操作和电子信息处理集成为一个不可分割的整体，不仅提高了资源的利用程度，也提高了系统运行的严密性，有利于资源配置优化和经济运行效率提高。

3. 电子商务使商品与服务市场交易进一步虚拟化、透明化

通过计算机互联网进行市场交易，交易各方从磋商、签订契约到支付，不需要全过程面对面进行，而是逐步向虚拟化方向发展。对卖方而言，可以到网络管理部门申请域名，制作自己的主页，组织产品信息上网。买方则能根据自己的需要选择广告并将信息反馈给卖方。通过信息互换互动，签订电子合同，完成交易并进行电子支付，使整个交易活动部分或全部在网络这个虚拟的环境中进行。另一方面，由于买卖各方从交易洽谈、签约以及贷款支付、交货通知等整个过程都在网络上进行。充分的信息供应、传递与互换，可以降低各种信息误差发生的概率，防止虚假信息，为交易各方提供相对充分的、对称的信息，使交易进程进一

步透明化。交易市场的虚拟性使生产者、经营者与消费者的直接沟通成为可能，从而使其具有很强的直接性和低成本运作特点。

4. 电子商务促进了市场开放和经济一体化

电子商务的出现有利于突破传统的市场流通障碍，促进市场进一步开放。电子商务赖以生存的网络市场是开放度相对较高的无形市场或无限市场，所有市场主体都能最大限度地分享市场可以提供的大部分市场信息，市场需求与市场供给间的沟通障碍与成本能够被较大程度的克服，从而促使市场进一步开放。另一方面，电子商务有利于加强不同区域和国家市场之间的联系，促进全球市场一体化和全球化。电子信息技术的高速发展，在降低市场沟通成本的同时，也使不同市场间的时间与地域空间距离缩短，从而促使全球市场的形成。再者，电子商务发展带动下的市场开放，有利于在更为广阔的地域空间配置经济资源，深化不同国家、区域和市场活动主体之间的分工与合作，提高资源配置效率，使资源共享的时间与地域空间进一步扩展。电子商务是一个开放的体系，能吸纳广泛的市场活动主体，而各市场活动主体所受到的制度与信息限制相对较少。电子商务和网络经济的广泛联系形成了市场的全球化，促进了世界经济一体化和区域化。

综上所述，电子商务是电子信息技术和生产力发展到一定历史阶段，人类社会经济活动市场化进程进一步深化的必然产物，具有系统性、开放性、高效性、虚拟性、网络性等特点。

15.4 信息生态学

随着社会的不断发展以及人口的不断增长，地球上的物质资源越来越稀缺，环境越来越恶劣，各种污染及垃圾充斥着地球，人们的生活受到了极大的影响，并且也严重影响了子孙后代的生存和发展。前挪威总理、世界卫生组织理事葛洛·布兰特（Gro Brundtland）说过："虽然我们不需要回避使用资源，但我们应该替未来世代保留适当的空间。我们必须把这个星球当作是向未来子孙租来的，而非得自于祖先的礼物。"因此在农、林、渔业领域内的"永续性"（sustainability）、可持续发展以及生态经济理论等备受关注。1997 年，美国管理科学家托马斯·达文波特首次提出"信息生态学"的概念，将生态理念引入信息管理中，从而开辟了信息管理的新领域。达文波特在《信息生态学》一书中特别指出：在从数据管理到信息管理，再从信息管理到知识管理的转化过程中，人的因素变得越来越重要，信息生态学是以满足人类信息需求为中心来设计和管理信息环境的。信息生态学作为一门新兴的交叉学科，已经得到了国内外学者的广泛关注。但尚处于发展阶段的信息生态学理论体系和技术方法还有待于商酌。

15.4.1 信息生态学产生的背景和理论基础

1. 信息生态学的含义

生态学是研究生物生存条件、生物及其群体与环境相互作用的过程及其规律的科学，其目的是指导人与生物圈的协调发展。国外专家从不同的角度对信息生态学进行了描述和界定。Arian Ward 认为“信息生态学是社会科学、信息科学、管理科学、自然科学和创造艺术的结合”；Mike Mc Master 和 Jack Spirak 认为信息生态学是“一种具有前瞻性的研究与设计方法，它能够认识到各种联系、信息形式和类型的多样性以及团体中心在处理信息时的重要性”。我们认为，信息生态学是研究人、社会组织与信息环境的全部关系的科学。信息科学发展到今天，随着信息技术的发展和社会信息化的日趋深入，人与信息环境的协调关系出现了问题；怎样使人与信息、人类在发展经济和保护自身生存环境之间得到协调和持续发展，这促使信息生态学的研究内容和任务扩展到人类社会、渗入到人类的经济活动，并成为当代各国政府指导有关发展和建设决策的理论依据。因此可以把信息生态学定义为：研究人类生存的信息环境、社会及组织（企业、学校、机构等）与信息环境相互作用的过程及其规律的科学；也是人类用以指导、协调信息社会自身发展与整个自然界（自然、资源与环境）关系的科学。信息生态学是一门较新的学科，它是借用成熟的生态学原理来研究人、人类社会组织与信息环境的关系。

2. 信息生态学产生的背景和理论基础

随着人类社会的发展，人们对其生存环境及发展环境要求也越来越高。随着信息社会的到来，人们对信息的需求及依赖程度越来越大，而目前信息激增的同时人类获取信息、消化信息的能力却在下降。信息污染、信息超载、信息障碍、信息贫困、数字鸿沟、信息焦虑等恶劣的信息环境严重影响了人们的正常生活、工作以及企业、政府的生产及决策，严重影响了人类社会的发展进步，因此信息生态理论的提出具有重要的现实意义。从信息生态系统的角度来进行信息的组织、利用以及信息资源的优化配置，从而达到对物质和能源的置换效应，是实现社会可持续发展的必由之路。信息生态学的提出，把人类信息活动及其有关因素作为一个统一的整体来看待，避免了系统内信息、人、信息环境的相互分割。随着信息技术的迅猛发展，信息化进程的加快，人与信息环境之间的协调和可持续发展问题越来越突出，信息生态问题已成为人类必须面对的一个重大课题。

信息生态理论并不是研究者凭空杜撰出来的，而是有其一定的理论基础。哲学、社会学、人类学、生态学、系统论、信息论、人类学、人类生态学、社会信息学、认知科学、可持续发展理论等都是信息生态学的理论基础，信息生态学是建构在这些理论基础之上的一个交叉的新兴学科。信息生态学是“以人为本”、以信息社会可持续发展为目标的信息资源管理与利用的新理论。信息生态学的学科基础模型如图 15.2 所示。

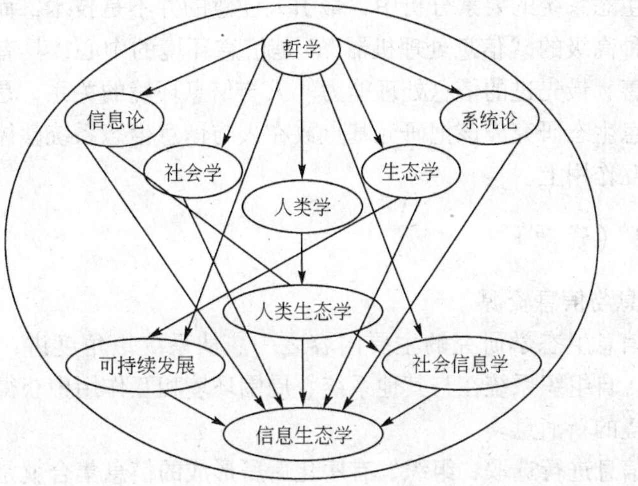

图 15.2　信息生态学的学科基础

15.4.2　信息生态学的内容组成

信息生态学是从人、信息、信息技术及信息环境之间协调发展的理念出发，研究它们之间的相互作用和关系以及通过信息的应用如何实现社会的可持续性发展。

1. 信息主体——人

人是信息生态系统的主体，是信息生态学的关键性因素。人通过对信息的获取、开发、利用，能动地改变自己、改变信息环境乃至整个社会。根据人在信息生态系统中的作用不同，可划分为信息的生产者、信息的消费者、信息的破坏者和信息的分解及管理者。信息生产者是信息的开发者，他们不断地向系统中输出信息以供利用；信息消费者不断地从系统中获取、吸收信息，以满足其信息需求；信息的破坏者则是指那些侵犯他人信息权益、破坏信息系统数据、利用一定的信息技术进行信息犯罪的违法违纪者；信息分解及管理者则对系统中的信息进行组织与维护，清除冗余、垃圾信息，纠正和惩治信息破坏者的不法行为。

自从人类产生以来，人就与信息、信息资源、信息交流方式、信息结构、信息政策等信息生态的环境因子处于一个大的信息生态链之中。人际间的信息交流是人类最基本的信息需要，人是群居性的动物，不能孤立存在，人类的许多信息需求都是在人际交流中得到满足的。人际信息交流是社会发展的需要，人类必须以团队的组织形式才能完成生产活动，人际间的信息交流不仅仅是联系、协作的需要，已经成为个体与个体、个体与集团、集团与集团之间，乃至整个社会的人际交流，人际交流的最终目的是为了双方利益的最大化。

在信息生态系统的要素分析中，最引人注意的并不是技术，而是利用技术的人。人是一种高级的“信息处理机器”，是信息环境的中心，具有其他生物无可比拟的最完善、最先进的信息处理能力。人与信息环境的关系，是信息生态问题的核心。信息生态研究应该把研究基点放在人与信息生态系统整体及其他要素的相互联系相互作用上。

2. 信息（资源）

（1）信息与信息资源

信息是信息生态学研究的主要内容之一。从系统论角度讲，信息就是自控制、自调节、自组织系统在与其他系统、周围环境相互作用中获得的关于其他系统和周围环境的新消息。

人们对信息进行选取、组织、有序化后所形成的信息集合就是信息资源。信息资源是信息环境的核心，其发展状况对于一个企业乃至一个国家的发展具有全局性、战略性的意义，信息环境的优劣在很大程度上取决于人们可以获得的信息资源的建设程度。

（2）信息需求

人的需求是不断发展变化的，现代人的活动要素已经从体力活动占优势的领域转到了生存以外的精神、文化生活等信息需求。按照马斯洛的“需求层次论”，在前四种需求不断得到满足的同时，人们更加迫切地希望“自我实现”这一高层次需求的实现，因而出现了信息需求的大量化和高级化。人们为了实现总体需求，其一切活动都要依赖各种社会信息及各种自然信息。没有信息，人类各种需求都将成为空想，信息需求是人们在社会活动过程中，为解决各种问题的基本需要。

（3）信息的作用

现代信息论认为：人的脑髓、感官、大脑的意识、抽象、推理能力、语言等构成了人的信息系统，劳动和信息系统的相互作用、相互影响使人类得以诞生。信息对人们的思想和行为产生着积极的影响，各种通信方式使人类文明成为可能。

信息是人的生命活动及其从事劳动等活动所不可缺少的因素。人类的目的、计划是在获得了外部环境和内部环境的信息基础上形成的，人类所应用的各种工具也是在人类获得了自然物的各种信息的基础上创造出来的。人类获得的信息越丰富、质量越高，就能最大限度地减少不确定性。信息是生产力诸要素相互联系的中介，也是生产力和生产关系、经济基础和上层建筑相互联系的中介。凡是投入生产性劳动的地方必须同时投入信息，信息、科学、技术、知识可以转化为物质、能源。

现代社会以信息的收集、开发、传播、利用为主要特征，并在社会政治、经济等各种领域和生活中发挥着越来越重要的作用。没有信息就不可能有人与信息环境之间的相互作用与联系，就没有人类社会的发展。

3. 信息技术

信息技术就是人类开发和利用信息资源的所有手段的总和。信息技术既包括有关信息的生产、收集、表示、检测、处理和存储等方面的技术，也包括有关信息的传递、变换、显示、识别、提取、控制和利用等方面的技术。信息技术促进自然智能加速转化为人类智能，信息技术促进人类工具进化，信息技术的高速度持续发展，改变了人类社会开发利用信息资源的方式和能力。信息技术与信息的历史一样久远，信息技术的应用渗透到了国民经济及社会发展的各个领域和各个层次，大幅度提高了社会生产力。

信息技术是信息环境的关键，人们通过一定的信息技术获取信息资源，同时也通过信息技术的进步提高获取、利用和管理信息资源的能力，促进信息环境的改善。这些技术包括：信息获取技术、信息传递技术、信息存储技术、信息检索技术、信息加工技术和信息标准化技术等。信息技术的进步使得信息环境发生了深刻的变化，其突出特征是数字化、网络化以及智能化。

信息技术的发展推动了人们生存状况的改变，增强了个人和集体的记忆、保存信息的能力，使人们能够从事过去所不能从事的活动。人类社会存在和发展的需要推动了信息技术的发展，信息技术的发展又提高了人们彼此的联系、交往的能力，提高了对社会进行自组织、自控制、自调节的能力，推动了社会和经济的发展。

4. 信息环境

人类及社会组织的存在与发展需要不断地与其周围的信息环境进行信息交换。一方面信息环境向人类提供成长、发展与创新所必需的各种信息（如文化、科学、技术、管理知识等）资源，使人类受到信息环境的作用；另一方面，人类又通过各种途径不断地影响和改造信息环境。人类与信息环境的这种相互作用，使得人类不可能脱离信息环境而存在。

信息环境是社会环境的一部分，是在自然环境基础上经过人类加工而形成的一种人工环境，它体现了自然、社会、科学技术间的交互作用。信息环境的优劣反映一个国家或地区的信息化水平并影响人们的信息消费与生活质量。信息环境主要由信息基础设施、信息资源、信息技术和信息政策与法规等部分组成。信息基础设施是信息环境的基础与支撑，包括通信系统、计算机系统、网络系统、信息产业建设、信息市场建设、信息服务建设等。

(1) 信息环境的含义

信息环境是指人类信息生态系统中人类及社会组织周围一切信息交流要素的总和，包括：①既是信息环境的主体又是信息交流的对象——人及社会组织。②人类社会赖以生存与发展所积累的各种信息（包括文献信息资源、电子信息资源等）。③用于信息传输、信息开发、信息利用的各种信息技术（如数据库技术、知识挖掘技术、信息安全技术、人工智能技术等）及社会信息基础设施（信息网络、信息空间）。④信息法律、信息政策与信息伦理（信息导向、信息安全、信息保障体系、数据库建设、信息分布、知识产权、信息民主等）。⑤信息文化。

(2) 信息环境状况

1）信息泛滥。在“信息爆炸”式增长的今天，铺天盖地的信息不能被及时处理和有效利用，降低了信息的接受效率，并影响了人们的信息浪费行为，具体表现在：信息使用者无法理解特定的信息；信息使用者感觉信息量过大；信息使用者不知道所需的信息是否存在；信息使用者不知道从何处获取信息；信息使用者不知道以何种方式获取信息。信息泛滥使人们置身于信息的海洋中，却找不到需要的信息。人们有限的注意力与无限的信息之间的矛盾，使人们产生焦虑情绪，导致所谓的“信息焦虑症”。

2）信息垄断。信息资源集中在少数发达国家和少数富有者手中，因此信息占有的不平等，进一步导致竞争的不平等。在信息时代，每个人都有权充分获得信息，因此信息垄断与物质世界的垄断一样，都将妨碍社会经济的发展和社会资源的优化配置，阻碍社会及经济的可持续发展。

3）信息犯罪。指利用技术手段侵犯他人的隐私、从事间谍或欺骗活动以及侵犯知识产权等现象。在互联网上，数据采集商、推销商、侦探甚至罪犯利用各种电子手段收集人们的隐私信息，并出售给各种商家；互联网上存在大量的木马程序，如果不慎使用，个人的信息和重要数据就会被不法分子盗走；开放的网络环境使知识产权很容易受到侵犯；以计算机网络为工具，以信息技术为手段的信息犯罪活动隐蔽性更高、社会影响更坏。

4）信息污染。信息的无限激增、信息传递的无序性和弥散性阻碍了社会对有用信息的吸收和利用，具体表现在：陈旧失效的信息阻碍了信息通道，影响了信息的搜寻、传输和利用；先进的信息复制及传输技术，产生了大量的冗余信息，使用户搜集、筛选、甄别、鉴定、分析、评估信息产生困难；虚假信息泛滥，误导欺骗信息消费者；淫秽、暴力、恐怖、迷信等不健康的信息腐蚀人类的思想和灵魂；形形色色的病毒也威胁着人们的电脑，导致客户操作系统瘫痪以及数据的丢失。

5）信息综合征。信息综合征不仅影响人的生理和心理健康，而且能改变人或社会组织的行为。个人信息综合征表现在：因失去信息而感到精神上的匮乏，生理或心理上不满足的信息饥饿；在享有足够信息手段的前提下，人与人之间的距离反而加大的信息孤独；对危险信息感到害怕的生理本能的信息恐惧。社会信息综合征是信息、人、环境之间的不协调。一方面信息缺少协调，导致重复建设和资源浪费；另一方面信息法规未能制度化和信息技术缺乏标准化。

6）数字鸿沟。面对信息社会汹涌的信息化浪潮，不同国家、不同地区以及不同社会阶层的人们，由于其收入、文化水平及信息素质的差距，造成了他们对于信息的占有和消化吸收能力的不同，从而产生了信息穷人和信息富人的两极分化，形成了信息的贫富差距。

7）信息过载。相对于人们有限的信息选择、获取、利用能力而言，现代社会无限的信息是一种信息过载，“当接收的信息成为一种妨碍而不是有用时，信息过载就发生了”。由于信息过载造成的信息失真、重复、堵塞和不确定性，影响了人们对有用信息的吸收，甚至造成对人类的危害。

8）信息政策及法规不完善。随着信息及信息技术的广泛应用，社会对信息的需求不断增强，信息市场得到了巨大的发展，但由此也引发了一系列的政治、经济、文化上的冲突与矛盾，信息环境不断恶化，所以必须认识到信息政策及信息立法的必要性，通过正确的信息政策与法规来约束人们的信息行为。

（3）信息及其环境的净化

信息及其环境的净化主要通过信息过滤机制来完成，把不需要及有害的信息拒之门外或者删除。主要的信息及其环境的过滤方式有：

1）根据过滤主体分为：用户过滤；ISP（信息服务提供商）或 ICP（信息内容提供商）对信息进行筛选；网络管理员过滤；联合过滤。

2）根据过滤的手段分为：基于内容的过滤；基于网址的过滤；基于内容和网址的混合过滤。

3）根据过滤的设备分为：专门的过滤软件；网络应用程序；防火墙；代理服务器。

4）根据过滤在网络中的应用分为：电子邮件过滤；文件传输（FTP）过滤；新闻组（usenet）过滤；万维网（WWW）过滤。

（4）信息及其环境净化的意义

信息及其环境净化具有以下意义：①有利于减轻用户的认知压力。②有利于提供安全、合理、有效的信息。③有利于用户快速找到有用的信息。④有利于保持网络畅通。⑤有利于提高网络信息资源使用的经济效益。⑥可以帮助用户筛选信息，也有助于国家安全部门阻止某些有害信息的侵入；防止企事业单位职工传播与工作无关的信息；社会工作者、商业部门、新闻单位等利用过滤机制进行有关方面的调查；信息机构为用户提供更准确的资料信息等。

15.4.3 信息生态系统结构

从生态学的角度来看，生态系统由生产者、消费者、分解者和非生命物质（无机物）等组成。各部分之间分工不同，相互协作。正是生产者、消费者、分解者和非生命的环境之间的协调、统一，使系统能够逐渐沿着幼年期—成长期—成熟期的链条发展，并形成动态的生态平衡。

建立在生态系统理论基础之上的信息生态系统与生态系统一样，也是一个具有多样性、复杂性的动态系统，是社会大系统的一个有机组成部分，是其子系统。信息生态系统是信息主体人（包括信息生产者、信息分配者、信息消费者和信息分解者）、信息环境以及信息（资源）三部分所组成的和谐、动态均衡的自组织系统，系统中的各个要素相互影响，相互作用。信息主体人不断从外界环境中吸收新信息、释放旧信息、剔除无用的信息。信息主体人处于信息生态系统的核心地位，信息及信息环境是由人创造的，但同时信息主体又受到信息和信息环境的影响。

当信息生态系统达到成熟阶段，系统中各类信息的比重、数量基本上趋于平衡，不能适应社会变化的信息将失去生存的价值，被信息生态系统所淘汰，信息的流向和流动趋于稳定，与周围的环境以及信息环境达到动态平衡，为社会提供信息及良好的信息环境，整个社会的资源配置达到最优化，使整个社会获得最佳经济效益和生态效益，社会效益达到最大化。

信息生态系统的机构模型如图 15.3 表示。

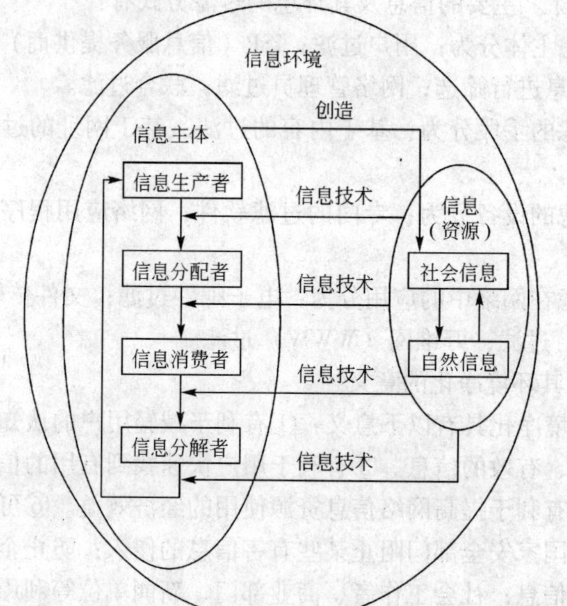

图 15.3　信息生态系统结构模型

15.4.4　信息生态理论的意义

1. 信息生态理论有利于信息化建设

利用生态学的理论与方法来探讨人与信息环境的关系，不仅对信息管理学的学科发展有重要意义，而且对研究信息社会的发展规律，探索社会信息化、城市信息化、企业信息化的发展进程，分析并纠正了“信息技术决定论”的误导，使整个社会的信息化朝向更加有利于个人及社会组织的终身学习及可持续发展的方向演化等都具有重要的指导意义。

2. 信息生态理论促进社会的可持续发展

信息生态理论强调人、信息、信息环境等的协调发展，达到动态的均衡，同时强调信息生态环境对个人及社会发展的重要性，以及人对于信息环境的反作用。通过信息生态系统内各个要素的相互协同作用，从而减少物质及能源的消耗，以降低社会的发展成本，保护生态环境，为信息社会可持续发展提供了理论依据，对现有的可持续发展理论进行了补充。

3. 信息生态理论使信息相关学科得到整合

信息生态学为信息学、信息管理学开辟了新的研究领域，在信息生态学的理论框架下，对现有与信息管理、信息资源管理、社会信息化、社会进化、文化多样性、数字图书馆等学科、技术进行了梳理，使得原来处于分离状态的、看似不相干的学科在新的基础上得到了综合。

4. 信息生态理论强调系统与外界的信息交换

美国生物学家贝塔朗菲（Bertalanfly）发现生命与非生命存在一个明显的矛盾，即热力学的“退化论”和生物学的“进化论”相对立。也就是说，热力学中研究的非生命系统随着时间的推移，系统的熵越来越大，走向无序状态；而生命系统则是走向增加有序（即进化）方向发展的。其原因是，前一种系统是无限大的封闭系统，而后者则是一种开放系统，能不断与环境进行物质、能力和信息的交换。

5. 信息生态理论强调系统中各个组成部分的相互作用

如同生物的生态系统一样，信息生态系统的标志是系统内各个组成部分之间的强烈相关性和依赖性。信息生态理论是一种具有前瞻性的研究与设计方法，更加注重从系统整体出发，从促进与维护整个信息生态系统平衡的角度，对信息、人及信息环境之间的关系进行宏观考察与分析，对信息生态系统进行合理规划、布局和调控，实现信息生态的稳定、有序。

6. 信息生态理论强调系统的进化

这有两层意义：第一，强调变化是系统的。当系统的一个组成部分发生了变化，其影响将会使整个系统感觉到。而局部的变化，如果不能与系统的其他部分契合，变化将逐步消失得无影无踪。其二，强调系统是不完美的，正视信息系统建设问题的不完善性，强调面向结果的信息系统模型，并突出其适用性。

7. 信息生态理论推动人类社会的发展

信息生态理论探讨信息环境的管理模式，探索信息环境污染问题的解决方法，以便更好地发挥信息环境的作用；信息生态理论揭示人类环境同信息环境的关系，考察人在信息环境中的地位与作用，探讨社会发展与信息环境的关系，协调信息环境诸因素的相互作用及其对社会的影响，使人类社会与信息环境的发展协调一致；信息生态理论研究探索信息环境发展演变的规律，了解人类社会信息环境的特性、结构、发展过程与演化机理等，使信息环境向有利于人类的方向发展。

【关键概念】

知识经济　网络经济学　电子商务经济学　信息生态学

【思考与练习】

1. 简述知识经济与信息经济的区别与联系。
2. 简述电子商务经济学的研究框架是什么。
3. 对比分析网络经济学与电子商务经济学研究内容的不同点。
4. 简述信息生态环境及其净化的意义。

参考文献

阿姆拉姆，库拉蒂拉卡．2001．实物期权——不确定条件下的战略投资管理．张维等译．北京：机械工业出版社
陈戈止．2005．信息管理学．成都：西南财经大学出版社
陈瑞华．2003．信息经济学．天津：南开大学出版社
陈禹，谢康．1998．知识经济的测度理论与方法．北京：中国人民大学出版社
陈禹．1998．信息经济学教程．北京：清华大学出版社
董保民．2005．信息经济学讲义．北京：中国人民大学出版社
董焱．2003．信息文化论——数字化生存状态冷思考．北京：北京图书馆出版社
范胡斯．2003．电子商务经济学．孙洪墨译．北京：机械工业出版社
Gregory N. Mankiw. 2005．经济学原理（第3版）．梁小民译．北京：机械工业出版社
桂学文，娄策群．2006．信息经济学．北京：科学出版社
贺洪明．2000．信息经济与知识经济的关系．情报科学，（5）：434～441
胡昌平．2004．现代信息管理机制研究．武汉：武汉大学出版社
黄国石．2004．预期与不确定性．厦门：厦门大学出版社
黄国涛．2006．一种现代信息系统的评价指标体系研究．情报杂志，（6）：37～39
黄廷先．2002．电子商务经济学．北京：电子工业出版社
姜爱林．2003．信息化的涵义与中国信息化发展的特征．郑州轻工业学院学报（社会科学版），（9）
蒋录全．2003．信息生态与社会可持续发展．北京：北京图书馆出版社
杰克·赫什莱佛，约翰·G·赖利．2000．不确定性与信息分析．北京：中国科学社会出版社
金建．1993．信息产业经济学论纲．北京：北京出版社
靖继鹏，张海涛．2006．企业信息化规划与管理．北京：机械工业出版社
靖继鹏等．1993．吉林省信息产业测度分析．情报学报，（6）：433～444
靖继鹏等．2004．信息社会学．北京：科学出版社
靖继鹏．2004．信息经济学．北京：清华大学出版社
靖继鹏．2002．应用信息经济学．北京：科学出版社
赖茂生，王芳．2006．信息经济学．北京：北京大学出版社
李玉辉．2004．信息系统评价的哲学思考．自然辩证法研究，（1）：65～72
梁春阳．2004．经济社会信息化测评理论与方法评析．图书与情报，（1）：7～11
刘怀德．2001．不确定性经济学研究．上海：上海财经大学出版社
刘滔，徐静．2006．信息商品的拉姆齐定价机制初探．情报理论与实践，（5）：544～546
柳卸林．1998．知识经济导论．北京：经济管理出版社
吕斌，李国秋．2006．信息社会测度：信息社会研究的新焦点．中国图书馆学报，（1）：18～23
罗伯特·吉本斯．1999．博弈论基础．北京：中国社会科学出版社
马费成，靖继鹏．2004．信息经济分析．北京：科学技术文献出版社

马费成 . 2004. 信息资源开发与管理 . 北京：电子工业出版社
马克・波拉特 . 1989. 信息经济论 . 长沙：湖南人民出版社
马谦杰，于本海 . 2002. 信息资源评价理论与方法 . 北京：经济科学出版社
马燕京 . 2001. 湖北省信息资源的测度与区域性比较 . 情报杂志，(8)：48 ~ 50
马哲明，靖继鹏，唐挺 . 2007. 信息消费外部性研究 . 图书情报工作，(4)：38 ~ 41
彭赓，寇纪淞，李敏强 . 2001. 信息商品捆绑销售与歧视定价分析 . 系统工程学报，(2)：1 ~ 6
企业信息化指标体系 . 企业信息化测评网，http：//www. ciq. com. cn/tx. htm
曲维枝 . 2002. 信息产业与我国经济社会发展 . 北京：人民出版社
沙勇忠 . 2001. 关于信息消费的几个理论问题 . 图书情报工作，(5)：28 ~ 31
沈满洪，何灵巧 . 2002. 外部性的分类及外部性理论的演化 . 浙江大学学报（人文社会科学版），(1)：
施锡铨 . 2002. 博弈论 . 上海：上海财经大学出版社
司有和 . 2001. 信息产业学 . 重庆：重庆出版社
宋玲 . 2001. 信息化水平测度的理论与方法 . 北京：经济科学出版社
汪国华，徐辉 . 2006. 社会信息化测度方法述评 . 科技广场，(3) 122 ~ 124
魏蕾如，王蕾 . 2005. 信息商品的差异化定价策略研究 . 情报杂志，(8)：104 ~ 109
乌家培，谢康，王明明 . 2002. 信息经济学 . 北京：高等教育出版社
谢康，肖静华 . 1997. 信息资源测度、国际比较与中国的战略选择 . 情报学报，(6)：202 ~ 211
谢识予 . 1997. 经济博弈论 . 上海：复旦大学出版社
徐升华，毛小兵 . 2004. 信息产业对经济增长的贡献分析 . 管理世界，(8)：75 ~ 80
杨春鹏 . 2003. 实物期权及其应用 . 上海：复旦大学出版社
姚海鑫 . 2001. 经济政策的博弈论分析 . 北京：经济管理出版社
因内思・马可 - 斯达德勒（Ines Macho-Stadler），J. 大卫・佩雷斯 - 卡斯特里罗（J. David Perez-Castrillo）. 2004. 信息经济学引论：激励与合约 . 第二版 . 上海：上海财经大学出版社
张翠玲 . 2006. 信息系统评价研究 . 情报探索，(8)：61 ~ 63
张剑平 . 1996. 信息系统经济学理论体系与微观分析 . 北京：中国铁道出版社
张维明 . 2002. 信息系统原理与工程 . 北京：电子工业出版社
张维迎 . 1996. 博弈论与信息经济学 . 上海：上海人民出版社
张向先 . 2005. 市场信息学 . 北京：中国财政经济出版社
张瀛，于文明 . 2000. 聚焦新经济・解读新经济时代的生存战略 . 北京：地震出版社
赵广林 . 2005. 论信息商品的捆绑定价策略 . 情报杂志，(5)：115 ~ 116
赵守香 . 2001. 网络经济学 . 北京：中国物资出版社
郑新 . 2002. 信息商品定价的基础与策略 . 图书情报工作，(8)：71 ~ 73
朱红 . 2005. 信息消费理论、方法及水平测度 . 北京：社会科学文献出版社
朱幼平 . 1990. 论信息化对经济增长的影响 . 情报理论与实践，(5)：5 ~ 8
左美云 . 1998. 知识经济的支柱——信息产业 . 北京：中国人民大学出版社
Hitt L，Brynjolfsson E. 1996. Productivity，profit and consumer welfare：three different measures of information technology value. MIS Quarterly，20（2）：121 ~ 143
Katz M C Shapiro. 1985. Network externalities，competition and compatibility. The American Econom-

ic Review, 75 (3): 424 ~ 441

Kudyba S, Diwan R. 2002. Research report: increasing returns to information technology. Information Systems Research, 13 (1): 104 ~ 113

Robin Mansell, Uta Wanh. 1998. Knowledge societies: information technology for sustainable development. Oxford University Press

Sen J A, Lee J. 1995. The relationship between IT spending and corporate revenue. Proceedings of the 28th Annual Hawaii International Conference on System Sciences. Hawaii USA: IEEE Computer Society Press

Sonnenwald Diane H, Livonen Mirja. 1999. An integrated human information behavior research framework for information studies. Library and Information Science Research, 21 (4): 433